中华现代学术名著丛书

中国政治思想史

吕振羽 著

商务印书馆
创于1897 The Commercial Press

图书在版编目(CIP)数据

中国政治思想史/吕振羽著. —北京:商务印书馆,
2022(2024.6重印)
(中华现代学术名著丛书)
ISBN 978-7-100-20919-9

Ⅰ.①中… Ⅱ.①吕… Ⅲ.①政治思想史—中国
Ⅳ.①D092

中国版本图书馆CIP数据核字(2022)第044043号

本书据人民出版社2014年版《吕振羽全集》第四卷排印

中华现代学术名著丛书
中国政治思想史
吕振羽 著

商务印书馆出版
(北京王府井大街36号 邮政编码100710)
商务印书馆发行
三河市春园印刷有限公司印刷
ISBN 978-7-100-20919-9

2022年7月第1版 开本880×1240 1/32
2024年6月第2次印刷 印张24⅜ 插页1
定价:128.00元

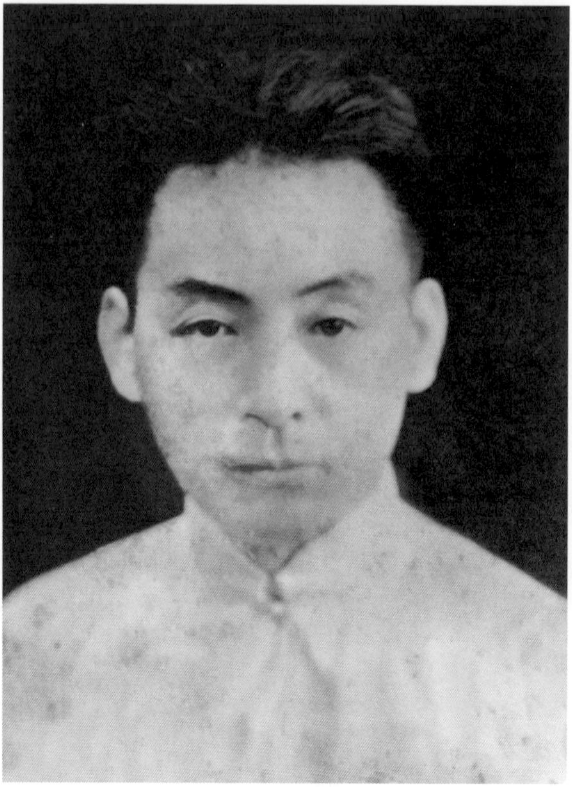

吕振羽

（1900—1980）

《中国政治思想史》1937年初版封面

出版说明

百年前，张之洞尝劝学曰："世运之明晦，人才之盛衰，其表在政，其里在学。"是时，国势颓危，列强环伺，传统频遭质疑，西学新知亟亟而入。一时间，中西学并立，文史哲分家，经济、政治、社会等新学科勃兴，令国人乱花迷眼。然而，淆乱之中，自有元气淋漓之象。中华现代学术之转型正是完成于这一混沌时期，于切磋琢磨、交锋碰撞中不断前行，涌现了一大批学术名家与经典之作。而学术与思想之新变，亦带动了社会各领域的全面转型，为中华复兴奠定了坚实基础。

时至今日，中华现代学术已走过百余年，其间百家林立、论辩蜂起，沉浮消长瞬息万变，情势之复杂自不待言。温故而知新，述往事而思来者。"中华现代学术名著丛书"之编纂，其意正在于此，冀辨章学术，考镜源流，收纳各学科学派名家名作，以展现中华传统文化之新变，探求中华现代学术之根基。

"中华现代学术名著丛书"收录上自晚清下至20世纪80年代末中国大陆及港澳台地区、海外华人学者的原创学术名著(包括外文著作)，以人文社会科学为主体兼及其他，涵盖文学、历史、哲学、政治、经济、法律和社会学等众多学科。

出版“中华现代学术名著丛书”，为本馆一大夙愿。自 1897 年始创起，本馆以“昌明教育，开启民智”为己任，有幸首刊了中华现代学术史上诸多开山之著、扛鼎之作；于中华现代学术之建立与变迁而言，既为参与者，也是见证者。作为对前人出版成绩与文化理念的承续，本馆倾力谋划，经学界通人擘画，并得国家出版基金支持，终以此丛书呈现于读者面前。唯望无论多少年，皆能傲立于书架，并希冀其能与“汉译世界学术名著丛书”共相辉映。如此宏愿，难免汲深绠短之忧，诚盼专家学者和广大读者共襄助之。

商务印书馆编辑部

2010 年 12 月

凡　　例

一、“中华现代学术名著丛书”收录晚清以迄20世纪80年代末，为中华学人所著，成就斐然、泽被学林之学术著作。入选著作以名著为主，酌量选录名篇合集。

二、入选著作内容、编次一仍其旧，唯各书卷首冠以作者照片、手迹等。卷末附作者学术年表和题解文章，诚邀专家学者撰写而成，意在介绍作者学术成就，著作成书背景、学术价值及版本流变等情况。

三、入选著作率以原刊或作者修订、校阅本为底本，参校他本，正其讹误。前人引书，时有省略更改，倘不失原意，则不以原书文字改动引文；如确需校改，则出脚注说明版本依据，以“编者注”或“校者注”形式说明。

四、作者自有其文字风格，各时代均有其语言习惯，故不按现行用法、写法及表现手法改动原文；原书专名（人名、地名、术语）及译名与今不统一者，亦不作改动。如确系作者笔误、排印舛误、数据计算与外文拼写错误等，则予径改。

五、原书为直（横）排繁体者，除个别特殊情况，均改作横排简体。其中原书无标点或仅有简单断句者，一律改为新式标点，专名号从略。

六、除特殊情况外，原书篇后注移作脚注，双行夹注改为单行夹注。文献著录则从其原貌，稍加统一。

七、原书因年代久远而字迹模糊或纸页残缺者，据所缺字数用“□”表示；字数难以确定者，则用“（下缺）”表示。

目　录

第三编　初期封建主政治思想的演化

第四编　初期封建制上升时期政治思想各流派

第五编 初期封建制矛盾发展时期政治思想各流派

第七编　矛盾斗争扩大期中的各派政治思想

第八编　地主阶级经济复兴时代的各派政治思想

第九编　封建主义衰落期的各派政治思想(一)

第十编　封建主义衰落期的各派政治思想(二)

修订版再版代序*

一

辩证唯物主义指明：世界是统一的、物质的整体，在自然界中、社会中存在着共同的辩证法规律；自然现象的联系与相互制约，是自然发展的规律性；社会生活现象的联系与相互制约也不是偶然性的，而是社会发展的规律性。体现社会发展的规律性的科学就是历史唯物主义。

伟大导师斯大林教导说："究竟什么是决定社会面貌，决定社会制度性质，决定社会由这一制度发展为另一制度的主要力量呢？""这样的力量……便是人们生存所必需的生活资料谋得方式，便是社会生活和发展所必需的食品、衣服、靴鞋、住房、燃料和生产工具等等物质资料生产方式。"（《联共（布）党史简明教程》，苏联

* 这是我一九五一年四月在中共中央东北局政治理论教员讲习班的讲授提纲，由《东北日报》以《论社会思想意识》《我们伟大祖国的伟大文化遗产》为题，陆续在一九五一年四月十四日、十五日刊登过，又曾收集在《史学研究论文集》里面，现略加节删，以此文作为本书增订版再版代序。又本书这次再版，承东北人民大学历史系、语文系的韩元符、杨振声、单庆麟诸先生为我全部校对了一遍，特向他们表示谢意。——著者，一九五五年五月。

外国文书籍出版局一九五三年中文版,第一五一页)而生产方式则是生产力和生产关系的统一的体现,生产力又是其中最积极最革命的因素,生产力的变更和发展,首先又是从生产工具的变更和发展上开始的。

社会意识形态是为生产方式即社会经济基础所决定的。马克思教导说:“物质生活底生产方式决定着社会生活、政治生活以及一般精神生活的过程。并不是人们底意识决定人们底存在,恰巧相反,正是人们底社会存在决定人们底意识……随着经济基础的变更,于是全部庞大的上层建筑中也就会或迟或速地发生变革。”(转引自《联共(布)党史简明教程》,苏联外国文书籍出版局一九五三年中文版,第一六四——一六五页)因此,在历史上,什么样的生产方式,就有建筑于其上面的什么样的上层建筑:政治制度、法权、艺术、哲学、宗教、伦理等等。因此说:自然、物质世界是第一性的,思维、意识是第二性的;在社会现象上,社会物质生活是第一性的,它的精神生活是第二性的,是社会物质生活的客观现实的反映、存在的反映。在这个问题上,毛泽东同志在著名的哲学著作《实践论》中,对马克思列宁主义的认识论作了光辉的发展。他教导说:

> 马克思主义者认为人类的生产活动是最基本的实践活动,是决定其他一切活动的东西。人的认识,主要地依赖于物质的生产活动,逐渐地了解自然的现象、自然的性质、自然的规律性、人和自然的关系;而且经过生产活动,也在各种不同程度上逐渐地认识了人和人的一定的相互关系。一切这些知识,离开生产活动是不能得到的。
>
> 人的社会实践,不限于生产活动一种形式,还有多种其他

的形式……其中,尤以各种形式的阶级斗争,给予人的认识发展以深刻的影响。

通过实践而发现真理,又通过实践而证实真理和发展真理。从感性认识而能动地发展到理性认识,又从理性认识而能动地指导革命实践,改造主观世界和客观世界。实践、认识、再实践、再认识,这种形式,循环往复以至无穷,而实践和认识之每一循环的内容,都比较地进到了高一级的程度。(《毛泽东选集》第一卷,人民出版社一九五二年第二版,第二八一、二八二、二九五页)

从这里,我们可以更深刻地体会到:由实践而来的反映与认识的深刻性,"……主观和客观、理论和实践、知和行的具体的历史的统一"(同上书,第二九五页)的规律性,直接从事生产的人们对社会历史的伟大创造作用,革命的阶级对社会历史的伟大创造作用,现代无产阶级的先进作用和领导地位。那种轻视生产劳动、轻视革命阶级的作用的思想,认为人类知识纯由于天才者的发现、发明和"英雄造时势"的唯心主义思想,是完全错误的、没有根据的。归根到底,历史是劳动人民创造的、是劳动创造的,人类的一切知识也都是劳动创造的。

二

历史唯物主义断言:社会思想、意识依存于社会存在;而社会存在总是先行的,思想、意识的产生或变革常落后于社会存在。斯大林说道："显然，首先是外部条件发生变化，首先是物质发生变化，然后意识和其他精神现象才相应地发生变化，——观念方面的发展落后于物质条件的发展。"（《斯大林全集》第一卷，人民出版社一九五三年版，第三五二页）他并指出科学社会主义还没有发生时，资本主义已经存在了，工人与资本家之间的阶级斗争已经发生了；社会主义观念还没有产生时，生产过程已经有了社会的性质。所以，在资本主义社会存在以前，不能产生马克思主义，当社会进入资本主义阶段，无产阶级还只作为一个"自在阶级"，经过无数自发的斗争后，才产生马克思主义。当资本主义进入其垂殁的帝国主义阶段以及实现了一国社会主义革命胜利的时期，马克思主义才由列宁和斯大林发展成为帝国主义时期无产阶级革命的学说、社会主义建设的学说。当中国进入半殖民地半封建社会，经过鸦片战争、太平天国革命运动、戊戌运动、义和团运动、辛亥革命，直至五四运动以后，我们才有了马克思列宁主义。也正如伟大导师列宁在其经典著作《共产主义运动中的"左派"幼稚病》中所论述，俄国怎样经过半世纪的辛苦阅历，"才挣得了马克思主义这个唯一正确的革命理论"，和"在这个异常坚固的理论基础上产生出来的布尔什维主义"（《列宁文选》两卷集，第二卷，苏联外国文书籍出版局一九五〇年中文版，第六九三—六九四页）。我国从鸦片战争算起，整整经历了八十年的辛苦阅历，才挣得了马克思列宁主义这个唯一正确的革命理论，才在这个异常坚固的理论基础上产生出毛泽东思想，这是一方面；另一方面，当社会变革以后，旧社会的思想意识，总还是多多少少或久或暂的残留着。这在伟大十月社会主义革命胜利后的苏联、新民主主义革命胜利后的目前的我国，都可以看见这种情况。因此，在无产阶级革命或由其领导的革命获得胜利后，对人民群众以至无产者本身的思想教育和改造，便成了最重要的任务。列宁曾说过：在无产阶级专政之下将要重新教育千百万农民和小业主，几十万职员、官吏、资产阶级知识分子……来重新教育无产者自己……是一个最重要的任务。斯大林在关于俄共（布）第十三次代表大会的总结中也早就说过："在无产阶级专政时代底党的最重要任务之一，就是展开在无产阶级专政和社会主义精神下教育新的一代和重新教育旧的一代的工作。旧社会遗传下来的旧的积习和习惯、传统和成见是社会主义的最危险的敌人。它们，这些积习和传统，束缚着千百万劳动群众……"（《斯大林全集》，俄文本，第六卷，第二四八页）在人民民主专政的我国，毛泽东同志也不只一次地像列宁斯大林一样的讲过。因此，也就可以理解：我们党和毛泽东同志为何把思想教育问题提得那样高。

社会意识的产生和变革常落后于社会存在，却并不与马克思主义的预见相矛盾。马克思、恩格斯、列宁和斯大林及其他天才领袖，根据那些已经存在或至少已在形成过程中的物质条件，掌握客观世界运动的规律，提出当前所能够解决的任务，指明斗争方向和历史前途。实践证明了马克思主义的预见完全是科学的，是合乎客观规律的。

但是，不能因为归根到底社会意识为社会生活的经济的、物质的条件所决定，就认为是被直接决定的，就否定观念发展的相对独立性及观念的继承性在社会意识发展中的意义，就否认其自己的发展规律。恩格斯说过：社会意识的每种形态，不论哲学、艺术、法权、道德等等，在每个时代都有一定的思想上的材料作为其先决条件，这种思想上的材料为其前一代所传给的，而社会意识的每种形态则从这些材料出发。举哲学为例："在经济上落后的国家，常能够在哲学上起领导的作用：例如十八世纪法国对于英国（法国人就是立足在它的哲学上的），后来德国对于前两者……”（《马克思恩格斯列宁斯大林思想方法论》，人民出版社一九五三年版，第二四七页）从另方面说，今日帝国主义诸国家中，美国经济超过其他资本主义国家，而美国的哲学、艺术、道德等等，却反而更加庸俗、颓废、腐败、反动和落后。所以马克思列宁主义不只承认人类伟大文化遗产的伟大作用，而且善于从那些先进思想的伟大观念中，吸收有价值的东西。这是一方面。

另一方面，又必须承认上层建筑对社会经济的积极作用，才能正确地理解：政治运动的反作用及其所具有的相对独立性；才能正确地理解：人类对历史的能动的创造作用，革命阶级和伟大人物伟大思想对社会前进的推进作用，反动阶级和反动人物反动思想对社会前进的阻挠作用，这也就是上层建筑对社会发展所起的加速或阻碍作用。否则，就不能正确理解像法西斯思想及其他反动思想的异乎寻常的巨大罪恶，像希特勒、墨索里尼、东条英机、杜鲁门、麦克阿瑟、艾森豪威尔、杜勒斯、蒋介石之流的异乎寻常的巨大罪恶以及帝国主义、国民党一类反动集团的异乎寻常的巨大罪恶；反而会归咎于社会规律，要历史来替他们担负罪责。因此就势必轻视对帝国主义和反动派的斗争，轻视对一切反动思想的斗争。同样也就不能正确理解历史上某些对社会前进及人民生活起过积极作用的思想和措施的进步性；马克思列宁主义对全人类空前无比的光辉作用，马克思、恩格斯、列宁和斯大林这些无比伟大的人物对整个人类社会的推进作用；中国革命为什么在机会主义领导下遭受损失和失败，在以毛泽东同志为首的党中央的英明领导下就获得今日这样光辉的胜利，使我们祖国成为全世界最重要的政治的军事的强国之一。因此，就势必抹杀历史，就势必减低对领导的信赖，轻视对马克思列宁主义的学习、对错误思想的批评、对群众的教育。由此就可以理解党的正确领导的重要性、无产阶级革命学说的重要性，学习这种学说并以之去教育群众的重要性；由此就可以理解在和真正的群众运动、真正的革命实践密切联系中形成的马克思列宁主义，在和中国革命运动、中国革命实践密切联系中形成的毛泽东思想之所以坚强有力，之所以给予我们以无限信心，之所以把我们引向胜利，它在每个时期都给予我们以确定的方向和获得胜利的方针……对我们的胜利有着何等巨大的作用。但这并不是说，历史不是劳动人民所创造，不是阶级斗争的历史。

在我们的一部分知识分子中，自觉或不自觉地流行着一种观点，这便是粗鲁地、简单地认为历史上凡是与统治阶级有关的东西，都是不对的，毫无可取的；像孔孟那样的大思想家，李白那样的大诗人，《红楼梦》那样伟大的文学作品，云冈石佛那样伟大的艺术作品，张骞、朱元璋那样的人物，霍去病、薛仁贵那样的名将等等，都是毫无价值的。这在实质上就是一种否认和截断历史的经济主义观点。另外也有一些人，只了解英美文化的一些皮毛，对伟大祖国的伟大文化遗产，本来无知或所知不多；反而赞美外国资本主义文化，轻视伟大祖国文化的优良传统。这却是半殖民地文化以至买办思想的残余。另方面，那种无条件无批判地夸大本国历史的国粹主义观点，在我们人民学府的个别角落也还存在着。这同样是不对的。

历史唯物主义又肯定："在阶级社会中，每一个人都在一定的阶级地位中生活，各种思想无不打上阶级的烙印"（《毛泽东选集》第一卷，人民出版社一九五二年第二版，第二八二页）。因为人有两种本质:一种是人的自然本质,即人的体质、聪明、健康及本能等(比如在医学上就有各种体质的人);另一种是人的社会本质,即人的心理、思想、意识、观点、习惯及其要求等。“一切的人们是作为阶级的人而存在的。如是,人的社会本质,就由人的阶级地位来决定。由于人们的阶级地位各有不同,人们的社会本质也各有不同。”(刘少奇:《论共产党员的修养》,人民出版社一九五二年版,第九〇页)各阶级人们的社会本质,无不有其一定的特性:譬如封建统治阶级的封建割据性、互相兼并性以及奢惰性、残暴性、身分等级性、权位思想、宗派观念等等;资产阶级的损人利己性、竞争性、垄断性、奢侈性、冷酷性、投机性、盲目性、组织上的集中性和机械性以及个人事业性等等;农民的散漫性、保守性、狭隘性、对财产的私有观念、反抗剥削者和压迫者的反抗性革命性、在无产阶级领导下的进步性组织性,以及对土地和政治权利的要求等等;无产阶级的伟大的团结性、互助性、组织性、纪律性、进步性、创造性、对财产的公有观念、对一切剥削者的反抗性、战斗性、坚韧性以及集体主义、国际主义等等;一般知识分子的政治敏感性、进步性、对旧社会的反抗性、主观自大性、虚荣性、浮夸性、动摇性、缺乏坚韧性以及平均要求等等;小商人的自私自利性、动摇性、欺骗性、趋炎附势顺风转舵的两面性、有限程度的反抗性与进步性等等。这种特性,是随同他们所处的历史时代与社会生活、地位不同,而有所变化的。

各阶级的意识形态,都是为其各自的利益服务的,充当其各自的斗争武器;在阶级斗争中,表现为思想斗争以至理论斗争,与经济斗争、政治斗争形成三种斗争形式。

但是各阶级的思想意识,不只要受到历史传统的影响,而且是有相互的影响关系的——尤其是居于支配地位的阶级的意识形态对其他阶级的影响。由此就可以了解:在无产阶级先锋队共产党里面,在有些党员干部中也常表现各种非无产阶级思想意识作风的残余,正是各种非无产阶级思想意识作风的影响在党内的反映,它而且常常混淆实行家的头脑。因此,从工作中、学习中,从各种各样的实践中,不断增强党性锻炼,提高政治和思想水平,对每个党员干部都是极其重要的。斯大林教导说:那些意识上没有锻炼的、没有精通马克思主义-列宁主义的领导者有变为无原则的事务主义者的危险,盲目地和机械地执行上面的命令,不理解我们事业的正义,不看见我们发展的前途。所以,领导干部必须思想意识健强,必须掌握马克思、恩格斯、列宁、斯大林学说的精神实质,并把它变为行动的指导。所以,《中国共产党党章》规定:"努力地提高自己的觉悟程度和领会马克思列宁主义、毛泽东思想的基础"(《中国共产党党章》,人民出版社一九五三年版,第九页),是党员的义务之一。

但社会思想意识的阶级性是作为一个阶级来说的,不应把个人的思想意识凝固于其出身的阶级地位。思想意识是能动的、变化的。任何人只要放弃其原来的阶级立场和生活,他的思想意识和立场便可以改变。由此就可以理解:为什么出身于资产阶级或地主阶级的个别分子,能成为无产阶级的战斗员,在历史上某些不出身于农民的人物,能成为农民利益的代表者或反映农民的一些要求;又为什么出身无产阶级的个别分子,也有叛变为工贼,为敌对阶级服务的。但人们的思想意识和立场是否真正改变,却不容只凭其言论表现看,而要从其一贯的行动看。死死啃住每个人出身的阶级,把其思想意识看成凝固的或硬化的东西,就无法理解历史上某些人物,如墨子、杜甫、但丁、巴尔扎克、托尔斯泰、凯士雷等等,更无法理解历史上的许多革命人物。而这正是经济主义的观点。那种只从言论看,而不从其行动看的,则是唯心主义观点。在对群众的思想教育改造过程中,我们有个别同志说,“立场、观点、方法是不好改造的。”这是一种不自觉的经济主义观点,怕进行艰苦繁难工作的懒汉思想。但也有个别同志,看到某人一时言论表现好,就认为某人不错,是进步分子。这又是一种不自觉的唯心主义观点。

三

关于社会意识形态发展的过程,我们在这里不可能全面叙述,只就我们国家在历史过程中的一些重要事例,来说明一些基本规律,并借以说明我们伟大祖国人民的伟大思想和创造。

从北京周口店遗迹的研究,地质学家断定,我们祖先在五十万到七十万年前,就住在中国这块大地上;经过难以尽述的艰苦而光辉的斗争,开辟出这样广大、富厚、雄伟的锦绣河山,创造出灿烂丰富的文化遗产,繁殖了六万万以上优秀的人民,使我们有了这样一个地大、物博、人众的可爱的祖国。

我们祖国的文化,在漫长的原始公社制时代,从残留的遗物遗迹结合神话传说考察,自然和世界其他地区的情形没有本质的区别,但也有它的特点:首先是关于斗争和发明创造方面的传说特别丰富(如关于和恶蛇猛兽的斗争、治水的斗争、部落间的斗争,工具、取火、衣裳、住室、农业、牧畜、药物的发明创造,等等),原始民主制度的传统特别丰富(如尧舜禅让、酋长会议、罢免和选举酋长等),并显示出社会前进的脉络,而又能与地下出土物相结合。

那些无限丰富的神话,都是我们祖先当时集体的社会生产活动和生活的现实反映,也就是原始的文艺。如关于西王母、伏羲女娲兄妹、尧舜禅让、大禹治水、黄帝战蚩尤等等神话,都好像是有声有色的生动活泼的故事;关于大舜就职的宗教仪式的神话,好像是一篇歌舞大会的速写;关于反映劳动协作的神话,正是他们当时的歌谣。遗物的精巧制作、陶器上色彩花纹的调协等等,都可以体现出他们的艺术创作。关于图画,我们还发现很少,但传说所描述的却很丰富——如:全身鳞甲捕住鸟生吃的动物画像,手拿弓箭射蛇、长着长臂捕鱼、豹尾虎牙、绑住手脚挂到树上、穿胸等等的人体画像,画成龙身、蛇身、牛头虎鼻、牛头龙身的庖牺氏、女娲氏、神农氏、夏后氏等人的画像……这一一都表现出一种雄伟的气派和健康的精神。

这种图画就是出现在原始公社制前期的魔术。我们祖先从人物混同的迷糊意识,发展到万物有灵论的幼稚想像(即他们对世界的解释),在与自然斗争过程中产生了这种魔术。与此随同出现的,还有以雕、雁、鸢等自然物作旗帜的图腾崇拜。这就是原始的宗教。由于生产力不断提高、生产活动的范围不断扩大,到原始公社制后期,万物有灵论演化为多神论,图腾崇拜演化为祖先崇拜;而他们所崇拜的祖先,大抵是生产中战斗中的英雄、传授和创造过斗争经验的人物。所以原始的宗教,一方面,也正是他们当时现实生活诸关系,在幼稚意识中被颠倒、歪曲的幻想的反映;另方面,却是为全社会的集体生产活动和生活服务的,并非为着想升天堂或骗人,而是在生产力低下的状态中,幻想借助于魔术、图腾、祖先和善神来增加斗争力量,表现着提高征服自然的能力的倾向和要求。

文艺和宗教就是这样起源的。

在殷商奴隶制度时代,在奴隶制经济的基础上,原始的宗教便演变为奴隶主集团的宗教,即巫教。它是奴隶主集团统治奴隶和异族的精神武器,是为奴隶主服务的。在殷商奴隶制经济上升时期,巫教僧侣对农业、牧畜的祷告和研究,基本上是从奴隶主的利益出发的,但对其时农业和牧畜的生产,也起了一些推动作用。

巫教僧侣从农业季节性的研究出发,在天文历数学上有了重要的发明。这种发明,一面是建筑在奴隶劳动的基础上,又以农业生产的实践经验为依据的;一面也是适应于奴隶主的利益和要求的。但这一科学上的重要成果,不只对当时的农业生产起了重大作用,对中国天文历数学的发展打下了基础,而且是全世界天文历数学发明最早的成果之一,是对全人类的伟大贡献。

在殷商末期产生的八卦哲学,与奴隶主的巫教神学相对立,是以周人为中心的革命集团的哲学。八卦哲学是一种素朴的辩证唯物主义哲学,是古代人类的伟大思想;它虽比古希腊德谟克里特的唯物主义(公元前五世纪)更素朴些,但约早了七个世纪左右,是世界最早的素朴辩证唯物主义。

在文艺方面,从《易经》卦文中所残留的诗歌来看,一面有歌颂战争、武士的威武,贵族和武士的恋爱等作品,一面也有反映了一些奴隶生活的作品。出土的石雕、铜雕、骨雕等等绮丽精美、气派雄伟的作品,虽都是奴隶主贵族享有的东西,但都是奴隶的劳动创造,表现了劳动人民的艺术天才。

我国在西周开始的近三千年封建制度时代中,产生过全世界无与伦比的辉煌灿烂的封建文化,产生过众多的政治家、战略家、军事家、哲学家、科学家、发明家、文学家、艺术家等,其中并有许多伟大、优秀的人物，发挥了伟大的思想，遗给我们以无限丰富的伟大、优秀的文化成果。

择要来说，封建制度革命领袖之一周公的战略思想，就是世界上最早的具有辩证唯物主义因素的战略思想。在这种思想的传统影响下，由于不断的阶级战争、民族战争的锻炼，养成了中国人民顽强的斗争性，而又富于战略思想。张良、刘秀、曹操、诸葛亮、李世民、朱元璋等人，都运用了一套战略思想，创建其朝代的兴盛局面或小康局面。这在他们虽都是为封建统治阶级服务的，但却正是伟大中国人民战略才能的反映。

在军事思想上，是否真出于太公之手的《阴符经》，就不必说了（太公也是封建制革命的领袖之一）；以早在战国时期的“孙子兵法”为例，它不只在中世的军事思想上起过指导作用，在现代军事学上，还有它的地位——其中许多重要观念或积极的进步的因素，对现代人民革命战争也还是适用的。这反映了伟大中国人民丰富的战争经验和优越的军事才能。

哲学方面，哲学家班班辈起，人物之多，全世界无与伦比。其中最著名的：一方面有代表当时统治集团各阶层的老聃、孔丘、庄周、孟轲、荀卿、韩非、淮南子、董仲舒、王通、玄奘、韩愈、周敦颐、朱熹、陆九渊、王守仁、王畿、李二曲等的唯心主义哲学——不论是属于主观主义、客观主义或二元论，但都是唯心主义的；一方面有反映农民要求的墨翟、王充、吕才、王艮、李卓吾等人的唯物主义哲学；在明清之际和鸦片战争前夜，随同资本主义生产方式的萌芽，又产生了王船山、黄梨洲、颜元、唐甄、戴震、魏源、龚自珍等人的唯物主义哲学。

唯物主义哲学各流派，正反映了伟大中国人民伟大思想的发展，启示了思想解放的倾向和要求，不断与封建主哲学作斗争。其中像墨翟，并最先建立起论理学体系。

在封建主哲学里面，代表封建统治集团的孔孟哲学，由于产生在中国封建制度的上升时期，给封建制建立起成套的思想体系，是适应于封建制的前进倾向和要求的——虽然孔子曾在恢复西周秩序的形式下来论断。因此，它不仅支配了中国全部封建时代的思想，而且给了东亚以至全世界以重大的影响；其中个别的伟大观念，在今日也还是有其积极意义的。陆九渊、王守仁等的极端唯心主义哲学，反映了封建末期统治集团的保守思想；而在地主阶级要求自救的基础上，也有个别积极的观念，如所谓“知行合一”即“理论与实践一致”，虽然是颠倒的，不是对客观世界的实践，而是从内心修养的实践出发的，但仍可以说是一种伟大观念。代表初期没落封建主的老聃哲学（约公元前七至前六世纪），末期的周敦颐张载哲学（十一世纪初），都是辩证法唯心主义的。唯心主义正表现了他们的复古或保守思想，是其本质的东西；而辩证法却是伟大的观念，是伟大思想传统和深刻的阶级矛盾的反映。他们虽然都没有像黑格尔那样完整的体系，但远远早于黑格尔。代表中小地主的朱熹等人的哲学，都是二元论的。朱熹二元论哲学的许多重要观念和论点，很类似康德哲学；但它远早于康德。朱熹解释自然现象的许多论点，大都有其盖然的正确性。因此，他们的哲学虽都是为地主阶级服务的，到今日已都是过时的；但也反映了伟大中国人民的伟大思想。其中值得我们批判地吸收的积极因素和伟大观念，是相当丰富的。

朱熹的二元论和陆九渊的极端唯心主义，都是从周敦颐哲学流派中分化出来的；王畿的极端唯心主义与王艮的唯物主义，都是以王守仁哲学为师承而分化的。这正表现出在社会经济基础上，意识形态的阶级性和相对独立性。

科学发明方面，择要来说，首先是天文学，在周朝有重要的发展；到战国，基本上完成了一个科学体系；以后又相继出现了不少优秀的天文学家以及各种天文仪器的发明和制造。在战国，由于采矿冶金事业的发达，就发现了朴素的矿学原理（见《管子》）和磁铁相吸的物理学原理（见《吕氏春秋》）。在秦汉，秦李冰父子的都江堰水利工程，至今还保有科学价值；继蒙恬制笔之后，蔡伦改进造纸法，发明用树皮、麻头、破布、鱼网造纸；此外又发明利用水力推动冶铁风箱的"排橐"，五则式的数学；以培翁、张机等等为代表的医理特别对针灸和伤寒的研究获得相当成果。在两晋南北朝，祖冲之改进指南针（这可能早已发明在汉朝以前，在东汉已确定地发现了磁石的指极性，祖冲之又有所改进）和所谓"千里船"；无名工人根据战国以来的炼钢术，发明叫作"横法钢"的精炼法；信都芳根据天文仪器的制造原理，发明"铜壶漏刻"（即钟漏）和测验风向的仪器。在隋唐，宇文恺制成使用轮轴转动的战舰和"观风行殿"；无名的工人根据轮轴转动的原理，又发明借水力或风力推动的水车；何稠发明用绿瓷造玻璃；此外又发明刻版印刷术。在五代两宋，田亩、尹拙、张昭、毕昇等相继发明活字印刷术；无名氏发明火药制造术、铳炮制造术、改进指南针；秦九韶创立"数学九章"的数学体系；闻名世界的瓷器制造，到宋朝也已达到高度的发展。在明清，发明用数种矿质合成的玻璃制造法；改进印刷术的胶泥活字为铅字；发明利用螺旋力，或利用圆筒转动滑杆的起重机；发明两锭至三锭的纺车（天车）；在建筑学上也有重要的成就，如今日成了伟大人民首都的北京城的建筑，就是这种成就的具体表现；并出现了一群启蒙的科学家，如明清之际的宋长庚、顾应祥、朱载堉、邢云路、徐光启、李之藻、梅文鼎、王寅旭、方以智等，鸦片战争前的焦循、李锐、汪莱等，从事天文学、地理学、数学、物理学、博物学、农学、水力学等等的研究，获得相当成就，同时还翻译了欧洲的科学书籍。这在两宋以前，主要是适应地主阶级的要求，因为在两宋是以城市商业资本和手工业生产的高度发展为条件的；在明清之际和以后，是适应资本主义生产方法的萌芽和市民层的要求而出现的。但它不只标志中世生产力发展的进程，对社会前进起了重大推进作用，而且是以千百万人千百万次的农业、手工业生产劳动的经验为基础，结合了天才的科学构思的。这充分表现了伟大中国人民的科学天才和创造能力，也充分表现了伟大中国人民对人类文化贡献的伟大——如指南针、火药术、印刷术等等。这些创造并且传授给世界各国。

文艺方面，成名的文学家（理论、散文、小说、赋、诗词等等方面的）、艺术家（雕刻、戏剧、音乐、图画、书法等等方面的）人数的众多，是惊人的；即如屈原、司马相如、蔡琰、曹植、嵇康、沈约、庾信、顾恺之、郑法士、元稹、杜甫、李白、白居易、吴道玄、苏轼、陆游、辛弃疾、郑思肖、施耐庵、王实甫、关汉卿、高则诚、唐寅、归庄、郑燮、孔尚任、吴敬梓、曹雪芹等这样著名的大文艺家，也是不胜例举的；其他留下无数优秀伟大作品的无名作家，即人民文艺家，更不知有多少！其创造积累的丰富，任何人用一生的时间都不能全部研读。而为统治者销毁、删除、遗落的人民作品，更不知有多少！从阶级性说，主要都是代表地主和农民的东西。但文艺的各种形式，都是劳动人民创造的。地主阶级和文艺家在各方面都采取当时的民间形式、承袭传统的成果。不过地主阶级的文艺家，常常割弃或改变人民文艺的丰富而健康的内容;人民的或有进步倾向的文艺家,则以之和自己的天才结合,予以或多或少的发展。举几种伟大的作品为例,早期的(西周)伟大作品《诗经》,其中《国风》就主要是民间的歌谣,而与它内容矛盾的《雅》《颂》,便是这种歌谣形式的封建主的作品。而此又都是殷朝卦词形式的发展。“楚辞”系采自楚人的讴歌形式与屈原等人的天才相结合的产物,因此便成了伟大的作品。“唐诗”也是一面采取先存在于民间的形式,一面采取伴随民间形式的西汉以来的诗的格律加以发展的。民间形式的格调和声律都是很自然的、生动活泼的、气派雄伟的。在这种血液的贯注下,产生了杜甫、白居易、李白等那样的大诗人和伟大作品。其中愈多地反映人民生活和要求的杜甫、白居易,愈表现了他们在艺术上的更高成就。中国封建文化灿烂成果之一的二黄(京剧),基本上也采自民间的“乐歌”“诨唱”“说话”“讲史”“杂剧”“地方腔”“俗剧”(由唐到清)等形式,同时也是伴随这些民间形式而来的“梨园戏”“弹词”“元曲”“传奇”等的发展。《水浒》《三国演义》(元)、《金瓶梅》(明)、《儒林外史》《红楼梦》(清)一类伟大的创作,也是由民间的口传故事和“讲史”等形式发展而来的。而像云冈石佛那一类世界无与伦比的伟大雕刻艺术作品,在我们祖国又是不胜例举的;它虽然是为统治阶级服务的,但都是直接由人民的手所创制的。“西人引为惊奇”的果核和象牙雕刻,真是达到了“巧夺天工”的程度。这其中,大多是为地主阶级服务的,包含不少肮脏的、不健康的内容;但在另方面,它又多多少少从正面或反面,反映了人民的生活和要求、地主阶级的黑暗和腐化,这又是有积极和进步作用的;而且它都是从农民劳动的基础上产生的,是从人民文艺的基础上或直接由人民的手所创造出来的辉煌成果,具有伟大的艺术价值，同时也表现了伟大中国人民的伟大艺术天才和艺术传统。

在宗教方面，地主阶级的宗教是佛教和道教；在阶级斗争的基础上，人民也不断创造自己的宗教，即所谓异端派，如汉朝的"太平道"和"五斗米道"、宋朝的"魔教"、元明清的"白莲教"等——这在实质上，都是农民起义的组织形式。

在鸦片战争到新民主主义革命胜利前的一百零九年中，中国是处在殖民地、半殖民地、半封建的过渡时期；在帝国主义、地主阶级、买办阶级的压迫之下，伟大中国人民的伟大思想和创造力，是受到严重的束缚和摧残的。

但由于中国人民从鸦片战争开始，就进行着"不屈不挠、再接再厉的英勇斗争"（《毛泽东选集》第二卷，人民出版社一九五二年第二版，第六二六页）。我们产生了像孙中山那样的民主主义思想家、产生了詹天佑这样的科学家。中国共产党批判地继承了中国文化的优良传统，根据国内国际的环境和条件，领导人民进行了光荣的、伟大的、正确的斗争，并以马克思列宁主义的普遍真理结合中国具体情况来指导斗争。我们出现了伟大人民领袖毛泽东这样光辉伟大的人物——马克思、恩格斯、列宁、斯大林的优秀门徒、人民的伟大天才政治家、战略家、组织家、思想家、理论家、文艺家——和增加到马克思列宁主义宝库中的毛泽东思想，以及在毛泽东旗帜下的若干优秀领袖、政治家、战略家、组织家、军事家、哲学家、科学家、文学家等等。中国共产党、毛泽东同志，已领导人民获得新民主主义革命的伟大胜利，并继续领导人民进行伟大的社会主义建设。毛泽东旗帜的光辉，照耀着中国大地，照耀着进步的人类。

中国各民族都是光荣的、伟大的、优秀的民族。我们有无限丰富的优秀历史遗产和光荣的革命传统。伟大列宁对于近代中国人民及其斗争，早在一九一二年就充满着革命的同情和关心说过："摆在我们面前的是一个真正伟大的人民底真正伟大的思想体系；这个伟大的人民不仅善于悲叹自己成百年的奴隶地位，不仅善于梦想自由和平等，而且还善于同中国成百年的压迫者作斗争。"（《列宁斯大林论中国》，人民出版社一九五三年版，第二五页）伟大导师给予中国人民这样无比高贵的评价，昭示了伟大国际主义的范例，对于我们是一种极大的鼓舞和力量。毛泽东同志也如同列宁一样，充满着对祖国历史与人民的无比热爱、对革命无比伟大的信心，他洋溢着国际主义和爱国主义的精神说道：

> 中华民族的发展（这里说的主要地是汉族的发展），和世界上别的许多民族同样，曾经经过了若干万年的无阶级的原始公社的生活。而从原始公社崩溃，社会生活转入阶级生活那个时代开始，经过奴隶社会、封建社会，直到现在，已有了大约四千年之久。在中华民族的开化史上，有素称发达的农业和手工业，有许多伟大的思想家、科学家、发明家、政治家、军事家、文学家和艺术家，有丰富的文化典籍。在很早的时候，中国就有了指南针的发明。还在一千八百年前，已经发明了造纸法。在一千三百年前，已经发明了刻版印刷。在八百年前，更发明了活字印刷。火药的应用，也在欧洲人之前。所以，中国是世界文明发达最早的国家之一，中国已有了将近四千年的有文字可考的历史。
>
> 中华民族不但以刻苦耐劳著称于世，同时又是酷爱自由、

富于革命传统的民族。以汉族的历史为例，可以证明中国人民是不能忍受黑暗势力的统治的，他们每次都用革命的手段达到推翻和改造这种统治的目的。在汉族的数千年的历史上，有过大小几百次的农民起义，反抗地主和贵族的黑暗统治。而多数朝代的更换，都是由于农民起义的力量才能得到成功的。中华民族的各族人民都反对外来民族的压迫，都要用反抗的手段解除这种压迫。他们赞成平等的联合，而不赞成互相压迫。在中华民族的几千年的历史中，产生了很多的民族英雄和革命领袖。所以，中华民族又是一个有光荣的革命传统和优秀的历史遗产的民族。（《毛泽东选集》第二卷，人民出版社一九五二年第二版，第六一六—六一七页）

这不只使我们每个人都以作为一个中国人，特别是生活在毛泽东时代的中国人而感到光荣和自豪；同时，这又不啻给中国人民的全部历史作了一个基本总结，显示了把历史唯物主义应用于历史研究的典范，教导我们如何去研究和认识人民的历史，去认识和批判地继承我们伟大人民的伟大光荣传统和优秀遗产，发扬和工人阶级国际主义相结合的爱国主义。

修订版序

本书的初版稿，是一九三六年在南京匆忙中整理完成的，一九三七年由上海黎明书局出版，发行了五千册；一九三九年在重庆，曾改订了一次，由桂林文化供应社接受出版，到现在还没见发行。

现又就初版在文字上略加增减，并改正了我自己所发现的一些错误看法。但自己仍感觉太草率。我胆敢把它付印，意在贡献给读者作为研究中国哲学史乃至中国社会思想史的一种参考资料；同时，抛砖引玉，我也可借以获取读者的指教，以便重行删订。

一九四三年三月二十一日吕振羽自序

初　版　序

一

本书原系我所编《中国政治思想史讲义》稿修改扩充而成的。在系统上和原来的讲稿比较，虽没有过多的改变，然已不仅有详略的不同，而且对于历史上各派思想家所代表的阶级立场，都有重新估定的，自不免有结构上的部分变更。

我原先并没有打算把这部讲稿整理出版，后由于许多朋友和同学的鼓励，才提起我这种勇气。本来，在没有产生一部较系统而正确的中国社会通史前，无论中国政治史、军事史、法制史、哲学史、文学史、艺术史、宗教史……各部门的研究，要那些对中国社会史（至少经济史）没有素养的学者去担任，实无异“大海捞针”，难以摸索着条绪的。何况在时代悠久、文献“浩如烟海”而又真伪并出的情况下，更将增加研究的困难，也是无可讳言的。我是研究过中国社会史的人，无论我的见解正确与否，总算曾找出了一个粗略系统。因之，在拙著《中国社会史》没有完成前，提早整理《中国政治思想史》出版，供从事中国史各别部门研究者的参考，在批判地继承民族文化遗产的课程下，给中国社会思想史的发展以初步的估计，以及从历史上来给予时代以较系统的暗示，又是我的一种不可逃避的义务。

本书包括的时代，系从阶级社会的殷代奴隶所有者时代开始，贯穿着封建制的全时期——初期封建制、专制主义的封建制时期，以至近百年的半殖民地半封建这一过渡的时期。我企图对这长时期中社会思想的各流派，从其形成、发展、死亡的过程上，以及其相互对立斗争——作为各别阶级的本质的对立和同一阶级内部各阶层的统一对立——的关系上，作系统的探究。不过关于近百年这一部分，我尊重出版者的意见，不包括在此次出版的这部分之内，拟另于短期内出版。这是我自己引为歉疚的，谅读者必肯原谅。［补注：按近百年部分的稿子，已于一九三七年平津沦陷时被焚。］

我的编著体裁，根据我对中国社会史研究的初步结论，首先把中国史全部过程划分为各个阶段，各个阶段又划分为其发展过程的各时期；从各个社会阶段和时期的阶级阶层的构成上以及其相互关系的变化上去论究政治思想的各流派，又把每个流派中各思想家的思想，作为其自己的一个体系去论究。所以我的原意，是在学习《剩余价值学说史》的精神去编著的，结果自不免“东施效颦”。［补注：本书原和我所编《中国经济史讲义》是姊妹篇，所以对历史各阶段时期的社会经济及阶级构成、阶级关系和其变化，在这里没有详论。在没有觅得《中国经济史讲义》整理出版前，暂请读者去参考拙著《中国社会史纲》。］

关于中国社会思想史这一部门的研究，前此已有些断代或全部的著作，但马克思主义者对这方面研究的历史还很短，有些研究者虽企图运用马克思主义的观点、方法，而由于运用上的错误，没能作出正确结论；资产阶级学者的著作，由于其立场和方法论的关系，都未能得出较正确的结论，像梁启超等人的作品，在当时曾有相当的进步意义，到今日却已成了落后的东西；那些由假马克思主义观点出发的托派汉奸作品，不独由于其方法论的错误，而且由于其别有用意的卑鄙阴谋，其作品便完全是反科学的有害的东西，不当作为学术研究来看的东西。所以到现在还没有一部能比较令人满意而符合时代需要的产品。然对于中国社会文化思想作一较正确的总估计，在工人阶级领导的民族现实的实践斗争上，在民族文化传统之批判的继承的要求上，又是一件不容缓的事情。这部拙著还不是以中国民族文化思想的全面考察为范围，而只是其中的一个部门。其是否能获得较多的同情，比较能符合时代的要求，那只好期待于事实的反响。

二

百年来，特别是近二十余年来，中国思想界及其对民族文化思想的估计，适应于社会诸阶级阶层的存在及其相互关系，有着各种不同的立场和流派。

自五四运动起，成为中国人民民主革命一个组成部分的马克思主义文化思想运动，便成了中国文化思想运动的主潮。中国马克思主义者对于中国旧文化思想，自始就表现一种严肃的态度、正确的立场，自始就在应用历史唯物主义的彻底科学方法去加以估计。中国马克思主义者，不只反对过时的、死去的或行将死去的旧文化思想，而且要求批判地去继承民族文化的优良传统，即那些有现实意义的、有生命力的、积极的进步的东西，而加以发扬。五四运动时，李大钊的《今》和《青春》等论文，就开始表现了用历史唯物主义的观点去认识民族文化思想的倾向。

中国共产党成立后，在其机关杂志中所发表的一些历史论文，基本上便开始表现了对民族文化正确处理的方向。在大革命失败后，中国马克思主义者，在极困难极险恶的环境下，也努力进行了对民族文化思想的探讨工作，虽只是个别的少数人在进行，成绩也并不太大，然却理出一个初步系统，也可见中国马克思主义者对民族文化何等重视！中共领袖毛泽东同志的《新民主主义论》等著作，不但是马克思列宁主义和中国具体情况相结合的模范，是马克思列宁主义在中国革命具体环境具体斗争中的发展，是可以应用于一切被压迫民族革命的指导原理、具有相同特点的世界其他国家人民革命的指导原理。而且是民族文化优良传统的结晶，是民族文化优良传统之继承的表率。就文化革命方面说，他不仅正确地估计了民族文化，提出批判地继承民族文化优良传统、创造民族新文化的方针和任务，而且把它贯彻到党、政、军、民各方面的实际行动中，至今在抗日民主根据地，已成为支配文化生活的新民主主义文化形态的现实东西。由此可见，只有中国马克思主义者，才真正重视民族文化，才能科学地认识民族文化、继承民族文化的优良传统。因此，深入地展开对民族文化思想之史的研究，把研究的结果提供到实践上去，对中国马克思主义者来说是必要的课题。①

---

① 这两段，在一九四三年修订时有所增删，如文中《新民主主义论》等等，都是修订时增加进去的。

三

中国民族哲学思想的传统，是相当丰富的。世人常是这样说："日本民族没有其自己的哲学，中国人却是富有哲学思想的民族。"这当然是不正确的。然中国民族在历史的发展过程中，由于封建制所经过的时期分外久长，而产生了较高的封建主义文化，所以在封建的生产力和生产关系的矛盾形势一再得到缓和的基础上，作为封建统治阶级哲学的儒学和道学，都获得一再反复的发展与阐扬，佛学虽产生在印度，然而在中国始获得其系统的较高的发展。可是无论何种哲学思想，虽然有由于其民族所处地理环境等关系所给予的特殊性，以及由于历史传袭等关系所给予的特殊性等基础上，会给予其民族的意识形态如哲学等以特殊的色彩；但在其根源上，作为精神产品的哲学等东西，其本质却不是民族的，而是阶级的。

过去儒家对历史上各种社会思想流派的分野，一贯地分别为所谓儒家、道家、墨家、法家、名家、阴阳家、杂家等所谓九流百家，此外还有后来的佛家等等；这完全把社会思想存在之根据的阶级内容隐蔽了，结果自然不能说明其本质。从五四运动开始，资产阶级各派学者，应用不彻底的、虚伪的科学方法来研究中国思想史，最初从事这种研究的，在中国为胡适、梁启超、李石岑等，在日本有渡边秀方等。但他们对社会思想流派的区分，完全承袭着儒家。从他们的成就来看，胡适的《中国哲学史大纲》，在当时曾引起了一部分人的注意，然而根本没有触着各派哲学思想的本质；而且在"上册"出版后，便不能继续下去，无异宣告其实验主义方法论的彻底失败。梁启超在形式论理学方面的素养上，还似乎比胡适高明些；他对“先秦思想”研究的著作，在当时也起了相当的作用，但也同样没有触着“诸子”思想的本质。李石岑在实验主义的阶段，对中国哲学思想并没有研究出一个系统来；在其逝世前的数年间，便开始抛弃实验主义，企图用历史唯物主义去研究中国哲学史，这是一个值得钦佩的进步。渡边秀方的《中国伦理学史》等书，却不但把中国社会思想各流派的本来面目隐蔽着，而又把它庸俗化了。虽然，在半殖民地文化支配下的中国学术界，“宗主国学者”的意见，却容易获得人们重视，所以像渡边那样无价值的著作，也公然在中国流行。一九二七年以后，中国马克思主义文化思想工作者和进步的学者，才试图应用历史唯物主义来从事这一课题的系统研究。然其中有些人在其主观上虽也想应用历史唯物主义，客观上却没能完成科学研究的任务；在他们，第一，由于其对中国社会史概念的模糊，自始便没有从社会经济构成及其变动的基础上，以及社会阶级构成阶级关系和其力量对比变化的基础上，去论究各派思想发生的根源和其本质。第二，他们应用的方法，自始就表现经济主义的倾向。他如陶希圣、李季、叶青之流为着反对马克思主义，便伪冒历史唯物主义的招牌，来贩运反历史唯物主义的商品。所以陶希圣的《中国政治思想史》，不只表现概念上的极端模糊，且自始只从政治原因上去解说其所谓“政治思想”，并没有半点“唯物辩证法”的气味，只是半实验主义化身的绝对唯心主义。而他正是企图以此来麻痹青年的。李季的《胡适〈中国哲学史大纲〉批判》，基本上并不是什么学术研究，而是应用假马克思主义观点来反对马克思主义、来破坏革命。由假马克思主义观点出发的王宜昌的一些历史论文，把中国民族文化曲说为毫无生命力的僵尸，谓没有外力的撞击就不能有丝毫的进步性。这也不是什么理论上的问题,而是他们在响应日本法西斯军阀的对华侵略。叶青的《胡适批判》等,是应用假马克思主义加假三民主义观点写成的,更不是什么学术研究,而是其向日本法西斯和大地主大资产阶级特务机关的陈情书;假马克思主义是他寻找主子的本钱,假三民主义观点是他乞取主子录用的荐书。所以他故意抹杀"五四"时期自由主义文化思想运动的进步性,故意曲解中国古代哲学,抬高保守的落后的封建思想,都不过是他迎合其特务机关主子的观点之一种方式。

我在本书的基本出发点是:

哲学思想,虽能作用于社会经济和政治,基本上却是被决定于社会经济结构和政治形态,并与之相适应,随着其发展变化而发展变化的。如作为封建统治阶级哲学的儒学、道学和佛学,在其各自的本质上,虽通过全封建时代都是相同的,然而随着中国封建制度的长期过程,以及其在过程中之不断的部分的质变,也同样在起伏着、变化着。同时,由于其阶级内部各阶层间以至阶层内部矛盾的存在,所以同是封建地主的哲学,而有儒学、道学和佛学的分别,在儒学、道学、佛学各自的内部又有其流派的歧异;又由于各阶层相互关系的变化,有时表现儒、道、佛三者的相互对立,有时表现三者的统一,有时表现儒、道思想的统一与佛学思想的对立。这不过是一方面的例子,即足表现历史自身的生动性,不是机械般可以把握着的。

四

本书的出版,完全由我自己复校过。但在时间的仓促中,或仍不免有鲁鱼亥豕之讹。

当我写本书的时候，承许多学术界先进朋友给了我不少指示和帮助，尤其是吴检斋先生给我的帮助更多。又我的弟弟持平曾从自然科学方面说明光、音、电等的运动法则（完全符合唯物辩证法的法则——虽然持平并没有学过唯物辩证法），贡献我作为哲学原理的参考。又本书原稿大部分，承袁炎烈*、李邦彦两先生为我抄写过，我应该向他们表示谢意。

一九三七年二月二十八日著者自识

一九四三年三月二十一日修订

* 袁炎烈即袁也烈（1899—1976）。——编者

第一编　导言

第一章　研究的方法

关于人类思想之史的研究，无疑是一个条绪繁复而至难着手的课题。尤其是浩如烟海的中国社会思想之史的考究，科学的整理才开始萌芽，还不曾究出一个明确的体系来。社会思想是属于上层建筑的东西，它不但受着社会存在所决定，而且在其自身间也有交互的影响作用。所以人类的意识形态，不是能从社会隔离起来而孤立存在的，而是人类在其社会中之实践生活的反映。同时，意识形态的本身，在适应其社会存在的变化而变化的原理下，也是活生生的能动的发展的，并不是死板的、机械的。从这样去了解，才能见出历史唯物主义和经济史观之不同所在。从而在这一课题的研究上，和经济史、政治史的研究有其密切不可分的联系性在。但是中国经济政治史的研究也至今还不曾树立起一个公认的明确体系——虽然其观念到目下已渐趋明了了。

就过去国人对本国社会思想史的研究，有以历史上各别思想家个人或学派作为研究分类的，有从政权的表层形式作为研究的阶段的。前者的最大错误，在于把历史上的思想家与其生活着的社会隔离起来、孤立起来，结果，只不过在玩弄诡辩，把历史作为“奇迹”去夸张。后者对于真理，自然比前者又稍稍接近了一步，但其最大的错误在玩弄形式逻辑，把社会的性质在政权的表层形式下隐蔽起来，把人类的意识形态和其社会生活实践的矛盾统一性，拿所谓政权的形式去隔断起来，从而把它们孤立起来。结果也便只有流于“奇迹”夸张之一途。

根据马克思列宁主义哲学的研究，社会自身的运动有其自在的一个因果法则，一切社会、自然和人类思维的现象在其相互之间都有一个因果关系，这都有其必然性，不是凭人类的意志可以任意加以修改的。人类虽然能作用于社会、创造社会，但是人类的意识却还本源地受其规定的。伟大的马克思有一句名言：“不是人们底意识决定人们底存在，恰巧相反，正是人们底社会存在决定人们底意识。”（引自《联共（布）党史简明教程》，苏联外国文书籍出版局一九五三年中文版，第一四七页）所以我们对于历史上某一时代思想的研究，要想能得出一个正确的结论，第一重要的，须要正确地掌握这一时代的经济情况和政治情况，正确地明了这一时代的生产方式，以及其矛盾之发展的根本形式，——在其内部之矛盾的对立性，对立物的统一性——人类的思想便建立在这种基础之上，顺应着、发展着。在另一方面，意识形态的自身虽属原则地受着社会存在所决定，然其对于社会存在自身亦能给予反作用，而给其发展过程以多多少少或正或负的影响，从而又影响其自身。

不过在历史的发展全过程中，不断地由量的变化而引起质的变化，质的变化又引入量的变化。所谓经常在渐变的过程中，量的变化一达到某种程度，渐变便入于一个飞跃的时代，而发生突变。突变的结局，便是旧质的死灭，新质的代起；代起的新质，又引入新量的发展。同时，在每一次的突变未曾到来之前，在渐变的行程中，也不断地引起部分的突变。在引入那整体的突变时，便是飞跃时代的到来。自然，在这突变中，甚至突变的完成，也依然有部分保留着连续的发展。所以在历史上，在某一阶级支配着的社会的全时期中,在统治阶级的内部也常引起部分的没落和被统治阶级中之部分的代起,——尤其是中间阶级之向两极分化。同时新社会出生后,还能存留着前代社会的残余,保留其部分的连续发展。这种部分起落的社会的矛盾,常构成这种部分起落的分子之意识形态上的矛盾。

实验主义者根本不懂得这种历史自身运动的辩证法。如胡适之流,对中国哲学研究,虽一时也曾引起过人们的注意,但却无法说明中国各派哲学思想的本质;社会民主主义者如王礼锡等人,也同样对此问题无法了解。所以他们对中国思想史的探究上,也徒然在玩弄舞台的魔术和文字的装饰。而托洛茨基派,便不仅由于他们是用冒牌历史唯物主义来反对历史唯物主义,而且由于其另有卑陋的作用,所以他们便不是在理论上的错误问题,而是主观自觉地来反对真理的,所以对他们又当别论。

因而在历史上所表现的人类意识形态之两个基本分野的范畴中,我们常看见在同一阶级中各阶层的各个思想体系,常表现有多多少少的对立的矛盾性。不过在究极上,自然还有其共同点的。例如发生于统治诸阶层中的各种意识形态的东西,无论其外表上表现若何的差异,基本上都不能不在作为认识论的唯心主义下面统一起来;——这当然不是没有例外,在特殊的条件下,也有统治阶级中被支配阶层的唯物主义;反之,发生于被统治诸阶层中的各种意识形态的东西,基本上便都不能不在作为认识论的唯物主义下面统一起来——自然,在特殊的条件下也有革命的观念论。而且,前者在究极上总是有神论的,后者在究极上总是无神论的。扮演历史上滑稽剧之主角的宗教,我们在这里也不难求出其根源来。

历史上唯物主义何以与被统治阶级的思想体系形成不能分离

的一体呢？这缘于他们在生产劳动上之实践生活的赤裸裸的反映。这并不是物理的化学的范畴，而正是社会的历史的范畴。观念论何以与统治阶级的思想体系形成不可分离的一体呢？这由于他们和生产劳动隔离而依于剥削他人劳动以为生的实践生活，且为维护其自身的利益，把具体的人类劳动的实践性抽象化了，且从而把一切社会现象神秘化了。

其次，人类的意识形态，虽属受着存在所规定，但在这局限内，意识形态自身也是活生生的能动的发展的。因而此一时期的人类意识形态，本质上是受此一时期的社会存在所规定的，但过去物质的精神的生产成果，也能给它以影响作用，特别是无产阶级要批判地继承人类文化的全部遗产作为自己的东西。而况新的因素，都是从旧的母胎中产生出来的呢。

最后，我们说到政治思想是什么东西呢？它并不是和经济思想相对立的东西，毋宁是人类各别阶级的阶级斗争思想的集中表现，而为其行动指导的原理。所以政治思想史，本质上系同于社会思想史，只有其范围大小的差异。

依于阶级而分野的各种政治思想体系的构成，各有作为其认识之出发点的认识论或哲学基础。因此要明确地理解各种思想体系的内容构成，对于那作为其出发点的认识论的掌握，是第一重要的。

第二章 中国政治思想之史的流变

适应于古代奴隶制度社会生产力的幼稚，人类对自然现象、社会现象的认识，也还停留在一个较幼稚的状态中。其哲学和科学的发生，一般都是到了其末期、适应其生产力的发展和其阶级对立形势的发展的情势下才开始发展的。但是中国古代奴隶制经济，是和古代希腊、罗马而外之世界各国相似，并不曾达到古代希腊、罗马那样发展的高度，便归灭亡了。因而文化上虽已表现着优良的特质，却没有发展到古希腊、罗马那样的高度。就社会的-政治的思想范畴来说，我们目前所能得到的材料，能作为研究对象的，一方面是系统不完整的奴隶主的神学，一方面却也有殷代奴隶主和西周封建主政权相交替的变革期的革命哲学《易卦》。到西周封建秩序树立后，封建统治阶级为获得适合其自身的政治原理，相传又把奴隶主的政治学说《洪范》加以演绎和修改，作为适合自己时代要求的东西。同时随着封建国家创设的完成，便又把那作为指导斗争的武器八卦哲学修正演绎而为《易传》（这大概成书于春秋时代），由动的观点转化为静的观点，由斗争思想转化为调和思想。因此，《洪范》《易传》，便充任了封建统治阶级之初期的政治原理。

随着生产力的发展，浸假至春秋末期，初期封建经济秩序的本身，由确立而获得发展并开始扩大其矛盾；从而建筑于其上层的各种形态的东西，也自必随之而发展，易言之，初期封建经济至此已发育成熟，便产生了建筑于其上层的各种较成熟的精神产品，“集大成”的孔子的封建统治阶级的哲学，便在这种条件下产生出来了。

此后在中国封建社会的全时期中，随着封建制的历史前行一步，封建统治阶级的哲学，也便跟着演化，而与以多多少少的修正或改变。例如适应于封建制上升时期领主制却开始动摇的春秋末期之孔子学说，到孟轲时代，适应于新兴地主的兴起和阶级对立情势渐形剧烈的情况下，便转化而为调和阶级内部诸阶层关系的调和论，企图把封建领主和新兴地主在阶级的共同利害下统一起来。到荀卿时代，封建领主的历史已临于末日，新兴地主已渐次取得了经济上的支配权，因而儒家学说，便演化为适应于后者要求的荀卿哲学。新兴地主所要求的政治秩序，自战国末期经秦代至西汉，才获得巩固，因而地主阶级哲学，经过韩非、李斯、贾谊等人，而形成其为董仲舒学。此后适应于南北朝经济的特色，一面分化为北朝鲜卑统治集团和大地主的佛学；一面分化为道、儒调和的南朝的地主哲学，及其宫廷贵族的佛学。随着到隋朝，地主阶级内部的统一，便产生了王通的儒、释、道三教合一论（《文中子》书无疑是后人所编辑；但它表现王通的思想是完全和其时的社会情况适应的）。适应两宋社会矛盾诸关系的存在，因而一面演化为王安石的中间阶层政治学说；一面演化为代表地主阶级的周、程哲学，至南宋又在其内部分裂为朱熹的二元论和陆象山的主观唯心主义。随着到明代自由商人的发展和地主经济的衰落，便演化出代表其衰落期的王阳明“知行合一”论。到清代地主阶级的各派哲学也完全与其时的社会情况相适应的。以儒家为主干的中国封建统治阶级的哲学，在意识形态上取得一个长期的支配地位。这种支配力，直随着其阶级地位的动摇衰落而动摇衰落的（到清末，康有为、谭嗣同的哲学，却代表着一个大转折点）。自鸦片战争以后，在世界资本主义统治下之半殖民地半封建的社会，其上层的政治思想上的各流派，也完全和其社会存在适应着的。

其次，在封建社会内部之渐变的过程中而引起了部分的突变，便相应产生哲学思想上的流派。例如统治者阶级之部分的没落，由这种没落集团对过去回忆的美梦，便常形成为复古主义或厌世主义的哲学。如在春秋末期由于封建的兼并而引出之部分中小领主的没落，代表这些没落分子政治企图的，便产生老聃哲学；这到战国时代，便又降低为庄周厌世主义的人生观和哲学上的怀疑论；到西汉末期，由于旧的封建贵族地位的动摇，便产生刘歆的复古主义。到魏、晋，适应地主阶级阶级地位的动摇，便演化出厌世放任的“清谈”派和葛洪的神仙术。这不过是一些例子。在另一方面，由于统治阶级内部之各阶层地位的变动，到战国时代，由于新兴地主-商人经济的发展，便分裂出杨朱派的政治学说——这直到其阶级内部统一的韩非时代，才又在韩非哲学体系中被统一起来。这也不过是一个例子。

在另一方面，随着社会内部敌对矛盾的发展，便反映到意识形态上之敌对矛盾的发展。和统治阶级的哲学相对立的，便产生了被统治阶级的哲学。例如在战国，代表农奴阶级和封建领主们哲学相对立的，有墨翟、许行哲学。到汉代，和地主阶级哲学相对立的，有王充哲学。到六朝，和鲜卑等统治集团及大地主哲学相对立的，有鲍敬言的无君论。到明代，和阳明学派相对立的，有王艮、李卓吾哲学……同时，在农民阶级的阶级运动中所揭示的政治主张和要求，虽不曾留给我们以系统的文献，然而在盗跖，在陈涉、吴广，在樊崇，在张角、张鲁，在黄巢，在韩林儿，在李自成、张献忠，在太平天国，在义和团……的行动和思想信仰中，都能表现出阶级意识的一个梗概来。

我们所划出的这个轮廓，只是暂时的；将来在我们研究的进行中，如发现不妥时，再予以不断的更正。

第二编　商朝奴隶制度时代的巫教神学和“八卦”哲学

第一章　巫教神学的两重世界观

一　"人"的阶级和"神"的阶级

人类在原始公社制前期,由于漂泊无定,而不曾意识到"死"为何事,从而也不致发生人死后的灵魂观念。但其对自然占有的程度太低级,对自然力的克服能力很弱,对自然现象无法解释,而形成一种人物混同的迷糊意识,随后又发展到万物有灵论和原始的宗教魔术。他们的这种幼稚想像即其对世界的解释,是在与自然斗争的过程中产生的。但那种宗教魔术,是基于其生产劳动的直接要求,是其对自然斗争的一种方式。到后来,氏族社会时代,由于人类对自然占有程度稍稍增高,而发生生活组织的变更,特别是相对的"定居",便渐次意识到"死"的事情,且从而发生死后的"灵魂"观念,万物有灵论便演化为多神论,图腾崇拜演化为祖先崇拜;于是形成两重世界观。他们所崇拜的祖先,大抵是生产、战斗中的英雄,传授和创造过斗争经验的人物,但是由于他们所生活着的人间世界成员,都是无等差的平等的,从而他们便认为生活在"神间世界"的成员也都是平等的人,死后都是有"灵魂"的;而且在各人的死后,便到另一世界去过其平等的生活。同时,因为以血缘为组带的氏族组织，在同氏族内的成员间行着共同互助的生活，不同血缘的氏族间则存在着斗争与互相掠夺的事实。因而他们认为本氏族内成员死后的“灵魂”依样会来协助他们，给他们降福；反之，异氏族成员死后的“灵魂”，却依样会来扰乱他们，给他们降灾的；对个人间的生时恩怨，也以此同一原理去解释其死后的关系。从这种社会存在关系上反映着的意识形态，构成原始的宗教观念。这种原始的宗教观念，和后来阶级社会的宗教是完全不同质的。由于当时人类在原始的幼稚的生产力状态下，对其周围的许多自然现象和自然力，都无力解释和克服，因而构成那种原始宗教，也正是他们当时现实生活诸关系在幼稚意识中被颠倒歪曲的幻想，是原始人的鸦片。另方面，这种宗教的本质正是当时人类在生产劳动中对自然斗争的一种方式，是为全社会的集体生产活动和生活服务的，并非想升天堂或骗人的，是在生产力低下的状态中，幻想借助于魔术、图腾、祖先或善神来增加斗争力量，表现着提高征服自然的能力的倾向和要求。

到人类阶级最初大分裂的殷朝奴隶制度时代，特别由于肉体劳动和精神劳动的分工，人类的意识形态也随着而发生大的转变和分裂。就“灵魂”观念来说，在脱离实际生产的奴隶主看来，奴隶是没有人格的“物品”，是“能言语的家畜”。因而在他们的认识上，奴隶们在其死后也是没有“灵魂”的，奴隶们的死，不过像物品被消灭一样。只有他们奴隶主在死后才有“灵魂”。其次对自然间的一切现象，如天、地、山、川、风、云、雷、电、水、火、气候等等变化，尤其是对农业的丰歉，畜牧的繁盛与灾疫，直接在表征自然支配力的各种现象，奴隶主便都视为神秘化的东西，在被视作有利其统治的意义下，便更扩大其神秘化的解释，确定为神的意志的表现。然而适应于其社会现实统治机构的反映，便由原始的万物有灵的观念而转化为具有最高统治的一神崇拜观念，而构成古代的一神教——巫教。因而，他们认为在现实社会中存在的等级，也依样移植在"神间世界"中存在着；易言之，在人的社会中所存在着的"帝"、"王"、贵族、自由民，在"神间世界"中也依样存在着。"帝""王"死去以后，其"灵魂"移植到"神间世界"中依样为"帝"为"王"，贵族也依样在作贵族，陪同帝王与同享祭祀。这种意识形态，便表现为混神学和哲学于一炉的奴隶主的宗教思想，形成为阶级的宗教去表现。这种宗教的性质和原始公社制时代的不同，在原始公社制时代是从生产劳动的实践斗争上发生的，是以氏族全体成员平等作出发点，从人的人格之平等的观念上而认为死后也同等的有其灵魂的存在。在奴隶制之下，认为只有统治阶级才能表现其社会的作用，所以认为他们死后才有灵魂。照这种现实存在去解释自然界，便解释为具有统治力的、有灵的和被创作的、无灵的两面，而演化为一个阶级的宗教。另方面，便也产生了被统治者的原始辩证和唯物主义的"八卦"哲学。

殷代关于祭祀祈祷等记事中，一为以死去的帝王为主神的奴隶主的祖先崇拜，一为以天帝为主神的宗教神崇拜；而前者又被认为系后者的从属，表现其一神教的实质。而其祖先崇拜和天帝崇拜又都是阶级的专制。下面的记事，在说明其阶级的祖先崇拜：

贞之于高妣己。(《殷虚书契前编》卷一，三四页)

□大甲大庚□丁祖乙祖□□□一羊一南。(《观堂集林》卷九，一四页)

……大丁大甲且乙百鬯、百羊、卯三百囧。(《后编》卷上，

二八页)

甲辰卜贞,王宾米祖乙祖丁祖甲康祖丁武乙衣亡□。(《后编》卷上,二〇页)

据王国维考定,此两条为“特祭其所自出之先王,而非所自出之先王不与者”。卜辞中又有:

己卯卜贞,帝甲□□其众祖丁。(《后编》卷上,四页)

己巳卜贞,王宾祖庚。(《前编》卷一,一九页)

王国维依此考定说:“商人自大父以上皆称曰祖,其不须区别而自明者,不必举其本号,但云祖某足矣。”然此并非说商人对大父以上,皆一体混称为祖,卜辞中固有“高祖”与“祖”字之互见,大抵高祖以下,大父以上之各代,则统称曰祖,而不似后世之以“第几世”祖的字义去区别。卜辞又有:

父甲一牡,父庚一牡,父辛一牡。(《后编》卷上,二五页)

王国维考订说:“此当武丁时所卜。父甲、父庚、父辛,即阳甲、盘庚、小辛,皆小乙之兄,而武丁之诸父也。”大概殷代帝王对于前代帝王其世系适为其前一辈者,从继统上便统称曰父。此一说也。或系王族对于其先世的公祭,致祭者为“甲”“庚”“辛”的子辈全体。此亦可备一说。

这种对历世帝王的专祭,便是后来各朝宗庙的滥觞。

贵族死后陪同帝王受祭,例如盘庚对其左右贵族说:“兹予大

享于先王,尔祖其从与享之,作福作灾,予亦不敢动用非德。”(《尚书·商书·盘庚上》)此例卜辞中亦所多见,例如:

贞㞢(侑)于黄尹。

戊(午)卜……庚戌余桒于咸、允若。

贞㞢𠂤自咸三宰。(均《殷契粹编》)

癸酉卜右伊五示。(《观堂集林》卷九,二一页)

告吕于黄尹。(《后编》卷上,二九页,从郭释)(羽按:黄即“阿衡”之意,尹即伊尹。)

其次,自由民死去以后,也依样被视为在追随其死去的帝王,和他们在活着的时候一样生活着。例如盘庚对其一般自由民说:

我先后绥乃祖乃父,乃祖乃父乃断弃汝,不救乃死。……乃祖乃父,丕乃告我高后曰:“作丕刑于朕孙。”迪高后,丕乃崇降弗祥。(《商书·盘庚中》)

不但被祭者为一个阶级,而奉祭者亦只是一个阶级。同时奴隶对宗教的最高神天帝,也是没有崇拜权利的。

这样,把存在人间世界内的阶级等差,也同样移植于“神间的世界”内。

依此,他们一方面是以死去的帝王为主神而被崇拜,那些死去的僧侣贵族和世俗贵族则只是陪同受祭者……而奴隶却没有这种祖先崇拜的权利。不过帝王却又是从属于天帝,认为帝王就是天帝的儿子(他们称帝王为天子),是天帝任命他来统治人类社会的。

帝王在生时受天帝的直接管理和命令，死后也是回到天帝那里而为其从属。只有天帝是至高无上的主宰。

因此，人类社会的帝王、僧侣和俗权的奴隶主贵族、一般自由民的等级制，在巫教僧侣的神学中，也便有天帝、帝王、奴隶主贵族和一般自由民的等级存在。

二　“神间”的“天”与“帝”和人间的“帝”与“王”

在“神权政治”的状态下，人间社会有最高权威者的“帝”与“王”，奴隶主集团便解说：同样有一个“神间世界”，并同样有这种最高权威者的“天”与“帝”的存在。而且人间社会的“帝”与“王”，倒是代表“神间世界”的“天”与“帝”来行使统治的，他不但是“神意”的传达者，而且是沟通“神意”与“人意”的联络者。所以商代的帝王们，不但都是捧着一个“天”和“帝”在头上去施政，而且认为关联人类生活的一切现象，也都是神意的表征而受其决定的。例如：

先王有服，恪谨天命……今不承于古，罔知天之断命。（《商书·盘庚上》）

天其永我命于兹新邑。（同上）

于帝史凤，二犬。（《卜辞通纂》三九八片）

予迓续乃命于天。（《盘庚中》）

……兄……上帝……出。……（《后编》卷上，二八页，一四片）

伐吕方帝受我又。（《龟甲兽骨文字》卷一，一一页，一三片）

在今后嗣王……诞淫厥佚,罔顾于天显民祇。(《尚书·周书·多士》)

以尔多方,大淫图天之命。(《尚书·周书·多方》)

我其已方,乍帝降若;我勿已方,乍帝降不若。(《前编》卷七,三八页,一片)

庚戌卜,贞帝其降堇(馑)。(《前编》卷三,二四页,四片)

王用亨于岐山。(《易·升》六四)

帝弗若。(《后编》卷下,一四页,四片)

贞帝弗其𣪊王。(同上,二四页,一二片)

王用享于帝吉。(《易·益》六二)

依此,他们又认为"天帝"实统治着两重世界,即"帝"和"王"统治的人的世界,以及他们的"先王"统治着的"鬼的世界",都同在"天帝"的统属下。这是现实世界中的僧侣贵族和世俗贵族,共同以"帝"或"王"为其阶级统治的代表那一事实的反映。同时,上帝也便成了其阶级政权的工具。另一方面,"天帝"便充任了奴隶所有者的宗教神,而构成着一神教的内容。

三　巫教僧侣的职分和巫教

在原始公社制末期,玩符咒术的僧侣,已渐次从生产领域中脱离出来,而成为一种专业。到阶级社会的奴隶制时代,他们便转化而成为僧侣贵族,不但较世俗贵族扮演着更重要的角色,而且构成"神权政治"下统治层中的主干。

“王”在其地位上被认为是“神意”和人意的沟通者，僧侣则被认为具有这种魔术的专门术士，他们是往来于“神”和人之间的。在殷代，被称为“伊”“巫”“史”的，便是这种僧侣贵族。他的宗教叫作巫教，巫教的教主称作“阿衡”。伊尹等人便都是巫教教主——甲骨文也有伊尹为阿衡的记事。周公说：

> 我闻在昔，成汤既受命，时则有若伊尹，格于皇天；在太甲，时则有若保衡；在太戊，时则有若伊陟、臣扈，格于上帝；巫咸乂王家；在祖乙，时则有若巫贤；在武丁，时则有若甘盘。率惟兹有陈，保乂有殷……故一人有事于四方，若卜筮，罔不是孚。（《周书·君奭》）

《史记·殷本纪》说：

> 伊陟赞言于巫咸，巫咸治王家有成，作《咸艾》，作《太戊》。帝太戊赞伊陟于庙，言弗臣，伊陟让，作《原命》。

“史”在卜辞中屡见，例如：《卜辞通纂》三九八片：“于帝史凤，二犬。”同上别录二河井大龟：“乙巳卜，贞王宾帝史，七犬。”（参看六四片）

此外，武丁时之史官（贞人）有献、亘、永、方、邑、争、古、殳、吾、[illegible]、箙、吏等十二人；祖庚、祖甲时有大、旅、节、行、兄、出等六人；廪辛、康丁时有逆、口、口、宁、犾、彭、宄、口、旅等九人（《甲骨文断代研究例》）。又《后编》卷上，二二页，有：“乎多尹往㞢。”

因此，巫教僧侣权威在殷代的政治上，简直能左右“王室”；巫教的阿衡，简直是最高权力的代表者，帝王除军权外，无异是他们所运用的工具。所以古文献说太甲时的伊尹，权能黜放太甲，太戊时的伊陟，竟能对太戊“弗臣”。这由于其在政治作用上的重要性。不只由于他们掌握知识的特权，且由于所谓“神权政治”时代，“神意”具有最高的支配力。而僧侣手中的“神意”在政治上之主要表现方式，则为贞卜。所以周公追述殷人的政治说：“若卜筮，罔不是孚。”（见前引）盘庚说：“各非敢违卜，用宏兹贲。”（《商书·盘庚下》）而这种“卜”，原来是专由僧侣掌握着的，后来才有“王贞”的事情（“王贞”还是殷代较后的事情。至某某“贞”的，则在一定时期内主要都系一人或数人，且能明白的别出各人的文字笔迹来）。在殷朝末期，曾发生过教权和俗权的剧烈斗争。斗争的结果，王曾把部分的神权夺回到自己手中，纣之“昏弃厥肆祀弗答”（《周书·牧誓》）与“我生不有命在天”（《商书·西伯戡黎》），都是俗权对教权斗争的表现。同时，王所代表的俗权与教权抗争的事实，如次一类的记载，也并非偶然。例如：“帝武乙无道，为偶人，谓之天神。与之博，令人为行。天神不胜，乃僇辱之。为革囊，盛血，印而射之，命曰射天。武乙猎于河渭之间，暴雷，武乙震死。”（《史记·殷本纪》）“《太誓》之道之，曰：‘纣越厥夷居，不肯事上帝，弃厥先神祇不祀，乃曰吾有命，无僇僔务，天下’（毕沅云二字疑衍），天亦纵弃纣而不葆。”（《墨子·天志中》）

巫教虽系具有一神教本质的宗教，但它发展得并不完全；它缺少了其他一神教所具有的渡到彼岸和来生修炼的教义。在殷朝奴隶制灭亡后，巫教也日趋式微，其一些因素后来便为道教所吸收。但今日的所谓城隍庙、水府庙、龙王庙等，却还都是残留的巫教教堂；巫师就是巫教的教士。殷代巫教僧侣，对于人类文化的主要贡献，是暗合阴阳历折衷的天文历数学的发明。

第二章　由奴隶制到封建制变革时代的政治学说

——《周易》

一　卦辞、爻辞、《易卦》、《易传》之出世时代

《易经》中的卦辞和爻辞，从其自身的构造性质，以及其说明的时代看，和殷虚出土之卜辞殆为同一性质的殷代文物（详见拙著《中国社会史》第二册，即《殷周时代的中国社会》），独《易卦》的来源确系不易考定。在殷虚以及在仰韶各期出土的古代遗物中，都不曾有类似八卦的文字发现；在亚洲其他民族的古代遗物中，也还不能寻着其根源（只有和非洲的埃及文字有类似处）。据中国古史传说，一云系“伏羲”作卦，一云系文王作卦。但据我们研究，在传说中之“尧、舜、禹”的时代既还没有文字发现，则“伏羲”作卦之说自难凭信。但文王作卦的传说，从以下几点看，便有其可能（这当然不是天才者个人所能凭空创造的）。一、八卦所说明八件事情，即是自然界中八种东西，这恰是当时人类对自然界之素朴的认识，我们从卜辞中可以考证出来的（卜辞中的占卜，常涉到这八种具体的东西）。周当时曾为殷的从属，自不能不接受殷的文化影响。或

者在殷末，像卦辞、爻辞所包含的这部分文献曾落到周人手中（或为周人对殷朝社会事象的占卜的记载），周人应用其变革时代的意识去加以安排和演绎，把它系统化了。故《系辞传》曰："河出图，洛出书，圣人则之。"这种传说并不是偶然的。二、卦爻之产生与卦辞及爻辞，是有其关联性的。而卦爻又是渗透了革命意识的东西，当然非能出于殷人，应出于革命的周人。

说到《易传》，从其思想体系去加以考察，一方面充满了辩证的观点，能完全适应于殷周变革期中社会现实的反映；但在另方面，它最后又转入到观念的、静止的观点上，这又充分表现是过去历史上新兴阶级夺得政权后的一种意识形态。依理，《易传》应出自西周人之手，周公作《易传》的传说，也不是偶然的。周公是武王死后的革命领袖，也是当代大政治家，周朝国家的规模，也是以他为首所规划缔造起来的；但周公生存的时代，还是革命的时代。因此《易传》又极可能系周公以后的人所作，因为周公正生在革命初期。据《左传》所说："晋侯使韩宣子来聘……观书于太史氏，见《易象》与《鲁春秋》，曰：'周礼尽在鲁矣。吾乃今知周公之德与周之所以王也。'"（昭公二年）是《易》和周公曾发生过关系，当无由否认。《论语》说："加我数年，五十以学《易》，可以无大过矣。"《鲁论》说："加我数年，五十以学，亦可以无大过矣。"不过这里所谓《易》或系卦爻。然从《易传》的文体看，又与孔丘等人之口吻甚相仿佛；同时照上面所说，孔丘曾和《易》发生关系又是事实。因而以直承周公道统自命的孔丘，从他"述而不作"的原则下，或许是他对西周人所作的《易传》，又加上了一次增删工作。他的作《易传》与删《易传》的传说，也似乎不是偶然的。另一方面，我们从西周社会形势去考察，周朝封建制度由黄河到芈楚江淮的全面胜利，乃是到公元前九百年代末宣王时才完成其过渡。照历史公例说，其意识形态的转变只可能在新制度基本胜利以后。周朝封建制的初步胜利，却早在周公成王时代。而人类的思想也不是突然转变的。所以《易传》的思想可能系周公成王以后不断形成的，而其系统完成，或属春秋时代。

二　由神学的宇宙观到辩证的宇宙观

殷人崇奉“天帝”，和古代欧洲的一神教具有同等的意义。他们当时所认识的自然界的山、川、风、云、雷、电、水、火等，认为那都是由上层的“天”和下层的“地”所创造、统制的。这样把自然现象神秘化，以之与社会现象牵合起来，形成奴隶主唯心主义的神学宇宙观。

但到了奴隶制末期，由于社会内部矛盾的发展而引起经济的衰落。殷朝奴隶主国家乃加紧对其各属领的掠夺与剥削。微子在殷朝亡国的前夜说：“殷其弗或乱正四方。”这是说他们到最后已丧失其对各属领行使统制与掠夺的能力。在他们加紧对其属领剥削的情形下，其与各属领间的矛盾便剧烈化了。这在古代欧洲，便由这种情势而引发了犹太族反罗马奴隶主统治之宗教的-政治的运动，同时形成那包含于宗教信条下的政治思想。在中国古代，为着履行这一任务的便是周族。他们从其反殷朝奴隶主统治的运动中而形成与奴隶主的神学思想相敌对的一种革命思想，这最初便借卦爻表现出来。

但在“天”“帝”支配下的古代人的意识中，新的意识形态的东西，在最初不只要遭受排斥，而且是从旧的意识形态中蜕化出来的，因而也便不能不带上和把它加上一些神化的色彩。所以在基督教的历史中便不能不造出基督出世的神话来；从而在卦爻的出世中，也无例外地造出“河出图”“洛出书”与“伏羲作八卦”的神话来。这完全和当时人类的实践生活相适应的。

八卦便是乾一☰、坤八☷、兑二☱、艮七☶、离三☲、坎六☵、震四☳、巽五☴，《卦歌》又释“乾为天”“坤为地”“兑为泽”“艮为山”“离为火”“坎为水”“震为雷”“巽为风”。因而所谓八卦便是天、地、山、泽、水、火、风、雷八种自然界已被认识的物质现象，并没有丝毫神秘性。不过殷人从唯心主义的神学的观点上去认识，他们则从物质运动的观点上去认识。他们认为宇宙间的万有，都是由这八者相互矛盾相互排斥而引起的变动所产生出来的。所以由“一”的自身变化而发展为八，由八卦中每两卦的“对立物的统一”而发展为六十四卦；又由“二变”而生“三变”，“三变”又发展为三百八十四爻。而组成为一生二，二生三，三生天地，天地生阴阳，阴阳生万物的辩证的宇宙观。

他们说：乾卦与坤卦的“合”是“否”（䷋），这就是说乾上坤下的统治和被统治者所形成的现社会已不合理，已达到其自身否定的形势了，只有把阶级的地位变过来而达到坤上乾下的䷊形式，才是合理的“泰”。又如：䷖“剥”自身的否定便是䷪“夬”，䷆“师”自身的否定便是䷌“同人”，䷅“讼”自身的否定便是䷣“明夷”，䷨“损”的否定便是䷞“咸”，䷤“家人”的否定便是䷧“解”。六十四卦和三百八十四爻，都是由这样“矛盾对立斗争”的形势中变化出来的。

他们又把这种外的矛盾对立的原理，应用到对社会方面的理解上。例如“乾父”☰，“坤母”☷，“震长男”☳，“巽长女”☴，“坎中男”☵，“离中女”☲，“艮少男”☶，“兑少女”☱（《文王八卦次序》）。自然，所谓《文王八卦次序》之成于何时尚不能正确考定；然而如乾卦和坤卦在其最初和两性的生理构造有其关联，则是从字形上也可考知的。

这种原始的辩证唯物观，正是我们伟大民族的古代人民的伟大观念。

三　由唯物主义再降到唯心主义

但是当时革命的人们只了解物之“外的矛盾的对立”，而不了解物之“内在矛盾的斗争”之物自身运动，那末，若是没有外在矛盾的对立，物自身是不会运动的，运动就会停止了。他们从这里由动的宇宙观，转入到静的宇宙观，从原始的唯物辩证观又转入形而上学的机械的观点。

所以原先本是：

> 夫妇之道不可以不久也，故受之以“恒”，恒者久也。物不可以久居其所，故受之以“遁”，遁者退也。物不可以终遁，故受之以“大壮”。物不可以终壮，故受之以“晋”……进必有所伤，故受之以“明夷”……物不可以终难，故受之以“解”，解者缓也。……损而不已必益，故受之以“益”。益而不已必决，故

受之以“夬”。……决必有所遇，故受之以“姤”，姤者遇也。物相遇而后聚，故受之以“萃”，萃者聚也。聚而上者谓之升，故受之以“升”。升而不已必困，故受之以“困”。困乎上者必反下，故受之以“井”。井道不可不革，故受之以“革”。革物者莫若鼎，故受之以“鼎”。……主器者莫若长子，故受之以“震”，震者动也。物不可以终动，止之，故受之以“艮”……物不可以终止，故受之以“渐”，渐者进也。进必有所归，故受之以“归妹”。得其所归者必大，故受之以“丰”，丰者大也。穷大者必失其居，故受之以“旅”。旅而无所容，故受之以“巽”，巽者入也。入而后说之，故受之以“兑”，兑者说也。说而后散之，故受之以“涣”，涣者离也。物不可以终离，故受之以“节”。节而后信之，故受之以“中孚”。有其信者必行之，故受之以“小过”。有过物者必济，故受之以“既济”。物不可穷也，故受之以“未济”。（参看郭沫若著《中国古代社会研究》，第七五—七七页）

物事明明在这样变动不居的具有必然性的运动中、变化中，他们却又以“中”“久”“通”“恒”等范畴，把对立斗争的东西曲解为调和的东西，把运动的东西曲解为静止的东西，把必然要死亡的东西，曲解为永恒的东西，把相对的东西，曲解为绝对的东西。

“阖户谓之坤，辟户谓之乾；一阖一辟谓之变；往来不穷谓之通。”（《系辞上传》）“乾坤其易之缊耶？乾坤成列而易立乎其‘中’矣，乾坤毁则无以见易；易不可见，则乾坤或几乎息矣。是故形而上者谓之‘道’，形而下者谓之‘器’，化而裁之谓之‘变’，推而行之谓之‘通’，举而措之天下之民，谓之事业。”（《系辞上传》）“天地交”而“泰”，“阴阳交”而“和”，那末，自然，统治者和被统治者“交”，社会就太平了！以前所实践过的阶级斗争，现在是用不着了，因为现在有“替天行道”的“圣人”在替天“化成”。

他们在这里，不但转化为唯心主义的宇宙观，而且又把世界观两重化了。这是和夺得政权，自己成为统治阶级后的封建主阶级的意识形态相照应的。此后随着“儒家”对于这种转变后的意识形态的东西又加以阐明和演绎，便更把《周易》的本来面目完全隐蔽了。

按《易传》系包括《象传》《彖传》《说卦传》《序卦传》《文言传》《系辞传》《杂卦传》七者而说，又以《象传》《彖传》及《系辞传》各有二篇，故又统称《十翼》。

第三编　初期封建主政治思想的演化

第一章　作为初期封建主政治学说的《洪范》

一　《洪范》的时代

《洪范》出世时代问题的考证，至今还不曾得着一致的结论，不少人谓系邹衍以后的五行家所伪托。据《尚书·周书·洪范》本文说：

> 武王胜殷，杀受，立武庚，以箕子归，作《洪范》。
>
> 箕子乃言曰：我闻在昔，鲧陻洪水，汩陈其五行。帝乃震怒，不畀《洪范》九畴，彝伦攸斁，鲧则殛死；禹乃嗣兴，天乃锡禹《洪范》九畴，彝伦攸叙。

依此，《洪范》为“天”（或帝）赐给禹的治国大法。武王克殷后，箕子又以之传给武王的。但据地下发现，传说中之“禹”的时代还不曾产生声音文字，此当属假托无疑。同时在“神权”时代，统治者利用人类相当幼稚的意识，假借“神意”去施行统治，固世界史之公例，殆显而易见者。从而《正义说》：“《易系辞》云：‘河出图，洛出书，圣人则之。’九类各有文字，即是书也。……天与禹者，即是洛书也。《汉书·五行志》:'刘歆以为伏羲氏继天而王,受《河图》,则而画之,八卦是也;禹治洪水,赐洛书,法而陈之,《洪范》是也。'"大概都是无稽的。"龟负洛书,经无其事。"但《中候》及诸《纬》皆云:"龙负图,龟负书。"故孔以九类是"神龟负文而出,列于背,有数从一而至于九"。此为殊值得注意之传说。龟背列字,固非战国及汉代五行家所能想像,然自近代殷虚的发现,始信"龟背列字"为具体事实而非神秘;同时,列字的龟贝浮于水中为人拾得,亦事理之极可能者。因而传说的本来面目,便不难大白。其次,孔颖达又说:"不知洛书本有几字?《五行志》悉载此一章,乃云:'凡此六十五字,皆《洛书》本文。'……上《传》云:'禹因而第之',则孔以第是禹之所为。'初一曰'等二十七字必是禹加之也。其'敬用''农用'等一十八字,大刘及顾氏以为龟背先有总三十八字;小刘以为'敬用'等亦禹所第叙,其龟文惟有二十字。"此虽亦带有神秘色彩,但所谓"六十五字""三十八字""二十字",固至合历史事实。今日所发现的龟片,每片有六十字或百二十字以上者,已所多见。近年发现的甲片,有"册六"及"编六"之两片(新一〇〇、四五四 A及四四九号),各片并有孔以贯韦编。应即《周书》所谓"惟殷先人'有册有典'"之"典""册"。

而在另一方面,今人每因《洪范》所列"五行"而疑其为战国后五行家所作。实则不只这里之所谓"五行",并不是意味着后代之所谓"五行",不过是五种物质的东西;而邹衍的"五德终始"论也与汉朝的五行说有着根本性的区别。《尚书·虞书·大禹谟》云:

> 德惟善政,政在养民。水、火、金、木、土、谷惟修,正德、利用、厚生惟和。

虽然《大禹谟》成书的年代我们还不能确定，但《左传》襄公二十七年《传》也说：

天生五材，民并用之。

这一方面证明所谓“五材”或“五行”，在春秋时代已成一连称呼的成语；一方面在原初所谓“五行”或“五材”，并不如“阴阳家”所解释，而只是“民并用之”的物材的总称。

在古代印度，亦有“水、火、风、土”四大之说。古代希腊的原子说，基本上也和“五行”哲学是同类的东西。这是在生产力还相当幼稚的状况下，人类开始对于宇宙的系统的素朴认识。而由八卦哲学到五行哲学，是一个哲学流派的相续发展的过程。五行哲学的基本精神，即在说宇宙是五种物质原素之“相生相克”发展而来的。

所谓“五行”的用语，亦非发现于战国。《尚书·夏书·甘誓》篇有“有扈氏威侮五行”之语。郭沫若考定《甘誓》为殷人文字或周人假托。《墨子》有“五行毋常胜，说在宜”。《荀子》说：“案往旧造说，谓之五行，甚僻远而无类。……子思唱之，孟轲和之。”依此则“五行”一语，实存在于子思之前。

另方面，《洪范》的内容，还带点素朴的意识形态的特色，其中有许多特征和春秋以后的“儒家”作品没有相同的地方；例如自西周以后，人们对“天”的崇拜观念已见动摇。而这里，则“天”还具有绝对支配力。

从而《洪范》中的所谓“六十五字”“三十八字”“二十字”，或系承自殷人；《洪范》的成书时代，便无疑应属于西周——其全文经过孔丘和孔丘之徒的修改与补充，亦有极大的可能。

二　《洪范》所表现的“神权”和王权之统一的思想

在殷朝，僧侣在表面上是从属于王的；但事实上，他们却是权力的实际掌握者。所以实际上“王权”对“神权”还在一个从属的状态中。到殷末，王自己才开始去直接干预“神权”。

在西周，随着社会经济制度的转化，僧侣贵族和世俗贵族都各有自己的庄园和领地；在其自己庄园和领地内，均有其经济、财政、政治、军事的独立支配权——只是对上级有从属关系。因而奠定了“王权”和“神权”之可能统一的物质条件，各级的领主们除掌握世俗政权外，同时由于殷朝巫教发育得不完成，不能负起对农奴的精神统治的任务，因而俗权封建主，便又直接履行一部分教权的任务——其具体表现便是所谓宗法制。

但在农业经济还在较低阶段的时代，人类对其所发现的一切自然现象，并不能求得合理的解释，仍只有归结于“神”的作用。因而统治阶级便设法去求得那有利于其自己的解释。基此，便产生《洪范》那一套理论。

他们从自然现象出发，认为供人类生活的一切物质资料，都是从天给人类创造出来的五行——水、火、木、金、土——产生出来的（“水曰润下，火曰炎上，木曰曲直，金曰从革，土爰稼穑；润下作咸，炎上作苦，曲直作酸，从革作辛，稼穑作甘”）。

他们又认为“天”虽然给人类创造出生活资料产生的源泉，但是它并非这样就不管了，“天”还要拿“五征”（雨、旸、寒、燠、风）来支配的。这“五征”所表现的“一极备凶，一极无凶”的休咎，又以什么为准则呢？在他们看来，这便是关于那“天人相感”的人事的

“五事”——貌、言、视、听、思。要五事能表现为恭、从、明、聪、睿，“天”才降“休征”而不降“咎征”。但这恭、从、明、聪、睿却不是常人所能做得到的，而必须要他们——领主们——那班肃、乂、哲、谋、圣的人物才能做得到。他们不但这样找着了自然现象和人事现象间的联系，而且把那神秘化的“五事”解释为和“五行”同等的重要——“在天为五行，在地为五事”。因而，他们那班不劳而食者的功用，又是何等重要啊！这样，便替他们本阶级找着了一个立足点。

其次，社会间的各种现象又是怎样来的呢？在他们说来，也是缘于人事的“五事”而来的。五事的力行合度，“天”便赐之“福”，否则便赐之“极”；但因人们对五事的力行上有程度的分别，相反的方面也有程度的分别，所以也便丝毫不爽地分为“五福”——寿、富、康宁、攸好德、考终命，“六极”——凶短折、疾、忧、贫、恶、弱的等级。因为他们是肃、乂、哲、谋、圣的人，在人事上能表现得恭、从、明、聪、睿，所以他们受“五福”；因为你们农奴们不能这样做，所以你们受“天”的“六极”的惩罚。你们要想和他们一样，除非也像他们一样做，但是这又怎能呢？这样便找着其阶级的第二个立足点。

照他们说来，人事既然是这样的复杂不齐，要想达到福利的理想社会，使大家都能合乎“天”意地生活着，因而就不能不偏劳他们那班替天行道的肃、乂、哲、谋、圣的人们组织政权来执行管理大家，教训大家等等事宜的任务。因而便产生“八政”——食、货、祀、司空、司徒、司寇、宾、师。

同时，“天”既是统制一切的，“天”为“阴骘下民”，便派遣其儿子作代表来施行统治，所以说：“天子作民父母，以为天下王。”在封建社会开始时期，最高领主的王，还有相当的支配权威。这种思想，不但是这种现象的反映，且不啻为最高权威的领主，在“天”那里找着其存在的根据。所以到春秋时，随着最高领主权威的旁落，敬天的观念也就显然动摇了。

其次，在现实社会中的阶级的等级从属，他们也从自然现象中去寻找其根据：把所谓“五纪”——岁、月、日、星辰、历数——和现实社会中的阶级等级相配合，曲说社会人事等休咎，是各等级人们的实际行动的感应。

“王省惟岁，卿士惟月，师尹惟日。岁、月、日，时无易，百谷用成，乂用明，俊民用章，家用平康；日、月、岁，时既易，百谷用不成，乂用昏不明，俊民用微，家用不宁。庶民惟星，星有好风，星有好雨……月之从星，则以风雨。”（《尚书·周书·洪范》）

从而人们在社会的现实生活中便亦派生出如次的等级：

天子：“惟辟作福，惟辟作威，惟辟玉食。”

臣：“臣无有作福作威玉食。臣之有作福作威玉食，其害于而家，凶于而国，人用侧颇辟，民用僭忒。”

庶民：“凡厥庶民，无有淫朋，人无有比德，惟王作极。”“凡厥庶民，极之敷言，是训是行，以重天子之光。”

大家按照次序去作，于是便归结出如次一种封建的理想政治：

无偏无陂，遵王之义；无有作好，遵王之道；无有作恶，遵王之路。无偏无党，王道荡荡；无党无偏，王道平平；无反无侧，王道正直。会其有极，归其有极。（《周书·洪范》）

这就是说，要被统治者完全依照统治者所划定的圈子去生活，丝毫也不要越出它的范围，就是最理想的封建政治。

在最后，我们说到大子既是天的儿子和代表，但他又如何去体会天意而代表之呢？原来天也会说话的啊！卜筮就是它的舌人。

> 立时人作卜筮，三人占，则从二人之言。汝则有大疑，谋及乃心，谋及卿士，谋及庶人，谋及卜筮。
>
> 汝则从，龟从，筮逆，卿士从，庶民从，是之谓大同。……
>
> 汝则从，龟从，筮从，卿士逆，庶民逆，吉；
>
> 卿士从，龟从，筮从，汝则逆，庶民逆，吉；
>
> 庶民从，龟从，筮从，汝则逆，卿士逆，吉；
>
> 汝则从，龟从，筮逆，卿士逆，庶民逆，作内吉，作外凶；
>
> 龟筮共违于人，用静吉，用作凶。（《洪范》）

在这一骗局下，龟筮不过充任了统治者的工具；在封建主们看来，庶民的意志是无关紧要的，而且是可一任统治者去摆布的，尽管违反庶民的意志也还是万事大吉。而且在封建社会中，庶民又怎能去表现其意志呢？但是卜筮到这里亦已丧失其唯一决定的权威。本质上已只是在充任了俗权和"神权"的统一表现形式罢了。

这不过在表示着"王权"之渐次发展，"神权"之渐次没落的历史倾向。

第二章　随着西周的没落而来的政治思想的演化

一　西周的没落和“敬天”思想之动摇

到西周末期，由于封建制度的完全确立和经济、政治、文化的发展，特别是齐郑各地方诸侯领地经济、政治、文化的发展，而西周则遭受严重旱灾等灾难。因而一方面形成地方领主开始强大和相互兼并；一方面便是最高领主周天子渐次丧失其统制能力；一方面是一些中小领主的被兼并和没落。《诗序》说：

> 至于王道衰，礼仪废，政教失；国异政，家异俗，而变风变雅作矣。

《诗谱序》说：

> 后王稍更陵迟。厉也，幽也，政教尤衰，周室大坏。《十月之交》《民劳》《板》《荡》，勃尔俱作，众国纷然，刺怨相寻。

因而周天子便无力对领主间的纷争执行有效裁判，致从来信赖最高领主权威的中小领主，至此便对最高领主的权威发生怀疑和失望。这种现实的变化，并引起他们思想意识的变化。

其次，到西周末期，西周领主们在严重的灾难下，反益加紧对农民的剥削，加之天灾和外族的掠夺，致农民生活益陷于凄惨的境况。所谓“民卒流亡，我居圉卒荒”也反映了这种情景。因此，农民对其从来所信奉的“昊天上帝”，即领主们所加于他们的精神统治力，亦根本发生怀疑和失望。

从而在社会意识形态中，那些原来有无上支配力的敬“天”的观念，便开始发生变化。这种意识上的转变，在《诗经》中也能充分表现出来。

> 昊天上帝，宁俾我遁。（《诗·大雅·云汉》）
>
> 疾威上帝，其命多辟。（《大雅·荡》）
>
> 天之方难。天之方蹶。（《大雅·板》）
>
> 浩浩昊天，不骏其德。旻天疾威，弗虑弗图。如何昊天，辟言不信！（《诗·小雅·雨无正》）
>
> 昊天不佣。（《小雅·节南山》）
>
> 昊天不惠。（同上）
>
> 昊天不平。（同上）

这表示人们对于“天”的信仰，已开始由怀疑而失望，由失望而怨詈。这完全由于实际生活的矛盾而引起其意识形态的转变。在前此，“天”在人们的生活中具有无上支配力，现在却把它骂得不成东西。他们原来对“天”是无条件信赖的。例如下面的记载说：

有命自天，命此文王。（《诗·大雅·大明》）

明明在下，赫赫在上，天难忱斯，不易维王。天位殷适，使不挟四方。（同上）

帝迁明德，串夷载路；天立厥配，受命既固。（《大雅·皇矣》）

帝谓文王，无然畔援，无然歆羡，诞先登于岸。（同上）

帝谓文王，予怀明德，不大声以色，不长夏以革，不识不知，顺帝之则。（同上）

皇矣上帝，临下有赫，监观四方，求民之莫。（同上）

假哉天命，有商孙子。商之孙子，其丽不亿；上帝既命，侯于周服。（《大雅·文王》）

侯于周服，天命靡常。（同上）

宜鉴于殷，骏命不易。（同上）

天监在下，有命既集。（《大雅·大明》）

无坠天之降宝命。（《尚书·周书·金縢》）

今天动威以彰周公之德。（同上）

皇天弘厌厥德，配我有周，膺受大命。（《毛公鼎铭》）

由这样无条件的信赖“天”或“上帝”，认它是万能的东西，到把“天”或“上帝”骂得不成东西，正显示着当时人类意识形态变动的历史过程。但实验主义者对这个问题，却只肯从意识形态本身去考察，那是颠倒本末的。

二　作为统治者阶级统治武器的“礼”与“刑”的产生

随着敬天观念的动摇，统治者假借去施行统治的“天”和“上帝”，便降低了它对人类生活的支配力，表现“神权”的作用渐趋式微。因而统治者一方面自然还尽力去支持大众对于“天”和“上帝”的信念——直至荀卿才相对地把它否定——一方面却不能不适时地去寻找其代用物和补充的东西。

为维系统治者阶级内部的秩序，便把所谓“礼”系统化；为维系其对农民的统治，便创出具体化的、关于“刑”的法典来，作为维系封建秩序的两套主要办法。

按“礼”原系意味着宗教祭典上的一种节文，故《说文》示部云：“礼，履也，所以事神致福也。”又丰（豐）部：“丰（豐），行礼之器也。”卜辞有“癸未卜贞酾丰（豐）”。末一字王国维云：“二玉在器之形，古者行礼以玉。”因为在阶级社会出现后的祭祀，是有其身分限制与分别的。因而“礼”后来便转化而成为具有一种社会身分制度的内容。礼的这种演化，大概系春秋初时情形，因我们在西周金文中尚不能找着根据；不过作为礼的这种制度，是“武王革命”胜利后就开始存在着的，只是当时或还没有一种成文的体系。它是周公为着规划周朝国家的建设而创制的，所以说“制礼”始于周公应系事实。

至所传之《礼经》——《仪礼》《周礼》《礼记》——今人疑谓纯出自西汉末，此殊不尽然。在《论语》中已有“诗”“礼”对称之文，《庄子》亦有“丘治《诗》《书》《礼》《乐》《易》《春秋》六经”语，是在孔丘前原有《礼经》可无疑。惟现传之“三《礼》”是否原有《礼经》，则问题尚多；大概《仪礼》之可信程度尚较多，然亦不免有窜改、演绎，加进了后来人的不少东西，其他更无论矣。因此，今之《礼经》曾经过后人的窜改、演绎，尤其是经过刘歆之徒的伪托是无可怀疑的。

这“礼”和“刑”是各作用于一方面而不相逾越的。所谓“刑不上大夫，礼不下庶人”。又《左传》成公十三年《传》刘子曰：“君子勤礼，小人尽力，勤礼莫如致敬，尽力莫如敦笃。”《左传》僖公二十八年《传》说：“礼以行义，信以守礼，刑以正邪。”因此，“礼”是用以处“君子”，刑是用以治“庶人”，“刑”和“礼”是能表现其阶级性的。

但“礼”是什么东西呢？

> 名以制义，义以出礼，礼以体政，政以正民，是以政成而民听。（《左传·桓公二年》）
>
> 名位不同，礼亦异数。（《左传·庄公十八年》）

所谓“名位”，即《国语》之所谓“古者先王既有天下，又崇上帝明神而敬祀之。于是乎有朝日夕月以教民事君。诸侯春秋受职于王以临其民，大夫日恪位箸以儆其官，庶人、工、商各守其业，以共其上。尤恐其坠失也，故为车服旌章以旌之，为班爵贵贱以列之，为令闻嘉誉以声之”。

是则“礼”便是封建等级的名分。所以礼在统治的各等级层中也并不是一样的。因而天子、诸侯（公、侯、伯、子、男）、大夫（上、中、下）、士（上、中、下）便都各有其名分上的应守之“礼”。

“礼”在各级领主间之朝、会、征伐上，又能表现如次之等级性作用：

夫"礼"所以整民也。故"会"以训上下之则，制财用之节；"朝"以正班爵之义，帅长幼之序；"征伐"以讨其不然。（《左传·庄公二十三年》）

"礼"同时在"冠""婚""丧""祭"上，也都在表现其等级性的名分。例如，据《礼记·丧服小记》及《大传》所述"别子为祖，继别为宗，继祢为小宗。有百世不迁之宗，有五世则迁之宗"。这可演绎为如次之表式：

```
天子┬嗣王—嗣王—嗣王—嗣王—嗣王—嗣王—嗣王……
    └诸侯┬嗣君—嗣君—嗣君—嗣君—嗣君—嗣君……
        （始祖）
         └别子┬大宗—大宗—大宗—大宗—大宗……百世不迁
         （大夫）（高祖）
              └祢┬小宗—小宗—小宗—小宗……五世则迁
              （士）（曾祖）
                 └祢┬小宗—小宗—小宗
                   （祖）
                    └祢┬小宗—小宗
                      （父）
                       └祢—小宗
```

这便是曾参之所谓"慎终追远"的内容。故《礼记》的《大传》虽系伪书，关于这点叙述，固与当时社会存在相适应。

这样，"礼"便成为宗法制的基本原则。在统治阶级的内部组织成一个宗法的系统。因而在构成封建统治集团的内部，便都在宗法上联系起来。例如："晋有翼九宗""怀姓九宗"（《左传》）。"楚人执戎蛮子，致邑立宗，以诱其遗民"（同上）。这种统治集团内的宗法组织，在他们看来，却和"治国"发生了密切联系。"人道，亲亲也。亲亲，故尊祖；尊祖，故敬宗；敬宗，故收族；收族，故宗庙

严;宗庙严,故重社稷;重社稷,故爱百姓。”(《礼记·大传》)

这种宗法的分派,是以职分、爵位、土地财产的承继权如何而定地位的,也可以说,宗法制就是一种财产继承制的体现或反映。

宗法制的另一作用,是俗权封建主手中的教权表现。宗法制的理论基础是孝悌忠等伦理。所以封建主们又尽量把祖先崇拜和伦理教条作为对农民“教化”的中心。这由于殷朝的巫教发展得不完成,不能代俗权封建主担起对农民行使精神统治的任务,便不能不由俗权封建主自己来直接行使一部分教权职务。由此规定了后来的祖先祠堂之似教堂非教堂的性质,也规定了儒教之似宗教非宗教的性质。但这也不是说他们没有去利用巫教,周朝的封建主对巫教也尽量在利用的。

再说“刑”。“刑”原来在奴隶制度时代就已为奴隶主所系统使用,封建初期也是继续着的;不过在西周末期,为适应其统治上的需要,才把它具体形成,作为成文式的法典了。但“刑”是什么作用呢?《尚书·周书·费誓》说:“逾垣墙,窃马牛,诱臣妾,汝则有常刑。”《周书·吕刑》说:“士制百姓于刑之中,以教祇德。”“罚惩非死,人极于病。”《左传》襄公二十一年《传》说:“上所不为而民或为之,是以加刑罚焉而莫敢不惩。”是“刑”的一方面的作用在作为统治农民的武器,而制止其反抗;一方面的作用在维护私有财产。《吕刑》说:“王曰,吁!来!有邦有土,告尔祥刑。在今尔安百姓,何择非人?何敬非刑?何度非及?”这便是说,在“天”或“上帝”对百姓的思想意识失去绝对控制作用时,只有系统的用“刑”去维系统治。所谓民不可以教化化之,则以刑威之。

他们在这里,已具体地系统地把刑分列为五等——墨、劓、剕、宫、大辟。定刑的办法,分作事实犯和嫌疑犯两种;但对嫌疑犯又分为轻重两等。

事实犯——“五辞简孚，正于五刑”——墨、劓、剕、宫、大辟。

嫌疑犯：重嫌疑者——“五刑不简，正于五罚。”

轻嫌疑者——“五罚不服，正于五过。”但又有“五过之疵，惟官、惟反、惟内、惟货、惟来”的一句“但书”。

但另外却又有一伸缩性的条文，即事实犯可以用“金作赎刑”而解释为嫌疑犯；嫌疑犯则可由“阅实其罪”的程式去执行“金作赎刑”。所以说：“五刑之疑有赦，五罚之疑有赦。”“赦”的内容是怎样呢？

墨辟疑赦，其罚百锾，阅实其罪。
劓辟疑赦，其罚惟倍，阅实其罪。
剕辟疑赦，其罚倍差，阅实其罪。
宫辟疑赦，其罚六百锾，阅实其罪。
大辟疑赦，其罚千锾，阅实其罪。

刑、罚之属，各有三千条：

墨罚之属千；
劓罚之属千；
剕罚之属五百；
宫罚之属三百；
大辟之罚，其属二百；
五刑之属三千。

但是他们又说这种原则，也不是死板的，执行的时候，仍是要适应犯罪者的阶级地位和情势的需要去决定的。所以又说：

> 上刑适轻，下服；下刑适重，上服。轻重诸罚有权。刑罚世轻世重惟齐；非齐有伦有要。（《周书·吕刑》）

他们认为统治者本着这套武器——残酷严密的刑罚去统治农民，阶级的统治地位便不虞殒越了。所以周穆王说："呜呼！念之哉！伯父、伯兄、仲叔、季弟、幼子、童孙……尔尚敬逆天命，以奉我一人。虽畏勿畏，虽休勿休，惟敬五刑。……兆民赖之，其宁惟永。"要不然，便无法去统治农民。"天罚不极，庶民罔有令政在于天下。"（以上均见《周书·吕刑》）

到春秋时代，"刑"的原则便更加系统地发挥了，例如在郑国有子产铸刑书，在晋国有范宣子铸刑鼎，后来随着新兴地主这一社会阶层的兴起，邓析、商鞅等人，便主张拿"法"去代替"礼"；到荀卿时代，儒家的"刑"和"礼"也便开始转化为"法"；到韩非时代，"礼"和"刑"便相对在"法"的下面固定化。易言之，即借所谓"法"去相对规定其内容。

三　由"敬天"到"重民"思想转化的社会内容

到春秋时期，在一班封建领主的生活、思想中，也曾引起一些变化，重要的，即由"敬天"到"重民"的思想和统治方法的改变。这自然和社会情况的变化，特别是和被统治阶级生活和思想意识的变化相适应的。下面便是关于这方面的记事：

虢必亡矣，虐而听于神。（《左传·庄公三十二年》内史过语）

虢其亡乎？吾闻之，国将兴，听于民；将亡，听于神。（同上，史嚚语）

天道远，人道迩，非所及也。（《左传·昭公十八年》子产语）

持盈者与天，定倾者与人。……天道盈而不溢，盛而不骄，劳而不矜其功。……天时不作，弗为人客；人事不起，弗为之始。（《国语·越语·勾践三年》范蠡语）

民之所欲，天必从之。（《左传·襄公三十一年》引《泰誓》）

夫民，神之主也。是以圣王先成民而后致力于神。……故务其三时，修其五教，亲其九族，以致其禋祀，于是乎民和而神降之福。（《左传·桓公六年》季梁语）

夫惠本而民归之志，民和而后神降之福。（《国语·周语》严公语）

这些片段的文字，在那些资产阶级的学者看来，却正是封建统治阶级的民权思想。“欧洲在近两百年才发明的民主，我们在两千年前就已经有了的。”实际上，这种所谓“重民”虽有着改良主义的作用，对当时的人民有好处而没有坏处。而此也是由于当时人民的斗争得来的，是当时的封建主们为挽救其自己的统治而采取的改良步骤。不过那在实质上，并不是什么民权思想，而是一种和缓人民反抗与争取民力的办法，当时的“重民”，并没有溢出下面的一类原则：

君子勤礼，小人尽力。（《左传·成公十三年》刘子语）

夫民之大事在农，上帝之粢盛于是乎出。（《国语·周语》

虢文公语）

以教民事君。（同上，内史过语）

这就是后来敢说出“民为贵，社稷次之，君为轻”的孟轲，在他的主观上，也还是“君子劳心，小人劳力”，“劳心者治人，劳力者治于人；治于人者食人，治人者食于人”的一套。虽则孟轲的那种说法，客观上却包含有民主思想的积极因素。

原来从西周末期开始，一方面由于封建统治阶级对农民的剥削扩大，而引起农民不断逃亡；一方面由于战争与连年旱灾……又加重了农民的痛苦——死亡、逃散，致发生农业劳动力缺乏的严重现象。在西周末期的所谓“民卒流亡，我居圉卒荒”，正是当时这种现象的写真。这情形到春秋时期由于战争的扩大与持续，便更为严重。“没有母牛是无处榨取牛乳的”。这是西周以后的封建主们“重民”思想之一方面的社会内容。

同时在另一方面，我们曾经说过，在西周末期，由于天灾和阶级剥削的扩大，曾引起中国历史上第一次农民大暴动；这种阶级间的矛盾，到春秋时期，更形严重了，又引起另一次农民大暴动（如以盗跖为首的农民大暴动）。封建主们为和缓农民的阶级反抗，便不能不深切考虑其“治民”的办法了。这是形成其所谓“重民”思想之又一方面的社会内容。

专依靠敬神，已不能解决问题；要依靠讲求“治民”，才有益于统治。这在当时封建统治阶级的政治家像斗廉和子产他们看来，却是再明白不过的事情。所以斗廉说：“卜以决疑，不疑何卜？”（《左传·桓公十一年》）子产说：“若君身，则亦出入、饮食、哀乐之事也；山川、星辰之神又何为焉？”（《左传·昭公元年》）

所以在原来神权还具有较大作用的时候，在阶级矛盾还不曾发展到公开的武装冲突的时候，统治阶级以“天帝”为主要工具，便能顺利的去维护其剥削关系；现在则由于人力的缺乏和阶级的矛盾而引起人民对天帝崇拜观念的动摇，乃不能不从“治民”的观点上，去讲求其统治的代用物。因之，便不仅产生“礼”和“刑”两套统治的办法，而又讲求了欺骗人民的“重民”办法。“重民”思想的本质虽则不过如此，然此在当时，却是值得珍视的。同时，从这里也可以看出中国封建社会在当时的前进动态。

所以民权思想不是封建统治阶级固有的，封建统治阶级在其自己手中有政权的时候，是不会赞成民权的。民权思想是革命人民的一种意识形态，民权的政治是要通过人民的革命斗争才能获取到手的果实。所以资产阶级自由主义派学者的那种歪曲，是在对封建势力让步，在劝阻人民不要对封建势力作争取民权的斗争。这正表示资产阶级和封建势力妥协的观点，也表现其封建性的浓厚。同时，这也不是资产阶级自由主义派在“五四”时期的观点，而是其和封建势力妥协的“五四”以后的观点。

第四编　初期封建制上升时期政治思想各流派

初期封建制度的经济，到春秋时期便发展起来了。随着经济的发展，反映在政治上，一方面由于封建领主相互间兼并的扩大，引起大群中小领主的灭亡。例如在晋国，据《左传》昭公三年《传》说："栾、郤、胥、原、狐、续、庆、伯，降在皂隶。"《左传》庄公二十三年《传》说："晋桓、庄之族逼，献公患之……谮富子而去之。"《左传》宣公二年《传》说："骊姬之乱，诅无畜群公子，自是晋无公族。"其他各国也与此有同一情形。而地方"大夫"等中级领主的领地却有大为扩大的：如"韩赋七邑，皆成县也"（《左传·昭公五年》）。又羊舌九县；《左传》昭公二十八年《传》又云："魏献子为政，分祁氏之田以为七县，分羊舌氏之田以为三县。"齐、楚、秦、晋等各大封邑，无不并国数十，各扩大而成数千里之邦。同时连直接从属于周天子的中小领主，也都为地方强大领主所兼并，例如《诗·大雅·召旻》篇说："昔先王受命，有如召公，日辟国百里；今也日蹙国百里。"因而在这群没落领主意识的基础上，便孕育出老聃复古主义的政治学说。

另一方面，在春秋二百余年间，一、封邑相互间战争的频繁与持续，把封建制度内部的矛盾扩大了。二、宗周的没落和地方领主的强大（如郑人一再取成周的禾与麦，齐、楚的窥鼎，周、郑交质等），公室的衰弱和私家的僭越，引起封建秩序开始紊乱[如管氏作三归。晋之韩、赵、魏各家专政。季氏舞八佾。又如"季武子将作三军，告叔孙穆子曰：请为三军，各征其军"（《左传·襄公十一年》）。

“初作中军，三分公室而各有其一。季氏尽征之，叔孙氏臣其子弟，孟氏取其半焉。及其舍之也，四分公室，季氏择二，二子各一，皆尽征之，而贡于公。”（《左传·昭公五年》）]，以及“臣弑其君者有之，子弑其父者有之”等等现象，从来维护封建秩序的“礼”至此也紊乱起来了。三、“大国”对于“小国”的苛求，如：“孟献子言于公曰：臣闻小国之免于大国也，聘而献物……嘉淑而有加货，谋其不免也。诛而荐贿，则无及也。”（《左传·宣公十四年》）“黄人不归楚贡，冬，楚人伐黄。”（《左传·僖公十一年》）鲁子服景伯语吴人曰：“自王以下，朝聘玉帛不同。故敝邑之职贡于吴，有丰于晋。”（《左传·哀公十三年》）“公如晋朝，且听朝聘之数。”（《左传·襄公八年》）“季武子使谓叔孙以公命曰：视邾、滕。”（《左传·襄公二十七年》）（杜注：两事晋楚，则贡赋重，故欲比小国）“范宣子为政，诸侯之币重，郑人病之。……子产寓书于子西，以告宣子曰：‘子为晋国，四邻诸侯不闻令德，而闻重币。……夫诸侯之贿聚于公室，则诸侯贰；若吾子赖之，则晋国贰。’”（《左传·襄公二十四年》）“鲁不堪晋求。”（《左传·襄公三十一年》）“鲁之于晋也，职贡不乏，玩好时至……府无虚月。”（《左传·襄公二十九年》）郑子产对晋士文伯曰：“以敝邑褊小，介于大国，诛求无时。”（《左传·襄公三十一年》）平丘之盟，郑子产争承曰：“郑伯，男也，而使从公侯之贡，惧弗给也。”（《左传·昭公十三年》）这不但说明了强大领主对弱小领主财政经济的剥削，而且把封建诸侯相互间朝、会、征伐的秩序也破坏无余了。同时，由于阶级间矛盾的扩大，从来的“刑”也不足以吓倒人民，老子曾说道：“民不畏死，奈何以死惧之。”在这种社会条件下，便孕育出给封建制以系统阐明的“集大成”的孔子学说（他把从来的“礼”和“刑”更理论化、系统化，又提出一个“德”来……）。

他自己总括其政治见解说："谨权量，审法度，修废官，四方之政行焉。兴灭国，继绝世，举逸民，天下之民归心焉。所重：民、食、丧、祭。"（《论语·尧曰》篇）所以，他曾以继承文武周公的道统自居。

在又一方面，除战争加于农民的额外负担外，领主的生活愈趋豪奢，也加重了农民的额外负担。例如：

今铜鞮之宫数里。（《左传·襄公三十一年》子产语）

楚为章台之宫。（《左传·昭公七年》）

郑伯有耆酒，为窟室而夜饮酒。（《左传·襄公三十年》）

秦伯之弟鍼出奔晋。……造舟于河，十里舍车，自雍及绛，归取酬币，终事八反。（《左传·昭公元年》）

县鄙之人，入从其政；逼介之关，暴征其私；承嗣大夫，强易其贿；布常无艺，征敛无度；宫室日更，淫乐不违；内宠之妾，肆夺于市；外宠之臣，僭令于鄙。私欲养求，不给则应。民人苦病，夫妇皆诅。（《左传·昭公二十年》晏子对景公语）

在剥削无度的另一方面，便是：

民参其力，二入于公，而衣食其一；公聚朽蠹，而三老冻馁。（齐）庶民罢敝，而宫室滋侈；道殣相望，而女富溢尤。（晋）（《左传·昭公三年》叔向、晏子对语）

今宫室崇侈，民力凋尽，怨讟并作，莫保其性。（《左传·昭公八年》师旷对晋侯语）

于是在晋国，便引起"盗贼充斥"（《左传·襄公三十一年》）；

鲁国，则“鲁多盗”（《左传·襄公二十一年》）；郑国，则“郑国多盗”（《左传·昭公二十年》）。统治者面对着这种情况，便更扩大“刑”的范围。另一方面便引出农民们之反抗封建主的政治意识。不过我们对这方面，没有系统的材料来说明。

再次，在春秋末期，由于新兴地主-商人的兴起，却又产生了邓析子的政治学说。这种地主，有些是由旧领主兼为商人，而又成为新的土地占有者的，有些是商人、将士、富裕农民起家而占有土地的。他们对农民的剥削，本质上和旧的封建主一样，但比较是改良的。同时，他们和旧的封建主间，在封建的关税封锁上，在旧封建主对政权的独揽和家系承袭上，两者间都有权利冲突。

第一章 没落封建主集团的政治学说

——老聃的复古主义

一 《老子》成书的时代及老聃的社会身分

我们研究"道家"的思想,第一重要的,得略为探究一下《老子》出世的时代问题。这问题,最初是梁启超提出的,但梁氏所提出的六大理由,已在张煦等人的笔下被否决;此外一些借"疑古"而闻名的考古家,便不过把梁氏所提出的问题一再重复(我不反对"疑古",且认为在某些方面有必要;只是不同意以"疑古"为能事的诡辩家,也不同意只看实物而不看其他的伪历史唯物主义者)。但我在这里不能详细引述,请读者去参考《古史辨》第四册,三〇三—五一八页。我在这里只提出"疑古家"无可置疑的三点来,因为《庄子》和《孝经》中所列孔子入周见老子的故事,并不曾取得我们"疑古家"的同意,我们也不必珍视这种传说。

一、据胡适考证:"《史记·孔子世家》和《老子列传》,孔子曾见过老子。这事不知在于何年,但据《史记》,孔子与南宫敬叔同适周。又据《左传》,孟僖子将死,命孟懿子与南宫敬叔从孔子学礼(昭公七年)。孟僖子死于昭公二十四年二月。清人阎若璩因《礼记·曾子问》孔子曰:‘昔吾从老聃助葬于巷党,及堩,日有食之。’遂推算昭公二十四年夏五月乙未朔巳时日食,恰入食限。阎氏因断定孔子适周见老子在昭公二十四年,当孔子三十四岁。”(《四书释地续》)

二、《论语·述而》篇说:“述而不作,信而好古,窃比于我老彭。”如此,老彭至少和孔子同时,或在其前;而且老彭是为孔子所崇敬的思想家或著述家。《论语·宪问》篇说:“或曰:‘以德报怨,何如?’”《老子》六十三章说:“大小多少,报怨以德。”《宪问》篇又说:“仁者必有勇。”《老子》六十七章说:“慈故能勇。”《论语·卫灵公》篇说:“无为而治者,其舜也欤?”《老子》说:“无为而治。”又《论语·述而》篇说:“圣人,吾不得而见之矣,得见君子者斯可矣……亡而为有,虚而为盈,约而为泰。”传说老子教孔子曰:“良贾深藏若虚,君子盛德,容貌若愚。”孔丘所述或即以此为师承欤?(参看黄方刚《老子年代之考证》)

三、《老子》五千言中所说明的社会情况——无论在经济上、政治上或意识形态上,——以及其所表现的阶级性,一方面恰合于春秋末期封建兼并的时代背景;一方面恰合于春秋末期没落贵族的身分言论。若果我们不怀疑人类思想不能离开社会而孤立存在这一真理的话,则对《老子》出世的时代,便不难明白。那班“疑古专家”把人类的思想意识和其实践生活隔离起来,去从事其所谓考古工作,自不能得着若何圆满结果,虽然他们也多少的引用一些材料。而这种错误的论断,一入到托派叶青的眼中便马上掇拾起来,再加上一些胡说,向大地主大资产阶级的特务机关呈献。

有人说老聃就是太史儋(创此说者为毕沅与汪中),我前此亦颇以为是;但细考太史儋于孔丘卒后百零六年见秦孝公(《史记》谓为二十九年），其时为三十四岁。是其生在孔丘六七十年后，与《论语》所说老彭不符。又有云老子即关尹者，实则这种辩论尤无必要，因为我们只在说明某一时代有某种思想代表已足。

因而近人唐兰在其《老聃的姓名和时代考》一文中结论说："子，老聃和老子是一人。丑，老聃较在孔子前。寅，《道德经》是老聃的遗言。""《老子道德经》除了有一部分后人搀入错乱以外，我们可以信为是老聃手著的。"唐氏的这个结论基本上是对的（参看该文）。——虽然，我们仍不同意他的观点和方法，也不同意"《老子》"系老聃手著的说法。

其次我们说到老聃的阶级性，这是最重要的。否则，我们便无由说明其思想体系。但有人说：老聃是西周末没落的奴隶主贵族，不论西周是否奴隶制社会，《老子》却不能说明这种社会性。有人说他是战国末具有"士"的身分的小农，但是老聃非战国末人，而况所谓小农和士的身分的统一，在当时很难可能有这样的事实。胡适则谓其为春秋时代的极端破坏派，梁启超则称之为战国末平民阶级，在阶级的概念上便更属滑稽可笑了。然据《庄子·天道》篇说："孔子西藏书于周室，子路谋曰：'由闻周之征藏史。有老聃者，免而归居。夫子欲藏书，则试往因焉。'"司马迁亦称老聃为周"守藏史"。但在孔丘以前，求知识是封建贵族的专利，平民是没有这种权利的，故《礼记·王制》篇掇拾传闻云："天子命之教，然后为学。……天子曰辟雍，诸侯曰頖宫。"至孔丘在他的"有教无类"的口号下，才把受教者的范围渐渐扩大，不过事实上还只扩充到"士"的阶层及一部分新兴地主-商人的子弟。然而《老子》的思想，又基本地和新兴地主-商人相反对。因而老聃便无疑是属于统治层中之一分子，不过他由楚跑到周去作"守藏史"，必已失去其自有的领地。我们在前面说过，在春秋二百余年间，由于强大领主的兼并，曾引起若干中小领主的没落，这种没落者的呼声和其悲观失望的愤懑情绪，在老聃的全部著作中能充分表现出来。

近人有因老聃思想体系中有辩证的观点，便认为他是属于被统治阶级中的分子。然而黑格尔为什么能发现辩证法呢？于是便不能不归究到认识论上去。自然，唯心、唯物正是“治人者”和“治于人者”认识论上的根本分野；因而便又有人谓老聃系朴素的辩证唯物主义者。这确是一种值得注意的见解。但我以为老聃的哲学体系中具有第一义决定的东西，并不是“名”和“朴”，而是“玄之又玄”的“道”。因此，问题的关键乃在于老聃所谓“道”的实质。其次老聃的政治主张没有代表被统治阶级的地方，自不能把他误认为被统治者的代言人；如果一面认他是代表没落小封建主，则其辩证唯物主义或原始辩证唯物主义的思想，都是不可想像的。所以这种见解也值得商榷。

二　老聃的辩证观的唯心主义认识论

在这里，我们进而考察一下老聃的认识论。

如上所述，有些学者，一论到老聃哲学，便说他是辩证唯物主义者；一论到他的政治思想，又有人把他看作社会主义的学者。实则一个代表初期没落封建贵族，其自身并附丽在不劳而食的封建统治者队伍中的老聃，是不能发明辩证唯物主义和社会主义的（在无产阶级和资产阶级登上政治舞台后，封建阶级的骗人的“社会主义”才是可能的）。

从老聃的整个思想体系中去考察，且从而以之与其实践生活联系起来加以考察，在其思想体系中，曾应用了一个辩证的观点。在他的全部著作中常常把事物的现象从对立的范畴方面去说明，如刚—柔、牝—牡、雌—雄、恶—善、美—丑、祸—福、利—害、曲—直、洼—盈、虚—实、强—弱、兴—废、夺—与、厚—薄、进—退、得—亡、贵—贱……这是他发现了现象之对立的矛盾性，企图从矛盾之对立性中去说明现象。因而他同时把一般认为绝对的“是非”也都否定了。他说：

唯之与阿，相去几何？善之与恶，相去何若？（《老子·异俗》）

于是他又进而说明事物之否定其自身的现象，例如他说：

正复为奇，善复为妖。（《老子·顺化》）
祸兮福之所倚，福兮祸之所伏。（同上）

这就是说：“肯定”的“祸”的自身的“否定”便是“福”，“福”又有其自身的“否定”而转化为“祸”。他从这里又企图进而去说明事物之发展法则，而归结出“道生一，一生二，二生三，三生万物”（《老子·道化》）的原理。同时他又从外在的关联上企图去说明由“量”到“质”的变化，他说：

天下皆知美之为美，斯恶已。皆知善之为善，斯不善已。故有无相生，难易相成，长短相形，高下相倾，音声相和，前后

相随。(《老子·养身》)

这确是一种比较伟大的进步的观念。但是老聃在这里却已由辩证的观点,倾向着相对论,而又恰恰止住在这里便不能前进了。实际上他只了解事物之外在的矛盾的对立,而不了解事物内在矛盾斗争的统一。因而他便无法了解由量到质的变化以及由新质而引入新量的发展之事物自身运动的内在的必然性,而只是当作观念的变动,从而事物自身是无变动的。他从而从浮现在外在的矛盾的现象上出发,便很自然的达到其历史的循环运动的见解。因之他从这里便又回到“自然主义”和“复古主义”中去了。这由于在其没落封建贵族的实践生活中,一方面感到其自身阶级地位的没落与新兴地主-商人的代起(他也不了解这种在渐变过程中所引起之部分突变的法则)给予他对社会变动现象的认识;另一方面,在历史上,没落的封建贵族不根本放弃其自己的立场,接受进步阶级的主张并站到其立场上,便不能扮演为革命者而登场,便很自然的只肯从愤恨现状中去留恋过去,不肯而且不能彻底地去否定现状,作更积极的了解。因此,老聃虽曾把握了辩证法之反正对立的观点,但不能深入到矛盾对立斗争的统一的理解。一方面,仍是形而上学的;他方面,他不能进入到唯物主义,仍旧把辩证法的首尾倒置。

因而在他说到物质和精神的依存关系时,虽还承认本体(朴)是先于概念(名)而存在的;但当他进一步去研究本体的究极时,便又绕回去了。本体究竟是自身存在的物质还是什么呢?他的答案是:“天地万物生于有,有生于无。”(《老子·去用》)这“无”又是什么呢?在他看来,在没有人类社会出生前,宇宙是否就是存在着的呢？宇宙的自体又是在一种怎样的状态中存在着呢？他的答案是：

有物混成，先天地生，寂兮寥兮，独立而不改，周行而不殆，可以为天下母。吾不知其名，字之曰道，强为之名曰大。（《老子·象元》）

无名，天地之始；有名，万物之母。（《老子·体道》）

这种“先天地生”的“无名之朴”又是怎样发生的呢？原来由于那不知所以名之的“道”在那里发生作用。然而“道”又是什么东西呢？他说：

道者，万物之奥。（《老子·为道》）

道之为物，惟恍惟惚，惚兮恍兮，其中有象，恍兮惚兮，其中有物，窈兮冥兮，其中有精，其精甚真，其中有信。（《老子·虚心》）

视之不见名曰夷，听之不闻名曰希，搏之不得名曰微。此三者，不可致诘，故混而为一。其上不皦，其下不昧，绳绳不可名，复归于无物。（《老子·赞玄》）

然而在这里还可以把他的“道”解作星云气体中的各种物质原素，把存在于星云气体的混沌状态中的宇宙解作他的所谓“无”，从星云气体的凝结以至万物的发生解作他的所谓“有”。可是他又曾说过，“吾所以有大患者，为吾有身。苟吾无身，吾有何患？”（《老子·厌耻》）“善摄生者……以其无死地。”（《老子·贵生》）是明明把精神的“我”和物质的“我”对立着，易言之，离开物质的我，还有一个真我存在，又云：“致虚极，守静笃，万物并作，吾以观其复。夫物芸芸，各复归其根，归根曰静，是谓复命，复命曰常。”（《老子·归根》）在这里所谓“命”也是精神，亦可意义为所谓“灵魂”。另一方面达到他的本体原是“静”的见解。所以他所谓“道”的内容，并不是物质的东西，而是神化的东西；同时，在这个本源的“道”的地方，一切斗争是完全没有的，它只是一个“虚”而“静”的“无为”的本体。

所以在他看来，这“道”的作用，是我们人间世界所不能知晓的“玄之又玄”的东西，是造化的主宰（众妙之门）。所以他又说：

> 道可道，非常道；名可名，非常名。无名，天地之始；有名，万物之母。故常无，欲以观其妙；常有，欲以观其徼。此两者同，出而异名，同谓之玄，玄之又玄，众妙之门。（《老子·体道》）
>
> 大道泛兮，其可左右，万物恃之而生。（《老子·任成》）
>
> 天之道，不争而善胜，不言而善应，不召而自来，繟然而善谋。（《老子·任为》）
>
> 道常无为，而无不为。（《老子·为政》）
>
> 玄牝之门，是谓天地根。（《老子·成象》）

因而不但只有这“常无为，而无不为”的“道”，才是自身存在着的（道法自然），而且“天”和“道”还是有意识地主宰万物。所以在老聃思想的体系中，“道”才是第一义的，“名”和“朴”不过是第二义的东西。道是创造宇宙，统治宇宙的最高主宰（道冲而用之……渊兮似万物之宗）。虽然如此，“强为之名”又可称为“大”的“道”，又是“万物归焉而不为主”的，因为他虽然“无不为”却又“无为”。

老聃在这里，不但是一个不可知论者，而且是倾向着有神论了。所以他说："天得一以清，地得一以宁，神得一以灵……万物得一以生，侯王得一以为天下贞。"(《老子·法本》)公然在承认神的存在(自然，在历史上只有无产阶级才是最彻底的无神论者)，因而他在究极上，还是以一个唯心主义者而出现。

另一方面，从其正反对立之辩证的观点上，却又降到其循环论的见解。故说："复归于无极……复归于朴"；"各复归其根"；"其事好还"；"复归于婴儿"。因而归结出取消事物之发展与变化的复古的主观期望，更从而否认人类之现实的自生、生长、存在的斗争为必要。故说："夫唯无以生为者，是贤于贵生。""天地所以能长且久者，以其不自生。""善摄生者……以其无死地。"这到究极上，便要达到和"佛家"同样的出世的人生观。《老子》学后来演为庄周的出世主义，更演而为葛洪的宗教论，并不是偶然的。

但是老聃的辩证法，是比八卦哲学和五行哲学有了一步发展，是进步的东西，是中国哲学史上的一点宝贵遗产。

三　老聃的政治学说

老聃从他的认识论出发，企图把他的理论应用到实践上，便归结出如次的一个原则："人法地，地法天，天法道。"把他所认识的自然和社会的主宰排成这样一个纵的联系，从而他认为最高主宰的"道"既是"无为而无不为"的，那末"道"所派生的人类社会也应该"无为而无不为"。这样他把自然和社会在"无为"，即无斗争的原则下面统一起来。因而他说：

处无为之事，行不言之教，万物作焉而不辞，生而不有，为而不恃。（《老子·养身》）

我无为而民自化，我好静而民自正，我无事而民自富，我无欲而民自朴。（《老子·淳风》）

其政闷闷，其民淳淳；其政察察，其民缺缺。（《老子·顺化》）

道常无为而无不为，侯王若能守之，万物将自化。（《老子·为政》）

民之难治，以其上之有为，是以难治。（《老子·贪损》）

上德无为而无以为，下德为之而有以为。（《老子·论德》）

他认为一切罪恶，都是由于“有为”，即事物的矛盾斗争、冲突……而发生出来的。“有为”，即相互斗争、冲突，才发生大封建主并吞小封建主，被统治者反对统治者，以及中小封建主的没落和新兴地主-商人的代起之阶级地位的变动。他一方面又看见这种变动是由于社会矛盾的斗争；但在另方面，又受着其自身所代表的阶级地位的局限，不能从进步的观点上去理解存在着的社会现象之矛盾的发展法则，构成其自身在理解上的矛盾。在这矛盾的交叉点上，不知如何去把握变动的法则，反浮回到表层上，只去作如何消灭这种变动的因子的设想，而归结为停止一切斗争、冲突……的“无为”。由于他不了解构成物自身运动的内在矛盾斗争，只了解对立物的矛盾斗争，所以他认为只要消灭外在矛盾的因子，运动便可以停止了。所以他认为这种变动都是由于“有为”，即外因的矛盾、斗争……而引起的。如果人类都肯“法自然”的“无为”，即停止一切斗争和冲突，不但社会的变动可以停止，阶级的地位可以永久的固定着，阶级间仇视永远不会发生，而且他所梦想的封建社会初期的秩序，也便可以永远存在。同时，他以为引起这种变动的，最主要是由于封建主们和新兴地主-商人们的太重视斗争、冲突、竞争，即“有为”。前者由于“有为”，即为着扩大自己的领地和权利的斗争去从事战争而造成各种祸乱和罪恶；后者由于“有为”，即为贪财市利等竞争，而造成破坏世风和秩序的各种罪恶。所以他对这两种人都深恶痛绝。他痛骂“内杂霸”“外仁义”的封建主们说：

> 大道废，有仁义，智慧出，有大伪，六亲不和有孝慈，国家昏乱有忠臣。（《老子·俗薄》）
>
> 绝圣弃智，民利百倍；绝仁弃义，民复孝慈。（《老子·还淳》）
>
> 师之所处，荆棘生焉。大军之后，必有凶年。（《老子·俭武》）
>
> 夫佳兵者，不祥之器，物或恶之。（《老子·偃武》）
>
> 胜而不美，而美之者，是乐杀人；夫乐杀人者，则不可以得志于天下矣。（同上）
>
> 天下无道，戎马生于郊。（《老子·俭欲》）
>
> 以智治国，国之贼；不以智治国，国之福。（《老子·淳德》）

他反对封建主们使用智巧去争权夺利，反对封建主间的领地兼并的战争。这是从其自身感受的痛苦而提出的要求。他又痛骂新兴地主-商人们说：

> 绝巧弃利，盗贼无有。（《老子·还淳》）

天下多忌讳，而民弥贫。民多利器，国家滋昏。人多伎巧，奇物滋起。法令滋彰，盗贼多有。（《老子·淳风》）

五色令人目盲，五音令人耳聋，五味令人口爽，驰骋田猎令人心发狂，难得之货令人行妨。（《老子·俭欲》）

田甚芜，食甚虚……财货有余，是谓盗夸，非道也哉。（《老子·益证》）

不贵难得之货，使民不为盗。（《老子·安民》）

金玉满堂，莫之能守；富贵而骄，自遗其咎。（《老子·运夷》）

在这里，不但痛骂商人为造成社会所有豪奢、贫困、盗贼等现象的罪人，且表露其对那班暴发户富人的嫉忌。

他认为只要止住这两种人的"有为"，即权力斗争，构成社会变动之外在的矛盾便可以基本地消灭，从而变动便可停止，社会秩序便可以永恒不变。但这种"有为"、这种矛盾斗争，又是客观地存在着的，这又怎样去解决呢？于是他又转到他的主观修养上去求补救。他号召统治阶级从克己修养上去解决问题。因而他说：

见素，抱朴，少私，寡欲。（《老子·还淳》）

绝学无忧。（《老子·异俗》）

众人熙熙，如享太牢，如春登台；我独泊兮其未兆，如婴儿之未孩，儽儽兮若无所归。众人皆有余，而我独若遗，我愚人之心也哉！沌沌兮，俗人昭昭，我独昏昏；俗人察察，我独闷闷。澹兮其若海，飘兮若无止。众人皆有以，而我独顽似鄙。（《老子·异俗》）

就这样安排统治阶级。他这种意见，却成了后来明哲保身和以退为进的士大夫的处世秘诀。

对于农民又怎样办呢？为要使农民长安于被统治被剥削的地位，他和“儒家”的意见完全是一致的，而且原则上同是主张愚民政策。他说：

古之善为道者，非以明民，将以愚之。民之难治，以其智多。故以智治国，国之贼；不以智治国，国之福。(《老子·淳德》)

不尚贤，使民不争；不贵难得之货，使民不为盗；不见可欲，使民心不乱。是以圣人之治，虚其心，实其腹，弱其志，强其骨，常使民无知无欲，使夫智者不敢为也。(《老子·安民》)

不过他虽然认为这是统治农民的最根本办法，但若统治者对他们无限度的剥削，致他们无法生活下去，那末“不能言语的奴隶”也会怠工，农民们虽然“无知无欲”，也会为其自身的生存而起来反抗。所以他又说：

民之饥，以其上食税之多，是以饥。(《老子·贪损》)

因而统治者所取于农民的剩余劳动物，他并不认为不当，只是主张要有一定限度，不主张无限度的“食”得过“多”，去酿成“民之饥”和“民之乱”。这虽然是一种改良主义的欺骗办法，但对于自己不能打开出路的农民，却胜似横征暴敛。

因此，老聃虽然从唯心主义的观点出发，看到了事物的矛盾斗争；但他在政治上，却主张和缓矛盾，取消斗争；即主张调和统治阶级内部的冲突,麻痹农民的阶级觉悟。后来汉初的统治者,正袭取了他这种精神。

最后,归结到他的理想社会。他说:

> 小国寡民,使有什伯人之器而不用,使民重死而不远徙。虽有舟舆,无所乘之;虽有甲兵,无所陈之。使民复结绳而用之,甘其食,美其服,安其居,乐其俗。邻国相望,鸡狗之声相闻,民至老死不相往来。(《老子·独立》)

在这种"小国寡民"的社会里,依他说来,也一样有"圣人"和"侯王"在那里"处无为之事,行不言之教"的。易言之,他并不否认"我无为而民自化"的"化"者和"无为而无不为"的"治"者的存在。这犹之他主张复归于"无名之朴"以后,也一样不否认"道"的存在一样。所以他又很明白地说:

> 故道大,天大,地大,王亦大;域中有四大,而王居其一焉。人法地,地法天,天法道,道法自然。(《老子·象元》)
>
> 朴散则为器,圣人用之,则为官长。(《老子·反朴》)
>
> 侯王得一以为天下贞。(《老子·法本》)

同时在这"小国寡民"的社会中,也一样有贵贱等级制度的存在,所以他说:

> 故贵以贱为本,高以下为基。是以侯王自谓孤寡不穀。(《老子·法本》)

其次在“小国寡民”的“小国”之上，依他说来，也并不是没有“大国”的存在；不过“治大国”也当“无为”罢了。所以他说：“治大国若烹小鲜。”

因此，老聃的理想政治，无宁是封建社会开创时期的一幅构想图。也就是说，他要求一个永恒不变的西周型的封建制。

从而我们归结说：

一、老聃之所以提出“小国寡民”的政治思想，正因为其自己所代表的社会阶层存在的依据是封建初期的社会秩序，所以他的要求，是永恒不变的西周型的社会。

二、他之反对大封建主和封建战争，正因为其自身的社会地位是消失在这种封建兼并的战争中。

三、他之反对新兴地主-商人，正因其自身没落的另一面是这些分子之部分的代起；而且商人又是促进封建战争的一个因子。

四、他主张调和统治阶级内部的矛盾，取消斗争，也主张愚民政策，正因为他出身于统治阶级，又还在代表统治阶级的利益。

最后说到他的政治主张之所以不能实现，一方面因为社会在其本质上便是不能后退的；一方面他的主张和大封建主、新兴地主-商人都有矛盾而立于利益相反的地位。从其主张维持剥削关系这一点上又和农民根本对立着。其自身所代表的没落集团，则已失去其政治的经济的依据；特别重要的，是他的“无为”，即取消斗争的主张，是根本违反了客观法则的。

第二章　封建主集团的政治学说

——“集大成”的孔子(丘)学

一　孔丘的身分和其身分观念

“孔夫子”姓孔名丘，字仲尼，为鲁之陬邑人。生于周灵王二十一年，即公元前五五一年，卒于周敬王四十一年，即公元前四七九年。*

代表其思想的主要文献为《论语》。《汉书·艺文志》云：“《论语》古二十一篇，《齐》二十二篇，《鲁》二十篇。”“《论语》者，孔子应答弟子、时人及弟子相与言而接闻于夫子之语也。当时弟子各有所记。夫子既卒，门人相与集而论纂，故谓之《论语》。”但据王充《论衡·正说》篇云：“夫《论语》者，弟子共纪孔子之言行，敕记之时甚多，数十百篇……汉兴失亡。至武帝发取孔子壁中古文，得二十一篇，齐、鲁、河间九篇，三十篇；至昭帝读二十一篇。”故其原来篇数究为多少，颇存疑问；观于今本《论语》之阙文，则有遗漏当属无疑。虽在武帝前之秦汉间诸著作有引用之者，然未必直接根据《论语》本书。至书之被称为《论语》，据王充同书同文说：“宣帝下

---

* 书中凡涉及年代之处，基本遵从原著。无特殊情况，不另行说明。——编者

太常博士。时尚称书难晓,名之曰'传',后更隶写以传诵。初,孔子孙孔安国以教鲁人扶卿,官至荆州刺史,始曰《论语》。"是书之被名曰《论语》当亦在前汉中叶后。

说到"孔夫子"的社会身分,他自己曾说:"吾少也贱"(《论语》),《史记·孔子世家》亦称"孔子贫且贱"。但他的先世却是宋的贵族。《左传》桓公二年《传》说:"宋督攻孔氏,杀孔父。"《孔子世家》说:"孔子生鲁昌平乡陬邑;其先宋人也。"且说鲁大夫孟釐子诫其嗣懿子曰:"孔丘,圣人之后,灭于宋;其祖弗父何始有宋而嗣让厉公。"如此,他却是一个没落贵族的家世。据孟子说:在他少年时,"尝为委吏矣,曰会计当而已矣。尝为乘田矣,曰牛羊茁壮长而已矣。"《孔子世家》亦说:"孔子贫且贱。及长,尝为季氏史,料量平;尝为司职吏而畜蕃息。"因而他的自身,是出身于封建统治层中的"士"的阶层中。据《孔子家语》说:孔子"为鲁司寇"。《孔子世家》说:"由是为司空。"盖在其年三十以前也。《论语》也说:"颜渊死,颜路请子之车以为之椁。子曰,才不才,亦各言其子也。鲤也死,有棺而无椁,吾不徒行以为之椁,以吾从大夫之后,不可徒行也。"(《论语·先进》)《史记·仲尼弟子列传》亦有此同一记载,是孔丘后来在鲁国亦取得贵族的地位,从而有人说孔丘是出身于平民阶级的学者,便不符事实(按孔子所谓"少也贱"并非其出身的家世贫贱,而是其母不是叔梁纥的正式妻妾,而是其外室,孔子并不生在其父家中,出世后,也没有得到其家系的承认。今鲁南民间尚有这类传说和传说遗迹)。他的思想也不代表"平民阶级"。

孔子从其特定立场出发,区划了与历史上奴隶主奴隶两阶级不同的"君子""小人"两大身分等级的阶级关系和地位。在孔丘看来,从事生产劳动,是君子所不屑作的、卑贱的,是被统治的"小人"

的职分。所以“樊迟请学稼，子曰：‘吾不如老农。’请学为圃，子曰：‘吾不如老圃。’樊迟出，子曰：‘小人哉！樊须也。’”（《论语·子路》）荷蓧丈人批评他说：“四体不勤，五谷不分，孰为夫子？”（《论语·微子》）他自己又说：“富而可求也，虽执鞭之士，吾亦为之。”（《论语·述而》）但是“君子”又是什么东西呢？在他看来，“君子”是特别为“治人”而设的一个阶级。他说：

> 君子学道则爱人，小人学道则易使也。（《论语·阳货》）
>
> 士何如？在国必达，在家必达。（《论语·颜渊》）
>
> 子张问：“士何如，斯可谓之达矣？”孔子曰：“何哉，尔所谓达者？”子张对曰：“在国必闻，在家必闻。”孔子曰：“是闻也，非达也；夫达者，质直而好义，察言而观色，虑以下人，在国及家必达。”（《仲尼弟子列传》）
>
> 君子笃于亲，则民兴于仁。（《论语·泰伯》）
>
> 君子疾没世而名不称焉。（《论语·卫灵公》）
>
> 百工居肆，以成其事；君子学以致其道。（《论语·子张》）

在他的教育方针上，也只在培植“治人”的干部。试考察他最得意的那些门徒究竟是一些怎样的人才吧。他说，“雍也可使南面”（《论语·雍也》）；“求也千室之邑，百乘之家，可使为之宰也”（《论语·公冶长》）；“由也千乘之国，可使治其赋也”（同上）；而“一以贯之”的曾参，却缘他不达时务，还不免受到“参也鲁”的批评。从这种观点出发，他之所谓“儒”也便有“君子儒”和“小人儒”的分别（“汝为君子儒，毋为小人儒”），所以劳动人民在孔子那里是吃不开的。

从而在他看来,君子是应该离开生产劳动而专去“治人”的,小人便应该“劳力”,该要被治于人,在“君子”和“小人”之间,有着不可逾越的品质上的悬殊。《论语》说:

君子有勇而无义为乱,小人有勇而无义为盗。(《论语·阳货》)(《史记·仲尼弟子列传》“有”作“好”。)

君子固穷,小人穷斯滥矣。(《论语·卫灵公》)

君子喻于义,小人喻于利。(《论语·里仁》)

色厉而内荏,譬诸小人,其犹穿窬之盗也欤?(《论语·阳货》)

君子怀德,小人怀土;君子怀刑,小人怀惠。(《论语·里仁》)

君子上达,小人下达。(《论语·宪问》)

君子坦荡荡,小人长戚戚。(《论语·述而》)

君子之德风,小子之德草,草上之风必偃。(《论语·颜渊》)

君子而不仁者有矣夫,未有小人而仁者也。(《论语·宪问》)

唯女子与小人为难养也,近之则不逊,远之则怨。(《论语·阳货》)

唯上智与下愚不移。(同上)

依此,“小人”和“君子”是有着品质上的先天悬殊的。在君子的群中,自然也可能有坏人,但在“小人”之中却绝对找不出“达于德”“喻于义”而能有操守有修养的“仁者”来的,他们是天生成的劣质——在孔丘看来,“小人”“女子”“盗”同是劣质的——是天造地设的要君子来统治他们。所以因为仲弓的父亲是贱人,而仲弓却成了他的高足,他便不胜惊异地说:“犁牛之子骍且角,虽欲勿

用，山川其舍诸。”（《论语·雍也》）

孔丘不能了解社会各阶级的品质和思想意识的歧异是基于各自的现实生活和社会地位的歧异，反而归结于“君子”和“小人”之先天性质的不同。在另一方面，讲到本质，也只有从事实际生产的“小人”，才是有纯洁、素朴、良善的品质；不劳而食的“君子”却正是一群吸血动物。

二　作为孔丘思想出发点的“仁”

在孔丘的思想体系中，并没有系统地考虑到宇宙本体论的问题。① 因为他是一个政论家，所以他只从解决政治问题的要求上，而追究到所谓“人生哲学”问题。他以继承周公从理论上来阐发和奠定封建制统治的说教者自命，虽然根据了当时一些客观的社会现象，但只肯从封建统治者的主观要求出发，同时他没有明确地论到人的精神是独自存在与活动的，还是受着何种外在存在的支配问题，因此，他只是直观地认为人有一个先天禀赋的“仁”（自然，他

① 我们在这里并不是说孔丘完全没有意识到宇宙论的问题，只是说他对此不曾作过哲学的思考而给予系统的说明；他没有批判或肯定从来封建领主们的神创宇宙观，故此构成他思想体系中“天”和“命”的模糊概念。故说：“天何言哉，四时行焉，百物生焉。”“惟天为大，惟尧则之。”“获罪于天，无所祷也。”“天之将丧斯文也。”“君子有三畏，畏天命。……”“吾……五十而知天命。”“不知命，无以为君子也。”子夏曰：“死生有命，富贵在天。”“子贡曰……夫子之言，性与天道，不可得而闻也。”（以上皆见《论语》）一方面似确认“命”由“天”定的，“天”是一个无上的主宰，而四时万物的运动，都是依照着无言的“天”所给予的规律性；一方面，“天”又似系一种自然法则的范畴，虽然他又认为人类的“死生”“富贵”，也都是基于“天”所规定的“命”的必然性。因而，在他，“天”的概念仍是不明确的。

又认为有“君子”和“小人”之先天的分别)。不过在这里,照《礼记·中庸》给他所下的注释“仁也者,人也”来看,他之所谓“仁”却只是以人为条件的先天的禀赋;然而为什么“小人”又“不仁”呢?这却构成孔丘自己理论上的一个矛盾。在这矛盾的交叉点上,后来便演化为孟轲的“性善论”和荀卿的“性恶论”,——自然,这都是有社会历史的原因的。同时,却正在这个矛盾点上表现着孔丘在哲学上的“独断论”倾向。

孔丘自己也曾极力想避免这种理论上的矛盾,所以认为“仁”虽属“人”的先天禀赋,但仍是要克己修养的培持,否则依然会消逝去的。其培持“仁”的为学,即求知和修养的方法,照《礼记·大学》给他的注释是:格物→致知→诚意→正心;思维的方法是:知止→定→静→安→虑→得。故此他又非常注重学问,“学而不厌”,主张博学,并主张“多识于鸟兽草木之名”。他自己说:“吾十有五而志于学,三十而立,四十而不惑,五十而知天命,六十而耳顺,七十而从心所欲,不逾矩。”(《论语·为政》)“加我数年,五十(《鲁论》作‘卒’)以学易。”(《论语·述而》)所以他的知识论是客观主义的。不过学的中心目的,在培养一个“仁”。所以他说:“赐也!汝以予为多学而识之者?……予‘一’以贯之。”(《论语·卫灵公》)从而他进一步认为“君子”的人只要肯专心求“仁”,那却是容易达到的,“仁远乎哉!我欲仁,斯仁至矣。”(《论语·述而》)“为仁由己,而由人乎哉?”(《论语·颜渊》)“有能一日用其力于仁矣乎?我未见力不足者。盖有之矣,我未之见也。”(《论语·里仁》)所以他又认“为学”虽在求“仁”,但“仁”却不是“自外”求的。他在这里从学问上绕个弯子,便又降到主观主义的领域中去了。

然而他之所谓“仁”,究竟是什么?照他自己的解释,也很不一致。兹略揭如次：

颜渊问仁。子曰："克己复礼为仁。一日克己复礼，天下归仁焉。……"颜渊曰："请问其目。"子曰："非礼勿视，非礼勿听，非礼勿言，非礼勿动。"（《论语·颜渊》）

子贡问曰："有一言而可以终身行之者乎？"子曰："其恕乎。己所不欲，勿施于人。"（《论语·卫灵公》）

樊迟问仁。子曰："爱人。"（《论语·颜渊》）

樊迟问仁。子曰："居处恭，执事敬，与人忠。虽之夷狄，不可弃也。"（《论语·子路》）

仲弓问仁。子曰："出门如见大宾，使民如承大祭；己所不欲，勿施于人。"（《论语·颜渊》）

子张问仁于孔子。孔子对曰："能行五者于天下，为仁矣。"请问之。曰："恭、宽、信、敏、惠；恭则不侮，宽则得众，信则人任焉，敏则有功，惠则足以使人。"（《论语·阳货》）

恭近于礼，远耻辱也。（《论语·学而》）

仁者其言也讱。（《论语·颜渊》）

为之难，言之得无讱乎？（同上）

仁者先难而后获，可谓仁矣。（《论语·雍也》）

刚毅木讷近仁。（《论语·子路》）

志士仁人，无求生以害仁，有杀身以成仁。（《论语·卫灵公》）

依此，他自己对"仁"的解释也很广泛，并没有提出一个中心来。但是因为《论语》中有如次的几句话："子曰：'参乎！吾道一以贯之。'曾子曰:'唯!'子出,门人问曰:'何谓也?'曾子曰:'夫子之道,忠恕而已矣。'"他在他处亦尝提及"己所不欲,勿施于人"的话,因之多数儒家学者便都认"忠恕"是孔子所谓"仁"的解释。不过他又曾说过:

> 忠恕违道不远,施诸己而不愿,亦勿施于人。君子之"道"四,丘未能一焉。所求乎子以事父未能也,所求乎臣以事君未能也,所求乎弟以事兄未能也,所求乎朋友先施之未能也。(《礼记·中庸》)

是则所谓"忠恕",仍不过是他之所谓"仁"的第二义。而"仁"的内容又似系"忠""孝""悌""信"所由发生的本源,也叫作"道"。然而他在别处又说:"君子道者三,我无能焉;仁者不忧,知者不惑,勇者不惧。"(《论语·宪问》)而且在这里他之所谓"智"和"勇"是否在"仁"以外呢?他说:"知及之,仁不能守之,虽得之,必失之。"(《论语·卫灵公》)"未知,焉得仁?"(《论语·公冶长》)"君子有勇而无义为乱。"(《论语·阳货》)"由也好勇过我,无所取材。"(《论语·公冶长》)是则"知"和"勇"对于"仁"来说仍不免是第二义的,是以"仁"即"道"为根源的。从仁的反面来说:"巧言令色,鲜矣仁。"(《论语·学而》)"人而不仁如礼何!人而不仁如乐何!"(《论语·八佾》)"礼云礼云,玉帛云乎哉!乐云乐云,钟鼓云乎哉!"(《论语·阳货》)依此去解释,又有"仁者诚也"、"真"或本质的意义。又说:"不仁者不可以久处约,不可以长处乐。"(《论语·里仁》)似"仁"又包含有持己的原则性,或者说"仁"是孔丘学说的最高原则。

从“仁”的作用来说，“一日克己复礼，天下归仁焉。”（《论语·颜渊》）“君子笃于亲，则民兴于仁。”（《论语·泰伯》）“君子之德风，小人之德草，草上之风必偃。”（《颜渊》）“夫仁者，已欲立而立人，已欲达而达人，能近取譬，可谓仁之方也矣”（《论语·雍也》）。“仁”不啻是“治人者”一个无上的“法宝”，是“君子”立己、治人、齐家、治国、平天下的最基本的东西。

因而他之所谓“仁”，只是一个无美不备，“施诸四海而皆准”的他理想中“圣人”的“心传”，——虽属是先验的独自存在的东西。因此，他认为只要大家都肯去修养这个“仁”，且贯彻到生活实践中去，则一切矛盾的问题，便可能从各人内心的修养上去消灭于无形——下犯上哪，臣弑君哪，子弑父哪，阶级敌对哪，邻国相侵哪；易言之，君臣、父子、兄弟、夫妇、朋友……的反目哪，便都不会发生［“孝弟也者，其为仁之本与！”（《论语·学而》）“其为人也孝弟，而好犯上者鲜矣。”（同上）］，封建制度便自然会万古不灭。

因而“仁”不啻是他理论体系中的核心，政治、伦理等方面的东西都是被派生的，是以“仁”为源泉，而又受其决定的。所以“仁”便是最完美最善良的精神，是决定一切的根据，是随同父母二人交合受孕而俱来的。不过因为其概念的模糊，所以“佛家”说他在哲学思想上，只达到其“第六识”；诚然，到两宋的“理学家”才依此而达到“佛”之所谓“第八识”，即“阿赖耶”的境界——在唯心主义的哲学上。

依此，“仁”是先验的精神的东西，所以孔丘哲学是客观主义的唯心主义。

孔丘哲学的“仁”，实质上虽是唯心主义的，但也包含着一些积极的因素。例如：反侵略的爱国思想（微管仲，吾其被发左衽矣）、忠恕（尽己之谓忠，推己之谓恕）、操守（知及之，仁不能守之，虽得之，必失之；可以久处约，长处乐）、自我反省、不重复错误（吾日三省吾身。不迁怒、不贰过）、不固执成见（毋意，毋必，毋固，毋我）、坚强（刚、毅、木、讷近仁）、智（知者不惑）、勇（勇者不惧、临难不苟、见危受命）……

三　孔丘时代的政治问题和其对策

初期封建制度发展到春秋末期，由于社会矛盾的发展，而表现为伦理名分等方面的混乱，如孟轲所谓"世衰道微……臣弑其君者有之，子弑其父者有之。孔子惧，作《春秋》"（《孟子·滕文公》）。齐景公所谓"信如君不君，臣不臣，父不父，子不子，虽有粟，吾岂得而食诸？"（《论语·颜渊》）归纳当时社会情况，在孔丘的面前呈现着如次的几个问题：

一、等级名分观念的混乱；

二、诸侯相互的侵伐与兼并；

三、农民和封建主间阶级矛盾的发展和大封建主地位的摇动；

四、宗法关系的紊乱。

孔子自然不能了解这均属封建制度内在矛盾发展的必然结果，不能不从社会发展之自身运动的规律性上去把握；而他却从主观主义的心理学范畴去觅取唯心主义的解释，且从其没落封建主自身地位和利益出发，对西周社会，不但寄与不少的回忆，而又认为那是唯一合理的政治制度，这在他如次的几句话中就充分流露着：

殷因于夏礼,所损益可知也;周因于殷礼,所损益可知也。(《论语·为政》)

周监于二代,郁郁乎文哉!吾从周。(《论语·八佾》)

这是孔丘根据其对当时社会情况的了解,给西周封建制以历史的解释和歌颂,并从维护封建制度的立场上,企图去解决现实的社会矛盾。他的一切主张和努力,都是从这个立场出发的,所以他自认为是文武周公之唯一继承者:

天之将丧斯文也,后死者不得与于斯文也;天之未丧斯文也,匡人其如予何!(《论语·子罕》)

文王既没,文不在兹乎!(同上)

文武之道,未堕于地,在人。(《论语·子张》)

另一方面,初期封建制度发展到春秋末期,在阶级矛盾的基础上,展开了思想意识的斗争;而经济文化的发展,又给意识形态的东西以发展的条件。这样,使孔丘得以完成封建统治阶级之哲学的政治理论的体系,而把从来统治阶级思想上的遗产都一一继承下来,予以体系化。这对于正在上升期的中国封建社会,是有积极作用的。他之所以成为数千年封建统治的思想支配者,原因便在这里。

孔丘对其当时的政治问题,拿出一个"正名"主义来,作为巩固封建主内部秩序的武器;拿出一个"礼治"主义来,作为强化等级制的"正名"的原则。对当时存在的社会问题,他便依据当时人与人的现实生活关系各方面,而创制出一套"伦理"的原理,去充实和巩固宗法制度，作为奠定社会秩序的精神统治武器。他的"伦理"——人生哲学和其"正名主义"的政治学说之相互的作用和关联，都在"仁"的下面统一起来，恰如宗法制度和封建等级制度之在封建主义的体制内被统一起来一样。他的"伦理"和"宗法制"能够贯彻到人民的现实生活中去，而发生普遍的广大的支配作用，正因为不是他凭空创造，而是由于他根据当时人民现实生活的表现，由于有着封建的社会经济的基础，这在当时也是有一定的积极意义的。

四　"正名""礼治"和"伦理"的社会观

甲　正名主义

在孔丘看来，名分等级观念的混乱，最高领主周天子威权的旁落，地方诸侯的衰弱和"大夫"的骄横，诸侯僭越"天子"，"大夫"僭越诸侯……"庶人"任意而"议政"，不但是破坏传统的封建秩序，且属当时政治上的最大危机。他指述当时的这种情形说：

> 三家者以雍彻。子曰："相维辟公，天子穆穆，奚取于三家之堂？"（《论语·八佾》）
>
> 八佾舞于庭。（同上）（按八佾为鲁侯祭周公的仪节。）
>
> 邦君树塞门，管氏（仲）亦树塞门，邦君为两君之好，有反坫，管氏亦有反坫。（同上）

其意正如《左传》成公二年《传》所谓“惟名与器不可以假人”。因而他严厉地抨击前者说：“是可忍也，孰不可忍也！”（《论语·八佾》）对于后者，是他曾经推崇过的：“桓公九合诸侯，不以兵车，管仲之力也。如其仁！如其仁！”（《论语·宪问》）“管仲相桓公，霸诸侯，一匡天下，民到于今受其赐。微管仲，吾其被发左衽矣。”（同上）于此也斥为“管仲之器小哉！”他以为这种乱“君臣之义”的非分事情，和乱“长幼之节”，同样是严重的“乱大伦”的[“不仕无义，长幼之节，不可废也；君臣之义，如之何其废之？欲洁其身，而乱大伦。君子之仕也，行其义也。”（《论语·微子》）]，都是不可容恕的。

然而在当时，不但齐鲁如此，而是普遍现象，从而他总结当时政治情况说：

> 天下有道，则礼乐征伐自天子出；天下无道，则礼乐征伐自诸侯出。自诸侯出，盖十世希不失矣；自大夫出，五世希不失矣；陪臣执国命，三世希不失矣。天下有道，则政不在大夫，天下有道，则庶人不议。（《论语·季氏》）
>
> 禄之去公室，五世矣；政逮于大夫，四世矣。故夫三桓之子孙微矣！（同上）

因而他认为要挽救当时政治的危机，首先便要恢复最高领主——天子的威权，制止诸侯、大夫、陪臣各级领主的僭越、擅夺，各守名分，才能复兴“天下有道”的政治。因此，他认为只有“正名”，把等级名分重新确定，调协封建主间的关系，是当时政治上的根本问题。所以《论语》说：

子路曰:“卫君待子而为政,子将奚先?”子曰:“必也正名乎!”子路曰:“有是哉!子之迂也,奚其正?”子曰:“野哉,由也!君子于其所不知,盖阙如也。名不正则言不顺,言不顺则事不成,事不成则礼乐不兴,礼乐不兴则刑罚不中,刑罚不中则民无所措手足。故君子名之必可言也,言之必可行也。”(《论语·子路》)

但是怎样去实现“正名”主义呢?他认为要基于封建主们的自觉,不论“天子”“诸侯”“大夫”“士”,都自觉地去各守名分,不僭窃,不假借。但这又有什么保证呢?那便只有依靠各人主观的自觉,依靠人从“仁”的修养上,去改变自己的观念,培植这种自觉性。“夫子”在这里自是不免蹈了空。然在他看来,却认为是可以实现的。他说:

其身正,不令而行;其身不正,虽令不从。(《论语·子路》)

苟正其身矣,于从政乎何有?不能正其身,如正人何?(同上)

季康子问政于孔子,孔子对曰:“政者正也,子帅以正,孰敢不正?”(《论语·颜渊》)

首先自己必须正派才能有效地去指导、帮助和影响他人,这种要求是积极的;但此只有在唯物主义的基础上才有保证和能够实现,而唯心主义则正是与之相矛盾而不能有保证。因而在孔丘,对那班僭越不守名分、不肯自觉的封建主们又怎样办呢?在这种情况下,他便主张由“天子”去主持讨伐(天下有道,则礼乐征伐自天子出）。同时，他又主张对那班僭越不守名分的封建主们，在“正名”的立场上，大家都可以去加以讨伐。所以：

陈恒弑其君，请讨之。（《论语·宪问》）

公山弗扰以费畔（畔季氏）。召，子欲往。子路不说。……子曰：“夫召我者，而岂徒哉？如有用我者，吾其为东周乎？”（《论语·阳货》）

佛肸召，子欲往。子路曰：“昔者由也闻诸夫子曰，亲于其身为不善者，君子不入也。佛肸以中牟畔（畔晋赵简子），子之往也，如之何？”子曰：“然，有是言也。不曰坚乎，磨而不磷。不曰白乎，涅而不缁。吾岂匏瓜也哉，焉能系而不食？”（同上）

依此可以看出，在他的政治主张中，“正名”即等级名分的维护，是先于一切的。为着要实现“正名”的原则，甚至不择手段；但公山弗扰和佛肸反对其直接从属的上级，正是乱名，孔丘对他们表示同情和赞助，又不免为要实现原则，反而丧失了“正名”的原则立场。

乙　“礼治”

依上所述，等级名分的尺度是什么呢？那便是所谓“礼”。《左传》所载师服语云：“名以制义，义以出礼，礼以体政，政以正名。”“礼”不啻是等级名分的实质，等级名分是礼的体现。故“礼”又有“天子礼”“诸侯礼”“大夫礼”“士礼”的等级分别（“礼”只是“不下庶人”）。此即《左传》庄公十八年《传》之所谓“名位不同，礼亦异数”。另一方面，在朝、聘、会、盟、征、伐上，也是以礼作尺度的。《礼记·王制》云：

> 诸侯之于天子也，比年一小聘，三年一大聘，五年一朝。天子五年一巡守。
>
> 山川神祇有不举者为不敬，不敬者君削以地；宗庙有不顺者为不孝，不孝者君黜以爵；变礼易乐者为不从，不从者君流；革制度衣服者为畔，畔者君讨；有功德于民者，加地进律。

《王制》虽系后人伪作，然《左传》庄公二十三年《传》也说：“夫礼，所以整民也。故‘会’以训上下之则，制财用之节；‘朝’以正班爵之义，师长幼之序；‘征’‘伐’以讨其不然。”

“礼”又以什么为根据呢？那便是师服之所谓“名以制义，义以出礼”。《左传》僖公二十八年《传》所谓“礼以行义”。是“礼”与“名”“义”系互相渗透的。又怎能去维护“礼”呢？《左传》僖公二十八年《传》继续说：“信以守礼。”是“礼”显系一种制度，各级封建主都有信守的义务，并且还有盟誓的约束。

然孔丘之所谓“礼”，在《论语》中又有如次之诸条：

> 克己复礼为仁。一日克己复礼，天下归仁焉。（《论语·颜渊》）
>
> 上好礼，则民莫敢不敬。上好义，则民莫敢不服。（《论语·子路》）
>
> 非礼勿视，非礼勿听，非礼勿言，非礼勿动。（《论语·颜渊》）
>
> 人而不仁如礼何！人而不仁如乐何！（《论语·八佾》）

> 礼云礼云，玉帛云乎哉！乐云乐云，钟鼓云乎哉！（《论语·阳货》）
>
> 道之以德，齐之以礼，有耻且格。（《论语·为政》）
>
> 礼，与其奢也，宁俭；丧，与其易也，宁戚。（《八佾》）
>
> （鲤）学礼乎？……不学礼，无以立。（《论语·季氏》）
>
> 夏礼吾能言之，杞不足征也；殷礼吾能言之，宋不足征也。文献不足故也，足则吾能征之矣。（《八佾》）

是孔丘所说的“礼”，不但是政治上的一种原则、一种仪文，而且是一种制度，在等级制构成的各阶层中各有其自己之分际的一种尺度——从“名以制义，义以出礼”的。这便是所谓“礼治”的由来。

再看他书关于“礼”的记载：“孔丘谓梁丘据曰：‘……且牺、象不出门，嘉乐不野合，飨而既具，是弃礼也。……弃礼，名恶。子盍图之。’”（《左传》定公十年《传》）“晋人遂杀涉佗，成何奔燕。君子曰：‘此之谓弃礼，必不钧。《诗》曰：人而无礼，胡不遄死？涉佗亦遄矣哉。’”（同上）“子为君礼，不过出竟，君必止子。”（同上）“春，邾隐公来朝，子贡观焉。邾子执玉高，其容仰；公受玉卑，其容俯。子贡曰：‘以礼观之，二君者，皆有死亡焉。夫礼，死生存亡之体也，将左右周旋，进退俯仰，于是乎取之；朝、祀、丧、戎，于是乎观之。今正月相朝而皆不度，心已亡矣。’”（《左传》定公十五年《传》）“吴来征百牢，子服景伯对曰：‘先王未之有也。’吴人曰：‘宋百牢我，鲁不可以后宋；且鲁牢晋大夫过十；吴王百牢，不亦可乎？’景伯曰：‘晋范鞅贪而弃礼，以大国惧敝邑，故敝邑十一牢之。君若以礼命于诸侯，则有数矣；若亦弃礼，则有淫者矣。周之王也，制礼,上物不过十二,以为天之大数也;今弃周礼而曰必百牢,亦唯执事。'吴人弗听。景伯曰:'吴将亡矣!弃天而背本;不与,必弃疾于我。'乃与之。"(《左传》哀公七年《传》)"卫侯会吴于郧……吴人藩卫侯之舍。子服景伯谓子贡曰:'夫诸侯之会,事既毕矣,侯伯致礼,地主归饩,以相辞也。今吴不行礼于卫,而藩其君舍以难之。'"(《左传》哀公十二年《传》)[楚]芋尹盖对曰:"臣闻之曰,事死如事生,礼也。于是乎有朝聘而终,以尸将事之礼,又有朝聘而遭丧之礼。若不以尸将命,是遭丧而还也。无乃不可乎?以礼防民,犹或逾之;今大夫曰:死而弃之,是弃礼也,其何以为诸侯主?"(《左传》哀公十五年)"孔丘卒,公诔之……子贡曰:'君其不没于鲁乎?夫子之言曰:礼失则昏,名失则愆;失志为昏,失所为愆。生不能用,死而诔之,非礼也。'"(《左传》哀公十六年)是"礼"亦显系具有一种封建的等级制度的内容,表现其等级名分的仪文和秩序。

因此,"礼"在当时,必然有其一种具体的规定。如前所述:"三礼"系后人窜改、演绎和伪托,或可无疑。而在孔丘当时有所谓《礼经》的存在,也是可以无疑的。唯就《孝经》所载孔丘自家"三代出妻"的事实看,则关于"女子七出"的条文,至少其原则上已存在于孔丘的当时。《孝经》自亦后人伪作,然在宗孔的"儒教徒"作品中流露着这种传说,要不失其有几分真实性。从而"三礼"所述的内容,某些方面或系有所依据于原有《礼经》,至少有其部分是依据春秋时期的社会情况。

丙　"德"和"刑"

孔丘以"礼"和"正名"去调协封建统治阶级内部的关系,作为维护封建等级制的基本原则。但对被统治的农民阶级，又怎样去进行统治、和缓阶级间的矛盾呢？前面说过，他认为“小人”从先天的品质上就是恶劣的，较统治阶级要低劣一等。因而他主张对于农民，要实行一种“民可使由之，不可使知之”的“愚民政策”。但是农民们的觉悟，却不是由统治者之“可”“不可”能够支配的，因而他又主张对农民要同时兼用麻醉政策，去麻痹其阶级的反抗意识。这第一便是“命”，其次便是所谓“德”。

自然，“命”在他的思想体系中，曾被广泛的解释，作为其对现实存在的等级制度乃至“死生”之解释的自然的基础。用“安命”的原理去教育大家各安现状，各守名分。

子夏曰：“死生有命，富贵在天。”(《论语·颜渊》)

不知命，无以为君子也。(《论语·尧曰》)

吾……五十而知天命。(《论语·为政》)

丘之祷久矣！(《论语·述而》)

亡之命矣夫！(《论语·雍也》)

君子有三畏：畏天命，畏大人，畏圣人之言。(《论语·季氏》)

一方面，他又正在这里表现自然主义的色彩。但在另一方面，不管他“安命”的说教如何，却无补于农民们之实际生活的饥饿。这是孔丘所不胜慨然的。

小人不知天命，而不畏也，狎大人，侮圣人之言。(《论语·季氏》)

但孔丘究竟是个客观主义者，不容他忽视这种严重的现象，然他也不能有任何改善农民生活情况的企图，而只是去采取软化农民、和缓矛盾的办法。这办法，在孔丘，便是麻醉政策的"德"化主义。

为政以德，譬如北辰，居其所，而众星拱之。(《论语·为政》)

道之以德，齐之以礼，有耻且格。(同上)

君子之德风，小人之德草，草上之风必偃。(《论语·颜渊》)

[孔子曰]礼云礼云，贵绝恶于未萌，而起敬于微眇，使民日徙善迁罪而不自知也。(《大戴记·礼察》《小戴记·经解》)

这种德化主义实行的结果，便是"仁政"。而此对于过去没有方向，不能自己打开出路的农民，是能受到一些实惠的。所以这虽然是统治者一种"治人"的手法，然较之不顾人民死活的暴君政治，是略胜一筹的。

而这种软化农民的麻醉政策，并不能消灭阶级矛盾，只能暂时麻痹农民的反抗意识。因此他又主张用刑罚的惩治主义去济德化主义之穷。同时他又告诫了封建统治者，不要走到专靠惩罚主义的极端，因为惩罚主义只能使人民畏罚，而不能使统治巩固。所以他说：

道之以政，齐之以刑，民免而无耻；道之以德，齐之以礼，有耻且格。(《论语·为政》)

从而他主张礼乐教化第一，刑罚第二；刑罚的本身也要有一个限度和标准，才能表现其效能和作用。故他说："礼乐不兴，则刑罚不中，刑罚不中，则民无所措手足。”（《论语·子路》）因此他也反对统治者对人民滥用刑罚。

所以在孔丘的政治学说中，刑罚只用以救统治之穷；统治的根本方策，则在平日的教育。所以说：“子曰：听讼吾犹人也，必也使无讼乎？”（《论语·颜渊》）“子曰：不教而杀谓之虐，不戒视成谓之暴，慢令致期谓之贼。犹之与人也，出纳之吝，谓之有司。”（《论语·尧曰》）他同时也知道：教农民“不怨天，不尤人”，“听天由命”，对于饥寒交迫、衣食无着的农民，是不可能的［“贫而无怨难”（《论语·宪问》）］。而此又正是能引发祸乱的根源［“好勇疾贫，乱也；人而不仁，疾之已甚。乱也。”（《论语·泰伯》）］。因而他又说：“丘也闻有国有家者，不患寡而患不均，不患贫而患不安。盖均无贫，和无寡，安无倾。”（《论语·季氏》）这是说，他不主张对农民无限制的剥削，认为榨取牛乳是以能保全母牛存在为前提。这在有若的口中说得明白：“百姓足，君孰与不足？百姓不足，君孰与足？”（《论语·颜渊》）因而又归结到如次的原理：“子曰：‘庶矣哉！’冉有曰：‘既庶矣，又何加焉？’曰：‘富之。’曰：‘既富矣，又何加焉？’曰：‘教之。’”（《论语·子路》）这对于封建统治阶级是一种较好的巩固根本的办法。在人类历史上的封建制时代，这确是一种较开明的政治学说，也是孔丘学说中具有积极意义的一个部分。

丁　“伦理”的社会观

孔丘的“伦理”学说和他的政治学说同样，同是以“仁”为核心出发的。并同样由于当时浮现到他眼前的现象——在治者方面是臣弑（或僭、侵）君，子弑父，弟弑兄，同僚相侵；在被统治阶级方面，也表现着农民反抗领主,家族成员反对家长……种种的现象——他便提出改变这些现象的要求。但他不知道,那在封建社会自身的矛盾发展中,都是必然的现象。因而他不知从解决矛盾的观点上去把握,依旧只肯从维持旧制度的观点上去追求补救的对策。

他的"伦理"学说,是以"孝"为中心的,所谓"孝悌也者,其为仁之本与?"(《论语·学而》)但这于农奴和领主、"下"和"上"之间直接有何政治意义上的联系呢?他说:"其为人也孝悌,而好犯上者鲜矣。"(同上)所以他之所谓"孝",是要从狭义(孝父母)而达到广义(忠)的内容的。宗法制度便充任了这两者之联系的桥梁。

曾子曰:"慎终追远,民德归厚矣。"(同上)

所谓"慎终追远",不啻是宗法制度的精髓。宗法上所谓"大宗""小宗"的派演和组织,便是这种所谓"慎终追远"的原则的演绎。宗法上,必须是"大夫"才能成立"大宗"。这便是个人在家族中的地位和在政治上地位的统一。而且,"大宗"的成立,在原初的原则上为诸侯之"别子","大宗"陪同"嗣君"得祭诸侯;但原则虽然如此,非与诸侯同姓的"大夫",自亦得依样成立其"大宗",他们对"先君"的祭祀关系,也只得和前者一样。这样,宗法的组织,便完全成了附丽于政治组织的一种社会机构。其原因当然由于"大夫"所领的食邑,原则上是诸侯所赐予的。而"大宗"和"事父"的意义还解释到"事君"的意义上,《论语》说:

迩之事父,远之事君。(《阳货》)

子夏曰:"……事父母能竭其力,事君能致其身。"(《学而》)

故此能归结到“民德归厚矣”。

所以“齐景公问政于孔子,孔子对曰:‘君君,臣臣,父父,子子。’”(《论语·颜渊》)可知孔丘的伦理观,是以“忠”“孝”作中心而砌成的。“忠”是等级的政治制度的基本原则,“孝”是宗法制度的基本原则。易言之,前者是适应于政治的特殊机构,后者是适应于物质生产的家长制度的组织。虽然,孔丘也常常把政治和“伦理”的概念混同不分,例如他又说:“惟孝友于兄弟,施于有政,是亦为政,奚其为为政。”(《论语·为政》)然而这正是中世学说的特色,并和封建制本身及封建家长制的政治概念完全适应着的。其次的一伦便是“兄弟”的“友”;又次的一伦便是“朋友”的“信”;更次的所谓“夫妇”的一伦,我们在《论语》中始终还找不出说明来,并且在孔丘的学说中,妇女并没有完全人格的地位。但是“兄弟”和“朋友”这两伦,也是从属于“君臣”“父子”那两伦的。在他看来,前者在其社会性上是次于后者的。例如他说:“孝乎惟孝,友于兄弟”(《论语·为政》),“弟子入则孝,出则弟,谨而信,泛爱众,而亲仁”(《论语·学而》)。

“事君”的“忠”,“事父”的“孝”,处“兄弟”的“悌”,处“朋友”的“信”,孔丘虽不曾作过总的说明,但从其语录中零散的说明考察,便不难看见其根本的见解。兹举《论语》中的记载如次:

其为人也“孝”“弟”,而好犯上者,鲜矣!不好犯上,而好作乱者,未之有也。君子务本,本立而道生。“孝”“弟”也者,其为仁之本与?(《学而》)

孟武伯问“孝”,子曰:“父母唯其疾之忧。”(《为政》)

孟孙问孝于我,我对曰:“无违。”樊迟曰:“何谓也?”子曰:

“生事之以礼，死葬之以礼，祭之以礼。”（同上）

父在观其志，父没观其行，三年无改于父之道，可谓“孝”矣。（《学而》）

弟子入则“孝”，出则“悌”，谨而“信”，泛爱众，而亲仁。（同上）

一朝之忿，忘其身以及其亲，非惑与？（《颜渊》）

父母在，不远游，游必有方。（《里仁》）

父为子隐，子为父隐。（《子路》）

君子笃于亲，则民兴于仁；故旧不遗，则民不偷。（《泰伯》）

主“忠”“信”，无友不如己者。（《学而》）

子曰：“事君尽礼，人以为谄也。”定公问：“君使臣，臣事君，如之何?”孔子对曰：“君使臣以礼，臣事君以忠。”（《八佾》）

子游曰：“事君数，斯辱矣；朋友数，斯疏矣。”（《里仁》）

弑父与君，亦不从也。（《先进》）（所谓臣者应如此。）

子贡问友，子曰：“忠告”而善道之，不可则止，毋自辱焉。（《颜渊》）

曾子曰：“君子以文会友，以友辅仁。”（同上）

颜渊、季路侍，子曰：“盍各言尔志?”子路曰：“愿车马，衣轻裘，与朋友共，敝之而无憾。”……子路曰：“愿闻子之志。”子曰：“老者安之，朋友信之，少者怀之。”（《公冶长》）

与朋友交，而不“信”乎？（《学而》）

子夏曰：“贤贤易色，事父母能竭其力，事君能致其身；与朋友交，言而有信。”（同上）

人而无“信”，不知其可也。（《为政》）

子夏曰……“君子敬而无失，与人恭而有礼，四海之内皆

兄弟也。”(《颜渊》)

有时“孝悌”相连，有时“忠孝”相连，有时“忠信”相连，这正表示孔丘学之理论体系的欠完密，也表示其适应于不同的情况和对象而立言不同。

然而在当时，社会各种构成成分相互间的关系，在孔丘看来，不外是君臣、父子、兄弟、朋友……关系。他对这些关系，不从社会经济的构成即生产关系上去理解，只肯从观念上去理解。这正由于其阶级性和历史的局限。而他这种说教是符合封建统治的要求的。他认为他所阐释的在这种伦理社会观的原则支配下，存在于当时封建关系中的这种人与人间的社会关系便可以巩固起来，破绽便可以弥补起来。“犯上”和“作乱”的现象再不致出现，农民逃亡与反抗的事情也不致再发生。这虽则是主观的，其伦理教条却起了中国封建时代的法律作用。他的“泛爱众”与“四海之内皆兄弟也”等论点，是有着积极意义的，在人类社会的封建制度初期而有这种思想，可说是一种较伟大的观念，也是孔丘学说中积极因素之一。

这种“伦理”教条和宗法制度，不仅在封建社会的生产中、在人民的现实生活中，有其存在的根据；而且由于封建制度的周朝，教权自始就没有发展与建立起来，需要直接对农民行使精神统治的封建主们，正需要这种“伦理”教条和宗法制度，充作封建俗权者手中有宗教意义和教条作用的东西。但它究竟又是掌握在封建俗权者手中的东西，又不能成为名实如一的宗教制度和宗教教条。康有为、尹昌衡等人企图创立孔教——宗教之不能实现，原因便在这里。这样，一面减少了中国封建俗权者对教权的依赖；一面又使中国俗、教的矛盾采取着不同的形式。而此对封建中国文化思想的发展，却是一个束缚，也影响到中国社会政治斗争的开展和生产的进步。

五　孔丘所倡导的政治运动

孔丘从维护封建等级制度的立场，对当时政治问题、社会问题的处理，而得出“正名”“礼治”“德化”“伦理”“宗法”等原则的结论。并把这些原则作为他自己和门徒的实践行动的方针。

但一方面，他的“正名”主义，只符合当时各国大封建诸侯的要求，而与那在事实上已取得各“国”实权的“大夫”们的利益并不完全一致。因而各国诸侯虽欢迎他的主张，可是，他们已成了没有实权的“赘疣”。不过各国“大夫”们对他的宗法制度和“伦理”学说，却也愿意接受。一方面，他维持封建领主支配的政治主张和新兴地主-商人的利益也是不完全符合的。另一方面，他的主张，当然不能得到农民的同情，照《庄子·盗跖》篇来看，农民是坚决反对他的。因而他的政治主张，一面得不到当时掌握实权的各国“大夫”的全力支持，一面又不能取得新兴地主-商人的完全同情，一面又遭受生产群众的反对，全力支持和欢迎的只有各国的大封建诸侯和小领主集团——“士”。他的主张，最符合于“士”的要求，所以自始便取得这一阶层的热烈欢迎与拥护。因而孔丘便以这一阶层为基础去策动其政治运动。

他在政治运动上，是否也有一种政治团体的组织，这是常为“孔子研究者”所忽略了的问题。《论语》说：

德行：颜渊、闵子骞、冉伯牛、仲弓；言语：宰我、子贡；政事：冉有、季路；文学：子游、子夏。（《先进》）

依此，在他的教学集团中，似乎还包含有一种政治结合的内容；似乎颜、闵、冉、弓便是其政治团体中负内部责任的，宰我、子贡是负外事责任的，冉有、季路是负责策动政治运动的，子游、子夏是负责掌管文书的。所以子贡等人常替他出使他邦，子路等人常替他到各地去进行政治策动，而他所最重视的德行和文学两方面的人才，在当时的政治舞台上反无所表现。再从如次的几句话看，也好似孔丘当时曾有政治团体的组织。

吾党之小子狂简，斐然成章，不知所以裁之。（《公冶长》）

这是他批评其"党"的"小子"，处理事务太急躁、单纯、质直、不懂政策、不会工作。

子行三军则谁与？（《述而》）

子曰：回也，非助我者也。（《先进》）

子曰：从我于陈蔡者，皆不及门也。（同上）

这不只在说孔子抱有很大的政治目的，而且在说，跟他作政治活动的，不全是他的门生，还有的是他领导下的党徒，他自己便是他们这一政治团体的领袖。同时在他病危之际，他的门徒们开会讨论后事，子路主张不用师生的关系，用属下对首领的关系，用"国君"的礼去安置他——孔丘自己曾反对这种办法。下面的话说得很明白："子疾病，子路使门人为臣。病间，曰：'久矣哉！由之行诈也。无臣而为有臣，吾谁欺，欺天乎？且予与其死于臣之手也，毋宁死于二三子之手乎？且予纵不得大葬，予死于道路乎？'"（《论语·子罕》）

在当时，大概他的信徒中有怀疑他对政治活动不公开的地方，所以他说："二三子以我为隐乎？吾无隐乎尔；吾无行而不与二三子者，是丘也。"（《论语·述而》）这完全是涉及于教学以外的问题。

《吕氏春秋》也说孔墨"从属弥众，弟子弥丰，充满天下"（《仲春纪·当染》）。"孔、墨之后学，显荣于天下者众矣，不可胜数。"（同上）足征孔、墨除"弟子"以外，还有"从属"，足征"儒""墨"都有其政治团体的结合。这种结合，在"儒家"，到孟轲时，孟轲传食诸侯，后车数十乘，从者数百人（《孟子·滕文公》）；同时，"墨家"的许行至滕，亦徒属数千（同上）。

孔丘的政治运动是以小领主——"士"的集团为基础，因而在他的教育宗旨下，对于"士"的训练培养便构成其第一义的重要。他对"士"的教育宗旨，不啻是专门政治人才的培养。所以孔丘给"士"的定义说：

一、"士而怀居，不足以为士矣。"（《论语·宪问》）

二、"子贡问曰：'何如斯可谓之士矣？'子曰：'行己有耻，使于四方，不辱君命，可谓士矣。'曰：'敢问其次？'曰：'宗族称孝焉，乡党称弟焉。'曰：'敢问其次？'曰：'言必信，行必果，硁硁然，小人哉，抑亦可为次矣。'"（《论语·子路》）

三、"子路问曰：'何如斯可谓之士矣？'子曰：'切切偲偲，怡怡如也，可谓士矣。朋友切切偲偲，兄弟怡怡。'"（同上）

是“士”在一方面要成为封建社会的榜样，一方面便在修养政治能力，以“登庸”执政为目的（仕而优则学，学而优则仕）。“士”在此后数千年间，成为官僚的主要后备军，并不是偶然的。

“士”在原来，不过系领主们左右的武士或小领主，例如《老子》六十八章说：“善为士者则武。”是“士”必具能“武”的特征。《尚书·周书·牧誓》说：“是以为大夫卿士。”《诗·国风》云：“女曰鸡鸣，士曰昧旦。”《国语·齐语》说：“士乡十五。”《左传》定公元年《传》云：“若立君，则有卿士大夫与守龟在。”十一年《传》云：“士兵之。”《左传》昭公二十六年《传》云：“民不迁，农不移，工贾不变，士不滥，官不滔，大夫不收公利。”《左传》哀公二年《传》云：“克敌者，上大夫受县，下大夫受郡，士田十万，庶人工商遂，人臣隶圉免。”《左传》文公十四年《传》云：“公子商人骤施于国而多聚士。”《左传》襄公二十一年《传》云：“怀子好施，士多归之。”二十三年《传》云：“晋将嫁女于吴，齐侯使析归父媵之，以藩载栾盈及其士，纳诸曲沃。”《左传》昭公十三年《传》云：“我先君文公（晋）……生十七年，有士五人。”是“士”原为武士或小领主，自西周、春秋之际开始，大领主左右的武士游离，小领主之“士”开始没落，然犹未成为“文士”；至孔丘时，“士”才转化为“文士”，而形成为此后的知识分子层，并演化为游说之士与文学之士等等。

孔丘所改造的“士”的集团，与其说先立于“教”的方面，毋宁说先由于小领主的政治要求，然后才创造出“教”的形式来，易言之，所谓“教学”在当时，原初不过发生于徒属之政治聚议的形式，然后才演化为民间的教学组合。所以孔丘的“徒属”和“弟子”，不是都以受学为第一义，而乃皆频频往来于各诸侯之间，为孔丘通声息。《论语》说：

子华使于齐，冉子为其母请粟。子曰："与之釜。"请益。曰："与之庾。"(《雍也》)

孔子又常常派子贡代表他往来各国；他同时又同各国"大夫"的"家臣"们相结纳，教他们从内部策动反对当时"大夫"专政的运动。

公山弗扰以费畔。召，子欲往。(《阳货》)

佛肸召，子欲往。(同上)

佛肸和前述的公山弗扰，大概都是早和孔丘有联系的。同时，孔丘到各国大概都极力在团结"士"，而和他们取得联系。下面便是一个例子：

仪封人请见曰："君子之至于斯也，吾未尝不得见也。"从者见之。出曰："二三子何患于丧乎？天下之无道也久矣，天将以夫子为木铎。"(《论语·八佾》)

不过他所领导的政治活动，完全是温和主义的。所以他原则上不主张武装斗争，只采用游说方式，希望去获得政权。他说：

苟有用我者，期月而已可也，三年有成。(《论语·子路》)

如有用我者，吾其为东周乎？(《论语·阳货》)

冉求曰："夫子为卫君乎？"(《论语·述而》)

为着企图实现其主张而要求参加政权，曾仆仆各国(据说周游七十余国），并曾到过许多偏僻的区域。例如：

互乡难与言，童子见，门人惑。（《述而》）

子欲居九夷，或曰："陋，如之何？"子曰："君子居之，何陋之有！"（《论语·子罕》）

他这种政权欲（"君子疾没世而名不称焉"）和仆仆风尘的奔走，在当时一些抱厌世主义的没落贵族看来，却认为孔丘是徒劳的。

微生亩谓孔子曰："丘何为是栖栖者欤？无乃为佞乎？"孔子曰："非敢为佞也，疾固也。"（《论语·宪问》）

子路宿于石门，晨门曰："奚自？"子路曰："自孔氏。"曰："是知其不可为而为之者与？"（同上）

子击磬于卫，有荷蒉而过孔氏之门者曰："有心哉！击磬乎？"（同上）

长沮、桀溺耦而耕，孔子过之，使子路问津焉。……曰："滔滔者，天下皆是也，而谁以易之？且而与其从辟人之士也，岂若从辟世之士哉？"（《论语·微子》）

然孔丘为着自己的主张却并不因此灰心。他到各国，都攻击各国大夫。如在鲁国，极力攻击"三桓"，又极力攻击过晋国的赵氏。据传说，他到楚国向楚君攻击司马子期，到齐国向齐君攻击晏婴……他攻击各国的"从政者"为"何足算"的"斗筲之器"。一方面他又采取各种步骤，企图达到其参加政权的目的。

子禽问于子贡曰:"夫子至于是邦也,必闻其政,求之与?抑与之与?"子贡曰:"夫子温良恭俭让以得之。夫子之求之也,其诸异乎人之求之与?"(《论语·学而》)

子见南子,子路不说。夫子矢之曰:"予所否者,天厌之!天厌之!"(《论语·雍也》)

陈司败问昭公知礼乎,孔子曰:"知礼。"孔子退,揖巫马期而进之,曰:"吾闻君子不党,君子亦党乎?君取于吴为同姓,谓之吴孟子。君而知礼,孰不知礼?"巫马期以告。子曰:"丘也幸!苟有过,人必知之。"(《论语·述而》)

这正是后来"儒家"猎官求禄的秘传。

可是他的政治活动愈积极,便愈招致各国实际权力者的嫉视。所以他第一步出马(为鲁司寇),还不到几个月光景便被"三桓"迫走。此后到各国,又不断地受到各国实力者的冷视,甚至和他为难。

天生德于予,桓魋其如予何?(《论语·述而》)

子畏于匡。曰:"文王既没,文不在兹乎?天之将丧斯文也,后死者不得与于斯文也;天之未丧斯文也,匡人其如予何?"(《论语·子罕》)

在陈绝粮,从者病,莫能兴。(《论语·卫灵公》)

据传在秦也受过一次委曲;并传在齐国,被晏婴讽示出境,在楚国被司马子期所驱逐。

以说教者自命和以周公自期的孔丘,虽"栖栖"七十余"国",终于没能达到参加政权的目的,并遭受不少磨难和挫折。"达巷党人曰:‘大哉!孔子。博学而无所成名。’”(《论语·子罕》)从而孔丘自己也不禁“喟然叹曰”:“危邦不入,乱邦不居。天下有道则见,无道则隐。”(《论语·泰伯》)“不在其位,不谋其政。”(同上)“子谓颜渊曰:‘用之则行,舍之则藏,惟我与尔有是夫?’”(《述而》)这种从实际经历中得来的教训,一面虽可能提起他对问题的进一步认识,另一面,他不只徒自叹息于政治遭遇上的困厄,并又从这里堕入定命论。《论语》说:

> 子在川上曰:“逝者如斯夫?不舍昼夜。”(《子罕》)
>
> 子曰:“道之将行也与?命也!道之将废也与?命也!”(《宪问》)
>
> 道不行,乘桴浮于海。从我者,其由与!(《公冶长》)
>
> 子曰:凤鸟不至,河不出图,吾已矣夫!(《子罕》)

但在孔丘死后,他的学说却在中国封建社会数千百年长时期中占着支配地位。这在一方面,由于孔丘的时代,从中国封建社会的全过程说,正处在上升的时期;一方面由于孔丘学说的全部精神适合于封建主义的要求,而且包含着若干积极的因素或较伟大的观念。同时孔丘的思想,对于东方以至世界的文化思想,也都产生过巨大的影响。因此,孔丘是中国封建时代最早出现的一个大思想家。

六 曾参对孔丘学说的解释

孔丘的学术思想,在曾参的手里,便作了一次系统的解释,这第一表现在《大学》[①]里面。曾参把孔丘的学术思想归纳为“三德”“八目”。首先曾参把孔丘的“修己”“治人”和“中庸”的人生论与政治学说的原理，归纳为：“明明德”“新民”“止于至善”的“三德”。依曾参的解释：

明明德：“《康诰》曰：‘克明德。’《太甲》曰：‘顾諟天之明命。’《帝典》曰：‘克明峻德。’皆自明也。”

新民：“汤之《盘铭》曰：‘苟日新，日日新，又日新。’《康诰》曰：‘作新民。’《诗》云：‘周虽旧邦，其命维新。’是故君子无所不用其极。”

止于至善：“《诗》云：‘邦畿千里，惟民所止。’《诗》云：‘缗蛮黄鸟，止于丘隅。’子曰：‘于止，知其所止，可以人而不如鸟乎？’《诗》云：‘穆穆文王，于缉熙敬止。’为人君，止于仁；为人臣，止于敬；为人子，止于孝；为人父，止于慈；与国人交，止于信。”

“三德”表现到政治上社会上又是怎样呢？曾参又作了一个总的评价：

《诗》云：“於戏！前王不忘。”君子贤其贤，而亲其亲；小人

① 按近人冯友兰先生谓《大学》为荀子学，其说见《古史辨》第四册。此说殊值得注意，余按《大学》所言“格物致知”与荀子之所谓“伪”的哲学概念亦殊有其相同之内容。不过在孔丘亦有“多识于鸟兽草木之名”的话。其次《大学》中之“止”“至”，在孔丘固亦有“子曰中庸之为德，其‘至’矣乎”之语，故在曾参时也不是没有产生这种思想的可能。因而余虽以冯说有相当理由，但仍依宋儒说作为曾参学说研究。同时，冯氏的观点和方法，也不能说是正确的。

乐其乐，而利其利。……

子曰："听讼，吾犹人也，必也使无讼乎？"无情者不得尽其辞。大畏民智，此谓知本。

古之欲明明德于天下者，先治其国；欲治其国者，先齐其家；欲齐其家者，先修其身；欲修其身者，先正其心；欲正其心者，先诚其意；欲诚其意者，先致其知；致知在格物。

物格而后知至，知至而后意诚，意诚而后心正，心正而后身修，身修而后家齐，家齐而后国治，国治而后天下平。

他并把认识论（格物、致知），道德论（诚意、正心、修身），政治论（齐家、治国、平天下）砌成一个不可分离的体系。而且认为：一面根据这种认识原理就可以做到"止于至善"，由这种道德原理就可以做到"明明德"，由这种政治原理就可以做到"新民"，一面由认识论而后进于道德论，由道德论而后进于政治论。

但在实践上，却不是任何人都能这样做的，尤其是庶人——农民，他们完全不可能有那种静坐、深虑、咕哔、咿唔的工夫。曾参说：

自天子以至于庶人，一是皆以"修身"为本。其本乱而末治者否矣。其所厚者薄，而其所薄者厚，未之有也。

这是完全不能适合于"庶人"的。

认识的思维过程，他却理出一个较孔丘细密的体系：

知止而后有定，定而后能静，静而后能安，安而后能虑，虑而后能得。

这较孔丘的“学而不思则罔,思而不学则殆”的方法,虽属是同质的,却更完密了。

最后他对“八目”的解释,据程子注释,格物、致知两目之义“而今亡矣”,惟有其他六目之义。因而现在从其第三目的“诚意”起。

[诚意]所谓诚其意者,毋自欺也:如恶恶臭,如好好色,此之谓自谦。故君子必慎其独也。小人闲居为不善,无所不至,见君子而后厌然,掩其不善,而著其善;人之视己,如见其肺肝然,则何益矣?此谓诚于中,形于外,故君子必慎其独也。曾子曰:“十目所视,十手所指,其严乎!富润屋,德润身,心广体胖,故君子必诚其意。”

[正心修身]所谓修身在正其心者:身有所忿懥,则不得其正;有所恐惧,则不得其正;有所好乐,则不得其正;有所忧患,则不得其正。心不在焉,视而不见,听而不闻,食而不知其味。此谓修身在正其心。

[修身齐家]所谓齐其家在修其身者:人之其所亲爱而辟焉,之其所贱恶而辟焉,之其所畏敬而辟焉,之其所哀矜而辟焉,之其所敖惰而辟焉。故好而知其恶,恶而知其美者,天下鲜矣!故谚有之曰:“人莫知其子之恶,莫知其苗之硕。”此谓身不修不可以齐其家。

[齐家治国]所谓治国必先齐其家者:其家不可教而能教人者无之。故君子不出家而成教于国。孝者,所以事君也;弟

者，所以事长也；慈者，所以使众也……一家仁，一国兴仁；一家让，一国兴让；一人贪戾，一国作乱。其机如此。此谓一言偾事，一人定国。尧、舜率天下以仁，而民从之；桀、纣率天下以暴，而民从之。其所令，反其所好，而民不从。是故君子有诸己而后求诸人，无诸己而后非诸人。所藏乎身不恕而能喻诸人者，未之有也，故治国在齐其家。……《诗》云："其仪不忒，正是四国。其为父子兄弟足法，而后民法之也。"

[治国平天下]所谓平天下在治其国者：上老老而民兴孝，上长长而民兴弟，上恤孤而民不倍。是以君子有絜矩之道也。所恶于上毋以使下，所恶于下毋以事上，所恶于前毋以先后，所恶于后毋以从前，所恶于右毋以交于左，所恶于左毋以交于右。此之谓絜矩之道。《诗》云："乐只君子，民之父母。"民之所好好之，民之所恶恶之，此之谓民之父母。……《诗》云："殷之未丧师，克配上帝。仪监于殷，峻命不易。"道得众，则得国；失众，则失国。是故君子先慎乎德，有德此有人，有人此有土，有土此有财，有财此有用。德者，本也；财者，末也。外本内末，争民施夺。是故财聚则民散，财散则民聚。是故言悖而出者，亦悖而入；货悖而入者亦悖而出。《康诰》曰："惟命不于常。道善则得之，不善则失之矣。"……是故君子有大道，必忠信以得之，骄泰以失之。生财有大道，生之者众，食之者寡，为之者疾，用之者舒，则财恒足矣。仁者以财发身，不仁者以身发财。未有上好仁，而下不好义者也；未有好义，其事不终者也；未有府库财，非其财者也。孟献子曰："畜马乘，不察于鸡豚；伐冰之家，不畜牛羊；百乘之家，不畜聚敛之臣；与其有聚敛之臣，宁有盗臣。"此谓国不以利为利，以义为利也。长国家

而务财用者，必自小人矣。彼为善之，小人之使为国家，灾害并至，虽有善者，亦无如之何矣！此谓国不以利为利，以义为利也。

曾参虽在某些方面降低了孔丘学，但他的“八目”论，也是适应封建制上升期的要求提出的。封建统治者如果按照曾参的论说去实践，是能出现较开明的政治的。所以中国封建时代地主阶级的一些较开明的政治家和学者，都把“三德”“八目”作为维护其统治的传统法宝。其次，在曾参的论点中，如所谓“民之所好好之，民之所恶恶之”，“道得众则得国，失众则失国”等等，都是具有积极因素的。

第三章 新兴地主-商人政治思想的萌芽

我原先预定把《管子》作一番考定，来说明初期新兴地主-商人的政治思想，旋因我尚不能考定其时代，只得暂时割弃，同时《管子》确非一人一时所作，所以把《管子》作为一个思想家的思想体系看，也是不妥当的。因之决定把它割弃。不过照当时各国的经济情形说，是有产生那种思想之可能的。

在春秋时代，新兴地主-商人发生得最早的，除齐而外，便算郑国。所谓郑子产作刑书，便是有他们要求的一点影响在内。在郑国，当时最先出现的新兴地主-商人的政治代言人，便要算邓析。今传《邓析子》书虽不可靠，但从各古书中所记关于邓析的事略与言论，却能看出其思想的大致倾向来。

据《汉书·艺文志》说：邓析，“郑人，与子产并时”。《吕氏春秋》说：“郑国多相县以书者，子产令无县书，邓析致之；子产令无致书，邓析倚之；令无穷，则邓析应之亦无穷矣。”“洧水甚大，郑之富人有溺者。人得其死者。富人请赎之，其人求金甚多。以告邓析，邓析曰：‘安之。人必莫之卖矣。’得死者患之，以告邓析。邓析又答之曰：‘安之。此必无所更买矣。’”（《审应览第六·离谓》）“子产治郑，邓析务难之。与民之有狱者约，‘大狱一衣，小狱襦袴’。民之献衣襦袴而学讼者，不可胜数。以非为是，以是为非，是非无度，而可与不可日变。所欲胜因胜，所欲罪因罪。郑国大乱，民口谨哗，子产患之。于是杀邓析而戮之，民心乃服。”（同上）依此，邓析是当时的在野派，为子产的政敌。

《左传》定公九年《传》说：“郑驷歂杀邓析，而用其竹刑。”刘向《邓析子叙录》曰：“竹刑，简法也。”杜氏《春秋左传注》* 说：“邓析……不受君命，而私造刑法，书之于竹简，故曰竹刑。”

依此，邓析是郑国首先倡制“刑法”，即主张用一种改良的“法”的制度去代替旧封建主那种无标准的刑罚和裁判制度。他而且从人民的实际讼事中，去暴露封建领主刑罚裁判制度的弱点。而此，又正是当时新兴地主-商人的要求。在当时，新兴地主-商人，虽然已开始占有经济的地位，但在旧封建主凭其主观任意行使权力的情况下，他们在政治上完全没有权力和保障，因此他们要求有一个相对是非标准的“法”。邓析的思想，便是从这个立场出发的。下面的记载说：

> 邓析……好刑名，操两可之说，设无穷之辞。（刘向《叙录》）
>
> 故谈者别殊类，使不相害；序异端，使不相乱。谕志通意，非务相乖也。（今本《邓析子·无厚》）
>
> 所谓大辩者，别天下之行，具天下之物，选善退恶，时措其宜，而功立德至矣。小辩则不然，别言异道，以言相射，以行相伐，使民不知其要。（同上）
>
> 异同之不可别，是非之不可定，白黑之不可分，清浊之不可理，久矣。（同上）

---

* 即晋人杜预所撰《春秋经传集解》。——编者

其言百官有司，各务其刑，循名责实，察法立威，则商韩氏意也。（杨慎《邓析子序》）

按这里所引《邓析子》文，虽不甚可靠；但其立言的观点、方法和立场，却能合于《汉书·艺文志》及刘向所述邓析的观点、方法和立场。在这里，邓析要求阐明一个相对的是非，并要求一个“分”“黑白”、“理”“清浊”、“循名责实”的“法”。

另方面，由于当时旧封建主理论武器，主要是天道和“伦理”。因此邓析也从这里提出反驳说：“天于人无厚也，君于民无厚也，父于子无厚也，兄于弟无厚也。”（《邓析子·无厚》）“其言达道者，无知之道，无能之道，圣人以死，大盗不起……”（《邓析子序》）这是说，所谓“天道”和“伦理”是没有根据的。

于是他又进而提出：“明君视民而出政”和“事断于法”（《邓析子序》）的客观主义的行政、立法主张。

由于材料的缺乏和不可靠，我们已无从究明邓析思想的全貌，只能指出其这样一个基本倾向。

第五编　初期封建制矛盾发展时期政治思想各流派

在战国和春秋之交，初期封建制内含的矛盾便剧烈的展开了。一方面封建的土地占有，表现为由封建领主到新兴地主的转移；一方面表现为封建统治阶级和农民两阶级敌对矛盾斗争的展开；一方面在封建统治阶层内部，中小领主没落过程的加速、扩大，而构成其阶级内部的利害冲突。从而，随着农民对战争和租税徭役负担的过重，而增长了阶级的愤怒和反抗。因而孕育出墨翟的政治学说——反映了农民的一些思想情况和要求。这在思想上，正和孔子学相对立。这种思想对立的斗争，通过初期封建制最后数百年的全期间，即由春秋末到秦始皇“统一”前的时期。

在这转换期的封建领主，一方面，感受农民反抗运动的勃起，他方面又感受其阶级内部新兴地主-商人经济势力之渐形强大，以及基此而发生之政治要求，因而便孕育出孟轲的政治学说，他一面企图调协旧领主和新兴地主-商人，在对付农民的共同利益下取得妥协，一面又企图和缓农民的反抗。随着新兴地主-商人经济更一步前进，封建领主经济更相对地削弱，又孕育出倾向新兴地主的荀卿学说，作为所谓“儒家”政治思想的一大转换点。更随着新兴地主经济支配地位之确立，荀卿学说便发展为韩非的政治学说。

由于新兴地主-商人与封建领主间内部的权利冲突，便又孕育出与孔孟学说相对立的杨朱一派的政治学说。这到韩非时代，两者便开始统一了。

没落的封建领主阶层，到“战国”时期，已完全从经济政治的支配地位中排挤出去，陷于穷乏的境地，再无挣扎余力。因而便孕育出庄周的厌世主义。然而由于新兴地主的代起与封建庄园的解体，便开辟了知识分子参加政权的地盘，给没落的中小领主以一条猎官求禄的出路。所以这一派的学说，在韩非的学说中也被统一了。

从而韩非学说，对于封建统治阶级内旧封建主的学说、没落中小封建主的学说、新兴地主-商人的学说，都一一给以扬弃和批判地继承，作为其阶级思想内部的统一。他只是对墨翟派的学说，采取着否定的敌对的态度。

第一章　作为农民阶级政治学说的墨子

一　墨翟的年代、阶级性及其著作

据梁启超考证，墨翟为鲁人（旧有宋、鲁、楚三说。但《墨子·公输》篇有"子墨子归，过宋"，及《墨子·贵义》篇有"子墨子南游于楚"，《吕氏春秋·爱类》篇有"公输班欲为楚攻宋，墨子闻之，自鲁往"等记载），此说甚是。

墨子的年代问题，胡适认为：

> 生在周敬王二十年与三十年之间（公元前五〇〇至前四九〇年），死在周威烈王元年与十年之间（公元前四二五至前四一六年）。墨子生时约当孔子五十岁六十岁之间。（《中国哲学史大纲》，一四七页）

据梁启超考证：

> 墨子生于周定王初年（元年至十年之间）（公元前四六八至前四五九年），约当孔子卒后十余年（孔子卒于公元前四七

九年)。墨子卒于周安王中叶(十二年至二十年之间)(公元前三九〇至前三八二年),约当孟子生前十余年(孟子生于公元前三七二年)。(《墨子学案》,一六八页)

又钱穆认墨翟生于公元前四七九年,“至迟亦不出十年”;卒于前三九四年,“至迟亦不出十年”。张季同谓生于公元前四八〇年,卒于公元前四〇〇年(均见《古史辨》第四册)。上说均皆有所引证,皆言之成理。但各说有一共同点,即均认墨翟生于孔孟年代之间,易言之,即春秋与战国相交替之间。这已足供我们以依据。至于其生卒年代之详细考定,在这里并无何特殊重要。依个人意见,当以梁说为较近。

关于墨翟的阶级性,古书中关于他的生平记载甚少,几难作明确考定。司马迁谓墨翟曾为宋大夫,梁启超说:“查本书中,绝无曾经仕宋的痕迹。”其说甚是。《庄子·天下》篇说墨翟“以自苦为极”。是墨翟不曾作过官,当系事实。他自己又曾说:“道不行不受其赏,义不听不处其朝。”他倒不像庄周绝对主张不参加政治,而以能否实行其主义为其参加政治的条件。这种坚决精神,决不是腐老的阶级所能有的态度。同时他“游楚”“使卫”“救宋”亦全在为其主义而奔走。据庄子所说,他自己和其门徒的生活,却又是极其困难的。更从其全部的思想看,封建领主和封建领主的社会秩序,为他所“深恶痛绝”;与新兴地主-商人,亦显示其立场的不同;与没落贵族的意识尤形矛盾。另一方面,却反映于当时农民的一些思想情况和要求。

只是墨翟本人恐非出身于农民。在当时自耕农民虽已存在,虽或已有求知识的机会,但以求知识作为专业的事情,恐还不可能。据《淮南子要略》说：墨翟少年时，曾“学儒者之业，受孔子之术，以为其礼烦扰而不说，厚葬靡财而贫民，久服伤生而害事”。《淮南子》虽系西汉著作，言之不尽可靠；然吾人读《墨子》本书，可概见其学问修养湛深、逻辑严密。那虽非从实践生活上不能求得，然亦不能不赖于理论的修养。因而墨翟的出身，吾意或系没落的新兴地主或系从前代自由农民转化而来的独立小生产者的家世，尤其是后者；故其思想体系中，又反映了一点新兴地主的思想意识。在当时，新兴地主没落后的前途，便很可能降到农民中去。其学说能反映农民的一些要求，或即以此。

墨翟的著作问题。《墨子》一书，从来辩说不一。有谓《经》上下、《经说》上下、大小《取》为别墨，余为墨翟本人所著。有谓《经》上下、《经说》上下、大小《取》等六篇为“墨经”，余为“墨论”者。又有谓《亲士》以下七篇为后人伪托；《亲士》《修身》二篇，其文富丽近荀子，皆“儒者”言；《所染》《法仪》《七患》《辞过》《三辩》五篇则为后此读《墨》书者之所为——《所染》取意《尚贤》，《法仪》取意《天志》《尚同》，《七患》《辞过》二篇取意于《节用》《节葬》，《三辩》取意于《非乐》，并谓《所染》为逃墨归“儒”者之所为。近更有谓《天志》亦非墨翟意者。这均不是从严谨的科学立场上，从其所表现的阶级意识上去判别，而只是从其文字构造的形式上去辩论，所以他们始终都不能得出一个明确的结论来。在今本《墨子》中所包含的各篇著作，大体在哲学上能表现为同一流派，并表现为同一社会阶级的意识形态。这是凡研究过现代哲学的人都能够理解出来的。但其中各篇文字，并非出自墨翟一人之手，应系事实；这在一方面，有系出于墨翟门人笔记之可能——或者墨翟的著作全由这种笔记搜集而成的——一方面，有系后世墨派学者所辑的可能。

因为在各篇文字的相互间，不但有文学上的作风格调不同，而且从社会阶级的意识上，显然又可以找出其时间的差别来。不过在这一点上，于我们并无特别重要，因为我们是把它当作那期间一个阶级的意识形态去研究的。

二　墨翟的唯物主义认识论

墨翟在其思想出发点上，便采取着和孔丘的客观主义唯心主义、老聃的辩证观唯心主义相对立的观点。首先便确认客观的实在性，他说："以名举实。"（《小取》）"所以谓，名也；所谓，实也。"（《经说上》）"举，告以文名，举彼实也。"（同上）"二名一实，重同也。"（同上）这便是说，客观是实在存在的，由这种客观存在的实在反映到我们人类的头脑里，才能构成概念；易言之，概念是由实在方面获取来的。由确认客观世界的存在这一观点上，便进而达到其对宇宙自体之说明的时空观念，故他说："久、弥异，时也。宇、弥异，所也。"（《经上》）这便是说，宇宙自体，从其时间上说是变动不居的；从其空间上说，是有其"所"（空间位置）之差异的。可惜他不能达到时间和空间之不能分离的统一的联系的理解，犹之他不能达到对客观自体以及其内在的关联的诸关系的理解一样，所以他只能成为一个中世的唯物主义者，不能进而把握辩证法。这当然由于历史条件的限制。

因此，他认为人类的知识，是从对客观世界的认识得来的，并模糊地意识到实践的重要性。他在《墨经》的开始便提出其唯物主义方法论的论纲。照梁启超《墨子学案》的排列：

[《经》]知,材也。[《经说》]知也者,所以知也。而必知,若明。(即指思维的神经系统)

[《经》]虑,求也。[《经说》]虑也者,以其知有求也,而不必得之,若睨。(即指思维)

[《经》]知,接也。[《经说》]知也者,以其知遇物而能貌之,若见。(即指客观的反映)

[《经》]恕,明也。[《经说》]恕也者,以其知论物,而其知之也著,若明。(即指认识事物)

这样把感官、思维、感觉和理解,作为构成认识上之四个不可缺的要件。但是他又以客观存在的反映作为最基本的条件去理解的。故他说:

同:二名一实,重同也;不外于兼,体同也;俱处于室,合同也;有以同,类同也。(《经说上》)

异:二,不体,不合,不类。(《经上》)

异:二必异,二也;不连属,不体也;不同所,不合也;不有同,不类也。(《经说上》)

因而他又把那给予人类以"概念"之构成的客观存在或经验分作三个类型。

[《经》]知:闻、说、亲。[《经说》]知:传受之,闻也;方不庫,说也;身观焉,亲也。

这即所谓闻知的传闻，说知的类推，亲知的经验。但他又特别注重到亲知的经验，他说：

> 天下之所以察知有与无之道者，必以众之耳目之实，知有与亡为仪者也。请或闻之见之，则必以为有；莫闻莫见，则必以为无。（《明鬼下》）

在这里，正表现了一般经验主义的庸俗论点。墨子的唯物主义，也正表现其有严重的经验主义倾向的唯物主义。不过耳闻不如目见，目见不如亲自动手，墨翟在这里，却是基本正确的。同时，他强调"以众之耳目之实"为"察知有与无之道"，这是一种素朴的群众观点。

从而墨翟认为认识既都要从客观存在出发，但是怎样去认识客观世界呢？于是他便提出其论理学的"三法"：

> 凡出言谈，则不可不先立"仪"而言；若不先立"仪"而言，譬之犹运钧之上而立朝夕焉也。我以为虽有朝夕之辩，必将终未可得而从定也。是故言有三法。何谓三法？曰，有考之者，有原之者，有用之者。恶乎考之？考先圣大王之事。恶乎原之？察众之耳目之情。恶乎用之？发而为政乎国，察万民而观之。（《非命下》）（按《非命上》"考"作"本"，"恶乎"作"于何"……"察万民而观之"作"观其中国家百姓人民之利"。）

但是人类何以能从客观存在上去获得概念呢？于是墨翟乃进而说明人类的感官和外界的联系作用，他认为一切外界存在着的东西都能由人类的经验经过感官(五路)而摄入到头脑中,因以构成概念;只有时间(久)不能用视、闻、嗅、触、味的感官去直接摄入。墨翟说:

[《经》]知而不以五路,说在久。[《经说》]知,以目见;而目以火见,而火不见,惟以五路知。久,不当以目见,若以火见。

虽然人类对于事物的认识,都要经过感官,而人的感官也都是相同的;但是因为各人所应用的方法和立场、观点不同,各人对同一事物的认识也发生歧异。但真理却只有一个。认识的不同,是由于有些人的认识错误。故他说:

物之所以然,与所以知之,与所以使人知之,不必同,说在病。(《经下》)

最后他又举出其三段论的逻辑公式——辩的逻辑:

是——是;非——非:"辩,争彼也;辩胜,当也。"(《经上》)

非甲非乙即丙:"辩,或谓之牛,或谓之非牛,是争彼也,是不俱当;不俱当,必或不当;不当,若犬。"(《经说上》)

非甲即乙:"谓辩无胜,必不当,说在辩。"(《经下》)"谓:所谓,非同也,则异也。同:则或谓之狗,其或谓之犬也。异:则或谓之牛,其或谓之马也。俱无胜,是不辩也。辩也者,谓之是,或谓之非,当者胜也。"(《经说下》)"彼,不可,两不可也。"(《经上》)"彼凡牛枢非牛,两也。"(《经说上》)

逻辑的方法与功用是：

> 夫辩者，将以明是非之分，审治乱之纪，明异同之处，察名实之理，处利害，决嫌疑。焉（训乃）摹略万物之然，论求群言之比，以名举实，以辞抒意，以说出故，以类取，以类予。（《小取》）

上句在说逻辑的功用，下句在说逻辑的方法。所谓“摹略万物之然”，便是说要调查情况，所谓“论求群言之比”，便是说要寻求事物的因果关系；以下便在说明演绎和归纳的方法。但是他的论理学并不就止住在这里，便不去进而追求因果关系的法则。所以他在别处又说：

> [《经》]法，所若而然也。[《经说上》]意、规、员三也，具可以为法。
>
> [《经》]法者之相与也尽类，若方之相合也，说在方。[《经说下》]一方尽类，俱有法而异。或木或石，不害其方之相合也；尽类犹方也，物俱然。

他在这里，并确认一切现象都有其因果法则的存在；但他并不知道从事物的本质上去理解其内在法则，而只作“或木或石，不害其方之相合也”之类的现象的了解，然而这正是他唯物主义的机械论倾向。

他在论理方法上，又设定七个前提。照梁启超《墨子学案》所列，为：一或、二假、三效、四辟、五侔、六援、七推（《小取》）。

一或："或也者，不尽也。""尽，莫不然也。"

二假："假也者，今不然也。"

三效："效也者，为之法也；所效者，所以为之法也。故中效则是也；不中效，则非也。"

四辟："辟也者，举他物而以明之也。"

五侔："侔也者，比辞而俱行也。"

六援："援也者，曰：子然，我奚独不可以然也。"

七推："推也者，以其所不取之，同于其所取者，予之也。是犹谓他者，同也。吾岂谓他者，异也。夫物有此同而不率遂同。"

因此，在他的唯物主义和形式论理学体系中，有不少积极的进步的因素。

三　"兼爱"和"互利"

当时封建统治阶级的代言人，无论其理论表现的形式如何，但在维护封建等级制这一根本立场上是完全同一的。只有代表农民阶级的思想家，从农民阶级现实的生活利益上，便表现其反对这种等级制的坚决主张。所以代表农民阶级的思想家墨翟，在政治学说上，便明显标出"兼爱"的社会原理，同时给孔丘"伦理"的社会原理以无情的批驳。孔丘主张"伦理"的等级性，他便主张"爱无差等"(《孟子》)的"兼爱"，主张用"兼以易别"(《兼爱下》)，并指出"本原别之所生，天下之大害"(同上)的明确的论旨。他认为凡"天下之大害"都源于"别相恶"而发生的；"别相恶"便不能相爱，

“不相爱”，便构成一切罪恶的根源。故他说：

> 凡天下祸篡怨恨其所以起者，以不相爱生也。
>
> 是故诸侯不相爱，则必野战；家主不相爱，则必相篡；人与人不相爱，则必相贼；君臣不相爱，则不惠忠；父子不相爱，则不慈孝；兄弟不相爱，则不和调；天下之人皆不相爱，强必执弱，富必侮贫，贵必傲贱，诈必欺愚。（《兼爱中》）

这便是说，表现于当时社会的一切矛盾现象，如封建领主间之相互争夺，各级领主相互间的篡窃，人类与人类相互间的残贼，农民对于封建主的斗争，以及在家长制度下的父子兄弟……间的种种矛盾，都是从这种“别”的制度的本身上发生出来的。所以要想消灭这种“祸篡怨恨”的根源，便只有消灭这种“别”的等级制度的本身，用“爱无差等”的平等的“爱”去代替那种绝对“伦理”的等级制度的“别”；易言之，只有人类的平等的爱，才能建立起人与人间的良好关系。所以他又说：

> 非人者必有以易之……是故子墨子曰：“兼以易别。”……今吾本原“兼”之所生，天下之大利者也；吾本原“别”之所生，天下之大害者也。（《兼爱下》）

但是所谓“爱”，也并不是片面的，而是相互的；同时也并不是各人只爱其亲者近者，或由于社会关系之不同而有何种差异的，而是只以人为条件的“无差等”无亲疏的周遍的爱，那才是他之所谓爱——兼爱的真义。例如他说：

爱人，待周爱人，而后为爱人；不爱人，不待周；不爱人，不周爱；因为不爱人。(《小取》)

亲亲则别，爱私则险，民众而以别险为务则民乱。(《商君书》)

然而像"耶稣教"之所谓"博爱"，"佛家"之所谓"慈悲"，"儒家"之所谓"仁爱"……那完全是从唯心主义上建立起来的一个骗局，并没有何种较积极的现实意义。墨翟在这里之所谓"爱"却并不是从沙滩上建筑起来的空中楼阁，他已注意到人与人的现实生活的相互利益。所以他曾再三提出"兼相爱，交相利"(《兼爱中》)的原理。并进而为如次的说明：

吾不识孝子之为亲度者，亦欲人爱利其亲欤？意欲人之恶贼其亲欤？以说观之，即(则)欲人之爱利其亲也。然即(则)吾恶(何)先从事即(乃)得此？若我先从事乎爱利人之亲，然后人报我以爱利吾亲乎？意我先从事乎恶贼人之亲，然后人报我以爱利吾亲乎？即(则)必吾先从事乎爱利人之亲，然后人报我以爱利吾亲也。……《大雅》之所道曰："无言而不仇，无德而不报，投我以桃，报之以李。"即(则)此言爱人者必见爱也，而恶人者必见恶也。(《兼爱下》)

他认为人与人只有在"交相利"的基础上，才能实现"无差等"的"周爱"，从而平等兼爱的社会便不难实现。这种社会原理，依照墨翟的解释，则不啻完全是一种空想社会主义的理想。《兼爱》篇说：

以兼为正,是以聪耳明目相与视听乎?是以股肱毕强相为动宰乎?而有道肆相教诲。是以老而无妻子者,有所持养,以终其寿;幼弱孤童之无父母者,有所放依,以长其身。(《兼爱下》)

故视人之室若其室,谁窃?视人身若其身,谁贼?……视人家若其家,谁乱?视人国若其国,谁攻?(《兼爱上》)

梁启超对后一段话的解释说:"简单说,把一切含有'私有'性质的团体都破除了,成为一个'共有共享'的团体,就是墨子的兼爱社会。"这种解释是有着相当道理的。

墨翟并确信他的这种理想,完全有实现的可能性,因而当时有人问他说:"即善矣。虽然,岂可用哉?"他答道:"用而不可,虽我亦将非之。且焉有善而不可用者?"(《兼爱下》)他自己具有这种坚确的信念,所以才肯"要以自苦为极"(《庄子》),"摩顶放踵,利天下为之"(《孟子》)。并因而才组织那作为推行其主义的宗教团体——具有政治性的宗教团体——正确的说,毋宁先有这种农民的行动团体,然后才形成这一流派的理论。

现在再进而考察其"交相利"的社会经济的内容。在这里,他标示了如次的几个原则:根本反对贵族的奢侈和无谓的浪费;确认平等的享受和平等参加劳动;反对人剥削人的制度;主张劳动力只应在生产生活必需品的生产或为全社会公共福利上正当的去利用。所以他一面力斥封建主代言者"儒家"所夸扬的礼乐铺张等方面的浪费,认为不合于社会的公共利益——群众的实际生活,故说"虽我亦知乐之足以安身、甘口、美目、乐耳",可是:

今王公大人,虽无造为乐器,以为事乎国家,非直掊潦水

折壤垣而为之也,将必厚措敛乎万民,以为大钟鸣鼓琴瑟竽笙之声。(《非乐上》)

然则当用乐器……民有三患:饥者不得食,寒者不得衣,劳者不得息。三者民之巨患也。……今王公大人,惟毋处高台厚榭之上而视之,钟犹是延鼎也,弗撞击,将何乐得焉哉?……使丈夫为之,废丈夫耕稼树艺之时,使妇人为之,废妇人纺绩织纴之事。(同上)

一面又力斥"儒家"所主张的"三年之丧"的厚葬,认为那不但无益的消糜社会财富,而且无益的消耗社会的有用劳动力。故说:

细计厚葬,为多埋赋之财者也。计久丧,为久禁从事者也。财以(已)成者,扶而埋之;后得生者,而久禁之,以此求富,是譬犹禁耕而求获也。(《节葬下》)

棺三寸,足以朽体。衣衾三领,足以覆恶。(同上)

于是他进而主张社会生活的节俭化,主张饮食以"黍稷不二,羹胾不重;饭于土熘,啜于土铏"(《节用中》)为限;衣服以"冬以圉寒,夏以圉暑"为限;即所谓"衣服,适身体和肌肤而足矣。……锦绣文采靡曼之衣……此非云益煖之情也,单财劳力毕归之于无用也"(《辞过》)。宫室以"高足以避润湿,边足以圉风寒,上足以待雪霜雨露,宫墙之高足以别男女"(同上)为限。总之,"凡足以奉给民用则止"(《节用中》)。对于人类的物质生活,不积极作提高的追求,这正是中世农民阶级的本色。因他认为封建主那一社会集团的奢侈纵欲的生活,完全是依靠他人的剩余劳动以为生的,那不但在损害他人(农民)的生存,是“暴夺民衣食之财”(《辞过》),而且不合于人类生存的原则。从而他归纳出奢侈和纵欲完全是基于人剥削人的制度之上发生出来的。

因之,他便正确地揭出人类必须要劳动才能生活的原则。梁启超把他《非乐上》篇的一段话译成现代语说:

> 人和禽兽不同,禽兽是:“因其羽毛以为衣裘,因其蹄蚤以为袴屦,因其水草以为饮食。”所以不必劳作,而“衣食之材已具”。人类不然,一定要“竭股肱之力,亶(殚也)其思虑之智”,才能维持自己的生命,所以各人都要有“分事”。什么叫作“分事”呢?就是各人自己分内的职业。(羽按墨翟之所谓“分事”,又含有“社会分工”的意义。)

因而他确认各人都应该“各从事其所能”(《节用中》),“必量其力所能至而从事焉”(《公孟》)的共同去参加劳动;“譬若筑墙然,能筑者筑,能实壤者实壤,能欣(掀)者欣,然后墙成也”(《耕柱》)。另一方面,他认为那班“贪于饮食,惰于从事”的“罢(而)不肖”(《非命上》)的分子,原则上,根本便没有其生存的权利[“赖其力者生,不赖其力者不生”(《非乐上》)]。但凡能“各尽其所能”以从事劳动的社会成员,便不再有“你的”“我的”的分别,而是“有余力以相劳,有余财以相分”的平等享受。

在消极方面,他又提出把封建领主集团的财产,拿来提高大众的物质享受和防御设备。他说:

> 把那些阔人所嗜好的“珠玉鸟兽犬马”去掉了,挪来添补

"衣裳宫室甲盾舟车之数",立刻可以增加几倍。(《节用上》,从梁启超译)

同时,他认为不是为着增进社会的福利去使用劳力和财物便是浪费,不是为着人民的利益去增加人民负担是不应该的,这都应该加以反对。所以他说:"凡费财劳力不加利者不为也。"(《辞过》)"诸加费不加于民利者圣王弗为。"(《节用中》)易言之,社会的劳动力和财物若使用在全社会的公共利益上,即用在符合人民的利益上,那是合理的。故说:

若圣王之为舟车也,即我弗敢非也。(《非乐上》)

古者圣王亦尝厚措敛乎万民,以为舟车,既以(已)成矣;……曰:舟用之水,车用之陆,君子息其足焉,小人休其肩背焉。故万民出财赍而予之,不敢以为戚恨者,何也?以其反中民之利也。(同上)

其次,当时农民阶级所最感痛苦的,除苛重赋税徭役而外,便是不断扩大的封建战争。因而他从其阶级的利害关系上,便激烈的提出"非攻"的主张。他抨击那种封建战争不但给予物质资料以巨大破坏,而且直接摧残社会的劳动人口,为全社会之最大危害;即使是从事战争的封建主们,也并不能从战争中获得真实的利益(据《非攻上》说,他的弟子宋钘曾以这个原则去说罢秦楚之兵)。所以他说:

大国之攻小国,譬犹童子之为马也;童子之为马,足用而劳。

今大国之攻小国也，攻者，农夫不得耕，妇人不得织，以守为事；攻人者，亦农夫不得耕，妇人不得织，以攻为事。(《耕柱》)

然而何为为之？曰："我贪伐胜之名，及得之利，故为之。"子墨子言曰："计其所自胜，无所可用也；计其所得，反不如所丧者之多。"(《非攻中》)

饰攻战者言曰："南则荆、吴之王，北则齐、晋之君，始封于天下之时，其土地之方，未至有数百里也，人徒之众，未至有数十万人也；以攻战之故，土地之博，至有数千里也，人徒之众，至有数百万人，故当攻战而不可不为也。"子墨子言曰："虽四五国，则得利焉？犹谓之非行道也。"(同上)

所以，即使少数人能从战争中获得利益，那对于全社会说，还不能算是真实的利益。而况此少数人在实际上也是"计其所得，反不如其所丧"呢！在墨翟理论中的所谓利，是以全社会作为对象而被考察的。故说："杀己以存天下，是杀己以利天下。"

墨翟的反战理论，一面表现其反对非正义战争的正确立场，一面是他对于发动非正义战争者提出的警告。而此又正表现了中国人民反对非正义战争的优良传统。

如上所述，墨翟在经济论上，一面从全社会的特别是农民阶级的利害上消极的攻击封建领主们奢侈纵欲的生活，反对非正义的封建战争；……一面积极的反对人剥削人的制度，而提出以人为本位的共劳共享的空想社会主义制度。但是他的这种理想，怎样能够实现呢？他是以"爱"和"利"的交互作用为基础的。例如他说：

忠信相连，又示之以利，是以终身不厌。(《节用中》)

爱人者,人必从而爱之;利人者,人必从而利之。(《兼爱中》)

若见爱利国者必以告……亦犹爱利国者也。(《尚同下》)

众利之所自生,此何自生?……从爱人利人生。(《兼爱下》)

兼而爱之,从而利之。(《尚贤中》)

天必欲人之相爱相利。(《法仪》)

废以为刑政,观其中国家百姓人民之利。(《非命上》)

所以他认为爱是从相互的利益这一根基上发生起来的,又是他所理想的社会制度中表现人与人的关系的基本原则。从而他无异认为人与人的相互的利益是社会的最高原则。不过所谓互利,并不是个人主义者所意义着的私利,而是社会的公利,是利他的互利,故能因"利"而生"爱"。然而墨翟却止住在这里而不曾前进了。他未能明白的指出社会各阶级间利益的对立性和其统一性,以及构成人类利益之不能一致的阶级制度的根源,而只是限于所谓互利的单纯概念。我们在这里,也可以找出他唯物主义体系中的唯心主义成分。

自然,墨翟的这种见解,完全是受着其时代的生产力等社会条件所限制,我们不应苛责古人。而其空想社会主义体系中的积极因素,却值得我们珍视。

四 "尚贤"和"尚同"

墨翟的政治学说,主要表现在《尚贤》和《尚同》两篇中。他从农民阶级的立场出发,一面根本反对封建主家族主义的政权世袭制，故他批评当时的政治说："亲戚则使之，无故富贵；面目佼好则使之；……是故不能治百人者，使处乎千人之官；不能治千人者，使处乎万人之官。"（《尚贤中》）所以政治的直接结果，使民"饥而不得食，寒而不得衣，劳而不得息，乱而不得治"（同上）。一方面则主张由贤能来掌握政权，易言之，即在打破阶级身分的限制，而以能力为标准的一种制度来代替封建领主的家族世袭制。这是民主主义思想的萌芽。他说：

> 王公大人明乎以尚贤使能为政，是以民无饥而不得食，寒而不得衣，劳而不得息，乱而不得治者。故古圣王以审以尚贤使能为政，而取法于天。虽天亦不别贫富、贵贱、远迩、亲疏，贤者举而尚之，不肖者抑而废之。（《尚贤中》）
>
> 选择天下贤良圣智辩慧之人，立以为天子；……选择天下赞阅贤良圣智辩慧之人，置以为三公。（《尚同中》）
>
> 虽在农与工肆之人，有能则举之，高予之爵，重予之禄。（《尚贤上》）
>
> 以德就列，以官服事，以劳殿赏，量功而分禄。故官无常贵，而民无终贱。有能则举之，无能则下之。举公义，辟私怨。（同上）
>
> 不党父兄，不偏贵富，不嬖颜色。贤者举而上之，富而贵之，以为官长；不肖者抑而废之，贫而贱之，以为徒役。（《尚贤中》）

从而墨翟之所谓贤能政治，和孟轲等人之所谓贤能政治是根本异趣的。他之所谓贤能政治，是一种打破阶级身分限制，连"农与工肆之人"在内的民主主义。同时他对政治的起源说：

> 古者,民始生未有刑政之时,盖其语人异义,是以一人则一义,二人则二义,十人则十义。其人兹众,其所谓义者亦兹众,是以人是其义,以非人之义,故交相非也。是以内者父子兄弟作怨恶,离散不能相和合;天下之百姓,皆以水火毒药相亏害,至有余力,不能以相劳;腐死(同“朽”)余财,不以相分;隐匿良道,不以相教。天下之乱,若禽兽然。夫明乎天下之所以乱者,生于无政长;是故选天下之贤可者,立以为天子。(《尚同上》)

依此,他的国家政治起源说,在一方面近似于卢梭的《民约论》(所谓“君臣萌通约也”)。这不但批驳了当时统治阶级代言人所标示的政权神授说(所谓“天生民而立之君”),指出人类在原始并没有统治者和被统治者之区别的存在,表现着生产阶级的进步思想。同时他之所谓贤能,如上所述,是由全体民众在打破阶级身分限制的原则下所共同选举出来的。这和统治者代言人“儒家”的维护阶级统治的说教,也恰恰采取着相反的立场。他的根本立场,在否认封建贵族阶级政权的家族世袭,主张由全员选举来代替世袭——根本打破对农工的政治等级性的约束。更从其所谓“天子为天下之仁人”,“由万民选择而立”等语句的意义来看,因而知道他同时又否认君位以及其他政治地位的世袭,而是由选举的方式去产生的;这从墨教首领的承继方式上也可以看出来,庄子说:“(墨者)以钜子为圣人,皆愿为之尸,冀得为其后世。”(《庄子·天下》)

另方面,他的理想政治中的所谓“圣人”“仁人”和“天子”,并不是离开劳动,靠剥削他人劳动以为生的坐食者;而是和其他社会成员一样,要亲自参加社会劳动的。所以庄子说:

昔者，禹之湮洪水，决江河，而通四夷九州也，名山三百，支川三千，小者无数；禹亲自操橐耜，而九杂天下之川，腓无胈，胫无毛，沐甚雨，栉甚风，置万国。禹，大圣也，而形劳天下也如此。使后世之墨者……日夜不休，以自苦为极，曰："不能如此，非禹之道也；不足谓墨。"（《庄子·天下》）

《墨子》本书说：

今有人于此，有子十人，一人耕而九人处，则耕者不可以不益急矣。何故？则食者众而耕者寡也。（《贵义》）

仁者之为天下度……天下贫，则从事乎富之。人民寡，则从事乎众之。众而乱，则从事乎治之。……若三务者，此仁者之为天下度也。（《节葬下》）

故昔者，禹、汤、文、武，方为政乎天下之时。曰：必使饥者得食，寒者得衣，劳者得息，乱者得治。（《非命下》）

因此，墨翟之所谓政长，不仅其自身亦须亲自参加社会劳动，并须为全社会计划生活必需品的生产、供给和生活的改善。

现在再来研究一下他之所谓"政长"的权限以及人民对于"政长"的关系。他认为"政长"是由"万民"选择出来执政的，所以人民便应该无条件的服从"政长"的领导，对他表示无限的忠忱；被选出的"政长"必然是"圣人"，而"万民"却是智愚程度不齐的。反之，"圣人"却是一个全能而且以无限忠忱为"万民"谋福利的。不过人民对于"政长"一面是绝对服从，一面仍保有"上有过则规谏之"的批判的权利。故此他说：

正长既已具，天子发政于天下之百姓，言曰："闻善而不善，皆以告其上；上之所是，必皆是之，所非，必皆非之，上有过则规谏之。"（《尚同上》）

凡国之万民，上同乎天子，而不敢下比；天子之所是，必亦是之；天子之所非，必亦非之；去而不善言，学天子之善言；去而不善行，学天子之善行。天子者，固天下之仁人也。举天下之万民，以法天子，夫天下何说而不治哉？（《尚同中》）

但是以"智、愚、贤、不肖"不齐的"万民"去选择"政长"，何能确保被选者必是"圣人"或"天下之仁人"呢？如被选者而为非"圣"非"仁"之人，要"万民"去无条件的服从他，那无疑会引起政治上之相反的结果的。在这一点上，不是显然构成了墨翟自已理论的矛盾吗？然而在墨翟，也曾意识到这点，他意谓如若"天子"而有违反公众的意志与未能合于公众之福利的举措时，则人民保有"上有过则规谏之"的权利去补救。自然，这在"万民"本身并不能获取其有效的保障。不过在另一方面，在墨翟政治学说中，是以：一、"天子"不是世袭而是由"万民"选择的。二、"天子"和"万民"在经济的地位上都是平等的；在政治的地位上也都是平等的，因为只要你是"圣人"或"仁人"，却不问你是农奴或工奴，便都有被选出来作天子的机会。三、凡是有才智的人，也不问他是农奴、工奴或贱奴，"天子"有举用他的义务，例如说："故昔者，尧之举舜也，汤之举伊尹也，武丁之举傅说也，岂以为骨肉之亲，无故富贵，面目美好者哉？惟法其言，用其谋，行其道，上可而利天，中可而利鬼，下可而利人。"（《尚贤下》）这样构成其政治论的体系。因而梁启超说："墨子的社会，可谓平等而不自由的社会。"章太炎说："墨学若行，一定会闹到教会专制。”等等的评语，却都不曾从墨翟政治学说的全部内容去掌握其精神实质，而只是在捉弄其各别论点。

墨翟的民主主义，在今日看来是落后的，然而他在两千余年前发明这种理论，却是伟大的。同时在今日，也还有其积极的进步的因素。

墨翟空想社会主义民主主义思想的历史源泉，是以传说中夏代的原始公社制和氏族民主制为根据的。所以说“大夏之道”，“非禹之道，不足为墨”。在“古代”和“中世”的历史上，革命的阶级，几无不以原始公社为其理想的政治方向，墨子自亦不能例外。

五　墨翟的宗教思想和其所领导的政治运动

从墨翟唯物主义的认识论出发，怎样会达到有神论呢？可是在其《天志》和《明鬼》等篇中，却又显然承认神的意志的存在。例如他说：

> 天之有天下也，辟之，无以异乎国君诸侯之有四境之内也。今国君诸侯之有四境之内也，夫岂欲其臣国万民之相为不利哉？（《天志中》）
>
> 今是楚王，食于楚之四境之内，故爱楚之人；越王食于越，故爱越之人；今天兼天下而食焉，我以此知其兼爱天下之人也。（《天志下》）
>
> 天必欲人之相爱相利，而不欲人之相恶相贼。（《法仪》）

他而且认为“天”不独消极的希望“人之相爱相利”，并还积极地在监视着人类日常的生活活动，还能有意识地对人类行使赏罚。例如他说：

> 是以吏治官府之不絜廉，男女之为无别者，鬼神见之；民之为淫暴寇乱盗贼……夺人车马衣裘以自利者，有鬼神见之。(《明鬼下》)
>
> 爱人利人者，天必福之；恶人贼人者，天必祸之。(《法仪》)
>
> 顺天意者，兼相爱、交相利，必得赏；反天意者，别相恶、交相贼，必得罚。(《天志上》)
>
> 天欲义而恶不义。(同上)
>
> 然有所不为天之所欲，而为天之所不欲；则夫天亦且不为人之所欲，而为人之所不欲矣。人之所不欲者何也？曰：疾、病、祸、祟也。(《天志中》)
>
> 疑惑鬼神之有与无之别，不明乎鬼神之能赏贤而罚暴也。(《明鬼下》)

依此，"天""意"的基本方向，是"欲人之兼相爱交相利"。然他怎样知道"天"有这种意志呢？他却没有具体的说明，而只是一种主观的肯定。实际，他不过以自己的意志托述为"天"的意志来说明；所以墨翟谓其自己的意志，是完全符合着"天"的意志的（例如说："子墨子之有天之意"），这样，他自己便无异握有"天"的意志的权能，能品定人类的生活是否合乎天意。故他说：

> 我有天志，譬若轮人之有规，匠人之有矩，轮匠执其规矩，以度天下之方圆。曰："中者是也，不中者非也。"(《天志上》)

故子墨子之有天之意也，上将以度天下之王公大人之为刑政也，下将以量天下之万民，为文学出言谈也；观其行，顺天之意，谓之善意行；反天之意，谓之不善意行。(《天志中》)

这在论理学的范畴中，显然和墨翟的一贯理论矛盾着。可是墨翟在这里，已经不是把他自己当作一个理论家的资格而出现，而是把自己当作一个实践行动中的革命家的资格而出现了。这在墨翟，并不是理论和行动的矛盾；这在其革命的行动上仍是被统一着的。为适应在自然主义支配下的农民意识，所以历史上农民所发动的革命运动，总是和宗教发生联系，而不曾断过缘。墨翟从其生活实践上，获得对农民阶级意识之特征的认识，因而不能不借宗教运动去推动其政治运动。这是必须从墨翟的实践生活上才能了解其精神的。

为着适应客观现实的要求去推动农民起来斗争，墨翟便把自己扮演为一个宗教领袖的姿态而出现，同时扮演出一个具有意志的神来为其阶级的运动服务，才能使"万民"以他所了解的"是""非"为"是""非"，"意行""善""恶"的标准为标准。为适应政治觉悟较模糊、落后等缺点的中世农民，用宗教信条去号召，把农民吸引在宗教的信条下，才能把群众领导起来去进行斗争。古代犹太人反罗马奴隶主运动，中世德意志农民反封建主运动……都和宗教发生不解的关系，便都是有其必然之内容的。这虽然是不好的，然却系历史事实。

故墨翟的宗教信条，无异是他号召群众，发动革命运动的纲领。所以他从现实问题出发，结果仍以达到现实目的为止，因之便不谈所谓"彼岸"和"来生"。梁启超不了解这一点，所以他反说墨翟的宗教理论欠完整。

构成墨翟宗教论体系中之又一主要信条的非命论，却是一种具有战斗性的理论。这不但在暴露"儒家""天命"说的欺骗内容；而且在打破农民的落后意识和迷信观念、唤起其积极的斗争意识。在原来，封建统治阶级和其代言人说，社会各种等级的身分地位和各阶层的生活境遇，都不是由于社会制度的关系，而是被"天"所规定的各人的"命运"所决定的，农奴、工奴和贱奴的阶级生活和地位，都是命运上被决定应该作农奴、工奴或贱奴，所以各人都应该安守本分——这便是安分守命。否则，一切非分的妄想，改变现实的斗争的努力等等，不但是徒然，而且是违反天意，会招致罪戾的。墨翟对于这种统治者的说教，他认为那完全是一种充满欺骗内容的胡说；说"天"对于人类根本便是平等的"兼而爱之兼而利之"的一视同仁，并无所谓等级的差别。"天"在这种原则下对人类所显示的差别待遇，完全是以人的生活即"意行"是否合乎天意以为转移的；合"天之意"，"必得赏"，反"天之意"，便"必得罚"。农民和封建主在被视为"人"的原则上，并没有什么本质的差别，所差别的只是阶级地位。所以农民们也同样可以作社会的主人，并没有什么"命"或"天命"的限制，根本只有一个"强"或"力"（斗争）才是现实的。在统治阶级，总是从现实以外去寻找一种观念的东西来和现实对立，企图蒙蔽现实。"命定"说便是从这里捏造出来的。其欺骗的说教的内容，《列子》有一段话，可作为中国历史上的命定说的代表意见：

力谓命曰："若之功奚若我哉？"命曰："汝奚功于物而欲比朕？"力曰："寿夭、穷达、贵贱、贫富，我力之所能也。"命曰："彭祖之智，不出尧舜之上，而寿八百；颜渊之才，不出众人之下，而寿四八；仲尼之德，不出诸侯之下，而困于陈蔡；殷纣之行，不出三仁之上，而居君位；季札无爵于吴，田恒专有齐国，夷齐饿于首阳，季氏富于展禽。若是汝力之所能，奈何寿彼而夭此，穷圣而达逆，贱贤而贵愚，贫善而富恶耶？”力曰：“若如若言，我固无功于物，而物若此耶？此则若之所制耶？”命曰：“既谓之命，奈何有制之者耶？朕直而推之，曲而任之，自寿、自夭、自穷、自达、自贵、自贱、自富、自贫，朕岂能识之哉？”（《列子·力命》）

墨翟批评“定命”论者说：

今也，王公大人之所以早朝晏退，听狱治政，终朝均分，而不敢怠倦者，何也？曰：彼以为强必治，不强必乱；强必宁，不强必危。故不敢怠倦。今也，卿大夫之所以竭股肱之力，殚其思虑之知，内治官府，外敛关市、山林、泽梁之利，以实官府而不敢怠倦者，何也？曰：彼以为强必贵，不强必贱；强必荣，不强必辱。故不敢怠倦。今也，农夫之所以早出暮入，强乎耕稼树艺，多聚叔粟，而不敢怠倦者，何也？曰：彼以为强必富，不强必贫；强必饱，不强必饥。故不敢怠倦。今也，妇人之所以夙兴夜寐，强乎纺绩织纴，多治麻丝葛绪捆布缪，而不敢怠倦者，何也？曰：彼以为强必富，不强必贫；强必暖，不强必寒。故不敢怠倦。今虽无在乎王公大人，藉若信有命而致行之，则必怠乎听狱治政矣，卿大夫必怠乎治官府矣，农夫必怠乎耕稼树艺矣，妇人必怠乎纺绩织纴矣。……则我以为天下衣食之财，将必不足矣。（《非命下》）

立命而怠事。（《非儒》）

今用执有命者之言，则上不听治，下不从事。……故命上不利于天，中不利于鬼，下不利于人。（《非命上》）

在这里，他说明“人”的本质的同一，而表现其宗教信条中之“万民”平等的精神。但是他在这里，未曾把阶级和阶级敌人分别出来；为了宗教的宣传，他宣传“王公大人士君子”也同来作他的宗教信徒。例如《明鬼下》篇说：“今天下之王公大人士君子，中实将欲求兴天下之利，除天下之害，当若鬼神之有也，将不可不尊明也。”他以为：“今若使天下之人，皆若信鬼神之能赏贤而罚暴也，则夫天下岂乱哉？”（同上）他不知在阶级利益不同的根基上，并不是能借宗教魔力去说服阶级敌人的。墨翟在这里却陷入教育万能论的唯心主义与改良主义。

另一方面，他既在借宗教作为其推动革命运动的工具，便进而解说宗教和政治的关联性，把教义解释成为政治上万能的东西。例如他说：“当若鬼神之能赏贤如罚暴也，盖本施之国家，施之万民，实所以治国家利万民之道也。”（《明鬼下》）这样去扩大宗教的作用，把宗教的精神作用现实化，以期取得人们的皈依。

因而为实现其政治改革运动，便组织一个宗教团体，一面宣传教义借以扩大其政治影响，一面借教义去训练其信徒，“以自苦为极”的精神去履行教义。

在其宗教团体中的刻苦的生活信条，据司马迁说：

堂高三尺，土阶三等，茅茨不翦，采椽不刮；食土簋，啜土刑，粝粱之食，藜藿之羹；夏日葛衣，冬日鹿裘；其送死，桐棺三寸，举音不尽其哀。（《史记·太史公自序》）

这与前述墨翟经济论的理论是一致的。我们于此，不但能看出其理论与实践之一致的精神，而且可以看出其生活上的农民本色。

从而墨翟学说中的基本论点，其徒众都把它当作一种宣传的依据，并一一努力实践。例如为实践其“非攻”的信条，《墨子·公输》篇、《战国策·宋策》、《吕氏春秋》、《淮南子》等书所载，公输子为楚作云梯攻宋，墨翟率其徒三百人去救宋的故事，便是一例。为实践其“禁杀伤人”的信条，《吕氏春秋》有如次的一段记载：“墨者有钜子腹䵍居秦。其子杀人。秦惠王曰：‘先生之年长矣，非有它子也；寡人已令吏弗诛矣。先生之以此听寡人也。’腹䵍对曰：‘墨者之法曰，杀人者死，伤人者刑，此所以禁杀伤人也。……王虽为之赐，而令吏弗诛，腹䵍不可不行墨者之法。’”（《孟春纪第一·去私》）

我们于此可以看出，“墨者”对于其信条有着一种不可动摇的原则精神在其宗教团体的内部，又毋宁有其一种严格的纪律性。不能奉行信条去实践者，便不能被称为“墨者”。所以其信徒中对实践工作不努力者，便要受严厉的警告；例如告不害对某一问题只说而不行，墨翟便警告他说：“今子口言之，而身不行，是子之身乱也。”（《墨子·公孟》）因之，其信徒具有一种为革命而牺牲的精神。故《淮南子·泰族训》说：“墨子服役者百八十人，皆可使赴火蹈刃，死不还踵。”陆贾《新语·思务》篇说：“墨子之门多勇士。”《孟子》说：“摩顶放踵，利天下而为之。”《墨子》本书《鲁问》篇说：“鲁人有因子墨子而学其子者，其子战而死，其父让子墨子。子墨子曰：‘子欲学子之子，今学成矣。战而死，而子愠。是犹欲粜，籴仇则愠也。’”又《经上》说：“任士损己而益所为也。”

在当时，“墨者”人数大概是众多的；《淮南子》说“服役者百八十人”，此当不可靠；《吕氏春秋·上德》篇说：“孟胜死，弟子死之者百八十三人。"《墨子·公输》篇说:"臣之弟子禽滑厘等三百人,已持臣守圉之器,在宋城上而待楚寇矣。"《孟子》说:"杨朱、墨翟之言盈天下,天下之言,不归杨,则归墨。"是在孟轲时代,墨派的势力,实与新兴封建地主阶层的势力并驾齐驱,支配了当时社会的一面。

墨子的思想,给中国民族留下了唯物主义、社会主义和民主主义思想的传统,值得批判地继承。

墨子信徒那种对信仰的坚定性、对团体的严格纪律性以及"自苦为极"不惜牺牲自己一切为革命斗争的实践精神,以后都长留在中国农民阶级和中国民族的血液中,是中国民族的优良传统。

六　墨派的发展和消亡

关于墨翟死后,墨子学说的发展和其派别,据梁启超《墨子学案》揭示如次之一表,姑照录之,以见一斑:

正统派	甲:直系——禽滑厘、孟胜等。
	乙:著述家——胡非、随巢等。
	丙:部分实行家——宋钘等。
别　派	丁:法家——尹文等。
	戊:名家——惠施、公孙龙等。
	己:无政府主义——许行等。
	庚:游侠家。

而此所谓"无政府主义"的许行等和游侠家,却不是"别派",而

是墨派的正统继承者。另方面，所谓“著述家”的胡非、随巢等，却不能称作“正统派”，而只是墨派的学院派。

《韩非子·显学》篇云：“自墨子之死也，有相里氏之墨，有相夫氏之墨，有邓陵氏之墨。”《庄子·天下》篇说：“相里勤之弟子，五侯之徒。南方之墨者：苦获、已齿、邓陵子之属。俱诵《墨经》，而倍谲不同，相谓别墨。以坚白同异之辩相訾，以觭偶不仵之辞相应。以巨子为圣人，皆愿为之尸，冀得为其后世，至今不决。”依此，墨派团体到秦始皇“统一”的前夜，还很活跃。但是，自墨翟死后，在墨派团体的内部曾引起不断的分化，这是有其完全可能的。至究竟分化为何许派别，则因文献不足，已难详确考定。大抵由于墨派团体发展过速与过大，便引起其团体内部阶级成分复杂，从而便自然会产生出正统派和修正派等等阶级性各异的派别出来。例如梁氏所列的尹文辈，却都是曲解墨学而为新兴地主-商人的代言者，是十分明白的。另一方面，如上所述，许行的“无政府主义”，却反而是墨派的正统的发展；游侠家则为代表农民的墨派团体灭亡后之仅存的孑遗。梁氏因为不懂得历史发展法则和观点方法错误，又是空谈的学者，所以构成这种错误，这是应该纠正的。

现在就其正统的发展，略为指述。

甲　宋钘对墨翟的继承

宋钘，一作宋轻，一作宋钘，一作宋荣，其名字的传闻不一。

宋钘的年代和籍贯，从来考据各异；胡适认为他生存在公元前三六〇至前二九〇年之间，寿七十岁，与孟轲同时，其年岁较孟轲为小。但宋钘与告不害年事相若，告不害长于孟子，故孟子对宋钘亦尊称为“先生”。是宋钘年岁必较孟子为长。

其本人的著作现已失传;关于其思想行事,只有从他书——《庄子》《孟子》《荀子》《韩非子》——中去探求;但各书著者又自各有其自己的主观见解,所以不能从这些书中去寻得宋钘思想的全貌,甚且部分的真面目也是难以把握的。因而我们只能从上述各书中去探求其基本立场。

从所有的文献中去作可能的考察,宋钘似系墨翟派一个领导实际行动的继承者,例如《荀子·正论》篇说:“严然而好说,聚人徒,立师学,成文曲。”这全是一位实际行动家的行径。但在另一方面,他在理论方面,对于墨翟的学说似乎没有什么特殊的发挥,只是遵守其成则而已。例如墨翟主张从客观的存在方面去贯彻其认识,他便主张“别宥”——去成见,他说:“凡人必别宥然后知,别宥则能全其天矣。”(《吕氏春秋·去宥》)这半点也没有跳出墨子的圈子。墨翟主张“爱无差等”,他便主张“僈差等”。他说:“而僈差等,曾不足以容辨异,悬君臣。”(《荀子·非十二子》篇)墨翟主张“摩顶放踵,利天下而为之”。他便主张“见侮不辱”,他说:“明见侮之不辱。……凡人之斗也,必以其恶之为说,非以其辱之为故也。”(《荀子·正论》篇)“日夜不休”,“愿天下之安宁,以活民命。”(《庄子·天下》)“举世誉之而不加劝,举世非之而不加沮。”(同上《逍遥游》)墨翟主张“非攻”,他便主张“禁攻寝兵”,例如《孟子》记述其行事说:

> 宋牼将之楚,孟子遇于石丘,曰:“先生将何之?”曰:“吾闻秦楚构兵,我将见楚王,说而罢之。楚王不悦,我将见秦王说而罢之。二王,我将有所遇焉。”曰:“轲也,请无问其详,愿闻

其指,说之将何如?”曰:“我将言其不利也。”(《告子下》)

这和墨翟的“非攻”理论,是根本一致的。

墨翟主张“节欲”,他便主张“情欲寡浅”。《荀子·正论》篇说:

> 子宋子曰:“人之情欲寡,而皆以己之情为欲多,是过也。”故率其群徒,辩其谈说,明其譬称,将使人知情欲之寡也。应之曰:“然则亦以人之情为欲,目不欲綦色,耳不欲綦声,口不欲綦味,鼻不欲綦臭,形不欲綦佚。此五綦者,亦以人之情为不欲乎?”曰:“人之情欲是已。”曰:“若是则说必不行矣。以人之情为欲此五綦者而不欲多,譬之是犹以人之情为欲富贵而不欲货也,好美而恶西施也。古之人为之不然,以人之情为欲多而不欲寡。”

> ……人我之养,毕足而止。……以聏合欢,以调海内。……情欲寡浅……(《庄子·天下》)

宋钘在这里从“情欲寡浅”的见地上去说明“节欲”的主张,是已不啻由唯物主义而转入了唯心主义的窠臼。虽然,从荀卿口中复述出来的语句,是否完全符合宋钘的原意,是有问题的。

乙　墨翟的唯物主义的发展——告不害的性无善恶论

告不害和宋钘同时,也和孟轲同时,梁启超说:“以弱冠的告子,得上见晚年的墨子,以老宿的告子,得下见中年的孟子。”梁氏根据的材料较多,这种考证是比较可靠的。根据《孟子·公孙丑》和《告子》两篇文字,我们又知道告不害和孟轲在当时是不可开交的论敌。

告不害的著作,也无遗留,因之,关于告不害的思想我们也只能从上述《孟子》中的两篇文字去探究。

告不害把墨翟的唯物主义作了进一步的发展,他完成了性无善恶论的一个唯物主义体系。这在一方面,由于初期封建制到孟轲的年代,封建领主和农民敌对的矛盾益形尖刻,从而农民阶级的反抗运动益形发展,因之又开展了封建主们的自救运动。他们为欲从思想意识上、理论上去克服农民的反抗,便不能不首先在文化思想领域中给予农民阶级的哲学以一种反驳,以孔丘承继者自居的孟轲的"性善"论便是这样产生的。同时在农民阶级方面,自亦不能不进一步调整其哲学阵营,给封建主集团的反驳以一种无情的打击,为履行这一任务,告不害便因而把墨翟的哲学深刻化、系统化。另一方面由于社会生产技术的提高,尤其是城市手工业的发展,也是使告不害对唯物主义能有进一步认识的一个条件。

孟轲把孔丘哲学的"仁",进一步从人性中去追求,而降低为主观唯心主义的性善论。告不害便恰恰与此相反。他认为在人类头脑中自备的东西,只有一种能用以构成意识思维的机能体,这机能体在他的术语中便叫作"性"。只有此"性"才是有生俱来的,故他说"生之谓性";同时这也就是人类所具有的"生"的机能。这"性"之于各种人都是一样的素白的东西,其自身并没有什么特种附加物,故孟轲问他说:"'生之谓性也,犹白之谓白与?'曰:'然。'"于是他进而批判孟轲的性善论,认为那完全是凭空的胡说,同时坚决的肯定"(性)无善无不善"。

但是人类的思想意识又显然有各种分别,告不害在这里又怎样去解释呢？他认为那完全是由于不同的环境决定的，因此他说：

> 性，犹杞柳也；义，犹桮棬也。以人性为仁义，犹以杞柳为桮棬。（《孟子·告子上》）
>
> 性，犹湍水也，决诸东方则东流，决诸西方则西流。人性之无分于善与不善也，犹水之无分于东西也。（同上）

人的意识、思想、行为的歧异既都是由环境在决定，而他又认为凡人都有两种本领的同一的性能，那便是人自己求生存和繁殖种类的两种欲望——是人类共同赋有的本领。故他说："食、色，性也。"但是这种本领是动物界所共通的，然而人类和其他动物界的分别又在哪里呢？孟轲曾这样难问他：

> 然则犬之性犹牛之性，牛之性犹人之性与？（《孟子·告子上》）

告不害对此是否有所解答，现在已无文献可征。只是告不害不知从生产关系中阶级地位的歧异与其利害冲突上去析论阶级意识的歧异；只能进入到形而上的环境决定论。他在这里，仍只能是一个机械唯物主义者，而不能进入到彻底的唯物主义，——自然，这也是受着历史条件限制的。

丙　许行对墨翟的政治学说的发展

许行，楚人，与孟轲同时，其年事的先后，无可考证。

其学说仅《孟子·滕文公上》篇等文献略有记载。从该篇文字的记载中,我们想对许行的思想去获得全面的认识,是不可能的。于此,只能寻出其思想体系中的一些主要论点来。

不过许行在当时应有其自己的著作,据《吕氏春秋·当染》篇说:"禽滑厘学于墨子,许犯学于禽滑厘,田系学于许犯,孔墨之后学显荣于天下者众矣。"许犯当即许行。依此,许行在当时又不啻是一位有权威的进步理论家,——他本是一个实际行动家。

现在进而考察其思想:

一、平等劳动说。墨翟主张不劳者不得食的平等劳动原则,许行则更明确地主张负公务职责的人和农人共同去参加耕种,和工人共同去参加工艺。这正与孟轲的"劳心者治人,劳力者治于人""劳力者食人,劳心者食于人"的封建统治阶级的政治原理相对立。他说:"贤者与民并耕而食,饔飧而治。今也滕有仓廪府库,则是厉民而以自养也。"(《孟子·滕文公上》)是他指摘那些借他人劳动以为生的人们,无论其性质如何,认为都是不合于社会生存原理的。

二、分工互给说。他认为个人的生活必需品,并不是靠个人自己能需给自足的,从而社会的分工便成为必要。但是在他所意义着的社会分工的原则下,社会各成员间的需给关系即分配方式,又当采取一种怎样的形式去进行呢?他认为那只有用以物易物的方式去进行分配。如次的一段话,便能充分说明许行的这种见解:

孟子曰:"许子必种粟而后食乎?"曰:"然。""许子必织布而后衣乎?"曰:"否,许子衣褐。""许子冠乎?"曰:"冠。"曰:"奚冠?"曰:"冠素。"曰:"自织之与?"曰:"否。以粟易之。"曰:"许子奚为不自织?"曰:"害于耕。"曰:"许子以釜甑爨,以铁耕乎？”曰：“然。”“自为之与？”曰：“否。以粟易之。”“以粟易械器者，不为厉陶冶，陶冶亦以其械器易粟者，岂为厉农夫哉？且许子何不为陶冶？舍皆取诸其宫中而用之。何为纷纷然与百工交易，何许子之不惮烦？”（《孟子·滕文公上》）

三、物物等量交换说。在许行意义着的以物易物的交换进程中，物的种类与度量衡单位不同，又怎样去决定交换的标准呢？照《孟子》上所述，许行并不懂得劳动价值说，因而他主张不问物品的种类品质，实行等量物与等量物交换。例如：

布帛长短同，则贾相若；麻缕丝絮轻重同，则贾相若；五谷多寡同，则贾相若；屦大小同，则贾相若。（《滕文公上》）

同时他并主张凡交换物品的价格，都由全社会给以划一的规定。因而孟轲在指述他的主张之后又反驳他说：“从许子之道，则市贾不贰，国中无伪，虽使五尺之童适市，莫之或欺。”“夫物之不齐，物之情也；或相倍蓰，或相什百，或相千万。子比而同之，是乱天下也。巨屦小屦同贾，人岂为之哉？”许行在这一点上，对生产物价值构成的内容，完全是模糊的。他不知从社会必要的等量劳动生产物与等量劳动生产物的交换上去设想，正是空想社会主义理论落后性的表现。而孟轲在这里所给他的批判，却是有相当理由的。

丁　墨派的消亡

随着由封建领主经济进展到封建地主经济，农民已取得人格上的表面的自由，即农奴身分之名义的解放——实际仍是半人格的农民。因而在被称为“墨家”旗帜下的农民政治运动，便随着而渐次消沉下去了。自战国末墨派的消亡后，墨学便也随之中绝；而存留在农村中的墨派的孑遗，便转而以“游侠家”的形式残存着。此后在秦末的一次农民暴动中，这种游侠者曾一度表现其重要的作用；地主阶级爪牙出身的刘邦，自其揭起反秦旗帜之初以至其建国止，都尽量在利用这种“游侠家”和农民阶级联合。但在大地主支配权完全确立后，他们便一面利用农民的弱点，把大多数的农民实行欺骗和出卖，一面把农民军的领袖所谓游侠者流，施以分别收买、压迫与残暴屠杀，墨派至此便完全归于消亡了。此后农民运动的理论，并不和墨学相传袭，而是彼此脱节的。

第二章　新兴封建地主阶层的政治学说

一　杨朱的“为我”主义

新兴封建地主这一社会阶层意识形态的发展，是随着其社会力量的逐步演进而发展的，他们在子产的时代，已开始提出其政治的要求了，这在邓析的思想中，能约略地反映出来。随着到春秋和战国之际，这一社会阶层的势力更为发展，于是继邓析学而起的杨朱学便随着产生了。因而杨朱学在其本身上，一面是邓析学的发展，一面又是新兴封建地主社会势力形成时代之意识形态的表现。

杨朱生卒的年代，因为文献不足，到现在已难于正确考定。近人张季同谓杨朱的年代为公元前三八〇至前三四〇年之间，郑宾宇则谓其为公元前四九〇与前四一〇年间，胡适则谓其生存于公元前四四〇与前三六〇年之间，但此均属一种推测。《庄子·应帝王》及《寓言》两篇均说阳子居学于老子。陆德明《经典释文·应帝王篇音义》说：“居，名也；子，男子通称。”而《寓言篇音义》则谓阳子居姓阳名戎字子居。《列子·黄帝》篇却称《庄子·寓言》篇“阳子居南之沛”为“杨朱”。《吕氏春秋》亦说“阳生贵己”，又完全同于今传杨朱思想的精神。因而《庄子》书中所称之阳居当即杨朱无疑。他如蔡元培与日人久保天随均说杨朱即庄周，却并没有说出什么理由，而只是一种官场指令式的文字与缥缈之悬推，无用驳辩。按老聃与孔丘同时，如杨朱学于老聃之说为可靠，他自亦应与孔丘同时，至少及见孔丘。虽然，《庄子》书中构意属于拟托者甚多，其言难以尽信。《孟子》说："杨朱墨翟之言盈天下，天下之言，不归于杨，则归于墨。""能言距杨墨者，圣人之徒也。"（《滕文公下》）"逃墨必归于杨，逃杨必归于儒，归斯受之而已矣。今之与杨墨辩者，如追放豚，既入其苙，又从而招之。"（《尽心下》）依此，杨朱生于孟轲之前，当无错误。同时，《孟子》中有"阳虎曰：为富不仁矣，为仁不富矣"（《滕文公上》）之引述。阳虎是否与杨朱为同一人虽不可考，但其见解又殊与杨朱的思想类似，此则颇值得注意（《论语》注谓阳虎即阳货）。此外在孔丘的学说中，不曾有批评杨朱思想的形迹，而杨朱的弟子孟孙阳又有与墨翟的弟子禽子辩论的记事，是他又当与墨翟同时。因此杨朱的年代大约为春秋和战国之际。

其国籍，有人考定为卫人，曾游沛、梁、秦、宋、鲁等国。卫在春秋末，新兴地主-商人已有相当发展（如《左传·闵公二年》所载便可概见），亦殊有产生杨朱学之可能；因而这个论证是有相当可靠性的。杨朱的阶级性，在孟轲的口中便已说得明白，孟轲说："杨子取为我，拔一毛而利天下不为也。"（《孟子·尽心上》）"杨氏为我，是无君也。"（《孟子·滕文公下》）这说明他是一个市民式的个人主义者。《说苑·政理》篇说："杨朱见梁王……梁王曰：'先生有一妻一妾不能治，三亩之园不能芸。……'"又《庄子·寓言》篇述杨子云："其往也，舍者迎将其家，公执席，妻执巾，栉舍者避席，炀者避灶。"这又颇似于地主身分。不过在当时，商人都同时是新兴封建地主。

照前述孟轲的话来看，到孟轲时代，杨朱派的社会势力，已和墨派相上下，而且没落封建领主集团代表的“儒家”学说，则受到诸家的驳斥和抨击。可是杨朱的著作已不曾遗留，主要只见于《庄子》《孟子》《韩非子》及《列子·杨朱》篇等，因而我们现在想究出其思想的全貌，是困难的，易言之，我们只能指出其一个大概的轮廓来。

*　　*　　*

杨朱的思想，从新兴地主-商人的利益出发，一面便与封建主集团的意识形态采取着对立姿态，且予以相对的否定；一面自亦不能不与农民阶级的意识形态相对立，而予以批评。同时，在历史上，封建性的地主-商人的意识形态，尤其是商人，多多少少总带着一点个人主义的色彩。这种商人在其经济生活中，一切也都是以个人的利益为转移的。因之，从这个根基上，他们便要求树立一种带着个人主义倾向的社会秩序。为此杨朱首先便揭出一种人本主义的社会主张来，例如他说：

> 人肖天地之类，怀五常之性，有生之最灵者也。（《列子·杨朱》）

这揭出以“人”为社会之本位，确认一切人在其本质上之齐一性，另一方面也便无异否定了自然主义的命定论。故《说苑·权谋》篇说：“仆子曰：‘杨子智而不知命……’”这表现了中世早期思想的一种进步观点。

在个人本位的社会中，他认为各人凭其各自的能力去追求其各自的利益，是十分正当的。故《说苑·权谋》篇云："杨子曰：'事之可以之贫可以之富者，其伤行者也；事之可以之生可以之死者，其伤勇者也。'仆子曰：'杨子智而不知命，故其智多疑。'语曰：'知命者不惑，晏婴是也。'"

这无非在说明杨朱是以个人为本位的富的追求的见解。在这一点上，他不仅在否定旧封建主的家族主义和家长制的财权与政权，同时又否定了墨翟的"兼爱""互利"和"利天下"的主张。所以他的弟子孟孙阳与禽子的问答说：

> 孟孙阳曰："……有侵若肌肤获万金者，若为之乎？"曰："为之。"孟孙阳曰："有断若一节得一国者，子为之乎？"禽子默然有间。孟孙阳曰："一毛微于肌肤，肌肤微于一节，省矣！然则积一毛以成肌肤，积肌肤以成一节；一毛固一体万分中之一物，奈何轻之乎？"（《列子·杨朱》）

孟轲说："杨子取为我，拔一毛而利天下不为也。"这种基于个人私利上的拜金主义与忽视社会公共利益的悭吝鄙陋的气味，正是这一社会阶层意识形态上的特点之一。在历史上，当他们和农民阶级携手时，也常常因此而表现两者间之矛盾。故意混淆阶级性的叶青却把杨朱和墨翟混淆为同一立场。只有没有原则的托派，随时可以从属于法西斯、从属于大地主大资产阶级的特务、从属于任何主子，而农民派墨翟的立场，却不容和封建地主-商人的立场混淆。

因而杨朱便只认得个人的实际利益，对于虚名的尊贵与权位，却并不重视。《列子·杨朱》篇说：

杨朱游于鲁，舍于孟氏。孟氏问曰："人而已矣，奚以名为？"曰："以名者为富。""既富矣，奚不已焉？"曰："为贵。""既贵矣，奚不已焉？"曰："为死。""既死矣，奚为焉？"曰："为子孙。""名奚益于子孙？"曰："名乃苦其身，燋其心，乘其名者，泽及宗族，利兼乡党，况子孙乎？凡为名者必廉，廉斯贫；为名者必让，让斯贱。"曰："管仲之相齐也，君淫亦淫，君奢亦奢，志合言从，道行国霸。死之后，管氏而已。田氏之相齐也，君盈则己降，君敛则己施，民皆归之，因有齐国，子孙享之，至今不绝。若实名贫，伪名富。"曰："实无名，名无实。名者，伪而已矣。"

但恶夫守名而累实；守名而累实，将恤危亡之不救，岂徒逸乐忧苦之间哉？

太古之人，知生之暂来，知死之暂往，故从心而动，不违自然所好；当身之娱，非所去也，故不为名所劝；从性而游，不逆万物所好。死后之名，非所取也，故不为刑所及。名誉先后，年命多少，非所量也。

这正是地主-商人和其他封建地主不同的一个特点。其他封建地主，每每为着虚名和面子，而宁肯牺牲一点实际利益；他们则只要能获取实际的利益，虚名和面子往往是可以牺牲的。

他从这里便又转入商人阶级的纵欲主义。他托为管仲与晏平仲的对话说：

晏平仲问养生于管夷吾。管夷吾曰："肆之而已，勿壅、勿阏。"晏平仲曰："其目奈何？"夷吾曰："恣耳之所欲听，恣目之所欲视，恣鼻之所欲向，恣口之所欲言，恣体之所欲安，恣意之所欲行。夫耳之所欲闻者音声，而不得听，谓之阏聪；目之所欲见者美色，而不得视，谓之阏明；鼻之所欲向者椒兰，而不得嗅，谓之阏颤；口之所欲道者是非，而不得言，谓之阏智；体之所欲安者美厚，而不得从，谓之阏适；意之所欲为者放逸，而不得行，谓之阏性。凡此诸阏，废虐之主。去废虐之主，熙熙然以俟死，一日，一月，一年，十年，吾所谓养；拘此废虐之主，录而不舍，戚戚然以至久生。百年，千年，万年，非吾所谓养。"

"百年寿之大齐。得百年者，千无一焉。设有一者，孩提以逮昏老，几居其半矣，夜眠之所弭，昼觉之所遗，又几居其半矣，痛疾、哀苦、亡失、忧惧，又几居其半矣。量十数年之中，逌然而自得，亡介焉之虑者，亦亡一时之中尔。则人之生也奚为哉？奚乐哉？为美厚尔，为声色尔，而美厚复不可常厌足，声色不可常玩闻。乃复为刑赏之所禁劝，名法之所进退，遑遑尔竞一时之虚誉，规死后之余荣，偊偊尔慎耳目之观听，惜身意之是非，徒失当年之至乐，不能自肆于一时，重囚累梏，何以异哉？"(《列子·杨朱》)

这两段话，一方面，自然充满了晋末及南北朝没落贵族大地主的纵欲、颓废思想；但证之《吕氏春秋》所谓"阳生贵己"，《淮南子·氾论训》所谓"全生保真，不以物累形，杨子之所立也……"等记载，则至少在纵欲思想这一点上，与杨朱的思想有其共同点。

其次应论述的，在这种利己的个人主义所支配的社会中，人与人的关系又当怎样呢？在杨朱看来，认为个人的"利己""纵欲""乐生"，却也是有原则的；并不是个人为利己便可以无限制去侵占他人，只是个人各尽其自己所具的智能去为其自身谋利益。所以他又说："故智之所贵，存我为贵；力之所贱，侵物为贱。"这显然又认定社会各个人间，一方面是"任智而不恃力"，一方面也不容侵夺他人财产。因而照他的理论推究，便能归纳出如次的一个结论来：社会各个人的贫富、享受不齐一，易言之，社会阶级的存在和其根据，是在于各个人不等的知识和才能。所以他说："有生之最灵者，人也。人者，爪牙不足以供守卫，肌肤不足以自捍御，趋走不足以逃利害，无毛羽以御寒暑；必时资物以为养，性任智而不恃力。"因而他认为只有实行这种原则的社会，才是合理的。所以他又说：

古之人，损一毫利天下不与也，悉天下奉一身不取也。人人不损一毫，人人不利天下，天下治矣。(《列子·杨朱》)

这和农民派墨翟的主张，显然是对立的——"私利"和"互利""兼爱""利他"的相反，"纵欲"和"自苦为极"的相反。然而这正在表现其各自的阶级性。杨朱在这里，也正在玩弄着隐蔽剥削内容的骗局。

在另一方面，杨朱的观点，却有着一点较现实的人生论的见解。他认为只有生是现实的，人对死后的一切是不该去考虑的；并且无论何人，在死后终归是枯骨一束而已。因而他较彻底地说："万物所异者，生也；所同者，死也。……生则尧舜，死则腐骨；生则桀纣，死则腐骨。腐骨一矣，孰知其异？且趣当生，奚遑死后？""既死，岂在我哉？焚之亦可，沉之亦可。"而且人都有一死的，死且非富贵和恩爱所可延缓与代换的，故他说："理无不死。""生非贵之所能存，身非爱之所能厚。"因为如此，所以人只应去讲求现实生活，而物质却是所赖以生的前提条件，非此便不能生存。故说：“身固生之主，物亦养之主。”而物质的享受又有怎样的标准呢？杨朱说：“丰屋、美服、厚味、娇色，有此四者，何求于外。”但是这种新兴地主-商人生活享受的物质条件，却不是劳动人民所能梦想得到的。此所谓历史上每个阶级，总是以本阶级或阶层的利益解释为全社会的利益，从而把本阶级或阶层所认定的真理，当作全社会的真理——这只有无产阶级才没有这种成见。杨朱主张握住现实的人生，不去注意死后的事情，这是相当现实的。不过在杨朱纵欲论的说明上，却是极端个人主义的，从人类的集体主义及集体生命的延续上说，他完全是错误的，究极上，是有着悲观主义倾向的。

二　申不害、慎到、邹衍对杨朱的继承

甲　申不害

《史记·老子韩非列传》说：“申不害，京人也，故郑之贱臣。学术以干韩昭侯，昭侯用为相……十五年。终申子之身，国治兵强。”又《韩世家》说：“昭侯八年，申不害相韩。……二十二年，申不害死。”按昭侯八年当于周显王十八年，在公元前三五一年，因而其死便在公元前三三七年（按张季同考其生年为公元前三八五年，死年亦为公元前三三七年）。

其著作，司马迁说：“著书二篇，号曰《申子》。”《汉书·艺文志》说有《申子》六篇。今皆不传。其篇名有（一）《君臣》篇（《御

览》二二一传引《七略》云：孝宣皇帝重申不害《君臣论》）；（二）《三符》篇（《淮南子·泰族训》云：今商鞅之《启塞》，申子之《三符》，韩非之《孤愤》）；（三）《大体》篇（见《群书治要》卷三十六）。故今日研究申子思想，只能依据汉代之《史记·老子韩非列传》及《淮南子·要略》以及战国末期之《荀子·解蔽》、《韩非子·外储说右上》《难三》《定法》等所引载。

申不害的思想，表现着较邓析和杨朱前进了一步的地方，就是他从新兴地主-商人的立场上，较具体地提出了"法"来；然而也只是由他把"法"作为全面的提出，并不是由他才开始提出的。据信史所载，在公元前四一二年，李悝便已创制了平籴法，《汉书·艺文志》并说他著有《李子》三十二篇，《晋书·刑法志》说著有《法经》，但今已失传。故李悝和杨朱，固同是申商的前驱。

新兴封建地主阶层，在当时不但要求改变旧封建主的固定在家系承袭上的等级制，而且要求改变旧封建主的家族主义和家长制的财权、政权的占有和承袭办法。因而一面便拿起"法"去否定"礼"，且以之作为"礼"的代用物，从而在"法"的秩序下面，新兴封建地主阶层和旧封建主们取得在"法"面前的平等，两者都一同去受"法"的制约。在这种秩序下，不但使前者的财产得到一重保障，而且是至能适合其发展的。凡此，几乎是当时新兴封建地主阶层一致的要求。

因而申不害便以所谓"法家"的资格而出现了。依他看来，认为只有"法"的确立，才是当时所需要的社会秩序；在"法"的规范下，一切社会人事关系上，国家行政秩序上，才有一个客观的准则。故他说：

君必明法正义，若悬拟衡以称轻重，所以一群臣也。（据

马国翰《玉函山房辑佚书》辑本)

明君治国而晦(诲),晦(诲)而行,行而止,止三寸之机运而天下定,方寸之基正而天下治。(据严可均辑本)

所谓"三寸之机运","方寸之基正",即所谓法之机能与作用也。因而他认为没有一个"法"来作为全社会共同遵守的准则,而想单凭个人主观的道德去维系个人与社会、个人与个人的关系,那完全没有保证,所以他说:"失之数而求之信,则疑矣。"(前引马辑本)"数"在这里亦属于他所谓"法"的范畴。

申不害既主张客观性的"法"的建立,作为维系社会人事关系、国家政治秩序、经济活动的准则;同时便极力非难从来单凭统治者主观意志去决定政治措施与赏罚的制度。所以他说:"……耳目心智之不足恃也……故君人者,不可不察此言也。治乱安危存亡,其道固无二也。故至智弃智,至仁忘仁,至德不德。……凡应之理,清静公素而正始卒焉。……古之王者,其所为少,其所因多。因者,君术也;为者,臣道也。"(《吕氏春秋·审分览·任数》)"今申不害言术,而公孙鞅为法术者,因任而授官,循名而责实,操杀生之柄,课群臣之能者也。此人主之所执也。"(《韩非子·定法》)"申子曰:治不逾官,虽知不言。"(《韩非子·难三》)

原来的等级制度在"法"的面前被否定后,他便提出以"见劳而与贵,因能而授官"的原则去代替从来身分、爵位、职务等权利的家族世袭制。在这一点上,为新兴封建地主阶层辟开一条参加政权的道路。

不过申不害固不仅为他这一社会阶层提出这种政治要求,而且他在韩国曾一度取得政权,希图实现他的政治主张,但是他这种企图完全失败了。《韩非子·定法》篇记述得明白：

> 申不害，韩昭侯之佐也。韩者，晋之别国也。晋之故法未息，而韩之新法又生；先君之令未收，而后君之令又下。申不害不擅其法，不一其宪令，则奸多。故利在故法前令，则道之；利在新法后令，则道之。利在故新相反，前后相悖，则申不害虽十使昭侯用术，而奸臣犹有所谲其辞矣。故托万乘之劲韩，七十（顾广城校改作"十七"）年而不至于霸王者，虽用术于上，法不勤饰于官之患也。

这缘在当时的韩国，旧封建主集团的势力还相当坚固；易言之，新兴封建地主阶层的力量还不够，即实现新兴封建地主阶层所要求的社会秩序部分转换的客观条件还不充分（在这里所谓转换，不是两种本质不同的社会制度相交替）。所以申不害的主张便不能不在韩国封建主集团的反对下归于失败。而且申不害完全不了解保守势力对进步势力的反抗（这里所谓保守和进步，只是统治阶级内部之两个不同的阶层），是从其社会经济地位和利益的根基上产生的，申不害完全不懂得这一点。他只是想望掌握政权的旧封建主自愿地去改变其政权形式，而不去采取政变的形式。《韩非子·外储说左上》篇说："韩昭侯谓申子曰：'法度甚不易行也。'申子曰：'法者，见功而与赏，因能而受官。今君设法度，而听左右之请，此所以难行也。'"这是在完全想望韩国旧封建主集团的最大领主韩昭侯自动去排除其从属下的封建主们于政权之外，把新兴封建地主阶层援引进去。所以申不害仍不过是一位温和的改良主义者。

申不害的所谓“法”，本质上和后来资产阶级的所谓“法”是不同的。他的“法”，是在反对旧封建主家族主义的政权、财权和身分世袭，而代之以地主阶层的政权、财权和身分世袭。所以他的所谓“法”，不仅不以民主的要求为前提，而且正是在要求封建集权的专制主义。但其客观主义的“法”的思想，却是一个进步的因素。

按：许多新兴封建地主都同时是商人，这种商人的性质，和欧洲中世末期的市民阶级完全是两样的；因为他们同时是地主，在这一点上，他们对于农民的剥削，本质上和旧领主是同一的。所以他们不能成为一个对封建主义革命的阶级，而只能成为封建主义内部的一个改良的阶层或流派。

其次，在欧洲中世末期，君主与地方封建主不断斗争，乃常与已开始形成的资产阶级联合，因之这种资产阶级渐次获得法律上的许多特权。在中国的此时，国家财政还主要在依存于对农奴之直接剥削上，都市虽已发展，但还不曾形成为社会经济的中心，特别还没出现这一阶级，这是最根本的一点。其次在政治上的特殊形势，即最高封建主的没落，已丧失其对政治上的实权；地方各封国的政治权力亦几已完全掌握在“大夫”的手中。“大夫”本身原是封国内的地方封建主，同时由于新兴地主在秦国的勃兴，新兴封建地主和整个封建主集团的利害矛盾已比较尖锐。所以新兴地主的改良运动，并不能获得旧封建领主集团的支持。

乙　慎到

据《史记·田敬仲世家》，慎到于齐宣王十八年“赐第为上大夫”，是年适当于周显王四十四年，即公元前三二五年。其生卒年代,已难于正确考定;《汉书·艺文志》称其"先申韩,申韩称之"。近人张季同则考其生年为公元前三九五年,卒年为公元前三一五年,颇确。是则他固与申不害为同时人,不过其生卒稍晚于申不害而已。

慎到的籍贯,据今人钱穆考其为赵人,颇可信。

其著作,《史记·孟子荀卿列传》称慎子著《十二论》,《汉志》称《慎子》四十二篇;《史记》同文《集解》引徐广云:"今《慎子》,刘向所定,有四十一篇";《风俗通义·姓氏》篇称"著《慎子》三十篇";宋《崇文总目》称著三十七篇,已亡五篇;王应麟《汉书艺文志考证》云:"案《汉志》四十二篇,今三十篇亡,惟有《威德》《因循》《民杂》《德立》《君人》五篇";此外清人钱熙祚、严可均考辑有《知忠》《君臣》二篇;又今本之所谓《内》《外》篇,多数学者疑为伪作。

慎到的思想,据钱熙祚辑《慎子佚文》(《守山阁丛书》本)有所谓"与物宛转,冷汰于物以为道理"。《庄子·天下》篇亦云:"慎到弃知去己,而缘不得已,冷汰于物以为道理。""豪杰相与笑之曰:'慎到之道,非生人之行而至死人之理',适得怪焉。"依此,慎到在哲学上,多多少少似带有一点唯物主义的色彩。可惜文献不足,不能详为论究。

慎到学的根本立场,可说完全和申不害一致;只是较申不害为精进,——自然,这是就遗留的文献而说的。

其一,他不但提出在政治上树立"法"的必要,而且意识到经济上的度量衡制确立的必要。他说:"有权衡者,不可欺以轻重;有尺寸者,不可差以长短;有法度者,不可巧以诈伪。"(《慎子·慎子佚文》)是在说法度与度量衡有同等的重要与作用。

其二,他从阐明客观性的"法"的立场上去非难政治上的主观的是非标准说："君舍法，而以心裁轻重，则同功殊赏，同罪殊罚矣，怨之所由生也。是以分马者之用策，分田者之用钩，非以策钩为过于人智也，所以去私塞怨也。"（《慎子·君人》）"离朱之明，察秋毫之末于百步之外；下于水尺而不能见浅深，非目不明也，其势难睹也。"（《慎子佚文》）这较之申不害，有其更客观的说明。

其三，他从法治的立场上极力抨击封建领主及其代言人所执持的"人治"主义说："飞龙乘云，腾蛇游雾；云罢雾霁，而龙蛇与螾蚁同矣，则失其所乘也，贤人而诎于不肖者，则权轻位卑也；不肖而能服于贤者，则权重位尊也。尧为匹夫，不能治三人；而桀为天子，能乱天下。吾以此知势位之足恃，而贤智之不足慕也。夫弩弱而矢高者，激于风也；身不肖而令行者，得助于众也。……由此观之，贤智未足以服众，而势位足以诎贤者也。"（《韩非子·难势》引）他认为政权的基础完全是一种力量，但还要有"法"；只要有"法"，无论掌握政权的人怎样不"贤能"，"法"怎样不完密，犹愈于"人治"，故说："法虽不善，犹愈于无法，所以一人心也。"（《慎子·威德》）"立君而尊贤，是贤与君争，其乱甚于无君。"（《太平御览》卷六百三十八引）不过法律虽然是政治上的最高原则，然若无权势去推行，也是要丧失其意义的，因而他认为权势在政治上便获得其第一义的意义。这在说明法与权的关系。

其四，在他思想中之另一有相对进步性的部分，要算是国家集权论。这在他的《慎子·德立》篇中表现得很明白："立天子者，不使诸侯疑（拟）焉；立诸侯者，不使大夫疑焉；立正妻者，不使嬖妾疑焉；立嫡子者，不使庶孽疑焉。疑则动，两则争，杂则相伤。害在有与不在独也。故臣有两位者，国必乱；臣两位而国不乱者，君在也。恃君而不乱矣，失君必乱。子有两位者，家必乱；子两位而家不乱者,父在也。恃父而不乱矣,失父必乱。臣疑(拟)其君,无不危之国;孽疑其宗,无不危之家。”这在说明国家权力之集中性的必要。在这集权的统一国家内,“政从上,使从君”(钱辑佚文)。同时,无论是封建领主或新兴地主-商人,大家都是在法律上从而人格上为平等的享与。

这种集权的主张,是相对于初期封建的分权而说的。不过集权而没有民主,便是专制主义,这是另一不好的极端。所以慎到集权论的进步性是有限的。

如上所述,慎到的政治理论完全是以“法”为中心而演述出来的。照慎到的理论逻辑,人类社会的关系,应一一建立于客观的“法”的准则之下;使法律的原则能发生效力,则不能不依赖权势来作执行的工具,强制全社会的人共同生活于“法”的下面,便自然会产生良好的政治秩序。故他说:

> 为人君者,不多听,据法倚数以观得失。无法之言,不听于耳;无法之劳,不图于功;无劳之亲,不任于官。官不私亲,法不遗爱。上下无事,惟法所在。(《慎子·君臣》)
>
> 大君任法而弗躬,则事断于法矣。法之所加,各以其分,蒙其赏罚而无望于君也,是以怨不生而上下和矣。(《慎子·君人》)

反过来说:“君人者,舍法而以身治,则诛赏予夺,从君心出矣。然则受赏者虽当,望多无穷,受罚者虽当,望轻无已。君舍法,而以心裁轻重,则同功者殊赏,同罪者殊罚矣,怨之所由生也。”(同上)不过执行“法”的工具是权势,而权势是集中于“人君”之手的。依此，慎到是明显的主张有一个绝对为社会即新兴封建地主阶层服务的独裁君主。但是拿什么去保障这种君主的守法呢？这在理论上便构成其一个明显的矛盾，在事实上，正表示了这种新兴地主-商人的封建性，他们不要求民主，而要求专制主义的集权国家。

另一方面，"法"既有如此的重要性，那又以什么为依据来创制呢？慎到在这里，便具体的指出要"因""人情"作依据去创制。例如他说：

> 天道因则大，化则细。因也者，因人之情也。人莫不自为也，化而使之为我，则莫可得而用矣。……故用人之自为，不用人之为我，则莫不可得而用矣。此之谓因。(《慎子·因循》)

他从个人主义倾向的观点上说明"法"的创制原则。因而便自然会归纳出个人利益的特殊性和社会利益的一般性的结论来。同时为适应封建国家地方的封建性，便不能不归结出全国的一般性和地域的特殊性的结论来。因而照《荀子·非十二子》篇批评慎到的话来看，慎到的法学理论，还包含有成文和习惯的两个部分。荀卿说：

> 尚法而无法，下修而好作。上则取听于上，下则取从于俗，终日言成文典。反紃(循)察之，则倜然无所归宿。……然而其持之有故，其言之成理，足以欺惑愚众，是慎到田骈也。(《非十二子》篇)

慎到的政治主张，在当时也与申不害以同一的理由而未曾获得实现。据《盐铁论·论儒》说：

> 及湣王奋二世之余烈，南举楚淮，北并巨宋，苞十二国，西摧三晋，却强秦，五国宾从。邹鲁之君，泗上诸侯皆入臣。矜功不休，百姓不堪。诸儒谏不从，各分散，慎到、捷子亡去。

是慎到亦因与齐国旧封建主集团的政治意见冲突而被迫“亡去”的。因为在当时，除在秦国新兴地主已参加政权外，在各国却正展开了封建主们的自救运动，并从而加深了两者间的冲突。

丙　邹衍

邹衍亦作驺衍，据《汉书·艺文志》叙“阴阳家”说：“名衍，齐人，为燕昭王师，居稷下，号‘谈天衍’。”其年代已难于正确考定，惟据《史记·封禅书》说：“齐威、宣之时，邹子之徒论著终始五德之运。及秦帝，齐人奏之。”又《史记·孟子荀卿列传》说：“邹衍适梁，梁惠王郊迎；……适赵，平原君侧行撇席；如燕，燕昭王拥彗先驱。”是邹衍曾与齐威、宣王，梁惠王，燕昭王，平原君，孟轲等同时；其年事孰长，则无从考定也（按孟轲约为公元前三七〇至前二七〇年间人。详见后孟轲传略）。

其著作，《艺文志》说有《驺子》四十九篇，《驺子终始》五十六篇；《史记·孟子荀卿列传》说：“《终始大圣》之篇十万余言。”然今皆亡佚。故今日研究邹衍的思想，只能从《史记·孟子荀卿列传》、《史记·封禅书》、《吕氏春秋》、刘向《别录》等书的引述中去探寻。我们无从窥见这位两千余年前大思想家思想体系的全貌，诚属一件憾事。

就今日所能获得的材料中去探究邹衍的思想，只能探出其轮廓的片段，自无从发现其全体系；然从其立场、观点中，亦能看出邹衍的思想高远、知识精湛的一个大概来。在今日所能窥见的邹衍学说，主要为他的“五德终始”说（历史观）和“九州”说（地理观）——虽然还有对其他方面的零细说明。我们在这里，试先叙述他的“五德终始”说。

他的“五德终始”说即历史观的基本论点，确认历史是动的，宇宙的自体也是动的；同时他认为宇宙自体和人类社会又都有其发生的始点的，并不如儒家所说的中国社会一开始就是圣人御极的“郅治之世”。故司马迁对他的评述说：

> 其语闳大不经，必先验小物，推而大之，至于无垠。先序今，以上至黄帝，学者所共术，大并世盛衰，因载其禨祥度制，推而远之，至天地未生，窈冥不可考而原也。先列中国名山、大川、通谷、禽兽，水土所殖，物类所珍，因而推之，及海外人之所不能睹。称引天地剖判以来，五德转移，治各有宜，而符应若兹。（《史记·孟子荀卿列传》）

这是一，他确认历史是变动不居的；二，他确认宇宙自体和人类社会都以之当作一个全体去把握，都有由始到终的一个运动的全过程。同时，他的研究方法是：一、从现实的分析出发（先序今），而上溯“至天地未生”的种种社会形态；二、先从单纯的范畴叙述开始（必先验小物），而达到各种复杂关系所构成的社会（或宇宙）的总体（推而大之至于无垠）。

但是依他看来,历史既是动的,又以什么为其原动力呢?邹衍从原始辩证唯物主义的"五行"说出发,认为宇宙的实体是由于土、木、金、火、水五种物质的东西构成的。他确认这五种物质的相互关系,有其本质的"相生相克",即矛盾对立与统一的性质。因而他认为宇宙自体的运动,全由于那五种物质的东西之"相生相克"的作用在作为原动力;从而人类社会的每一历史阶段的性质也便和某一种物质相适应。这样,他把他的宇宙论的原理又同样作为人类社会的历史运动的原理而被应用。《吕氏春秋·有始览·应同》篇说:

凡帝王之将兴也,天必先见祥乎下民。黄帝之时,天先见大螾大蝼。黄帝曰:土气胜。土气胜,故其色尚黄,其事则土。及禹之时,天先见草木秋冬不杀。禹曰:木气胜。木气胜,故其色尚青,其事则木。及汤之时,天先见金刃生于水。汤曰:金气胜。金气胜,故其色尚白,其事则金。及文王之时,天先见火,赤乌衔丹书集于周社。文王曰:火气胜。火气胜,故其色尚赤,其事则火。代火者必将水,天且先见水气胜。水气胜,故其色尚黑,其事则水。水气至而不知,数备将徙于土。

马国翰辑佚谓此"盖《邹子》佚文也"。此证之下例引述:

五行相次,转用事随,方面为服。(《史记集解》如淳所引)

五行从所不胜,虞土,夏木,殷金,周火。(《文选》,沈休文《齐故安陆昭王碑文》李善注引)

邹子终始五德,从所不胜,木德继之,金德次之,火德次

之，水德次之。(《文选》，左思《魏都赋》李善注引)

不啻可互为证明，且马说亦殊有可信之价值。

因而邹衍这种学说的政治意义，就是在说明周代的“火德”，“必将”为“水”所克服；易言之，封建领主集团的政权，“必将”为新兴封建地主-商人这一社会阶层的政权所代替，是历史自身运动的必然法则。从而他确认人类社会的文物制度，不是一成不变的，而且每一历史阶段都有其自己的一种文物制度，——虽然，邹衍所倡率的并不是历史制度的本质的改变，而只是一种部分变质的社会改良。故他说：

政教文质者，所以云救也。当时则用，过则舍之，有易则易之。故守一而不变者，未睹治之至也。(《汉书·严安传》*)

不过邹衍在这里，所谓历史的运动，是把它放在外在矛盾的基础上去把握，而画成如次的一个循环运动的图式：土→木→金→火→水→土→木……排成了一个历史运动的循环论。同时，他不知从社会内在矛盾的基础上去把握历史运动的法则，而乃从自然界的所谓“土气”“木气”……去把握，也是有点神学倾向的。这正是他留给以后“五行”家的一个空子。自然，在他是受着历史条件限制的。

其次，我们来考察邹衍的地理观。

在邹衍的当时，由于商业的发展和交通工具的进步，不但陆上的交通区域大为扩大，而且又扩大了海上的交通范围。因之，从来

---

* 引文出自《汉书·严朱吾丘主父徐严终王贾传第三十四下》严安语。——编者

的“中国即天下”的地理观念便引起一度重大的变化。而邹衍所生长的齐国,不唯因商业的发展而成了商业交通的要地,尤其是一处最便于海上交通的地理区域。因此,一方面由于航海的交通给他们发现了在中国大陆隔海的他岸还有陆地的存在,一方面给予他们由不同的地点出发而能达到同一的目的地,而且由甲路线出发却能由乙路线之一周的绕行回到出发点(如由稷下经胶东航海至吴越,可以由吴越经徐淮陆行回到稷下……)。这样,第一,使他达到地圜说之天才的臆断——虽则其概念是模糊的。邹衍说:“如此者九[州],乃有大瀛海环其外,天地之际焉。”(《史记·孟子荀卿列传》引)这是说大陆与大陆之间的瀛海便是天边,这不啻已有着地圜的模糊概念。在成书于汉代的《尚书纬考灵曜》也说:“地恒动不止,而人不知。譬如人在大舟中,闭牖而坐,舟行而人不觉也。”这足征在此前后数百年间,中国人在天文地理学上,有不少可贵的发现。第二,给他推知中国不过是全地面上的一个部分。所以《孟子荀卿列传》引述其说云:

> 以为儒者所谓中国者,于天下乃八十一分居其一分耳。中国名曰赤县神州。赤县神州内自有九州,禹之序九州是也,不得为州数。中国外如赤县神州者九,乃所谓九州也,于是有裨海环之,人民禽兽莫能相通者,如一区中者,乃为一州。如此者九,乃有大瀛海环其外,天地之际焉。

因而他确认地球上可分作九个环海为界的大陆(州)。这种推论虽然未能达到实在的正确性的程度,而只是一种臆断,然不图在数千年后的现代,却证明了其概然性的妥当。

三　作为封建地主阶层在政治上初步表演的商鞅的封建改制论

据《史记》，商鞅本姓公孙，名鞅，卫人。卒于秦孝公二十四年，即公元前三三八年，生年不可考。

其著作，《汉书·艺文志》称其有著作二十九篇，《韩非子》《淮南子》《史记》亦均称商鞅有著作；晁公武《郡斋读书志》云："本二十九篇，今亡者三篇。"按今本《商君书·刑约》第十六已有目无书，第二十一则书目均亡，故存者仅二十四篇而已。此二十四篇，今日以"疑古"为能事之学者，且多认系战国末之伪托。余按此书——《商君书》——即或非商鞅本人所写，亦必出之其门下宾客所记述，或他死后时人所追述。盖韩非、淮南、马迁固皆称其有著作，韩非生于战国末，其言自可信而有征。其次，不但全书所记皆商鞅时代之社会情况，且甚合于《史记》等书所载关于商鞅之行事，在意识形态上，尤能表现其阶级性。有此数证，吾人自能以之作为商鞅思想的代表著作来研究。

*　　　　*　　　　*

中国新兴封建地主-商人经济，至商鞅时代，齐、秦、郑、卫、宋……各地均已有相当发展，尤其是秦国，由于新兴地主经济较高劳动生产性的刺激，以及原来封建主庄邑内的劳动力缺乏，因而把封建主经济的"三圃制"经营引向较细密的经营，这种经营的方法和技术，在稍后的《吕氏春秋》中有较详细的叙述（封建主经济和地主经济，本质上，在这里本是同一的。请参阅拙著《殷周时代的中国社会》）。从而便树立了新兴封建地主经济在秦国的优势。在这一基础上，商鞅便以其代言者与政治代理人的资格而出现了。可是另一方面，在商鞅的当时，即在秦国，旧封建主集团的保守势力仍相当强大。因之，虽属是社会部分的质变，封建地主这一社会阶层却亦不能不找出其变法的历史根据来，从静止的不变的历史观转化为动的发展的历史观。在这一点上，商鞅较其前驱者有一步前进，他说：

> 天地设而民生之。当此之时也，民知其母而不知其父，其道亲亲而爱私。亲亲则别，爱私则险。民众而以别险为务则有乱。当此时也，民务胜而力征。务胜则征，力争则讼，讼而无正，则莫得其性也。故贤者立中正，设无私，而民说仁。当此时也，亲亲废，上贤立矣。凡仁者以爱为务，而贤者以相出为道。民众而无制，久而相出为道则有乱。故圣人承之，作为土地货财男女之分；分定而无制不可，故立禁；禁立而莫之司不可，故立官；官设而莫之一不可，故立君。既立君，则上贤废，而贵贵立矣。然则上世亲亲而爱私，中世上贤而说仁，下世贵贵而尊官。上贤者，以道相出也；而立君者，使贤无用也；亲亲者，以私为道也；而中正者，使私无行也。此三者，非事相反也，民道弊而所重易也，世事变而行道异也。（《商君书·开塞》）

他把自人类社会的发生以至当代的全部历史，分作“上世”“中世”“下世”三个阶段。照他的解释，所谓“上世”，便是母系本位的原始社会，所谓“中世”，便是古代国家的人治主义时代，所谓“下世”，便是官治-法治主义的时代。这虽然不曾发现历史的规律性，然他认为历史是发展的，变动的，却不能不算是商鞅的卓见。历史既是这样在变动着，因而他认为各时代制度的不同，毋宁是有其必然性的。且从而每一时代，便都有适合时宜的政治制度。故他说："以时而定，各顺其宜。"又说：

圣人不法古，不修今；法古则后于时，修今则塞于势。周不法商，夏不法虞，三代异势而皆可以王。故兴王有道，而持之异理。（《商君书·开塞》）

故圣人之为国也，不法古，不修今，因世而为之治，度俗而为之法。（《商君书·壹言》）

这不啻在说历史上的所谓圣人以及其所创造的黄金时代，便在其能把握着历史的变动，而顺应"时""势"；那班"后于时"而"塞于势"的人们，却是逃不了历史的淘汰的。"是以圣人苟可以强国，不法其故；苟可以利民，不循其礼。"（《商君书·更法》）他在这里，并揭出历史上的许多先例：

前世不同教，何古之法？帝王不相复，何礼之循？伏羲神农，教而不诛；黄帝尧舜，诛而不怒；及至文武，各当时而立法，因事而制礼。礼法以时而定，制令各顺其宜，兵甲器备，各便其用。……治世不一道，便国不必法古。汤武之王也，不修古而兴；殷夏之灭也，不易礼而亡。然则反古者未必可非，循礼者未足多是也。（《更法》）

在这里，他一面把全部历史叙述为如次的一个变动过程：自伏羲神农以至黄帝及尧舜的时代，都没有刑罚，汤王始改变古制，文武又因时而“立法”“制礼”。不过他又认为变的只是“法”，“礼”却是“不易”的，这由于他受着其改良主义立场的限制。另一方面，他根据历史事实，指述历史是这样变动不居的。从而保守的泥古不变者，几见不葬送在历史前进的车轮下呢？然而那班“呼先王以欺愚者”的人们，又何异乎“自欺欺人”呢？

*　　　　*　　　　*

商鞅从历史的观点说明其变制创法的主张后，于是便基于封建地主这一社会阶层的要求，又具体的提出其立法主张来。我们细读《商君书》，概见其立法的要旨，约可归结为如次三点：

一、确认封建地主在另一种形式下占有的封建财产，特别用买卖手段占有的土地为合法，照商鞅的话说，叫作确“定”其“名分”。

> 一兔走，百人逐之，非以兔也。夫卖者满市，而盗不敢取，由名分已定也。故名分未定，尧、舜、禹、汤且皆如骛焉而逐之；名分已定，贫盗不取。……故圣人必为法令，置官也，置吏也。为天下师，所以定名分也。名分定，则大诈贞信，民皆原悫而各自治也。故夫名分定，势治之道也；名分不定，势乱之道也。（《商君书·定分》）

从而在一方面，对举凡破坏财产权的行为（奸邪、盗贼……）自应在立法上规定严刑峻罚去制裁。一方面，“立君”“设官”“置吏”的主要意义，便在满足这种要求。所以他又说：

> 夫利天下之民者莫大于治，而治莫康于立君。立君之道，

莫广于胜法。胜法之务，莫急于去奸。去奸之本，莫深于严刑。(《商君书·开塞》)

国皆有法，而无使法必行之法；国皆有禁奸邪刑盗贼之法，而无使奸邪盗贼必得之法。为奸邪盗贼者死刑，而奸邪盗贼不止者不必得；必得而尚有奸邪盗贼者，刑轻也。刑轻者，不得诛也；必得者，刑者众也。故善治者，刑不善而不赏善，故不刑而民善。不刑而民善，刑重也。刑重者，民不敢犯，故无刑也，而民莫敢为非。是一国皆善也。(《商君书·画策》)

二、确认封建地主和旧封建主在法律地位上的平等权利，易言之，把旧封建主也挪下来和他们同样去受法律的约束。但不是同时也给农民以法律地位上之平等。《商君书·修权》篇说："故立法明分，中程者赏之，毁公者诛之。"又说："立法分明，而不以私害法，则治。"这不啻明白的在说，法的权限，无论贵族或地主，一经触犯法条，是要受同等制裁的。因而《史记》记述他的行事说："杀祝欢，而黥公孙贾。""日绳秦之贵公子。""宗室非有军功，论不得为属籍。"另一方面，则是"中程者赏之"(《修权》)，"有功者"便"显荣"(《史记》)。

三、专制的中央集权主义。这在一方面又从商人的利益上，要求否定旧封建主的地方封锁性分散性的政治，一方面，为适应新兴地主土地占有的形态，即点面交叉的土地占有，要求对其属地上的农民能直接行使管理权，摆脱封建主所给予的束缚，便不能不否定封建主在其封邑内之独揽的经济、财政、政治权力(参阅拙著：《殷周时代的中国社会》)，因而商鞅便从立法上去确定集权的原则。他说："权者，君之所独制也。""权制独断于君，则威。"(《修权》)"故君子操权一正以立术。"(《算地》)把"权""势""术""数"均操于中央,设官奉法,社会便自趋安宁了。故《商君书·禁使》篇说:

> 故先王不恃其强,而恃其势;不恃其信,而恃其数。……故托其势者,虽远必至;守其数者,虽深必得。……得势之至,不参官而洁,陈数而物富。今恃多官众吏,官立丞监。夫置丞立监者,且以禁人之为利也;而丞监亦欲为利,则何以相禁?故恃丞监而治者,仅存之治也。通数者不然也,别其势,难其道。故曰,其势难匿者,虽跖不为非焉。故先王贵势。

在这里,他和申不害同样倡导中世的集权主义。其时的中国社会也正在由分散主义的政治,向着中央集权的封建政治转化,所以他们在当时是体现着进步倾向的。

问题再挪回来,商鞅的法治论是从上述三个原则出发的。从那种原则的基础上去制为法令,布之天下;法令却"必使之明白易知,名正,愚知遍能知之。"(《商君书·定分》)为执行法令,于是"为置法官,置主法之吏,以为天下师,令万民无陷于险危"(同上)。从而便能达到"以刑去刑"的效果。但是"刑"何以能"去刑"呢?《商君书·定分》篇说:"圣人立天下而无死刑者,非不刑杀也;行法令,明白易知,为置法官,吏为之师,以道之知。万民皆知所避就,避祸就福,而皆以自治也。"不过人民虽然"知"道法令的规定,然而仍熟视法令如"弁髦",又如何去补救呢?他说:"信",故《史记》等书说:商鞅立法,徙木立信。若"信"而无效,最后便只有使用刑罚了。因而在他的政治学说中,便归结为:"国之所以治者三:一曰法、二曰信、三曰权。”(《商君书·修权》)商鞅在这里,完全无视了“法”的普遍有效性之社会根据,只从一个阶级的主观立场上去打消其他阶级的客观权利,——自然,在历史上的所谓“法”,本来就是统治阶级拿去支配其他阶级的工具,——而想从一个空洞的“信”上去建立“法”的普遍效能是完全不可能的。商鞅自己也了解这是一种消极的没有保证的东西,因而便不能不把强制权力过分地强调起来,从而便不能不归结到专制主义。

* * *

商鞅的其次一个思想要点便是所谓“教耕战”,这在商鞅的政治理论中,是有其重要内容的:一方面,在表现其重农主义倾向的经济思想,一方面,又在表现其创设集权国家的武力统一的思想。

就第一点说,他认为商和工都不是生产的,只有农才是生产的(在重农主义者看来,认为商业只不过改变了物品的位置,工业只不过改变了物品的形态,只有农业才是真正的生产事业)。因此商鞅认为要使国家能达到富强,只有使生产者都去从事农业,故说:“故圣人之为国也,入令民以属农。……入使民尽力则草不荒。”(《商君书·算地》)“入农”,“故地少粟多”(《商君书·慎法》),“粟多”,国自然就会富强了。因为“百人农,一人居者王;十人农,一人居者强;半农半居者危”(《商君书·农战》)。易言之,“……彼民不归其力于耕,即食屈于内;不归其节于战,则兵弱于外;入而食屈于内,出而兵弱于外,虽有地万里,带甲百万,与独立平原一贯也”(《慎法》)。

另一方面,他认为知识分子和工商都不是生产者,但他们却运用其所谓“诗书”、交换、奇技和杂艺去巧取利益。因而如果一国之内这种人民一多,国家便无可避免地要陷于贫弱。故他说:

今境内之民，皆曰农战可避，而官爵可得也。是故豪杰皆可变业，务学诗书，随从外权，上可以得显，下可以求官爵。要靡事商贾为技艺，皆以避农战。具备，国之危也。(《商君书·农战》)

因而他认为这种人民，他们在情况严重时，便会成为坏法破禁的奸民，故说："国有事，则学民恶法，商民善化，技艺之民不用，故其国易破也。"(《农战》)所以对这种人们，国家应严厉去加以取缔；不然，农者亦势必相"效尤"，还有谁肯去从事生产呢？故说："末事不禁，则技巧之人利，而游食者众之谓也。"那末社会便必然会陷于无秩序的地步。《商君书·算地》篇说：

故事诗书谈说之士，则民游而轻其君；事处士，则民远而非其上；事勇士，则民竞而轻其禁；技艺之士用，则民剽而易徙；商贾之士佚且利，则民缘而议其上。故五民加于国用，则田荒而兵弱。

然而又怎样去约束这"五民"，制约其发展，驱使其都去业农呢？他说，一面在提高农业者的利益，易言之，使利益尽归于农；一面则直接禁止"五民"的发展，使之无利益可求。这样，人们自然便相率而业农了。故《商君书·外内》篇说：

……其农贫而商富，故其食贱者钱重。食贱则农贫，钱重则商富。末事不禁，则技巧之人利，而游食者众之谓也。……故曰，欲农富其国者，境内之食必贵，而不农之征必多，市利之租必重，则民不得无田，无田不得不易其食。食贵则田者利，田者利则事者众。食贵籴，食不利，而又加重征，则民不得无去其商贾技巧而事地利矣。

商鞅在这里之所谓农，并不是直接从事生产的农民，而是新兴地主。因为当时的农奴并没有多少剩余的粮食品出卖去邀利的。这是我们研究历史者不可不分别的一点。至对于生产直接负担者的农民，在商鞅并不曾考虑到他们的利益，反而主张要施行"愚"而"弱"之的"愚民政策"去对付他们的。

次就他创设集权国家的武力统一的主张来说，他主张用武力去完成专制集权国家的创设，那当然不能避免战争，而且正是借战争去进行的。在这一点上，商鞅一若和其前驱者的非战主张矛盾着。实际上，这倒完全是历史本身的辩证性的必然。这一社会阶层前此的非战，因为他们在原先，其争取政治权力的社会势力还不充分，自己手中还没有政权，所以从战争所给予他们的损害这一观点出发，便消极的提出非战的要求。易言之，他们前此所反对的战争，是封建主间相互火并的一种战争。现在他们在秦国的政治上、经济上都已取得支配地位，因之便转而从积极方面去利用各封国间的相互矛盾，用武力去完成那适合其自身要求的集权国家（自然，这种战争，也并不是一种革命的战争，仍只是一种阶级的内战）。实际上，他们这种政策上的转变，乃是和其自身之历史的发展相照应的。

商鞅认为要实现这种主张，一面从发展秦国的生产着手；在经济发展之强固的基础上，自然便能达到国富从而兵强的结果。所以在他看来，认为"耕""战"两者是密切关联着的。《商君书·算地》篇说：

入令民以属农，出令民以计战。……入使民尽力则草不荒，出使民致死则胜敌。胜敌而草不荒，富强之功，可坐而致也。

归结起来说，他以“劝农”去发展经济，去强固其这一社会阶层的政治经济地位，且从而去确立其武力的基础；以“新秦”事农，“故秦”事战，不致因耕而废战，亦不致因战而废耕；以“计军功”去强化军队的素质和其战斗力，并以“边利尽归于兵”的办法，使战士皆效力疆场。下面的一段话说得明白：

民之外事，莫难于战，故轻法不可以使之。……民之内事，莫苦于农，故轻治不可以使之。……故为国者，边利尽归于兵，市利尽归于农。边利归于兵者强，市利归于农者富。故出战而强，入休而富者王也。（《商君书·外内》）

《商君书》在若干论点上，都从经济观点出发去说明政治。从现代科学的基础上去衡量，其理论自不免有若干根本性的缺陷与错误；然其于数千年前能发现此种政治学理，却是一种相当伟大的观念。

［补注：春秋战国时期的新兴地主-商人：一、他们一面是地主，一面是商人，但是以地主生活为主要的；二、从春秋末到战国末期，许多用买卖手段占有土地的这种地主，并不都同时是商人。］

第三章　没落封建主的政治学说

——庄周的出世主义

一　庄周传略及其著作

《史记·老子韩非列传》说："庄子者，蒙（今河南商丘县东北）人也，名周。"后人曾称他为宋人，又有称为魏人者。实则蒙地原属宋，后宋为魏所灭，即属魏。《史记》并称"周尝为蒙漆园吏，与梁惠王、齐宣王同时。……楚威王闻庄周贤，使使厚币迎之，许以为相"，庄周却之。是：一、庄周曾为小吏；二、庄周与梁惠王、齐宣王、楚威王同时。且与惠施为论敌，同时兼为好友。胡适谓庄周死于公元前二七五年左右。然据《史记》，他与梁惠王同时。按梁惠王立于周烈王六年，适为公元前三七〇年，是庄周应生于公元前三七〇年前后。据张季同所考，谓庄周生于公元前三五五年，卒于公元前二七五年。是庄周寿为八十岁，较梁惠王为后生。余因认张氏所考，在大体上是可信的；而其生卒之一定年限，则仍有近于臆断。

其著述，据《汉书·艺文志》称有五十二篇；经晋郭象删定，有今本《庄子》三十三篇——《内篇》七，《外篇》十五，《杂篇》十一。从来中外学者均谓《内篇》为庄周亲著；其余为战国及秦汉之晚出道家所作,或系出自其门人笔记——唯其中之《天下》篇,王夫之、姚鼐等均谓为庄周自序,日人渡边秀方在其所著《中国伦理学史》中亦谓系研究庄周思想之无二好史料。此诸说均大致可信。

在庄周的全部著作中没有提及孟子,因而近有谓庄周生于孟轲前者;渡边氏则认为此系由于当时交通关系,他们没有接触的缘故。但梁惠、齐宣均见于孟子,与孟轲为同时人。故渡边所见,亦殊有相当理由。抑如上所述,庄周年事较梁惠为小,当系事实;而孟轲固并见梁惠与梁襄者也。故孟、庄同时可无问题;其年事孰长,则无从臆断。

二　庄周的认识论

据叶青、陶希圣之流的意见,庄周也是一个"辩证唯物主义者"。其实,这不仅不曾摸索着庄周思想的边际,而又恰恰表露了他们又故意在混淆哲学的党派性。把历史上各别思想家思想的本质,用一些文词去加以隐蔽,正是他们共同的企图;混淆哲学的党派性,也正是他们一贯的旧花样。陶希圣所以采取这种手法,却是他原来的立场;而本来没有什么原则立场的托派叶青,则是一种卑鄙的迎合和其反革命本色。所以他们观点的共同,并不是偶然的。

庄周的思想体系,虽是由老聃而一贯继承下来的,但却是老聃哲学的修正:第一点,他把老聃的唯心主义更深刻化、体系化,而老聃的辩证法,却由他而降到相对论;第二点,他在政治上已完全由老聃的复古论而转化为出世主义。关于前者,由于没落中小封建主之愈益离开现实,更不敢面对现实。关于后者,由于到庄周时,不但没落中小封建主集团的地位已完全无恢复希望，即还存在着的“各国”封建主亦不啻日暮途穷。因而在那一群没落分子的意识中，对现实都感觉失望，由失望而转入到“出世”方面去。在这里，我们试考察一下，在中国，为什么曾有大批没落的封建残余分子——没落的豪绅地主军阀官僚等——大多均在皈依“佛法”呢？这是可以应用相同的“逻辑”去说明的。

在叶青之流看来，认为庄周正是一个革命的代表“工商业者”的思想家。果尔，则中国“反封建”的工商业者由战国发展到二十世纪，中国便应该成了“超帝国主义”了。无怪叶青之流曾估量旧中国的社会为“资本主义社会”。可惜这种估量始终都只是那群文化流氓一种卖身的玄想；不然，我们何乐而不愿去享受资本主义民主制度下一点“法”的权利，而自陷于专制主义的残刑酷罚之下生活着呢？其实在庄周思想的全体系中，不但没有替法西斯走卒和特务机关奴才脑海中所伪制的那样“工商业者”说了半句话，而且根本否定“中世的”“工商业者”存在为必要。《庄子·德充符》篇说：“圣人不谋，恶用智？不斫，恶用胶？无丧，恶用德？不货，恶用商？”《庄子·胠箧》篇说：“擿玉毁珠，小盗不起。……掊斗折衡，而民不争。……毁绝钩绳，而弃规矩，攦工倕之指，而天下始人有其巧矣。”人类史上是不会有这样“工商业者”代言人的。

又有人说，庄周是无政府派的虚无主义者。这完全是只从形式上着眼的“半实验主义”的魔术式的说教。实际上，还同时在主张“明”“君臣之义”(《庄子·天下》)的庄周，又怎能和无政府虚无主义发生关系呢？这到后面再说。

在庄周的思想体系中，也确实曾包含着一种近似辩证的观点。例如他说：

方生方死，方死方生。(《庄子·齐物论》)

察其始，而本无生；非徒无生也，而本无形；非徒无形也，而本无气。杂乎芒芴之间，变而有气，气变而有形，形变而有生，今又变而之死。是相与为春夏秋冬四时行也。(《庄子·至乐》)

夫大块载我以形，劳我以生，佚我以老，息我以死。(《庄子·大宗师》)

芴漠无形，变化无常。(《庄子·天下》)

在这里，他认为万物都是变动的，由“无”而生“有”，由“有”而后又归于“死灭”，还原为“无”，而且认为“有”与“无”本是没有分别的，“有”只是一种幻象，“无”才是本源的独自存在的，不过由这独自存在的“无”，“杂乎芒芴之间”才“变而有气”，“气变而有形”的一种相。这不但是承袭着老聃，而且在唯心主义哲学的范畴上钻得更深了。他这种见解，也完全由于他亲自感受着社会阶级地位的变动，即他们自身的地位原是在大封建主的兼并下没落的，现在的大封建主集团又受到新兴封建地主阶层的打击和排挤。这种社会现实变化的事实，给予他对社会之一种动的变化的感觉。因而在这种时代变动的潮流中，使他又不能不进而去追求人生的究竟，由人生究竟的追求上，又不能不进而去追求宇宙的究竟。

在阶级地位变动的当中，使他感觉到：原来甲可以被否定而转化为乙，乙又可以被否定而成为丙。但是庄周在这里，并不能正确地进行辩证的把握，而只归结到对宇宙间社会间的绝对真理，以及在一定时空下的相对真理的绝对性的否定。例如他说：

物无非彼，物无非是。自彼则不见，自知则知之。故曰：彼出于是，是亦因彼。彼是，方生之说也。虽然，方生方死，方死方生；方可方不可，方不可方可；因是因非，因非因是。……是亦彼也，彼亦是也。彼亦一是非，此亦一是非。果且有彼是乎哉？果且无彼是乎哉？（《庄子·齐物论》）

罔两问景曰："曩子行，今子止；曩子坐，今子起。何其无特操与？"景曰："吾有待而然者邪？吾所待又有待而然者邪？吾待蛇蚹蜩翼邪？恶识所以然，恶识所以不然。"（同上）

因而庄周在这里，便由不彻底的因果论而转入到相对论，甚至走到主观唯心主义的相对论。因而绝对真理完全不存在了，相对的是非，也认为全是由人类的主观所规定的东西。他继续又说：

自我观之，仁义之端，是非之涂，樊然殽乱，吾恶能知其辩？

既使我与若辩矣，若胜我，我不若胜。若果是也，我果非也邪？我胜若，若不吾胜，我果是也，而果非也邪？其或是也，其或非也邪？其俱是也，其俱非也邪？我与若不能相知也。则人固受其黮暗，吾谁使正之？使同乎若者正之，既与若同矣，恶能正之？使同乎我者正之，既同乎我矣，恶能正之？使异乎我与若者正之，既异乎我与若矣，恶能正之？使同乎我与若者正之，既同乎我与若矣，恶能正之？然则我与若与人俱不能相知也，而待彼也邪？（《庄子·齐物论》）

这种主观是非标准的形成，他也不知从构成社会矛盾根底的生产关系、剥削关系的基础上去说明，而归咎于主观的个性。故说:“猿,猵狙以为雌,麋与鹿交,鰌与鱼游。毛嫱丽姬,人之所美也,鱼见之深入,鸟见之高飞,麋鹿见之决骤。四者孰知天下之正色哉?”(《庄子·齐物论》)自然,这种主观主义的相对论,正和其没落贵族的生活意识完全适应着。

由相对主义的推演,一面便自然会达到诡辩主义。所以庄周在这里,同时又表现其诡辩论的色彩。例如他说:

> 昔者,庄周梦为胡蝶,栩栩然胡蝶也。自喻适志与,不知周也。俄然觉,则蘧蘧然周也。不知周之梦为胡蝶与?胡蝶之梦为周与?周与胡蝶则必有分矣。此之谓物化。(《庄子·齐物论》)
>
> 庄子与惠子游于濠梁之上。庄子曰:“鯈鱼出游从容,是鱼乐也。”惠子曰:“子非鱼,安知鱼之乐?”庄子曰:“子非我,安知我不知鱼之乐?”惠子曰:“我非子,固不知子矣;子固非鱼也,子之不知鱼之乐,全矣。”庄子曰:“请循其本。子曰:汝安知鱼乐云者,既已知吾知之而问我,我知之濠上也。”(《庄子·秋水》)

很明白,这是一种混淆是非,颠倒黑白的诡辩论。这是庄周抛弃了老聃的辩证法,把老聃哲学降低了。

庄周从这里转入到他的人生论。首先,他从相对论出发,第一,认为贵贱在究极上也都是相对的。例如他说:

> 以道观之,物无贵贱;以物观之,自贵而相贱;以俗观之,贵贱不在己;以差观之,因其所大而大之,则万物莫不大;因其所小而小之,则万物莫不小。(《庄子·秋水》)

这是说，所谓贵贱、大小等差别，不过是现象上的相对差别，只是一种物质的现象；若从本质上即本源的“道”上去追究，便无所谓贵贱、大小之差别的。这是把现实的问题玄学化，一面把现实社会的阶级内容隐蔽起来，一面则假借于这种玄想，以获取其没落分子自己的慰藉。

第二，他认为寿夭在究极上也是相对的。他说：

> 天下莫大于秋毫之末，而太山为小；莫寿乎殇子，而彭祖为夭。（《庄子·齐物论》）

泰山自然是从“秋毫之末”的物质分子积集而成的，然而在其两者间之具体的量，从而质的差异，却不是可以迷乱的。从其相对性上说，其量的差异当然只是比较的。而完全把其具体的相对性的差异从幻想上去抹煞着，便自然流于玄学的诡辩。

第三，庄周认为死生在究极上也是相对的。他说：

> 予恶乎知说（悦）生之非惑邪？予恶乎知恶死之非弱丧而不知归者邪？……予恶乎知夫死者不悔其始之蕲生乎？……丘也与女皆梦也；予谓女梦亦梦也。（《齐物论》）
>
> 彼以生为附赘县疣，以死为决疣溃痈。夫若然者，又恶知死生先后之所在？（《庄子·大宗师》）

是他认为所谓死生完全是一种相对的幻灭的现象。而其实是无所谓死生的；因为在他，认为除物质的“我”以外，还有一个精神的“我”存在，精神的“我”才是“真我”，所以所谓“死”，不过是物质的“我”之一种“决疣溃痈”的现象,那对精神的“真我”并不因此而受着何种影响。是他不但把精神的“我”和物质的“我”对立起来,而且把物质的“我”看作副次的东西,认精神的“我”才是独自存在的东西。

庄周从相对论出发而达到这种结论之后,便自然会归结出出世主义的人生观来。同时他从自然主义出发,便又达到宿命论的见解。他借托仲尼的口吻说:

> 死生、存亡、穷达、贫富、贤与不肖、毁誉、饥渴、寒暑,是事之变,命之行也。(《庄子·德充符》)

在以农业为主要生产的时代,人民的意识多多少少都要受着自然主义的相当支配。庄周在这里,当然也不能例外。同时由于庄周时代之没落封建主集团,已完全丧失其恢复地位的自信能力,不能不任听其命运之自然,庄周因而便又达到宿命论的见解。

从宿命论的见解上,自然便又归结到安于自然而反对人类在生存竞争中的各种斗争。因而庄周不但反对社会人类的一切生活欲望以及为满足此欲望所行使之一切斗争,而且反对一切“人知”。一方面,他认为“知”是不能究竟的,故说:“吾生也有涯,而知也无涯。以有涯随无涯,殆已。”一方面,认为“人知”是一种沾染,因而他认为人应该丢去这些沾染,而反归于赤子之心;且不但要忘去各种知觉,而且要忘去自己的形骸。《庄子·德充符》篇说:

> 故德有所长,而形有所忘;人不忘其所忘,而忘其所不忘,此谓诚忘。故圣人有所游。

因而便应该使一切“人知”不入于“灵府”，而全其“天”。这“天”的内容是什么呢？在庄周哲学的范畴中，便是“道”，是“天机”。能全其“天机”的便是“真人”。因之，“真人”便是庄周人生观的最高模范。但是所谓“真人”是怎样的模范呢？《庄子·大宗师》篇说：

何谓真人？古之真人，不逆寡，不雄成，不谟士。若然者，过而弗悔，当而不自得也；若然者，登高不栗，入水不濡，入火不热，是知之能登假于道者也若此。古之真人，其寝不梦，其觉无忧，其食不甘，其息深深。真人之息以踵，众人之息以喉。屈服者，其嗌言若哇；其耆欲深者，其天机浅。古之真人，不知说生，不知恶死，其出不䜣，其入不距，翛然而往，翛然而来而已矣。不忘其所始，不求其所终。受而喜之，忘而复之。是之谓不以心捐道，不以人助天，是之谓真人。若然者，其心志，其容寂，其颡頯，凄然似秋，煖然似春，喜怒通四时，与物有宜，而莫知其极。

这是他把老聃哲学推移向宗教神学的过渡。

在这里，虽则包含一些可以作为思想和作风修养的积极因素；但那在庄周，不只是次要的东西，而且他认为凡所谓修养也都是做作，都是“人知”。“真人”的意境，便是离开形体而自在的“道”。“道”不是修养所得，只是全其所“天”。人能全其所“天”，便能达到所谓“天地与我并生，而万物与我为一”，与“万物一体”，与天地共终始。且从而不但能超是非，而且能超现实社会的贵贱、寿夭、生死……例如他说：

彼是莫得其偶，谓之道枢。枢始得其环中，以应无穷。“是”亦一无穷，“非”亦一无穷也。故曰莫若以“明”。（《庄子·齐物论》）

是以圣人和之以“是”“非”，而休乎“天钧”，是之谓两行。（同上）

可乎可，不可乎不可，道行之而成，物谓之而然。恶乎然，然于然。恶乎不然？不然于不然。物固有所然，物固有所可；无物不然，无物不可。……道通为一。其分也，成也；其成也，毁也。凡物无成与毁复通为一。唯达者知通为一，为是不用而寓诸庸。庸也者，用也；用也者，通也；通也者，得也；适得而几已，因是已。（同上）

所以“道”是无上的，而且在这里，“道”又成了一具折衷主义的利器。庄周因此由相对主义而又转入到绝对主义。

然而人能全其所“天”，为什么就能合于“道”呢？在庄周，认为万物都是受取于“天机”而成，由这“天机”的作用，而分别的构成为宇宙间的万象殊类，“人”不过是万象殊类中的一种。只有“天机”或“道”是独自存在的，其他便都是由其派生的。所以全“道”的“真人”，便能因应“天机”的妙用。

同时，在庄周看来，人之所以有生，正因为赋有“天机”之一微妙作用；物质体的形骸，那不过是副次的东西，故云“以死为决疣溃痈”。

在这里，庄周把老聃哲学的“无为”主义更降低为“出世”主义，给后来道教神学打下了基础。因而他把老聃哲学中的一点滴斗争性都完全消除了。

当庄周追究到人是怎样来的，又为什么有生这一问题时，便归结为如次之一种说明。他说凡宇宙间的万象殊类（连人也在其中）都是以天地为一大洪炉而铸冶出来的［“以天地为大炉，以造化为大冶”（《庄子·大宗师》）］。在未被铸冶成形以前，都是“类”，以后才分类殊形的。所以他说：“一与言为二，二与一为三，自此以往，巧历不能得，而况其凡乎？故自无适有，以至于三，而况自有适有乎？无适焉，因是已。”（《庄子·齐物论》）“若化为物，以待其所不知之化已乎？且方将化，恶知不化哉？方将不化，恶知已化哉？”（《大宗师》）万物都是这样演化出来的。然演化而分成万物，却是形体的；而其所以能成形的本来的禀赋却是同一的。故他说：“假于万物，托于同体。”（《大宗师》）“自其异者视之，肝胆楚越也；自其同者视之，万物皆一也。”（《庄子·德充符》）在他看来，万物所同者是先天之“机”，所异者是后天之形。因此他认为这“机”是千变万化的，马所赋受的“机”，可以生出人和其他东西来；反之，也当然是如此。因为万物所赋受的“机”，在其本质上原是同一的。故他说：

> 种有“几”，得水则为“㡭”；得水土之际，则为“蛙蠙之衣”；生于陵屯，则为“陵舄”；“陵舄”得郁栖则为“乌足”；“乌足”之根为“蛴螬”，其叶为“胡蝶”；“胡蝶”，胥也，化而为“虫”，生于灶下，其状若脱，其名为“鸲掇”；“鸲掇”千日为“鸟”，其名为“干余骨”；“乾余骨”之沫为“斯弥”；“斯弥”为“食醯”；“颐辂”生乎“食醯”；“黄軦”生乎“九猷”；“瞀芮”生乎“腐蠸”；“羊奚”比乎“不箰”；“久竹”生“青宁”；“青宁”生“程”，“程”生“马”，“马”生“人”。人又反入于机；万物皆出

于机，皆入于机。(《庄子·至乐》)

有人认为这是物种由来说，其实由于其不曾懂得庄周之所谓“机”。本来庄周确认万物都是以“机”为根源而借“天地”冶铸出来的；而被演化出的万物，也是实在存在着的，故说“名者，实之宾也”(《庄子·逍遥游》)。“名是实宾”，他这里之所谓“实”，即老聃哲学范畴中之所谓“朴”，然而当他进一步去追究到本体的根源时，他说：

古之人，其知有所至矣。恶乎至？有以为未始有物者，至矣尽矣，不可以加矣。其次以为有物矣，而未始有封也。其次以为有封焉，而未始有是非也。(《庄子·齐物论》)

有始也者，有未始有始也者，有未始有夫未始有始也者。有有也者，有无也者，有未始有无也者，有未始有夫未始有无也者。俄而有无矣，而未知有无之果孰有孰无也。今我则已有谓矣，而未知吾所谓之果有谓乎，其果无谓乎？天下莫大于秋毫之末，而太山为小；莫寿于殇子，而彭祖为夭。天地与我并生，而万物与我为一。既已为一矣，且得有言乎？既已谓之一矣，且得无言乎？一与言为二，二与一为三，自此以往，巧历不能得，而况其凡乎？故自无适有，以至于三，而况自有适有乎？无适焉，因是已。(同上)

故在庄周的哲学范畴中，天地万物都是由“无”而适“有”的。由“无”适“有”的根源便是“机”。然而“机”是什么呢？是自在的物质还是什么呢？在他，认为是由“道”为根源而发生出来的。而且他在这里也和老聃一样，认为宇宙也是由“道”所创设的。故他说：

道行之而成，物谓之而然。……无物不然，无物不可。……恢恑憰怪，道通为一。(《庄子·齐物论》)

(道)官天地，府万物。(《庄子·德充符》)

道恶乎往而不存。(《庄子·齐物论》)

唯道集虚。(《庄子·人间世》)

是“道”不但是创造宇宙万物的最高主宰，而且只有“道”才是独自存在的。然而“道”是存在的物质还是什么呢？他说：

夫道，有情有信，无为无形。可传而不可受，可得而不可见。自本自根，未有天地，自古以固存；神鬼神帝，生天生地；在太极之先而不为高，在六极之下而不为深，先天地生而不为久，长于上古而不为老；狶韦氏得之，以挈天地；伏羲氏得之，以袭气母；维斗得之，终古不忒；日月得之，终古不息；堪坏(疏：昆仑山神名也)得之，以袭昆仑；冯夷得之，以游大川；肩吾得之，以处大山；黄帝得之，以登云天；颛顼得之，以处玄宫；禺强得之，立乎北极；西王母得之，坐乎少广；莫知其始，莫知其终；彭祖得之，上及有虞，下及五伯；傅说得之，以相武丁。奄有天下，乘东维，骑箕尾，而比于列星。(《庄子·大宗师》)

是庄周哲学范畴中的“道”，不只和老聃同样，并非什么具有物质属性的东西，而且更玄学化了。庄周在这里，也达到有神论的结论。从而他也对精神的"我"和"形骸"的"我"对立着("彼何人者耶?修行无有而外其形骸。""立乎不测,而游于无有。")。在这里,在玄学的范畴中,"道学"和"佛学"便更接近了一步。

三　庄周的政治论

庄周的政治思想,是从他的宇宙论和人生论出发的。他对当时政治上的一切制度措施都感觉失望;但同时又感到新兴封建地主这一社会阶层势力的蓬勃,有"如火燎原"之势;而旧的封建统治层中的封建主集团,则一边还在醉生梦死的互相攘夺;其自己所代表的这一没落小封建主集团,却已完全丧失了社会生产的依据,连恢复其社会地位的任何勇气与企图都没有了,故庄周对现实问题,便只有由失望而至于对一切社会人事的厌绝。所以他对当时的社会,只有消极的批评,而没有积极的政见。

庄周也和老聃一样,认为构成当时社会现状的一切不安,不外由于那存在于社会各阶级阶层相互间智巧名利的争夺和虚伪的"仁义"观念的谬误;由于有这种错综谬误的思想,便发生"有为",即斗争。同时他认为"有为"是从后天的"人知"的根源上发生的;若能去"人知"而返归于"天机",人类的这种观念,便都可以消灭,社会也便可以从斗争(有为)而转入到无斗争(无为)的状态。所以他说:

> 若亦知夫德之所荡,而知之所为出乎哉?德荡乎名,知出乎争。名也者,相轧也;知也者,争之器也。二者凶器,非所以尽行也。(《庄子·人间世》)

去“人知”，复“天机”，这种观念的转变，他认为完全在于各人主观之一念。故说：

> 汝游心于淡，合气于漠，顺物自然而无容私焉，而天下治矣。（《庄子·应帝王》）

庄周在这里，已陷在主观唯心主义的泥坑中了。

其次，庄周又看到形成当时社会问题的主要内容，是“小人”的抬头和其对“君子”的反抗。因而在他没落贵族的心情中，以为假若社会内没有“君子”和“小人”这两者的分别存在，又何致发生当时那种敌对阶级对抗的局势？他们那一群没落者更何致落得穷无所归的惨局？所以他说：

> 夫至德之世……恶乎知君子小人哉？同乎无知，其德不离；同乎无欲，是谓素朴。素朴而民性得矣。（《庄子·马蹄》）

他从这一观点出发，一面便不免憧憬于原始社会：

> 彼民有常性，织而衣，耕而食，是谓同德。一而不党，命曰天放。故至德之世，其行填填，其视颠颠。当是时也，山无蹊隧，泽无舟梁。万物群生，连属其乡；禽兽成群，草木遂长。是故禽兽可系羁而游，鸟鹊之巢可攀援而窥。夫至德之世……恶乎知君子小人哉？（《庄子·马蹄》）

另一方面，他又埋怨分裂社会为诸阶级，而促发“人知”的“圣

人”,——在庄周看来,认为社会诸阶级的发生,完全是由人的主观所创设的。例如他说:

及至圣人,蹩躠为仁,踶跂为义,而天下始疑矣;澶漫为乐,摘僻为礼,而天下始分矣。故纯朴不残,孰为牺尊?白玉不毁,孰为珪璋?道德不废,安取仁义?性情不离,安用礼乐?五色不乱,孰为文采?五声不乱,孰应六律?夫残朴以为器,工匠之罪也;毁道德以为仁义,圣人之过也。(《庄子·马蹄》)

因而,庄周从其自己的立场出发,不但厌绝当时的政治,而且绝心利禄(这或者由于没有参加政权的机会而至于走入其人生的歧途)。故《庄子·逍遥游》篇说:

故夫知效一官,行比一乡,德合一君,而征一国者,其自视也亦若此矣。

天根游于殷阳,至蓼水之上,适遭无名人而问焉,曰:“请问为天下。”无名人曰:“去,汝鄙人也,何问之不豫也。”(《庄子·应帝王》)

圣人不从事于务,不就利,不违害,不喜求,不缘道……而游乎尘垢之外。(《庄子·齐物论》)

这在实质上,是在模糊阶级关系,麻痹群众的斗争意识。

可是庄周虽然从其出世主义的立场上而绝情仕禄;在另一方面,他却并不否定当时的社会制度,而且和老聃一样,认为统治者的存在是必要的。故他说:

天地虽大，其化均也；万物虽多，其治一也；人卒虽众，其主君也。君原于德而成于天，故曰玄。古之君天下，无为也；天德而已矣。以道观言，而天下之君正；以道观分，而君臣之义明；以道观能，而天下之官治；以道泛观，而万物之应备。……故曰：古之畜天下者，无欲而天下足，无为而万物化，渊静而百姓定。（《庄子·天地》）

庄周在这里，明显地在肯定为“人卒虽众”之主的“君”的地位，而且在讲求“明”“君臣之义”与“天下之官治”。不过他也和老聃一样，主张统治者应该采取“原于德而成于天”的“无为”“无欲”的治术。这所谓“君原于德而成于天”，和老聃的“人法地，地法天，天法道，道法自然”是同一意义的。

最后该附带说到，“道学”到秦汉间一度充任统治者的政治学说和方士术，到后汉末以至魏晋，一面分化为葛洪所代表的没落贵族的神学和道教，一面则分化为变质的鲍敬言的无政府主义以至农民派的异端教派——“妖道”。所以虽然都叫作“道”，而其实质则完全是各异了。特附及之。

第四章　没落期封建领主的政治学说

一　孟轲的社会两阶层调和论

甲　孟轲的年代及其社会身分

孟轲，邹人，受教于孔丘之孙子思之门。据《孟子》本书，他曾见过梁惠王、齐宣王。《史记·孟子荀卿列传》说："当是之时，秦用商君，富国强兵；楚、魏用吴起，战胜弱敌；齐威王、宣王用孙子、田忌之徒，而诸侯东面朝齐。"是他并与商鞅、吴起、孙膑、田忌同时。考其生年为周烈王初年，约当公元前三七〇年左右；卒年为周赧王二三十年之间，约当公元前二七〇年左右；张季同则谓其生于公元前三七二年，卒于公元前二八九年。

其著作为《孟子》，即所称《上孟》《中孟》《下孟》是也。据现在多数学者意见，谓《孟子》一书，大约为孟轲之门人公孙丑、万章等所追述；但能代表孟轲思想的全部，则公认不疑。

孟轲的出身，有人说他先世为"平民"，但这种见解，多系根据孟轲有"民为贵，社稷次之，君为轻"之一类类似民权思想论点的一种推论;实际,孟轲并不是一位民权主义者,乃是一位初期封建制度的拥护者,并且孟轲的先世,是鲁国的"公族"孟孙氏。考《孟子》全书的基本论点,本质上系从孔丘→曾参→子思思想所一脉相承而来的,只是随着其社会情况的变化而有某些变化或降低了的地方。

在阶级的观点上,孔丘把社会人类分为"君子"和"小人"两大阶级,孟轲也坚持着这一根本观念。不过在他的概念中,更明显的确定"君子"是"治人"的"食于人"的"劳心者",小人是"治于人"的"食人"的"劳力者";并说明这两者之存在,是由于社会需要"治人者"和"治于人者"的分工,易言之,社会必需有这两种人才能组织起来。因而把"治人者食于人"和"治于人者食人"的原理,也从这种社会的分工上去觅得其解释,作为依他人劳动以为生的封建阶级存在的依据。其次,孔丘为其阶级说教,认为"君子而不仁者有矣,夫未有小人而仁者也"。构成其两阶级品质悬殊的成见。他也说:"体有贵贱,有大小。"不过他又从所谓修养上作了一个系统的演述,——例如说:"人之所以异于禽兽者,几希;庶民去之,君子存之。"更次,孔丘极力拥护等级制度的存在;他更进而画出一幅所谓"周室班爵禄之制"的等级制度的构想图来。

在思想的出发点上,孔丘抱定一个"仁"字;孟轲则更依此而解释为内在(仁)和表见(义)两个方面;并抛弃其客观主义成分,以之降低为性善论。在"伦理"的社会观方面,他试图完全追随孔丘,但为适应其时代的情况而又加了一点"推恩"的说明。他又依据孔丘的政治思想,而发挥为所谓"霸道"与"王道";但孔丘认为"正名"是维护和巩固封建秩序的基本方针,他却主张由"定于一"的方式去把初期封建制重建。这是由于其时代环境的不同,而表现其见解的各异，但本质上是基本一致；其次，孔丘忽视新兴封建地主阶层，他却主张从新兴封建地主阶层和封建主集团间的共同利害上去讲求妥协。这也由于其时代环境不同所使然。在知识论上，他虽也和孔丘有共同点，却把孔丘的经验主义因素降低了。在理论的系统上，他却比孔丘更要完成一些，然这也正是上层意识形态的东西之发展的辩证法。无怪孟轲公然以战国时期的孔子自居（“乃所愿，则学孔子也”）。

乙　孟轲的人性论——性善论

在研究其人性论之前，得略为提述一下当时阶级关系的复杂情况（详情参阅拙著《殷周时代的中国社会》）。

在孟轲的时代，新兴封建地主这一社会阶层的势力已更加增长，其与旧封建领主集团间的权利冲突也较孔丘的时代更严重。由于这种社会的现实问题，再不容他忽视，同时，由于新兴封建地主和旧封主间虽有利益冲突，但并非是不可调和的，而况两者所依以生活的主要剥削对象都是农民，其所剥削的东西，也都是农民的剩余劳动。两者的冲突，只是同一阶级内部的对立性。因而他从旧封主集团的立场主张调协两者的利益，即以新兴封建地主-商人的利益从属于旧封主的利益，旧封主应照顾新兴封建地主-商人的利益，并对独立生产者和农民实行些改良。所以主张“薄赋税”“关市讥而不征”，并说“民为贵，社稷次之，君为轻”。一面又极力鼓吹“距杨墨”，即在文化思想战线上，对封建地主-商人也和对农民派一样，不让步。

由于在孟轲的当时，“治人者”和“治于人者”两者间的对立斗争形势，已较严重，所以他认为和缓“治于人者”的反抗和逃亡，是安定当时社会最紧要的一件事；但是这种存在于相互间的敌对矛盾，他认为只有用改良主义的方式去软化，所以主张“轻徭役，薄税敛”，并揭出民有恒产则有恒心的论旨。但是“治于人者”阶级的反抗意识却正在发展；因而他认为首先要消灭这种正在发展的阶级意识。

因而他大声疾呼，要求息灭新兴封建地主的进步思想和农民的革命思想。他把这些思想喻之为洪水猛兽，并号召建立统治阶级的思想战线。所以他说：

> 杨氏为我，是无君也；墨氏兼爱，是无父也。无父无君，是禽兽也。公明仪曰：“庖有肥肉，厩有肥马，民有饥色，野有饿殍。此率兽而食人也。”杨墨之道不息，孔子之道不著，是邪说诬民，充塞仁义也；仁义充塞，则率兽食人，人将相食。吾为此惧。闲先圣之道，距杨墨，放淫辞。邪说者不得作。作于其心，害于其事；作于其事，害于其政。圣人复起，不易吾言矣。昔者，禹抑洪水而天下平；周公兼夷狄，驱猛兽，而百姓宁；孔子成《春秋》，而乱臣贼子惧。《诗》云：“戎狄是膺，荆舒是惩，则莫我敢承。”无父无君，是周公之所膺也。我亦欲正人心，息邪说，距诐行，放淫辞，以承三圣者，岂好辩哉？予不得已也！能言距杨墨者，圣人之徒也。（《孟子·滕文公下》）

在他的当时，不但最高封建主周天子已沦于中小封建主的地位；各国诸侯亦相继权力旁落，而“政在私门”。因势利导，所以他主张“贤能政治”，而创为尧舜禅让之说（并赞成当时诸侯大夫间的禅让);并以“定于一”的主张去代替孔丘的“尊周”。但是在当时统治阶层内部的思想,不只是混乱,而且是堕落。因之,他认为要从思想上去振作统治阶级的精神。

孟轲的性善论,便在这种客观情况和其主观自觉上产生的。

在性善论的基本论点上,认为人类的天赋本质,不问其社会身分如何,原是同一的,所谓“民之秉彝,好是懿德”,即所谓人类在天赋的精神人格上原是平等的。因而作为人的本质来看的“天子”“诸侯”“大夫”以至新兴封建地主阶层,并没有什么不可逾越的鸿沟。从而,事势所趋,大夫何尝不可受诸侯禅让,诸侯何尝不可受天子禅让,新兴封建地主阶层何尝不可提升到统治地位。这是有着人本主义的因素的。另方面,又在人的天赋本质同一的基础上建立起人性论——性善论,却是一种主观主义唯心主义,而他却正以之去麻痹被统治者的阶级意识,隐蔽不同的阶级性。他说:

> 曹交问曰:“人皆可以为尧舜,有诸?”孟子曰:“然。……子服尧之服,诵尧之言,行尧之行,是尧而已矣;子服桀之服,诵桀之言,行桀之行,是桀而已矣。”(《孟子·告子下》)

现在进而考察其性善论的内容。

在孔丘,只说了一个盖然性的“仁”,他便从所谓人性上去觅取一个根源——性善。而他之所谓“性善”,显然是先验主义的。他说:

> 人之所不学而能者,其良能也;所不虑而知者,其良知也。(《孟子·尽心上》)

并说:“仁、义、礼、智,非由外烁也,我固有之也。”“仁、义、礼、智根于心。”他认为在人类的头脑中,就有一种先验的“良知”“良能”的东西存在着。同时他还举出一个例子,去证明这种先验主义论点的正确。他继续说:

孩提之童,无不知爱其亲者;及其长也,无不知敬其兄也。亲亲,仁也;敬长,义也。(《孟子·尽心上》)

他不了解“爱亲”“敬兄”之社会的经济的原因及其可变的关系,那是无足怪的。

从而他之所谓“良知”“良能”便是“性善”的说明。但是“性善”这种先验的东西是从哪里发生出来的呢?孟轲说是“民之秉彝,好是懿德”,这仍无异说,“先验着的就是先验着的”,并没有前进半步的说明。然而孟轲自己也知道这种说明是独断论的,并不足以说服其论敌。因而他又从五官和“四端”去觅取说明的例证,他从所谓“四端”来说:

仁之于父子也,义之于君臣也,礼之于宾主也,知之于贤者也……命也,有性焉,君子不谓命也。(《孟子·尽心下》)

人皆有不忍人之心。……今人乍见孺子将入于井,皆有怵惕恻隐之心,非所以内交于孺子之父母也,非所以要誉于乡党朋友也,非恶其声而然也。由是观之,无恻隐之心,非人也;无羞恶之心,非人也;无辞让之心,非人也;无是非之心,非人也。恻隐之心,仁之端也;羞恶之心,义之端也;辞让之心,礼之端也;是非之心,智之端也。人之有是四端也,犹其有四体也。

(《孟子·公孙丑上》)

孟轲在这里,虽然想极力觅取证明,可是对问题依然没有半步前进。这种应该从历史的社会经济构造的根源上去说明的问题,而他却归之于人类头脑中先验的东西。而这些意识形态上的东西,实际都不过是从经济关系上所发生的相对性的产物。现在再看他的另一论证吧。他说:

> 口之于味也,目之于色也,耳之于声也,鼻之于臭也,四肢之于安佚也,性也,有命焉,君子不谓性也。(《孟子·尽心下》)
>
> 故凡同类者,举相似也,何独至于人而疑之。……故龙子曰:"不知足而为屦,我知其不为蒉也。"屦之相似,天下之足同也。口之于味,有同嗜也,易牙先得我口之所嗜者也。如使口之于味也,其性与人殊,若犬马之与我不同类也,则天下何嗜皆从易牙之于味也?至于味,天下期于易牙,是天下之口相似也。惟耳亦然,至于声,天下期于师旷,是天下之耳相似也。惟目亦然,至于子都,天下莫不知其姣也,不知子都之姣者,无目者也。故曰:口之于味也,有同嗜焉,耳之于声也,有同听焉,目之于色也,有同美焉;至于心,独无所同然乎?心之所同然者,何也?谓理也,义也。圣人先得我心之所同然耳。故理义之悦我心,犹刍豢之悦我口。(《孟子·告子上》)

原之孟轲当时的见闻,及其唯心主义的观点,把这种事情作为真理去判定,那是无怪其然的;但把他这种说明交付给现代生理学家去批判,不但是违背事实,而且对他之所谓“心”的“理义”并不能找到何种的关联。耳、目、口、鼻是人体上赋有感性作用的东西,而其所构成的感觉并不是内在的所谓精神,而是外界和内部神经运动之矛盾的统一。因而孟轲在这里,对问题仍没有得着较好的说明。

至于他对告不害的批评以及在他俩辩论中所引的一些说明,便更属是一种诡辩。

另一方面,孟轲既承认所谓人性的本源是善的,那末,为什么在人类生活现实上有种种相反事实的表现呢?尤其是为什么又有所谓“君子”或“大人”与“小人”,以及所谓圣、贤、智、愚、不肖的分别呢?他在这里所给的答案,仍是根据“性相近也,习相远也”的原则来说明,易言之,是由于各人对天赋的“人”与“禽兽”之别的那一点“几希”东西的“存”“去”上,即修养上而起的分裂。故说:

体有贵贱,有大小。无以小害大,无以贱害贵。养其小者为小人,养其大者为大人。(《孟子·告子上》)

公都子问曰:“钧是人也,或为大人,或为小人,何也?”孟子曰:“从其大体为大人,从其小体为小人。”曰:“钧是人也,或从其大体,或从其小体,何也?”曰:“耳目之官不思,而蔽于物,物交物,则引之而已矣。心之官则思,思则得之,不思则不得也。此天之所与我者,先立乎其大者,则其小者不能夺也。此为大人而已矣。”(同上)

乃若其情,则可以为善矣,乃所谓善也;若夫为不善,非才之罪也。(同上)

这便是说,“性”的本源原是“善”的,但若不去修养,便将“陷溺其心”,“放其良心”,本“性”被泯灭,便被易为“贼恶”了。故说“人之可使为不善”。然若“存”此本源之“性”而加以培养,“居移气,养移体”,便发育而为本性之“至善”。所以“大人”和“小人”,“智”和“愚”……便都是从这一点上分歧出来的。

因而,只要肯“存”其本性去努力修养,是“人皆可以为尧舜”的。不过这一原则,在孟轲,却只适用于统治阶级的内部,——从封建主集团而延长到新兴封建地主阶层,——对“小人”阶级却是例外。这又怎样去解释呢?他说:“人之所以异于禽兽者‘几希’,庶民去之,君子存之。”(《孟子·离娄下》)即是说,人之所以不同于禽兽的这点“几希”——先天的性善,“庶民”阶级在从其母胎里一堕下地来便已把它“去之”了,因而他们根本上就无从修养的。在这里,我们应该仿照朱熹老夫子的办法,在“孟夫子”这句话下作一句注释:“呜呼!此小人之所以为小人也耶?哀哉!”

最末,孟轲之所谓修养是以性善为根源,经过修养的功夫以达到孔丘之所谓“仁”为止。但是“仁”的本身是内在的,“仁”的表现则成为“义”,故他说:“仁,人心也;义,人路也。”(《告子上》)“仁,人之安宅也;义,人之正路也。”(《离娄上》)“居恶在?仁是也。路恶在?义是也。居人由义,大人之事备矣。”(《尽心上》)但是怎样去修养呢?孟轲指出有“寡欲”“尚志”“立命”或“俟命”诸端,其重要点则在“养夫浩然之气”,亦即所谓“平旦之气”,其中心问题则为“诚”。“诚”是什么呢?他说:“诚者,天之道也;思诚者,人之道也。”(《离娄上》)最后则达到如次的境界:“充实之谓美,充实而有光辉之谓大,大而化之之谓圣,圣而不可知之之谓神”(《尽心下》),“所过者化,所存者神,上下与天地同流”(《尽心上》),以至“万物皆备于我”,这样构成其形而上的玄学的体系。

丙　社会论上之孔丘"伦理"说的新发挥

孟轲非难杨朱说："杨氏为我，是无君也。"（《孟子·滕文公下》）"无君"便是破坏封建的等级制度——当时的所谓君，是一种层叠的宝塔式的；"惟士无土，则不君"。他非难墨翟说："墨氏兼爱，是无父也。"（同上）"无父"便是破坏"亲亲"的宗法制度。因而他的"距杨墨"，是从拥护封建等级制度和宗法制度出发的。

他对于从来的宗法组织，在原则上并未提出何种新意见；而只把宗法组织和封建政治等级构成间的关系，予以更具体的解释，他说：

> 天下之本在国，国之本在家，家之本在身。（《孟子·离娄上》）

使前者（宗法制度）附丽于后者（等级制度）而成为两位一体，作为维系封建秩序的两大台基。

关于伦理的解释，原则上，他承袭着孔丘，不过他从其性善论出发，更极力解释孔丘的伦理学说在人类心理上的根据。例如他说"父子"一伦，是由于"父子有亲""父子主恩"，"亲亲"是根于秉赋之"仁"而来的（"亲亲，仁也"），因而"三年之丧"及"厚葬"，是在尽"孝子仁人"之心，他说：

> 古者棺椁无度，中古棺七寸，椁称之，自天子达于庶人，非直为美观也，然后尽于人心。（《孟子·公孙丑下》）

盖上世，尝有不葬其亲者。其亲死，则举而委之于壑。他日过之，狐狸食之，蝇蚋姑嘬之，其颡有泚，睨而不视。夫泚也，非为人泚。中心达于面目，盖归反蔂梩而掩之。掩之诚是也。则孝子仁人之掩其亲，亦必有道矣。(《孟子·滕文公上》)

他认为“五伦”观念，是存在于人类本性的根源上的，也不是“外烁”的，故说：“仁之实，事亲是也；义之实，从兄是也……”(《孟子·离娄上》)。易言之，若是不能实践这种本性的“伦常”的人，那便是丧失了“人”的意义了，故说：“不得乎亲，不可以为人。”(《离娄上》)从而所谓冠、婚、丧、祭等礼制，便都不过是由这种本源上而演化出来的节文，故说：“礼之实，节文斯二者(按即孝弟)是也。”(同上)

不过孔丘所说的冠、婚、丧、祭之“礼”是“不下庶人”的；孟轲在这里，关于丧、葬，却主张适应于“自天子以达于庶人”。盖其时，新兴封建地主阶层在社会身分上也仍是“庶人”，孟轲既主张与这一阶层调协、欺骗独立的个体小生产者及农奴，便不能不有这点改变。自从“礼”“达于庶人”以后，在后期中国封建社会时代，便演为普通人民都遵行的“亲迎”“庙见”……的婚礼，“守孝三年”以至“五服”的丧礼。

其次，孔丘倡说：“弟子入则孝，出则弟，谨而信，泛爱众，而亲仁”(《论语·学而》)的各亲其亲而尊其尊的主义；孟轲虽也宗奉这一原则，而倡说：“人人亲其亲，长其长，而天下平”，“尽事亲之道……而天下化”，但他却把“泛爱众”的积极论点，发挥为人不独“亲其亲”“长其长”，并要“善推其所为”，“举斯心加诸彼”(《孟子·梁惠王上》)的“老吾老，以及人之老；幼吾幼，以及人之幼”的推恩主义。这也是基于其性善论的所谓“不忍人之心”出发的。而此在政治的意义上，则在扩大宗法制度的作用和范围，把“立宗”和“冠婚丧祭”之“礼”也应用于“庶人”——特别是新兴地主阶层。

人不独“亲其亲，长其长”，以及“老吾老以及人之老，幼吾幼以及人之幼”的意见，客观上是有着积极意义的。但在宗法制和家长制的基础上，这却是一句不能实现的空话，而孟轲又正是从这种立场上来说的。

再次，他对君臣的一伦，仿佛和孔丘的绝对主义相背驰。例如他对齐宣王说：

> “君之视臣如手足，则臣视君如腹心；君之视臣如犬马，则臣视君如国人；君之视臣如土芥，则臣视君如寇雠。”王曰：“礼，为旧君有服，何如斯可为服矣？”曰：“谏行言听，膏泽下于民，有故而去，则君使人导之出疆，又先于其所往；去三年不反，然后收其田里。此之谓三有礼焉，如此，则为之服矣。”（《孟子·离娄下》）

这因为在他的时代，周室已没落，各国诸侯亦多名存实亡。他既主张重新扶植一个把天下“定于一”的力量去代替周室，把原来的封建等级制重新敷设，因之，对既存的君臣关系，便也从相对上去解释。他解释“臣”对于“君”的忠实程度，是以“君”对“臣”的信托与知遇如何以为转移，这是完全没有原则性的，在本质上仍是绝对主义。后来儒家主张无原则的对君主个人尽忠，孟轲的这几句话是有影响的。我们的“历史家”却认为这也是孟轲的民权主义论，可说是对孟轲的绝大误会。

丁　孟轲的政治学说

在孟轲的时代，封建主们各从其自身利益出发，而演为无限制的相互争斗攘夺的局面，结果而流为所谓“霸道”。孟轲不解这是封建制度发展之必然的内在矛盾，反而认为是封建主内部的冲突，“治人者”与“治于人者”之对抗，纯由于所谓“霸道”所引出的结果。因而他从拥护封建秩序的立场上，非难“霸政”说：“仲尼之徒，无道桓文之事者。”（《孟子·梁惠王上》）“五霸者，三王之罪人也。”（《告子下》）且说：

> 五霸，桓公为盛。葵丘之会，诸侯束牲载书而不歃血。初命曰：“诛不孝，无易树子，无以妾为妻。”再命曰：“尊贤，育才，以彰有德。”三命曰：“敬老，慈幼，无忘宾旅。”四命曰：“士无世官，官事无摄，取士必得，无专杀大夫。”五命曰：“无曲防，无遏籴，无有封而不告。”曰：“凡我同盟之人，既盟之后，言归于好。”（《孟子·告子下》）

在这样互为盟约、遵守封建秩序的“五霸”盟主，犹是“三王之罪人”；则那“皆犯此五禁”（《孟子·告子下》）之孟轲时代诸封主，便更是破坏封建秩序的罪人了。

他一面非难“霸道”，一面便提出其所谓“王政”来。他认为只有“王政”才能挽救封建制度。所以他说：“尧舜之道，不以仁政，不能平治天下。”（《孟子·离娄上》）“行仁政而王，莫之能御也。”（《孟子·公孙丑上》）但“王政”与“霸政”的分别在哪里呢？他说：

以力假仁者“霸”，“霸”必有大国；以德行仁者“王”，“王”不待大，汤以七十里，文王以百里。以力服人者，非心服也，力不赡也；以德服人者，中心悦而诚服也。(《公孙丑上》)

孟子见梁惠王，王曰：“叟，不远千里而来，亦将有以利吾国乎？”孟子对曰：“王，何必曰利，亦有仁义而已矣！王曰：何以利吾国？大夫曰：何以利吾家？士庶人曰：何以利吾身？上下交征利，而国危矣。万乘之国弑其君者，必千乘之家；千乘之国弑其君者，必百乘之家。万取千焉，千取百焉，不为不多矣！苟为后义而先利，不夺不餍。未有仁而遗其亲者也，未有义而后其君者也。”(《孟子·梁惠王上》)

是他所谓“霸道”的基本原则便是“利”，“王道”的基本原则便是“仁义”。他从其先验主义的性善论出发，认为以利为归趋的霸道主义，是社会一切纷争、攘夺即斗争的根源，以“仁义”为归趋的王道主义，各人均能“存心”“养性”以“俟命”，天下就太平无事了。因为在性善的根源上，“舍利而取仁义”，即“存心”“养性”以“俟命”，是完全有其可能的。这和孔丘的从“仁”的修养去解消斗争和冲突，为安定封建秩序的见解，完全是一脉相承的。

但他之所谓“王道”“仁政”的内容包括些什么样的节目呢？

(甲)在封建统治阶级内部，作为其理想的政治组织，他依托西周制度为如次的假定：

天子一位，公一位，侯一位，伯一位，子、男同一位，凡五等也。君一位，卿一位，大夫一位，上士一位，中士一位，下士一位，凡六等。天子之制，地方千里，公、侯皆方百里，伯七十里，子、男五十里，凡四等；不能五十里，不达于天子，附于诸侯，曰附庸。天子之卿，受地视侯，大夫受地视伯，元士受地视子、男。大国地方百里：君十卿禄，卿禄四大夫，大夫倍上士，上士倍中士，中士倍下士，下士与庶人在官者同禄，禄足以代其耕也。次国地方七十里：君十卿禄，卿禄三大夫，大夫倍上士，上士倍中士，中士倍下士，下士与庶人在官者同禄，禄足以代其耕也。……耕者之所获：一夫百亩，百亩之粪，上农夫食九人，上次食八人，中食七人，中次食六人，下食五人；庶人在官者，其禄以是为差。（《孟子·万章下》）

依照这个封建等级构成的图式，天子保有无上的权威，破坏秩序的要受到天子的征讨。《孟子·尽心下》篇说：

《春秋》无义战。彼善于此则有之矣。征者上伐下也，敌国不相征也。

这也是孔丘的“礼乐征伐自天子出”的原则的继承。

（乙）对付被统治者的治术，则以所谓“教养”为中心。所谓“养”，是从如次一种庄园组织的劳动编制出发的：

方里而井，井九百亩，其中为公田，八家皆私百亩，同养公田。（《滕文公上》）

他认为要保证这种庄园内的必要劳动力，必须把农民束缚于土地上，“死徙无出乡，乡田同井，出入相友，守望相助，疾病相扶持，则百姓亲睦”（《孟子·滕文公上》）。然而尤须能保证农民之最低物质生活，不但以之保证必要劳动力之再生产，且以防止其逃亡……。故孟轲说：

无恒产而有恒心者，惟士为能；若民则无恒产，因无恒心；苟无恒心，放僻邪侈，无不为已。……是故明君制民之产，必使仰足以事父母，俯足以畜妻子，乐岁终身饱，凶年免于死亡；然后驱而之善，故民之从之也轻。今也制民之产，仰不足以事父母，俯不足以畜妻子，乐岁终身苦，凶年不免于死亡，此惟救死而恐不赡，奚暇治礼义哉？……五亩之宅，树之以桑，五十者可以衣帛矣；鸡豚狗彘之畜，无失其时，七十者可以食肉矣；百亩之田，勿夺其时，八口之家，可以无饥矣。（《孟子·梁惠王上》）

孟轲，不仅主张要使民有“恒产”，并主张课取于农民的徭役和赋税，要有一个限度，以免引起农民的逃亡与反抗。因为在当时，“治于人者”与“治人者”的对抗形势已十分严重——农民对赋役的负担已超过其负担能力。所以孟轲主张“省刑罚，薄税敛，深耕易耨”，“勿夺其民时”。认为“庖有肥肉，厩有肥马，民有饥色，野有饿殍”，以及“使民无时”等现象，包藏着一个最大的危机。所以给予农民以最低物质生活的保证是必要的。这便是所谓“养”的精神。

[在过去中国封建时代，统治者主观上这种“养”的“仁政”的实施，确实每每和缓了阶级的矛盾，取得农民的同情。三国的刘备、曹操、孙权也都以此口号作为争取人民的政治资本。但在封建制的基础上，即使是所谓圣君贤相，也只能在一定时间空间的条件、一定限度下去施行“仁政”。]

说到孟轲的所谓“教”，便包含着一个最大的欺骗的内容。他认为要能使超经济以外的强制榨取，能够顺利继续进行，防止农奴们的反抗，那末，补刑罚之不足的软性教育是有其重要意义的。故他说：

善政不如善教之得民也；……善政得民财，善教得民心。（《孟子·尽心上》）

教以一些什么呢？他说：“教以人伦，父子有亲，夫妇有别，长幼有序，朋友有信。”（《滕文公上》）易言之，就在教以“三纲五常”，就在把农民的意识束缚于宗法伦理观下面（而此正是中国封建文化的基本内容和教育方针，也是中国封建时代的法律，并且是有其物质基础的。中国大部分农民到解放前还不免受其支配，在解放后，也将在相当时期内受到这种残余意识的影响，必将有一个随同经济改造的教育过程）。

（丙）当时的新兴封建地主-商人一面要求解脱其自身的赋役负担，一面又感受商业交通之封建障碍与封建主对商人的劫掠与苛捐杂税。孟轲从调协两阶层的利益出发，主张减轻新兴地主及其属下农民的赋役负担；对他们开放池泽山林的禁令（“泽梁无禁”）；保证商业的安全，并免除其过关税与市纳（“市廛而不征，法而不廛……关讥而不征”“廛无夫里之布”）。他认为采取这些改良的步骤，两阶层间的冲突便可以缓和，利益可渐趋一致，封建主们便能把新兴封建地主阶层拉到自己周围：“耕者皆欲耕于王之野，商贾皆欲藏于王之市，行旅皆欲出于王之涂。”（《孟子·梁惠王上》）

这是孟轲“王道仁政”的基本内容。

孟轲政治论的第二个要点，便是其所谓贤能政治与“定于一”的原则。

孟轲很明白当时社会的矛盾，一是封建主集团与新兴封建地主阶层间的利益冲突，一是“治于人者”与“治人者”间的阶级敌对。特别是后者，构成当时社会矛盾的主要形势；前者虽只是后者的延长，也是很严重的。他认为只有实行他理想中的“王道仁政”才能挽救那种严重局势。另一方面，周天子到此时，已丧失其实行这种“王道仁政”的力量和地位，因此他游说各国诸侯，劝他们实行“王道仁政”，去争取新兴封建地主-商人的拥护及农民的同情，把“天下”“定于一”，代替垂没的“周室”，将封建等级制度重新敷设。故《孟子·梁惠王上》篇说：

孟子见梁襄王，出，语人曰：“望之不似人君，就之而不见所畏焉。卒然问曰：天下恶乎定？吾对曰：定于一。孰能一之？对曰：不嗜杀人者能一之。孰能与之？对曰：天下莫不与也。王知夫苗乎？七八月之间旱，则苗槁矣；天油然作云，沛然下雨，则苗浡然兴之矣。其如是，孰能御之？今夫天下之人牧，未有不嗜杀人者也；如有不嗜杀人者，则天下之民，皆引领而望之矣。诚如是也，民归之，犹水之就下，沛然谁能御之？”

他认为只要谁能实行“王道”“仁政”，不管其现有的领地和力量大小，“汤以七十里，文王以百里”，都能争得人民的大多数，完成“定”天下“于一”的任务。他曾经游说过梁惠王、齐宣王、滕文公等。他和齐宣王的问答说：

曰：“德何如，则可以王矣？”曰：“保民而王，莫之能御也。”曰：“若寡人者，可以保民乎哉？”曰：“可。”（《孟子·梁惠王上》）

今王发政施仁，使天下仕者皆欲立于王之朝，耕者皆欲耕于王之野，商贾皆欲藏于王之市，行旅皆欲出于王之涂，天下之欲疾其君者，皆欲赴诉于王。其若是，孰能御之？……然而不王者，未之有也。（同上）

在这里，应附带交代一下孟轲之所谓“仕者”，那便是在当时贩卖“王道仁政”的“士”的集团，孟轲自己也正是这集团中的一位重要分子。

话又说回来，他因而极力鼓吹各国的诸侯，教他们不要“罔自菲薄”，是“人皆可以为尧舜”的，“舜何人也！予何人也！有为者亦若是”（《孟子·滕文公上》）。“尧舜与人同耳。”（《孟子·离娄下》）他又激励“士”的集团不必择人太严，教他们去鼓吹各国诸侯；“待文王而后兴者，凡民也；若夫豪杰之士，虽无文王犹兴”（《孟子·尽心上》）。

但是这和他所提倡的“君臣”的伦常岂非矛盾吗？在这里，他却从“民”字上去立论。他说：“民为贵，社稷次之，君为轻。”（《孟子·尽心下》）在这一前提下，于是便能更进一步地说：“齐宣王问曰：‘汤放桀，武王伐纣，有诸？’孟子对曰：‘于传有之。’曰：‘臣弑其君可乎？’曰：‘贼仁者谓之贼，贼义者谓之残；残贼之人，谓之一夫。闻诛一夫纣矣，未闻弑君也。’”（《孟子·梁惠王下》）“桀纣之失天下也，失其民也。失其民者，失其心也。得天下有道，得其民，斯得天下矣。得其民有道，得其心，斯得民矣。”（《孟子·离娄上》）当时的人民是反对“暴君污吏”的，孟轲肯提出这种激烈呼声，是有相当进步意义的。不过孟轲眼中的“民”，是“仕者”“耕者”“商贾”和“行旅”。“仕者”是猎官求禄的知识分子，“商贾”和“行旅”多是身兼地主的商人。而其所谓“耕者”，他虽然说过“耕者之所获，一夫百亩”，但这是他追述西周情况而说的，而在商鞅的当时，所谓业耕的农已主要是指有农产物出卖的新兴地主，孟轲却与商鞅同时，他们给予农奴的独特称谓是“小人”。所以孟轲在这里之所谓“民”，主要是知识分子、地主和商人等，而不是农奴。同时，孟轲在这里也只是从封建诸侯（王、公……）的立场上，主张去争“得民心”，作为封建诸侯扩充地盘争夺权利的手段，并不是从“民”的立场上去反对“残”“贼”。在以后的每次改朝换代成功为“王”的封建英雄们，几乎都是以“得民心”即骗取人民的同情，作为其战略的基本原则。所以孟轲并不是什么“民权思想家”或“革命家”，而只是一个改良主义者。但也无可否认，在孟轲思想体系中，客观上却有着民主主义的进步因素。

与此相关联的次一论点，是他的“禅让”说。在当时最高领主“天子”既已不能约束“诸侯”，“诸侯”亦已不能约束“大夫”，上权下移，已成定局。主张通权达变的孟轲，为顺应这种情势，便创为禅让说，主张掌有实权肯行“仁政”的“大夫”受禅为诸侯，肯行“仁政”的强大诸侯受禅为“天子”。而且在当时，许多国的“大夫”，不但把“国”内的主要地域都并作自己的食邑，而且把境内的人民也笼络到他自己周围。这在此时以前的齐国田氏，用公量贷出与私量收入的小惠，已经作到使齐国之民受其欺骗的事实；这种情形，到孟轲时更甚。《孟子·万章上》篇说：

万章曰：“尧以天下与舜，有诸？”孟子曰：“否。天子不能以天下与人。”“然则舜有天下也，孰与之？”曰：“天与之。”“天与之者，谆谆然命之乎？”曰：“否。天不言，以行与事示之而已矣。”曰：“以行与事示之者，如之何？”曰：“天子能荐人于天，不能使天与之天下；诸侯能荐人于天子，不能使天子与之诸侯；大夫能荐人于诸侯，不能使诸侯与之大夫。昔者，尧荐舜于天而天受之，暴之于民而民受之。……舜相尧，二十有八载，非人之所能为也，天也。尧崩，三年之丧毕，舜避尧之子于南河之南，天下诸侯朝觐者，不之尧之子而之舜；讼狱者，不之尧之子而之舜；讴歌者，不讴歌尧之子而讴歌舜。故曰，天也，夫然后之中国，践天子位焉。……《泰誓》曰：天视自我民视，天听自我民听。此之谓也。"

像陶希圣之流，竟抹煞孟轲之所以创为禅让说的时代背景与政治意义，而乃从一些"拾零"的"社会现象"的形式主义出发，说孟轲创为此说完全是为其"士人阶级"去受禅为诸侯或天子的说教。我想孟轲时代仕者的政治水准虽然低，也断没有这样不顾事实的傻瓜，去作这种不可能的无聊妄想。这或者是今日一些"挂羊头卖狗肉"的政客式学者自己的无聊妄想吧！

再说到孟轲们所谓贤能政治，在这里的对相，是不能和禅让的对相混同的。禅让是主政者的禅让，贤能是参政者的贤能。这在如次的一段话中说得明白：

国君进贤，如不得已，将使卑逾尊，疏逾戚，可不慎与！左右皆曰贤，未可也；诸大夫皆曰贤，未可也；国人皆曰贤，然后察之，见贤焉，然后用之。（《孟子·梁惠王下》）

因为在当时，新兴封建地主阶层受着从来社会身分的限制，而没有参加政权的机会。孟轲既主张和这一阶层妥协，便不能不给他们辟一条参加政权的途径。同时，在封建主的亲亲主义政权承袭下，无权的“士”人亦很少参加政权的机会。孟轲在这里，便又不能不为其自己的集团辟开一条参加政权的途径。因此，只有从贤能政治的立场上，一面放宽身分的限制，一面解除家系的限制。故说：

> 舜发于畎亩之中，傅说举于版筑之间，胶鬲举于鱼盐之中，管夷吾举于士，孙叔敖举于海，百里奚举于市。故天将降大任于是人也，必先苦其心志，劳其筋骨，饿其体肤，空乏其身，行拂乱其所为，所以动心忍性，增益其所不能。（《孟子·告子下》）

这是十分明白的。不过孟轲始终也不承认去打破身分制度和否定亲亲主义的原则；而是在“不得已”的情形下，才许有“卑逾尊，疏逾戚”的例外。若据此以为孟轲是反对身分制度和亲亲主义，那是完全错误的。

二　荀卿的封建制度改组论

甲　荀卿生平及其社会身分

荀卿又名荀况[1]，刘向《叙录》亦作孙卿。其经历及生卒地方，

---

① 按刘向《孙卿书录》、班固《艺文志》、应劭《风俗通义》及《战国策》均称孙卿。《韩诗外传》称“孙子”，《荀子》本书中称孙卿子。胡元仪作《郇卿别传》，因之。近人有谓其为周郇伯苗裔，而郇为公孙后代，故又称姓孙。司马贞、颜师古等则谓系避汉宣帝讳（洵），因改称孙。顾炎武、谢墉等人，则谓荀、孙为语音之转。又名卿之问题，胡元仪但云因其为赵上卿，故称卿而不名；刘向则云“兰陵喜字为‘卿’，盖以法孙卿也”。

据《史记·孟子荀卿列传》说：

荀卿，赵人，年五十始来游学于齐。驺衍之术迂大而闳辩，奭也文具难施，淳于髡久与处，时有得善言。……田骈之属皆已死。齐襄王时，而荀卿最为老师。齐尚修列大夫之缺，而荀卿三为祭酒焉。齐人或谗荀卿，荀卿乃适楚，而春申君以为兰陵令。春申君死而荀卿废，因家兰陵。……著数万言而卒。因葬兰陵。

刘向《孙卿书录》云：

齐人或谗孙卿，孙卿乃适楚，楚相春申君以为兰陵令。人或谓春申君曰："汤以七十里，文王以百里；孙卿贤者也，今与之百里地，楚其危乎？"春申君谢之，孙卿去之赵。后客或谓春申君曰："伊尹去夏入殷，殷王而夏亡，管仲去鲁入齐，鲁弱而齐强。故贤者所在，君尊国安。今孙卿，天下贤人，所去之国，其不安乎。"春申君使人聘孙卿，孙卿遗春申君书，刺楚国，因为歌赋以遗春申君。春申君恨，复固谢孙卿，孙卿乃行，复为兰陵令。春申君死而孙卿废，因家兰陵。

据《史记》之说，荀卿曾三度为齐祭酒，一度为楚兰陵令；据刘向之说，他曾两度为楚兰陵令。由前之说，其出身籍贯为赵地，游齐时年已五十；后适楚，因废居而死于兰陵，春申君死时犹存，刘向亦同此说。按《史记·春申君列传》说春申君被刺死于楚考烈王二十五年，是年适当于公元前二三八年。近人游国恩因考其生年为公元前三一四年，卒年为公元前二一七年（见《古史辨》第四册《荀卿考》）；梁启超则假定其生年为公元前三〇七年，卒年不可考，但云其寿约为八九十岁（见同书《荀卿及荀子》）。荀卿的时代为战国末期，除韩非外，较诸子最为晚出，可无疑问；至其详确之生卒年代，则余殊不敢臆断也。

细读《荀子》一书，其学问亦较诸家最为渊博，并概见其曾遍读诸子书；其对诸子学说，一一均予以批判，——且其全书亦几皆从批判立场立说者也。盖因其生当诸子后，兼时代不同故也。

荀卿的著作，刘向《校录》名《孙卿新书》，《汉书·艺文志》著录名《孙卿子》，唐杨倞为作注，省称《荀子》。虽名称不同，然皆指《荀子》一书。按今本《荀子》一书之内容，梁启超说："如《儒效》篇、《议兵》篇、《强国》篇，皆称'孙卿子'，似出门弟子记录。内中如《尧问》篇末一段，纯属批评荀子之语，其为他人所述，尤为显然。又《大略》以下六篇，杨倞已指为荀卿弟子所记卿语及杂录传记，然则非全书悉出卿手盖甚明。"梁说在大体上，可无问题。因而，除所谓"《尧问》篇末一段"之类以外，固可视作荀卿之代表言论。

乙　"性恶"与"伪"

中国初期封建制进到战国末期，其封建主集团的内部，以及其与新兴封建地主阶层间的相互纠纷，尤其是敌对阶级间的矛盾，形成社会情况的错综复杂。因而反映在意识形态上，便表现为"百家争鸣"与统治集团思想上的极端混乱。这从其表层看，好像人类有一种所谓私利私欲的天性。荀卿在这一点上，便发生对其前驱者孟轲"性善"论的怀疑。同时，孔丘原来之所谓"仁"的本质，也并没有明确的规定，而且单是指“君子”而说，“小人”却是例外的“未有”“仁”的。因之，荀卿便确认人性原来是“恶”的，而所谓“仁”与“善”，则完全系从后天修养（伪）得来的。在这里，他之所谓“伪”，是含有人类克服自然的意义。这缘于当时社会生产力的进步——尤其是手工业的发展——和人类对自然占有程度的提高为条件的。

现在进而考察其内容，首先他给“性”与“伪”作了一个说明：

凡性者，天之就也，不可学，不可事；礼义者，圣人之所生也，人之所学而能，所事而成者也。不可学不可事而在人者，谓之性；可学而能可事而成之在人者，谓之伪。（《荀子·性恶》篇）

在这里，第一，他认为人性是同一的。故又说：“凡人之性者，尧舜之与桀跖，其性一也；君子之与小人，其性一也。”（同上）这又作为其“法后王”之贤能政治的哲学基础，也表现了人本主义的一点倾向。第二，他也认为人“性”是先验的存在着的；“礼义”则是后天的、由“伪”而来的。但何以证明人类之先验的“性”的存在呢？他说：

凡人有所一同，饥而欲食，寒而欲暖，劳而欲息，好利而恶害，是人之所生而有也……是禹桀之所同也；目辨白黑美恶，耳辨音声清浊，口辨酸咸甘苦，鼻辨芬芳腥臊，骨体肤理辨寒暑疾养，是又人之所常生而有也……是禹桀之所同也。可以为尧禹，可以为桀跖，可以为工匠，可以为农贾，在势注错习俗之所积耳，是又人之所生而有也，是无待而然者也，是禹桀之

所同也。(《荀子·荣辱》篇)

在这里,他也和孟轲一样,对他所要说明的问题,依样没有进步,而只是独断的先验的认定。

然而他又怎样去证明"人性"是恶的呢?首先,他从人之"为利""好声色""疾恶"等表征上去企图证明:

今人之性,生而有好利焉,顺是,故争夺生而辞让亡焉。生而有疾恶焉,顺是,故残贼生而忠信亡焉。生而有耳目之欲,有好声色焉,顺是,故淫乱生而礼义文理亡焉。然则从人之性,顺人之情,必出于争夺,合于犯分乱理,而归于暴。故必将有师法之化,礼义之道,然后出于辞让,合于文理,而归于治。用此观之,然则人之性恶明矣,其善者伪也。(《荀子·性恶》篇)

其次,他又企图从金、石、木、材等物性方面去获取证明:

故枸木必将待檃栝蒸矫然后直,钝金必将待砻厉然后利。今人之性恶,必将待师法然后正,得礼义然后治。今人无师法,则偏险而不正;无礼义,则悖乱而不治。古者圣王以人之性恶……是以为之起礼义,制法度。(《荀子·性恶》篇)

更次,他也企图从耳、目等感官上去获取证明:

今人之性,目可以见,耳可以听。夫可以见之,明不离目;可以听之,聪不离耳。目明而耳聪,不可学明矣。孟子曰:"今人之性善，将皆失丧其性故也。”曰：“若是则过矣。今人之性，生而离其朴、离其资，必失而丧之。用此观之，然则人之性恶明矣。”（《荀子·性恶》篇）

最后，他又企图从人类对衣、食、安、乐等要求之表征上去获取证明：

今人之性，饥而欲饱，寒而欲暖，劳而欲休，此人之情性也。今人饥见长而不敢先食者，将有所让也；劳而不敢求息者，将有所代也。夫子之让乎父，弟之让乎兄，子之代乎父，弟之代乎兄，此二行者，皆反于性而悖于情也。然而孝子之道，礼义之文理也。故顺情性，则不辞让矣，辞让则悖于情性矣。用此观之，然则人之性恶明矣，其善者伪也。（《荀子·性恶》篇）

这缘在一方面，他不了解高等动物的生存本领，一方面，不了解人类生活诸关系的根据所在，而流于这种表面的辩论。但从其历史的地位说，是无足怪的。

不过荀卿既确认人性恶，又怎样能创出那个统制社会的标准——他所认为是善良的“礼义”和“法度”来呢？他托为问答的口吻说：

问者曰：“人之性恶，则礼义恶生？”应之曰：“凡礼义者，是生于圣人之伪，非故生于人之性也。……圣人积思虑，习伪故，以生礼义而起法度。”（《荀子·性恶》篇）

然而这“伪”又何自而起呢？他说：

> 夫感而不能然，必且待事而后然者，谓之生于伪。是性伪之所生，其不同之征也。故圣人化性而起伪，伪起而生礼义，礼义生而制法度。然则礼义法度者，是圣人之所生也。故圣人之所以同于众，其不异于众者，性也；所以异而过众者，伪也。（《荀子·性恶》篇）

因而，他认为其所谓“伪”，是起于人类的环境、要求和感官的矛盾作用。但“人性”既是“恶”的，“圣人”的感官又怎能“化性起伪”，而不扩大其“恶”的发展呢？荀卿在这里，认为圣人是“待事而后然”，“积思虑起伪”，以进入“化性起伪”。这正是一种经验主义的说明。所以“伪”是发生在由感觉到经验的过程中，即由这里克服先天的“性”，引出自觉的后天的“伪”，从而便创制出“礼义”和“法度”来。“圣人”就是从这里产生的，就是他能“化性起伪”。一般人虽然也同样具有感觉和经验，但若不能“化性起伪”，即生于后天经验的“伪”不克服先天本质的“性恶”而起着主要的作用，便仍为“性恶”起主要作用的“众”人。

不过荀卿的经验论，并没有上升到唯物主义。当他追究到感觉的根源时，他便达到如次的结论：“心者，道之工宰也。”（《荀子·正名》篇）“心者，形之君也，神明之主也。出令而无所受令。”（《荀子·解蔽》篇）这是说“心”是感官的司令部。“心”的本质是什么呢？他说：“‘人何以知道？’曰：‘心。’‘心何以知？’曰：‘虚一而静。’心未常不臧也，然而有所谓虚；心未常不满也，然而有所谓一；心未常不动也，然而有所谓静。……虚一而静，谓之大清明。”

依此，心在荀卿哲学的范畴中，似系一种能动的物质体。不过荀卿并没有从这里进到唯物主义。因为在荀卿，一方面还有存在于“心”以外的“道”，“道”不是由“心”所派生，“心”只是能知“道”，例如他说：“‘何谓衡？’曰：‘道。’故心不可以不知道。心不知道，则不可道而可非道。”（《荀子·解蔽》篇）“道者，古今之正权也。离道而内自择，则不知祸福之所托。”（《荀子·正名》篇）“所谓大圣者，知通乎大道。……大道者，所以变化遂成万物也。”（《荀子·哀公》篇）在这里，“道”是“天不变，道亦不变”的“道”。一方面，在荀卿，“心”不是第一义的东西，第一义的东西是先天的“性”，由“性”发生“情”，由“情”引起“心”的思维，由思维发生“伪”，故说：“性之好、恶、喜、怒、哀、乐谓之情，情然而心为之择，谓之虑，心虑而能为之动，谓之伪。”（《荀子·正名》篇）所以荀卿的经验主义到这里，便显露了唯心主义的本质。

另一方面，荀卿认为“人性”是同一的，因此他便认为人都有为“圣人”和“君子”的可能。故说：

> 涂之人可以为禹，曷谓也？曰：“凡禹之所以为禹者，以其为仁义法正也；然则仁义法正，有可知可能之理。然而涂之人也，皆有可以知仁义法正之质，皆有可以能仁义法正之具。然则其可以为禹，明矣。”（《荀子·性恶》篇）

他在这里，一方面找着了由新兴封建地主阶层代替旧封建主来充任掌握政权的“圣人”和“君子”，把等级的封建制重建的理论根据。一方面，他认为人性虽属是同一的，但由于“知”的修养与“积伪”以及生活环境的悬殊，因而便发生在统治阶级内部之等级的差异；同时，因为“小人”不知修养与“积伪”，只知“纵性情”，以及生活环境的差别，所以便成为被统治者。他这种解释，本质上是与孔孟一致的。只是孔孟从先天的本质上去曲说其阶级的根据，他则从后天去说明。故他说：

> 涂之人百姓，积善而全尽，谓之圣人。彼求之而后得，为之而后成，积之而后高，尽之而后圣。故圣人也者，人之所积也。人积耨耕而为农夫，积斫削而为工匠，积贩货而为商贾，积礼义而为君子。工匠之子莫不继事，而都国之民安习其服。居楚而楚，居越而越，居夏而夏，是非天性也，积靡使然也。故人知谨注错，积习俗，大积靡，则为君子矣。纵性情而不足问学，则为小人矣。（《荀子·儒效》篇）

因而“知”的修养与“积伪”，便成了“君子”的专业；同时，生产者便也积于其所业，农工之子常为农工，而被排除于“积伪”的领域之外；这样形成“劳力”与“劳心”的分工。而且他认为社会又非有由“积伪”而创立的“礼义”“法度”来统制不可，因而“积伪”的“君子”便获得了“治人者”的专责；积业的“小人”却反而非有那班“积伪”的“君子”来统治不可。在荀卿看来，他们只知“纵性情”，而不知改变“恶”的本“性”，便是天生的“治于人者”。他在这里，也和孟轲达到同一的结论。不过他特别强调了精神劳动和空洞知识的重要性，反而把实际的生产知识降到最低下的地位，这是轻重倒置，本末颠倒的。

但荀卿之所谓“伪”，如前所述，却含着一个对自然斗争的意义。因而在这里，他便不能不否定“天”与“命”的从来的说教，而提出“人定胜天”的原理来。所以他说：

> 故君子敬其在己者，而不慕其在天者；小人错其在己者，而慕其在天者。君子敬其在己者，而不慕其在天者，是以日进也；小人错其在己者，而慕其在天者，是以日退也。（《荀子·天论》篇）

他不但不主张“慕其在天”，而且说“惟圣人为不求知天”。不但主张“不求知天”，而且又主张“制天”——即克服自然。他说：

> 大天而思之，孰与物畜而制之？从天而颂之，孰与制天命而用之？望时而待之，孰与应时而使之？因物而多之，孰与骋能而化之？思物而物之，孰与理物而勿失之也？愿于物之所以生，孰与有物之所以成？故错人而思天，则失万物之情。（《荀子·天论》篇）

这完全和其时社会经济的发展，尤其是手工业和商业的发展相适应的。在前此的人类意识中，认为人类的生活是被“天”所规定的，——虽然人类在客观上不断在征服自然，主观上反而认为是无条件的被决定于自然；至此才自觉的意识到，人类也可以作用于自然而创造其自己的生活，——但是，这不是说人类的生活可以避开其时代生产方式的决定作用，而自己得任意去修改。

在这一点上，荀卿代表了儒家思想的一个大转换点，同时亦表现了社会意识的一大转换点，表现了人类意识的认识自己力量的一大进步。而此也正是伟大中国人民的伟大创造性的反映。

丙　社会论——"群"与"分"

荀卿从"性恶"论之人性同一的观点,由修养"积伪"与生活环境分歧,而曲折到"君子"与"小人"两社会阶级分裂的由来,一面从这里引出其"法后王"的政治论,一面又引出其"群"与"分"的社会论。

在其社会论的出发点上,认为人类必须要"群"才能生存;易言之,即谓人是社会的动物,人所以不同于其他动物也便在这里。这不能不算荀卿在社会学上的一点贡献。他说:

> 水火有气而无生,草木有生而无知,禽兽有知而无义;人有气有生有知,亦且有义,故最为天下贵也。力不若牛,走不若马,而牛马为用,何也?曰:"人能群,彼不能群也。"(《荀子·王制》篇)

他从人类的社会性这一点上去划出人类和其他动物的界限,实属荀卿思想体系中最进步的一点。虽然他不曾也不能再进一步的去理解"人类是制造劳动工具的动物"。

依照荀卿所说,"人性"虽"恶",但为其生存而不能不"群"。而"群"与"性恶"却是矛盾的,所以便不能不拿"分"来节制各人"性恶"的物欲等天性,这样便自然能"群"了。所以他继续说:

> "人何以能群?"曰:"分。""分何以能行?"曰:"义。"故"义"以"分"则"和","和"则"一","一"则多力,多力则强,强则胜物;故宫室可得而居也。故序四时,裁万物,兼利天下,无

它故焉,得之"分""义"也。(《荀子·王制》篇)

反过来说,无"分"便不能"群",不能"群",人便不能"胜物",从而人类全体的生活便都要受着威胁。《荀子·富国》篇说:"人之生不能无群,群而无分则争,争则乱,乱则穷矣。故无分者,人之大害也;有分者,天下之大利也。"这是说,"群"和"分"之矛盾的统一,是人类生活所必要的客观秩序。荀卿在这里,触着了辩证的观点,虽则他是从维护封建秩序的基础上来说的。

"分"何自起呢?他说"以义","以义"而定出的"分"的节文便是"礼"。在这里,他不但承袭着"名以制义,义以出礼"的阶级的说教,而且正是孔丘见解的重复。但"性恶"的人类,又谁能"以义"定"分",从而制"礼"呢?他说"圣人"。因而在其社会论上,他又找着其统治者之发生的由来的根据。故说:

"礼起于何也?"曰:"人生而有欲,欲而不得,则不能无求;求而无度量分界,则不能不争;争则乱,乱则穷。先王恶其乱也,故制礼义以分之,以养人之欲,给人之求;使欲必不穷乎物,物必不屈于欲,两者相持而长,是礼之所起也。"(《荀子·礼论》篇)

这种制"礼"的"圣人",是缘何生出来的呢?他说不但由于"积伪"与修养,他们而且是天生的——所谓"天地生君子"。在这一点上,不但又构成荀卿自己在理论上的矛盾,而且在他的阶级成见上,认为人类一开始就有阶级社会的私有等观念,以及阶级社会的习惯等。因而从"群"中就"分"出"治人者"的"君子",那而且是适应着公众的需要而"天造地设"的。故说：

> 故天地生君子，君子理天地。君子者，天地之参也，万物之总也，民之父母也。无君子，则天地不理，礼义无统，上无君师，下无父子，夫是之谓至乱。君臣、父子、兄弟、夫妇，始则终，终则始，与天地同理，与万世同久，夫是之谓大本。故……君君、臣臣、父父、子子、兄兄、弟弟，一也；农农、士士、工工、商商，一也。（《荀子·王制》篇）

他在这里，一面说明"治人者"之发生的由来，而曲说其存在之自然的社会的根据，一若"治人者"不是由于私有财产的发生而发生，不是由于剥削关系的存在而存在，反而是为着被统治者的利益而存在，是天造地设似的。一面又以同一的理由去曲说孔孟一贯相传的"宗法制度"之社会依据；一面更以同一理由去说明"治人者"与"治于人者"以及其社会分工的由来，并把他们固定化。

在另方面，对社会等级身分的差别，荀卿认为是由于各人所具的"知、贤、愚、能、不能"之"分"而分化出来的差别，"圣人"不过因这种差别而"制义以定分"。例如他说：

> 夫贵为天子，富有天下，是人情之所同欲也。然则从人之欲，则势不能容，物不能赡也。故先王案为之制礼义以分之，使有贵贱之等，长幼之差，知、贤、愚、能、不能之分，皆使人载其事而各得其宜。（《荀子·荣辱》篇）

他在这里，替等级的身分制度与宗法的亲亲主义又找着新的解释。在这一点上，荀卿不仅是孔孟的真正继承者，而且发挥了他们的论旨。

若依照荀卿"人性"齐一的原理，那当然人人有作"治人"者的资格。可是他若是这样来解释，便要丧失其阶级立场的。因为假若人人皆去作"治人者"，又谁来提供剩余劳动生产物呢？假使"治人者"多，而"治于人者"少，则剩余劳动生产物之绝对量的减少，也自然会相对的发生"不能赡"的现象。因而他主观的认为社会内统治者集团的数量不要过多，应该使多数人都去作生产者。故《富国》篇说："观国之治乱……其耕者乐田，其战士安难，其百吏好法，其朝廷隆礼，其卿相调议，是治国已。"反之，"士大夫众，则国贫；工商众，则国贫。……下贫则上贫，下富则上富。"这是由"生之者众，食之者寡，则财恒足"的道理而来的。在这里，他们知道从注重生产去巩固统治基础，是一种进步的正确的见解。不过荀卿他们是从封建统治者利益的立场出发，是在为着多得剩余劳动生产物而说的，这便减低了他的进步性和正确性。荀卿所要求的只是这样的一种社会组织的图式：

> 传曰：农分田而耕，贾分货而贩，百工分事而劝，士大夫分职而听，建国诸侯之君分土而守，三公总方而议，则天子共己而已。……是百王之所同也，而礼法之大分也。（《荀子·王霸》篇）

这种社会组织，无论在其内容上抑或形式上，和孔孟所悬想的基本没有两样。同时，在荀卿，作为这种社会组织的基本原则也是"礼"，"礼"的内容是："礼者，贵贱有等，长幼有差，贫富轻重皆有称者也。”(《荀子·富国》篇)是在“礼”的内容上也和孔丘一样,只是规定得更明确。

丁　政治论——“法后王”与贤能政治

在荀卿的政治见解上,他并不否认初期封建制的社会秩序,且在原则上予以确认。不过他认为当时的旧封建主已经腐化衰落,而新兴地主却握有社会的实际力量。因而他主张牺牲旧封建主,由握有实际力量的新兴地主把初期封建制度重建。但是旧封建贵族依据“天”与“命”作为其生存的护符,荀卿在这一点上,便根本否认“受命于天”的说教,而主张贤能政治。不过在他看来,人的贤能程度也是不齐的,所以又该依照其程度而分置为各级统治者。故说:“上贤禄天下,次贤禄一国,下贤禄田邑,愿悫之民完衣食。”(《荀子·正论》篇)他把宝塔式的层级的封建领地组织,这样地重现出来。然贤能的子孙却未必是贤能,所以在这一点上,他认为封建领主的世袭与否,宜以其子孙的贤能与否以为定,“不问其世族也”。所以说:

> 贤能不待次而举,罢不能不待须而废,元恶不待教而诛,中庸民不待政而化。分未定也,则有昭缪。虽王公、士、大夫之子孙也,不能属于礼义,则归之庶人。虽庶人之子孙也,积文学,正身行,能属于礼义,则归之卿相士大夫。(《荀子·王制》篇)

在这里所谓“庶人”,是指新兴地主而说的。

在这里,荀卿的主观上虽在为着改造封建制度而说教,客观上却表现一点民主选举思想的因素的萌芽。

然而依照荀卿的办法,那些子孙不贤,不能继承职位的“王、公、士、大夫”的领邑,又该如何处理呢?这在他,认为由于新兴地主土地占有的点面交叉的形态,已不同于从前的“封略之内”为一个封主独占的形态,所以在这种领邑(国和田邑)内,政权虽由“次贤”或“下贤”去执行,而土地占有者却不是同一个地主。在这种情况下,“上贤”“次贤”或“下贤”充任的领主,则征取什一税充作政费,即他所谓“田野什一”(《王制》篇);占有土地的各个地主则征收地租;徭役则公私兼征。在这一点上,荀卿的思想,表现了由初期封建制到专制主义的封建制的过渡。

怎样才算作贤能呢?那便是有“治人”的本事。所以在荀卿看来,实际生产的知识,却算不得智能,而是在社会必要智能的领域之外的。故说:“相高下,视垸肥,序五种,君子不如农人;通财货,相美恶,辨贵贱,君子不如贾人;设规矩,陈绳墨,便备用,君子不如工人。……若夫谲德而定次,量能而授官,使贤不肖皆得其位,能不能皆得其官。万物得其宜,事变得其应,慎、墨不得进其谈,惠施、邓析不敢窜其察。言必当理,事必当务,是然后君子之所长也。”(《荀子·儒效》篇)易言之,“君子”所能的便是这一套治术;至那种生产技术上的智能,则系“小人之事也”。那末,人只要有这一套治术的本领,哪怕你是贫且贱者,便均能候补“君子”。但这种本事从哪里来的呢?他说只有“学”,学得治人的本领,就能达到求富贵的目的。所以他说:

我欲贱而贵,愚而智,贫而富,可乎?曰:“其惟学乎?”彼

学者，行之曰士也，敦慕焉君子也，知之圣人也。上为圣人，下为士君子，孰禁我哉？（《儒效》篇）

循法则、度量、刑辟、图籍，不知其义，谨守其数，慎不敢损益也。父子相传，以持王公……是官人百吏之所以取禄秩也。（《荣辱》篇）

这在哲学上，完全和其“伪”的原理适应着。这种由“学”以“登庸”的“儒效”——仕途——却充分包含着一种软性的欺骗作用，在此后中国社会的一个长时间——封建地主的社会内，曾尽了一个很大的统治作用。然而有力去从事这种“学”的，一般说来，只有“士”，易言之，只有有产者的子弟才可能有求学的机会；那终日“积”于生产技能的生产者——农工等，无疑是无力治学的。这样，“治人者”将永远出于“治人者”的集团内，“治于人者”亦将永远为“治于人者”，故曰：“工之子恒为工……农之子恒为农。”（《国语·齐语》）

也正因为“治人”不是一件容易的事情，所以在荀卿的这种倡导下，再加以后历朝统治者给人民以“匹夫登庸”的鼓励和途径，许多有学问的知识分子，便专门设帐为统治者培养这种“治术”人才，最高级的则为所谓“王佐之才”的培养（如黄石公、司马徽、王通等）。许多优秀的青年，则呫哔穷年去学习这种“治术”，企图候补官吏。把中国封建时代的学术思想引入这样狭小的道路，荀卿的这种学说是有着倡导影响的。

荀卿为要使他的理论得到确立，便不能不否定古代，而主张所谓“法后王”，故说：“天地始者，今日是也。”（《荀子·不苟》篇）其非古的理由是：“文久而息，节族久而绝，守法数之有司极礼而褫。故曰：‘欲观圣王之迹，则于其粲然者矣，后王是也。’”（《荀子·非相》篇）他这里的主要意思是“极礼而褫”，易言之，古法已穷，而当斟酌现实重立法度，他在这里，虽仿佛稍稍触着了动的观点，但实际他并不是从动的观点上去说的，恰恰相反，他才触到动的观点，便又拿出一个“礼”来把它永恒化，认为“变”只不过是形式的，而本质的“理”却是永恒不“变”的。所以他说：

> 以人度人，以情度情，以类度类，以说度功，以道观尽，古今一度也。类不悖，虽久同理。（《荀子·非相》篇）

其次，说到荀卿所谓“礼”与“法”。荀卿所谓“礼”，前已提及，仍是与孔孟所解释的统治阶级内部的等级制和其节文基本上并无不同，而只是比较具体。对于“小人”的统治则主张用法，而且比孟轲退了一步，又回到“礼不下庶人”的主张。所以《荀子·富国》篇说：

> 礼者，贵贱有等，长幼有差，贫富轻重皆有称者也，故天子袾裷衣冕，诸侯玄裷衣冕，大夫裨冕，士皮弁服。德必称位，位必称禄，禄必称用。由士以上，则必以礼乐节之；众庶百姓，则必以法数制之。

但在他的随人的贤能不同而区别的身分流动的基础上，关于“礼”的节文，也自然要不以其人，而当以其“位”和禄为准则。因而便不能不需要一个具体的说明。所以“礼”在荀卿的理论体系中，亦不能不带着一点“法”的内容。于是处置统治层内部的“礼”与统治“小人”的“法”这两种东西，便显化而成为所谓“法度”。故

《荀子·修身》篇说："非礼，是无法也"，"学也者，礼法也"。《荀子·劝学》篇说："礼者，法之大分"，且说"法之不行，自上犯之"。荀卿这种理论，恰充任了由孔孟的"礼治"主义到韩非、李斯的"法治"主义之过渡的桥梁。

统治者依照这种法度去施行统治，并以之强制人民遵守，只要这两方面都能"奉守惟谨"，便会形成裕民之政；荀卿是这样相信的。什么是裕民之政呢？《荀子·富国》篇说：

> 量地而立国，计地而畜民，度人力而受事。使民必胜事，事必出利，利足以生民，皆使衣食百用，出入相揜，必时臧余，谓之称数。故自天子通于庶人，事无大小多少，由是推之。故曰："朝无幸位，民无幸生"，此之谓也。轻田野之税，平关市之征，省商贾之数，罕兴力役，无夺农时，如是则国富矣。夫是之谓以政裕民。

但是他虽然承认"法"的重要性，而最重要的依然是"人治"，认为若是主观的"人"的条件不合，"法"也是徒然的。《荀子·王制》篇说："有良法而乱者有之矣；有君子而乱者，自古及今，未尝闻也。"为什么呢？因为"法不能独立，类不能自行，得其人则存，失其人则亡"（《君道》篇）。他若是从"法"的基础上去看重"人"的作用，那是对的；不过他又认为"法不能独立，得其人则存，失其人则亡"。便又和孟轲"人存政举，人亡政息"的人治主义见解无二致了。在这一点上，正是他只能从维持等级制的封建主政治上去说教，不这样，便和其自己的立场会根本矛盾。

但是"人"和"法"的两种条件都具备之后，就够了吗？他认为还须行“法”的人要有势，“法”才能发生作用；否则，“法”也不过是具文而已。故他说：

> 人主者，天下之利势也。(《荀子·王霸》篇)
>
> 造父者，天下之善御者也，无舆马，则无所见其能。羿者，天下之善射者也，无弧矢，则无所见其巧。大儒者，善调一天下者也，无百里之地，则无所见其功。(《荀子·儒效》篇)

为什么呢？因为“人之生，固小人，无师、无法，则唯利之见耳。人之生固小人，又以遇乱世，得乱俗，是以小重小也，以乱得乱也。君子非得势以临之，则无由得开内焉”(《荀子·荣辱》篇)。有了“势”，然后人民有违法或乱法者，便能拿严刑酷罚去制裁、镇压……易言之，“势”就是强制权力，“法”就是一种秩序，“势”是为维护“法”的必要工具。故说：

> 古者圣人以人之性恶，以为偏险而不正，悖乱而不治，故为之立君上之势以临之，明礼义以化之，起法正以治之，重刑罚以禁之，使天下皆出于治，合于善也。……今尝试去君上之势，无礼义之化，去法正之治，无刑罚之禁，倚而观天下民人之相与也。若是，则夫强者害弱而夺之，众者暴寡而哗之，天下之悖乱而相亡，不待顷矣。(《荀子·性恶》篇)
>
> 听政之大分，以善至者，待之以礼，以不善至者，待之以刑。两者分别，则贤不肖不杂，是非不乱。(《荀子·王制》篇)

从而他确说“刑”是“治人者”手中的重要武器。在这一点上，

元白诗笺证稿	陈寅恪
上古音研究	李方桂
从诗到曲（上、下）	郑　骞
训诂学概论	齐佩瑢
唐代进士行卷与文学 古诗考索	程千帆
南朝文学与北朝文学研究	曹道衡
先秦政治思想史	梁启超
中国史学通论	朱希祖
隋唐史	岑仲勉
中国地理学史（先秦至明代）	王成组
中国妇女生活史	陈东原
基督教与中国文化	吴雷川
中国天主教传教史概论	徐宗泽
道教史	许地山
论道	金岳霖
文化与人生	贺　麟
寄簃文存	沈家本
中国婚姻史	陈顾远
中国法律在东亚诸国之影响	杨鸿烈
孔门理财学	陈焕章
上海工业化研究	刘大钧
乡村建设理论	梁漱溟
中国经济原论	王亚南
金翼	林耀华
幼稚园教材研究　幼稚教育新论	张雪门
近代中国留学史 近代中国教育思想史	舒新城
THE ECONOMIC PRINCIPLES OF CONFUCIUS AND HIS SCHOOL	Chen Huan-chang
孔门理财学	陈焕章
THE GROWTH AND INDUSTRIALIZATION OF SHANGHAI	D. K. Lieu
上海工业化研究	刘大钧
THE FINANCING OF PUBLIC EDUCATION IN CHINA	Ronald Yu Soong Cheng
中国教育财政之改进	陈友松

【第六辑　四十种】

齐如山国剧论丛	齐如山
先秦文学 中国文学史讲义	游国恩
中国文学批评史（全二册）	罗根泽
中国文学发展史（全二卷）	刘大杰
宋元明讲唱文学	叶德均
晚照楼论文集	马茂元
汉书窥管	杨树达
欧化东渐史	张星烺
西域史地考古论集	黄文弼
中国疆域沿革史	顾颉刚　史念海
先秦诸子系年	钱　穆
古器物中的古代文化制度	徐中舒
中国社会之史的分析 （外一种：婚姻与家族）	陶希圣
唐代长安与西域文明	向　达
古代神话与民族	丁　山
小屯、龙山与仰韶	梁思永
中国史纲	张荫麟
岳飞传	邓广铭
胡惟庸党案考	吴　晗
等不等观杂录	杨文会
欧阳竟无内外学	欧阳竟无
中国佛教史	蒋维乔

《中华现代学术名著丛书》已出书目

【第一辑　四十种】	
马氏文通	马建忠
国故论衡	章太炎
王国维文学论著三种	王国维
吴梅词曲论著四种	吴　梅
中国中古文学史 汉魏六朝专家文研究	刘师培
中国文学批评史（上、下）	郭绍虞
甲骨文字释林	于省吾
中国俗文学史	郑振铎
汉语语音史	王　力
红楼梦辨	俞平伯
中国韵文史	龙榆生
汉魏六朝诗论丛	余冠英
台湾通史（上、下）	连　横
秦汉史	吕思勉
中国史学史	金毓黻
史学要论	李守常
中国通史简编（上、下）	范文澜
国史大纲（上、下）	钱　穆
中国史纲（一、二卷）	翦伯赞
春秋史	童书业
魏晋南北朝史论丛	唐长孺
明清社会经济史论文集	傅衣凌
西夏史稿	吴天墀
中国伦理学史（外一种）	蔡元培
新唯识论	熊十力
东西文化及其哲学	梁漱溟
科学与玄学	罗志希
中国艺术精神	徐复观
论逻辑经验主义	洪　谦
九朝律考	程树德
比较宪法	王世杰　钱端升
中国法律与中国社会	瞿同祖
中国民治论	鲍明钤
中国官僚政治研究	王亚南
通货新论	马寅初
中国经济思想史	唐庆增
中国厘金史	罗玉东
北平生活费之分析	陶孟和
论社会学中国化	吴文藻
第四种国家的出路	吴景超
【第二辑　三十种】	
目录学发微　古书通例	余嘉锡

他已经和所谓“法家”的意见相接近；同时，他之能充任孔丘、孟轲与韩非、李斯之间的桥梁，在这里也能充分的表现出来。这在所谓“儒家”学说发展过程上的变化，是有其重要意义的。

话又说回来，荀卿认为，为适应当时“治于人者”反抗、骚动的严重情势，特别要使用严酷的刑罚去镇压。《荀子·正论》篇说：

> 轻其刑，然则是杀人者不死，伤人者不刑也。罪至重而刑至轻，庸人不知恶矣，乱莫大焉。凡刑人之本，禁暴恶恶，且征其未也。
>
> 夫征暴诛悍，治之盛也。杀人者死，伤人者刑，是百王之所同也……刑称罪则治，不称罪则乱。故治则刑重，乱则刑轻。犯治之罪固重，犯乱之刑固轻也。

其次，他认为有“势”然后名亦得而正也。不过他之所谓“正名”，一方面是属于其逻辑学，这里不具论；一方面便是正其礼义法度以及言谈思想等。

他认为“邪说辟言”是妨碍“正名”，破坏“礼义”“法度”的。所以他主张不与争辩，由统治者应用“势”，即强制权力去制裁；易言之，他主张统制思想和言论，主张愚民政策。荀卿不知当时社会的纷乱即封建主衰落期的阶级矛盾，是发生于社会自身内在矛盾的根基上，反而归罪于被派生的学说，这真是历史上统治者一贯无智的地方。荀卿说：

> 凡邪说辟言之离正道而擅作者，无不类于三惑者矣。故明君知其分而不与辨也。夫民易一以道，而不可与共故，故明君

临之以势，道之以道，申之以命，章之以论，禁之以刑。（《正名》篇）

后来荀卿的门徒李斯，便依照这一主张在秦国实行起来。因为在荀卿的当时，“治于人者”的反抗思想相当发展，他认为这尤其是应该禁止的；其次，凡不同于他的主张，或其言论不符合于封建领主集团利益的，他也认为同属危险物。《荀子·正名》篇又说：

今圣王没，天下乱，奸言起。君子无势以临之，无刑以禁之，故辨说也。

他而且认为异说纷起，是由于统治者没有运用其权力去禁止才发生的现象。从而他以为临之以势，禁之以刑，统制是能够实现的。《荀子·非十二子》篇说：

一天下，财万物，长养人民，兼利天下。通达之属，莫不从服，六说者立息，十二子者迁化。则圣人之得势者，舜禹是也。今夫仁人也，将何务哉？上则法舜禹之制，下则法仲尼、子弓之义，以务息十二子之说。如是则天下之害除，仁人之事毕，圣王之迹著矣。

故凡所谓“六家”“十二子”的学说，他认为都应在禁止之列。不过荀卿不懂得，“六家”“十二子”的书籍、学说，即使能用强制权力去禁止其流行，“六家”“十二子”的学人，即使能用严刑酷罚去威胁、利诱、杀戮、监禁，但又有何种方法去禁止人民的思想呢？此殆异世而同技者也。历史上,只有先进阶级的革命的思想能发挥雷霆万钧之势的威力去逐步排除反动的、落后的思想;除非革命思想或进步思想还没有其存在的社会依据,否则是不可能为反动思想战胜的,更不可能为任何反动的或保守的力量所根绝。但反动阶级的倒行逆施,却产生阻碍社会前进的作用。

第五章　统一封建阶级各学派的韩非学说

一　韩非传略及其学说产生的社会条件

《史记·老子韩非列传》说:“韩非者,韩之诸公子也。”由韩非到司马迁的时代较近,可信文献亦较多,此语当可无疑。其生年今无可考;惟其卒年,据《史记·秦始皇本纪》云:“十四年……韩非使秦,秦用李斯谋留非,非死云阳。”按始皇十四年适当公元前二三三年;《老子韩非列传》亦云:“[非]与李斯俱事荀卿,斯自以为不如非。”是韩非与李斯为同时代人,为“先秦”最晚出的学者。

其著作,班固《汉书·艺文志》称《韩非子》五十五篇,与今本同。《隋书·经籍志》子部:“法家”《韩非子》二十卷。《旧唐书·经籍志》以下所称《韩非子》卷数,俱与《隋书》同。但司马迁说韩非著有“《孤愤》《五蠹》《内外储》《说林》《说难》十余万言”。又说:“秦王见《孤愤》《五蠹》之书”。因其所举篇名仅《孤愤》等五篇,故自宋王应麟以来,多有疑今本《韩非子》非全出其所著者,此种见解,殊为重要;惟今本《韩非子》亦不过十余万言,而司马迁所云各篇合计则不过万数千言耳。余因疑迁文在篇名下应尚有一

“等”字。其次,无论今本《韩非子》各篇是否有后人编入者,而其相互之理论,固有其一贯体系,殆显而易见。

韩非的阶级性,司马迁既谓其为“韩之诸公子”,是其出身,系属旧封建主家世;但其政治理论,又系代表较进步之新兴地主-商人阶层的要求。这似属矛盾,尤其在机械论者,对这种问题是完全无法解决的。实际上,历史上各阶级的代言人或代理人,并不固定于其出身,而在于他的思想行动为何种阶级服务。而况在战国末期,在新兴地主农业经营组织技术的基础上,表现着较进步的生产力;而旧封建主则反而感受劳动力的缺乏,因而旧封建主多有转而采取新兴地主之经营形态,此尤其在秦国为最平凡之现象。韩与秦接近,此种事实亦甚显著。而且由封建主经济到新兴地主的经济,虽有其自身的一步前进,但并无质的变易,——有的,只是部分的——而只是形式的变易。同时,这也只在表现旧封建主经济向着新兴地主经济的经营形态下而被统一之一过渡形式。而适应这种较进步的生产力的生产关系,虽较前此有着部分的变化,而其本质则是一致的。韩非在这种社会形势下,从封建阶级的立场出发,一面承袭新兴地主这一社会阶层的理论遗产,并适应于其时的具体情况,而予以发展;一面承袭其师荀卿的理论——即封建主集团的理论,而予以扬弃,使之符合于前者。同时,因为意识形态也是随着社会变迁而为活生生的发展的,所以代表没落贵族的老庄哲学,他也吸收了一些因素,把它溶化于其理论体系内。韩非在这种基础上,完成了新兴地主政治理论的体系——把从来封建阶级内部各阶层的学说统一起来。

但是韩非溶化他们,同时又否定他们。这是社会意识形态发展的必然规律。所以他一面承袭荀卿,把荀卿的经验论发展为“参验”论与“利己”主义，把荀卿的“礼义”“法度”发展为法治论，并承袭荀卿的“势”和统制思想言论的主张，而发挥为帝王的南面术；一面又从否定“儒者用文乱法”（《老子韩非列传》）的“人治主义”出发而否定“儒家”；一面承袭“法家”的精神，一面又批评其缺陷，说商鞅只了解“法”，申不害只了解“术”（均见《定法》篇），慎到只了解“势”的功用（见《难势》篇）；一面承袭老庄的“无为”，而应用于帝王南面术的解释上，同时又利用老庄的思维方法而达到其“参验”主义的认识论；一面却否定老庄的“虚无”主义和相对论。不过韩非不是把各派思想混合，而是在其时历史的条件下，创立其自己的体系。

因而韩非的学说，在中国封建社会的学术史上，担荷了一个“继往开来”的任务。

二　“参验”主义的认识论

韩非在《解老》《喻老》两篇中，把老聃的唯心主义转化为带有唯物主义倾向的“参验”主义。在老聃理论体系中的“道”，是“玄之又玄”的东西；韩非却把它解释为帝王的“南面术”——“理”。他说：“道者，万物之始，是非之纪也。是以明君守始以知万物之源，治纪以知善败之端。”（《主道》）他虽也说“道”是“万物之始”，但已不同于老聃的解释，而是作为万物之发生的“理”在解释，——虽然，这在究极上，仍未能完全除去其神秘的意味。韩非之所以未能完全从唯心主义的阵营中逃出来，也正在这里。

因而在老聃，本确认“是非”是相对的，他却认为“是非”是有绝对性的，例如他说：

故不相容之事，不两立也。（《韩非子·五蠹》）

舜之救败也，则是尧有失也。贤舜则去尧之明察，圣尧则去舜之德化，不可两得也。楚人有鬻盾与矛者，誉之曰："吾盾之坚，物莫能陷也。"又誉其矛曰："吾矛之利，于物无不陷也。"或曰："以子之矛，陷子之盾，何如？"其人弗能应也。夫不可陷之盾，与无不陷之矛，不可同世而立。今尧舜之不可两誉，矛盾之说也。（《韩非子·难一》）

庄周从老聃的辩证主义走到相对论，韩非则恰又偏到另一极端的绝对论，而没能把握矛盾之对立统一的契机。

于此可见，韩非不了解"绝对"和"相对"之关联，而拘泥于形式逻辑。——自然，在另一方面，这正是韩非袭取了墨子的形式逻辑。然而在韩非之所谓"是非"的认识是以什么作出发点呢？他说是从客观的实在的追求上得来的。故曰"虚则知实之情"（《韩非子·主道》）。在这里，他便不能不承认客观的实在性，所以《韩非子·扬权》篇又说："名正物定，名倚物徙。"易言之，概念是随着实在的变易而变易的。他从这里又达到客观实在之常常变动的见解，所以"是非"也当从实在的变动中去追求，故说"静在知动者正"，又说"名倚物徙"。可是这样去求得的"是非"，应是只有其一定时空内之妥当性的相对的"是非"。韩非一方面已达到这种可贵的见解，另一方面和其"是非"之绝对性的见解，却构成其自己的矛盾。

从而他认为对一切问题的说明，都当应用"参验"的方法，才能把握着真理即是非之所在。易言之，即是从现象去论证概念，而不断的去获取新概念和结论，故说"形名参同"，"参伍比物"。但是韩非又认为凡问题在其供"参验"的条件不充分的场合，那便是难于保证其确切性的。例如他说：

> 殷周七百余岁，虞夏二千余岁，而不能定儒墨之真。今乃欲审尧舜之道于三千岁之前，意者其不可必乎？无"参验"而必之者，愚也；弗能必而据之者，诬也。故明据先王必定尧舜者，非愚则诬也。（《韩非子·显学》）

这在一面说，当时保守主义者所拘泥的"尧舜"时代的政治，完全没有经过"参验"的分析，只不过是一种主观的认定，是不可信的。一面说，因为年代的久远，供"参验"的条件已不充分，也是难于证明其确切的。在这里不只表现了韩非的科学态度与疑古精神，并从疑古而转入其反古变法的主张。

他从这种"参验"主义的观点出发，认为对一切事物的认识，都只能从"参验"客观事实着手，才能达到其确切的认识。但是客观事物是变迁无已的，所以由于客观情况的变迁，便不能不引起那与其关联的东西的变迁。从而他认为历史上各种政治形态，生产方式……也都是为适应客观环境的需要而产生的。易言之，从来的客观环境已经变化了，而仍泥守着从来的制度，那当然是不符合实际需要的。《韩非子·五蠹》篇说：

> 世异则事异……事异则备变。

> 上古之世，人民少而禽兽众，人民不胜禽兽虫蛇；有圣人作，构木为巢，以避群害，而民悦之，使王天下，号之曰有巢氏。民食果蓏蚌蛤，腥臊恶臭，而伤害腹胃，民多疾病；有圣人作，钻燧取火，以化腥臊，而民悦之，使王天下，号之曰燧人氏。中

> 古之世,天下大水,而鲧禹决渎。近古之世,桀纣暴乱,而汤武征伐。今有构木钻燧于夏后氏之世者,必为鲧禹笑矣;有决渎于殷周之世者,必为汤武笑矣。然则今有美尧舜鲧禹汤武之道于当今之世者,必为新圣笑矣。是以圣人不期修古,不法常可,论世之事,因为之备。

在这里,他确认历史是进化的,不是一成不变的。同时他认为历史上的圣人,也都是顺应时代而产生的,不有某种时代的根据和条件存在便不能产生某种圣人。因而他把人类社会从开始到他那时代的历史过程,划分为"上古""中古""近世"及"当今"四个阶段;其所谓"上古",适当于中国史之"野蛮时代",所谓"中古",适当于"未开化时代",所谓"近世",适当于奴隶制与初期封建制度时代。这种历史观,在今日看来当然带有根本性的错误,然出之于两千余年以前的学者,却是一种可贵的见解。

因此,韩非一面对荀卿的经验论有一步发展,一面又发展了商鞅的历史观。

韩非从这里,在确证反古变法的历史必然性的根据后,便又进而强调其理论的实践性。《韩非子·心度》篇说:

> 故治民无常,惟治为法(王先谦谓当作"惟法为治",文误倒);法与时转则治,治与世宜则有功。……时移而治不易者乱,能治众而禁不变者削。故圣人之治民治(后一"治"字,系衍文),法与时移,而禁与能变。

这表现韩非对其理论之坚定不移的信仰,确认他的理论和主张,不仅是解救当前局势的唯一出路,而且是有着历史的必然前途的。虽然韩非只是一个改良主义的理论家,而他这种坚定的信心,却是值得后人学习的。

另一方面,韩非的“参验”主义和今日的所谓实用主义,是有其类似处的。例如他说“言古者”是“所利非所用,所用非所利”(《韩非子·五蠹》)。足见韩非的这些观点都是以实利为依归的。从而他又达到社会一切关系都是由个人的利己主义发动而成立的。《韩非子·六反》篇说:

且父母之于子也,产男则相贺,产女则杀之。此俱出父母之怀妊,然男子受贺,女子杀之者,虑其后便,计之长利也。故父母之于子也,犹用计算之心以相待也,而况无父子之泽乎?

这是商人意识的具体表现。在这一点上,他和农民阶级的墨翟派,从阶级利益的矛盾上,反映到意识形态上的尖锐对立。因而韩非从追求实利的利己主义极力去排击墨翟的“兼爱”主义。《韩非子·八说》篇说:

慈母之于弱子也,爱不可为前。然而弱子有僻行,使之随师;有恶病,使之事医。不随师,则陷于刑;不事医,则疑于死。慈母虽爱,无异于振刑救死,则存子者非爱也。

今学者之说人主也,皆求去利之心,出相爱之道,是求人主之过于父母之亲也。此不熟于论恩诈而诬也。(《韩非子·六反》)

[按韩非对“先秦”各派思想,虽皆有所批判,然亦皆有所

取承；惟对墨翟派则根本排斥。前者在表示“治人者”之内部的统一，后者则表示“治人者”与“治于人者”间之矛盾的对立。]

自然，所谓人类的“爱”，也是有其物质基础的。在被统治者的阶级互助特别是社会主义的基础上，人类的“爱”是完全可以实现的；不过墨翟的阶级互助和其社会主义的具体方针，则是原始的、空想的、没有前途的。但在唯利是图的商人阶级，个人利益是第一的，所以在其阶级内部也常常充满了相互的利益冲突和矛盾，所以在父母子女兄弟姊妹间的关系，也要受个人主义的利益支配，所以人类的真“爱”对他们是不可想像的。韩非对墨翟的批评，正说明了这一点。

三 政治论上的三条原理——法、术、势

韩非从其历史理论上确认其改制变法的必然前途，从而基于新兴地主-商人的立场上，承袭从来所谓“法家”的见解，而构成其法治论的体系。认为“法治”是唯一适合“当今之世”的政治要求。他自己在这里，便以识时势的“新圣”自居。从而一面提出法治的必要，一面极力排击当时政治原则上的“人治主义”或贤能政治，即从政治的客观主义上去排击政治的主观主义。例如《韩非子·用人》说：

释法术而任心治，尧不能正一国；去规矩而妄意度，奚仲不能成一轮；废尺寸而差短长，王尔不能半中。使中主守法

术，拙匠执规矩尺寸，则万不失矣。君人者，能去贤巧之所不能，守中拙之所万不失，则人力尽而功名立。

从而进一步驳斥凭“仁义智能”以施政的主观主义政治的危险。故说：“今世皆曰，尊主安国者，必以仁义智能，而不知卑主危国者之必以仁义智能也。”（《韩非子·说疑》）为什么呢？因为那是不合于实际情况或实利的主观的说教，并不能在客观上产生何种实际作用。故他说：

夫婴儿相与戏也，以尘为饭，以涂为羹，以木为胾，然至日晚必归饷者，尘饭涂羹，可以戏而不可食也。……道先王仁义而不能正国者，此亦可以戏而不可以为治也。（《韩非子·外储说左上》）

这是说，“仁义”无异是“尘饭涂羹”之类的东西，对人民的实际生活利益上，不能发生何种真实的作用。而他的所谓“法”，却是根据客观情况产生的。因之，他认为政治上只有“法”的条件是首要，人的条件则是次要的。故说：“吏不必贤，能守吾法而已。”所以只要“法”的条件具备，人的条件不够也是无关治乱的。故《韩非子·五蠹》篇说：

明主之道，一法而不求智，固术而不慕信；故法不败，而群官无奸诈矣。

故明主之国，无书简之文，以法为教；无先王之语，以吏为师；无私剑之捍，以斩首为勇。是境内之民，其言谈者必轨于法，动作者归之于功，为勇者尽之于军。是故无事则国富，有事则兵强。此之谓王资。

在韩非看来，只要维持“法”的效能，便能保持政治的常轨，而获得大的效力。故使“法不败”为政治最高的前提与目的。但是“法”何以“败”呢？在韩非却归咎于游士与各种学说，认为那是发生“乱法”的根源。故说“息文学而明法度，塞私便而一功劳，此公利也”（《韩非子·八说》）。

> 今修文学，习言谈，则无耕之劳而有富之实，无战之危而有贵之尊，则人孰不为也？是以百人事智而一人用力。事智者众则法败，用力者寡则国贫。此世之所以乱也。（《韩非子·五蠹》）
>
> 乱世则不然，主上有令，而民以文学非之；官府有法，民以私行矫之。人主顾渐其法令而尊学者之智行，此世之所以多文学也。（《韩非子·问辩》）

在这一点上，韩非和荀卿一样，只了解存在于当时的“文学”“乱法”的表层现象，而不能把握到这种现象之所以发生的社会根源，不去了解其进步性，而陷入于主观主义的泥沼。自然，这是经验主义只能迷乱于表层现象所必然引出的结论。而韩非的这个主张，却是落后的、反动的，是韩非学说中的最大污点。

然而依照韩非的见解，又怎样去排除倡学说习言谈的学者与游士呢？他除去和荀卿一样主张用“法”去制裁外，同时主张取消他们参加政治的权利。他说：

人主好贤，则群臣饰行以要君欲，则是群臣之情不效。群臣之情不效，则人主无以异其臣矣。（《韩非子·二柄》）

故行仁义者非所誉，誉之则害功；工文学者非所用，用之则乱法。（《韩非子·五蠹》）

这完全由于在当时阶级矛盾的复杂情况下，与新兴地主-商人这一社会阶层的"法治"主义相对立的，一方面有封建主集团的"人治主义"——孔孟学和老庄学，一方面有农民阶级的原始性的社会主义——墨翟学。这在新兴地主-商人代言人的韩非看来，当然都是"乱法"的因素。另一方面，如果事"言谈""文学"的知识分子而肯卑鄙地迎合他们的观点，那却是不在此限的。故说："人主使人臣，虽有智能，不得背法而专制；虽有贤行，不得逾功而先劳；虽有忠信，不得释法而不禁。此之谓明法。"（《韩非子·南面》）

韩非认为在尊重"法"的原则下，即在新兴地主-商人利益的前提下，便可以把其他社会阶层的利益统一起来，而从属于自己。故又说："事遇于法则行，不遇于法则止。"（《韩非子·难二》）从而，他达到政治上的一切去从都以是否符合"法"的精神为转移的结论。《韩非子·大体》篇说：

寄治乱于法术，托是非于赏罚，属轻重于权衡。……不引绳之外，不推绳之内；不急法之外，不缓法之内。

但是他之所谓"法"是什么呢？他说："法者，编著之图籍，设之于官府，而布之于百姓者也。……是以明主言法，则境内卑贱，莫不闻知也。"（《韩非子·难三》）因之，韩非又是主张公布的成文法的。

最后他解释“法”的适用范围是超越身分和亲疏而一同有效的。《韩非子·备内》篇说：

上古之传言，《春秋》所记，犯法为逆以成大奸者，未尝不从尊贵之臣也。而法令之所以备，刑罚之所以诛，常于卑贱。是以其民绝望，无所告诉。大臣比周，蔽上为一。

《韩非子·有度》篇说：

刑过不避大臣，赏善不遗匹夫。

这在一方面，表现其否定从来亲亲的宗法制与世系固定的等级身分制之“法”的政治意义。这正是在适合新兴地主-商人的情况下，要求宗法制不受原来家系特权的约束，人的等级身分，不为家族世系所固定。另一方面，话虽如此说，然对于农民阶级，当然仍是例外的。

其次的一个问题，便是虽有善法，然如奉法的官吏而乱法或饰法为非，那又有什么保证呢？韩非从这里转入到他之所谓“术”。故他批评商鞅说：仅有法，“然而无术以知奸”，“主无术以知奸也，虽十饰其法，人臣反用其资。……法虽勤饰于官，主无术于上……”（《韩非子·定法》）。所以为防止官吏饰“法”为非，“术”对于“人主”便成为必要了。可是“术”是什么呢？在韩非，那便是“人主”驾驭臣下的“南面术”。《韩非子·难三》篇说：

术者，藏之于胸中，以偶众端，而潜御群臣者也。……用术，则亲爱近习莫之得闻也。

“人主”有“术”便能察知“群臣”之忠奸，从而又驾驭“群臣”。在韩非之所谓“术”的原则下，第一，“群臣”有不尽职责与超越职责者均当处罚。《韩非子·二柄》篇说：

> 昔者，韩昭侯醉而寝；典冠者见君之寒也，故加衣于君之上。觉寝而说，问左右曰：“谁加衣者？”左右对曰：“典冠。”君因兼罪典衣，杀典冠。其罪典衣，以为失其事也；其罪典冠，以为越其职也。……故明主之畜臣，臣不得越官而有功，不得陈言而不当；越官则死，不当则罪。

这里有着严密的分工任职的原则性和纪律性，是有着科学的内容的。虽然，在韩非只是作为“南面术”在了解（后来像曹操之流便更把它降低而了解为“权术诡诈”）。所以韩非只晓得反对代替和包办，而不肯非难对自己的职务以外的事情漠不关心的不对，也不肯同时提出对他人职务帮助的必要。

其次，“群臣”之“功”“名”“言”“事”不相当者也要严予处罚。《二柄》篇说：

> 人主将欲禁奸，则审合刑名者，言与事也。为人臣者陈而言，君以其言授之事，专以其事责其功。功当其事，事当其言，则赏；功不当其事，事不当其言，则罚。故群臣其言大而功小者则罚，非罚小功也，罚功不当名也；群臣其言小而功大者亦罚，非不说于大功也，以为不当名也，害甚于有大功，故罚。

这是说，人君应该奖励那些言行一致、名实如一的实行家；应该责罚那些投机取巧、言过其实的空谈家；也应该责罚那些不近人情、沽名钓誉的伪君子。

因而韩非的“术”就是帝王使用人才的问题。其中有不少积极的因素，但在封建帝王的手中，却不能发挥积极的作用，而只是使权力完全集中于人主，归结为“中世”的专制主义。“群臣”在“动辄招尤”的束缚下，自然便严守功令，再不敢对帝王有何反抗，甚至不敢有何原则的争执。

因而韩非之所谓“术”，便是“人君”持以驾驭官吏守法奉令的手段。不过在他看来，“术”若不伴随着“法”的有效性，也是没有效力的。所以他批评申不害说：“故托万乘之劲韩，十七年而不至霸王者，虽用术于上，法不勤饰于官之患也。”（《韩非子·定法》）然而怎样才能保证“法”能发生“有效性”而不致成为具文呢？韩非从这里便转入到他的所谓“势”。

因之，韩非认为在仅有“法”与“术”的两个原则下，若是缺乏强制权力（势），“人君”虽有驾驭“群臣”的“术”，也不能保证“群臣”服从其管理；同时，虽有“法”，但人民若不奉法，也不能保证“法”的效力的实现。故此他认为“势”是特别必要的。《韩非子·奸劫弑臣》篇说：

人主者，非目若离娄，乃为明也，非耳若师旷，乃为聪也。不因其数，而待目以为明，所见者少矣，非不蔽之术也；不因其势，而待耳以为聪，所闻者寡矣，非不欺之道也。明主者，使天下不得不为己视，使天下不得不为己听。故身在深宫之中，而明照四海之内，而天下弗能蔽弗能欺者，何也？暗乱之道废，而聪明之势兴也。故善任势者国安,不知因其势者国危。

《韩非子·五蠹》篇说:

鲁哀公,下主也,南面君国,境内之民,莫敢不臣。民者固服于势,势诚易以服人,故仲尼反为臣,而哀公顾为君。仲尼非怀其义,服其势也。故以义则仲尼不服于哀公,乘势则哀公臣仲尼。今学者之说人主也,不乘必胜之势而务行仁义则可以王,是求人主之必及仲尼,而以世之凡民皆如列徒,此必不得之数也。

《韩非子·显学》篇说:

夫严家无悍虏,而慈母有败子。吾以此知威势之可以禁暴,而德厚之不足以止乱也。

更明白的说,"术"与"势"的关系是这样的:"国者,君之车也,势者,君之马也。无术以御之,身虽劳犹不免乱;有术以御之,身处佚乐之地,又致帝王之功也。"(《韩非子·外储说右下》)然而"势"与"法"的关系又是怎样呢?韩非认为这种势(权力)如操在庸人手中,也足以乱法祸国。然而贤人千百世而一出,庸人为人主也是千世而一遇的;而为人主者,从来总是中人之资的人多。故权力(势)是为"中人"而设的。但若在人治主义的原则下,"中人"的"势"也必然会引发祸乱,故"法"与"势"是不能分离的。所以他在《韩非子·难势》篇抨击"人治主义"者说:

吾所以为言势者，中也。中者，上不及尧舜，而下亦不为桀纣，抱法处势则治，背法去势则乱。今废势背法而待尧舜，尧舜至乃治，是千世乱而一治也；抱法处势而待桀纣，桀纣至乃乱，是千世治而一乱也。且夫治千而乱一，与治一而乱千也，是犹乘骥駬而分驰也，相去亦远矣。夫弃隐栝之法，去度量之数，使奚仲为车，不能成一轮。无庆赏之劝，刑罚之威，释势委法，尧舜户说而人辩之，不能治三家，夫势之足用亦明矣。

在这样“人主”权威过大的情势下，韩非也认为要“人主”必须是虽“上不及尧舜，而下亦不为桀纣”，才能望其“守法”；否则，仍难保其不“乘势”“乱法”的。所以韩非在这里，虽一面抨击“人治主义”，同时他自己却也陷在“人治主义”的漩涡中。然这也说明他的政治学说，是和中世专制主义政治相适应的。

最末，韩非为欲补救其理论上的这一缺陷，又解释他的所谓权力(势)是适应于“法”的要求而创造出的权力，并不是“人治主义”下的“自然”发生的权力。——自然，在人治主义下的权力，也不是自然发生的。故他在《韩非子·难势》篇继续又说：

势必于自然，则无为言于势矣。吾所为言势者，言人之所设也。今曰尧舜得势而治，桀纣得势而乱，吾非以尧舜为不然也。虽然，非一人之所得设也。夫尧舜生而在上位，虽有十桀纣不能乱者，则势治也；桀纣亦生而在上位，虽有十尧舜而亦不能治者，则势乱也。故曰：“势治者则不可乱，而势乱者则不可治也。”此自然之势也，非人之所得设也。若吾所言，谓人之所得设也。若吾所言，谓人之所得势也而已矣。

因之，在韩非政治学中的“法”“术”“势”三条原则，显然是从申、商、慎承袭而来的；但并不是三者的牵合，而是三者的发展。在韩非，这三者是不可分离的形成其政治理论的全体系；同时在三者之中是以“法”为中心，“术”和“势”便都不过是行使“法”的必要条件。

现在再来研究一下韩非所解释的“赏罚”，即“法”的执行工具。这在韩非，有着两方面的作用：一为“人主”持之以“御群臣”，而课其勤“法”，罚其违“法”；一为官吏奉之以发挥统治作用。故《韩非子·定法》篇说：

> 公孙鞅为法术者，因任而授官，循名而责实；操杀生之柄，课群臣之能者也。此人主之所执也。法者，宪令著于官府，刑罚必于民心，赏存乎慎法，而罚加乎奸令者也。此臣之所师也。
>
> 君无术，则弊于上；臣无法，则乱于下。此不可一无，皆帝王之具也。

很明白，韩非是以赏罚去执行“法”、维系“法”、提高“法”的效能的。意谓“天下”惩于赏罚，必无敢违法。从而并主张厚赏重罚。故《韩非子·六反》篇说：

> 且夫重刑者，非为罪人也，明主之法揆也。治贼非治所揆也。所揆也者，是治死人也。刑盗非治所刑也。治所刑也者，是治胥靡也。故曰：重一奸之罪而止境内之邪，此所以为治也。重罚者盗贼也，而悼惧者良民也。欲治者，奚疑于重刑？若夫厚赏者，非独赏功也，又劝一国。受赏者甘利，未赏者慕业。是报一人之功而劝境内之众也。欲治者，何疑于厚赏？

夫奸必知则备，必诛则止；不知则肆，不诛则行。夫陈轻货于幽隐，虽曾史可疑也；悬百金于市，虽大盗不取也。不知，则曾史可疑于幽隐；必知，则大盗不取悬金于市。故明主之治国也，众其守而重其罪，使民以法禁而不以廉止。母之爱子也倍父，父令之，行于子者十母；吏之于民无爱，令之行于民也万父母。父母积爱而令穷，吏用威严而民听从。严爱之策，亦可决矣。

《韩非子·内储说上》篇说：

公孙鞅之法也，重轻罪。重罪者，人之所难犯也；而小过者，人之所易去也。

在这种意义下面的赏罚，设若伪者受赏而诬者被罚，便会完全要丧失其本来意义的。因之韩非在这一点上，又认为赏罚必须要当于是非与公利，否则，并将招致相反的影响。故《韩非子·八经》篇说：

刑之烦也，名之缪也。赏誉不当则民疑。民之重名与其重赏也均。赏者有诽焉，不足以劝；罚者有誉焉，不足以禁。明主之道，赏必出乎公利，名必在乎为上。赏誉同轨，非诛俱行。然则民无荣于赏之内，有重罚者必有恶名，故民畏罚，所以禁也。民畏所以禁，则国治矣。

赏罚不当，为什么能引出这样严重的后果呢？因为“民之急名，甚其求利”（《韩非子·诡使》）。也故如罚者受誉，则罚反足以劝犯；如赏者受毁，则赏适足以劝滥。因此，行使赏罚必须慎重而恰当，必须要适合于“公利”的原则标准。

但是，“人主”基以定“赏罚”、是非、毁誉等等的标准……假若不得天下人的公认，易言之，“人主”以为是者，或反以为非，人主以为誉者，或反以为毁，这种社会是非的分歧，又怎样去解决呢？韩非在这里，也师承荀卿，主张用严格的手段去统一思想言论，确定一个绝对是非毁誉的标准。《韩非子·六反》篇说：

> 畏死远难，降北之民也，而世尊之曰“贵生之士”；学道立方，离法之民也，而世尊之曰“文学之士”；游居厚养，牟食之民也，而世尊之曰“有能之士”；语曲牟知，伪诈之民也，而世尊之曰“辩智之士”；行剑攻杀，暴憿之民也，而世尊之曰“廉勇之士”；活贼匿奸，当死之民也，而世尊之曰“任誉之士”。此六民者，世之所誉也。赴险殉诚，死节之民也，而世少之曰“失计之民”也；寡闻从令，全法之民也，而世少之曰“朴陋之民”也；力作而食，生利之民也，而世少之曰“寡能之民”也；嘉厚纯粹，整谷之民也，而世少之曰“愚戆之民”也；重命畏事，尊上之民也，而世少之曰“怯慑之民”也；挫贼遏奸，明上之民也，而世少之曰“谄谗之民”也。此六者，世之所毁也。奸伪无益之民六，而世誉之如彼；耕战有益之民六，而世毁之如此。此之谓六反。

从而韩非主张用严刑酷罚去消除前六者，用赏与奖励去激劝后六者。企图把统治者主观的是非、毁誉绝对化。强制人民去服从他们的是非。这种无知的滑稽剧，殆古今中外而同出一辙者也。

现在再略为提述一下韩非的集权论。这是从新兴封建地主阶层的政治立场出发，对旧封建主地方分散性、区域封锁性政治形式的否定。这是和慎到、商鞅应用了同一逻辑，而达到同一的结论，不过韩非的见解更形明确罢了。《韩非子·爱臣》篇说：

> 是故诸侯之博大，天子之害也；群臣之太富，君主之败也。……昔者，纣之亡，周之卑，皆从诸侯之博大也；晋之分也，齐之夺也，皆以群臣之太富也。……是故大臣之禄虽大，不得借威城市；党与虽众，不得臣士卒。故人臣处国无私朝，居军无私交，其府库不得私贷于家。

这是从其"法""术""势"三个原则上所必然引出的结论。

韩非的这种政治理论，在此后专制主义的政治体制上，曾尽了一个长时间的指导作用。

四　利己主义的经济论

韩非一面从新兴地主-商人的实际生活和思想意识出发，一面则从当时社会一般生活的现象出发，经过其"参验"主义的逻辑，而达到人类都有其自私自利的天性之一结论。故说：

> 且父母之于子也，产男则相贺，产女则杀之。此俱出父母之怀妊，然男子受贺，女子杀之者，虑其后便，计之长利也。故父母之于子也，犹用计算之心以相待也，而况无父子之泽乎？（《韩非子·六反》）

但是这样自私自利的人群，如何能组成社会呢？人人都追逐私利，“互利”的观念便不能不受着排斥。社会人人都从私利的立场出发，则人与人的关系怎样维系呢？韩非在这一点上，认为一方面只有用“法度”去制限各人自私自利的范围，调整私利的人与人的关系。在他，“法”和政治权力之强制性，也正是从这里获得解释的。一方面应当顺应人类的天性，在“法”的制限下，允许其利己主义的发展。故说：

上古竞于道德，中世逐于智谋，当今争于气力。（《韩非子·五蠹》）

不能具美食而劝饿人饭，不为能活饿者也；不能辟草生粟而劝贷施赏赐，不为能富民者也。今学者之言也，不务本作而好末事，知道虚圣以说民。此劝饭之说……明主不受也。（《韩非子·八说》）

在承认利己主义的原则下，他认为贫穷之民，都由于其自身“侈惰”的结果；而富民则由于其“力强”经营的结果。因此为戒除“侈惰”，反而不能不扶植利己主义，奖励“富民”，压制贫穷；便不能不免征富民的税纳，把税敛全向贫穷去征取。《韩非子·显学》篇说得明白：

今世之学士，语治者多曰：“与贫穷地，以实无资。”今夫与人相若也，无丰年旁入之利，而独以完给者，非力则俭也；与人相若也，无饥馑疾疢祸罪之殃，独以贫穷者，非侈则惰也。侈而惰者贫，而力而俭者富。今上征敛于富人，以布施于贫家，是夺力俭而与侈惰也。而欲索民之疾作而节用，不可得也！

因而所谓国家的权力，便是为保护富人而设的。韩非的这种说教，充分说明了他自己所担荷的政治任务。其后的地主阶级，也正是这样去隐蔽剥削本质，解释其财产的来源。

由利己的人人所组成的国家，也便不能不归结为功利主义。易言之，功利主义之于国家，即是人人的利己主义的延长。因而在韩非理论体系中的国家，便也是功利主义的。例如他说：

明主听其言，必责其用；观其行，必求其功。（《韩非子·六反》）

国有无功得赏者，则民外不务当敌斩首，内不急力田疾作；皆欲行货财，事富贵，为私善，立名誉，以取尊官厚俸。故奸私之臣愈众，而暴乱之徒愈胜，不亡何待？（《韩非子·奸劫弑臣》）

博习辩智如孔墨，孔墨不耕耨，则国何得焉？修孝寡欲如曾史，曾史不攻战，则国何利焉？（《韩非子·八说》）

故国家的功利主义，虽则是人人利己主义的延长；然违反国家功利主义原则的人人的利己活动，韩非也认为应该要排除。因他认为个人的利己主义，要在国家功利主义的原则下才能存在。韩非这种利己主义或功利主义的思想，虽则对于社会主义的集体主义来说，是落后的、反动的；然对于封建的保守主义或奴隶主义来说，却是进步的；在他的当时，也是一种进步的思潮。

第六编　专制主义的封建制初期政治思想各流派及其演变

由战国到秦汉之际，是中国封建主义发展过程中之一大转换点，由初期封建主义的封建领主支配过渡到封建地主的支配，而转入专制主义的封建时期，亦即我从前所谓变种的封建制时期。这两者政治形式上的歧异，在前期，是个别封建主分封的政治、经济、军事诸权力的支配，而成为许多等级从属的其内部又形同独立的小“国”或半国家性的国家；在后期，由于地主点面交叉的土地占有形态，而形成郡县的组织，及全国性之表面统一形式的国家和专制主义的政权。这期间——由战国到秦汉之际，正是封建地主成为支配的统治阶层的开始。

在这时期前，新兴封建地主这一社会阶层，为争夺政治上的统治地位，其代言者便极力攻击旧封建主封锁性的领邑组织、身分、爵位、职务之固定的家系世袭，以及其提倡的仁义道德和人治主义；但到其自身在秦国的政治、经济上获得统治地位后，其表现在意识形态上的东西，也随同改变。原先所批评的东西，现在复与以部分的肯定；原先作为对旧封建主斗争的理论，现复与以部分的否定。另一方面，在政治上，还须和残存的六国旧封建主进行阶级内部的火并。《吕氏春秋》所代表的政治思想，便是从这种立场上出现的。

随着秦汉之际的社会大骚乱，到地主阶级政权在汉代得到重新确定后，一面承袭其在秦代所未曾实现的要求，一面又因长期混乱而引出两个严重现象：一是旧封建主势力的“回光返照”（如项羽一群的活动），一是人口的死亡、逃散，劳动力的缺乏和生产衰落。实现其前此未曾实现的政治要求，复苏劳动人口，恢复社会生产，便成了他们当时的两大要求。因而在形式上具有申、商“黄、老”色彩的陆贾、贾谊以至《淮南子》的政治思想，便都顺应着这种要求而出现了。

到汉武帝时代，不独代封建主而起的地主阶级的政治要求已完全实现，而又表现劳动人口的增多和生产发展。因之，在其意识形态上，便形成一套新的儒学的理论体系，而有所谓“汉代孔子”董仲舒学说的出现。易言之，到汉武时代（公元前一四〇—前八七年），旧封建主的政治势力，从项羽和六国后裔失败后，已完全消逝。公元前一五四年吴楚等七国的叛乱削平后，诸侯王和列侯，也只存在着空名了；长期的农民暴动，以及由此展开的“治人者”和“治于人者”间的对立斗争，已归于缓和，被残破的生产力已得到恢复和发展；一言以蔽之，由“战国”末期以来的地主-商人的改良运动，或者说社会“部分的”质变，即完成了由诸侯割据的分散封建制到大一统的专制主义封建制的转化。因而，也构成地主阶级意识形态的一个大转换；由社会“部分的”质变而引起的改良思想，转入到调和思想，由动的观点转入静的观点，由改良主义转入保守主义，由《吕氏春秋》至董仲舒，也完成了这种意识形态的转化过程。于是便产生了董仲舒的“大一统”的政治学说。董仲舒于是一方面对其前驱者的学说，作了一个总结；一方面，便成了中国地主阶级的政治学说——儒家学的一代大师。

随着地主阶级经济的衰落，到前汉末期（公元前五十年代间），便又展开了“治人者”和“治于人者”两者的矛盾。于是在地主集团的自救运动中，一面又出现刘歆的复古主义。这在地主阶级的内部，并曾反映为今古文派的斗争，即反映着贵族地主和商人地主以及中小地主的斗争。

经过前汉末的社会大骚乱，到地丰阶级政治复活的后汉（后汉始自公元二十五年），农民和地主间阶级斗争的形势，特别在土地问题上，虽暂时获得表面的缓和，然入到二世纪以后，矛盾之内在的发展却益为深刻了。因而一面在地主阶级的立场上，产生了王符、仲长统等人的学说，一面便孕育出反映了农民一些要求的王充学说。

后汉的政权，显然是以商人地主为支柱而成立起来的。南阳在前汉末，已成为全国商人地主的集中地区，《汉书》所谓颍川、南阳"其俗……好商贾、渔猎时迁"（《地理志》）。刘秀便是这种商人地主的一个巨擘，如《后汉书·光武帝纪》云："光武避吏新野，因卖谷于宛。宛人李通以图谶说光武……遂与定谋。"这是十分明白的。

在贵族大地主复古的政权（以王莽为首的政权）树立后，商人地主便以南阳一带为策动地，酝酿反贵族地主的政治活动。贵族地主的复古运动，和中小地主的利益也有矛盾，所以商人地主的反复古运动，是和中小地主合作的。同时，他们和农民军在反对"新莽"政权这一点上，有其对立物的统一性，便利用符谶①等等欺骗勾当去笼络农民军，把一部分农民军拉到其自己的周围。因而贵族地主的复古运动，忽促间便归于消灭了。

同时，因为在战争中，地主和农民人口都有大量死亡、逃散，许多农民得到土地，刘秀又把某些边隅土地给予农民领袖，以缓和阶级间的矛盾。于是地主阶级的政权得重新巩固起来。因此，社会经济，乃由恢复而有了某些方面的发展。政治权力主要操在商人

① 在前汉成帝末，有一位地主甘忠可曾伪造所谓《天官历》《包元太平经》十二卷，内有云："汉家逢天地之大终，当更受命于天，天帝使赤精子下教我此道。"到刘秀时，这一群商人地主便利用这种符谶起兵；又伪造所谓《赤伏符》云："刘秀发兵捕不道，四夷云集龙斗野，四七之际火为主。"利用符谶作欺诱农民的种种阴谋勾当，不一而足。

地主的手中，复古失败后的贵族大地主一时在政权上丧失了重要作用。经济上也表现着商人地主的优越地位，例如王符《潜夫论》云："今举世舍农桑，趋商贾，牛马车舆填塞道路，游手为巧充盈都邑。治本者少，浮食者众。商邑翼翼，四方是极。"(《潜夫论·浮侈》)因而他们在社会经济上的力量，便达到"收税与封主比入"(见《后汉书》桓谭语)的情形。从此加强了官僚、地主、商人三位一体在后期封建制中的支配地位。

但是，在复古运动失败后的贵族大地主，为自身利益的挣扎，也不断表现其对商人地主的反攻。这又反映为今古文派的斗争之延续。当权的商人地主，在政治理论上，完全继承前汉的经今文学；对于经古文学，则与以取缔，例如：

> 帝(光武)以敏博通经记，令校图谶，使蠲去崔发所为王莽著录次比。敏对曰："谶书非圣人所作，其中多近鄙别字，颇类世俗之辞，恐疑误后生。"帝不纳。敏因其阙文增之曰："君无口，为汉辅。"帝见而怪之，召敏问其故。敏对曰："臣见前人增损图书，敢不自量，窃幸万一。"帝深非之。虽竟不罪，而亦以此沉滞。(《后汉书·尹敏列传》*)

其实，经古文学家因非难谶纬而获罪而"沉滞"者，正不只尹敏一人；如郑兴以"不为谶"，亦险踏"非圣无法"之斥；甚至后来主张经今古文学合流的桓谭，以于光武帝时上书有云："观先王之所记述，咸以仁义正道为本，非有奇怪虚诞之事。盖天道性命，圣人所

* 《尹敏传》在《后汉书·儒林列传第六十九上》。——编者

难言也”(《后汉书·桓谭冯衍列传》),而严遭呵斥。

然以后,又因贵族地主、中小地主在经济和政治的地位上,表现为商人地主的从属,所以桓谭等人的后来著作中,便表现着今古文学并重的主张。

地主阶级的经济到二世纪,大地主-商人经济势力的畸形发展,一面表现地主阶级手中的土地财富之集中,一面伴随而来的便是社会普遍的穷乏。许多自耕农、半佃农甚至一些中小地主失掉土地,好多农民“卖妻鬻子”。据历史所载,这到后汉末年,曾发展为如次之情形:

> 豪人之室,连栋数百,膏田满野,奴婢千群,徒附万计。船车贾贩,周于四方。废居积贮,满于都城。琦赂宝货,巨室不能容;马牛羊豕,山谷不能受。(《后汉书·仲长统列传》引《昌言·理乱》篇)
>
> 井田之变,豪人货殖,馆舍布于州郡,田亩连于方国。身无半通青纶之命,而窃三辰龙章之服;不为编户一伍之长,而有千室名邑之役。荣乐过于封君,势力侔于守令。财赂自营,犯法不坐;刺客死士,为之投命。至使弱力少智之子,被穿帷败,寄死不敛;冤枉穷困,不敢自理。虽亦由网禁疏阔,盖分田无限使之然也。(《后汉书·仲长统列传》引《昌言·损益》篇)
>
> 诸侯不专封,富人名田逾限,富过公侯,是自封也。大夫不专地,人卖买由己,是专地也。(荀悦《申鉴·时事》)

在这种情势下,社会内在的矛盾,已到了很尖锐的情势。农民叛乱的序幕,又重新揭开了。因而地主阶级的各阶层为期挽回其阶级的命运，在镇压被统治者这一共同的立场上，而进行其内部关系的调协，因而反映在意识形态上的经今古文学派也便合流了。这在荀悦和郑玄等人的思想中表现得很明白。例如荀悦说：

> 仲尼作经，本一而已。古今文不同，而皆自谓真本经。古今先师，义一而已，异家别说不同，而皆自谓古今。仲尼邈而靡质，昔先师殁而无闻，将谁使折之者？秦之灭学也，书藏于屋壁，义绝于朝野，逮至汉兴，收摭散滞，固已无全学矣。文有磨灭，言有楚夏，出有先后。或学者先意有所借定，后进相友，弥以滋蔓。故一源十流，天水违行，而讼者纷如也。执不俱是，比而论之，必有可参者焉。（《申鉴·时事》）

郑玄也是以这种原则去注经解经。

和地主阶级的政治学说相对立的，继王充以后，在后汉末，便表现为“太平道”和“五斗米道”的行动纲领，体现了农民阶级的政治思想和主张。

然“太平道”和“五斗米道”，在地主阶级的暴力、威诱，以及张鲁等人出卖群众的情况下，农民暴动把“后汉”政权粉碎后，其政治组织却随着解体了。然而存在于社会内部的矛盾，却没有因此而得到解决，也不可能得到解决；“太平道”和“五斗米道”的大集团，虽然瓦解了，却转化为分散的小集团，继续其游击性的斗争。地主阶级在阶级斗争和其阶级内部权利冲突的基础上，由“聚众堡垒”的形式，又扩大为封建集团的互斗，形成为袁绍、袁术、公孙瓒、吕布、刘表、刘焉、曹操、孙坚、刘备等相互火并的局面，最后归结为魏、蜀、吴三国的鼎峙。

第一章　由初期封建制到专制主义封建制转换期之封建地主政治学说的演变

——由《吕氏春秋》到《淮南子》

一　《吕氏春秋》所代表的政治思想

甲　吕不韦传略及《吕氏春秋》的著者

据《史记》，吕不韦，“阳翟大贾人也，往来贩贱卖贵，家累千金”（《吕不韦列传》）。又《吕氏春秋》高诱序云：“吕不韦者，濮阳人也。为阳翟之富贾，家累千金。”《史记》又谓其为秦王政之真父，后为秦丞相，封文信侯，“食河南洛阳十万户”，有“家僮万人”，号仲父。是吕不韦出身于新兴地主-商人阶层，又是这个阶层开始掌握秦国政权的初期代理人。

其生卒年代，据《史记·秦始皇本纪》云，不韦死于始皇十二年，适当公元前二三五年；其生年已不能正确考定；惟据现代一般学者推断，判定其与始皇假父秦太子子楚相遇时，应在三十岁以上，因推定其生年当为公元前二九〇至前二八〇年之间。

《吕氏春秋》的著者，据《史记·吕不韦列传》："不韦乃使其客人人著所闻，集论以为八览、六论、十二纪，二十余万言，以为备天地万物古今之事，号曰《吕氏春秋》。布咸阳市门，悬千金其上，延诸侯游士宾客，有能增损一字者，予千金。"就是说，《吕氏春秋》为不韦幕客所著，这是相当可靠的。但《吕氏春秋》一书，不惟编列相当严密，其理论亦有其一贯系统，且能充分代表其时地主-商人的政治思想，尤合于不韦的身分。予因以为《吕氏春秋》之作，或系不韦授其意趣而由幕客执笔，或系其幕客体念其政治立场、主张、观点和行动而写的。故《汉书·艺文志》"《吕氏春秋》条"注，谓"秦相吕不韦辑智略士作"，最为可信。

其次，司马迁谓《吕氏春秋》之作，一为吕不韦观于信陵、春申、平原、孟尝各君之养士，耻己不如，乃招士厚待之；一为其观于"荀卿之徒著书布天下"，"乃使其客人人著所闻"。予读《吕氏春秋》，概见其体现了当时地主-商人政治行动的方针，非普通杂集成书的著作可比。因之，殆为适应其阶级的政治要求而辑撰者欤？

乙　在认识论方面的《吕氏春秋》

《吕氏春秋》的著者，确认他们的政治要求和主张，是由于客观情势的必然，易言之，他们从客观情况上说明其要求和主张的正当性。在这一点上，他便不能不相对的承认客观的存在。然而人类怎样去认识客观呢？他们认为认识的过程，是由于人类以其感官作用而达到其对客观的认识。故说："人之有形体四枝，其能使之也，为其感而必知也；感而不知，则形体四枝不使矣。"（《圜道》）他们从这种客观主义出发，便达到环境决定论。《吕氏春秋》著者的这种环境决定论的见解，在《当染》篇中论述得很明白。

首先，他们认为一切现象的发生，都有其因果关系的必然，而不是偶然的。故说：

> 类同相召，气同则合，声比则应。（《召类》）
>
> 凡物之然也必有故，而不知其故，虽当与不知同，其卒必困。（《审己》）
>
> 人或谓兔丝无根，兔丝非无根也，其根不属也，伏苓是。慈石召铁，或引之也；树相近而靡，或軵之也。（《精通》）

他们认为只有把握这种客观的因果性，才能达到对客观事物的认识。所以先知事物之必然的圣人，纯由于他们能把握这种客观的因果性；而众人不知从这种客观的因果性上去认识，所以他们茫然无知。故又说：

> 祸福之所自来，众人以为命焉，不知其所由。（《召类》）
>
> 圣人之所以过人，以先知，先知必审征表；无征表而欲先知，尧舜与众人同等。……众人则无道至焉。无道至，则以为神，以为幸。（《观表》）

因而若是客观的“征表”不够，也无法达到正确认识的。然若对“征表”为个别的分裂，也要构成错误的结论。故说：

> 物固有可以为小，不可以为大；可以为半，不可以为全者

也。相剑者曰：白所以为坚也，黄所以为牣也；黄白杂，则坚且牣，良剑也。难者曰：白所以为不牣也，黄所以为不坚也；黄白杂，则不坚且不牣也。又柔则锩，坚则折；剑折且锩，焉得为利剑？剑之情未革，而或以为良，或以为恶，说使之也。(《别类》)

知不知上矣。过者之患，不知而自以为知。物多类，然而不然。故亡国僇民无已。夫草有莘有藟，独食之则杀人，合而食之则益寿；万堇不杀，漆淖、水淖，合两淖则为蹇，湿之则为干。金柔锡柔，合两柔则为刚，燔之则为淖。或湿而干，或燔而淖，类固不必可推知也。小方，大方之类也；小马，大马之类也；小智，非大智之类也。(同上)

在这里，他们接触到“金柔锡柔”“合则为刚”之化学的矛盾变化的关系，量变到质变的关系；同时又着重指出，不了解“剑”的情况，便不能达到说明“剑”的正确结论。这到今日也还有其盖然的正确性。

然而人类何以有这种认识客观的感觉性能呢？他说是由于有“性”。并说万物都赋有这种性能。《贵当》篇说：“治欲者，不于欲于性。性者，万物之本也，不可长，不可短，因其固然而然之，此天地之数也。”然而“性”何自来呢？当他追究到这一问题时，便不能不追究到人类的起源而达到其宇宙起源论。《知分》篇说：“凡人物者，阴阳之化也。阴阳者，造乎天而成者也。”

天地有始，天微以成，地塞以形；天地合和，生之大经也。以寒暑日月昼夜知之，以殊形殊能，异宜说之。夫物合而成，离而生。知合知成，知离知生，则天地平矣。(《有始》)

这便是说，在宇宙（天地）自体的成立以后，然后创造出阴阳，由阴阳又化生出万物来。但是阴阳何以能化生出万物呢？在这里，他们认为：

物动则萌，萌而生，生而长，长而大，大而成，成乃衰，衰乃杀，杀乃藏。圜道也。（《圜道》）

是他确认万物的发生发展及其消灭的过程，都是由这一最高的“圜道”在主宰着。

但是“圜道”是什么东西呢？他说：“圜道也，一也，齐至贵，莫知其原，莫知其端；莫知其始，莫知其终，而万物以为宗。”（同上）是所谓“圜道”，是无始无终无原无端的独自存在着的。且从而，宇宙自体也是由道所创造出来的。可是唯物和唯心之分歧的地方，即在这道是自己存在的物质或精神这一点上。他们在这里便表现了一些唯心主义的倾向，说：

以道为宗，与物变化而无所终穷，精充天地而不竭，神覆宇宙而无望。莫知其始，莫知其终，莫知其门，莫知其端，莫知其源。其大无外，其小无内，此之谓至贵。（《下贤》）

道也者，视之不见，听之不闻。不可为状，有知不见之见，不闻之闻，无状之状者，则几于知之矣。道也者，至精也，不可为形，不可为名，强为之，谓之太一。（《大乐》）

在这里，他们之所谓道，和老聃、庄周之所谓“道”，基本上有其相似的内容。他们认为这“道”之敷与万物及人类，便化而为

“性”,“性”便成为人类及万物的本体(“性者,万物之本也”,“生之有性也者,受于天也”),“物”为着“性”而存在,不是“性”为着“物”而存在(“物也者所以养性也,非以性养也”),从而他们达到人生以“全天”为第一义的见解,而归结到取消斗争的无为主义。故说:

> 始生之者天也,养成之者人也。能养天之所生而勿撄之,谓之天子。天子之动也,以全天为故者也。此官之所自立也;立官者,以全生也。(《本生》)

另一方面,他从商人的阶级观点上,又确认人类的本性是利己的,例如他说:

> 民之于利也,犯流矢、蹈白刃、涉血盩肝以求之,野人之无闻者,忍亲戚、兄弟、知交以求利。……其为利甚厚,乘车食肉,泽及子孙,虽圣人犹不能禁。(《节丧》)
>
> 世之走利有似于此:危身伤生刈颈断头以徇利,则亦不知所为也。(《审为》)

这种利己本性和所谓无为主义好似矛盾着,然而他们正是从这里去达到其阶级的说教,也正是后来所谓黄老治术的本质。

丙　《吕氏春秋》的历史观

《吕氏春秋》的著者,在叙述着宇宙和人类的起源问题后,便进而说明其历史观，追究到人类社会如何发生，以及如何发展为阶级社会或国家成立的问题。在这里，他们给以如次之说明：

凡人之性，爪牙不足以自守卫，肌肤不足以扞寒暑，筋骨不足以从利避害，勇敢不足以却猛禁悍，然且犹裁万物，制禽兽，服狡虫，寒暑燥湿弗能害，不唯先有其备而以群聚邪？群之可聚也，相与利之也。利之出于群也，君道立也。故君道立，则利出于群，而人备可完矣。(《恃君》)

是他们认为人类不只有器用工具的设备(以其备)，而又是社会的动物，为着相互利益的必要，便不能不结合成社会；同时认为国家的出现，即所谓"君道立"，也是基于社会人群的利益上而产生出来的。在这一点上，他们受着阶级立场的限制，特别是历史条件的限制，而隐蔽着国家成立之阶级的内容，把国家作为人类社会组织之最完备的最高的形态去说明。

从而他们认为人类社会的历史，并不是一开始就有国家的存在，而是由低级状态进化而来的，这又形成其一个较进步的见解。《恃君》篇说：

昔太古尝无君矣，其民聚生群处，知母不知父；无亲戚兄弟夫妻男女之别，无上下长幼之道，无进退揖让之礼，无衣服履带宫室畜积之便，无器械舟车城郭险阻之备。

这是说，人类在最原始的时代，是没有阶级分别的原始群团，他们没有什么"亲戚、兄弟、夫妇、男女"以及"上下、长幼"的分别，而且是“知母不知有父”的母系本位制。

可是他们并不知道由这种低级状态的社会，发展到阶级制度，是人类史发展过程中之客观的必然，而乃认为由于社会人群利益的必要，由于“无君之患”，便由“圣人”“为天下长虑”，而“立君”，而创造阶级制度。《恃君》篇继续说：

……此无君之患，故君臣之义，不可不明也。自上世以来，天下亡国者多矣，而君道不废者，天下之利也。

此四方之无君者也，其民麋鹿禽兽，少者使长，长者畏壮，有力者贤，暴傲者尊；日夜相残，无时休息，以尽其类。圣人深见此患也，故为天下长虑，莫如置天子也。

从这里，他们堕入了唯心主义，不但把历史的客观规律还原为人类的主观行为，而且把阶级制度解释为“天下之利”的永恒化的东西。这不啻说历史虽有着客观的进化事实，然而其进化的动力，却是人类的主观愿望。这在一方面，仍否认了历史的客观规律性，一方面，并没有推翻“天生民而立之君”的儒家的滥调。但其认为历史是变动的进化的，却是一个进步的见解，虽然他们之承认历史变动的事实，也是从其阶级的政治利益的要求出发的。在这里，他们承袭了邹衍的见解。《应同》篇说：

凡帝王者之将兴也，天必先见祥乎下民。黄帝之时，天先见大螾大蝼。黄帝曰：土气胜。土气胜，故其色尚黄，其事则土。及禹之时，天先见草木秋冬不杀。禹曰：木气胜。木气胜，故其色尚青，其事则木。及汤之时，天先见金刃生于水。汤曰：

金气胜。金气胜，故其色尚白，其事则金。及文王之时，天先见火，赤乌衔丹书集于周社。文王曰：火气胜。火气胜，故其色尚赤，其事则火。代火者必将水，天且先见水气胜。水气胜，故其色尚黑，其事则水。水气至而不知，数备将徙于土。

这是说，新兴地主-商人将代旧封建主掌握政权，是"五德"循环的气数的必然。这在《长见》篇更说得明白："今之于古也，犹古之于后世也；今之于后世，亦犹今之于古也。故审知今则可知古，知古则可知后，古今前后一也。故圣人上知千岁下知千岁也。"但是如何能达到这种先知呢？《序意》篇说："凡十二纪者，所以纪治乱存亡也，所以知寿夭吉凶也。上揆之天，下验之地，中审之人。如此，则是非可不可无所遁矣。"这在"中审之人"这一点上，是比邹衍进步的；但基本上他们并没有超出"五德终始"说的循环史论的圈子。

"五德"循环的必然气数的命题，也同样在要求"变法"的目的下提出的。因之，他们从这里便接着提出其变法的主张。《察今》篇说：

上胡不法先王之法？非不贤也，为其不可得而法。先王之法，经乎上世而来者也，人或益之，人或损之，胡可得而法？虽人弗损益，犹若不可得而法。东夏之命，古今之法，言异而典殊。故古之命，多不通乎今之言者；今之法，多不合乎古之法者。殊俗之民，有似于此。……天下之学者多辩言利辞，倒不求其实。……先王之法，胡可得而法？……凡先王之法，有要于时也；时不与法俱至，法虽今而至，犹若不可法。故择先王

> 之成法,而法其所以为法。先王之所以为法者何也?先王之所以为法者人也,而己亦人也。故察己则可以知人,察今则可以知古,古今一也,人与我同耳。有道之士,贵以近知远,以今知古,以益所见,知所不见。……故治国无法则乱,守法而弗变则悖,悖乱不可以持国。世易时移,变法宜矣,譬之若良医,病万变,药亦万变,病变而药不变,向之寿民,今为殇子矣。故凡举事,必循法以动。变法者,因时而化。……夫不敢议法者,众庶也;以死守者,有司也;因时变法者,贤主也。是故有天下七十一圣,其法皆不同,非务相反也,时势异也。……时已徙矣,而法不徙,以此为治,岂不难哉?

这种“变法”论,一方面从强调历史条件的变化出发,阐明其变法的客观根据。这是其积极的一面。但在另一方面,他们之所谓“变法”的根本内容又是“择先王之成法而法其所以为法”,以“无变天之道,无绝地之理,无乱人之纪”(《孟春纪》)为原则的。所谓“人之纪”是什么呢?仍是承袭着儒家一贯的伦理说①,只是加入了师道。《劝学》篇说得明白:“先王之教,莫荣于孝,莫显于忠。忠孝,人君人亲之所甚欲也;显荣,人子人臣之所甚愿也。然而人君人亲不得其所欲,人子人臣不得其所愿,此生于不知理义,不知义理生于不学。”“是故古之圣王,未有不尊师者也。尊师,则不论其贵贱贫富矣。”其次便是身分制度的维护,《处方》篇说:“同异之分、

① 其对儒家的“伦理”制度的维持,在如次的地方也表现得很明白:“……不可知,则君臣父子兄弟朋友夫妻之际败矣。十际皆败,乱莫大焉。凡人伦以十际为安者也;释十际,则与麋鹿虎狼无以异。”(《一行》)“凡为治必先定分:君臣父子夫妇。君臣父子夫妇六者当位,则下不逾节,而上不苟为矣;少不悍辟,而长不简慢矣。”(《处方》)在《孝行》篇中有更详细的叙述。

贵贱之别、长少之义，此先王之所慎而治乱之纪也。”故他们之所谓变法，是立于封建主义基础上的改良，始终并不曾跳出封建主义的圈子。这就是“天不变，道亦不变”的基本立场。因而《贵公》篇说：

> 昔先圣王之治天下也，必先公。公则天下平矣，平得于公。
>
> 天下非一人之天下也，天下之天下也。阴阳之和，不长一类；甘露时雨，不私一物；万民之主，不阿一人。

也不是什么市民的民主主义理论，而只是在反对旧封建主政权的家系世袭，乃至身分、爵位、职务的家系世袭。

最后，适应着商业的活动与发展的条件下，而展开其地理的观念。《有始》篇说：“天有九野，地有九州，上有九山，山有九塞，泽有九薮，风有八等，水有六川。”这虽则仅属一种悬推之叙述，然而却已认定中国不过是地面陆地的一个部分。虽然，这并没有超出邹衍的见解。《有始》篇继续说：“凡四海之内，东西二万八千里，南北二万六千里，水道八千里，受水者亦八千里，通谷六，名川六百，陆注三千，小水万数；凡四极之内，东西五亿有九万七千里，南北亦五亿有九万七千里，极星与天俱游，而天极不移。冬至日行远道，周行四极，命曰玄明；夏至日行近道，乃参于上，当枢之下无昼夜；白民之南，建木之下，日中无影，呼而无响，盖天地之中也。”在这里，只是一方面他又陷入“极星与天俱游”的地平面说；另一方面，知道从“日行道”的差异去说明时间的季候与各异的空间气候的悬殊，却是天文学上的一点进步的见解。

对地理观念这种盖然的悬推和叙述，是从开发商路的要求上出发的。

丁　大一统王国的创设与专制主义

《吕氏春秋》著者，在政治论方面，首先便主张打破形同独立的各封国的封区闭锁性，建立中央集权的大一统王国。《谨听》篇说：

> 今周室既灭，而天子已绝。乱莫大于无天子，无天子则强者胜弱，众者暴寡，以兵相残，不得休息。

《谕大》篇说：

> 天下大乱，无有安国；一国尽乱，无有安家；一家皆乱，无有安身，此之谓也。故小之定也必恃大，大之安也必恃小。小大贵贱，交相为恃，然后皆得其乐，定贱小在于贵大。

这种“强者胜弱，众者暴寡，以兵相残”的现象，正是初期封建制时代的特征。要消灭这种现象，便只有把那各个形同独立的封国，改组为一个统一的王国。这种政权组织形式的改变，正是初期封建制和后期封建制的一个分歧点。在后一段话中，他们认为无论“小大贵贱”，都需要有一个统一国家的必要。而此，又正是一种隐蔽阶级内容的统治者的国家论。

因为封建后期的土地占有，是许多地主的占地在同一空间内的点面交叉与相互错杂，而不似前此的“封略之内”所有土地仅属于一个封建主领有。因此，在从前，个别封建主能在其占有土地的封区内，形成其管理上的独立组织；而现在，个别地主便无法去实现其管理上的独立组织，不能不要求采取一种联合管理的组织形式，从而他们便要求变领邑为郡县。在这种郡县的基础上，便必然归结到形式上统一的王国。这里所谓形式，即是说那并不是一种实质的统一。

在创设大一统王国的总方针下，《吕氏春秋》的著者提出了"正名"、武力统一、统制思想的三大主张。

第一，"正名"。当他们自己没有握着政权以前，对当时掌握政权的旧封建主的"正名"，曾给以多方的非难。现在他们自己在秦国政治上成为支配阶层后，便感觉其自己的政治组织形式有取得合法地位并予以绝对化的必要。而此也正是封建阶级历史过程的辩证法。实验主义者流亚，以之与儒家的"正名主义"相混淆，乃属绝大的误解。他们说：

名正则治，名丧则乱。使名丧者淫说也，说淫则可不可而然不然，是不是而非不非。（《正名》）

凡人主必审分，然后治可以至，奸伪邪辟之涂可以息。（《审分》）

处官不信，则少不畏长，贵贱相轻；赏罚不信，则民易犯法，不可使令。（《贵信》）

有道之主，其所以使群臣者亦有辔。其辔何如？正名审分，是治之辔已。故按其实而审其名，以求其情；听其言而察其类，无使放悖。夫名多不当其实，而事多不当其用者，故人主不可以不审名分也。……今有人于此，求牛则名马，求马则名牛，所求必不得矣，而因用威怒，有司必诽怨矣，牛马必扰乱矣。百官，众有司也，万邦（"邦"或作"物"）群牛马也，不正其名，不分其职，而数用刑罚，乱莫大焉。……故名不正，则人主忧劳勤苦，而官职烦乱悖逆矣。国之亡也，名之伤也，从此生矣。（《审分》）

依此，他们之所谓"正名"，便在确定其中央集权的封建政权的绝对性，并以之去修改初期封建制时代的旧的名分关系。这表现其和前此儒家之所谓"正名"有分别。

第二，武力统一。在吕不韦的时代，新兴封建地主阶层在经济上已获得全国性的优势，特别是地主的土地占有，已成为支配的形态。但在政治上，残存的"六国"封建主却还在挣扎。因而他们主张用武力去统一"六国"，解除旧封建主的政权，完成中央集权的统一王国的创设。在这一点上，他们和商鞅一样，一若和其前驱者的立场相矛盾，实际上，其前驱者之提出反战的要求，是在反对那种妨害他们利益的封建主间相互的战争，现在所主张的战争，乃系从其自身利益上而发动的战争。这正是在其阶级历史的过程中，政治主张和其实践行动之辩证的联系，有其内在之统一性的。故《召类》篇说："凡兵之用也，用于利，用于义。攻乱则服，服则攻者利；攻乱则义，义则攻者荣。荣且利，中主犹且为之，有况于贤主乎？"很明显，他们所主张的战争，是从其自身的利益上出发的所谓"义利"之兵，否则仍是他们所反对的。所以又说：

故取攻伐者不可非，攻伐不可取，救守不可非，救守不可取。惟义兵为可。兵苟义，攻伐亦可，救守亦可。兵不义，攻伐不可，救守不可。（《禁塞》）

故世之患，不在救守，而在于不肖者之幸也。救守之说出，

则不肖者益幸也，贤者益疑矣。故大乱天下者，在于不论其义而疾取救守。（同上）

《吕氏春秋》的作者，在这里虽系从新兴封建地主的要求出发，但他们能提出正义的战争和非正义的战争这个概念，却是进步的。在当时，新兴封建地主所进行的统一事业，也是有着进步性的。所以他们说：

当今之世浊甚矣，黔首之苦不可以加矣。天子既绝，贤者废伏，世主恣行，与民相离，黔首无所告诉。世有贤主秀士，宜察此论也，则其兵为义矣。天下之民，且死者也而生，且辱者也而荣，且苦者也而逸。世主恣行，则中人将逃其君，去其亲，而况于不肖者乎？故义兵至，则世主不能有其民矣，人亲不能禁其子矣。（《振乱》）

兵诚义以诛暴君而振苦民，民之说也，若孝子之见慈亲也，若饥者之见美食也。民之号呼而走（归也）之，若强弩之射于深谿也，若积大水而失其壅堤也。中主犹若不能有其民，而况于暴君乎？（《荡兵》）

而其实，他们所主张的这种战争，是符合新兴封建地主的利益和要求的战争；但由于其体现封建社会本身的一个前进倾向，——由分散的封邦转到统一的封建帝国，——也便有其一定的进步意义。

另方面，他们便从其自己的立场上反对“非攻”与“救守”的口号。《振乱》篇说：

今之世，学者多非乎攻伐，非攻伐而取救守。取救守，则乡之所谓长有道而息无道，赏有义而罚不义之术不行矣。天下之长民，其利害在。察此论也，攻伐之与救守一实也，而取舍人异。以辨说去之，终无所定，论固不知，悖也；知而欺心，诬也。诬悖之士，虽辨无用矣；是非其所取而取其所非也；是利之而反害之也，安之而反危之也。……夫攻伐之事，未有不攻无道而罚不义也。攻无道而伐不义，则福莫大焉，黔首利莫厚焉。禁之者，是息有道而伐有义也，是穷汤武之事而遂桀纣之过也；……故乱天下害黔首者，若论为大。

一面又反驳"偃兵"论。《荡兵》篇说：

天下无诛伐，则诸侯之相暴也立见。故怒笞不可偃于家，刑罚不可偃于国，诛伐不可偃于天下，有巧有拙而已矣。故古之圣王，有义兵而无有偃兵。夫有以饐死者，欲禁天下之食，悖；有以乘舟死者，欲禁天下之船，悖；有以用兵丧其国者，欲偃天下之兵，悖。夫兵不可偃也，譬之若水火然，善用之则为福，不能用之则为祸；若用药者然，得良药则活人，得恶药则杀人。义兵之为天下良药也亦大矣。且兵之所自来者远矣，未尝少选不用，贵贱长少贤者不肖相与同，有巨有微而已矣。察兵之微，在心而未发兵也，疾视兵也，作色兵也，傲言兵也，援推兵也，连反兵也，侈斗兵也，三军攻战兵也。此八者皆兵也，微巨之争也。今世之以偃兵疾说者，终身用兵而不自知，悖。……故古之圣王，有义兵而无有偃兵。

前者是墨者的主张，后者是旧封建主代言人的主张。

第三，统制思想。在封建地主这一社会阶层未成为支配者以前，他们自己曾利用了思想言论，作为其改良运动的工具，作为其和封建主集团权利斗争的工具。但当他们在秦国已成为政治上的支配阶层后，便转而觉得异己的言论思想足以妨害其统治。因为在吕不韦的当时，封建主集团与新兴封建地主阶层之阶级内部的冲突，"治人者"和"治于人者"的阶级间的严重对立，反映在思想上也形成为诸阶级阶层间的剧烈斗争。故在新兴封建地主集团看来，认为无论是代表"治于人者"反抗意识的学说，或代表旧封建主集团自救运动的学说，都足以妨害其中央集权的封建王国的创建，破坏其政治支配权力的绝对性，因之，他们对于异己的学说思想，不啻"变本加厉"，主张用严刑酷罚去统制。《知度》篇说：

> 至治之世，其民不好空言虚辞，不好淫学流说。贤不肖各反其质，行其情，不雕其素，蒙厚纯朴，以事其上。若此，则工拙愚智勇惧可得，以故易官。易官，则各当其任矣。
>
> 使名丧者，淫说也。说淫则可不可而然不然，是不是而非不非。(《正名》)

为什么呢？因为这种"淫说"足以"饰非惑愚"，有洪水猛兽般的危险。《不屈》篇说：

> 察士以为得道则未也。虽然，其应物也，辞难穷矣。辞难穷，其为祸福犹未可知。察而以达理明义，则察为福矣；察而以饰非惑愚，则察为祸矣。

同时，为适合其统治的要求，对其前驱者所执持的含有斗争性的说教，也便予以否定。《离谓》篇说得明白：

子产治郑，邓析务难之。与民之有狱者约，大狱一衣，小狱襦袴；民之献衣襦袴而学讼者，不可胜数。以非为是，以是为非，是非无度，而可与不可日变。所欲胜因胜，所欲罪因罪。郑国大乱，民口讙譁。子产患之。于是杀邓析而戮之，民心乃服，是非乃定，法律乃行。今世之人，多欲治其国，而莫之诛邓析之类，此所以欲治而愈乱也。

然而要怎样的思想学说以至知识分子，才能被允许其存在呢？《高义》篇说：

君子之自行也，动必缘义，行必诚义，俗虽谓之穷，通也。行不诚义，动不缘义，俗虽谓之通，穷也。然则君子之穷通，有异乎俗者也。故当功以受赏，当罪以受罚；赏不当，虽予之必辞；罚诚当，虽赦之不外。度之于国，必利长久。长久之于主必宜，内及于心，不惭然后动。

是其所要求的知识分子，只是那一部分不管是非皂白，只知为维护其统治说教的无聊文人；从而其所要求的思想学说，也只限于那些为维护其统治的陈腔俗调，——自然，不问他用何种的姿态来表现。

他们从这里，便转入到专制主义。在新兴封建地主土地占有形式的基础上，而组织其共同管理机关的郡县政府，作为政治代理人的郡县当局,为其阶级服务忠实与否,并不能有何种保证的;因而他们以为只有把一切权力集中于其中央权力机关,把地方官吏都放到中枢的严格统制下,使郡县仅成为一种执行法令的机械,借以防止其对阶级背叛。封建后期之专制主义的政治形态,便是这样逻辑出来的。所以他们主张在专制主义的原则下,把权力集中于中央,使之成为政治上的最高裁决机关。所以说:

> 必同法令,所以一心也;智者不得巧,愚者不得拙,所以一众也;勇者不得先,惧者不得后,所以一力也。故一则治,异则乱;一则安,异则危。(《不二》)

问题是在于如何能"一"及使"法令"有效。在这里,他们提出把权力集中于帝王,由帝王去独裁的主张。故说:

> 明君者,非遍见万物也,明于人主之所执也。有术之主者,非一自行之也,知百官之要也。知百官之要,故事省而国治也。明于人主之所执,故权专而奸止。(《知度》)
>
> 失之乎数,求之乎信,疑;失之乎势,求之乎国,危。(《慎势》)

所以他们要求君主来作唯一的独裁者。君主以外的官僚对于政治措施的意见,除去得向君主陈述或申诉外,是要遭受排斥的。所谓"听群众人议以治国,国危无日矣"(《不二》),便是这种原则的说明。所以官僚的责任,只在执行君主的意旨,亦即其所谓"法"。故说:"法也者,众之所同也,贤不肖之所以共力也。"(《处方》)另一方面,君主对官僚陈述申诉的拒纳,完全不受任何约束。这样把阶级的统治权力完全委托君主个人来作最高的独裁者,君主对于其从属的官僚,只是"有职者安其职,不听其议;无职者责其实,以验其辞"(《知度》)。然而君主是否依照何种政治的准则去施行独裁呢?那便不外是从其阶级的共同利益立场上所表现的法度。君主便从这个立场上去独裁,从而去总纳其阶级的要求,获取阶级的各别意旨的沟通。故说:"贤主有度而听,故不过。有度而以听,则不可欺矣,不可惶矣,不可恐矣,不可喜矣。"(《有度》)但是何以能使独裁君主不致违反这一立场呢?这却没有什么有效的保证了。因此,中世专制主义下的君主,每有成为违反其阶级的公共利益的暴君,并不是偶然的。

《吕氏春秋》的著者,也不是没有追究到这一问题,他们并企图给独裁的君主个人以一种观念形态的准则去寻求补救。因此,他们提出"无为"主义的原理来,希望独裁的君主能变成傀儡一样,除去依照其阶级的立场去统制官僚外,便要清静无为。故说:

> 天无形而万物以成,至精无象而万物以化,大圣无事而千官尽能。此乃谓不教之教,无言之诏。(《君守》)
>
> 先王用非其有,如己有之,通乎君道者也。夫君也者,处虚素服而无智,故能使众智也;智反无能,故能使众能也;能执无为,故能使众为也。无智、无能、无为,此君之所执也。(《分职》)

这和其认识论是适应着的。不过这种主观的期望,并不能获得客观的保证。所以并不能防止暴君的继续出现。后来秦始皇的专制,与李斯之所谓"别黑白而定一尊"的主张,便是这种专制主义的发展。例如李斯说：

五帝不相复，三代不相袭，各以治，非其相反，时变异也。今陛下创大业，建万世之功，固非愚儒所知。且越言乃三代之事，何足法也？异时诸侯并争，厚招游学，今天下已定，法令出一，百姓当家则力农工，士则学习法令辟禁。今诸生不师今而学古，以非当世，惑乱黔首。丞相臣斯昧死言：古者天下散乱，莫之能一，是以诸侯并作，语皆道古以害今，饰虚言以乱实。人善其所私学，以非上之所建立。今皇帝并有天下，别黑白而定一尊，私学而相与非法教。人闻令下，则各以其学议之；入则心非，出则巷议；夸主以为名，异取以为高；率群下以造谤。如此弗禁，则主势降乎上，党与成乎下。禁之便。臣请史官非秦记皆烧之。非博士官所职，天下敢有藏诗书百家语者，悉诣守、尉杂烧之。有敢偶语诗书者弃市；以古非今者族；吏见知不举者与同罪；令下三十日不烧，黥为城旦。所不去者，医、药、卜、筮、种树之书。若欲有学法令，以吏为师。（《史记·秦始皇本纪》）

而此，正是从申不害商鞅以来都没有解决的一个问题，也是地主阶级所无法解决的一个问题。因为他们只可能有集中，而不可能同时有民主，所以便只能归结为中央集权的专制主义。

戊　“用民”和农业的经营组织

对于农民，他们也同旧封建主一样，主张采取愚民政策。这在

《吕氏春秋》著者如次的两段话中说得明白：

> 禹之决江水也，民聚瓦砾，事已成，功已立，为万世利。禹之所见者远也，而民莫之知。故民不可与虑化举始，而可以乐成功。(《乐成》)
>
> 先王之使其民，若御良马，轻任新节，欲走不得，故致千里；善用其民者亦然。(《适威》)

这和"民可使由之，不可使知之"的主张，基本上并无区别，同样把农民只看作提供剩余劳动的机器。但愚民政策虽属是驾驭这种机器的一个武器，然而在农民和地主利益相互敌对的矛盾基础上，那又如何才能使前者忍受剥削呢？《吕氏春秋》的著者认为只要驭使得法，农民们便可以和劳动家畜一样驯服；否则，便有发生阶级斗争的危险。故说："民善之，则畜也；不善，则仇也。"(《适威》)从而他们认为单靠威力和刑罚去压迫，也是徒然的。因为威力和刑罚只有消极的作用。《用民》篇说：

> 亡国之主，多以多威使其民矣。故威不可无有，而不足专恃。

虽说威力和刑罚，是统驭农民的必要武器，然而他们又认为那只能充任软性欺骗的后盾。可是这种软性欺骗，只能从其所谓利己的本性上去引导；若违反这种本性，无论何种欺骗政策也都是无效的。《为欲》篇说：

> 使民无欲，上虽贤犹不能用。夫无欲者，其视为天子也与

为舆隶同，其视有天下也与无立锥之地同，其视为彭祖也与为殇子同。……无欲者，不可得用也。

因之，《吕氏春秋》的著者，认为利己是人类的本性，刑罚是"治于人者"所恶、惧；从而他们认为统治者只有从人们这种利己本性的基础上，把欺骗政策和刑罚主义相互为用，甚至前者还较重要，才能顺利的实现统治农民的目的。《用民》篇说得明白：

凡用民，太上以义，其次以赏罚。……民之用也有故；得其故，民无所不用。用民有纪有纲，一引其纪，万目皆起；一引其纲，万目皆张。为民纪纲者何也？欲也，恶也。何欲，何恶？欲荣利，恶辱害。辱害所以为罚，充也。荣利所以为赏，实也。赏罚皆有充实，则民无不用矣。

从而便强制农民，除老死疾病而外，都终身无休止的去提供剩余劳动。所谓"故敬时爱日，非老不休，非疾不息，非死不舍"（《上农》），便是这种剥削原则的说明。同时，为提高剩余劳动量，便尽量去提高农民的劳动生产性与防止既有劳动力的浪费与外流。《上农》篇接着说：

上田夫食九人，下田夫食五人，可以益，不可以损。一人治之，十人食之，六畜皆在其中矣，此大任地之道也。故当时之务，不兴土功，不作师徒，庶人不冠弁，娶妻嫁女享祀不酒醴聚众。农不上闻，不敢私籍于庸，为害于时也，然后制野禁。苟非同姓，农不出御，女不外嫁，以安农也。

老弱之力可尽起，其用日半，其功可使倍。(《任地》)

在这里，虽然他们是从提高剩余劳动量出发，但其主张在农忙的季节，采取各种避免妨害农耕的步骤，却是具有积极作用的。

为追究怎样去提高农民的劳动生产性之一问题，便转入到其有进步意义的农业经营组织论。地主们为欲提高剩余劳动生产量的所得，则在农业经营组织上提高生产技术，便成了一个重要的前提。

从初期封建制到后期封建制，在农业经营组织上，表现着生产力与生产技术一大步的前进。在《吕氏春秋》的《上农》《任地》《辨土》《审时》等篇中，一面正在说明农业生产技术的进步，一面正在说明地主阶级如何在讲求农业生产技术的提高，以提高其所得的剩余劳动生产量。下面略指述其对农业生产技术的讲求。例如对土地的利用与其耕殖之深度，《任地》篇有如次的一段说明：

凡耕之大方：力者欲柔，柔者欲力；息者欲劳，劳者欲息；棘者欲肥，肥者欲棘；急者欲缓，缓者欲急；湿者欲燥，燥者欲湿。上田弃亩，下田弃甽。五耕五耨，必审以尽。其深殖之度，阴土必得，大草不生，又无螟蜮。今兹美禾，来兹美麦，是以六尺之耜，所以成亩也；其博八寸，所以成甽也。耨柄尺，此其度也；其耨六寸，所以间稼也。地可使肥，又可使棘。人肥必以泽，使苗坚而地隙；人耨必以旱，使地肥而土缓。(《任地》)

对于禾稼的栽培与锄耨、湿度的研究，《辨土》篇说：

凡耕之道，必始于垆，为其寡泽而后枯，必厚其靹，为其唯厚而及。锓者莛之，坚者耕之，泽其靹而后之。上田则被其处，下田则尽其污。无与三盗任地。夫四序参发，大甽小亩，为青鱼胠。苗若直猎，地窃之也；既种而无行，耕而不长，则苗相窃也；弗除则芜，除之则虚，则草窃之也。故去此三盗者，而后粟可多也。

故晦欲广以平，甽欲小以深。下得阴，上得阳，然后咸生。稼欲生于尘而殖于坚者，慎其种，勿使数，亦无使疏。于其施土，无使不足，亦无使有余。熟有耰也，必务其培。其耰也植，植者其生也必先。其施土也均，均者其生也必坚。是以晦广以平，则不丧本。茎生于地者，五分之以地。茎生有行，故遬长；弱不相害，故遬大。衡行必得，纵行必术。正其行，通其风；夬心中央，帅为泠风。苗，其弱也欲孤，其长也欲相与居，其熟也欲相扶。是故三以为族，乃多粟。凡禾之患，不俱生而俱死。是以先生者美米，后生者为秕。是故其耨也，长其兄而去其弟。树肥无使扶疏，树垸不欲专生而族居。肥而扶疏则多秕，垸而专居则多死。不知稼者，其耨也。去其兄而养其弟，不收其粟而收其秕。上下不安，则禾多死。厚土则孽不通，薄土则蕃镭而不发。垆埴冥色，刚土柔种，免耕杀匿，使农事得。

对六谷的种植和收获时节的研究，《审时》篇说：

夫稼，为之者人也，生之者地也，养之者天也。是以人稼之容足，耨之容耨，据之容手，此之谓耕道。是以得时之禾，长稠长穗，大本而茎杀，疏机而穗大，其粟圆而薄糠，其米多沃而食之强，如此者不风。先时者，茎叶带芒以短衡，穗巨而芳，夺秙米而不香。后时者，茎叶带芒而末衡，穗阅而青零，多粃而不满。

此外对黍、菽、稼等的节序性，均有同样之说明。

这对于其时农业经营的技术程度，以及地主阶级为提高剩余劳动的生产，对于农业经营技术悉心研究的情形，在这里可以见出一个大略来。但这并不是根据他们凭空的臆想，而是当时农业经营组织和生产技术的最高水准的总结；他们所指出的较细密的农业经营办法，不只在当时起了指导教育的作用，而且其经营技术，到人民大革命胜利前也还广泛地被应用。

二　陆贾和贾谊

甲　陆贾

到西汉，中国社会的思想，随着封建主义之重新确立——由封建初期到后期之社会部分质变的完成——而发展为诸对立物之统一的倾向。这倾向，到董仲舒的时代便完全实现了。从而代表掌握政权的地主阶级的思想，从《吕氏春秋》到《淮南子》，便表现一个转化的过程，即表现着向儒家学的转化；在陆贾及贾谊的思想言论中，便代表着这一转换点。陆贾和贾谊之所以被称为儒家，便在这里。

陆贾在其政论上，首先对于从来新兴封建地主阶级代言者的变法主张，便以一种批判的态度去说明。在他看来，现代和古代的环境不同，法度的改变自属必要；可是这种改变并不是本质的，即在阶级构成的本质上却是同一的。故说：

书不必起仲尼之门，药不必出扁鹊之方；合之者善，可以为法，因世而权行。(《新语·术事》)

善言古者，合之于今；能术远者，考之于近。……道近不必出于久远，取其至要而有成。《春秋》上不及五帝，下不至三王，述齐桓晋文之小善。鲁之十二公至今之为政，足以知成败之效，何必于三王？故古人之所行者，亦与今世同。……万世不易法，古今同纪纲。(同上)

世殊而地绝，法合而度同。(同上)

由于他们从前为着和旧封建主争夺政权，提出了一些较进步的主张，发表些较激烈的言论；到现在，他们自己掌握政权后，便认为那对于他们自己也不适合了。这不只要求"变法"的改良主义者是这样，在无产阶级以前所有取得了政权的那些曾经是革命的阶级也都是这样。所以陆贾一面便承袭其前驱者的变法主张，同时又予以部分的否定和批评。即在一面，把其后期封建制的"法度"绝对化；一面又否定其从来"变法"运动中的进步思想、主张和言论，而改取保守的立场。

然而所谓古今同一的"纪纲"和"万世不易"的"法"是什么呢？那便是中国封建制基本大法的"三纲五常"，或等级宗法制度一类的东西。从这里，陆贾便转入到从来就充任封建统治原理的儒家学。这是他和申、商、韩非乃至吕不韦不同的地方。他说：

修父子之礼，以及君臣之序，乃天地之通道，圣人之所不失也。（《新语·慎微》）

于是先圣乃仰观天文，俯察地理，图画乾坤以定人道。民始开悟，知有父子之亲，君臣之义，夫妇之道，长幼之序。于是百官立，王道乃生。（《新语·道基》）

百姓以德附，骨肉以仁亲，夫妇以义合，朋友以义信，君臣以义序，百官以义承。（同上）

陆贾在这里所说明的，就是“君臣”“父子”“夫妇”的“三纲”，和君臣、父子、兄弟、夫妇、朋友的“五常”，并把它强调为“天地之通道”，“圣之所不失”，所以在这里，他又承袭着孔丘、孟轲和荀卿。但是新兴封建地主阶层为什么在从前否认儒家的政治原理，现在的地主阶级反与以接受呢？因为儒家的政治原理是封建主义的统治原理。新兴封建地主从前是附属于封建主集团的没有政权的阶层，在这种原理下被支配着；现在的地主，自己成为掌握政权的支配者，形势已经倒过来，自己需要一种原理去支配其他的阶级和阶层。因而儒家的统治原理在原则上于他们便成为必要了，——只是原则的，并不是原封原样的抄袭。

从而他们把相对性的是非，在这里也便与以绝对化。例如说：“凡人莫不知善之为善，恶之为恶。”（《新语·资质》）

另一方面，陆贾又承袭着老庄的“无为”主义。例如他说：

夫道莫大于无为。……何以言之？昔虞舜治天下，弹五弦之琴，歌《南风》之诗，寂若无治国之意，漠若无忧民之心，然天下治。……故无为也，乃无（不）为也。（《新语·无为》）

是以君子握道而治，据德而行，席仁而坐，杖义而强。虚无寂寞，通动无量。（《新语·道基》）

这在最主要的方面，是要取消斗争。从前新兴封建地主和旧封建主争夺政权，是不反对斗争的；现在成了统治者的地主阶级，便要反对被统治者来对他们斗争了。在另一方面，他和《吕氏春秋》的著者应用同一逻辑，企图拿无为主义去防止专制主义原则下的暴君出现。同时，因为长期的社会动乱和战争，尤其自公元前二〇九至前二〇二年间的农民大暴动和各阶级阶层间的混战，引起社会经济的衰落和劳动人口的缺乏；成为支配者的地主集团，为昭苏劳动人口和复兴经济，不得不采取“无为”主义的政策，亦即所谓宽纵法网。所以陆贾说：

秦非不欲为治，然失之者，乃举措暴众而用刑太极故也，是以君子尚宽舒以苞身，行中和以统远。民畏其威而从其化，怀其德而归其境，美其治而不敢违其政。（《新语·无为》）

这里的主要意思，便在使民“怀其德而归其境”。所以汉初的政治设施，皆本所谓“无为”主义，即此之故。故其政治负责人，子房喜黄老，陈平则“好读书，修黄老之言”（《史记·陈丞相世家》）。在曹参，《史记·乐毅列传》云：

乐臣公学黄帝、老子，其本师号曰河上丈人，不知其所出。河上丈人教安期生，安期生教毛翕公，毛翕公教乐瑕公，乐瑕公教乐臣公，乐臣公教盖公。盖公教于齐高密、胶西，为曹相国师。

他如《史记》云："窦太后为黄帝、老子言，帝及太子诸窦，不得不读黄帝、老子，尊其术。"这种情形，到武帝时，随着社会经济的复兴和劳动人口的增殖，乃不能不随之而转变了。因之《史记》云："武安侯田蚡为丞相，绌黄老刑名之言。"武帝崇儒术，黜百家。这种意识形态转变的过程，是十分明白的。

最后，陆贾理想中的政治秩序是这样的：

> 是以君子之为治也，块然若无事，寂然若无声，官府若无吏，亭落若无民。闾里不讼于巷，老幼不愁于庭；近者无所议，远者无所听；邮驿无夜行之吏，乡闾无夜名之征；犬不夜吠，乌不夜鸣；老者息于堂，丁壮者耕耘于田；在朝者忠于君，在家者孝于亲。于是赏善罚恶而润色之，兴辟雍庠序而教诲之。然后贤愚异议，廉鄙异科，长幼异节，上下有差，强弱相扶，小大相怀，尊卑相承，雁行相随。不言而信，不怒而威。岂恃坚甲利兵，深刑刻法，朝夕切切而后行哉？（《新语·至德》）

这在基本上，不过是适应于汉初社会经济条件下的孔孟政治原理的修改，以及在这种政治原理的基础上，又采取着"无为"主义的政策。——"无为"主义，在他们只是一种政策。

乙　贾谊

关于贾谊的思想，所谓《贾子新书》既难可信，现在便只有就《史记·秦本纪》所载《过秦论》和《汉书·贾谊传》中的材料去探索。因之，想依此去复现贾谊思想的全貌是困难的。

依据现有材料，贾谊在认识论上，首先认为宇宙间的一切物事都是变化不居的，故说："万物变化，固亡休息；斡流而迁，或推而还。形气转续，变化而嬗；沕穆亡间，胡可胜言？祸兮福所倚，福兮祸所伏，忧喜聚门，吉凶同域。"（《汉书·贾谊传》）在这里，他并同老聃一样，接触着辩证的观点，知道从物事之矛盾对立的关系上去说明其变化。下面的一段话，是他对于宇宙总体的解释。他说："且夫天地为炉，造化为工，阴阳为炭，万物为铜，合散消息，安有常则？千变万化，未始有极；忽然为人，何足控揣？化为异物，又何足患？"（同上）这也是有点辩证法和唯物主义观点的。其次，他对于人生的解释说："纵躯委命，不私与己。其生兮若浮，其死兮若休。澹虖若深渊之靓，泛虖若不系之舟。不以生故自保，养空而浮。德人无累，知命不忧。细故蒂芥，何足以疑？"（同上）这在一方面，虽指斥了贪生怕死的狭隘的人生观；但在另方面，他的人生观的基本立场，却又有些迷惘、消极的因素。

从而他在政治论的出发点上，认为社会制度也不是一成不变的，而是要因应时、空条件的变异而变异。故说：

> 是以君子为国，观之上古，验之当世，参以人事，察盛衰之理，审权势之宜，去就有序，变化有时，故旷日长久而社稷安矣。（《史记·秦始皇本纪》引《过秦论》）

这是说，创造社会制度要根据历史的经验，当前的情况和适合时宜的方针。

其次，他认为"定"天下以后和"取"天下时所不同的，首先便在于根据上述的原则，制定法度去"安定"社会；而秦之所以灭亡，不仅由于秦始皇是一个刚愎自用的独夫，尤在于不知回过头来，去制定守成的法度，不知把“王道”“仁义”的统治精神去代替“私权”和“诈力”的精神；秦取天下和治天下只有一套。他说：

> 秦王怀贪鄙之心，行自奋之智，不信功臣，不亲士民，废王道，立私权；禁文书而酷刑法，先诈力而后仁义，以暴虐为天下始。夫并兼者高诈力，安定者贵顺权；此言取与守不同术也。秦离战国而王天下，其道不易，其政不改。是其所以取之守之者异也。孤独而有之，故其亡可立而待。借使秦王计上世之事，并殷周之迹，以制御其政，后虽有淫骄之主而未有倾危之患也。(《史记·秦始皇本纪》)

从而他力言，汉朝如仍不“顺权”创立制度去安定统治，也必然会蹈袭秦朝的覆辙，要趋于灭亡的。故说：“陛下即不定制，如今之势，不过一传再传，诸侯犹且人恣而不制，豪植而大强，汉法不得行矣。”(《汉书·贾谊传》上文帝疏)“……立经陈纪，轻重同得，后可以为万世法程，虽有愚幼不肖之嗣，犹得蒙业而安，至明也。以陛下之明达，因使少知治体者得佐下风，致此非难也。……臣谨稽之天地，验之往古，按之当今之务，日夜念此至孰也。虽使禹舜复生，为陛下计，亡以易此。”(《汉书·贾谊传》《治安策》)他这种思想，正体现了地主阶级在掌握全国政权后，需要建立一种确保其一统江山的统治权的要求。

然而他所谓法度是怎样的内容呢？贾谊在这里，曾有如次的说明。首先他主张一切权力集于中央的专制主义政体。他说：“夫仁义恩厚，人主之芒刃也；权势法制，人主之斤斧也。”(《汉书·贾谊传》《治安策》)在这一原则下，他极力主张削藩，例如他说：

今或亲弟谋为东帝，亲兄之子西乡而击，今吴又见告矣。……况莫大诸侯，权力且十此者乎？然而天下少安，何也？大国之王幼弱未壮，汉之所置傅相方握其事；数年之后，诸侯之王，大抵皆冠，血气方刚，汉之傅相称病而赐罢；彼自丞尉以上偏置私人。如此有异淮南、济北之为邪？此时而欲为治安，虽尧舜不治。……

假设天下如曩时，淮阴侯尚王楚，黥布王淮南，彭越王梁，韩信王韩，张敖王赵，贯高为相，卢绾王燕，陈豨在代。令此六七公者皆亡恙，当是时而陛下即天子位，能自安乎？臣有以知陛下之不能也。……高皇帝以明圣威武即天子位，割膏腴之地以王诸公，多者百余城，少者乃三四十县，德至渥也。然其后十年之间，反者九起。……然尚有可诿者，曰疏。臣请试言其亲者。假令悼惠王王齐，元王王楚，中子王赵，幽王王淮阳，共王王梁，灵王王燕，厉王王淮南，六七贵人皆亡恙，当是时陛下即位，能为治乎？臣又知陛下之不能也。若此诸王，虽名为臣，实皆有布衣昆弟之心，虑亡不帝制而天子自为者。擅爵人，赦死罪，甚者或戴黄屋，汉法令非行也。虽行不轨如厉王者，令之不肯听，召之安可致乎！……故疏者必危，亲者必乱，已然之效也。其异姓负强而动者，汉已幸胜之矣，又不易其所以然。同姓袭是迹而动，既有征矣，其势尽又复然。殃祸之变，未知所移。明帝处之尚不能以安，后世将如之何？（《汉书·贾谊传》《治安策》）

他更进而说明，凡诸侯的反叛，并不是由于人的个人原因，而是由于一种制度的必然。故又说：

> 臣窃迹前事，大抵强者先反，淮阴王楚最强，则最先反；韩信依胡，则又反；贯高因赵资，则又反；陈豨兵精，则又反；彭越用梁，则又反；黥布用淮南，则又反；卢绾最弱，最后反。长沙乃在二万五千户耳，功少而最完，势疏而最忠，非独性异人也，亦形势然也。曩令樊、郦、绛、灌据数十城而王，今虽以残亡可也。令信、越之伦列为彻侯而居，虽至今存可也。（《汉书·贾谊传》《治安策》）

但是他也并不是根本否定诸侯王的存在，不过他认为他们的存在应在不妨害中央集权的条件下；从而他主张：诸侯或食邑而列居首都，或小其封邑而保留部分的行政权于中央，或则令居边远，使为边防藩障。故他继续说：

> 然则天下之大计可知已。欲诸王之皆忠附，则莫若令如长沙王；欲臣子勿菹醢，则莫若令如樊、郦等；欲天下之治安，莫若众建诸侯而少其力。力少则易使以义，国小则无邪心。令海内之势如身之使臂，臂之使指，莫不制从；诸侯之君不敢有异心，辐辏并进而归命天子。（《汉书·贾谊传》《治安策》）

这完全是从那成为支配阶级的封建地主的阶级要求出发的。因为在他们土地占有点面交叉的形式上，要求统治权力的集中，而不容那种具有独立权力的封国存在，——这种封国是和他们的利益矛盾的。其次，从商人的立场上，当然要求排斥那种封邑的地域封锁性。而此，即正是后期封建制自身的一种矛盾性。

其次，他主张重建“三纲五常”的系统，确定尊尊主义的等级身分制和适应封建后期家长制经济的亲亲主义的宗法制。他说：

> 夫立君臣，等上下，使父子有礼，六亲有纪，此非天之所为，人之所设也。夫人之所设，不为不立，不植则僵，不修则坏。筦子曰："礼义廉耻，是谓四维。四维不张，国乃灭亡。"使筦子愚人也则可；筦子而少知治体，则是岂可不为寒心哉！秦灭四维而不张，故君臣乖乱，六亲殃戮，奸人并起，万民离叛，凡十三岁而社稷为虚。今四维犹未备也，故奸人几幸，而众心疑惑。岂如今定经制，令君君臣臣，上下有差，父子六亲各得其宜。奸人亡所几幸，而群臣众信，上不疑惑。此业一定，世世常安，而后有所持循矣。若夫经制不定，是犹度江河亡维楫，中流而遇风波，船必覆矣。（《汉书·贾谊传》《治安策》）

他认为这在当时，是安定社会、巩固统治的根本大法的创制原则。不过他的这种原则，一面是从来儒家学原则的承袭，没有什么本质的改变；一面却也适应后期封建经济的情况而有所改变。在确立身分制的原则下，他一面主张确定地主阶级的身分；一面又主张确立"刑不上大夫，礼不下庶人"的法律和身分的严格的阶级性。故说：

> 故古者，圣王制为等列，内有公、卿、大夫、士，外有公、侯、伯、子、男，然后有官师小吏，延及庶人，等级分明，而天子加焉，故其尊不可及也。……廉耻节礼以治君子，故有赐死而亡戮辱，是以黥劓之罪，不及大夫。……若夫束缚之，系緤之，输之司寇，编之徒官，司寇小吏詈骂而榜笞之，殆非所以令众庶见也。夫卑贱者习知尊贵者之一旦吾亦乃可以加此也，非所以习天下也，非尊尊贵贵之化也。（《汉书·贾谊传》《治安策》）

故古者，礼不及庶人，刑不至大夫，所以厉宠臣之节也。古者大臣有坐不廉而废者，不谓不廉，曰簠簋不饰；坐污秽、淫乱、男女亡别者，不曰污秽，曰帷薄不修；坐罢软不胜任者，不谓罢软，曰下官不职。故贵大臣定有其罪矣，犹未斥然正以谑之也，尚迁就而为之讳也。（同上）

但是凭什么去行使这种法度，而能使被统治者顺从呢？在这里，他也承袭着孔丘的先软化后刑罚的主张，故说：

及秦而不然，其俗固非贵辞让也，所上者告讦也；固非贵礼义也，所上者刑罚也。（《汉书·贾谊传》《治安策》）

以礼义治之者积礼义，以刑罚治之者积刑罚。刑罚积而民怨背，礼义积而民和亲。故世主欲民之善同，而所以使民善者或异；或道之以德教，或敺之以法令。道之以德教者，德教洽而民气乐；敺之以法令者，法令极而民风哀。哀乐之感，祸福之应也。……今或言礼谊之不如法令，教化之不如刑罚，人主胡不引殷、周、秦事以观之也？（同上）

他对于孔孟的这种承袭，自然又和孔孟有着多多少少的歧异，然这也正是和历史自身变动相适应的。这种儒家学的自身的变化，到董仲舒而达到完成。

最后，贾谊认为为建设其大一统王国的尊严，与防止匈奴族的侵掠，便极力主张用武力去平服。他说：

凡天子者，天下之首。何也？上也。蛮夷者，天下之足。

何也？下也。今匈奴嫚娒侵掠，至不敬也；为天下患，至无已也；而汉岁致金絮采缯以奉之。夷狄征令，是主上之操也；天子共贡，是臣下之礼也。足反居上，首顾居下，倒县如此，莫之能解，犹为国有人乎？非亶倒县而已，又类辟，且病痱。夫辟者一面病，痱者一方痛。今西边北边之郡，虽有长爵，不轻得复；五尺以上，不轻得息；斥候望烽燧不得卧，将吏被介胄而睡。……陛下何忍以帝皇之号为戎人诸侯，势既卑辱，而祸不息，长此安穷！……臣窃料匈奴之众，不过汉一大县。以天下之大，困于一县之众，甚为执事者羞之。陛下何不试以臣为属国之官以主匈奴？行臣之计，请必系单于之颈而制其命，伏中行说而笞其背；举匈奴之众，唯上之令。（《汉书·贾谊传》《治安策》）

匈奴族当时虽还在原始公社制时期，但其对塞内汉族居民的原始性的军事掠夺，却是侵害了汉族人民的生存权益；贾谊主张采取武装自卫的手段，保障民族生存的空间和权益，是完全正确的。而他对于汉帝，向匈奴族军事团体奴颜婢膝，输款纳贡的讽刺，也表现了汉族人民的气节。不过贾谊的出发点，主要却在于汉“天子”和大一统王国的尊严。

三 《淮南子》所代表的政治思想

据《汉书·淮南衡山济北王传》云：“淮南王安，为人好书，鼓琴，不喜弋猎狗马驰骋；亦欲以行阴德拊循百姓，流名誉。招致宾客方术之士数千人，作为《内书》二十一篇，《外书》甚众，又有《中篇》八卷，言神仙黄白之术，亦二十余万言。"又汉高诱《淮南子叙目》云："初，安为辨达，善属文。皇帝为从父，数上书召见，孝文皇帝甚重之，诏使为《离骚赋》，自旦受诏，日早食已。上爱而秘之。天下方术之士，多往归焉。于是遂与苏飞、李尚、左吴、田由、雷被、毛被、伍被、晋昌等八人及诸儒大山、小山之徒，共讲论道德，总统仁义，而著此书。"是《淮南子》一书系安与其宾客苏飞、李尚等所编述。

据《汉书》本传及高诱叙，安为汉高帝少子厉王的长子，卒于汉武帝元朔六年，即公元前一二三年。

《淮南子》一书虽系多人编述，然大体上亦有其一贯体系，此无用指申而自见者也。

甲　在认识论方面的《淮南子》

《淮南子》著者从动的观点上，认为宇宙万物在最先都是不存在的；由"无有"中演化出宇宙，在宇宙形成以后，才派生出万物。故《俶真训》说：

> 有始者，有未始有"有始者"，有未始有夫"未始有有始者"。有有者，有无者，有未始有"有无者"。……所谓"有始者"，繁愤未发，萌兆芽蘖，未有形埒垠堮，无无蠕蠕，将欲生兴而未成物类。有未始有"有始者"，天气始下，地气始上，阴阳错合，相与优游竞畅于宇宙之间，被德含和，缤纷茏苁，欲与物接而未成兆朕。有未始有夫"未始有有始者"，天含和而未降，地怀气而未扬，虚无寂寞，萧条霄雿，无有仿佛，气遂而大通冥冥者也。有有者，言万物掺落，根茎枝叶，青葱苓茏，萑蔰炫

煌，蠉飞蠕动，蚑行哙息，可切循把握而有数量。有无者，视之不见其形，听之不闻其声，扪之不可得也，望之不可极也，储与扈冶。浩浩瀚瀚，不可隐仪揆度而通光耀者。有未始有"有无者"，包裹天地，陶冶万物，大通混冥，深闳广大，不可为外，析毫剖芒，不可为内，无环堵之宇，而生有无之根。有未始有夫"未始有有无者"，天地未剖，阴阳未判，四时未分，万物未生，汪然平静，寂然清澄，莫见其形。若光耀之，闲于无有，退而自失也。

是故有生于无，实出于虚。天下为之圈，则名实同居。(《原道训》)

夫无形者，物之大祖也；无音者，声之大宗也。其子为光，其孙为水，皆生于无形乎！(同上)

然而在天地未形成以前的太空，是一种怎样的形状呢？从而是怎样形成天地，又怎样派生万物以至人类呢？《淮南子》著者说：

古未有天地之时，惟像无形，窈窈冥冥，芒芠漠闵，澒蒙鸿洞，莫知其门。有二神混生，经天营地，孔乎莫知其所终极，滔乎莫知其所止息。于是乃别为阴阳，离为八极，刚柔相成，万物乃形。烦气为虫，精气为人。是故精神，天之有也，而骨骸者，地之有也；精神入其门，而骨骸反其根。(《精神训》)

天地未形，冯冯翼翼，洞洞灟灟，故曰太昭。道始于虚霩，虚霩生宇宙，宇宙生气，气有涯垠，清阳者薄靡而为天，重浊者滞凝而为地。清妙之合专易，重浊之凝竭难，故天先成而地后定。天地之袭精为阴阳，阴阳之专精为四时，四时之散精为万物。积阳之热气生火，火气之精者为日；积阴之寒气为水，水

气之精者为月，日月之淫为精者为星辰。天受日月星辰，地受水潦尘埃。（《天文训》）

这是说，由始于“虚霩”之道生太空，太空生气，裂为阴阳而创天造地，以至派生万物。而其最原始的独自存在着的便是“道”，易言之，宇宙万物都是“道”的派生物。故他认为宇宙万物是存在的，但同时又是被“道”所派生的。从而成为问题的便是他之所谓“道”，是独自存在的物质原素，还是精神的东西。《淮南子》的著者说：

所谓无形者，一之谓也。所谓一者，无匹合于天下者也。……是故视之不见其形，听之不闻其声。……无形而有形生焉，无声而五音鸣焉，无味而五味形焉，无色而五色成焉。是故有生于无，实出于虚。（《原道训》）

但是“一”仍是被“道”所派生的，而并不是最原始的，例如他说：“‘道’者，‘一’立而万物生矣。是故‘一’之理，施四海；一之解，际天地。其全也，纯兮若朴；其散也，混兮若浊。浊而徐清，冲而徐盈。澹兮其若深渊，泛兮其若浮云。若无而有，若亡而存。万物之总，皆阅一孔，百事之根，皆出一门。其动无形，变化若神；其形无迹，常后而先。”（《原道训》）在这里，他之所谓“一”是可以作为星云气体来解释的。不过在他，“一”却是“道”所派生的，故仍当进而追究他之所谓“道”。《原道训》说：

夫道者，覆天载地，廓四方，柝八极，高不可际，深不可测；包裹天地，禀授无形。原流泉浡，冲而徐盈；混混滑滑，浊而徐清。故植之而塞于天地，横之而弥于四海，施之无穷而无所朝夕。舒之幎于六合，卷之不盈于一握。约而能张，幽而能明，弱而能强，柔而能刚。横四维而含阴阳，纮宇宙而章三光。甚淖而滒，甚纤而维。山以之高，渊以之深，兽以之走，鸟以之飞，日月以之明，星历以之行，麟以之游，凤以之翔。

从这里，当他追究到物质的东西，如“日月”之“明”，“星历”之“行”，“动物”之“动”，与人类之有知觉等现象时，他从物质的本身上不能获得解答，于是乃转入二元论的见解，把“道”和存在的万物对立起来，且从而达到“道”为创造宇宙万物主宰的结论。《泰族训》说：“天设日月，列星辰，调阴阳，张四时。日以暴之，夜以息之，风以干之，雨露以濡之。其生物也，莫见其所养而物长；其杀物也，莫见其所丧而物亡。此之谓神明。”

所以他在《地形训》申述一切存在的东西都是物质的东西；而一切物质的东西的起源都是由于“气”。在这里，他已达到唯物主义的见解。但当他由一般的物质现象的追究而转入到生物之所以“生”的一个问题时，便认为凡生物除具有一个物质的形骸以外，还另有一个与之相对立的精神的东西存在。这在他叙述生物所以有生的问题时，说得明白：

凡人民禽兽万物贞虫，各有以生，或奇或偶，或飞或走，莫知其情。惟知通道者，能原本之。天一，地二，人三，三三而九，九九八十一。一主日，日数十，日主人，人故十月而生；八九七十二，二主偶，偶以承奇，奇主辰，辰主月，月主马，马故十二月而生；七九六十三（“七”北宋本误为“十”），三主斗，斗主犬,犬故三月而生;六九五十四,四主时,时主彘,彘故四月而生;五九四十五,五主音,音主猿,猿故五月而生;四九三十六,六主律,律主麋鹿,麋鹿故六月而生;三九二十七,七主星,星主虎,虎故七月而生;二九十八,八主风,风主虫,虫故八月而化。鸟鱼皆生于阴,阴属于阳,故鸟鱼皆卵生。(《地形训》)

从而在《地形训》又叙述动物界中的人类、"羽"类、"毛"类、"鳞"类、"介"类,植物界中的草本类、木本类、萍藻类,便认为都是从这一原理而派生出来的。

因之当他追究"人"之所以为"人",即人类为何有知觉这一问题时,他便从精神的我和物质的我之对立上去说明。例如他说:"是故精神者,天之有也;而骨骸者,地之有也;精神入其门,而骨骸反其根。"(《原道训》)又说:

今人之所以眭然能视,訾然能听,形体能抗,而百节可屈伸,察能分白黑,视丑美;而知能别同异,明是非者,何也?"气"为之充而"神"为之使也。何以知其然也?凡人之志,各有所在,而神有所系者。其行也,足蹪趎埳、头抵植木而不自知也。招之而不能见也,呼之而不能闻也,耳目非去之也。然而不能应者,何也?神失其守也。

夫精神者,所受于天也,而形体者,所禀于地也。故曰一生二,二生三,三生万物。万物背阴而抱阳,冲气以为和。故曰一月而膏,二月而肤,三月而胎,四月而肌,五月而筋,六月而骨,七月而成,八月而动,九月而躁,十月而生;形体以成,五脏乃形。(《精神训》)

因而他认为人之所以有知觉、行动，并不由于物质的形骸，而是由于精神，故精神转而成了本体。《俶真训》说："是故神者，智之渊也，渊清则智明矣。智者，心之府也，智公则心平矣。"不过他同时既然承认外界的存在，则精神和外界又是怎样的联系着呢？从这里他又转入客观主义。《原道训》说："人生而静，天之性也；感而后动，性之害也；物至而神应，知之动也。知与物接，而好憎生焉。好憎成形，而知诱于外。"

但是构成外界的物质的本源的气，便也是"道"所派生的，故精神与物质在究极上又都是同源的，故《原道训》说："夫性命者与形俱出其宗。形备而性命成，性命成而好憎生矣。"他从这里便转入唯心主义的一元论，而达到只有精神是唯一存在着的；且从而便归结到取消斗争的"无为"主义，与庄周的"真人"即"出世主义"的人生观（见《精神训》）。

他在认识论上的这种结论，一方面，由于当时社会诸阶级地位变动的事实，以及淮南王安自身所遭的境遇，给予他达到唯物主义的认识；但另一方面，由于要维护其阶级的支配地位，不能不在究极上，对变动的存在的东西与以静止的玄学的说明，而归结为最高主宰权力的"道"。所以他终于达到精神和物质之对立的二元论，并由二元论而归结到"道"的一元论的唯心主义，——本来二元论者在其本质上自始便是唯心主义的。

乙　在政治论方面的《淮南子》

从《淮南子》著者的认识论出发，人类既同等地受取精神本体于"天"及物质本体于"地"，便应该达到人类平等的结论，为什么又有“君子”和“小人”之分歧呢？在他看来，这分歧完全是由于后天的修养。君子知道修养去保全天性。《俶真训》云：“是故圣人之学也，欲以反性于初而游心于虚也。”《原道训》云：“是故达于道者反于清静，究于物者终于无为。以恬养性，以漠处神，则入于天门。”因此，他们便能成为统治者。故说：“修道理之教，因天地之自然，则六合不足均也。”（同上）反之，不知养真复性的，便成为小人，便应该期待那些“达于道”的人来统治。可是在老聃，这“道”之应用到政治上也是以“无为”为原则，对于儒家的所谓“仁义”也认作“有为”而予以排斥。在他，把“仁义”也认作“道”所具有的东西，从这里转入到儒家学。因而他归结到阶级论上说：

先本（仁义）后末（法度），谓之君子；以末害本，谓之小人。君子与小人之性非异也，所以先后而已矣。（《泰族训》）

君子非仁义无以生，失仁义则失其所以生；小人非嗜欲无以活，失嗜欲则失其所以活。（《缪称训》）

教本乎君子，小人被其泽；利本乎小人，君子享其功。（同上）

君子思义而不虑利，小人贪利而不顾义。（同上）

这种阶级理论，在本质上和孔丘、孟轲是完全一致的。认为统治人是“君子”的专责，提供剩余劳动是“小人”的本分。

关于“礼乐”“法度”等政权的形式和文化状态，他也和《吕氏春秋》著者的见解一样，认为是可以随时势而变更的。故说：

先王之制，不宜则废之；末世之事，善则著之。是故礼乐未始有常也。故圣人制礼乐，而不制于礼乐。治国有常，而利民为本；政教有经，而令行为上。苟利于民，不必法古；苟周于事，不必循旧。……故圣人法与时变，礼与俗化；衣服器械，各便其用；法度制令，各因其宜。故变古未可非，而循俗未足多也。(《泛论训》)

世俗之人多尊古而贱今，故为道者必托之于神农、黄帝而后能入说。乱世暗主，高远其所从来，因而贵之。为学者，蔽于论而尊其所闻，相与危坐而称之，正领而诵之。(《修务训》)

制度虽然要随时、空条件的不同而变易，但又自有"常""经"的，即"仁义""本也"，是不可变动的；"法度""末也"，是可以改变的。而法度的改变也是有限度的，因为法度本身又有其"常""经"。什么是"法度"的常经呢？他说：

中考乎人德，以制礼乐。行仁义之道，以治人伦，而除暴乱之祸。乃澄列金木水火土之性，故立父子之亲而成家；别清浊五音六律相生之数，以立君臣之义而成国；察四时季孟之序，以立长幼之礼而成官，此之谓参。制君臣之义，父子之亲，夫妇之辨，长幼之序，朋友之际，此之谓五。乃裂地而州之，分职而治之，筑城而居之，割宅而异之，分财而衣食之，立大学而教诲之，夙兴夜寐而劳力之，此治之纲纪也。(《泰族训》)

是他之所谓法度的常经，仍是从来的"三纲五常"。所以在这里，他仍是把儒家的统治原理，在地主阶级的后期封建制经济的诸条件的基础上，一一重新翻译，同时把这个原理具体化而为各个朝代的法度。

从这里，他从维护其阶级统治的立场上转入到保守的观点，把其当时的“法”的作用绝对化。说“法者，天下之度量，而人主之准绳也，悬法者，法不法也；设赏者，赏当赏也。法定之后，中程者赏，决绳者诛……”（《主术训》）。但是怎样去推行法度呢？他也和其他儒家一样，一面主张用欺骗的教育方式去麻醉人民，《泰族训》说：“民无廉耻，不可治也；非修礼义，廉耻不立。民不知礼义，法弗能正也；非崇善废丑，不向礼义，无法不可以为治也。不知礼义，不可以行法。”麻醉无效，然后再继之以刑罚。故使“法”能有效力是巩固统治的第一义，故说：“有法者而不用，与无法等。是故人主之立法，先自为检式仪表。”（《主术训》）

对于后期封建制的政体，他也同样主张专制主义，让君主成为掌握阶级政权的最高独裁者，《主术训》说：“是故权势者，人主之车舆也；大臣者，人主之驷马也。”但怎样能确保“人主”不违反其阶级全体的利益呢？他说“法制礼义”的自身，就是对“人主”的一种约束，故《主术训》又说：“法籍礼义者，所以禁君，使无擅断也。”然而若遇“不知礼义”、不守“法制”的“人主”，则这种主观上的期望，事实上会是完全无效的。从这里，他也同样转入到“无为”主义，希望“人主”主观的“清静”“无为”以为补救，故说：“人主之术，处无为之事，而行不言之教；清静而不动，一度而不摇，因循而任下，责成而不劳。”（同上）“夫乘众人之智，则无不任也；用众人之力，则无不胜也。”（同上）“无为者，非谓其凝滞而不动也，以其言莫从己出也。”（同上）但这对于问题的本身，依然没有前进。

他的“无为”主义之另一方面的意义，也同样在着眼于劳动人口的复员与生产力的恢复，故说“非简不可以合众”（《诠言训》）。又说：

为治之本，务在于安民。安民之本，在于足用。足用之本，在于勿夺时。勿夺时之本，在于省事。省事之本，在于节欲。节欲之本，在于反性。反性之本，在于去载。去载则虚，虚则平。平者道之素也，虚者道之舍也。（《诠言训》）

秦汉之际劳动人口的死亡逃散和社会生产的衰落，到汉文帝初年，还没有完全恢复。休息生聚，恢复生产，是当时施政的主要方针。所以他又说：

食者民之本也，民者国之本也，国者君之本也。是故人君者，上因天时，下尽地财，中用人力。是以群生遂长，五谷繁殖。教民养育六畜，以时种树；务修田畴，滋植桑麻；肥墝高下，各因其宜；丘陵阪险不生五谷者，以树竹木。春伐枯槁，夏取果蓏，秋畜疏食，冬伐薪蒸，以为民资。是故生无乏用，死无转尸。（《主术训》）

他的"无为"主义的最终目的，自然也同《吕氏春秋》的著者一样，在取消斗争。

最后，他对君权的解释，堕落到最反动的有神论，认为一切自然现象都由于"道"即神的意志在主宰着，"人主"便是代表神来执行统治的。因而"人主"的举动是否合于神意，便反映为自然现象的变易；易言之，一切自然现象的变易，都是"天"对于"人主"的一种暗示。故说：

人主之情，上通于天，故诛暴则多飘风，枉法令则多虫螟，杀不辜则国赤地,令不收则多淫雨。四时者,天之吏也;日月者,天之使也;星辰者,天之期也;虹蜺彗星者,天之忌也。(《天文训》)

故国危亡而天文变,世惑乱而虹蜺见。万物有以相连,精祲有以相荡也。故神明之事,不可以智巧为也,不可以筋力致也。(《泰族训》)

这不啻又重新提倡君权神授的说教;加之,在专制主义的原则下,为防止暴君的擅断,乃又捧出一个神来放到君主的头上,给予某种约束;同时,这又是后来谶纬符瑞说的一个端绪。——自然,这只是从那作为一种宣扬神道谶纬符瑞说的意义上说的,至于符应迷信却并不始自此时。

不但君主的行事与神意相感而受其监视,一般“物类”的“相动”也是如此。故说:“物类相动,本标相应。故阳燧见日,则燃而为火。方诸见月,则津而为水。虎啸而谷风至……贲星坠而勃海决。”(《天文训》)这同时对于被统治者,在麻醉教育以外,又给予一种神道的威吓。

最后,《淮南子》著者在《地形训》中所叙述的地理学,较之邹衍和《吕氏春秋》的著者有其一步前进。同时在《天文训》中对天文历数学亦有其相当的发挥。

第二章　适应于专制主义封建经济发展而来的董仲舒的政治学说

一　董仲舒的社会身分及其著作

据《汉书·董仲舒传》云:“董仲舒,广川人也,少治《春秋》,孝景时为博士;下帷讲诵,弟子传以久次相授业,或莫见其面,盖三年不窥园,其精如此;进退容止,非礼不行,学士皆师尊之。武帝即位,举贤良文学之士,前后百数,而仲舒以贤良对策焉。”曾任武帝兄江都易王相,晚年曾为胶西王相。《史记·儒林列传》亦略有同样记载。广川一地,《汉书》卷五十六考证云:“按《志》,广川属信都国。今直隶枣强县有广川镇,与景州相近,即汉广川故县。”

据本传所云:“三年不窥园”;又云:“及去位归居,终不问家产业,以修学著书为事。”是则他不但可以完全离开生产劳动而不虞衣食的缺乏,抑且“不问家产业”,那当然不需他亲自过问,或有其使用在管理上的代理人。因此,他的家庭可能是地主。同时其时代正是以大地主成为支配阶层的条件完成的时代,所以他便以地主阶级的代言人而出现,系统地提出后期封建制的统治原理而获得所谓“汉代孔子”的地位。

其生卒年代，我此刻手下没有可靠的材料来考定；即其“对策”之年，今亦疑而未决。据《汉书》卷五十六《考证》云：“按仲舒对策之年，先儒疑而未定；《汉书·武帝纪》载于元光元年（前一三四年），与公孙弘并列，既失之太后；《通鉴》据《史记》武帝即位为江都相之文载于建元元年（前一四〇年），与严助并列，亦失之太前。若以仲舒此文推之，则在建元五年也（前一三六年）。计汉元年（前二〇六年）至建元三年（前一三八年）为七十岁，而五年始置五经博士，即《传》所谓推明孔氏，抑黜百家，立学校之官也；至元光元年初令郡国举孝廉各一人，即《传》所谓州郡举茂材孝廉也。若在建元元年，岂得云‘七十余岁’乎？”东京三省堂《世界年表》亦谓仲舒为江都相在建元元年，不知另有所据否？

其著作，本传云：“仲舒所著，皆明经术之意，及上疏条教，凡百二十三篇。而说《春秋》事得失，《闻举》《玉杯》《蕃露》《清明》《竹林》之属，复数十篇，十余万言，皆传于后世。掇其切当世施朝廷者著于篇。”按今所传《春秋繁露》内包《玉杯》《竹林》等篇，今世学者多疑其系后人采缀而成，前人亦有作此种疑问者矣。然其能代表仲舒思想则无疑。此外，“《艺文志》有《公羊》董仲舒《治狱》十六篇，王充曰：‘仲舒表《春秋》之义，稽合于律，无乖异者。’应劭曰：‘朝廷遣廷尉汤问得失，于是作《春秋决狱》二百三十二事，动以经对。’即其事也。隋、唐《志》尚有十卷。”（《汉书考证》）

二　作为董仲舒认识论的“天人合一”论与“性”说

董仲舒在其思想的出发点上，便把从来哲学上关于认识论的问题庸俗化,把自己扮演为一个神学家的姿态,而出现了地主阶级哲学。从杨朱以来的一点客观主义或唯物主义因素的东西,由他又完全把它抛弃,而转入到绝对唯心主义;原来的一点积极的东西,都在其神学的下面散失了。他不只从这一点上回到儒家,甚至把孔孟的东西也解释得更庸俗。原来孔丘和孟轲对宇宙本体论的问题,没有深入去探究,其解释还是模糊的;但他从主观唯心主义出发进入到宇宙论问题的追究上,便公然达到有神论的结论,把儒家学降低为神学。这由于在其时代阶级构成的基础上,以及其政治的、经济的构成形态上,作为地主阶级代言者的他,便要求给予这些社会诸构成以阶级的说明,把社会诸阶级地位的构成以及其阶级的权利永恒化。

首先,他追究到人类思想意识歧异的问题。在这里,他承袭着孟轲和荀卿的"性"说,又与以部分的否定和修改,而归结为所谓"性三品"说。他说:

> 米出禾中,而禾未可全为米也;善出性中,而性未可全为善也。……茧有丝,而茧非丝也;卵有雏,而卵非雏也。……故谓性未善。(《深察名号》)
>
> 圣人之性,不可以名性;斗筲之性,又不可以名性;性者,中民之性。(《实性》)

在他看来,"性"是有善有恶的,故又说"天两有阴阳之施,身亦两有贪仁之性"(《深察名号》)。这不但是孟荀的"性善""性恶"的折衷论,而且他划出"性"的"三品"的阶级性来——"性善"的"圣人"、"性恶"的"治于人者"、可以为善又可以为恶的"中人"。

这完全和其时代的阶级构成内容适应着。在初期封建时代,主要的阶级构成,一面是支配的封建主集团,一面则为农奴,而中间阶层并不能显现其何种作用。但在后期,由于以买卖形式去表现土地占有的形态下,一面是占有土地的地主阶级,一面则为佃耕的农民阶级,同时自耕农、小商人等等中间阶层却能表现其相当作用,——他们的地位,一面可以升腾为地主,一面可以沉落为佃农,而动摇于二者之间。董仲舒适应于这种阶级存在的内容上,从所谓"性三品"的见地上去确定社会诸阶级的地位,而曲论地主阶级之充任"治人者"和农民阶级之成为"治于人者",看作先天的必然的归结,把这两个主要阶级的地位凝固化;只有小所有者诸中间阶层才是可"善"可"恶"的。

然而"性"是什么呢?他说:

今世暗于性,言之者不同。胡不试反性之名?性之名非生与?如其生之自然之资,谓之性。性者,质也。(《深察名号》)

又说:"性者谓之质,情者人之欲也。""质朴之谓性……人欲之谓情。"(《汉书》本传)是他之所谓"性"即是意识的本体,是有生俱来的,人类的意识便是从这作为本体的"性"所引发出来的。因而从"斗筲之性"甚至"中人之性"所发生的意识,在他看来,当然是属于"贪欲"和"奸邪"一类的意识,不能符合于地主阶级的社会利益。从而便只有由性善的人们来掌握统制权力,用教化去陶养他们的天性,"纠正"其"错综复杂的思想意识";创为制度去管理他们,约束他们的活动。故说:

明于天性,知自贵于物;知自贵于物,然后知仁谊;知仁谊，然后重礼节；重礼节，然后安处善；安处善，然后乐循理；乐循理，然后谓之君子。故孔子曰："不知命，亡以为君子。"此之谓也。(《汉书》本传)

天令之谓命，命非圣人不行；质朴之谓性，性非教化不成；人欲之谓情，情非度制不节。是故王者上谨于承天意，以顺命也；下务明教化民，以成性也；正法度之宜，别上下之序，以防欲也。修此三者，而大本举矣。(同上)

臣闻命者天之令也，性者生之质也，情者人之欲也。或夭，或寿，或仁，或鄙，陶冶而成之，不能粹美，有治乱之所生，故不齐也。孔子曰："君子之德风也，小人之德草也。草上之风必偃。"(同上)

这样，一方面为其阶级的统治权力找着理论依据，一方面把其统治工具的"教化"和"制度"，解释为基于全社会公共福利而产生的东西，一若统治阶级不是基于其剥削生活而存在，反而是为着人民的生活利益而存在似的。从而不但把教化和制度所表现的阶级统治的内容隐蔽着，麻醉着被统治阶级的视觉，防止其阶级意识的发展，且从而麻痹中间阶层，把他们拉到自己的周围。

但是"性"何自来呢？是自存的还是被派生的呢？他说"性者，生之质"，是"性"系随人之"生"以俱来的。然而"人"何自来呢？从这里他便转入到神学，而归结到"人"是上帝(天)所创造的结论。例如他说：

天地之精所以生物者，莫贵于人。……天以终岁之数成人之身，故小节三百六十六，副日数也；大节十二分，副月数也；内

有五脏，副五行数也；外有四肢，副四时数也；乍视乍瞑，副昼夜也；乍刚乍柔，副冬夏也；乍哀乍乐，副阴阳也。（《人副天数》）

臣闻天者，群物之祖也，故遍覆包函而无所殊。（本传）

万物非天不生。（《顺命》）

然而人都是天所创造，人所赋有的性，为什么有"三品"的分歧呢？他认为人类社会各阶级所赋有的不同之"性"，以及其各异的阶级地位，也都是天——上帝所制定的。故说：

夫天亦有所分予，予之齿者去其角，傅其翼者两其足。是所受大者不得取小也。古之所予禄者，不食于力，不动于末。是亦受大者不得取小，与天同意者也。（本传）

于是把人类社会所存在的诸阶级便借着"天"——上帝的幽灵而把它凝固起来。

于是他从神学的立场上替其时代所行的阶级的说教，归结到所谓"天人合一"论。因为在从前，由于僧侣封建主和世俗封建主间的分离，所以在孔孟，是把"天"和"人"相对来说的。但教权封建主自始就未能完全负起对农民精神统治的任务，俗权封建主，自始就自己履行了这种任务的一部分。加之在现在后期封建政权的构成形式下，僧侣贵族和世俗贵族，没有各自的领邑去表现其分立性的统治的那种界限存在，而是混同在官僚制度的组织系统中，同在一个形式上类似于"统一国家"的下面被统一着。而且这时道教才开始形成，即所谓神仙方士之术，佛教也没有输入，在阶级矛盾日渐扩大的情况下，益趋式微的巫教更不能担负起对农民行使精神统制的任务。因之,俗权封建主便不能不直接去执行更多的教权的任务。因而“天”“人”相对的观念,也便在这些条件下面被统一起来,董仲舒因而作出“天人合一”的结论,并俨然把自己扮演为一个教主的姿态出现。他说:

为生不能为人,为人者天也。人之人本于天,天亦人之曾祖父也。此人之所以乃上类天也。人之形体,化天数而成;人之血气,化天志而仁;人之德行,化天理而义;人之好恶,化天之暖清;人之喜怒,化天之寒暑;人之受命,化天之四时;人生有喜、怒、哀、乐之答,春、秋、冬、夏之类也。……天之副在乎人,人之性情有由天者矣。(《为人者天》)

依照董仲舒,人的形体以及其精神上的各种表征,完全符合于天自体;易言之,天依照其自己的构制而创制人类。

他又认为具有这种创制人类万物之权能的“天”,也和人间一样,有“百神”在辅助它,而自为最高的权力者。故说:“天者,百神之君也,王者之所最尊也。”(《郊义》)“天者,百神之大君也;事天不备,虽百神犹无益也。”(《郊祭》)这完全是适应地主阶级专制主义的政治形态上反映着的思维的构制。不过在他,在其理论上把自己首尾倒置,而回绕于神学的幽灵下。

因而在他,“天”便是最高权力的上帝,人类便都是由上帝所创制的,又是上帝的儿孙。另一方面,上帝所创制的人类所形成的人间社会的组织,也完全是上帝所规定的,而符合于其“神”间的组织;同时在其“有所分予”的原则下,便亦替人间社会设立一个最高权力的君主去“替天行道”。他从这里达到其地主阶级的政权神授说的结论，故说："天以天下与尧、舜，尧、舜受命于天而王天下。"(《尧舜汤武》)"德侔天地者称皇帝，天佑而子之，号称天子。"(《三代改制质文》)"受命之君，天意之所予也，故号为天子者，宜事天如父，事天以孝道也。"(《深察名号》)他们的政权，既系其"天父"所直接授予的，于是便只需对他们的"天父"负责。所以他说：

> 臣闻天者群物之祖也，故遍覆包函而无所殊，建日月风雨以和之，经阴阳寒暑以成之。故圣人法天而立道，亦溥爱而亡私，布德施仁以厚之，设谊立礼以导之。春者，天之所以生也；仁者，君之所以爱也。夏者，天之所以长也；德者，君之所以养也；霜者，天之所以杀也；刑者，君之所以罚也。繇此言之，天人之征，古今之道也。(本传)

从而"天父"的意旨(道)，一由它的儿子，即"天子"，体现到人间社会内，便表征为"五常""三纲""六纪"和教育、刑罚……这而且是一成不变的，从来如此的"古今之道"，故说："道者，所繇适于治之路也；仁、义、礼、乐皆其具也。"(本传)"道之大原出于天，天不变，道亦不变。"(同上)从而他把从来的历史进化说的理论，也完全在"天父"的幽灵下面予以否定；把现存的地主阶级的社会制度，说成永恒化、静止化、绝对化的东西。

不过"道"既是一成不变的，凡"天子"又都是"天父"的儿子，为什么在历史上又有着兴衰、存亡呢？他说，这不关"道"的本身，而是对"道"的体现有所"偏""弊"之所致。故说："臣闻夫乐而不乱，复而不厌者谓之道。道者，万世亡弊；弊者，道之失也。先王之道，必有偏而不起之处，故政有眊而不行，举其偏者以补其弊而已矣。三王之道所祖不同，非其相反，将以救溢扶衰，所遭之变然也。故孔子曰：‘亡为而治者，其舜虖？’改正朔，易服色，以顺天命而已，其余尽循尧道，何更为哉？故王者有改制之名，无变道之实。”（本传）依他看来，正由于对“道”的体现有“偏”“弊”，然后才有历史上变制的事实；而这种变也只是表层的形式，而不是“道”的本体。

从而地主阶级的阶级剥削和统治，不但是从来如此的“古今之道”，而且完全是依照“天父”的意志在行使的。地主阶级统治权的构成以及官僚系统的组织，也完全是“天父”意志的体现，和“天国”一致。如他所说天、地、人曰“三才”，日、月、星曰“三光”，而人间社会内的“三公”“三卿”“三大夫”“三士”便都与之相适应而存在的；从而三三乃有“九卿”，三九乃有二十七大夫，九九乃有八十一元士。公、卿、大夫、士四个等级，则系和春、夏、秋、冬四个季次相适应的。对于独裁君主及其左右，是由五行的道理配置起来的，他在《五行相生》篇说：“东方者木，农之本也，司农尚仁；……南方者火，本朝司马尚智；……中央者土，君官也，司营尚信；……西方者金，大理司徒也，司徒尚义；……北方者水，执法司寇也，司寇尚礼。”

但是“天父”是什么东西？他怎样去对他的“儿子”们表示其意志呢？董仲舒说，“天父”是用“符瑞”和“灾害”来向它的“儿子”们表示其意志。例如他说：

> 臣闻天之所大奉使之王者，必有非人力所能致而自至者，此受命之符也。天下之人同心归之，若归父母，故天瑞应诚而至。《书》曰：“白鱼入于王舟，有火复于王屋，流为乌。”此盖受命之符也。周公曰：“复哉！复哉！”（本传）
>
> 有非力之所能致而自至者，西狩获麟，受命之符是也。

(《符瑞》)

臣谨按《春秋》之中,视前世已行之事,以观天人相与之际,甚可畏也。国家将有失道之败,而天乃先出灾害以谴告之;不知自省,又出怪异以警惧之;尚不知变,而伤败乃至。以此见天心之仁爱人君而欲止其乱也。自非大亡道之世者,天尽欲扶持而全安之,事在强勉而已矣。(本传)

故治乱兴废在于己,非天降命,不得可反。(同上)

王者与臣无礼,貌不肃敬,则"木"不曲直,而夏多暴风……言不从,则"金"不从革,而秋多霹雳……视不明,则"火"不炎上,而秋多电……听不聪,则"水"不润下,而春夏多暴雨……心不能容……则稼穑不成,而秋多雷。(《五行五事》)

因而上帝设置君主,又对君主施行严密的监察,以防止其违反"天父"的意旨;并以各种灾异来暗示其施政的得失,以防止其失败。

从而在这里,董仲舒把邹衍的带有唯物主义倾向的"五德终始"说的历史观,借尸还魂,而转化为阴阳谶纬之说,而充任了地主阶级的支配理论。他便成了两汉符瑞谶纬说的宗师。原始辩证唯物主义的"五行"哲学,到这时,便完全被曲解为宣传迷信的阴阳五行说。

三　对孔丘伦理社会观的神学解释

董仲舒从其神学的观点出发,把孔丘以来的儒家所谓"伦理",也进一步曲说为人类的天性,而当作神意的表征去说明,例如他说:

人受命于天，固超然异于群生，入有父子兄弟之亲，出有君臣上下之谊，会聚相遇，则有耆老长幼之施；粲然有文以相接，欢然有恩以相爱，此人之所以贵也。（本传）

这和孔丘表现等级身分制的“尊尊”主义和表现家长制的“亲亲”主义，本质上是一致的。不过把初期封建制基础上由封建主固定的家系世袭的等级身分制，在后期封建制的基础上，在皇帝、贵族、官僚、地主、富商、豪绅所表现的身分差异之相异的形式上，又作成一个新的解释。同时，孔孟还只从先验主义去说明，他乃从有神论的观点上去说明。从这种原则上，他并具体的演述为所谓“三纲六纪”说：

三纲者，何谓也？谓君臣、父子、夫妇也。六纪者，谓诸父、兄弟、族人、诸舅、师长、朋友也。故君为臣纲，夫为妻纲。又曰：敬诸父兄，六纪道行，诸舅有义，族人有序，昆弟有亲，师长有尊，朋友有信。（《白虎通》引述）

这在一方面，由于教育的组织形式和内容的改变，从前专为封建主贵族子弟而设的宫廷教育，所谓庠序，至此已完全改变形式为太学和私家教育，受教育者的范围亦已由贵族地主而延长到小所有者。此其一。其次，在“选举”和“养士”的阶级政策下，“师”便是这一政策之直接执行者。——因而乃特别提出所谓“师道”来。一方面，由于土地占有以至土地承袭形式的不同，前此所形成的宗法制度的公式，至此已不能完全适应，因而乃解释为所谓“六纪”之“诸父、兄弟、族人、诸舅”的新的“伦理”原则。一方面，为适应于专制主义下君权高于一切的事实,而曲解为所谓“移孝作忠”说。但是在他,并不是在君主的下面便没有等级身分的存在;同样从其社会之现实存在的根基上,身分上的尊卑贵贱也是他极力在说明而与以确定的,而且其所谓制度的一面,也便在确保这种等级的身分。故说:“臣闻制度、文采、玄黄之饰,所以明尊卑,异贵贱,而劝有德也……然则宫室旌旗之制,有法而然者也。”(本传)因而在董仲舒之所谓“三纲六纪”,便是孔丘以来儒家学的“尊尊”主义与“亲亲”主义的延长和扩大,是根据原来“三纲五常”的原则,而重新树立起来的封建统治理论的新体系。董仲舒之所以成为“汉代的孔子”,便在这里。

不过孔丘是以“仁”作为“伦理”说明的根据,孟轲则以“性善”说为根据,荀卿则以“性恶”与“伪”的理论为根据,他则从神学出发,归结其决定作用于“天”,即上帝。所以在这里,董仲舒也从“天人合一”的见解来说明。《基义》篇说:

> 阳兼于阴,阴兼于阳;夫兼于妻,妻兼于夫;父兼于子,子兼于父;君兼于臣,臣兼于君。君臣、父子、夫妇之义,皆取诸阴阳之道……天为君而覆露之,地为臣而持载之;阳为夫而生之,阴为妇而助之;春为父而生之,夏为子而养之。……王道之三纲,可求于天。

于是作为束缚“治于人者”的“三纲六纪”,一方面,用刑罚去保证其实行,一方面,又奉着“天父”这个工具来保证其实行。另一方面,作为后期封建制的这种统治原理,也由董仲舒在这里而获得一个新的结论与解释。

其次，所谓“五常”，在董仲舒也同样从神学的范畴上去说明，而阐述其重要性。例如他说：

> 夫仁、谊、礼、智、信五常之道，王者所当修饬也。五者修饬，故受天之祐，而享鬼神之灵，德施于方外，延及群生也。（本传）

“五常”为何有这样的作用和神秘性呢？在董仲舒看来，因为这都是人“性”的表现；而人“性”却是原于“道”，而为“道”的体现。因而“仁、谊、礼、智、信五常之道”，正是“道”之在个人以及个人与个人相互间的人类社会诸关系中的表现。由此而表征到政治上，便演化而成为“仁义礼乐”的制度。

四　“大一统”与专制主义的政治论

在中国后期封建的政治形态下，地主阶级一面要求形式上统一的国家，一面又要求政权集中于君主的专制主义。因而董仲舒一面从神学上说明君权神授说与君权高于一切的神学的根据，一面则转入到政治论中，同样从神学上去申述其“大一统”的见解，然而董仲舒却又以《春秋公羊传》作依据而申说的。在《春秋公羊传》的所谓“春王正月”的本意，原是“无甚高义”的；但一到董仲舒的眼中，便成为富有神学内容的语句了。例如他对于《公羊传》“春王正月”的内容解释说：

> 臣谨按《春秋》之文，求王道之端，得之于“正”。“正”次“王”，“王”次“春”。“春”者，天之所为也。“正”者，“王”之所为也。其意曰：上承天之所为，而下以正其所为，正王道之端云尔。然则王者欲有所为，宜求其端于天。天道之大者在阴阳；阳为德，阴为刑，刑主杀而德主生。是故阳常居大夏，而以生育养长为事；阴常居大冬，而积于空虚不用之处。以此见天之任德不任刑也。天使阳出布施于上而主岁功，使阴入伏于下而时出佐阳；阳不得阴之助，亦不能独成岁。终阳以成岁为名，此天意也。王者承天意以从事，故任德教而不任刑。刑者不可任以治世，犹阴之不可任以成岁也。为政而任刑，不顺于天，故先王莫之肯为也。……孔子曰：“不教而诛谓之虐”，虐政用于下，而欲德教之被四海，故难成也。臣谨按《春秋》一元之意，一者万物之所从始也，元者辞之，所谓大也。谓一为元者，视大始而欲正本也。《春秋》深探其本，而反自贵者始。故为人君者，正心以正朝廷，正朝廷以正百官，正百官以正万民，正万民以正四方。四方正，远近莫敢不一于正，而亡有邪气奸其间者。（本传）

依此，董仲舒从“春王正月”一语，一面引申到神学的领域，一面又引申到政治论的领域，以致曲述其政治之神权的内容。从而归结到“大一统”的专制主义的结论，故他又说：“《春秋》大一统者，天地之常经，古今之通谊。”（本传）

在专制主义的原则下，他一面提出统制思想，企图把从来动乱时代各派思想都统一于他所解释的所谓“孔子之术”下面，以达到精神统治的目的，和思想的一元化。但所谓“孔子之术”是在适应于中国后期封建制的基础上由他而作了一次新的解释与修正的"孔子之术"。同时,到汉武帝时代,以地主为支配的后期封建制经济,已由安定而获得其相当的发展了,因而便又否定地主阶级自身前此所持的改制论,且坚决地予以排斥。所以董仲舒继着又说:

> 今师异道,人异论,百家殊方,指意不同,是以上无以持一统,法制数变,下不知所守。臣愚以为诸不在六艺之科、孔子之术者,皆绝其道,勿使并进。邪辟之说灭息,然后统纪可一而法度可明,民知所从矣。(本传)

所以他从一"统纪"明"法度"的立场上,主张"罢黜百家","一"于其所谓"孔子之术"。但在事实上,"百家"的有利于其统治的"指意",却仍是被吸取在其所谓"孔子之术"的体系中。例如对于黄老无为主义的政治原理,地主阶级为取消斗争,为防止专制主义下的暴君专横,反而成为其"孔子之术"的一个重要因素。所以董仲舒又常说:"以无为为道。"(《离合根》)"人君者,居无为之位,行不言之教。"(《保位权》)又如所谓"法"的思想,则完全是承袭杨朱以来的所谓"法家"的理论。因此,其所"罢黜"的,一是在前此动乱时期所存在的敌对阶级的代表理论,因为那对于统治阶级的统治原理,自始便是一种本质的对立的东西;一是新兴封建地主这一社会阶层,在前此动乱期中作为政争的理论武器,那不但包含着一些进步的论点、激烈的主张、斗争的意识;而且不是作为一种当权者用作统治的原理而出现的;一是其他不符合其统治要求的东西。

另一方面,董仲舒所谓"孔子之术",并不是孔丘学说的翻译;

而是他承袭孔丘以来的儒家学的原则,在以地主阶级为支配的中国后期封建制社会的-经济的诸条件下由他而重新体现出来的统治原理。这原理,在本质上,仍然和孔丘没有二致。因为只有儒家学是代表中国封建统治的最高原理,所以在新兴封建地主阶层前此发动对封建主集团争取支配权时,他们反对儒家学;在地主阶级自已获得统治权力后,他们便转而要求儒家学。自然,董仲舒的儒家学,对孔丘的儒家学而说,已有着部分的修改和性质的改变。

其次,在前此为复苏劳动力与恢复生产而采取无为主义,即表现为所谓“黄老之术”的统治上的温和主义;至此则因社会经济的发展,同时又招来了阶级间矛盾的发展,为镇压“治于人者”,温和性的统治已不适用,不能不转而采取麻醉的教化主义与惩治主义。因而“无为”主义便丧失了实际政策上的意义,便只有作为取消斗争与防范暴君的教育意义了。因而董仲舒的这种主张,和公孙弘之罢黜黄老百家而尊崇儒学的主张,易言之,即由曾作为其阶级政策的“黄老之术”而转入到“孔子之术”的历史原因,便在这里。

现在再进而一述董仲舒的阶级观。如前所述,他从“性”作出发点而确认所谓“性三品”,从而引申到政治上,便基此而划分地主(大夫)和农民(庶人)为两个本性悬殊的阶级,而构成其欺骗性的阶级理论。他说:

> 夫皇皇求财利,常恐匮乏者,庶人之意也;皇皇求仁义,常恐不能化民者,大夫之意也。(本传)

因而在他看来,“大夫”是天生成的“治人者食于人”的阶级,“庶人”便是天生成的“治于人者食人”的阶级了。所以他又说:

为政而宜于民者，固当受禄于天。（本传）

今之郡守县令，民之师帅，所使承流而宣化也。（同上）

从而倒是因为“求财利”的“庶人”需要管理，上帝才特别创设这一群“求仁义”的“大夫”来管理他们。“大夫”为履行管理“庶人”的任务，于是便也体会其“天父”的意旨而创造出教化和刑罚来。从这里他转入到孔丘的“道之以德，齐之以礼，有耻且格”“道之以政，齐之以刑，民免而无耻”的原由，而引申为麻醉的教化主义与刑罚的惩治主义之两个相互为用的统治的武器。同时并强调地说明，前者是巩固统治的最根本办法，而后者则只是济前者之穷的消极办法。故说：

道者，所繇适于治之路也，仁义礼乐皆其具也。故圣王已没，而子孙长久，安宁数百岁，此皆礼乐教化之功也。……故王者功成作乐……乐者，所以变民风，化民俗也。其变民也易，其化人也著。故声发于和而本于情，接于肌肤，臧于骨髓。故王道虽微缺，而管弦之声未衰也。（本传）

依此，他确论麻醉教化的作用是十分重大而有效的。而且在他看来，统治者想怎样去软化被统治阶级，便可以把他软化为一种什么样模型的顺奴。故他又说：

孔子曰：“君子之德风也，小人之德草也，草上之风必偃。”故尧舜行德，则民仁寿；桀纣行暴，则民鄙夭。夫上之化下，下之从上，犹泥之在钧，唯甄者之所为；犹金之在镕，唯冶者之所

铸。绥之斯徕,动之斯和,此之谓也。(本传)

但是董仲舒不懂得,阶级意识的悬殊,是基于一定生产关系之上的阶级地位和彼此利益矛盾的基础上而生长起来的。农民阶级是晓得他们生活的实际利益才是真实的;统治阶级对他们所施用的欺骗,对他们的生活意识上的影响,并不能发生何种根本性的作用,至多只能给予暂时的麻醉。这是从来的统治阶级所不肯了解的。

董仲舒又认为对于"性恶"的被统治者,光靠严刑酷罚是无法防止其反抗的。因而他明白的说:

夫万民之从利也,如水之走下,不以教化堤防之,不能止也。是故教化立而奸邪皆止者,其堤防完也;教化废而奸邪并出,刑罚不能胜者,其堤防坏也。古之王者明于此,是故南面而治天下,莫不以教化为大务。立太学以教于国,设庠序以化于邑,渐民以仁,摩民以谊,节民以礼。故其刑罚甚轻而禁不犯者,教化行而习俗美也。(本传)

所以教化是主要的,而刑罚只是济教化之穷的东西。

从这里又进入到其所谓"养士"和"选举"。在其所谓"养士"和"选举"的政治作用上,一方面作为调和阶级矛盾的武器。董仲舒从其所谓可善可恶的"中人之性"的见解上,认为那些地位常在动摇中的诸中间阶层,在"养士"或"选举"这一阶级的政策下,给以参加政权的希望,便能麻痹其阶级意识,把他们拉到自己的周围。同时还可以间接去麻痹农民的阶级意识,不但使之努力向小所有者的前途挣扎,去争取这一遥远的目标;而且除文士以外,还有奇才异能的武士的选拔，给农民以爬上统治地位的幻想。他说：

> 臣闻圣王之治天下也，少则习之学，长则材诸位，爵禄以养其德，刑罚以威其恶。故民晓于礼谊而耻犯其上。（本传）

由这一原则的引申，后来便展开一个长期所谓"选士"的考试制度，作为网罗异动者与麻痹"被治者"阶级觉悟的一种恶毒手段，借以和缓阶级的矛盾。这是此后统治者所施行的一个最毒辣的政策，并间接妨害了中国学术的发展。

这——"养士"和"选举"——在另一方面的作用，便在作为调协其阶级内部政权分配的方式。在以地主作为支配阶级的中国后期封建制政治经济的组成上，非同于初期封建时代之领地的组织。因而在前此，各封建主在其各自领邑内的政治权力，为家族的各自的世袭；在现在，在地主阶级之官僚制度的政治组织下，表现其政权的管理机关，为地主阶级之共同的组织，而不是各别地主之各别的单独组织。因而一面不是每个地主都能同时去充任官僚，一面不是每个地主以其官僚地位为家族的直接承袭，而是阶级的世袭。因而便归结到"选举"和"养士"这一妥适的方式，作为推选其政治代理人与阶级内部均等的去参加政权的途径，而确立其阶级政权之阶级世袭的制度。董仲舒基此而提出其办法说：

> 故养士之大者，莫大乎太学。太学者，贤士之所关也，教化之本原也。今以一郡一国之众，对亡应书者，是王道往往而绝也。臣愿陛下兴太学，置明师，以养天下之士；数考问以尽其材，则英俊宜可得矣。今之郡守、县令，民之师帅，所使承流而

宣化也。故师帅不贤，则主德不宣，恩泽不流。今吏既亡教训于下，或不承用主上之法，暴虐百姓，与奸为市；贫穷孤弱，冤苦失职，甚不称陛下之意。是以阴阳错缪，氛气充塞，群生寡遂，黎民未济，皆长吏不明，使至于此也。夫长吏多出于郎中、中郎，吏二千石子弟选郎吏，又以富訾，未必贤也。……臣愚以为使诸列侯、郡守、二千石各择其吏民之贤者，岁贡各二人以给宿卫，且以观大臣之能。所贡贤者有赏，所贡不肖者有罚。夫如是，诸侯、吏二千石皆尽心于求贤；天下之士，可得而官使也。（本传）

这是说，一面由国家兴办太学，教育大地主、贵族、官僚的子弟；一面由诸侯、郡守、二千石每年从其所属地主的子弟甚至人民中选送二人。后来班固叙述这制度施行的经过说："及仲舒对册，推明孔氏，抑黜百家，立学校之官，州郡举茂材孝廉，皆自仲舒发之。"（本传）

最后应附带略为述及者，在董仲舒所代表的地主阶级内部，大地主不必都同时是商人，而富商却同时均是大地主。这两个社会阶层在其利益关系上有其内部的矛盾，自不待言。董仲舒却以贵族大地主的政治代言人而出现的。到董仲舒时代，大地主-商人的经济力大为发展，对贵族地主阶层成为一种压倒的形势；在其盛行着土地的兼并这一点上，尤威胁着贵族地主阶层和中小地主阶层的利益。于是董仲舒乃提出"限田"的主张。他说：

古者，税民不过什一，其求易供；使民不过三日，其力易足。民财内足以养老尽孝，外足以事上共税，下足以畜妻子极爱，故民说从上。至秦则不然，用商鞅之法，改帝王之制，除井田，民得卖买。富者田连阡陌，贫者无立锥之地。又颛川泽之利，管山林之饶；荒淫越制，逾侈以相高。邑有人君之尊，里有公侯之富，小民安得不困？又加月为更卒，已复为正；一岁屯戍，一岁力役，三十倍于古；田租口赋、盐铁之利，二十倍于古。或耕豪民之田，见税什五。故贫民常衣牛马之衣，而食犬彘之食。重以贪暴之吏，刑戮妄加。民愁无聊，亡逃山林，转为盗贼。赭衣半道，断狱岁以千万数。汉兴，循而未改。古井田法虽难卒行，宜少近古，限民名田，以澹不足，塞并兼之路。盐铁皆归于民。去奴婢，除专杀之威；薄赋敛，省徭役，以宽民力，然后可善治也。（《汉书·食货志》董仲舒疏文）

他并进而反对官僚地主兼营商业。故又说：

身宠而载高位，家温而食厚禄，因乘富贵之资力以与民争利于下，民安能为之哉！是故众其奴婢，多其牛羊，广其田宅，博其产业，畜其积委，务此而亡已，以迫蹴民，民日削月朘，寖以大穷。富者奢侈羡溢，贫者穷急愁苦，穷急愁苦而上不救，则民不乐生。民不乐生，尚不避死，安能避罪！此刑罚之所以蕃而奸邪不可胜者也。故受禄之家，食禄而已，不与民争业。然后利可均布，而民可家足。此上天之理，而亦太古之道。天子之所宜法以为制，大夫之所当循以为行也。（本传）

这充分表现了两者间的矛盾，并明白地表明了董仲舒的立场。在百年战争后的专制主义封建制的法国，贵族地主也提出过重农抑商的主义,并实行了重农抑商的政策。这种阶级内部利益冲突的事实,每每使人们误看作两个阶级的斗争。

这在后来,又展开两者之激烈论争。《盐铁论》便是这种利益不调协的论争的系统表演。今古文学派的斗争,也正是这种利益冲突的反映。

第三章　贵族地主自救运动的指导原理

——刘歆的复古主义

一　刘歆传略、阶级性及其时代

据《汉书·楚元王传》，刘歆，字子骏，为刘向少子。向父德，为阳城侯。德父辟彊，为光禄大夫。辟彊为楚元王子休侯富子，元王为汉高祖"同父少弟"。自辟彊至向，世为宗正。因之，刘歆之家世为属于贵族地主阶层，无容考辨。

刘歆之生年及卒年，《汉书》无记载，仅言向年"七十二卒。卒后十三岁而王氏代汉"。按王莽居摄为公元六年，称帝为公元八年；如所谓"王氏代汉"，指王莽之正式称帝，则刘向之卒应为哀帝建平二年即公元前五年。《汉书·楚元王传》又云，歆"少以通《诗》《书》能属文召见成帝，待诏宦者署，为黄门郎。平河中，受诏与父向领校秘书，讲六艺传记，诸子、诗赋、数术、方技，无所不究"。按成帝纪年自公元前三十二年至公元前七年；纪平河年号为公元前二八—前二五年。是平河元年刘向当为四十二岁，成帝即位之年为三十八岁。刘歆为刘向少子，平河朝与其父同领校秘书时，其年事当不出二十岁左右。因之其生年当为公元前三十年至前二十年之间。

刘向为有名之经今文《公羊》学者。歆则好“经古文《春秋左氏传》”，为经古文派一大宗师。《左传》《毛诗》《逸礼》《古文尚书》，殆皆经其手校；出自汉代之伪书，亦大抵皆与他有关。《汉书·艺文志》说：

> 至成帝时，以书颇散亡，使谒者陈农求遗书于天下。诏光禄大夫刘向校经、传、诸子、诗、赋……每一书已，向辄条其篇目，撮其意旨，录而奏之。会向卒，哀帝复使向子侍中奉车都尉歆卒父业。歆于是总群书而奏其《七略》：故有《辑略》、有《六艺略》、有《诸子略》、有《诗赋略》、有《兵书略》、有《术数略》、有《方技略》。

又今本《周礼》一书，据并世学者考证，大抵都认为系刘歆托古改制的伪作。因而刘歆复古主义的政治论，亦充分表现在此书中。

中国后期封建经济，到西汉末，由于经济的发展而带来其内部矛盾的发展，地主阶级的政治地位，便在这种矛盾的基础上而开始动摇。然而在最初，在地主阶级内部之贵族地主和商人地主两阶层间利益的不一致，而表现其政见上的歧异，并表现为两派的论争。但到后来，随着阶级地位的动摇，这两者更各从其自身利益上，想从危机中逃避出来，于是在政见上便形成“安刘”与复古之相互冲突的两派。所以在对付被统治者反抗这一点上，他们是一致的；但在如何去和缓矛盾、压服反抗，便因有其利益条件的不一致，而构成两种不同的主张。在贵族地主阶层，则企图去恢复初期封建时期的庄园制，把失去土地等生产条件的农民重新编制起来，借以和缓当前的阶级矛盾，而挽救其阶级的统治，于是发动复古运动,在学术思想上表现为经古文派。但这和商人地主阶层以及中小地主阶层的利益却是矛盾着的,因而他们便在“安刘”的口号下,企图维持现状,于以表现为经今文派。这两派之正式的分裂,是开始于汉哀之末,即公元前一二十年代间。刘歆正是前者的一个代表。另一方面,歆父刘向却为经今文派。盖前此两者均以“安刘”为维护其阶级政权的共同主张;此后才分裂为“安刘”与复古两个主张的。所以从贵族地主立场出发的地主阶级儒学大师董仲舒,却也不妨其为经今文学家。

所谓经今文派,是用阴阳谶纬之说,解释“刘氏”政权的历史根据,即谓不可“易姓”是由于“天父”的意旨。经古文学派,则认为“六经皆史”,都不过是一些往事之记载,且从符谶去解释“易姓改制”之必然。其根本立场之分歧如此,留下再说。

二　谶纬说和“复古改制”的理论根据

以董仲舒为师承的经今文学,便首先以“天”为一个人格神,同时确定这个人格神是君主的后台;在刘向所倡的“三统”说,却谓“天命所授者博,非独一姓也”(《汉书·楚元王传》)。以此作为对君主的一种警告。然而一到后来刘秀等人手中,这个人格神的“天父”便专门在充任“刘氏”政权的后台了。因而对自然界的一切现象,不但均解释为“天父”意志的表现,且认为都是“天父”对君主的警告和暗示,教他们如何去反省自己,检查施政得失,以巩固其阶级的政权。

在阴阳谶纬之学的一般原则上,是把一切自然界的现象都牵拉和政治现象联结起来去解释，一若一切自然现象都是政治现象的反映。同时从其各种不同的立场上，各作出那利于其自己的解释。例如在董仲舒的时候，商人地主阶层为要求商路的开辟，便怂动武帝把对外自卫战争转化为侵略战争，但此却与贵族地主阶层的利益相反。因而在“《春秋》桓公十四年八月壬申，御廪灾”，“《春秋》桓公十一年秋，宋大水”两条记事中的“御廪灾”和“大水”，董仲舒便把它和兵祸连结起来，认系由于战争所招致的“百姓愁怨”的恶果，天故以之示戒的征兆（见《汉书·五行志》）。但到成、哀之际，在“刘氏”政权内所发现的现象，一是后戚专擅，一是权臣专擅，因而从拥护“刘氏”政权出发的纬书，便都以自然现象和这种政治现象联结起来去解释。例如：

虹不时见：女谒乱公。（《易通卦验》）

聪明蔽塞，政在臣下；婚戚干朝，君不觉悟：虹蜺贯日。（《易九厄谶》）

岁星入月中：相以妃党之谮出。（《春秋纬文耀钩》）

偏任权柄，大臣擅法：则日有青黑子。（同上）

荧惑守天纪：幸臣执权，有兵起，王者有忧。（同上）

荧惑入营室：专于妻妃。（同上）

填星守须：女后宫有喜，贱女暴贵，若后宫专改，女谒横行。（同上）

主势集于后族，群妃之党横僭为害：则日盈。（《春秋纬运斗枢》）

后党专擅：月生芒。（同上）

彗星出织女：女主之党反。（同上）

后妃专:则日与月并照。(《春秋纬感精符》)

后族专政:则日月并照。(同上)

妃党纵横,佞臣持世:则蜮生。(《春秋纬汉含孳》)

壬子日蚀:后妃专恣,女谋主。(《春秋纬潜潭巴》)

地生光:女谒行。(同上)

后族专权,谋为国害:则日昼昏。(《春秋纬元命苞》卷下)

彗星出鱼星:后党反。(同上)

日冠戊己:妻党贵宠极也。(《孝经雌雄图》)

鹿者兽中阴,贵臣之象,鹿应阴言角也。夏至,太阳始出,阴气始升;阴阳相向,君臣之象也。今失节不解,臣不应君之象,故为贵臣作奸也。(《易通卦验》)

孔子曰:"《需》之始发《大壮》始,君弱臣强从《解》起。"(《易坤灵图》)

百川沸腾从阴进,山冢崒崩人无仰,高峰为谷贤者退,深谷为陵小临大。(《诗纬推曾灾》)

强臣擅命,夷狄内侮,后妃专恣,刑杀无辜:则天雨雹。(《春秋纬考异邮》)

其次适应于农民"叛乱"的社会现象连续出现,纬书又转而以自然现象与这一社会现象联结起来去解释,例如《春秋纬文耀钩》说:

荧惑犯翼,若守之:天下大乱,车骑无极,大兵起,四海匈匈于无命。

荧惑守天纪:幸臣执权,有兵起,王者有忧。

荧惑入卷舌，若守之：天下大旱，有兵起。

填星犯箕，若在宫中：天下大乱，兵大起。

太白入居守天市中：惊国有谋兵，斧钺用，兵大起，期不出三年。

彗入斗，辰守房，天库虚，狼弧张：期八年，王伯起，帝产亡，后党嬉。

然此均从拥护"刘氏"政权出发的；认为这些征兆，正是"天"意识地在谴告"刘氏"，教他们自己反省，暗示他们如何去挽救统治地位。

但到刘歆时代之贵族地主阶层的见解，便完全两样了。他们对这种自然现象所加的解释，认为那正是"易姓改制"之"天意"的表征。例如《春秋纬合诚图》说：

五星斗：天子去。

君杀妻诛，而天下笑。

司危如太白有目：以为乖事之征，见则主失法，期八年，豪杰起，天子以不义失国，有声之臣行主德也。

由于前后政治环境的各异，因而从同一贵族地主阶层的立场上，对同一自然现象而达到根本不同的解释——各以之符合其在一定时间内的要求去解释。其实，这正是这一社会阶层之自己历史的辩证法。但这在机械论者或实验主义者流亚看来，不是成为一个不可解释的问题，便会认作历史的奇迹去夸张的。话再说回

来,据《汉书·五行志》的记载:

(甲)《春秋》桓公十四年,八月壬申,御廪灾。

董仲舒以为先是四国共伐鲁,大破之于龙门。百姓伤者未瘳,怨咎未复,而君臣俱惰,内怠政事,外侮四邻,非能保守宗庙终其天年者也。故天灾御廪以戒之。

刘向以为御廪,夫人八妾所舂米之臧以奉宗庙者也,时夫人有淫行,挟逆心。天戒若曰:夫人不可以奉宗庙。桓不寤,与夫人俱会齐。夫人谮桓公于齐侯,齐侯杀桓公。

刘歆以为御廪,公所亲耕籍田以奉粢盛者也。弃法度亡礼之应也。

(乙)[严]公十一年秋,宋大水。

董仲舒以为时鲁、宋比年为乘丘、鄑之战,百姓愁怨,阴气盛,故二国俱水。

刘向以为时宋愍公骄慢,睹灾不改,明年与其臣宋万博戏,妇人在侧,矜而骂万,杀公之应。

(丙)昭公二十五年,夏,有上鹳鹆来巢。

刘向以为……象季氏将逐昭公,去宫室而居外野也。

刘歆以为羽虫之孽,其色黑;又黑祥也,视不明听不聪之罚也。

《汉书·五行志》所载,要皆类此的例子。请读者直接去参阅

《五行志》。

对同一自然现象，董仲舒则从其时贵族地主的立场上，借谶纬去非难商人地主所支持的开发商路的战争；刘向则从贵族地主的立场上，从而着眼于安定其阶级统治权的观点上，借谶纬去非难那揭动阶级内部纠纷，制造政治危机的后宫、外戚和权臣的专擅；刘歆则以同一的阶级立场，却借谶纬去说明“易姓改制”之征兆，而作为其复古改制运动的根据。这是活生生的历史，并不是偶然的。

三　复古的政治论

汉代地主阶级所支配的社会，到公元前后半世纪，一方面由于长期向四周各族进行战争，战费的巨大支出与农民频繁的军役供应，而引起农村经济的穷乏和生产的衰落，大部分农民卖妻鬻子，小所有者也相率丧失土地；在相反的方面，却是土地集中于少数大地主，尤其是商人地主之手。从而便引发农民相继的起义。地主阶级为镇压农民起义，又增加农民之军事负担；益加在反对农民军的战争中对农民施行残酷的压迫——杀害、家财没收、“没坐为奴”等等无情的毒辣手段，益促速社会生产的解体。因之，地主阶级的统治便愈呈动摇。

以王莽、刘歆等人为首的大地主贵族一群，认为要维系其统治而使当时严重的局势得到和缓，只有给予农民以份有地，使其相安于一种较常态的剥削关系。集中在大地主手中的土地，自然不可能给予农民；王莽、刘歆一群，也并不是肯主张无条件的放弃土地，给予农民，消除剥削。恰恰相反，他们的主张，正在为着如何使这种剥削关系得以继续。因之，在刘歆等人看来，认为只有恢复到初期封建制度时代庄园制的组织。他们以为这样，一方面使农民均一一获得“份有地”，一方面在地主自身仍能保持其土地占有权，而继续其剥削生活；以为社会的矛盾，从而便能和缓下来，阶级间的关系仍可以照样维持下去。因而以初期封建制为底本而写成的《周礼》的那种图式便出现了。

在初期封建制下面的土地诸形态和劳动编制，便是其所谓“井田”式的庄园制（在刘歆的所谓“井田”，是承袭着孟轲的解释而演绎的。但在西周所谓“井田”的本义，并不是一种土地制度，而是关于经营技术上一种水利制度。详请参看拙著《殷周时代的中国社会》，即《中国社会史纲》第二分册），因而贵族地主阶层，便想把这种构想的图式拉到中国后期封建制经济的诸条件下来实现。不过中国封建制的社会生产力一发展到汉代，由于土地的肥沃硗瘠程度不同，从而其所提供的生产成果之差异，不能不提起他们的注意。因之给予农民以“份有地”的面积，便有如次之较精密的三个标准：

一、“凡造都鄙，制其地域而封沟之，以其室数制之。不易之地，家百亩；一易之地，家二百亩；再易之地，家三百亩。”（《周礼·地官上·大司徒》）

二、“上地，夫一廛，田百亩，莱五十亩，余夫亦如之；中地，夫一廛，田百亩，莱百亩，余夫亦如之；下地，夫一廛，田百亩，莱二百亩，余夫亦如之。”（《周礼·地官下·遂人》）

三、“乃颁比法于六乡之大夫……乃均土地，以稽其人民而周知其数。上地，家七人，可任也者家三人；中地，家六人，可任也者二家五人；下地，家五人，可任也者家二人。”（《周礼·地官上·小

司徒》)

这是给予农民以份有地的土地分配原则，亦即企图以这种初期封建制的方式，把农民束缚于土地之上，重现其劳动编制。

在这种图式下面的份地的组织，即土地的区划和其经营的组织，则揭示如次之一个构想图式：

> 凡治野，夫间有遂，遂上有径；十夫有沟，沟上有畛；百夫有洫，洫上有涂；千夫有浍，浍上有道；万夫有川，川上有路，以达于畿。(《周礼·地官下·遂人》)
>
> 匠人为沟洫，耜广五寸；二耜为耦，一耦之伐，广尺深尺，谓之甽；田首倍之，广二尺，深二尺，谓之遂。九夫为井，井间广四尺，深四尺，谓之沟。方十里而成，成间广八尺，深八尺，谓之洫。方百里为同，同间广二寻，深二仞，谓之浍。专达于川，各载其名。凡天下之地势，两山之间，必有川焉；大川之上，必有涂焉。(《周礼·冬官下·匠人》)

但在西周，决没有这样规模宏大和如此整列的庄园组织。而刘歆的这种图式的构制，一方面显然是把原来领邑的组织理想化；一方面又以汉代郡县之区域大小作为其背景。

然而在这种土地分配和劳动编制的原则下，又怎样去实现其剥削呢？易言之，课与领有份地的农民以何种义务呢？《周礼·地官上·小司徒》说：

> 乃经土地而井牧其田野，九夫为井，四井为邑，四邑为丘，四丘为甸，四甸为县，四县为都，以任地事，而令贡赋，凡税敛

之事。

乃会万民之卒伍而用之:五人为伍,五伍为两,四两为卒,五卒为旅,五旅为师,五师为军,以起军旅,以作田役,以比追胥,以令贡赋。乃均土地以稽其人民,而周知其数。……凡起徒役,毋过家一人;以其余为羡,唯田与追胥竭作。

因而一方面,农民所提供于地主的剩余劳动,仍是用徭役和赋税的形态去表现;一方面,在庄园组织之上,仍保留着郡县的组织,农民在这里,较原来更多一层国役和国税的负担,且受到更多的人身的约束。从而其所谓役,包括着兵役和其他徒役;赋则为劳役地租或实物地租,税则为如次之一个标准:

凡任地,国宅无征,园廛二十而一,近郊十一,远郊二十而三,甸、稍、县、都皆毋过十二,唯其漆林之征,二十而五。(《周礼·地官下·载师》)

担任徭役和赋税的农民,"国中自七尺以及六十,野自六尺以及六十有五,皆征之"(《周礼·地官上·乡大夫》)。另一方面,"国中贵者、贤者、能者、服公事者"(同上)便当然没有这种义务。实际上,农民担任赋役的年龄标准,只要他还有劳动能力,是不容逃避的;除非他已完全丧失其劳动能力,才得幸免,亦即所谓"老者疾者皆舍"(同上)是也。

然而在地主的土地占有的实况上,各人占有的土地面积,却并不是相等的,这又如何去处置呢?刘歆在这里,认为应依照其土地占有面积之大小而分为"诸公之地""诸侯之地""诸伯之地""诸子之地”“诸男之地”(《大司徒》)与“士田”(《载师》)六个等级。其余原有的公地,则留作国有——即君主所有——或赏赐。从而又照应各人土地面积占有的多少而确定等级不一的爵位,把现存的等级身分制重新理想化。且从而给予大地主在其占有土地上以相当独立的政治的经济的权力——类似于原来的封建主。

但是在汉代,手工业者阶层事实上已独立存在,商业在经济领域中亦已有其一定的地位和作用,易言之,已有较复杂的分业的存在。这种现实的存在,不是凭人类的主观意志可任意去决定去取的。刘歆在这里,为适应这种既存事实,主张把这种经济因素加以改造,以期符合其理想的政治、经济的组织图式,因而他揭示如次之处理方式:

> 以九职任万民:一曰三农,生九谷;二曰园圃,毓草木;三曰虞衡,作山泽之材;四曰薮牧,养蕃鸟兽;五曰百工,饬化八材;六曰商贾,阜通货贿;七曰嫔妇,化治丝枲;八曰臣妾,聚敛疏材;九曰闲民,无常职,转移职事。(《周礼·天官上·大宰》)
>
> 颁职事十有二于邦国都鄙,使以登万民:一曰稼穑,二曰树艺,三曰作材,四曰阜蕃,五曰饬材,六曰通财,七曰化材,八曰敛材,九曰生材,十曰学艺,十有一曰世事,十有二曰服事。(《周礼·地官上·大司徒》)

尤其为约束商业资本的活动,而与以“肆长”①“贾师”②“泉府”③之设置。自然,这可说是一种企图拿着历史往回走的主观主

①②③　参看《周礼》各本条。

义的典型。

由刘歆等人之手而把这一图式画出后，于是便在以王莽为首的复古运动中，在其政权的出现后，一面便申述当时社会矛盾所反映的诸现象，认为不改变现状已无法安定社会这个见地上而阐明其复古的立场。所以在王莽的第一篇诏书中说：

> 古者，设庐井八家，一夫一妇田百亩，什一而税，则国给民富而颂声作。此唐虞之道，三代所遵行也。秦为无道，厚赋税以自供奉，罢民力以极欲；坏圣制，废井田，是以兼并起，贪鄙生；强者规田以千数，弱者曾无立锥之居。又置奴婢之市，与牛马同兰，制于民臣，颛断其命。奸虐之人，因缘为利，至略卖人妻子，逆天心，悖人伦，缪于“天地之性人为贵”之义。……汉氏减轻田租，三十而税一，常有更赋，罢癃咸出；而豪民侵陵，分田劫假，厥名三十税一，实什税五也。父子夫妇终年耕芸，所得不足以自存。故富者犬马余菽粟，骄而为邪；贫者不厌糟糠，穷而为奸。俱陷于辜，刑用不错。（《汉书·王莽传》）

一方面，便同时把《周礼》的图式宣布出来实行。王莽始建国元年（公元九年）诏云：

> 今更名天下田曰王田……皆不得卖买。其男口不盈八而田过一井者，分余田予九族邻里乡党。故无田，今当受田者，如制度。敢有非井田圣制、无法惑众者，投诸四裔，以御魑魅，如皇始祖考虞帝故事。（同上）

贵族地主阶层依照这样一个图式把初期封建制系统地重现了。但是一，历史是不能往回转的；二，这与商人地主以及中小地主阶层的利益有矛盾；三，已由庄园内的农奴而转化到了佃耕制时代的农民，令他们再回到庄园内去，除去再加重政治上的人格之愈被束缚外，加在骆驼背上的重负也是有增无减的，因而复古同时并不能取得农民的同情。所以这一复古运动的悲喜剧，也不能不“昙花一现”地便归于消失了。

此外在这一派的代言人中，在认识论方面，扬雄较刘歆有其较高的成就，有一点唯物主义的因素，但其在政治论上，并没有新的原则的发现，故不具论。读者要知道扬雄思想的内容，请参阅《扬子法言》，便可以概见其轮廓。

第四章　地主阶级内部各派思想的升沉与其统一

一　今古文学派的对立与调和

随着贵族地主所支持的王莽复古运动的失败，一时在意识形态上取得支配地位的经古文学派，乃亦不能不随之而消沉。继起的后汉政权，系发生于商人地主阶层的反王莽复古运动，从史实上考察，是十分确切的。据《后汉书·光武帝纪》，王莽地皇三年，即公元二十二年，光武“因卖谷于宛，宛人李通等以图谶说光武，云‘刘氏复起，李氏为辅’”，“遂与定谋”。是刘秀本人为囤积粮食的商人地主。又《后汉书·李通列传》云：“李通……南阳宛人也，世以货殖著姓。”又据《汉书·地理志》所载，颍川、南阳在前汉末，已成为“俗……好商贾渔猎藏匿”之区。而在刘秀军事集团中的所谓“二十八宿”，又大皆出身于颍川、南阳一带。是后汉的政权，系在商人地主阶层的支持下而树立起来的。他们在农民大暴动的火焰中，伪装联合农民军又出卖了农民军。这一阶层在后汉便成为政治上、经济上的支配阶层。从而在社会意识形态上，经今文学也便代之而取得支配地位。故自公元三十年代至马融、郑玄出世前，经古文学派在学理上并没有什么发挥。《后汉书·郑玄列传》云：

时任城何休好公羊学，遂著《公羊墨守》《左氏膏肓》《穀梁废疾》。玄乃发《墨守》，针《膏肓》，起《废疾》。休见而叹曰："康成入吾室，操吾矛，以伐我乎？"初，中兴之后，范升、陈元、李育、贾逵之徒争论古今学，后马融答北地太守刘瓌及玄答何休，义据通深，由是古学遂明。

然在后汉政权成立初的公元三十年代至六十年代间，桓谭从经古文学派的立场上，曾极力攻击商人地主。首先，他们极力非难政府的政策法令，及商人地主阶层的猖狂。桓谭说：

夫理国之道，举本业而抑末利。是以先帝禁人二业，锢商贾不得宦为吏。此所以抑并兼长廉耻也。今富商大贾多放钱货，中家子弟为之保役。趋走与臣仆等勤，收税与封君比入。是以众人慕效，不耕而食；至乃多通侈靡，以淫耳目。今可令诸商贾自相纠告，若非身力所得，皆以臧畀告者。如此则专役一已，不敢以货与人，事寡力弱，必归功田亩。田亩修，则谷入多而地力尽矣。

又见法令决事，轻重不齐，或一事殊法，同罪异论。奸吏得因缘为市，所欲活则出生议，所欲陷则与死比。是为刑开二门也。（《后汉书·桓谭列传》）

这不只表现了贵族地主的要求，在这方面并反映了中小地主的要求。

一方面，则极力攻击经今文学。桓谭又说：

> 今诸巧慧小才伎数之人，增益图书，矫称谶记，以欺惑贪邪，诖误人主，焉可不抑远之哉！臣谭伏闻陛下穷折方士黄白之术，甚为明矣；而乃欲听纳谶记，又何误也。其事虽有时合，譬犹卜数只偶之类。陛下宜垂明听，发圣意，屏群小之曲说，述五经之正义；略雷同之俗语，详通人之雅谋。（同上）

而经今文学，却正是商人地主政治的指导原理。因此，桓谭的"时政"主张，当然不能获得商人地主阶层所支配的政府的容纳。所以谭本传所云桓谭前后三次上疏光武：初则"失旨不用"，再则"书奏不省"，三则"帝省奏愈不悦"，在最后更遭受一次极严重的压迫，以至被斥谪，抑郁而死。《桓谭列传》说："其后有诏会议灵堂所处，帝谓谭曰：'吾欲谶决之，何如？'谭默然良久，曰：'臣不读谶。'帝问其故，谭复极言谶之非经。帝大怒曰：'桓谭非圣无法。将下斩之。'谭叩头流血，良久乃得解。出为六安郡丞，意忽忽不乐，道病卒。"

另一方面，在光武四年，即公元二十八年，因韩歆疏请"欲为费氏《易》、《左氏春秋》立博士"之一问题，而展开两者的论战；代表经今文学的范升，认为"《左氏》不祖孔子，而出于丘明，师徒相传，又无其人"；代表经古文学的陈元，则谓"丘明至贤，亲受孔子；而《公羊》《穀梁》传闻于后世。"光武皇帝为和缓两者的纠纷，曾承允设置左氏学博士；然却引起举朝一致的反对，"诸儒以左氏之立，议论讙譁；自公卿以下数廷争之"。故结果，又随即裁废。（以上均见《后汉书·郑范陈贾张列传》）

这正在反映着地主阶级内部两个阶层政治上冲突的过程，亦即经今文学派利用其在朝派的政治地位，压制经古文学派。在野派的经古文学派由于在政治上被排斥，便转向学术方面去发展。所以到后汉末，经古文学比经今文学在学术上的成就还要大，特别是产生了马融、郑玄（康成）那样经古文学的大师。

但从公元六十年代后，到马融、郑玄的经古文学抬头以前的期间，贵族地主阶层在政治上、经济上都成了前者的附属，因而表现在意识形态上，所谓经古文学，在政治论上亦无异成了经今文学的一个支流。从而以经古文学家的代表权威而出现的贾逵，其所谓经古文学却不惜自己掩盖其独立的宗派性，自贬立场而曲附于所谓经今文学家之神学的说教。贾逵一面曲解其左氏学同于公羊，例如他说："臣谨擿出左氏三十事尤著明者，斯皆君臣之正义，父子之纪纲；其余同公羊者什有七八，或文简小异，无害大体。"（公元七十六年上章帝条奏，见《汉书》本传）一面把左氏曲解为图谶之学，例如他说："至光武皇帝奋独见之明，兴立《左氏》《穀梁》，会二家先师不晓图谶故令中道而废"，"又《五经》家皆无以证图谶明刘氏为尧后者，而《左氏》独有明文。《五经》家皆言颛顼代黄帝，而尧不得为火德；左氏以为少昊代黄帝，即图谶所谓帝宣也。如令尧不得为火，则汉不得为赤。其所发明，补益实多"（同上）。另一方面，"神雀集宫殿"，他迎合商人地主，曲解为"胡降之征"（同上）。因此，所谓经古文学派，在这方面，无异成为经今文学派之一支流。自此约历数十年之久，不曾表现有所谓经今古文派之激烈争持。

然至二世纪三十年代以后，由于社会的阶级矛盾复趋紧张，地主阶级统治地位复呈动摇——一方面，土地财富集中于大地主之手；一方面，农民群众普遍贫穷化，益以天灾累至，因之便不断发生农民暴动与流亡的现象(请参阅拙著中国大学的《中国经济史讲义》)。从而,一面又引起内政纷乱,特别是外戚和太监迭起擅权;一面引起境内其他种族和部落的离贰;一面又引起中间阶层的不满。因而在维护其统治的同一立场上,却又重新引起地主阶级内部各派见解和主张的冲突,特别表现为贵族地主阶层在政治上的反攻、中小地主阶层发出不满的呼声。但他们间的冲突,不仅更滋长了外戚和宦官的窃夺权力,而地主阶级内部除李膺、陈蕃等少数稍有正义感的人士外,他们为着排斥异己,甚至不择手段,反而和宦官勾结,致诬成"党锢之祸"与摧残知识分子的大屠杀惨局。

但在后汉后期以至桓灵时代(桓帝纪自公元一四七至一六八年;灵帝纪自公元一六九至一八八年),阶级矛盾剧烈化,尤其农民暴动此仆彼起,浸假全国均卷入于暴动的洪流。因而地主阶级内部各阶层间的对立,便在这种严重情势下复归于统一。从而反映在意识形态上之相互对立的经今古文学派,也在阶级内部统一的方针下复归于统一了。——自然,这不是说其内部的对立性便不存在了。例如荀悦说:

> 仲尼作经,本一而已。古今文不同,而皆自谓真本经。古今先师,义一而已。异家别说不同,而皆自谓古今。(此处有误)仲尼邈而靡质,昔先师殁而无闻,将谁使折之者。秦之灭学也,书藏于屋壁,义绝于朝野。逮至汉兴,收摭散滞,固已无全学矣。文有磨灭,言有楚夏,出有先后,或学者先意有所借定,后进相友,弥以滋蔓。故一源十流,天水违行,而讼者纷如也。执不俱是,比而论之,必有可参者焉。(《申鉴·时事》)

荀悦的这种意见，反映了当时地主阶级的一种要求的倾向。然而由于地主阶级内部各阶层的存在，经古文和今文学派思想的统一，却是不能实现的。所以地主阶级仍只能在挽救统治和镇压农民暴动这一点上，达到共同的主张。

二 关于政治论上的各派见解

地主阶级内部各派，从同一阶级立场而要求维护其统治的主张，是完全一致的。而所谓后汉一百九十六年间的经济，可说是前汉的延长，所以其政治思想，基本上是承袭着董仲舒。如在阶级论上，他们也没有跳出董仲舒“性三品”论的教条。这在反映中小地主的利益和要求的王符也说：“夫性恶之民，民之豺狼”；“善人君子被侵怨而能至阙庭自明者，万无数人”（《后汉书》本传引《潜夫论·述赦》篇）。仲长统也说：“夫人待君子然后化……君子非自农桑以求衣食者也。”（同书，本传引《昌言·损益》篇）是皆从所谓人性论去曲论地主和农民两个阶级。在基本政策上，他们也同样遵守教化与刑罚并用的原则。而所谓教化的内容，也只在解释董仲舒“三纲六纪”的原则，只是在刑罚的原则上，适应于阶级斗争情势的开展，便更强调其重要性；在董仲舒是以刑罚去作为所谓教化的保障与补助，现在则转而为刑罚第一主义了。王符说：

> 为国者，必先知民之所苦，祸之所起，然后为之禁，故奸可塞而国可安也。今日贼良民之甚者，莫大于数赦赎。赦赎数，则恶人昌而善人伤矣。……其轻薄奸轨，既陷罪法，怨毒之

家,冀其辜戮,以解畜愤,而反一概悉蒙赦释,令恶人高会而夸咤,老盗服臧而过门,孝子见仇而不得讨,遭盗者睹物而不敢取,痛莫甚焉。夫养稂莠者伤禾稼,惠奸轨者贼良民。《书》曰:"文王作罚,刑兹无赦。"先王之制刑法也,非好伤人肌肤,断人寿命也;贵威奸惩恶,除人害也。故经称"天命有德,五服五章哉! 天讨有罪,五刑五用哉!"(《后汉书·王符列传》《述赦》篇)

仲长统说:

肉刑之废,轻重无品,下死则得髡钳,下髡钳则得鞭笞。死者不可复生,而髡者无伤于人。髡笞不足以惩中罪,安得不至于死哉? 夫鸡狗之攘窃,男女之淫奔,酒醴之赂遗,谬误之伤害,皆非值于死者也。杀之则甚重,髡之则甚轻。不制中刑以称其罪,则法令安得不参差,杀生安得不过谬乎? 今患刑轻之不足以惩恶,则假臧货以成罪,托疾病以讳杀。科条无所准,名实不相应,恐非帝王之通法,圣人之良制也。或曰:过刑恶人,可也;过刑善人,岂可复哉? 曰:若前政以来,未曾枉害善人者,则有罪不死也。是为忍于杀人也,而不忍于刑人也。今令五刑有品,轻重有数,科条有序,名实有正,非杀人逆乱鸟兽之行甚重者,皆勿杀。嗣周氏之秘典,续吕侯之祥刑,此又宜复之善者也。(《后汉书·仲长统列传》《损益》篇)

只是贵族地主及中小地主从其自身的利益上,仍执持着相异于商人地主的重农抑商的主张,这在王符和仲长统的著作中也都表现得明白。王符说:

今举世舍农桑，趋商贾，牛马车舆，填塞道路，游手为巧，充盈都邑。治本者少，浮食者众。商邑翼翼，四方是极。今察洛阳浮末者什于农夫，虚伪游手者什于浮末。则是一夫耕，百人食之；一妇桑，百人衣之。以一奉百，孰能供之？天下百郡千县，市邑万数，类皆如此。本末何足相供，则民安得不饥寒？饥寒并至，则安能不为非？为非则奸宄，奸宄繁多，则吏安能无严酷？严酷数加，则下安能无愁怨？愁怨者多……则国危矣。夫贫生于富，弱生于强，乱生于治，危生于安。（《潜夫论·浮侈》）

国之所以为国者，以有民也；民之所以为民者，以有谷也；谷之所以丰殖者，以有人功也；功之所以能建者，以日力也。……孔子称：庶则富之，既富则教之。是故礼义生于富足，盗窃起于贫穷。富足生于宽暇，贫穷起于无日。（《潜夫论·爱日》）

仲长统说：

汉兴以来，相与同为编户齐民，而以财力相君长者，世无数焉。而清洁之士，徒自苦于茨棘之间，无所益损于风俗也。豪人之室，连栋数百；膏田满野，奴婢千群，徒附万计；船车贾贩，周于四方，废居积贮，满于都城；琦赂宝货，巨室不能容，马牛羊豕，山谷不能受；妖童美妾，填乎绮室；倡讴妓乐，列乎深堂；宾客待见而不敢去；车骑交错而不敢进；三牲之肉，臭而不可食；清醇之酎，败而不可饮；睇盼则人从其目之所视，喜怒则人随其心之所虑。此皆公侯之广乐，君长之厚实也。苟能运智诈者，则得之焉。苟能得之者，人不以为罪焉。源发而横流，路开而四通矣。求士之舍荣乐而居穷苦，弃放逸而赴束缚，夫谁肯为之者邪？夫乱世长而化世短。乱世则小人贵宠，君子困贱。（《后汉书·仲长统列传》《理乱》篇）

井田之变，豪人货殖，馆舍布于州郡，田亩连于方国。身无半通青纶之命，而窃三辰龙章之服。不为编户一伍之长，而有千室名邑之役。荣乐过于封君，势力侔于守令。财赂自营，犯法不坐。刺客死士，为之投命。至使弱力少智之子，被穿帷败，寄死不敛，冤枉穷困，不敢自理。虽亦由网禁疏阔，盖分田无限使之然也。今欲张太平之纪纲，立至化之基址，齐民财之丰寡，正风俗之奢俭，非井田实莫由也。（《后汉书·仲长统列传》《损益》篇）

这在一方面，极力攻击商人地主享受特权、集中财富、兼并土地、垄断经济以及其豪奢腐化生活和支配社会的权势；一方面强调了中小地主的情况和要求，客观上也反映了人民的一些生活状况；同时也主张复行“井田”制。

三　调和各派之荀悦的折衷论

到后汉末，地主阶级内部的矛盾，在阶级对立的严重情势下便趋于缓和了。在意识形态上，荀悦便是代表这种倾向而出现的思想家。

如前所述，荀悦从折衷的立场上企图调协经今古文学派，取得两者在学术宗派上之统一。

各派长时间在政见上所争持的一个中心问题:即商人大地主主张任令人们对土地自由买卖和兼并;其他阶层则主张“限田”,甚而恢复所谓“井田”。荀悦在这里,便从其折衷的立场上说:

诸侯不专封,富人民田逾限,富过公侯,是自封也。大夫不专地,人卖买由己,是专地也。或曰:复井田与?曰:否。专地非古也,井田非今也。然则如之何?曰:耕而勿有,以俟制度可也。(《申鉴·时事》)

这种模棱两可的折衷论,是完全没有实际意义的。所谓“耕而勿有,以俟制度”的建议,也只是一种没有具体内容的模糊概念。

构成各派在政治上之另一主要争点,即一派主张支持商业要求,其他各派则主张重农抑商。荀悦在这里,也采取折衷的立场。例如他说:

或问货。曰:“五铢之制宜矣。”曰:“今废如之何?”曰:“海内既平,行之而已。”曰:“钱散矣,京畿虚矣,其势必积于远方。若果行之,则彼以无用之钱,市吾有用之物,是匮近而丰远也。”曰:“事势有不得,官之所急者谷也。牛马之禁不得出百里之外;若其他物,彼以其钱取之左,用之于右,贸迁有无,周而通之,海内一家,何患焉?”曰:“钱寡矣。”曰:“钱寡民易矣。若钱既通而不周于用,然后官铸而补之。”或曰:“收民之藏钱者,输之官牧,远输之京师,然后行之。”曰:“事枉而难实者,欺慢必众,奸伪必作,争讼必繁,刑杀必深。吁嗟纷扰之声,章乎天下矣。非所以抚遗民,成缉熙也。”曰:“然则收而积之与?”曰:“通市其可也。”或曰:“改铸四铢?”曰:“难矣。”或曰:“遂废之。”曰:“钱实便于事用,民乐行之,禁之难。今开难令以绝便事,禁民所乐,不茂矣。”曰:“起而行之,钱不可,如之何?”曰:“尚之废之,弗得已,何忧焉。”(《申鉴·时事》)

荀悦在这里,企图照顾两方面;但却只是一些无补实际的空论,对当前情况,并未能引起何种改变。

荀悦的根本见解,并无多少新东西,只不过把董仲舒以来的地主阶级各派理论加了些解释。例如在阶级论的出发点上,他也承袭着所谓“性三品”说,《申鉴·杂言下》篇说:“有三品焉,上下不移;其中则人事存焉尔,命相近也,事相远也。”“纯德无慝,其上善也;伏而不动,其次也;动而不行,行而不远,远而能复,又其次也;其下者,远而不近也。”从这里而解释其阶级统治的根据,故说“善治民者,治其性也……凡器可使与颜、冉同趋”(《申鉴·政体》)。从而便转入到其所谓法度教化说:“性虽善,待教而成;性虽恶,待法而消。唯上智下愚不移;其次善恶交争,于是教扶其善,法抑其恶。得施之九品:从教者半,畏刑者四分之三,其不移大数,九分之一也;一分之中,又有微移者矣。然则法教之于化民也,几尽之矣。及法教之失也,其为乱亦如之。”(《申鉴·杂言下》)因此,在他看来,刑罚是专用以“治小人”,即农民,而地主阶级却是生成的“纯德无慝”的治人者;唯有在“上智”与“下愚”之间的小所有者,乃需要礼教去教化,刑罚去鞭策。故《政体》篇又说:

君子以情用,小人以刑用。……故礼教荣辱以加君子,化其情也;桎梏鞭朴以加小人,治其刑也。君子不犯辱,况于刑

> 乎？小人不忌刑，况于辱乎？若夫中人之伦，则刑礼兼焉。教化之废，推中人而坠于小人之域；教化之行，引中人而纳于君子之途，是谓章化。

同时对于“中人”，他又同样主张用考选制度去罗拔。这自然是一种欺骗性的阶级政策，表现其在地主阶级的立场上，提出争取中间阶层的要求。

依照他的理论逻辑，“君子”便成了生成的依他人劳动以为生的阶级，“小人”便是生成的应提供剩余劳动去供养君子的阶级，故说：“君以至美之道道民，民以至美之物养君。”（《申鉴·政体》）“上以功惠绥民，下以财力奉上。”（同上）从这里，把人剥削人之阶级的内容隐蔽着，而达到如次之一欺骗的国家论的结论：“天下国家一体也：君为元首，臣为股肱，民为手足。”（同上）

国家的目的是什么呢？他说，第一在制止“偷窃”和“掠夺”；其次在“序”“高下”、“固”“班级”。怎样去完成这种目的呢？他说：“故凡政之大经，法教而已矣。教者，阳之化也；法者，阴之符也。仁也者，慈此者也；义也者，宜此者也；礼也者，履此者也；信也者，守此者也；智也者，知此者也。”（《申鉴·政体》）

但是这种“法教”为什么在当时完全丧失效力呢？在这一现实的问题上，由于代表的社会阶层不同，所处的时代情况的变化，便使他达到如次之一比董仲舒较进步的见解，《时事》篇说：

> 古今之法也，民寡则用易足，土广则物易生，事简则业易定，厌乱则思治，创难则思静。或曰：三皇民至敦也，其治至清也，天性乎？曰：皇民敦，秦民弊，时也；山民朴，市民玩，处也。

桀纣不易民而乱，汤武不易民而治，政也。……奚唯性。

在这里，他知道从时间、地点、条件去了解政治情况和民俗；并以之与主观上政治措施关联起来，去说明时代的治乱。这是一种比较切近实际的见解。但他又继续说：

不求无益之物，不蓄难得之货，节华丽之饰，退利进之路，则民俗清矣。简小忌，去淫祀，绝奇怪，则妖伪息矣。致精诚，诸求己，正大事，则神明应矣。放邪说，去淫智，抑百家，崇圣典，则道义定矣。去浮华，举功实，绝末伎，同本务，则事业修矣。（《申鉴·政体》）

这在一方面，虽在非难那种豪奢腐化生活；另方面，却又不啻在反对社会经济、文化的进步，反对开通民智，而又主张统制思想，这却是保守的。

第五章 农民派的政治学说

一 王充的批判主义

甲 王充传略

据《论衡·自纪》篇云："王充者，会稽上虞人也，字仲任。其先本魏郡元城，一姓孙。几世尝从军有功，封会稽阳亭。一岁仓卒国绝，因家焉。以农桑为业。世祖勇任气，卒咸不揆于人。岁凶，横道伤杀，怨仇众多；会世扰乱，恐为怨仇所擒，祖父汎举家担载，就安会稽，留钱塘县，以贾贩为事。生子二人，长曰蒙，少曰诵，诵即充父。祖世任气，至蒙、诵滋甚，故蒙、诵在钱塘，勇势凌人；末复与豪家丁伯等结怨，举家徙处上虞。"又云："贫无一亩庇身……贱无斗石之秩……居贫苦而志不倦。"又云："充细族孤门。或啁之曰：'宗祖无淑懿之基，文墨无篇籍之遗……吾子何祖？其先不载。况未尝履墨涂，出儒门……'""章和二年，罢州家居，年渐七十，时可悬舆，仕路隔绝，志穷无如……贫无供养，志不娱快。……"又《后汉书·王充列传》云："充少孤……师事扶风班彪。……家贫无书，常于洛阳市肆，阅所卖书"，很明白，王充的家世，是属于被压迫的穷苦的人民。《自纪》篇又曰："建武三年充生。"按光武建武三年即公元二十七年。又云："章和二年，罢州家居，年渐七十。"按章帝章和二年为公元八十八年。又本传云："永元中病卒于家。"若其年事为七十左右，则其卒年当在公元八十九年至九十七年左右。

按中国社会自公元一世纪三十年代至二世纪三十年代间，地主农民间的阶级斗争形势虽渐呈缓和；而阶级间的矛盾，由于大地主-商人的土地兼并，及高利贷与商品掠夺的疾急进行，又迅速地在发展着。其次，由于科学技术知识的进步以及手工业与商业的发展，给予人类对自然界的认识以较丰富的条件。在这种社会和文化诸条件的基础上，便产生较进步的王充的农民派哲学。

作为王充思想的代表著作，今所传者仅《论衡》。《论衡》一书，本传云八十五篇，二十余万言，今传者亦八十五篇；《崇文总目》三十卷，世所传本或为二十七卷。今各种版本文字亦间有出入。此或因诸本缮写及辗转流传之所致。《后汉书·王充列传》注解云：

> 袁山松《书》曰：充所作《论衡》，中土未有传者，蔡邕入吴始得之，恒秘玩以为谈助；其后王朗为会稽太守又得其书……由是遂见传焉。《抱朴子》曰："时人嫌蔡邕得异书，或搜求其帐中隐处，果得《论衡》，抱数卷持去。邕丁宁之曰：唯我与尔共之，勿广也。"

依此，今本《论衡》或因折转流传而有所改易，亦事势之难于避免的。而况被统治者著作的出版、发行，从来就遭受着令人难以想像的困难。

此外本传及《自纪》篇均云更有《养性书》十六篇；《自纪》篇并云："充既疾俗情，作《讥俗》之书；又闵人君之政，徒欲治人，不得其宜，不晓其务，愁精苦思，不睹所趋，故作《政务》之书；又伤伪书俗文，多不实诚，故为《论衡》之书。"同时更有《实论》之作。但所谓"讥俗之书""政务之书"及"《实论》"均与《论衡》并列，当为《论衡》以外之其他著作，惜今皆已失传。

余因思在当时，王充诸著作，或亦被视同"洪水猛兽"而遭禁止，故蔡邕私有此书而不传；直至后汉末王朗始以之公布。此殊为出身于被统治阶级之文人，无问古今而同一遭遇者也。

乙　作为认识论的唯物主义

王充从劳苦人民实际生活的基础上，对宇宙间、社会间一切现象的认识，基本上是从生活的现实情况出发的，虽然他不能不受到其时代的历史条件的限制。因而他对于从来统治阶级各派之充满欺骗性的唯心主义和神学的说教，均一一从客观存在的基础上去给以批判，而暴露其欺骗性；甚至对早期农民派的墨翟哲学也与以部分的否定。以此在《论衡》的全书中，完全为批判精神所贯注，从批判的立场上建立其自己的理论体系。所以在知识论上，他通过了从来各派的学说，同时又否定了从来各派的学说。

唯其因为他的学说是采取着批判的立场，贯穿着思想斗争的精神，故在其抨驳他派学说时，不惜用各种词句去反诘。所以研究王充哲学的人们，若从其各种反诘的词句去摸索，那便无法接近其理论的实质。

王充在其思想的出发点上，便确认宇宙是自己存在的客体；天体为云烟质，地体为土质（《自然》篇），这都是一种实际存在的形体。故说："夫天体也，与地无异诸有体者。"（《变虚》篇）而这种形体，又都是由本质和现象之两者的统一而构成的。"本质"和"现象"在王充哲学的范畴中，便是所谓"气"和"形"。故他说："形、气性，天也。……人以气为寿，形随气为动。气性不均，则于体不同。"（《无形》篇）所以形体的差异，是由其所构成的物本质的差异而发生的。因之，他认为宇宙的本体是一种无感觉无意志的东西，并没有什么神道的作用存在其间。故《自然》篇说：

……何以天之自然也？以天无口目也。案有为者，口目之类也，口欲食而目欲视，有嗜欲于内，发之于外，口目求之，得以为利欲之为也。今无口目之欲，于物无所求索，夫何为乎？何以知天无口目也？以地知之。地以土为体，土本无口目……使天体乎？宜与地同。使天气乎？气若云烟。云烟之属，安得有口目？

因而凡存在于宇宙间的一切东西，也都是客观地存在着的，故说："人，物也；物，亦物也。"（《论死》篇）"人禽皆物也，俱为万物。"（《寒温》篇）而这种存在的客体的东西，又都是自生自灭的，并不是假手于所谓什么神意的创造或命数。故说：

春观万物之生，秋观其成，天地为之乎？物自然也。如谓天地为之，为之宜用手；天地安得万万千千手，并为万万千千物乎？诸物在天地之间也，犹子在母腹中也。母怀子气，十月

而生，鼻口耳目，发肤毛理，血脉脂腴，骨节爪齿，自然成腹中乎？母为之也。（《自然》篇）

天之行也，施气自然也。施气则物自生，非故施气以生物也。不动气不施；气不施，物不生。（《说日》篇）

从而他认为，由于天体自己的运动而引起天体中各种物质原素（气）的运动，万物便从这种物质原素的运动中而发生出来的；但此却并非天的有意志的行为，故《自然》篇又说：

天之动行也，施气也；体动气乃出，物乃生矣。由人动气也，体动气乃出，子亦生也。夫人之施气也，非欲以生子，气施而子自生矣。天动不欲以生物而物自生，此则自然也。施气不欲为物而物自为，此则无为也。谓天自然无为者何？气也。

但是天何以会自动呢？在这里，他没有给予明确的解释。在他，或者对云烟状态的天体，而直观的肯定其为流动性。

从而他说运动的物质原素的东西，在其运动的进程中，一遇到异质性的东西便拼合相革而生他物，故说："凡物能相割截者，必异性者也；能相奉成者，必同气者也。是故离下兑上曰革，革，更也。火金殊气，故能相革，如俱火而皆金，安能相成？"（《谴告》篇）在这里，他不仅把握了同质相成、异质相革的物理学原理，——虽则还没把握着由量变到质变的原理，——并触着了辩证的观点。

同时，他便达到如次之一结论：存在于宇宙间的各种物质原素（气），因天自体的运动而引起运动，万物便都是从这种运动中的错合而生起的。因此他归结到万物的发生和其生成说："夫天覆于上，

地偃于下,下气蒸上,上气降下,万物自生其中间矣。"(《自然》篇)

这种自生的万物,并都有其自生自成自灭的一个全过程。例如他说:"夫物以春生;夏长;秋而熟老,适自枯死,阴气适盛与之会遇。何以验之?物有秋不死者,生性未极也。"(《偶会》篇)但是物虽顺着春、夏、秋、冬的季节顺序去完成其发展的过程,却不是天故为创设春、夏、秋、冬来支配万物,故《自然》篇说:

> 天道无为,故春不为生,而夏不为长,秋不为成,冬不为藏。阳气自起,物自生长;阴气自起,物自成藏。汲井决陂,灌溉园田,物亦生长;霈然而雨,物之茎叶根垓,莫不洽濡。程量澍泽,孰与汲井决陂哉?

然而天何以有春、夏、秋、冬四时之分呢?在这里,他达到天文学上之可惊的成就,他认为天之所以有四个季节的分别,完全由于太阳在其周转的运行上,即他所谓"转运之衡"上离地面的距离远近而派生的。不消说,在这里,他已接触到地圆说的见解(其天文学的见解主要见于《说日》篇)。其次,云雨等现象又何自发生呢?关于这,他给予如次之一个唯物主义的解释:

> 儒者又曰:"雨从天下,谓正从天坠也。"如当论之,雨从地上,不从天下。见雨从上集,则谓从天下矣,其实地上也。……夫云则雨,雨则云矣。……云雾,雨之征也;夏则为露,冬则为霜,温则为雨,寒则为雪。雨露冻凝者,皆由地发,不从天降也。(《说日》篇)

再进入到他的人生论。他确认人类的生成也和其他万物一样，并没有什么神秘，而是由阴阳两气的遇合而转化出来的。故说："夫人所以生者，阴阳气也；阴气主为骨肉，阳气主为精神。"(《订鬼》篇)于是他进而批评封建统治阶级的代言者儒家说：

> 儒者论曰："天地故生人。"此言妄也。夫天地合气，人偶自生也；犹夫妇合气，子则自生也。夫妇合气，非当时欲得生子，情欲动而合，合而生子矣。且夫妇不故生子，以知天地不故生人也。然则人生于天地也，犹鱼之于渊，虮虱之于人也，因气而生，种类相产。万物生天地之间，皆一实也。……夫天不能故生人，则其生万物，亦不能故也。天地合气，物偶自生也。(《物势》篇)

另一方面，他又从社会现实的阶级剥削关系上，给与统治阶级的阶级理论以有力的反驳。他说，如果"人"是"天地故生"的，那便该"令其相亲爱"，而不该有人剥削人的"相贼害"的事实存在。故《物势》篇说："如天故生万物，当令其相亲爱，不当令之相贼害也。或曰：'五行之气，天生万物；以万物含五行之气，五行之气更相贼害。'曰：'天自当以一行之气生万物，令之相亲爱；不当令五行之气，反使相贼害也。'"这对于他的见解的说明，是十分明白的。

在王充看来，虽然"人"由于"天地合气"而"偶自生"的，但这系经过一个较复杂的过程，逐渐演变而来，并不是"卒成暴起"的，例如《道虚》篇说："且夫物之生长，无卒成暴起，皆有浸渐。"所以系由天地先生出万物，由万物然后又转而演化出人来，故说："天地，夫妇也。天施气于地以生物，人转相生。"(《奇怪》篇)这达到一个较正确的盖然性的结论。

他于是进而追究到动物界的活动之所以发生，认为是由于为获得生活物资而引发的；易言之，人类自其有生以来，便具有自体的生存和种族的繁殖之两种本领。故说：

> 万物之生，含血之类，知饥知寒。见五谷可食，取而食之；见丝麻可衣，取而衣之。或说以为天生五谷以食人，生丝麻以衣人。此谓天为人作农夫桑女之徒也。不合自然，故其义疑未可从也。（《自然》篇）
>
> 且夫含血之类，相与为牝牡。牝牡之会，皆见同类之物，精感欲动，乃能授施；若夫牡马见雌牛，雄雀见牝鸡，不相与合者，异类故也。（《奇怪》篇）

因之，人类攫取自然物以为其生活的物质资料，那却不是自然为养人而特设的。从而人类为获得这种物质资料，便不能纯依赖自然，便不能不因着自然的条件去行使其加工的工作，而从事劳动，借劳动去创造其自己的生活，故《自然》篇说："然虽自然，亦须有为辅助，耒耜耕耘，因春播种者，人为之也。及谷入地，日夜长大，人不能为也。"这种见解，正是多方面受着自然力支配的农民，对农业生产之唯物主义的解释。

但是人类既都同是物质的构成体，为什么又有寿、夭、智、愚、贤、不肖之别呢？在这里，他系从人类所受的不同体力的强度上去说明的。他认为同样被派生的人类，而各人所赋有的体质却不是齐一的，而人的年龄的寿夭，知识的高下，便都是从这个基础上发生出来的。故说："天地为炉，造化为工，禀气不一，安能皆贤？"

(《自然》篇)“若夫强、弱、夭、寿,以百为数;不至百者,气自不足也。夫禀气渥则其体强,体强则其命长;气薄则其体弱,体弱则命短,命短则多病……人之禀气,或充实而坚强,或虚劣而软弱。充实坚强,其年寿;虚劣软弱,失弃其身。天地生物,物有不遂;父母生子,子有不就。物有为实,枯死而堕;人有为儿,夭命而伤。使实不枯,亦至满岁;使儿不伤,亦至百年。”(《气寿》篇)同时,在不能遂其自然发展,遭受外来的偶然原因丧生的,那却不是决定于其内在的原因。这在王充,即所谓“兵、烧、压、溺”的“触值之命”(同上)。同时他在《无形》篇又极力从体强的增减上去判定人寿的增减,作出种种说明,去确证其寿夭之决定于体气渥薄的见解。

另一方面,在人类的品质上,为什么有所谓“善恶”的分歧呢?在这里,他也同样从人所赋受的体质不齐一这一点上去说明的,例如《率性》篇说:

> 禀气有厚泊,故性有善恶也。
>
> 人受五常,含五脏,皆具于身。禀之泊少,故其操行不及善人,犹或厚或泊也。非厚与泊殊其酿也,曲蘖多少使之然也。是故酒之泊厚,同一曲蘖;人之善恶,共一元气。气有少多,故性有贤愚。

依此,他虽然认人性有善恶之分,但并不是以之看作神秘的本质歧异的东西,而只是看作由体质的歧异上而发生的歧异,在其本质上仍被视作同一的。这虽然没有从阶级的基础上去说明,却也表现了他和从来唯心主义者的见解根本不同。从这个基本的分歧点上,他给予从来唯心主义者的“性”论以严厉的批判。虽然他也从当时现实的阶级构成上，而作出如次的一个结论："孟轲言人性善者，中人以上者也；孙卿言人性恶者，中人以下者也；扬雄言人性善恶混者，中人也。"（《本性》篇）这在形式上，恍似同于董仲舒的性"三品"说；实际上，他之所谓"中人""中人以上""中人以下"，只是从人的资性或品德而说的；且他之所谓"性"的内容，也和唯心主义者所谓"性"的内容是两样的。在他，"性"并不是所谓精神的本体，而是人类的思想意识。所以他之所谓"性"，是在受着不同时间、空间、条件等环境的歧异而被决定的。例如他说：

楚越之人，处庄岳之间，经历岁月，变为舒缓，风俗移也。故曰："齐舒缓，秦慢易，楚促急，燕戆投。"以庄岳言之，四国之民更相出入，久居单处，性必变易。（《率性》篇）

人间之水污浊，在野外者清洁。俱为一水，源从天涯，或浊或清，所在之势使之然也。（同上）

譬犹练丝，染之蓝则青，染之丹则赤。十五之子，其犹丝也。其有所渐化为善恶，犹蓝丹之染练丝，使之为青赤也。……人之性善，可变为恶，恶可变为善，犹此类也。蓬生麻间，不扶自直；白纱入缁，不练自黑。彼蓬之性不直，纱之质不黑，麻扶缁染，使之直黑。夫人之性，犹蓬纱也，在所渐染而善恶变矣。（同上）

在这里，他进入了环境决定论。但从环境决定论的立场上，一方面，却偏到教育第一主义的结论，故又说："谷之始熟曰粟，舂之于臼，簸其粃糠，蒸之于甑，爨之以火，成熟为饭，乃甘可食。可食而食之，味生肌腴，成也。粟未为米，米未成饭，气腥未熟，食之伤人。”(《量知》)从这段话的本文看,是没有什么错误的;但他以之喻为教育对于人性的改造作用,却是不妥当的,是夸大了的。所以他从这里又误入唯心主义的泥沼。自然,这不只由于受着其时代历史条件的限制,而且由于他是一个脱离革命实际行动的知识分子,使他无法达到更彻底的唯物主义的认识论。

另一方面,王充从环境决定论的见解上,一触到贵、贱、贫、富、身分、财产、地位的悬殊时,他又陷入定命论的谬误。他在《命禄》篇认为人类的贵、贱、贫、富,地位的悬殊,是非人力可以左右的命定着的。虽然,他在他处又是这样的说着:

> 俱禀元气,或独为人,或为禽兽。并为人,或贵或贱,或贫或富;富或累金,贫或乞食;贵至封侯,贱至奴仆。非天禀施有左右也,人物受性有厚薄也。(《幸偶》篇)
>
> 赐(子贡)本不受天之富命,所加货财积聚,为世富人者,得货殖之术也。夫得其术,虽不“受命”,犹自益饶富。(《率性》篇)

这仍没有从阶级关系上去说明,而只是从人所禀受的知识能力上去说明。所以在这里,他纵然想勉强支持其唯物主义的立场,然而也已经陷入唯心主义了。在《命禄》篇中的论点,是缘他感于当时社会的现实情况,一方面据着高贵地位而握着社会财富的地主商人,却不少是懒惰愚拙的分子;另一方面,终生勤劳的善良农民,无论他们具有何种知识以至怎样勤奋,终久也并不能改善其贫而贱的地位。在《幸偶》篇和《率性》篇的论点,是由他看到幸运儿地位的上升,特别是一些小所有者分子地位的上升。但对这种现状的存在，王充看不见阶级关系的内容，不知从这种内容上去说明，而从自然主义的观点上误入定命论。从而他的理论的斗争性，又在这种定命论的下面打了折扣。所以王充始终都没有成为一个积极行动的战斗家，而只表现为思想斗争上的一个批判主义者。——虽然，他的批判主义也是有着相当的斗争内容的。

虽然，在从来支配阶级的欺骗教义下所支持的种种神学的唯心主义的迷信，以及依托于社会、历史各别现象的虚伪的说教，无论是经今文学派或经古文学派，在王充唯物主义的面前第一次受到系统的批判。——自然，这里只是说，在中国，由王充才作了一个系统的批判。所以王充虽在某些个别论点上误入唯心主义，而其在中国哲学史的地位上，是有着其光荣篇幅的。

丙　唯物主义的政治论

转入到政治论上的王充，从其唯物主义的认识论出发，首先他认为不论是地主阶级（连君主在内）或农民阶级……的人们，只要是人，便都是由阴阳两气结合而成的，大家在本质上都是同一的。故说："夫人，物也；虽贵为王侯，性不异于物。"（《道虚》篇）这给予地主阶级的"天生圣人"与所谓"帝王受命"说以有力的批驳，而达到人本主义的论断。于是进而给地主阶级的谶纬符瑞说以无情的抨击，以之反对地主阶级的政权。首先他批判地主阶级代言人所夸张的"帝王受命"的符瑞说说道：

> 文王得赤雀，武王得白鱼赤乌。儒者论之，以为雀则文王受命，鱼乌则武王受命。文武受命于天，天用雀与鱼乌命授之

也。……如实论之，非命也。命谓初所禀得而生也，人生受性则受命矣。性命俱禀，同时并得，非先禀性后乃受命也。……当汉祖斩大蛇之时，谁使斩者？岂有天道先至而乃敢斩之哉？勇气奋发，性自然也。夫斩大蛇，诛秦杀项，同一实也。周之文武受命代殷，亦一义也。高祖不受命使之将，独谓文武受雀鱼之命，误矣。（《初禀》篇）

他认为所谓符瑞，不过是从来统治阶级代言人借托一些偶然性的现象去支持其阶级的说教罢了。故《初禀》篇又说："文王当兴，赤雀适来；鱼跃乌飞，武王偶见。非天使雀至白鱼来也。"其次，他认为从来统治阶级代言者为欲把帝王扮演为与众不同的神圣，因而便依托一些偶然的现象去附会，其实，那些现象的本身，却都是有其自身的因果关系的。《偶会》篇说：

雁鹄集于会稽，去避碣石之寒，来遭民田之毕。蹈履民田，喙食草粮，粮尽食索，春雨适作，避热北去，复之碣石。象耕灵陵，亦如此焉。传曰："舜葬苍梧，象为之耕；禹葬会稽，鸟为之佃。"失事之实，虚妄之言也。

其次，地主阶级假托神意去行使统治，而创造着所谓天人感应说。他便从其时天文学医学等科学基础上，暴露其欺骗性。他说：

四十二月日一食，五十六月月亦一食，食有常数，不在政治。百变千灾皆同一状，未必人君政教所致。（《治期》篇）

论灾异者，谓古之人君为政失道，天用灾异谴告之也。……

曰：此疑也。夫国之有灾异也，犹家人之有变怪也；……血脉不调，人生疾病；风寒不和，岁生灾异。灾异，谓天谴告国政；疾病，天复谴告人乎？酿酒于罂，烹肉于鼎，皆欲其气味调得也，时或咸苦酸淡不应口者，犹人勺药失其和也。夫政治之有灾异也，犹烹酿之有恶味也；苟谓灾异为天谴告，是其烹酿之误得见谴告也。（《谴告》篇）

依此，王充确认一切自然现象的发生，都有其自身的因果关系。而“天”却是无知的东西；一切社会现象和政治现象，无知的天并不能有什么感应。故《自然》篇说：“……灾变时至，气自为之；夫天地不能为，亦不能知也。”

另一方面，他认为一切社会现象和政治现象，也同样有其社会的因果关系；至于自然间的某种现象和社会间的某种现象相照应，都是偶然的，在其间，并无何种因果的联系。故说：

或难曰：“《洪范》庶征曰：急恒寒若，舒恒燠若。……人君急则常寒顺之，舒则常温顺之。寒温应急舒，谓之非政，如何？”夫岂谓急不寒，舒不温哉？人君急舒而寒温递至，偶适自然，若故相应。……人谓天地应令问，其实适然。（《寒温》篇）

其次，他便进而揭破统治阶级用以欺骗人民的所谓感报说。如他解释人民所迷信的雷神劈人的现象说：

雷者，太阳之激气也。何以明之？……阴阳分事，则相校轸；校轸则激射，激射为毒，中人辄死，中木木折，中屋屋坏，人在木下屋间偶中而死矣。何以验之？试以一斗水灌冶铸之火，气激礫裂，若雷之音矣；或近之，必灼人体。天地为炉，大矣；阳气为火，猛矣；云雨为水，多矣；分争激射，安得不迅？中伤人身，安得不死？当冶工之消铁也，以土为形，燥则铁下；不则跃溢而射，射中人身，则皮肤灼剥。阳气之热，非直消铁之烈也；阴气激之，非直泥土之湿也；阳气中人，非直灼剥之痛也。夫雷，火也，气剡人，人不得无迹。如炙处状似文字，人见之谓天记，书其过以示百姓，是复虚妄也。使人尽有过，天用雷杀人，杀人当彰其恶，以惩其后，明著其文字，不当暗昧。……（《雷虚》篇）

夫论雷之为火有五验，言雷为天怒，无一效。（同上）

在这里，他不仅正确地驳斥了雷公击人说的谎谬，而且达到了阴气和阳气相激而生雷的近于科学的解释。这是王充天才的创见。从而他归结到无神论的进步的结论。所以他又说天是物，不得为神。“春秋之时，五石陨于宋。五石者，星也。……星去天不为神。”（《儒增》篇）认陨石为星，也是一种近于科学的解释。其次说到所谓人死后为鬼的问题，他说人也同样是物，在其死后，构成人体的物质原素乃分解而还原为各种原素，并不能转变出什么“鬼”来。“生”，不过是由于其生机的聚处；“死”，不过是由于构成生机的物质体的崩解。《论死》篇说：

人，物也；物，亦物也。物死不为鬼，人死何故独能为鬼？……人之所以生者，精气也；死而精气灭。能为精气者，血脉也；人死血脉竭，竭而精气灭，灭而形体朽，朽而成灰土，何用为鬼？……夫死人不能为鬼,则亦无所知矣。何以验之?以未生之时无所知也。人未生在元气之中,既死复归元气。元气荒忽,人气在其中。人未生无所知,其死归无知之本。何能有知乎?

说人死"灭而形体朽,朽而成灰土,何用为鬼",也是一种近于科学的解释。因之,他认为要有"鬼",除非"鬼"也是一种动物;而人谓有见"鬼"者,则系人之精神衰弱的一种错觉。(见《订鬼》篇)

这是王充从劳动人民的立场上,对统治者所加于人民的充满欺骗性的统治手段的暴露。最后他又总结说:"六经之文,圣人之语,动言天者,欲化无道,惧愚者之言。……"(《谴告》篇)这可说是对于儒家学本质的一种具体明确的说明。

然而,国家治乱递至的现象,又该怎样去说明呢?他从这里,达到其唯物主义的远见。他认为"世之治乱",是由社会经济情势所决定的,在人民衣食足饱的经济情况下,社会便自然安定,反之,社会便必然趋于混乱。这而且都有其必然性,不是政治上的主观力量所能左右的("在时不在政")。所以《治期》篇说:

世之治乱,在时不在政;国之安危,在数不在教。……夫世之所以为乱者,不以盗贼众多,兵革并起,民弃礼义,负畔其上乎?若此者,由谷食乏绝,不能忍饥寒。夫饥寒并至,而能无为非者寡;然则温饱并至,而能不为善者希。《传》曰:"仓廪实,民知礼节;衣食足,民知荣辱。"让生于有余,争起于不足。谷足食多,礼义之心生;礼丰义重,平安之基立矣。故饥岁之春,不食亲戚;穰岁之秋,召及四邻。不食亲戚,恶行也;召及四邻,善义也。为善恶之行,不在人质性,在于岁之饥穰。由此言之，礼义之行，在谷足也。案谷成败，自有年岁；年岁水旱，五谷不成。非政所致，时数然也。

这是说，国家的治乱，完全被决定于人民的现实物质生活的根基上，人民的物质生活条件有保障，自然会“安居乐业”；否则，社会群众的生活若陷于贫乏的境地，他们为其现实生活所迫促，便势必“铤而走险”，而发生“畔乱”。所以统治阶级手中的教化和刑罚，只有在人民衣食充足的情况下才能发生效力；对于饥寒交迫的人民，是完全没有效力的，因为只有物质生活才是他们的最现实的要求。

在物质生活失去保障的情势下，所谓君臣、父子、兄弟、夫妇、朋友等伦常关系，也必然的随之解体；易言之，这种伦常关系的存在与否，是以现实的物质生活作条件的。因此，他认为统治阶级代言人的种种倒果为因的说教，那完全是一种无补实际的欺骗与无智。故他批判孔丘说：

《传》曰：“仓廪实知礼节，衣食足知荣辱。”让生于有余，争生于不足。今言“去食”，“信”安得成？春秋之时，战国饥饿，易子而食，析骸而炊，口饥不食，不暇顾恩义也。夫父子之恩，“信”矣；饥饿弃“信”，以子为食。孔子教子贡去“食”存“信”，如何？夫去“信”存“食”，虽不欲“信”，“信”自生矣；去“食”存“信”，虽欲为“信”，“信”不立矣。（《问孔》篇）

这是说，意识形态并不能独自存在，而是被决定的东西；孔丘所谓“去‘食’存‘信’”的说法是倒果为因的，“信”是被现实物质生活所决定的。他于是进而说明，所谓“礼义”那些意识形态的东西，在人民现实的物质生活上，并不是必需的条件；倒是人民之现实的物质生活，决定其意识的一切。因说："故礼义在身，身未必肥；而礼义去身，身未必瘠而化衰。以谓有益，礼义不如饮食。"（《非韩》篇）

从而他又进一步说明，在离开群众现实物质生活条件的基础上，去敷设一些所谓德教的魔术，即作为统治阶级软化大众的所有手段，都是徒然的。易言之，无论政治的内容如何，其本身并不能起基本的决定作用；它在基本上反而是被决定的东西。故说：

> 兴昌非德所能成，然则衰废非德所能败也。昌衰兴废，皆天时也。……贤不贤之君，明不明之政，无能损益。世称五帝之时，天下太平，家有十年之蓄，人有君子之行。或时不然，世增其美；亦或时政致。（《治期》篇）

因之，他认为政治本身不能左右时代的环境；倒是时代环境在左右政治。自然，正确的说来，基于一定的生产关系之上的阶级关系才是最主要的决定的东西。

他于是又进而否定统治者的人治主义。人治主义者把政治的结果，当作人的主观条件的作用去说明，而归结为个人之功罪，他认为那完全是倒果为因的说法。故说："世谓古人君贤，则道德施行，施行则功成治安；人君不肖，则道德顿废，顿废则功败治乱。古今论者，莫谓不然。……如实论之，命期自然，非德化也。吏百石以上，若升食以下，居位治民，为政布教，教行与止，民治与乱，皆有命焉。"（《治期》篇）所以无论君主以至政治上负责之任何个人，只能在顺应其时代趋向的基础上给予时代以推进作用，并不能离开这个基本方向，而能产生好的作用的；同时他们都无力改变社会的客观趋向。故说：

> 国当衰乱，贤圣不能盛；时当治，恶人不能乱。（《治期》篇）
>
> 夫贤君能治当安之民，不能化当乱之世。良医能行其针药，使方术验者，遇未死之人，得未死之病也。如命穷病困，则虽扁鹊未如之何。夫命穷病困之不可治，犹夫乱民之不可安也。药气之愈病，犹教导之安民也。皆有命时，不可令勉力也。……由此言之，教之行废，国之安危，皆在命时，非人力也。夫世乱民逆，国之危殆……贤君之德，不能消却。（同上）

王充的所谓“时”，就是时代的情况，所谓“命”，就是时代的客观趋向或规律。这种见解是有着相当进步意义的。不过一方面，王充只“知其然，而不知其所以然”，不知也不可能从生产力和生产关系的矛盾关系上、从阶级的现实关系的根基上去说明；一方面，他只知所谓“时”与“命”的决定作用，而完全抹杀了人类的主观创造性。所以他的政治论，最后也归结到自然主义和宿命论的见解。在这里，他没有指示政治斗争的出路，并无异忽视了政治斗争的必要性。

因此，王充在政治论上，有许多进步的唯物主义见解；但由于其时代历史条件的限制，特别由于他和革命的实践行动脱了节，故未能达到彻底的唯物主义的说明，只能作出经济主义的唯物主义的说明。

所以在王充的全部思想体系中，从其所反映的农民的阶级性以及其时代说，实在不能不承认其思想的高迈；然律之以今日的科学，又不免表现其落后性，——这自然是无可避免的。

二　在农民阶级实际运动中所表现的政治思想与政治纲领

甲　在《太平清领书》中所表现的农民的政治教条

在王充的政治学说中，主要还只尽了对地主阶级的批判任务，他没有直接把理论应用到实践的政治斗争中去。

随着阶级间矛盾的发展，到二世纪八十年代，农民阶级由主观的觉悟而转入实际行动的政治斗争，爆发为中国历史上一次有名的农民大战争。这次农民所执持的前仆后继的英勇斗争，纵贯了由二世纪八十年代至三世纪二十年代的一长时间。[按《三国志·魏志·张鲁传》注引《典略》云："熹平中（公元一七二——一七七年），妖贼大起，三辅有骆曜。光和中（公元一七八——八三年），东方有张角，汉中有张脩。"按《后汉书·皇甫嵩列传》所载，张角所领导之黄巾军，爆发于公元一八四年，即灵帝中平元年，继黄巾军而起的最大集团，则为所谓"五斗米"集团等。直至公元二一五年，即灵帝建安二十年，"五斗米"领袖张鲁为地主阶级（曹操）所收买而叛降（见《后汉书·张鲁列传》）。]由大规模的农民战争转而分散为游击小集团。在这长时间农民战争中，农民阶级在行动中所表现的政治理想，以至作为行动指导的政治纲领，是托于宗教的形式去表现的。可惜没有充分的材料遗留，使我们无法把这种伟大的农民战斗集团的政治理想作全面之叙述。

这种农民的政治运动，是借宗教的团结去发动的，政治理想和要求，也是借宗教的信条去表现的。而这所凭借的宗教的宗派是依托于“黄老”。襄楷上桓帝书说：

……又闻宫中立黄老浮屠之祠，此道清虚，贵尚无为，好生恶杀，省欲去奢。……或言老子入夷狄为浮屠，浮屠不三宿桑下，不欲久生恩爱，精之至也。天神遗以好女，浮屠曰：“此但革囊盛血。”遂不眄之。其守一如此，乃能成道。（《后汉书·襄楷列传》）

襄楷在一方面，曾诋毁农民阶级的教义，例如他说：“臣前上琅玡宫崇受于吉神书，不合明听”（《后汉书·襄楷列传》）一方面，其自身却又相当受着这种教义的影响，故当时贵族地主攻击他说：“楷……假借星宿，伪托神灵，造合私意，诬上罔事。”（同上）

因此，所谓“道”学，在这种场合，已完全变质而与所谓“老庄之道”成了本质不同的东西了。

农民的这种具有政治内容的宗教，在阶级矛盾发展的过程中，曾经过一个长期秘密结社的地下活动和酝酿，到公元二世纪前半期，便形成为一种农民的宗教——一种团结农民的政治组织，于吉便充任了这种宗教的教主，或农民运动的领袖。《襄楷列传》注引《江表传》云：

时有道士琅玡于吉，先寓居东方，来吴会，立精舍，烧香读道书，制作符水以疗病，吴会人多事之。孙策尝于郡城楼上请会宾客，吉乃盛服趋度门下，诸将宾客三分之二下楼拜之，掌客者禁诃不能止。策即令收之。诸事之者，悉使妇女入见策母，请之。母谓策曰：“于先生亦助军作福，医护将士，不可杀之。”策曰：“昔南阳张津为交州刺史，舍前圣典训，废汉家法律，常着绛袙头，鼓琴焚香，读邪俗道书，云以助化，卒为蛮夷所杀。此甚无益，诸君但未悟耳。今此子已在鬼录，勿复费纸笔也。”即催斩之，悬首于市。

依此，孙策之残杀于吉，一因其“舍前圣典训，废汉家法律”；一因其能获得群众的信仰。很明白，于吉是用教义去号召农民，用“太平道”去组织农民，图谋发动农民战争而中途失败的一个农民领袖。于吉虽然被惨杀，他所领导的农民组织，却仍继续在发展；他的《太平清领书》，也成了其时农民阶级的“圣经”，所以在其后的农民领袖，如张角等人的手中，都有此书，《太平清领书》就是“太平道”的教义。张角的“太平道”就是于吉的正统。《襄楷列传》说：

初，顺帝时（公元一二六—一四四年），琅玡宫崇诣阙，上其师于吉于曲阳泉水上所得神书百七十卷，皆缥白素朱介青首朱目，号《太平清领书》。其言以阴阳五行为家，而多巫觋杂语，有司奏崇所上妖妄不经，乃收藏之。后张角颇有其书焉。

《太平清领书》的内容如何，因书已失传，无从详细考知。白云霁所编《道藏》中收入之所谓《太平清领书》，学者均认为后人伪作，不足凭信。上揭《襄楷列传》所谓“其言以阴阳五行为家，而多巫觋杂语”。《后汉书·襄楷列传》注引《太平清领书》的一段话说：“天上有常神圣要语，时下授人以言，用使神吏应气而往来也。人众得之谓神咒也。咒百中百，十中十。其咒有可使神为除灾疾，用之所向无不愈也。”这均系片段而抽象，只能说明其依托神道设教这一点。大抵在资本主义出现前的阶级运动史上，有组织和有计划的农民阶级的政治运动，几无不依托宗教作为团结群众的工具，借宗教的信条去表现其政治要求，如有名的德国农民战争中之“千年太平教”，便是一例（参阅恩格斯《德国农民战争》）。因之，《太平清领书》所表现的政治思想、主张和要求，便只有从“太平道”和“五斗米道”的行动中所表现的一些事迹去考察。而“太平道”和“五斗米道”农民战争的史料，也只能从地主阶级的文献中，寻找片断的记载，而且是被歪曲了的。

乙　“太平道”“五斗米道”的政治运动及其空想社会主义的纲领

自于吉首倡后，作为农民运动的宗教势力，在阶级矛盾发展的基础上，继续在农民群众中间发育滋长。这到二世纪七十年代末，便从群众中间，而跃出一群以教主姿态出现的农民领袖，——骆曜、张角、柳根、王歆、李甲等——从而这种宗教式的结社运动，也同时急速地流注了全国的农村，在农民群众中建立了广大深厚的基础。关于这，在此后一位地主阶级的代言者葛洪追述当时的情形说：

> 俗所谓（按当有脱字）率皆妖伪……既不能修疗病之术，又不能返其大迷；不务药石之救，唯专祝祭之谬，祈祷无已，问卜不倦。……富室竭其财储，贫人假举倍息；田宅割裂以讫尽，箧柜倒装而无余。或偶有自差，便谓受神之赐；如其死亡，便谓鬼不见赦。幸而误活，财产穷罄。……曩者有张角、柳根、王歆、李甲之徒……遂以招集奸党，称合逆乱。……或至

残灭良人,或欺诱百姓,以规财利,钱帛山积,富逾王公。……刺客死士,为其致用,威倾邦君,势凌有司。亡命逋逃,因为窟薮。(《抱朴子·内篇·道意》)

自然,葛洪是戴了一副地主阶级的眼镜在叙述的。但我们从他的叙述中,可以看出当时农民的宗教式的政治结社,在广大的农村群众中,有着极雄厚的政治力量。

在农民宗教集团中,两个最大的组织,便是所谓"太平道"和"五斗米道"。关于"太平道"和"五斗米道"的组织内容以及其运动的发展过程,《后汉书·皇甫嵩列传》有如次的简单叙述:

初,巨鹿张角自称大贤良师,奉事"黄老"道;畜养弟子,跪拜首过,符水咒说以疗病,病者颇愈,百姓信向之。角因遣弟子八人使于四方,以善道教化天下,转相诳惑;十余年间,众徒数十万,连结郡国,自青、徐、幽、冀、荆、扬、兖、豫八州之人,莫不毕应。遂置三十六方,方犹将军号也;大方万余人,小方六七千,各立渠帅。讹言苍天已死,黄天当立,岁在甲子,天下大吉。以白土书京城寺门及州郡官府,皆作甲子字。中平元年(公元一八四年)大方马元义等先收荆、扬数万人,期会发于邺。元义数往来京师,以中常侍封谞、徐奉等为内应,约以三月五日内外俱起。未及作乱,而张角弟子济南唐周上书告之,于是车裂元义于洛阳。灵帝以周章下三公、司隶,使钩盾令周斌将三府掾属案验宫省直卫及百姓有事角道者,诛杀千余人。推考冀州,逐捕角等。角等知事已露,晨夜驰敕诸方,一时俱起,皆着黄巾为摽帜,时人谓之"黄巾",亦名为"蛾贼"。杀人以祠天。角称天公将军，角弟宝称地公将军，宝弟梁称人公将军。所在燔烧官府，劫略聚邑；州郡失据，长吏多逃亡；旬日之间，天下响应，京师震动。

《三国志·魏志·张鲁传》注引《典略》云：

熹平中，妖贼大起，三辅有骆曜。光和中，东方有张角，汉中有张脩（疑衡之误）。骆曜教民缅匿法，角为太平道，修为五斗米道。太平道者，师持九节杖为符祝，教病人叩头思过，因以符水饮之；得病或日浅而愈者，则云此人信道；其或不愈，则为不信道。脩法略与角同，加施静室，使病者处其中思过；又使人为奸令祭酒，祭酒主以《老子》五千文，使都习，号为奸令。为鬼吏，主为病者请祷。请祷之法，书病人姓名，说服罪之意。作三通，其一上之天，着山上；其一埋之地，其一沉之水，谓之三官手书。使病者家出米五斗以为常，故号曰五斗米师。实无益于治病，但为淫妄。然小人昏愚，竞共事之。

所谓"脩法略与角同"，说明"五斗米道"也与"太平道"是同样以于吉的《太平清领书》为教条的。因而，"太平道"的政治主张和要求，原则上也必然同于"五斗米道"。"五斗米道"在张鲁叛变以前，农民军占领巴汉二十年中（《张鲁列传》云，鲁雄据巴汉垂三十年，按自公元一九六至二一五年），据现有的片断材料考究，他们曾一度实行一种空想社会主义的纲领。例如《典略》又云：

后角被诛，脩亦亡。及鲁在汉中，因其民信行修业，遂增饰之。教使作“义舍”，以米肉置其中以止行人；又教使自隐，有小过者，当治道百步，则罪除；又依《月令》，春夏禁杀，又禁酒。流移寄在其地者，不敢不奉。

又《张鲁列传》云：

张鲁……祖父陵，客蜀，学道鹄鸣山中，造作道书以惑百姓，从受道者出五斗米，故世号“米贼”。陵死，子衡行其道；衡死，鲁复行之。……鲁遂据汉中，以鬼道教民，自号师君；其来学道者，初皆名鬼卒；受本道已信，号祭酒，各领部众，多者为治头大祭酒。皆教以诚信不欺诈，有病自首其过，大都与黄巾相似。诸祭酒皆作“义舍”，如今之亭传；又置义米肉，悬于“义舍”，行路者量腹取足；若过多，鬼道辄病之。犯法者，三原然后乃行刑。不置长吏，皆以祭酒为治。民夷便乐之。

因此，他们当时所实行的，在经济上，是否认私有财产，不限于“道”内或“道”外，实行了天下人平等消费，即各取所需的原则；在政治上，是打破阶级的统治形式，实行平等的自管自治的原则；社会的组织，是以“祭酒”为单位的地区组织。“师君”“治头大祭酒”“祭酒”，就是各级组织的执事首长，他们都不是“长吏”，而是人民自己的自治领袖；“师君”“治头大祭酒”“祭酒”所领导的自治区域，或者就是相当于原始公社制的联盟、部落和氏族。这虽然是一幅空想社会主义的图画，却获得当时人民的赞成，连地主阶级的史家也不否认，而认为“民夷便乐之”。自然，在封建的农业经济的基础上，并不曾具备着实现社会主义的条件，实行复古的原始公社制更不可能,他们的理想是终于失败了的。所以说,没有进步阶级的领导,农民是没有解放自己的正确的政治方向的。同时,“五斗米道”当时又号召其“道”内干部和道友,保证对“道”的忠忱和坦白,即“自首其过”、不“自隐”“小过”,保证其对“道”和道友间互相的“诚信不欺诈”,这表现了生产阶级的优良品质。

我们读到这时期的农民战争史,张鲁虽然像德国农民战争中的路德一样,终于出卖了阶级,投降曹魏;张角所领导的一个集团,也终于和多玛斯·苗曹(Muenser)一样的结局(只是德国农民战争发生在资本主义革命时代,而这时的中国,却还没有资本主义的因素存在,这是两者本质不同的地方)。然而社会内在的矛盾,并没有从此消除,农民战争的洪潮,便分散为无数的细流,在此后的一个长时间,断续地激荡着。

第七编　矛盾斗争扩大期中的各派政治思想

后汉末的“太平道”和“五斗米道”，由于地主阶级的暴力镇压、威胁、利诱、分化以及张鲁等人的出卖群众，所以他们把后汉地主阶级的政权粉碎后，自己的庞大集团也便随着而解体了。然而存在于地主阶级社会内部的矛盾，并不因此就得到解决，相反的乃更为扩大了。“太平道”和“五斗米道”的大集团虽然瓦解了，却转而出现了各个封建集团间的互斗。由于地主阶级无力解决社会矛盾，以及其阶级内部矛盾的存在，互斗并没有解决问题。

随着地主阶级挽救其阶级地位的企图，于一再尝试失败后，也感觉其自身完全无力去解决社会矛盾，终于在四世纪及五世纪之初，先后又引起原来“入居塞内”的各部族和部落集团的反晋及各集团间的战争，演成所谓“五胡乱华”的数百年“五胡”各族统治集团此仆彼起的落后的统治局面（公元三〇八年西晋末年，刘渊称汉帝始，至公元五八九年陈亡，北中国全陷于这种落后的统治下）。而落后各族统治集团的统治，不但表现着原始性的残暴掠夺，生产力遭受严重破坏，大量劳动人口遭受屠杀，而且使中国社会的发展陷于迟滞的、逆转的形势。这不但扩大了社会矛盾，不断引发农民的起义；其和地主阶级的利益，尤其是商人地主，也是有矛盾。因而社会的矛盾反更其深刻，形势更加复杂——矛盾斗争的内容更加扩大，不只延长了阶级斗争为各部族和部落集团间的斗争，且形成两种斗争形势交错的复杂情况。各部族和部落集团间的斗争虽是当时主要的矛盾，然由于汉族地主阶级，或只为着眼前利益而与各族统治集团合流；与之对抗的，也只看见狭隘的阶级利益而不得人心，复增加了混乱复杂的程度。

到隋代，第一，由于长期不断的战争，特别是各族统治集团的残暴破坏和野蛮屠杀，引起生产力的衰退和大量人口的死亡与流散；第二，由于大量汉人向南方迁移，和缓了农民的土地要求；第三，由于五胡各族的汉化，渐已消失了原来的部族的集团间的矛盾。从而和缓了生产力和生产关系的矛盾，阶级间的矛盾，便暂时缓和了下来。同时，由于北朝经济的进步，赶上了南朝的发展，北朝的经济秩序，也能符合商人地主的要求，于是统治者的内部又达到统一。

因此，自魏晋至隋（公元三世纪五十年代至七世纪十年代间）以前数百年间的社会各派思想，就地主阶级说，经过三国时各封建集团间的长期分立，他们仍无法稳定其阶级地位；相反的，社会经济反表现波纹式的衰落，阶级地位反而日趋动摇。地主阶级在这种情势下，由于积极的自救运动一再失败后，而转趋悲观，因而形成魏晋时代的“享乐主义”和“颓废”“放任”的人生观。前者在其伪造的《列子》一书中及所谓“竹林七贤”等人为代表的实际生活中，充分表现着；后者在何晏王弼以至葛洪（抱朴子）等人的思想中充分表现着。因而所谓经今文学，随着后汉的没落，已渐失去其存在的重要性，所以自三国灭亡后，便跟着寂沉了。所谓经古文学派，也随着地主阶级自救运动的失败，随“清谈”之来而渺逝了。所以儒学在这时期，也是很消沉的。只有在西晋太康前后，由于生产有相当的恢复，大量的财富集中帝都，以致在帝都所在的中心区域，一时呈现经济复苏的景象。这兴奋了地主阶级，认为其阶级地位的恢复是完全有望的。所以有反“清谈”的傅玄等人以儒家学的姿态而出现。然而随着剥削的加紧而来的“繁庶”的过去，也便昙花一现地消逝了。

原来“入居”在“塞内”的各部落和种族，一面对朝廷纳税，一面(除拓跋外)还保持其原始公社制的生活。各族的上层集团在北中国取得统治权后，便根据其原始公社制的组织原理来组织统治，在北魏则形成奴隶制与专制主义封建制两种生产方式的矛盾。这虽不能改变中国专制主义封建制的本质，却附加了一些特殊色彩。因此，“十六国”和北朝的秩序，只部分地符合于贵族地主的要求，对于商人地主的利益更是矛盾的。因此引起地主阶级内部分裂为对抗派(如王谢诸族)和妥协派(如张宾王猛之流)。前者成为东晋和南朝政权的支柱，后者则充任“十六国”和北朝御用的臣仆。在“十六国”那样残破和北朝那样庄园式以至一时在若干方面存在着的奴隶制经济组织的基础上，一面生活着中国原来那种颓废的贵族地主，一面生活着居于统治地位的原系落后的各族。他们最容易接受佛教的思想。加之长期的战争和骚乱，所加于人们生活的威迫，也最适合于佛学在落后人民中的发展条件。因而在各族统治集团和贵族地主的倡导下，佛教便成为北朝的国教，佛学乃取得在意识形态上的支配地位。另一方面，在南朝对北朝的斗争意识的发展，他们乃以儒、道为其自己的地盘，于是形成儒、道和佛的对立。后者且从汉族的立场上去攻击佛教，拿儒、道作为反对落后统治的思想武器；前者则从其奴才立场上，曲说佛的故乡为天下之“中国”(如所谓天竺，即中国也)；攻击儒、道为佛的一个支派。他们以颠倒是非的奴才道理来反驳儒道派，去拥护落后的统治，但这并不是说南朝就没有佛，北朝就没有儒和道；只是说南朝是儒道思想占统治，北朝是佛家思想占统治。事实上，南朝的贵族地主，特别是感受政治无出路的王室，都是佛教和佛学发展的很好地盘。为战争所苦恼的落后群众，也最容易接受小乘教的迷信宣传。

到隋代，由于五胡各族同化于汉族，由于统治各阶层内部的统一，于是乃反映为儒、佛、道合一的思想。这在以周公、孔子自命的王通的思想体系中，表现得很明白。从而这一时期的思想斗争，便又由王通而作了一个结束既往，开导来兹的任务。

在另一方面，和地主阶级正相反对的农民阶级的政治思想，在后汉的王充，尽了对地主阶级社会的批判任务；后汉末的"太平道"和"五斗米道"的教义，却只是农民集团政治行动的纲领，并没有系统的理论基础。然随着阶级斗争形势的发展，到两晋之际，在社会生产力衰退的情况下，地主阶级反加紧对农民的压迫和榨取。而直接摆在农民面前的，是庞大数量的官吏消费和官禄开支。地主阶级在生活意识上则表现其苟且放任与颓废，并企图倡导厌世颓废的风气去催眠农民。因而便孕育出鲍敬言的反对地主阶级统治——尤其是对君权和官禄的攻击——的无政府主义，作为农民派意识形态的总结晶。

自鲍敬言以后而入于所谓南北分裂的混乱局势下，适应于社会上层支配阶级之构成的复杂与特殊，即如在北中国，一面有后来的地主阶级，一面有居于统治地位的各族统治集团，因而农民阶级的政治意识，一方面表现其和地主阶级之阶级对立的政治意识，一方面又表现其和各族的统治集团相对立的部族集团的意识，——自然，农民大众的这种政治意识的两方面，是在阶级的意识内部被统一着，犹之统治各阶层在其统治的共同利益上被统一着一样。关于这种农民的阶级意识的表现，我们只能从其时农民起义的行动中去理解，可惜"文献不足征"了。

第一章　矛盾扩大期中地主阶级各派思想的演变

一　反映地主阶级颓废思想的儒、道学的合一

在中国，所谓“道家”思想的老庄哲学，原系代表没落封建贵族的一种意识形态；而所谓“儒家学”，却系代表封建统治阶层的一种统治原理——并随着封建社会的发展变化而发展变化的。这均已在前面研究过。所以在先秦，两者间是有其统一物内部的对立性存在。到汉初，由于封建统治者采取道家“无为”的原则，变质为宽法简政的政策，即作为恢复生产与复苏劳动人口的一种手段；同时以之作为取消斗争的教育宣传和调剂专制主义下帝王的权力。所以自贾谊董仲舒以至荀悦等儒家学者的思想中，都吸收“无为”主义的一点成分。然经过二世纪八十年代至三世纪二十年代间长期的农民战争和军阀混战[暂断自熹平中（公元一七二——一七七年）骆曜所领导的所谓“妖贼”大暴动起至公元二二〇年的后汉灭亡止]，转入到三国时代（公元二二一——二六四年）。农民与地主的战争以及地主阶级内部的长期混战，更动摇了他们的统治。这期间，地主阶级诸阶层，初则从阶级自救的立场出发，而趋于统一，在一

再的自救企图失败后，又转入到三国的分裂，这不啻使许多地主贵族对自己地位的悲观失望。因而代表没落贵族的道家思想，在封建统治阶级的意识形态上，复获得其发展的条件，而形成其支配的地位。从而所谓儒家，不但今古文学的派别斗争趋于沉寂，而且儒学已丧失了支配地位，甚至成为道学的附庸。因以形成三国魏晋时代的清谈派。清谈派的理论，即是以道学为主的道、儒两种学说的混合品，而清谈派便是道、儒两家的混血儿。

从道、儒两者混合而形成的清谈派，最初抬头于魏正始中（公元二四〇—二四八年，即蜀后主延熙三年—十一年），其思想的代表者为何晏（平叔）和王弼（辅嗣）；代表何晏思想的著作为《道德论》和《论语集解》，王弼的代表著作则为《周易注》和《老子注》。

他们采取庄子出世主义的人生论，以发泄其空虚、黯淡、颓废的情绪；但他们和老庄不同，因为他们还没有丧失统治地位，所以还有不甘没落的一面。《晋书·王衍列传》说：

> 魏正始中，何晏、王弼等祖述《老》《庄》，立论以为：天地万物皆以“无”为本。“无”也者，开物成务，无往不存者也；阴阳恃以化生，万物恃以成形，贤者恃以成德，不肖恃以免身。故“无”之为用，无爵而贵矣。

实际上，这种解释，和老庄是有出入的——尤其与《庄子》。老庄的“无”是比较消极的东西，而这里却含有一点所谓“开物成务”“移风易俗”的要求，虽然两者之所谓“无”，同是一种哲学的内容。因为老庄是已没落的贵族思想的代表，而何晏、王弼所代表的地主，却是还不曾丧失统治地位的阶级。所以在另一方面，他们又把地主阶级统治原理的儒家学拿来和道学结合。这缘他们同时还需要继续去维持其统治地位,还需继续去对农民行使统治。所以何晏在另一方面又说:

> 善为国者,必先治其身,治其身者,顺其所习。所习正,则其身正,身正则不令而行;所习不正,则其身不正,其身不正,则虽令不从。是故为人君者,所与游,必择正人;所观察,必察正象。放郑声而勿听,远佞人而弗近。然后邪心不生,即正道可容也。

这显然是蜕化于孔丘的正名主义和《大学》修已、正人的原则。他在《论语集解》中,更坦率地拿他自己的意识去意识孔丘,例如他注释《论语》"吾从先进"句道:"将移风易俗,归之淳素。先进犹近古风,故从之。"

王弼的见解完全和何晏一样,不赘引。

老庄的人生论和儒家的政治论在逻辑上是有矛盾的。而何晏王弼把它们结合一起,形成其一种和现实背离的蹈空的思想。这由于他们对现实烦闷、失望,而至于逃避现实,不敢面对现实,只肯两眼朝天,从冥冥的空想中去寻求精神的安慰,借空谈去消逝其有闲的无聊岁月,于以卷起清谈之风。所以《文章叙录》说:

> 晏能清言,而当时权势,天下谈士多宗尚之。(《世说新语·文学》何晏条注引)

《世说新语·文学》说:

> 何晏为吏部尚书，有位望，时谈客盈坐。王弼未弱冠，往见之。晏闻弼名，因条向者胜理语弼曰："此理仆以为极，可得复难不？"弼便作难，一坐人便以为屈。于是弼自为客主数番，皆一坐所不及。

这种成为风尚的"清谈"，辗转至三世纪七十年代以后的西晋时代（公元二六五—三一六年），便变本加厉了。在西晋，生产从破局中未到相当恢复又趋衰退，再加皇族间阶级间民族间的矛盾斗争所演成的政局的混乱、动荡，大地主仍陷于对现实绝望的境地，于是逃避现实的任情、放纵、颓废的人生观，受到当时士大夫的普遍提倡，形成士流和阀阅间的一种恶劣风尚。这在晋初，在所谓"竹林七贤"——阮籍、嵇康、阮咸、山涛、向秀、王戎、刘伶等的生活意识和行动中，表现得最典型。他们以避开现实的"浮夸""任情""放达""自恣"为高逸，犹之今日的没落封建残余分子，从谈佛的玄想中去偷度其无聊生活一样。另一方面，在西晋的后半期，王衍又把何晏、王弼所谓"祖述老庄"的"清谈"之学，大加提倡，并愈加"玄虚"化。《晋书·王衍列传》说得明白，以何晏王弼为宗之"清谈"学，"衍甚重之。惟裴頠以为非，著论以讥之。而衍处之自若。"又云："（衍）口不论世事，唯雅咏玄虚而已。""妙善玄言，唯谈老庄为事，每捉玉柄麈尾，与手同色。义理有所不安，随即改更。世号口中雌黄。朝野翕然，谓之一世龙门矣。……后进之士，莫不景慕放效。选举登朝，皆以为称首。矜高浮诞，遂成风俗焉。"这正反映着这时期大地主们醉生梦死的生活。所以《王衍列传》谓衍为石勒所擒，临刑前说："呜呼！吾曹虽不如古人，向若不祖尚浮虚，戮力以匡天下，犹可不至今日。"当时中国地主阶级，并没有走到其历史的末日，如果肯努力振作，情况当然还可能好一点。不过王衍不懂得，他们那种生活意识的形成并不是偶然的，从一个腐老贵族的立场上，去进行移风易俗的事业，是大不容易的。

另一方面，西晋数十年间，在所谓“太康”前后的繁荣一忽地过去后，社会生产益形衰落，从而一方面继“八王之乱”而起的各族武装集团的兴起、分立和互相敌对，烽火弥漫于北中国；一方面，农民暴动的形势，也随着在扩大。全社会陷于一种更复杂、更混乱的斗争形势中。例如：公元二八〇至二八九年（太康）以后，匈奴、羌、胡及饥民相继骚动。公元二九四年叛变的有郝散，至二九六年立齐万年为帝。公元二九八年，汉川流民十万口入蜀。公元三〇三年义阳蛮张昌等招集江河间饥民三万起兵据江夏。公元三〇七年东莱王弥集流民起青、徐，三〇八年与石勒之贫民军合兵。公元三〇九年颍川、襄城、汝南、河南流民数万响应王弥。公元三一〇年兖、冀农民九万余口从石勒；雍州流民入南阳，严嶷、侯脱等聚众与之合，以王如为首领，响应石勒。公元三一一年，石勒、王弥破洛阳，西晋亡。（羽按：石勒曾为雇农，初参加农民暴动；后为狭隘观念支配，变成为对汉族实行报复主义者与压迫者。）

地主阶级在这种情势下，从现实的失望中，乃转而求援于上帝，反映为神仙方士之术的盛行。原来哲学性的老庄学，便同时由清谈之旁又化妆为神仙、炼丹等方士术而出现了；老聃同庄周，也便被装扮为“道德君”“真人”而登台——庄周的所谓“真人”，至此乃完全神化。

葛洪，即抱朴子，便是这种思想的代表者。在他的著作中（据他自述，著有《抱朴子·内篇》二十篇，《外篇》五十篇，碑颂诗赋百卷，军书移檄、章表笺记三十卷，神仙、良吏、隐逸、集异等传各十卷，又抄五经七史、百家之言、方技杂事三百一十卷,《金匮药方》一百卷,《肘后要急方》四卷。——参见《晋书》本传),表现他把老庄学充分演化为神仙方士之术。但他同样也没有完全放弃那作为统治原理的儒家学——这也同样在表现其阶级意识的矛盾性。在《抱朴子》里面,他思想上表现着三个要点:

一、他仍是主张以道学为主的道、儒学合一。这种见解、立场,是和何晏王弼以同样的阶级境遇为前提而相承袭的。故他说:

> 仲尼,儒者之圣也;老子,得道之圣也。(《内篇·塞难》)
>
> 道者,儒之本也;儒者,道之末也。(《内篇·明本》)

这是他从道学的立场上去统一儒学,比何晏王弼的解释更要明白些。所以他的全部思想,是以道学为主的儒、道学的混合品。

二、较何晏王弼以来的"清谈"派更进一步的玄虚化,超离对现实的追求,更进一步地转入于空想幻冥的境界,希图从所谓内心的修养上,去追求延年益寿的福果。例如《内篇·道意》说:

> 人能淡默恬愉,不染不移,养其心以无欲,颐其神以粹素。扫涤诱慕,收之以正。除难求之思,遣害真之累;薄喜怒之邪,灭爱恶之端,则不请福而福来,不禳祸而祸去矣。何者?命在其中,不系于外;道存乎此,无俟于彼也。……夫福非足恭所请也,祸非禋祀所禳也。若命可以重祷延,疾可以丰祀除,则富姓可以必长生,而贵人可以无疾病也。……明德惟馨,无忧者寿;啬宝不夭,多惨用老。自然之理,外物何为?……俗所谓伪,率皆妖伪,转相诳惑,久而弥甚;……不务药石之救,惟

> 专祝祭之谬……或什物尽于祭祀之费耗，谷帛淪于贪浊之师巫。既没之日，无复凶器之直，衣衾之周，使尸朽虫流，良可悼也。愚民之弊，乃至于此哉！

这在一方面，表现其对现实解决之完全无力，由失望而至绝望，以至转入于从内心追求寄托的非非冥想。一方面好像他反对宗教和迷信，其实他所反对的，只是农民宗教的“太平道”及“五斗米道”。同时他自己却又在宣传宗教和迷信。

三、从所谓内心修养的非非冥想的境界，又转入到神仙方士的长生术。《内篇·辨问》说：

> 夫圣人不必仙，仙人不必圣。圣人受命，不值长生之道。但自欲除残去贼，夷险平暴，制礼作乐，著法垂教。移不正之风，易流遁之俗，匡将危之主，扶亡征之国。刊诗书，撰河洛，著经诰，和雅颂，训童蒙。应聘诸国，突无凝烟，席不暇暖。其事则鞅掌罔极，穷年无已；亦焉能蔽聪掩明，内视反听，呼吸导引，长斋久洁，入室炼形，登山采药，数息思神，断谷清肠哉？至于仙者，惟须笃志至信，勤而不怠，能恬能静，便可得之，不待多才也。有入俗之高真，乃为道者之重累也。得合一大药，知一养神之要，则长生久视，岂若圣人所修为者云云之无限乎？

他在这里，把经世治民的圣人和长生不老的仙人，看得同等重要。这在一方面，正表现其并不忽视“治人”的要求，还要求为其统治地位而挣扎，一方面在大地主们苟且偷生的现实生活中，反映着一种颓丧的阶级意识；想从现实的苦恼中逃脱，转而从精神方面去追求其冥想的前途，于是表现为炼丹求仙的方士思想。这经世治民和炼丹求仙之两种矛盾的意识，在其阶级之现实的矛盾生活下面结合起来；犹之前此把“经世”的儒家学和作为“清谈”的道家学之结合一样。

但是这种内的修养何以能达到神仙长生的前途呢？在葛洪，认为由内的修养的方术，去吸取日、月、山、川、草、木……的精华，而归结为所谓“炼丹术”。所以《内篇·金丹》说：

合此金液九丹，既当用钱，又宜入名山，绝人事，故能为之者少。

九丹诚为仙药之上法，然合作之所用，杂药甚多。若四方清通者，市之可具；若九域分隔，则物不可得也。又当起火昼夜数十日，伺候火力，不可令失其适。勤苦至难，故不及合金液之易也。合金液，惟金为难得耳；古秤金一斤，于今为二斤，率不过值三十许万；其所用杂药差易具，又不起火，但以置华池中，日数足便成矣。都合可用，四十万而得一剂，可足八人仙也。

很明白，这种炼丹术，所需要的时间和金钱等条件，却不是饥寒交迫而又无法脱离劳动的农民阶级所能想像，只有握有社会财富的有闲的大地主们才具备这种修炼的条件。所以他之所谓炼丹求仙也不啻只是大地主们的特权。——自然，所谓炼丹术，只是一种骗人的神话。

另一方面，这种所谓炼丹术，依葛洪说来，不但可以炼丹成仙，而达到其不老长生的冥想前途；同时还能炼出黄金去补助其阶级的豪奢消费。故《内篇·黄白》说："黄山子曰：'天地有金，我能作之；二黄一赤，立成不疑。'《龟甲》文曰：'我命在我不在天，还丹成金亿万年。'古人岂欺我哉；但患知此道者多贫，而药或至贱而生远方，非乱世所得也。"这种幻想的发生，主要系由于其时生产力衰退，剩余劳动生产量减少，地主阶级的国家财政和经济的穷困等现象，因而引出这种想入非非的奇迹的幻想；同时也正表现了地主-商人阶级黄金崇拜的心理；其次，则为自公元前三世纪的后半世纪以来，冶金术的发展，在这时，随社会生产力的衰落而又衰落的结果。

依葛洪炼丹术之第三种可能，便是所谓"房中术"，以炼丹去补助放纵性欲的大地主的羸弱体力。这正由于一种变态自杀的纵欲生活所反映出来的幻想。

从这里，葛洪把老庄的道学，降低到神学的地位；葛洪自己的学说，便成了道教的教义，替道教预备好了条件。而此又说明了一件事实，即由于农民宗教，所谓"妖道"的盛行，地主阶级便要求创立一个敌对"妖道"的"正教"。

二　回光一忽的傅玄反清谈的儒术论

如前所述，魏（公元二二〇—二六四年）末数十年间，在意识形态的领域中，儒学已丧失其支配的地位，甚至丧失其独立地位而成为道学的附庸。所以鱼豢《魏略》说：

> 从初平元年（公元一九〇年）至建安之末（公元二二〇年），天下分崩，人怀苟且；纲纪既衰，儒道尤甚。……正始中

(公元二四〇—二四八年),有诏议圜丘,普延学士,是时郎官及司徒领吏一万余人……而应书与议者,略无几人。……嗟乎!学业沉陨,乃至于此!

随着时代转入西晋,以司马氏为首班的地主阶级政权,由于采取一些改良办法去恢复生产,以及对吴蜀各地的无情搜刮,而得来大量的财富,使中原经济一度转呈活跃的现象,于是形成所谓太康(公元二八〇—二八九年)之际的繁荣。不过这种所谓繁荣,一忽间便又消逝了。在这经济复苏的时际,反映到地主阶级的思想意识上,却认为是儒家政治复兴的象征。于是企图复兴统治地位的儒家学,乃应时而放出一道反照的回光,并给与那表现颓丧思想的"清谈"派以猛烈的抨击。这种思想的代表者,便是刘寔(公元二一九—三一〇年)、傅玄(约为公元二一〇年左右—二七〇年左右)等。

刘寔,字子真,平原高唐人,著有《春秋条例》二十卷(《晋书》本传)。傅玄字休弈,北地泥阳人,著书名"《傅子》,为内外中篇,凡有四部六录,合百四十首,数十万言;并文集百余卷"(同上本传)。惟其书今多佚亡,现有长沙叶德辉辑《傅子》《傅玄集》各三卷。

刘寔,一面从《春秋条例》上去觅取"三纲五常"的解释,重新阐明官僚系统中之君臣的名分与其隶属性等;一面为适应于魏晋之所谓"禅让"的事实,便从儒家"禅让"说的底本上,而申述其所谓贤能政治的原理。他企图拿儒家学的理论指导地主阶级去创立"中兴"事业,同时恢复儒学的地位。

傅玄则从儒家学的立场上,一面给相习成风的"清谈"派以自我的批判,一面又提出"中兴"事业的主张和意见。据《晋书·傅玄列传》所载,在其上晋武的疏文中,极力主张匡扶风气排斥"清谈"

派。他说：

> 先王之临天下也……道化隆于上，清议行于下。……近者，魏武好法术，而天下贵刑名；魏文慕通达，而天下贱守节；其后纲维不摄，而虚无放诞之论盈于朝野，使天下无复清议。而亡秦之病，复发于今。

的确，魏晋之际那班脱离实际夸夸其谈的“清谈”派，不只贻误地主阶级自身，并贻误了民族。他们不只以虚无放诞的教条去混淆是非，颠倒黑白，而且提倡消极的人生观，教人们回避一切现实的斗争。

同时，傅玄又根据儒家学，特别是所谓“中国政治哲学的宝贝”《大学》八目，提出致力中兴的主张。首先他说：

> 立德之本，莫尚乎心正。心正而后身正，身正而后左右正，左右正而后朝廷正，朝廷正而后国家正，国家正而后天下正。故天下不正，修之国家；国家不正，修之朝廷；朝廷不正，修之左右；左右不正，修之身；身不正，修之心。所修弥近，而所济弥远。禹汤罪己，其兴也勃焉，心正之谓也。心者，神明之主，万理之统；动而不失正，天地可感，而况于人乎？况于万物乎？夫有正心，必有正德。以正德临民，犹树表望影，不令而行。《大雅》云：“仪刑文王，万邦作孚。”此之谓也。（《傅子·正心》）

这在基本上，完全是《大学》八目公式的承袭。所以他也和孔丘以来的其他儒家学者一样，把一切社会的-政治的中心问题，都归根于人类的主观意识。他认为社会的混乱和封建统治阶级地位的动摇，主要原因乃在于人类思想意识的错误和复杂，在于人心的陷溺。因而他在《仁论》篇又极力阐发孔丘所谓“仁”的哲学内容；依他的演述，“仁”本体的主要表现便是“忠”和“孝”。从这里，他又转入到“侍亲”“奉君”“待人”的礼制，以此去稳定家族制度和尊卑制度。因此，他认为当时政治问题的中心，在于“回人心”“转风气”。

其次，当时的最严重现象：一面仍是农业劳动力缺乏，地主阶级田园的荒芜；一面是大众仍是饥寒交迫和社会粮食缺乏。因此，如何去获得劳动人口，恢复农业的生产组织，解决粮食问题，归根到底则在于提高地主阶级剩余劳动生产物的收入，便成了傅玄中兴策的一个重要部分。他下面的一段话说得明白：

> 前皇甫陶上事，欲令赐拜散官皆课使亲耕，天下享足食之利。禹稷耕稼，祚流后世。是以明堂、月令著帝藉之制。伊尹古之名臣，耕于有莘；晏婴齐之大夫，避庄公之难，亦耕于海滨。昔者圣帝明王，贤佐俊士，皆尝从事于农矣。王人赐官，冗散无事者，不督使学，则当使耕，无缘放之使坐食百姓也。今文武之官既众，而拜赐不在职者又多，加以服役为兵，不得耕稼，当农者之半；南面食禄者参倍于前。使冗散之官农，而收其租税，家得其实，而天下之谷可以无乏矣。（《晋书》本传）

在这里，重要的，并不在使冗散之官亲耕，而在使他们共同去恢复农业生产组织。同时在当时的情势下，他又主张政府用全力去恢复农业生产，并从细耕的基础上，提高劳动生产性和劳动强度，去增加剩余劳动的生产量。同时，赋税太重，不独减低农民的生产热情，而又不能防止农民的逃亡，妨害劳动人口的增殖，所以他主张减轻赋税。故又说：

其一曰：耕夫务多种而耕暵不熟，徒丧功力而无收。又旧兵持官牛者，官得六分，士得四分；自持私牛者，与官中分。施行来久，众心安之。今一朝减持官牛者，官得八分，士得二分；持私牛及无牛者，官得七分，士得三分。人失其所，必不欢乐。臣愚以为宜佃兵持官牛者与四分，持私牛与官中分。则天下兵作欢然悦乐，爱惜成谷，无有损弃之忧。其二曰：以二千石虽奉务农之诏，犹不勤心以尽地利。昔汉氏以垦田不实，征杀二千石以十数。臣愚以为宜申汉氏旧典，以警戒天下郡县，皆以死刑督之。其三曰：以魏初未留意于水事，先帝统百揆，分河堤为四部，并本凡五谒者……今谒者一人之力，行天下诸水，无时得遍。伏见河堤谒者车谊不知水势，转为他职，更选知水者代之。可分为五部，使各精其方宜。其四曰：古以百步为亩，今以二百四十步为一亩，所觉过倍。近魏初课田，不务多其顷亩，但务修其功力。故白田收至十余斛，水田收数十斛。自顷以来，日增田顷亩之课，而田兵益甚，功不能修理，至亩数斛已还，或不足以偿种。非与曩时异天地，横遇灾害也，其病正在于务多顷亩而功不修耳。(《晋书》本传)

依此，第一他主张减轻地租，去和缓地主与农民间的矛盾，提高农民的生产热情；同时提倡细耕，去改良经营组织，提高劳动强度，去增高剩余劳动量。第二他主张考察垦田，以限制官吏大地主的侵并和私占。第三他认为农业的衰退与水利的破坏有关；复兴农业，政府便该用全力去振兴水利。

他又强调地提出“民富则安，贫则危”（《傅子》），民贫，又系由于赋役负担过重的意见。《傅子·曲制》篇说：

> 天下之福，莫大于无欲；天下之祸，莫大于不知足。无欲则无求，无求者所以成其俭也；不知足，则物莫能盈其欲矣。莫能盈其欲，则虽有天下，所求无已，所欲无极矣。海内之物不益，万民之力有尽。纵无已之求，以灭不益之物；逞无极之欲，而役有尽之力。此殷士所以倒戈于牧野，秦民所以不期而同叛。

这不只在主张用轻税宽役的办法，去和缓严重的社会矛盾；尤在提起那班贪欲无厌、剥削无度的地主们的警惕。这从统治阶级的立场说，的确是悬崖勒马的一个聪明办法。

不过傅玄的主张，并没有得到当时地主阶级政府的全部采纳。而在“太康”繁荣的消逝后，连他的主张也随同消逝了。

继刘寔、傅玄以后，在东晋时代（公元三一七—四一八年）的儒家学，是更加式微了。其中出现于孝武帝朝（公元三七三—三九六年）的范甯，便是这一时期最著名的代表者。范甯的儒学，是东晋朝和“乱华”“五胡”的矛盾在意识形态上的反映；但也由于大地主们的苟安，没有积极振作和恢复失地的打算，所以范甯的儒学也很少战斗内容，甚至连“尊王攘夷”的儒家学精神，也没有很好的继承下来。

三　各部族集团间矛盾与道、儒学和佛学的对立

佛教输入中国，据鱼豢《魏略·西戎传》说[①]，早在前汉末公元前二年。因为在前汉，自武帝（公元前一四〇—前八七年）以后，中国和印度的商路已经打通；因而佛学也便随同商人输入中国。佛教的创始者，据云为释迦牟尼，他系印度王子，大抵为争王位继承权被排斥，从而对现实失望，从逃避现实的生活过程而创造佛教——作为封建统治阶级的宗教。但是佛学在印度，最初是较低级的（后来并从其中产生和佛学相反的唯物主义派）；自传入中国后，经过长时期的发展，特别在唐朝，佛学的哲学内容乃达到唯心主义的较成熟形态，在世界各派唯心主义哲学中，形成独自的一个流派。故在实际上，论到世界佛学，当首推中国，次为日本；而其发源地的印度，却反而落后了。

然最初，诵佛经和奉佛教者，据《后汉书》说，只限于宫廷贵族[②]，在这里，也正表现它是封建贵族的一种意识形态。而翻译佛经，却也是后汉末才有的事情[③]；同时，建立佛寺与奉立佛像，亦始

---

① “汉哀帝元寿元年（公元前二年），博士弟子秦景宪以月氏王使伊存图浮受诸经。”他史则称佛教之输入中国，始于汉明帝时（公元五八—七五年）。

② 如《后汉书·楚王英列传》：“英……晚节更喜黄老学，为浮屠斋戒祭祀。（永平）八年（六五年）……诏报（英）曰：楚王诵黄老之微言，尚浮屠之仁祠，洁斋三月，与神为誓；何嫌何疑？尚有悔吝！其还赎以助伊蒲塞桑门之盛馔。”又《襄楷传》襄楷于公元一六四年上桓帝疏有云：“闻宫中立黄老浮屠之祀。”

③ 《文献通考》云：“至桓帝时（一六〇年顷），有安息国沙门安静赍经至洛，翻译最为通解。灵帝时（公元一六八——八九年），有月氏沙门支谶，天竺沙门竺佛朔等，并翻佛经；而支谶所译《泥洹经》二卷，学者以为大得本旨。”

于这一时期①。到魏代（二二〇—二六四年）佛学已渐趋发展，在中国贵族地主的信奉下，于是乃有派遣专人西去求法的事情，同时佛徒和尚-僧侣贵族也便随着而出现了②。

佛教在因果报应的神道说教这一点上，为封建统治者对农民行使精神统治的无上武器；因为在农业生产的基础上，受着自然力相当支配的农民，最易为那种迷信宣传所迷惑。

其次，佛教在印度形成后，由于中国和印度之不断商业交通的联结上，在西北各族中，也已传布了种子。其小乘教义，对于那受自然力支配更大的落后部落，在他们的意识中，也最易发生影响。

又次，在背离现实的高深而玄虚之大乘佛学的哲理上，较道学为一种“玄之又玄”的形态，对于有闲的贵族地主，是一种最符合其肠胃消化的精神娱乐品；尤其在政治上感觉苦闷、无出路的他们，便最易接受那种蹈空的“出世”思想。

基于上述诸条件，所以贵族地主所投靠的北方拓跋等统治集团，尤其是拓跋魏，在北中国取得统治权后，佛教便成了他们共同的宗教，并获得国教的地位；佛学思想在统治者的意识中和在文化思想上，便成了支配的东西。从而僧侣贵族在政治上、经济上，便都获取了决定的重要作用。同时，由于世俗贵族——连帝王在内——多有出家为僧的事情。他们兼具世俗贵族和僧侣贵族的两重人格——更促成了寺院在经济-政治领域中的支配地位，从而产

① 《后汉书·陶谦列传》云：“丹阳人……同郡人笮融……谦使督广陵、下邳、彭城运粮，遂断三郡委输，大起浮图寺。上累金盘，下为重楼……作黄金涂像。”（按其时为公元一九五年）

② 《文献通考》云：“（魏）甘露（公元二五六—二五九年）中，有朱士行者，往西域，至于阗国，得经九十章。晋元康中至鄴，译之，题曰：《放光般若经》。”《历代三宝记》卷三《年表》甘露五年条下注云：“朱士行出家为汉地沙门之始。”

生一种高度的寺院文化。教堂建筑的宏伟，和遍地教堂林立的情况，在北魏朝（公元四〇四—五三三年）的洛阳一隅，据《洛阳伽蓝记》所载种切，便可以概见一般。这也能表现出佛教的势力。

另一方面，在拓跋族统治集团统治下，残破或逆转的“庄园式”经济组织及“三长制”管理机构妨碍商业的生存，对于商人地主阶层的利益，更有很大的矛盾性。

晋朝王室和一部分大地主，其中不少的官僚、地主、商人三位一体的大地主的南迁，又建立起汉族自己的东晋（公元三一七—四一九年）政权，以至延长为宋、齐、梁、陈（公元四一九—五八八年）。他们凭借着东南的富源，继续秦汉以来的社会组织与形式。因而形成这时期的南北各异的社会形势，——两者虽同属封建性的，但有着不同的情况，——同时前者是汉族自己的政权，后者是统治汉族的拓跋等族统治集团为主的政权，因以构成彼此的对立。这不只表现为部族集团间的对立，而且表现为汉族人民和卖身投靠的奴才大地主的对立。在这种对立关系的根基上，反映着意识形态的对立。在南朝，道、儒学占着思想领域中的统治地位，且反映为儒道与佛的对抗。不过在这里，由于这种新的矛盾关系的展开，儒、道的位置又渐次倒回过来了。但是南朝的统治集团，对抗北朝的斗争，并不积极，仅只穿上一层反拓跋斗争的外衣。他们虽曾号召着汉族起来斗争——反对违反历史前进动向的实行部族的集团压迫和野蛮残暴的统治，这是农民大众所迫切要求的——但始终不肯忘情其狭隘的阶级利益和苟安生活。他们斗争行动上的有气没力，反映在意识形态上的排佛的论争，也是不够有力的。如有相当理论的范缜的反佛论旨，反受到他们的非难；其余便多是没有理论基础的，甚至直截了当，只是说佛不是汉族自己的东西。下面便是几种代表意见：

如在南齐，竟陵王子良（武帝子）信佛，而范缜反佛。子良语范云："君不信因果，世间何得有富贵？何得有贫贱？"范缜云："人之生，譬如一树花，同发一枝，俱开一蒂，随风而堕。自有拂帘幌坠于茵席之上；自有关离墙落于溷粪之侧。坠茵席者，殿下是也；落粪溷者，下官是也。贵贱虽复殊途，因果竟在何处？"（《梁书·范缜列传》）范缜的见解是有唯物主义因素的。他如梁刘勰《灭惑论》云：

惑造"三破论者……"。第一破曰入国而破国者，诳言说伪，兴造无费，苦克百姓，使国空民穷不助国，生人减损。况人不蚕而衣，不田而食。国灭人绝，由此为失，日用损费，无纤毫之益。五灾之害，不复过此。……第二破曰入家而破家。使父子殊事，兄弟异法，遗弃二亲，孝道顿绝。忧娱各异，歌哭不同，骨肉生仇，服属永弃。悖化犯顺，无昊天之报。五逆不孝，不复过此。……第三破曰入身而破身。人生之体，一有毁伤之疾，二有髡头之苦，三有不孝之逆，四有绝种之罪，五有亡体从诫。唯学不孝，何故言哉？诫令不跪父母，便竞从之，儿先作沙弥，其母后作阿尼，则跪其儿。不礼之教，中国绝之，何可得从？

宋顾欢《夷夏论》云：

五帝三皇，不闻有佛；国师道士，无过老、庄；儒林之宗，孰出周、孔？若孔、老非圣，谁则当之？……道济天下，故无方而不入；智周万物，故无物而不为。其入不同，其为必异；各成其性，不易其事。是以端委缙绅，诸华之容；剪发旷衣，群夷之服。擎跽磬折，侯甸之恭；狐蹲狗踞，荒流之肃。棺殡椁葬，中夏之风；火焚水沉，西戎之俗。全形守礼，继善之教；毁貌易性，绝恶之学。……虽舟车均于致远，而有川陆之节，佛道齐乎达化，而有夷夏之别。若谓其致既均，其法可换者，而车可涉川，舟可行陆乎？今以中夏之性，效西戎之法……舍华效夷，义将安取？（《南史》本传）

刘勰所引的三破论和顾欢的反佛论旨，虽然表现着一种反对民族压迫与落后统治的民族思想，但只是一种没有积极斗争意义的空谈，只是一些过左的激烈议论；而且他们还表现着从宗派立场上去反佛的狭隘观点。最后他们甚至造出所谓《老子化胡经》（王浮所作）一类的怪论。例如顾欢在《夷夏论》中引述所谓《玄妙内篇》云：

老子入关之天竺维卫国，国王夫人名曰净妙，老子因其昼寝，乘日精入净妙口中。后年四月八日夜半时，剖右腋而生，坠地即行七步。于是佛道兴焉。

这种谩骂式的论争，是不能发生什么力量的！对反拓跋统治集团的残暴压迫和落后统治的斗争，这并不能尽其思想上的组织和指导作用。

站在北朝拓跋族统治集团和奴才集团立场上的代言者们，也极端无耻地提出其反诘。例如谢镇之的《折夷夏论》、朱昭之的《难夷夏论》、朱广之的《谘夷夏论》、释慧通的《驳夷夏论》等，皆从打破“夷夏之防”的歪论出发，不消说，这在当时都是一种奴才理论。他们从拥护北朝落后统治的奴才立场上，给佛教和佛学以无耻的夸张,力证佛教是人间最崇高的宗教,佛学是人间最高深的哲理。这是说,体现佛的权力的拓跋的集团压迫与落后统治,不是汉族的耻辱。他们甚至从奴才观点来侮谩汉族,例如释僧愍反诘顾欢说:"君责以中夏之性,效西戎之法者,子出自于井坂之渊,未见泛湖之望矣。如《经》曰:佛据天地之中,而清导十方,故知天竺之土,是中国也。"这真是一种最无耻的奴才理论。不过从狭隘的部族观念和文化闭关主义出发的顾欢等人的论点,也诚然给了那群无耻奴才以反诘的空隙。他们没有把反对外族压迫和不拒绝外来文化思想两个问题区别开。也不知把汉族的过时的该葬送的死东西和优良传统的东西区别开。

这种意识形态上的斗争,反映着以南朝和北朝作背景的复杂的矛盾情况。而此也只就南朝或北朝意识形态上的支配形势来说的。所以并不是儒、道思想不存在于北朝的统治下,佛教和佛学思想不存在于南朝的统治下。谁若是这样说,那便完全是一种机械论的空想。如前所述,佛学能适合于衰落过程中贵族地主的精神要求,所以在南朝也同样有佛学和佛教的地盘;在北朝的统治下,也同样有儒、道的地盘,特别是儒,从周朝以来,对人民精神生活的支配,已敷下了深厚的根基。

这种意识形态的对立,即思想斗争,直继续到入主各族的完全被同化,汉族统治权的恢复和北隋经济政治秩序之地主阶级化,——即符合秦汉以来专制主义的封建主义秩序,——从而由各种矛盾的对立基础上而展开的斗争,至此又由矛盾统一的基础上而达到南北朝的统一,统治者内部各阶层的利益,复获得协调。从而建筑于其上层的意识形态的东西,便亦随着而趋于统一。因而王通便又以儒、佛、道三教合一的立场(即后二者被统一于前者之下)而出现了。

关于佛学的发展过程及其理论的内容,不在这里叙述;在这里,我只指出其学说的实质。佛学或佛教教义的根本精神,是依着一种因果观即主观唯心主义神学的因果观,去解释世界。他们把世间一切现象,区分为所谓苦谛、灭谛、集谛、道谛等四谛。以"无生"为真的解脱,达到"真如"。他们认为一切现象或物质境界,非客观存在的而只是幻境,甚至连精神境界也是幻境,只有精神,即其所谓"佛"才是真实的境界;可是也不承认那是一种可以作为何种具体形态的想像,而只能作为一种玄妙的想像,——自然,他们连这种想像也给否定了的。所以说"不生"即"不灭",一切皆无有,又是一切皆有的"妙"境,解脱知识——有所谓八识——才能入慧,由慧入妙,便是"真如"——佛境。所以在他们,一切都是不存在的,一切都是幻境,所谓"无色无相","万法俱空"。因而,连自己的老婆,自己的孩子,连自己本身在内,也都是不存在的幻境。这幻境从哪里来的呢?他们说,这都是世间的魔障,世间一切"色""相""法"都是魔障。解脱魔障便是佛境。所以佛是一切的根源,这根源就是精神。这是大乘教义的基本论点,最能符合贵族地主精神生活的要求。小乘教义便比较庸俗,是佛教教义的最初步形态,从所谓"因果善恶"的基础上,宣传万物的生死轮回,人和物的灵魂交相转化,以及所谓"天堂""地狱"等迷信说教,这是统治阶级对农民精神统治的最凶恶武器。今日中国民间庵院,大多是这种小乘教教堂,所谓俗僧俗尼,便都是小乘教徒。

佛教的流派,在中国约可分为三教十宗。一、小乘教:"俱舍宗""成实宗";二、大乘教:"律宗""法相宗""三论宗";三、大乘教:"华严宗""天台宗""真言宗""净土宗""禅宗"等。

四　反映阶级内部统一的王通儒佛道三教合一论

如上所述，到隋朝（公元五八一—六一八年）随着地主阶级内部的统一，反映到意识形态上，便表现为“三教”合一的倾向。王通便是代表这一时代倾向而出现的封建地主阶级的代言人。作为王通思想的代表著作为《文中子》。实验主义的疑古者，以《文中子》的文句类似《论语》而断定其为伪造。这种武断式的论断，完全由于他们不懂得社会科学原理，以及对中国史的发展过程的无知。《文中子》一书，如说后人有所篡改，或根据其语录的辑集，那都是可能的；但是作为表现一个时代的社会意识形态看的该书，却是移到其他任何时代都不妥适的。现在进而考察王通的学说。

王通从其阶级利益统一的根基上出发，在《文中子·周公》篇说：“通其变，天下无弊法；执其方，天下无善教。”他从这种调和的观点上，阐明统一地主阶级各派思想的“三教”合一的论旨。《问易》篇说：

> 程元曰：“三教何如？”子曰：“政恶多门久矣！”曰：“废之何如？”子曰：“非尔所及也。真君建德之事，适足推波助澜，纵风止燎耳。”子读《洪范》，说议曰：“三教于是乎可一矣。”程元、魏征进曰：“何谓也？”子曰：“使民不倦。”

因又进而说明“三教”的教旨都有可取；谓其流弊之发生，其咎不在于各教教旨本身。他从这里去觅取调和三教的论点。故又说：“诗书盛而秦世灭，非仲尼之罪也；虚玄长而晋室乱，非老庄之罪也；齐戒修而梁国亡，非释迦之罪也。”（《周公》篇）因而在他的理论体系中，便表现其冶三者于一炉的内容。故在《立命》篇说：“盖上无为，下自足故也。”系承袭《老子》“无为而治”的论点，又系秦汉以来儒家学的一贯论点；另一方面，在《述史》篇所谓“问知”，曰：“无知”；“问识”，曰：“无识”，系源自佛学的唯识论论旨；《立命》篇所谓“气为上，形为下，识都其中，而三才备矣”云云，则为佛学和道学观点的合成品。

然而他的基本立场，却是封建统治原理的儒学。所以他说：“如有用我者，吾其为周公所为乎？”“千载而下，有申周公之事者，吾不得而见也；千载而下，有绍宣尼之业者，吾不得而让也。”（《天地》篇）很明白他以“继周公”“绍宣尼”的道统自期。因而在他的政治论上，便承袭着孟轲的所谓“王道”。《王道》篇说：

二三子皆朝之预议者也，今言“政”而不及“化”，是天下无“礼”也；言“声”而不及“雅”，是天下无“乐”也；言“文”而不及“理”，是天下无“文”也。王道从何而兴乎？

依此，他所谓“王道”的内容，不外：一方面，主张严格维持封建身分制，体现这种封建身分制的便是“礼”，所以他首先就强调“礼”，《礼乐》篇说：“冠礼废，天下无成人矣；昏礼废，天下无家道矣；丧礼废，天下遗其亲矣；祭礼废，天下忘其祖矣。呜呼！吾未如之何也已矣。”一方面，又主张维持宗法家族制，《述史》篇说：“宗祖废，而氏姓离矣。”这在基本上，是孔丘孟轲董仲舒以来的“尊尊”主义和“亲亲”主义的原则承袭。“亲亲”，是封建的家长制经济的社会结合；维护“亲亲”的家族制，即所以维护宗法的家长制经济的政治条件,宗法的家长制经济却是中国封建财产的基本形态。等级的身分制,是封建主义所表现的主要特征之一,是封建政治构成的一个主要形态,——自然,这也是建基于等级的经济地位之上的。到王通时代,由于地主阶级利益的调和与内部矛盾的缓和,从而其生产力渐次获得恢复。长期的社会骚动,部族和部落集团间、阶级间的战争,使农村受到空前的破坏,建基于家长制经济基础上的宗法制、身分制,曾表现动摇,到隋代才重新获得安定。从而在社会意识形态上,统治阶级不只要求把人民在动乱时期的思想意识匡救过来,而在社会情况变化的基础上,也要跟着变化的。王通便是适应于这种情势的要求而出现的。

因而王通在这里,采取着和孟轲同样的自信态度,认为封建地主经济政治的复兴,是完全可能的;问题只在于地主阶级的当道是否能实行他的主张。故说:"人能弘道,苟得其行,如反掌尔。"(《立命》篇)但是,他也并不是从现实的社会情况出发,而是从唯心主义的基础上立论的。所以他把"教化"和"人"的主观作用,看作最主要的东西,所谓:"治乱相易,浇淳有由。兴衰资乎人,得失在乎教。其曰太古不可复,是未知先王之有化也。"(同上)从而他也并不了解身分制和宗法制的存在,是依存于社会的经济构造而受其决定的东西,他反而认为完全是决定于人类的主观心理。所以他从这里又达到孔孟之所谓"仁"和"性"的唯心主义的说教,例如他说:"仁……五常之始也;性……五常之本也。"(《述史》篇)这又归结到中国封建制的根本大法"三纲五常"。在他这里,"仁"是最本源的东西,即精神,"性"便是"仁"的属性。而"三纲五常"则由这个最本源的"仁"和其至善的属性所规定的。

由于在当时,地主阶级还没临到其历史的末日,所以王通的政治学说，在隋唐之际，便由其门徒魏征等人拿到实践中去，充任了唐朝的开国和唐初政治的指导原理。在地主阶级经济政治复兴上，起了相当的作用。唐朝三百年间（公元六一八—九〇七年）的学术思想，王通的学说也起了相当的启发作用。

第二章　在矛盾斗争扩大期中作为农民派政治学说的鲍敬言的无政府主义

在魏晋及南北朝（公元二二〇—六一七年）这一长期的矛盾斗争扩大期中，和地主阶级的儒佛道三家思想相对立的，有农民阶级的政治学说。鲍敬言的无政府主义可以反映这时期农民阶级的一些思想和要求。

鲍敬言与葛洪同时，其生卒年代已不可考，其著作亦无从考究，大概已被当时统治者所消灭。因而我们今日要想窥见其思想的全貌，把它重新复现出来，不但是困难，而且已成为不可能了。我们今日，只能从《抱朴子·诘鲍》篇中所引述他的《无君论》去把握其轮廓。自然，经过敌对阶级代言者的引述，仅此小部分或亦可能有失其本来面目的地方。

就《诘鲍》篇所引述，鲍敬言从生产阶级现实生活的实践出发，认为国家在其本质上，便是统治者所组织的剥削机关，是跟着阶级的出现而出现的，并认为阶级是历史的产物。封建统治阶级的代言者儒家说阶级和国家是神所开创的，是随着人类的出现而俱始的论说，他指斥那完全是一个大骗局。他说：

儒者曰："天生烝民而树之君。"岂其皇天谆谆言，亦将欲之者为辞哉？夫强者凌弱，则弱者服之矣；智者诈愚，则愚者事之矣。服之，故君臣之道起焉；事之，故力寡之民制焉。然则隶属役御，由乎争强弱而校智愚。彼苍天果无事也。（《抱朴子·诘鲍》）

很明白，在这里，鲍敬言是把国家的成立，放在阶级分裂的基础上。虽然他没能正确地把握着阶级的起源，然这出之两千年前的思想家，可说是一种伟大的观念。在这一点上，他把儒家“五帝三王”“开天辟地”的神学骗局揭破了。

他说在人类的内部，随着发生“强凌弱”“智诈愚”的事实，于是分裂为愚、弱、力寡之民受制于智、强、力多之民，即开始分裂为支配和被支配的阶级，从而才发生“君臣之道”，或国家的出现。自国家形成后，从而统治者乃完全依剥削他人劳动以为生，便形成社会一方面的骄奢淫逸，一方面的饥寒交迫。故他继续说：“夫役彼黎烝，养此在官，贵者禄厚，而民亦困矣。”（《抱朴子·诘鲍》）“君臣既立，而变化遂滋。夫獭多则鱼扰，鹰众则鸟乱；有司设则百姓困，奉上厚则下民贫。壅崇宝货，饰玩台榭。食则方丈，衣则龙章。内聚旷女，外多鳏男。采难得之宝，贵奇怪之物；造无益之器，恣不已之欲。非鬼非神，财力安出哉？夫谷帛积，则民有饥寒之俭；百官备，则坐靡供奉之费。宿卫有徒食之众，百姓养游手之人。民乏衣食，自给已剧；况加赋敛，重以苦役？下不堪命，且冻且饥。冒法斯滥，于是乎在。”（同上）依此，他认为生产群众的穷困，是由于统治阶级无厌的剥削；而统治阶级骄奢、淫逸、豪华的生活，“非鬼非神”，不来自剥削，“财力安出哉？”所以靠剥削劳动人民以为生的统治阶级的存在，是违害群众生存利益的。因之，便必然会不断地发生阶级斗争。故他又说：

> 劳之不休，夺之无已；田芜仓虚，杼轴之空；食不充口，衣不周身。欲令勿乱，其可得乎？（《抱朴子·诘鲍》）

另一方面，他认为：攘夺、货财、盗贼、战争等等矛盾现象的发生，在这种人剥削人的社会制度下面，都是不可避免的，而且又都是阶级出现后才有的现象。他说：

> 降及杪季，智用巧生。道德既衰，尊卑有序。繁升降损益之礼，饰绂冕玄黄之服，起土木于凌霄，构丹绿于棼撩。倾峻搜宝，泳渊采珠。聚玉如林，不足以极其变；积金成山，不足以赡其费。澶漫于淫荒之域，而叛其大始之本。去宗日远，背朴弥增。尚贤则民争名，贵货则盗贼起；见可欲则真正之心乱，势利陈则劫夺之涂开。造剡锐之器，长侵割之患。弩恐不劲，甲恐不坚，矛恐不利，盾恐不厚。若无凌暴，此皆可弃也。（《抱朴子·诘鲍》）

这是说，社会一切矛盾现象，都是从阶级剥削关系的基础上发生出来的。阶级剥削的结果，便是一方面掠夺着大量财富，恣为穷奢极欲的享受；另方面被剥削而至于饥饿、穷困、失业、死亡，流为盗贼。……不断的阶级斗争便都是从这个基础上发生的。同时从这个基础上，又常常发生统治者相互的冲突、攘夺、火并和混战。特别是其相互间的战争，又加重了生产群众的负担和痛苦，在这里又表现了农民反对非正义战争的要求。

在阶级矛盾的基础上，统治者为维护其阶级统治，乃从而对被统治者的反抗,企图用刑罚去制止,用教育去感化。在鲍敬言,他认为这完全是徒劳无用的勾当,且不啻是“火上加油”,增长矛盾。所以他说:

> 君臣既立,众慝日滋,而欲攘臂乎桎梏之间,愁劳于涂炭之中。人主忧慄于庙堂之上,百姓煎扰乎困苦之中。闲之以礼度,整之以刑罚,是犹辟滔天之源,激不测之流,塞之以撮壤,障之以指掌也。(《抱朴子·诘鲍》)
>
> 所以救祸而祸弥深,峻禁而禁不止也。关梁所以禁非,而猾吏因之以为非焉;衡量所以检伪,而邪人因之以为伪焉;大臣所以扶危,而奸臣恐主之不危;兵革所以靖难,而寇者盗之以为难。此皆有君之所致也。(同上)

在这里,他不但暴露了封建政治的黑暗和官吏的贪污,而且一切罪恶、矛盾在阶级和国家存在的基础上,亦即在所谓“有君”的基础上,认为都是无法解除,无法避免的。而统治阶级所采取的“弥乱”“非禁”等步骤,却只会引出相反的结果。

因为有阶级和国家的存在,便造成一部分人手中的“强制权力”;他们凭借其手中的“强制权力”去行使其阶级的残酷压迫和统制,从而把人类社会推入非理性的惨局中。因而鲍敬言说:

> 使夫桀纣之徒得燔人、辜谏者、脯诸侯、菹方伯、剖人心、破人胫,穷骄淫之恶,用炮烙之虐。若令斯人并为匹夫,性虽凶奢,安得施之?使彼肆酷恣欲,屠割天下,由于为君,故得纵意也。(《抱朴子·诘鲍》)

他从专制主义政治形态的矛盾现象出发，便达到其否定“强制权力”的无政府主义的结论。因又进一步说：

白玉不毁，孰为珪璋；道德不废，安取仁义。（《抱朴子·诘鲍》）

夫死而得生，欣喜无量，则不如向无死也；让爵辞禄以钓虚名，则不如本无让也。天下逆乱焉，而忠义显矣；六亲不和焉，而孝慈彰矣。（同上）

是在鲍敬言，认为容许社会有“强制权力”的存在，然后再去讲求各种治术；则不如根本消灭“强制权力”，光明幸福的社会就会出现的。在这里，他又从人类历史上去说明，确认人类社会在原先，本是没有所谓国家和阶级，从而更没有“强制权力”，其时的人类，便都是平等幸福的生活着，而那种社会却正是极幸福的社会。所以他紧接着又说：

曩古之世，无君无臣。穿井而饮，耕田而食；日出而作，日入而息。泛然不系，恢尔自得；不竞不营，无荣无辱。山无蹊径，泽无舟梁。川谷不通，则不相兼并；士众不聚，则不相攻伐。……势利不萌，祸乱不作；干戈不用，城池不设。万物玄同，相忘于道。疫疠不流，民获考终。纯白在胸，机心不生。含哺而熙，鼓腹而游。其言不华，其行不饰。安得聚敛以夺民财？安得严刑以为坑阱？（《抱朴子·诘鲍》）

这种以原始公社为其理想方向的无政府主义，是人类史上无产阶级出现前的革命农民阶级政治意识的特色。鲍敬言在这里，更从而说明人类在本质上原来就是平等的。他说：

> 夫天地之位，二气范物。乐阳则云飞，好阴则川处。承柔刚以率性，随四八而化生，各附所安，本无尊卑也。君臣既立，而变化遂滋。（《抱朴子·诘鲍》）

他从人的本质平等即人本主义的基础上去否定阶级，这是他的无政府主义的出发点，也是其归结点。

仅就《抱朴子》所引述的《无君论》这段文字看，他便同墨翟一样，给了我们以社会主义思想的传统，也给了我们以民主精神的思想传统。不管他的无政府主义，在本质上是空想的，而且在今日看来是落后的，但也包含着一些有生命的、积极的、进步的因素。

第八编　地主阶级经济复兴时代的各派政治思想

中国封建地主阶级的社会，经过长期的动荡——各部族间、部落集团间、阶级间、封建集团相互间的长期混战，战争在一方面给予生产力以巨大的破坏，一方面却预备了生产力之进一步发展的地盘。在长期混战中，一部分大地主商人为避免战祸，率着一些熟练手工业者，纷纷迁往日本，好多士大夫和人民迁移到长江以南，乃至福建、两广，同时也由于其他原因，而出现大量无主的荒地；自五世纪之初开始，给予农民以份有地及世业地之封建劳动编制，浸渐使要求土地的少数农民都获得小块所有地，——这种小土地所有制的扩大，在积极作用上，也促进农业生产经营的细密化程度。在七世纪初中间阶层和农民暴动的复起，一面是在反抗过重的徭役赋税负担和要求土地，一面是小土地所有者却又要求确保其小块所有地，而厌绝战争。因而以“唐公李渊”为代表的地主阶级集团，一面在小土地所有者的积极援助下，一面在出身流氓无产阶级的农民军领袖被收买的情势下，便创造其大唐王国，而恢复地主阶级的政权。

从而在这次“烟尘”遍地的战争过程中，地主阶级一面为酬庸军事集团的左右将官及被收买的流氓领袖，一面为安定小土地所有者与农民，乃于武德七年（公元六二四年），颁布所谓“均田制”。“均田制”在法令上，为：

丁男、中男给一顷，笃疾、废疾给四十亩，寡妻妾三十亩。

若为户者加二十亩。所授之田，十分之二为世业，八为口分。世业之田，身死则承户者便授之；口分，则收入官，更以给人。(《旧唐书·食货志上》)

国家各级政权机关置“官廨田”，功臣及官吏则给予“职分田”。这是数世纪以来，地主阶级为恢复其生产与劳动编制，累相试行的成法。实际上，在唐代，这也仅限于无主的荒地；而对于原来有主的大地主所有地，以至小所有者的所有地，都一概照旧承认其占有权，并承认土地兼并。

从而把社会诸阶级在从来的原则下，重新编制为大土地所有者(僧侣地主和世俗地主……)、中小地主、自耕农、中小商人、私家手工业者、半佃农、佃农、雇农……长期以来的动乱局面，乃重新获得稳定，社会经济又重新发展起来，尤其由于自耕农成为一个数量相当大的阶层，对农业生产经营和商业的发展，起了推进的作用，特别是提高了农业经营的细密化程度。同时也扩大了中小地主阶层的后备。

从而反映在意识形态上，代表封建统治阶级的儒家学，便又获得统治地位。故史称太宗立杜如晦、房玄龄、虞世南等十八人为学士，——太宗功臣中的文人，大都为王通门徒(命颜师古补正《五经》脱误，孔颖达作《五经疏》——即《五经正义》)。一方面为适应新的情况要求，又重新制定礼制和法律。

但随着社会生产的恢复和“均田制”推行的结果，中间诸阶层，便形成相当大的数量。这其中，除原有汉族人民外，还有先后被同化的各族人民。但是受“职分田”的功臣、官吏、被收买的流氓领袖，及原来的世俗地主和僧侣地主所构成的大地主集团，他们并不是让中间阶层逃脱剥削，而是在以高利贷和商品去行使压榨外，几乎把国家的赋役——租、庸、调的全额，完全放到自耕农等乃至中小地主的肩上（自然，中小地主又尽可能以之转嫁于农民）。不独其自己完全逃脱赋役负担，其荫庇下的农民（佃客、佃奴……）也只允供他们直接剥削，不供应国家的赋役。因而不只形成农奴式的农民与地主之间的矛盾，且形成农民的上层与地主阶级中下层及中小工商业者等阶层和大地主之间的利害矛盾。但在寺院形式下的僧侣大地主，他们虽然占有大量土地和财富，却自北魏以来，早已不担负国家的赋役，而视为固然。所以中间诸阶层和大地主间的矛盾，形式上，便直接表现为他们和世俗大地主间的冲突。

另一方面，正因为寺院在国家的赋役负担外，于是许多中间阶层分子和农民为期减轻赋役负担，去重就轻，便纷纷投靠寺院。例如《旧唐书》一七四卷李德裕上敬宗（公元八二五—八二六年）奏文说：

> （徐州节度使）王智兴于所属泗州置僧尼戒坛，自去冬于江淮已南，所在悬榜招置。江淮自元和二年（公元八〇七年）后不敢私度。自闻泗州有坛，户有三丁，必令一丁落发。意在规避王徭，影庇资产。自正月已来，落发者无算；臣今于蒜山渡点其过者，一日一百余人；勘问唯十四人是旧日沙弥，于是苏常百姓，亦无本州文凭，寻已勒还本贯。访闻泗州置坛次第，凡僧徒到者，人纳二缗，给牒即回，别无法事。若不特行禁止，比到诞节，计江淮已南，失却六十万丁壮，此事非细。（按李德裕系从世俗地主之立场上反佛最力者。）

同时，佛教从前在所谓“五胡”各族中，早有相当影响；从而那些原先出身各该族中的中间阶层分子和农民，便更普遍地投靠沙门，因而构成世俗大地主阶层和寺院僧侣大地主阶层间的利益矛盾。

从而反映到意识形态上，地主阶级的内部，一面便产生了代表世俗大地主的韩愈、李翱等人的儒学，一面产生了僧玄奘等人的佛学，而形成儒、佛的对立。这时的道家，他们虽然也是寺院僧侣地主，却有着不少的俗化成分，所以其和世俗地主之间虽也有利益矛盾，然而并不如其与佛门僧侣地主间矛盾的尖锐。因之，他们便作了世俗地主的附庸，道学亦成了儒学的附庸。便又形成反佛的儒、道联合战线。所以李淳风等人所代表的道学，实际都是儒学和道学的混血。另一方面，从中间诸阶层、特别从中小地主利害立场上出现的代言人，便有柳宗元等人的“三教合一”论。地主阶级内部意识形态的斗争，到自由商人集团形成以后的宋代（公元九六〇—一二七九年），便孕育出冶儒佛于一炉的两宋理学。

另方面，在阶级敌对关系的基础上，便激发了农民阶级政治意识的发展。这，我们虽然还不能从可靠的文献中指出其一个有力的代表人物来，可是一方面明白的表现在杜甫等人的文学作品中，一方面也表现在吕才唯物主义的道家学中。而王仙芝、黄巢等人所领导的农民暴动，其行动的指导方针和其政治纲领，我们已无法看见，只能从统治阶级的文献中，发现一些零片。

第一章　随着地主阶级社会秩序重新安定而来的礼制和刑法的制定

随着地主阶级社会秩序的重新安定，“尊尊”的社会身分制和“亲亲”的宗法家长制、封建制的这两个基本原则，也便予以重新确定；为适应新的条件和情况，并给以部分的发展和改变。唐朝地主阶级政府首先一个重要设施，便是所谓“制礼”，即所谓“贞观修礼”。同时为适应更复杂的社会情况，又制定与颁布“刑法”。故《旧唐书·刑法志》开宗明义便说：

> 古之圣人，为人父母，莫不制礼以崇敬，立刑以明威。防闲于未然，惧争心之将作也。

这在原则上，和从来封建统治阶级的“礼乐、教化”和“刑罚”，本质上并没有两样。

“礼”的作用与内容是怎样呢？开元二十三年（公元七三五年）太子宾客崔沔建议曰：

> 窃闻大道既隐，天下为家，圣人因之，然后制礼。礼教之设，本为正家；家道正，而天下定矣。正家之道，不可以贰；总

一定议，礼归本宗。(《旧唐书·礼仪志七》)

开元五年(公元七一七年)右补阙卢履冰议云:

据《周易·家人》卦云:“利女贞。女正位于内，男正位于外;男女正，天地之大义。家人有严君焉，父母之谓也。父父、子子、兄兄、弟弟、夫夫、妇妇。家道正，而天下正矣。”礼:“女在室，以父为天;出嫁，以夫为天。”又:“在家从父，出嫁从夫，夫死从子。”……即《丧服四制》云:“天无二日，土无二王，国无二君，家无二尊，以一理之也。”(《旧唐书·礼仪志七》)

这在基本上，仍是从来“三纲五常”的精神，不过在唐朝社会经济政治的情况下，给了更具体更明确的解释，特别把父家长的家族制与尊卑的身分制与以重新的说明和确定。只是在武则天的时候(公元六八四—七〇五年)，丧礼上，曾把母系一时提到与父系平等的地位。随着李唐的复辟，妇女的地位，便又被压回到原来的地方。武则天在这一点上，却对中国女权运动起了先驱作用。

另一方面，和“礼”相追随，而专为被统治阶级设置的，便是“刑法”的制定。据《旧唐书·刑法志》载称:

高祖(公元六一八—六二七年)初起义师于太原，即布宽大之令。百姓苦隋苛政，竞来归附。旬月之间，遂成帝业。既平京城，约法为二十条:惟制杀人、劫盗、背军、叛逆者死，余并蠲除之。

及受禅，诏纳言刘文静与当朝通识之士，因开皇律令而损益之，尽削大业所用烦峻之法，又制五十三条格……寻又……撰定律令，大略以开皇为准……惟正五十三条格入于新律，余无所改。……

及太宗即位（公元六二七—六四九年），又命长孙无忌、房玄龄与学士法官更加厘改；戴胄、魏征又言旧律令重，于是议绞刑之属五十条，免死罪，断其右趾。……太宗寻又愍其受刑之苦……于是又除断趾法，改为加役流三千里，居作二年。又旧条疏，兄弟分后，荫不相及；连坐俱死，祖孙配没。……更令百僚详议……玄龄等遂与法司定律五百条，分为十二卷：一曰名例，二曰卫禁，三曰职制，四曰户婚，五曰厩库，六曰擅兴，七曰盗贼，八曰斗讼，九曰诈伪，十曰杂律，十一曰捕亡，十二曰断狱。有笞、杖、徒、流、死为五刑。笞刑五条，自笞十至五十；杖刑五条，自杖六十至杖一百；徒刑五条，自徒一年，递加半年，至三年；流刑三条，自流二千里，递加五百里，至三千里；死刑二条，绞、斩。大凡二十等。……又定令一千五百九十条，为三十卷。贞观十一年（公元六三七年）正月颁下之，又删武德、贞观已来敕格三千余件，定留七百条，以为格十八卷，留本司施行。

据《新唐书》载称：到永徽二年（公元六五一年），又由长孙无忌等重新删定为《永徽律》，计十二卷；异年修《疏》三十卷，即今之所谓《唐律疏议》-《永徽律疏》。

地主阶级的学者，称《唐律》-《永徽律》“得古今之平”。其内容究竟如何呢？在其本质上，却无例外地系从地主阶级，特别是大地主阶层立场上出发，充分表现其为维护封建剥削关系的阶级统治的工具。我们试从以下几方面，择要研讨：

一、其内容，是“三纲五常”的律格化、条文化；其主要目的，在束缚被统治阶级，防止被统治阶级的反抗。作为对被统治者的这种镇压手段，他们唯恐不够严密，在律格正文以外，又附以十恶之条。《旧唐书·刑法志》说：

> 又有十恶之条：一曰谋反，二曰谋大逆，三曰谋叛，四曰谋恶逆，五曰不道，六曰大不敬，七曰不孝，八曰不睦，九曰不义，十曰内乱。其犯十恶者，不得依议请之例。

这是《唐律》的一个根本特征。

二、在一般条文之下，犯罪者得依其身分、地位、官职、贵族亲故等关系，而有依次减免的伸缩性。所以《刑法志》又说：

> 又有议请减赎当免之法八：一曰议亲，二曰议故，三曰议贤，四曰议能，五曰议功，六曰议贵，七曰议宾，八曰议勤。八议者，犯死罪者，皆条所坐，及应议之状奏请，议定奏裁。流罪已下，减一等。若官爵五品已上，及皇太子妃大功已上亲应议者周以上亲，犯死罪者上请；流罪已下，亦减一等。若七品已上官，及官爵得请者之祖父母、父母、兄弟、姊妹、妻、子孙，犯流罪已下，各减一等；若应议请减及九品已上官，若官品得减者之祖父母、父母、妻、子孙，犯流罪已下，听赎。其赎法：笞十，赎铜一斤，递加一斤，至杖一百，则赎铜十斤；自此已上，递加十斤，至徒三年，则赎铜六十斤。流二千里者，赎铜八十斤；流二千五百里者，赎铜九十斤；流三千里者，赎铜一百斤。绞

斩者，赎铜一百二十斤。又许以官当罪。以官当徒者，五品已上犯私罪者，一官当徒二年；九品已上，一官当徒一年；若犯公罪者，各加一年。以官当流者，三流同比徒四年；仍各解见任。除名者，比徒三年；免官者，比徒二年；免所居官者，比徒一年。

依此，一方面有地位和财产的大地主们，便永远生活在法律之外；法律便露骨的完全成为对付被统治阶级而设的。一方面从爵位官阶的高下去请议，那不过表现其在于维护等级身分制度的作用，易言之，把社会的等级身分制度借法律把它体现出来。其次，《唐律》所规定的有：主殴部曲奴者，不论；反之，奴殴主者，斩；奴殴主期亲者，绞；殴他人奴者，杖二十；奴殴良人者，杖六十；凡人相殴者，杖四十；殴佐职者，徒一年；殴六品以下者，徒一年半；流外殴议贵者，徒二年；民殴长官者，徒三年；又有奴奸良人女者，徒二年半；反之，良人奸婢者，杖九十。杂户官户奸良人女者，徒二年；反之，良人奸官户杂户女者，杖一百；良人奸良人女者，徒一年半。这也完全表现了法律的阶级性，以及阶级中之各异的阶层等级性。这是《唐律》的第二个主要特征。

三、法律之父家长的宗法制度的体现；易言之，法律的另一个主要作用，在维护宗法制和其家族制。这是《唐律》的第三个主要特征。例如《刑法志》载房玄龄等议定书云：

案礼，孙为王父尸；案令，祖有荫孙之义。然则祖孙亲重而兄弟属轻；应重反流，合轻翻死。据礼论情，深为未惬。今定律，祖孙与兄弟缘坐，俱配没。其以恶言犯法不能为害者，情状稍轻，兄弟免死，配流为允。从之。

《唐律》规定依亲故关系实行连坐与议请减免诸原则，系按照宗法的丧服系统制定的，它体现了后期的宗法系统。

四、制止中间诸阶层的逃税和农民的逃亡，是《唐律》的第四个特征。因为中间阶层的逃税，是各别大地主的间接损失，国家的直接损失；农民的逃亡等等情事，为地主们的直接损失。这都是被统治者对付他们的一个消极反抗的回答。这对地主阶级的统治也是有损害的。而这种情况，在唐朝却特别严重。因而地主阶级便制定如次的条文：

> 脱户——家长徒三年，里正州县各有罚。
>
> 脱口——一口徒一年，罪止三年。
>
> 漏无课役口——四口为一口，罪止徒一年半。
>
> 相冒合户——徒二年。
>
> 应别立户而不听别——主司杖一百。

五、防止"私度"，为《唐律》的第五个特征。这是世俗大地主拿法律去对寺院僧侣引渡人口的一个回答——同时，在这里，也正表现了这两者间利益矛盾的深刻。《唐律》关于这方面的条文有：

> 私入道及度之者——杖一百。
>
> 已除贯者——徒一年。
>
> 犯法合出寺观，经断不还俗者——从私度法。
>
> 监临之官私辄度人者——一人杖一百，二人加一等。

最后，其对于被统治阶级又有适用"徒"和"赎"的条文。这是直接提高榨取额,和榨取无偿劳动的又一种残酷手段。例如"徒",便是课以无偿的徒,役即所谓官奴婢的一个主要来源。所谓"赎",一方面作为统治阶级自身逃出"刑法"的一个最后空隙;一方面则作为对被统治者之一种掠夺,故《旧唐书·刑法志》说:"盗及伤人,亦收赎。"同时,这对于贪官污吏,也大开了方便之门。

《唐律》虽是地主阶级的法律,但其系统是相当严密的,全世界任何封建国家,都没有产生这样一种系统严密的封建法典。然《唐律》的产生,和唐朝商业的发展也是有关联的。

第二章　反映地主阶级内部冲突之世俗大地主的政治学说

——韩愈、李翱的排佛论

一　韩愈的政治学说

韩愈(公元七六八—八二四年)字退之,昌黎人。其著作有《昌黎先生集》四十卷(《旧唐书·韩愈列传》),《外集》十卷。惟其作品以诗文为多;表现其哲学思想方面的作品,则有《原道》《原性》《谏佛骨表》《与孟尚书书》等篇。

他在学派上,自谓完全从儒家出发的。数百年来,社会长期的动荡,儒家学也便随同衰落。从而,在唐朝地主阶级经济复兴的基础上,也预备了儒家学复兴的地盘。所以韩愈便公然以复兴儒学,继承"尧、舜、禹、汤、文、武、周公、孔子、孟轲"的道统自居。故本传说:"大抵以兴起名教,弘奖仁义为事。"他自己更说得明白:

> 汉氏以来,群儒区区修补。百孔千疮,随乱随失,其危如一发引千钧,绵绵延延,浸以微灭。于是时也,而唱释老于其间,鼓天下之众而从之。呜呼!其亦不仁甚矣!释老之害过于杨

墨，韩愈之贤不及孟子；孟子不能救之于未亡之前，而韩愈乃欲全之于已坏之后。呜呼！其亦不量其力，且见其身之危，莫之救以死也！虽然，使其道由愈而粗传，虽灭死，万万无恨。（《昌黎先生集·与孟尚书书》）

不过在事实上，韩愈的儒家学，不仅不是孔丘、孟轲、荀卿儒家学的抄袭，或董仲舒、刘歆儒家学的抄袭；而是适应于唐代社会情况下，为孔丘、孟轲、荀卿、董仲舒等人以来的儒家学之又一次修正，对原来的儒家学有所修改，也有其新的内容。

他的儒家学论点大纲，在同上书《原道》篇中表现得相当明白：

其文：《诗》《书》《易》《春秋》；其法：礼、乐、刑、政；其民：士、农、工、贾。其位：君臣、父子、师友、宾主、昆弟、夫妇。其服：麻、丝。其居：宫、室。其食：粟、米、果、蔬、鱼肉。其为道易明，而其为教易行也。是故以之为己，则顺而祥；以之为人，则爱而公；以之为心，则和而平；以之为天下国家，无所处而不当。是故生则得其情，死则尽其常；郊焉而天神假，庙焉而人鬼飨。

在这里，所谓“其法”，基本上仍是“三纲五常”和统治者手中的教育和刑法；所谓“其食”，就是说社会经济为父家长制的农业经济；所谓“其民”，是在说士、农、工、商为社会必要的分工，所谓“士”，就是官吏和候补官吏的士大夫，农、工、商是包括地主、自耕农、佃户、行东、帮伙、店东、店伙、雇农、雇工而说的，这是一种隐蔽阶级内容的枪法；所谓“其文”，是说社会文化思想是以儒家古典教条为中心的文化思想。韩愈认为只有这种社会构成，才是合于“道统”原则的。

怎样去实现和维系这种社会呢？韩愈在这里，把教化抬到最首要的地位，他认为要用教化教导人民遵守这种“道统”原则去生活。教以什么呢？从这里引入到他的认识论。他说：

> 夫所谓先王之教者何也？博爱之谓仁，行而宜之之谓义，由是而之焉之谓道，足乎己无待于外之谓德。（《原道》）

这是说，“博爱”是人的先天的善良本性，也叫作“仁”；人的生活活动完全符合于先天的“仁”所给予的规范，就是“义”；“仁”至“义”尽就合于“道”所给予的规范，“道”是最本源的东西，“仁”也是由“道”派生的；体会这个“仁”，行合于这个“义”，以达于“道”，不是能从外在去追求，而要从内心的修养去追求，追求得了就是“德”。这就是韩愈所倡的“仁”“义”“道”“德”的内容。所以韩愈在认识论上是唯心主义者，他这种唯心主义，最后并下降到承认“天神”和“神鬼”存在的有神论。

那末，那种先天存在的善良本性，是不是一切人的天赋呢？在给予这个问题的回答上，他把孟轲的人人禀赋齐一的性善论，降低为董仲舒的“性三品”论。他认为在人的本性中，原来就有一种不同的因素存在。这不只构成其自己的矛盾，而又表现其一种强词夺理的阶级论。《原性》篇说：

> 性也者，与生俱生也；情也者，接于物而生也。性之品有三，而其所以为性者五；情之品有三，而其所以为情者七。何

也？曰：性之品有上、中、下三；上焉者，善焉而已矣；中焉者，可导而上下也；下焉者，恶焉而已矣。其所以为性者五：曰仁、曰礼、曰信、曰义、曰智。上焉者之于五也，主于一而行于四；中焉者之于五也，一不少有焉，则少反焉，其于四也混；下焉者之于五也，反于一而悖于四。性之于情，视其品。情之品有上、中、下三；其所以为情者七：曰喜、曰怒、曰哀、曰惧、曰爱、曰恶、曰欲。上焉者之于七也，动而处其中；中焉者之于七也，有所甚，有所亡，然而求合其中者也；下焉者之于七也，亡与甚，直情而行者也。情之于性，视其品。（《昌黎先生集》）

这完全适应于地主阶级、中间阶层、农民等社会诸阶级的存在而说教的。在韩愈看来，地主阶级尤其大地主阶层的“性”是上品，他们内在的本性便是“仁”，表之于外，便为“义”“礼”“智”“信”，从而并能自己统制其“接于物”的“情”，即意识，所以他们是生成的统治阶级。中间诸阶层的社会地位是动摇的，所以他们的性是可上可下，其意识（情）也是间于两者之间的（在这里所谓中间阶层，包括各种自耕农民、手工业者和中小商人等）；佃耕地主土地的农民以至工匠，是重视其自己物质生活的现实利益的，对统治阶级，从其本质上便立于完全对立的关系上。所以在地主阶级看来，他们的本质（性）便是“恶焉而已矣”的下品的；从而其意识（情）也完全和地主阶级相反（的确，地主阶级的阶级意识，在农工的脑子里，诚然无所觅取）。因此，他们便应该是生成的被统治阶级。同时由于社会经济生活关系较复杂，而引起较复杂的生活意识的发展，使韩愈能较董仲舒以来的儒家在唯心主义的哲学上深入了一步，而达到其所谓“七情”的意识论。这构成地主阶级的阶级论。

从而由这种诸阶级构成的社会，依照韩愈的逻辑，一面便不能不由“性上品”的地主阶级去掌管统治权，一面“性下品”的农民阶级便不能不置于被统治的地位（这正是隔着一道鸿沟的两个主要的阶级）；“性中品”的，间于中间的中间诸阶层，却是可以由统治者对之施以教化，使之跻于“性上品”的统治者，如其趋变为“性下品”，那便系其自己沉淀到被统治的地位。这是从中间诸阶层的社会地位、阶级意识在两阶级间摇摆的现实情况作为其立论的根据的。另一方面，对于“性下品”的农民，因为他们的社会地位是不能根本变动的，从而其意识也不能有本质的变化，所以统治阶级对于他们，便只能用种种方法去防止其阶级意识的发展，以维持其剥削关系。所以在韩愈，便认为对于“性下品”的农民，一方面应由统治者对他们去施以教化，以防止其“亡与甚”的“情”，即意识的发展，对于本质的“性”，那却是先验的不可改造的东西。但是那种空洞的教化是没有积极保证的。所以另一方面，在教化丧失效力时，便还有强制权力去保证。因而在特设的教化外，同时又特设着“刑法”去作防障。故说：“为之政以率其怠倦，为之刑以锄其强梗。”（《原道》）而归纳出儒家从来主张的教化麻痹政策和刑罚惩治政策的并行，亦即韩愈所谓“尧以是传之舜，舜以是传之禹，禹以是传之汤，汤以是传之文、武、周公，文、武、周公传之孔子，孔子传之孟轲，轲之死不得其传焉”的“道统”之一面。而教化和刑法的目的，则是“民者，出粟、米、麻、丝、作器皿、通货财以事其上者也……民不出粟、米、麻、丝、作器皿、通货财以事其上，则诛”的一件明白的事情。

另一方面，适应其时代较复杂的社会生活关系，而达到其对“性”和“情”，即本质和意识的唯心主义的分析。这在儒学以外的条件上,却又系受着佛学之“慧”与“识”的唯识论的影响。在这一点上,韩愈和李翱又作了后来两宋(公元九六〇——一二七八年)理学的前驱。

其次,在当时,僧侣地主用“私度”的形式从世俗大地主手中去争夺其对中间诸阶层,特别是对农奴式的农民的支配,这形成其和世俗大地主利益矛盾的主要内容。韩愈从世俗大地主的立场上,而提出维护“道统”,反对释、道的主张。他反对道家说:

> 今其言曰:“圣人不死,大盗不止;剖斗折衡,而民不争。”呜呼!其亦不思而已矣。(《原道》)

对于寺院僧侣地主这一集团的佛家,便更是不让步的去加以反对。他说:

> 《传》曰:“古之欲明明德于天下者,先治其国;欲治其国者,先齐其家;欲齐其家者,先修其身;欲修其身者,先正其心;欲正其心者,先诚其意。”然则古之所谓正心而诚意者,将以有为也。今也欲治其心而外天下国家,灭其天常,子焉而不父其父,臣焉而不君其君,民焉而不事其事。(《原道》)

其实,在佛家的立场上,他却并不否定封建的尊卑身分制度和父家长的宗法制度,恰恰相反,而是予以维护的。韩愈在这里,是仅从佛教的黄教僧侣为所谓“出家人”这一点上来批评的,这缘他没有把教权和俗权在统治上的任务分别开,也没有懂得儒佛在统治作用上的同与异。韩愈所复述的《大学》“八目”,本质上也和佛家所揭的统治原理无何歧异，不过对“治国”“平天下”那“两目”的表现形式，而有教权和俗权的不同；俗权是以直接掌握治国平天下的政权面目出现，而教权则是以“宣扬佛化”的面目来加以赞助。其次，韩愈也从民族的观点上，从“夷夏”的立场上去排斥佛学。他说：

夫佛本夷狄之人，与中国言语不通，衣服殊制，口不道先王之法言，身不服先王之法服，不知君臣之义、父子之情。假如其身至今尚在，奉其国命来朝京师，陛下容而接之，不过宣政一见，礼宾一设，赐衣一袭，卫而出之于境，不令惑众也。况其身死已久，枯朽之骨，凶秽之余，岂宜令入宫禁？……乞以此骨付之有司，投诸水火，永绝根本，断天下之疑，绝后代之惑……佛如有灵，能作祸祟；凡有殃咎，宜加臣身。上天鉴临，臣不怨悔。（元和十四年上宪宗《谏佛骨表》）

实在的，封建主义的印度和封建主义的“大唐王国”，是有其各自不同的情况和特殊条件的；从而其意识形态的东西在作风气派等方面，也有其各自的特殊色彩和特殊性质。不过韩愈的论点却不在这里，而是基于世俗和僧侣两个大地主阶层的利益冲突。所以他在《谏佛骨表》中又说到：

天子大圣，犹一心敬信；百姓微贱，于佛岂合惜身命？所以灼顶燔指，百十为群；解衣散钱，自朝至暮；转相仿效，惟恐后时；老幼奔波，弃其生业。若不即加禁遏，更历诸寺，必有断臂脔身以为供养者。伤风败俗，传笑四方，非细事也。

刘昫叙述当时的情形也说：

> 王公士庶，奔走舍施，惟恐在后；百姓有废业破产，烧顶灼臂而求供养者。（《旧唐书·韩愈列传》）

韩愈主张排佛的第二个政治意义，由于天宝（公元七四二—七五五年）时闹起“安史之乱”的各种族和部落人民，不少信奉佛教；“安史乱”后，许多已同化于汉族的他族人民都投靠寺院。这是韩愈等人从汉族立场上发挥其排佛论之又一理由。

顾欢等人的反佛，是从当时现实的各部族部落集团间的矛盾基础上出发，曾有着反对他族统治集团的残暴烧杀与落后统治的积极意义。到韩愈的时候，佛学和佛教早已成为汉族地主阶级自己掌握的东西。他也从“夷夏”的立场立论，只不过是建基于狭隘的阶层利益上，表现为狭隘的种族观点和文化闭关主义的思想。佛教和佛学自然也同样是地主阶级的保守的东西，对汉族人民曾起了麻醉的作用，但从汉朝以来相继输入的印度文化，对中国哲学和艺术的发展，也起了相当的影响作用。

二　李翱的政治学说

李翱，字习之，卒于文宗会昌中（公元八四一—八四六年），曾受业于韩愈，又曾问道于药山禅师。据其自述问道经过诗云：“炼得身形似鹤形，千株松下两函经。我来问道无余说，‘云在青山水在瓶’。”其著作有《李文公集》十八卷；可为其思想代表者，为《复性书》三篇。

李翱的基本立场，系完全同于韩愈；思想体系基本上也和韩愈相同，其学说来源，也主要是儒家学，并参有佛学成分；但对于佛学与佛教，也和韩愈一样，是坚决反对的。例如他在答《泗洲开元寺僧澄观书》中有云：

吾之铭是钟也（僧澄观请他为作钟铭），吾将明圣人之道焉，则于释氏无答也。吾将顺释氏，教而述焉，则惑乎天下甚矣！何贵乎吾之先觉也？

他反佛的政治意义，也和韩愈是同一的，毋庸申述。

所以李翱较之韩愈，只有在论"性"一点上，有更进一步的深入——达到唯心主义的更高形态。在出发点上，他的论"性"也同于韩愈，首先认为"性"是先验着的东西，而且也把性（本质）和情（意识）分开。照他，"性"是本源的内在的东西，"情"为其外在的表现。所以《复性书》说：

情者，性之动也。（上篇）

情者，性之邪也。（中篇）

无性，则情无所生矣。是情由性而生；情不自情，因性而情。（上篇）

只是他认为"性"都是善的，只有"情"是灭性乱性的；而性之"匿"，则是缘于情而来的；即情给予性的反作用。在这一点上，他不同于韩愈。他说：

人之所以为圣人者，性也；人之所以惑其性者，情也。喜、怒、哀、惧、爱、恶、欲七者，皆情之所为也；情既昏，性斯匿矣，非性之过也。（上篇）

水之浑也，其流不清；火之烟也，其光不明，非水火清明之过。沙不浑，流斯清矣；烟不郁，光斯明矣。（同上）

这在从外在的感染去决定“性”的“明”“匿”这一点上，是接近于环境决定论的见解的。可是在李翱，却从这里又达到其“灭情复性”的主观唯心主义的说教。他认为把“情”完全除去，“性”自然恢复了，从而便能达到“本性清明，周流六虚”（中篇）。“广大清明，照乎天地”（上篇）的境界。他这种见解，在一方面是受着佛家存“慧”去“识”的论点的影响；一方面他感觉当时社会各阶级阶层意识的复杂，主要是被统治阶级反抗意识的发展，以及地主阶级各阶层思想意识的矛盾。无知的统治阶级，却本末颠倒地把一切矛盾斗争归源于“思想的复杂”而要求“统一思想”，因之，便构成李翱这种主观的玄想。但是怎样去“灭情”呢？他说首先在斋戒其心。如何去斋戒其心呢？他说：“弗虑弗思，情则不生；情既不生，乃为正思。正思者，无虑无思也。”（中篇）然而到这里，却不能就把“情”灭去，所以他继续又说：“此斋戒其心者也，犹未离于静焉。有静必有动，有动必有静；动静不息，是乃情也。……方静之时，知心无思者，是斋戒也。”（同上）但是这样，却还有“思”，有“思”便是“情”的活动，而且人都有“知”，“思”和“知”又是相联系的；而“知”又是由于人的有“生”命，怎能把它分离开呢？这构成李翱自己的一个矛盾。在这里，他一面陷入到佛家的“慧”和“识”的说教，以及道家所谓“动”和“静”的说教的泥沼中；一面也正表现他和佛学更接近了一步(李翱的这个企图,希特勒和其信徒也曾打算过;但李翱没能解决的矛盾,他们也无法解决。据说希特勒曾企图如何把无产阶级的思想意识消灭掉,但同时却要他们还能够劳动。希特勒手下的刽子手们都不能回答这个问题,后来希特勒御用的科学家,经过艰苦的研究和实验后,也都给了他否定的回答)。无法解决矛盾的李翱,却正从这里又回到儒家,而达到如次一个独断论的结论。他说:

知本无有思。动静皆离,寂然不动者,是至诚也。(中篇)

依此,则其所谓"诚"的究极上,不把人类的生机和知觉完全凝固着,使成为"槁木死灰"的化石,是不可能的。然而李翱从这里,却又从佛学所谓"真如"意境的影响下,而作出其玄学的解释。例如他说:

不睹不闻,是非人也,视听昭昭,而不起于见闻者,斯可矣。无不知也,无弗为也,其心寂然,光照天地,是诚之明也。(中篇)

所谓"诚之明",亦即所谓"我以心通"(同上),他这种解释,便成了完全丧失实践内容的玄学空谈。从而他和佛家不同的,就是佛家连这"我相"也不承认,他却还执着一个"我相"。他这种唯心主义的论点,对于那冶儒佛于一炉的两宋"理学",却尽了更大的先驱作用。

可是李翱的玄学,一方面虽受着佛老学的相当影响;而其从世俗地主现实的统治要求上，他又和孔孟一样，把“性命”论联系到“礼乐刑政”，即把“三纲五常”安置在“性命”的基础上，又转而排斥佛老，而返于其所谓“中庸之道”。他说：

呜呼！性命之书虽存，学者莫能明；是故皆入于庄、列、老、释。不知者，谓夫子之徒，不足以穷性命之道，信之者皆是也。（上篇）

他在玄学上，不能达到佛家那样“四大皆空”的境界，仍不能破除所谓“我执”，正表现世俗地主不同于僧侣地主的一点社会特性。

不过这对于李翱，问题依然不曾获得解决。那群终年终日从事生产劳动的人民，他们不能有如许空闲时间去“坐定”“冥想”，去从事“诚之明”的“参禅”工夫；易言之，从事那种内的修炼工夫，只有离开肉体劳动的有闲阶级才有可能。而且李翱所当做主要问题的，不，一切统治者所当做主要问题的，也正在如何去巩固其剥削关系，如何使生产阶级能驯顺地进行其被剥削的劳动；他们并不需要生产阶级知识水准的提高，只要求其劳动强度的提高。所以问题一进到这里，李翱便亦不能不归结为如次之一个丑恶的结论，把人类分作“昼作”“夕休”的“凡人”和“无作”“无休”的“非类于凡人”。在他哲学词典中的“凡人”，便是担当生产劳动的劳动人民；而所谓“非类于凡人”，便是有闲的地主阶级。下面说得明白：

昼而作，夕而休者，“凡人”也。作乎作者，与万物皆作；休乎休者，与万物皆休。吾则“不类于凡人”，昼无所作，夕无所休；作非吾作也，作有物；休非吾休也，休有物。作耶？休耶？

二者离而不存；予之所存者，终不亡且离也。人之不力于道者，昏不思也。天地之间，万物生焉。人之于万物，一物也；其所以异于禽兽虫鱼者，岂非道德之性乎哉？（下篇）

依此，他的所谓“灭情复性”的课题，对于生产阶级不啻又根本取消了。从而又无异把他自己所追究的问题也根本取消了。所以李翱对他自己所提出的问题，从唯心主义的圈子中绕来绕去，依旧逃回到出发点，对问题依然没有得到丝毫的解决。

孟轲已提出“性”和“情”，即本质和意识的区别；但到韩愈和李翱才作了较系统的分析。韩李在这一点上丰富了中国哲学的范畴。其次，他们吸收佛家学的一些因素，来充实儒家学的内容，把儒家学者的思维力提高了一步，给两宋理学的发展，预备了一些条件。这是他们的贡献。

三　儒道思想的统一与对立

现在应进而把握作为一个宗派的道家学。

道家在唐初，在政治上、经济上，都有其重要的作用。可是道家所代表的那一社会阶层，即另一群僧侣地主的社会性，基本上是寺院僧侣地主，所以他们生活的主要来源靠寺院财产；但又有同于世俗地主的方面，即他们此外还可以购置私产，娶妻生子，受官封爵，子孙并有继承权。《旧唐书·方伎列传》载，玄宗（公元七一三—七五五年）给道士张果的制令云：“今特行朝礼，爰畀宠命，可银青光禄大夫，号曰玄通先生。”又为“造栖霞观于隐所”（《张果传》)。又《方伎列传》道士《叶法善传》云:“睿宗(公元七一〇—七一五年)即位,称法善有冥助之力,先天二年拜鸿胪卿,封越国公,仍依旧为道士,止于京师之景龙观。又赠其父为歙州刺史。”又道士《薛颐传》云:“(颐)大业中为道士……秦王奏授太史丞,累迁太史令……颐后上表请为道士,太宗为置紫府观于九嵏山,拜颐中大夫、行紫府观主事。”又《明崇俨传》云:“(崇俨所主)润州栖霞寺,是其五代祖梁处士山宾故宅。”这不过是一些例子。他们和世俗地主间,也有着俗教的矛盾;然从其同于世俗地主的那些特权说,两者间又是统一的。他们和另一宗派即佛教僧侣地主集团间,在争夺教权这一点上,自始就有着两者间的冲突,其次由于他们有同于世俗地主的属性,这也有着两者间的矛盾。因而反映到意识形态上,一方面,仍表现儒、道的对立,所以有韩愈等人的排佛而又同时排道。另一方面,又表现儒、道的调和和其思想的交流。这在其时一些“道士”和儒家学者的著作中都表现得明白,例如道士李嗣真(著有《明堂新礼》十卷,《孝经摘要》《诗品》《书品》《画品》各一卷)、孟诜(著有《家祭礼》各一卷,《丧服要》二卷,《补养方》《必效方》各三卷)等,都是从道家学去沟通儒家学,把儒、道学冶于一炉(以上均见《旧唐书·方伎列传》)。又如以儒家学为宗派的傅奕(著有《老子注》《音义》,又集魏晋以来反佛的儒道学者的言论行事为《高识传》十卷)、傅仁均等,则从儒家学去沟通道家学,是和李嗣真在学术思想上达到许多共同点的儒家学者。傅奕在“临终(六三九年)诫其子曰:‘老庄玄一之篇,周孔六经之说,是为名教,汝宜习之。妖胡乱华,举时皆惑,唯独窃叹,众不我从。悲夫!汝等勿学也。’”其态度尤为显明(以上均见《旧唐书》列传第二十九)。同时,对于佛家学的排斥,则成为儒道两家共同的要求。例如《方伎列传》云，道士叶法善“排挤佛法，议者或讥其向背；以其术高，终莫之测”。傅奕的排佛论（见本传），尤能代表这一共同的立场。代表这一共同立场的傅奕的排佛论，包括着如次的四点主要内容：

一、指摘佛教是扰害华族的工具。例如傅奕说：“自汉明夜寝，金人入梦，傅毅对诏，辨曰胡神。后汉中原，未之有信。魏晋夷虏，信者一分，笮融托佛斋而起逆，逃窜江东；吕光假征胡而叛君，峙立西土。降斯已后，妖胡滋盛，太半杂华。搢绅门里，翻受秃丁邪戒；儒士学中，倒说妖胡浪语。曲类蛙歌，听之丧本；臭同鲍肆，过者失香。”（《广弘明集》卷十一释道宣《箴傅奕上废省佛僧表》）

二、指摘佛教破坏中国社会制度，尤其是“尊尊”和“亲亲”的社会伦理制度。例如傅奕说：“海内勤王者少，乐私者多。乃外事胡佛，内生邪见。剪剃发肤，回换衣服。出臣子之门，入僧尼之户。立谒王庭，坐看膝下。不忠不孝，聚结连房。且佛在西域，言妖路远；统论其教，虚多实少。舍亲逐财，畏壮慢老。重富强而轻贫弱，爱少美而贱耆年。以幻惑而作艺能，以矫诳而为宗旨。然佛为一姓之家鬼也，作鬼不兼他族。岂可催驱生汉，供给死胡，贱此明珠，贵彼鱼目，违离严父，而敬他人？何有跪十个泥胡而为卿相，置一盆残饭得作帝王？据佛邪说，不近人情，且佛滑稽大言，不及旃孟，奢侈造作，罪深桀纣。入家破家，入国破国者也。”（《广弘明集》卷十一释法琳《对傅奕废佛僧事》）实际上，在寺院，亦自有一个类似于父家长宗法制的宗派系统，和其隶属性的身分等级制。

三、指摘佛教寺院聚集财产，荫庇税户。例如傅奕说：“不忠不孝，削发而揖君亲；游手游食，易服以逃租赋。演其妖书，述其邪法；伪启三途，谬张六道；恐吓愚夫，诈欺庸品。凡百黎庶，通识者稀；不察根源，信其矫诈。乃追既往之罪，虚规将来之福，布施一钱，希万倍之报；持斋一日，冀百日之粮。”（武德七年《表》，见《旧唐书》本传）又云：“广置伽蓝，壮丽非一。劳役工匠，独坐泥胡。撞华夏之洪钟，集番僧之伪众；动淳民之耳目，索营私之货贿。女工罗绮，剪作淫祀之旛；巧匠金银，散雕舍利之冢；粳粱面米，横设僧尼之会；香油蜡烛，枉照胡神之堂。剥削民财，割截国贮。朝廷贵臣，曾不一悟。良可痛哉！”（《广弘明集》卷十一道宣《箴傅奕上废省佛僧表》）其实，只有这一点最为重要，为其彼此矛盾的中心所在。

四、指摘佛教寺院为策动叛乱的渊薮。例如傅奕说：“寺饶僧众，妖孽必作：如后赵沙门张光，后燕沙门法长，南凉道密，魏孝文时法秀，太和时惠仰等，并皆反乱者。”（《广弘明集》卷十一法琳《对傅奕废佛僧事》）又说：“西晋以上，国有严科，不许中国之人，辄行髡发之事。洎于苻、石，羌、胡乱华，主庸臣佞，政虐祚短，皆由佛教致灾也。梁武、齐襄，足为明镜。昔褒姒一女，妖惑幽王，尚致亡国；况天下僧尼，数盈十万，翦刻缯彩，装束泥人，而为厌魅，迷惑万姓者乎？”（武德七年《表》，见《旧唐书》本传）

最后傅奕又说：“佛是胡中桀黠，欺诳夷狄，初止西域，渐流中国。遵尚其教，皆是邪僻小人，模写庄、老玄言，文饰妖幻之教耳。”（同上，本传对太宗语）很明白，他说佛学的本身是从道学派生出来的无甚高论的东西，故与其宗外来的佛教，何如宗土生土长的道教。

这表现儒家学和道家学之共同的排佛立场。

其实，这时国境内的所谓“胡”人，基本上已同化于汉族，同时在前唐，唐朝地主阶级是由自卫而转为扩张，汉族不是被侵略者，所以叶法善、傅奕等拿着严华夷之界的口号去反佛，是没有实际意义的，也同样只是从大汉族观点出发的一种文化闭关主义思想。

第三章　寺院僧侣地主和中间诸阶层的政治思想

一　寺院哲学的“入世”主义倾向

佛教寺院的僧侣地主，自两晋南北朝开始发展，到唐朝，在社会经济领域中也已形成了一股力量；寺院占领大量土地，集中着大量财产，并有大量的劳动农民在其直接支配下，从而产生了繁盛的佛教寺院文化。代表其意识形态的佛学，亦得到空前的发展。同时，作为僧侣地主代言人的佛法大师，也均于此时相继出现，其中最著闻者，有僧玄奘（公元六〇六—六六一年）、僧神秀（卒于公元七〇六年，即大通禅师，为其时所谓“北宗”）、僧慧能（即所谓“南宗”之宗，与神秀同学）、普寂（公元六五一—七三九年，即大照禅师）、义福（卒于公元七三二年，即大智禅师，普寂之师）、僧一行（公元七二三—七七二年*，为襄州都督郯国公张公谨之孙，大照禅师之徒，谥大慧禅师）等，对于佛学理论均有高深的成就，在佛学思想史上占有极重要的地位。（以上均见《旧唐书·方伎列传》）

---

* 此处疑误。僧一行生卒年或为六七三？—七二七年。——编者

佛学原来是没落封建贵族的一种意识形态，所以其教义直接应用在俗权政治方面，并没有积极的内容，只是在维护封建统治的立场上，对被统治阶级去尽其麻醉作用——对那些愈受自然力支配的人们，愈能发挥其作用。所以对于封建时代的农民，小乘教教义下的"天堂""地狱""轮回""因果报应"……的神道说教，便较容易给以麻醉作用。因此，小乘教是封建统治阶级作为精神统治的最好武器在使用。在中国，遍于穷乡僻壤的无数寺院，大抵都是小乘教的寺院。至于其高级形态的大乘教教义，却只有有闲的地主们才能接受。

不过到唐代，由于佛教寺院在社会经济领域中部分支配力量的形成，从而更形成其在对俗权政治的相当支配作用，于以表现其在意识形态上的"入世"主义倾向，故《唐史》所载，许多僧侣地主曾直接参加政权，敷陈时政，例如《旧唐书·僧一行列传》载："一行至京，置于光太殿。上数就之，访以安国抚人之道；言皆切直，无有所隐。"又云"其谏争""但依常礼"，这只是一个例子。又据《广弘明集》释法琳答李仲卿云：

> 夫澄神反性，入道之要门；绝情弃欲，登圣之遐本。……昔何尚之言：释氏之化，无所不可。……夫行一善，则去一恶；去一恶，则息一刑。一刑息于家，则万刑息于国。故知五戒十善，为正治之本矣。(《辩正论》)

依此，法琳明显的把佛教教义解释为治国的最高原理。《广弘明集》所载，不少类此的议论。这表现了其时佛教教义的"入世"主义倾向。

但由于佛教寺院在经济组织上的特殊性——当然和世俗地主有其一般上的共同性——以及寺院运用独有的特权，特别是应用其特殊权利实行所谓“私度”,去扩大其自身的权利(这同时便危害了世俗地主的利益),便形成其与世俗地主间的利益冲突。从而反映到意识形态上的斗争,便形成其和儒家学针锋相对的论战。同时在教权争夺的宗派斗争上,又形成了佛道间的斗争。

[增补:儒、佛、道间的斗争,在此后的长期间继续着,并扩大到各方面,这不独反映在哲学思想上,并反映在文学、戏剧、艺术等各方面,如依据那有反封建内容的神话故事写成的《白蛇传》,以及《十三妹》等作品,便都是有这种内容的作品。日寇的宣传员秋泽修二和其在中国的应声虫,说中国史上缺乏俗教的斗争,是完全不合历史事实的法西斯宣传。不过秋泽是从日寇对华侵略的立场,来曲说中国没有内在的积极动力;其应声虫则以之去响应日寇。]

但从六朝以后,有关佛教方面的文学、戏剧、艺术等,却有许多很成功的作品;文学如《西游记》《白蛇传》,戏剧如《盘丝洞》《雷峰塔》,艺术如云冈石佛(这自然是通过劳动人民的手所创作,是中国人民伟大艺术天才的表现)等,都是较成功的,尤其云冈石佛是罕与伦比的中世伟大作品。有关道家方面的东西不免“相形见绌”,例如《封神榜》就远不如《西游记》,《八仙会》就远不如《雷峰塔》。……

二　中小地主阶层的政治学说——柳宗元的三教调和论

柳宗元(公元七六三*—八一九年)字子厚,河东人,与韩愈同

* 此处疑误,或为公元七七三年。——编者

时，有《柳先生文集》四十五卷、《外集》二卷（《旧唐书》本传）。其中《送元十八山人南游序》《天说》《封建论》《曹溪第六祖赐谥大鉴禅师碑》《大明和尚碑》《送僧浩初序》等篇，可为其思想的代表作。

当时中小地主阶层，他们一面也剥削他人的剩余劳动，另一面，其自身同时又受大地主大商人的剥削，尤其是国家赋役的重负。所以他们在一方面，要求维护现存的社会秩序，不要求其本质的变更；另一方面，却又主张部分的改良，要求解除大地主所给予他们的压迫，减轻赋役负担，取消大地主阶层的特权，改善自己的政治地位。同时他在这里也反映其他中间诸阶层的要求。

但当时中间阶层以至农民，为逃避苛重的赋役，便纷纷求"私度"于佛教寺院，而作为其荫庇户。这已构成世俗地主和寺院僧侣地主的冲突，并表现为儒、佛的斗争。而中小地主阶层最感不平的，是国家赋役的负担。因而对前者的利害矛盾比较直接，对后者则不那末显著，甚至有不少小地主为逃避负担而投靠寺院的。因而反映在意识形态上，在他们也便表现为依附佛学立场去反诘儒学。所以柳宗元说：

> 孔子无大位，没以余言持世；更杨、墨、黄、老益杂，其术分裂；而吾浮图说后出，推离还源，合所谓生而静者。……其教人，始以性善，终以性善……生而性善，在物而具；荒流奔轶，乃万其趣。匪思愈乱，匪觉滋误。（《曹溪第六祖赐谥大鉴禅师碑》）

在这里，他不是同于孟轲的性善论；恰恰相反，乃在反驳儒家一贯的人"性"论，尤在针对韩愈的"性三品"论，确论人们，尤其中小地主阶层和大地主阶层在本性上原是平等的。故说："生而性善，在物而具；荒流奔轶，乃万其趣。”

不过中小地主阶层，在对于他人劳动的剥削这一点上，他们却和大地主阶层同样，要求维持现状；并不要求改变社会秩序，只在争取其自己利益的增进。所以他们并不愿意根本否定儒家学，只是从折衷的调和的立场，解释三教同旨。故柳宗元说：

太史公尝言：“世之学孔氏者，则黜老子；学老子者，则黜孔氏。道不同，不相为谋。”余观老子，亦孔氏之异流也，不得以相抗。……其后有释氏，固学者之所骇怪、舛逆，其尤者也。今有河南元生者……悉取向之所以异者，通而同之；搜择融液，与道大适；咸伸其所长，而黜其奇衺，要之与孔子同道。（《送元十八山人南游序》）

儒以礼立仁义，无之则坏；佛以律持定慧，去之则丧。（《大明和尚碑》）

这在一方面，他确认儒家学，尤其是“礼”，是统治上的唯一原理，舍此便无以维持社会秩序；但在作为精神统治武器，即思想意识的支配工具，则佛家学是唯一的。另一方面，他也不像儒道佛各家一样，坚守宗派的门户，而主张“咸伸其所长，而黜其奇衺”；这就是说，儒道佛各家学说，根本上都有可取也都有缺点，这不但在表现其改良主义色彩，也正在表现其模棱性。

因之，他不但对世俗地主的儒家学有反驳，即对于寺院僧侣的佛家学，也同样有批评。例如他对于佛教寺院，“不为耕农蚕桑”，而云“活人”的说教，也予以尖刻的批评。他对于儒家，在其和韩愈的论战中，表现得更激烈。《送僧浩初序》说：

浮屠诚有不可斥者，往往与《易》《论语》合。诚乐之，其于性情，爽然不与孔子异道。退之好儒，未能过扬子；扬子之书，于庄、墨、申、韩皆有取焉。浮图者，反不及庄、墨、申、韩之怪僻险贼耶？曰："以其夷也。"果不信道，而斥焉以夷，则将反恶来、盗跖而贱季札、由余乎？非所谓去名求实者矣。吾之所取者，与《易》《论语》合；虽圣人复生，不可得而斥也。退之所罪者，其迹也。曰：髡而缁，无夫妇、父子；不为耕农蚕桑，而活乎人。若是，虽吾亦不乐也。退之忿其外而遗其中，是知石而不知韫玉也。

他认为对文化思想，只看其是否合于地主阶级统治的需要，不管其是否国产。从这里，他批评韩愈，说他不看内容，只看形式，只问是否国产。在这里表现了他的一种客观主义的论点。

他于是进而对各家神道天命的说教，便都与以抨击。因为儒释道各家的唯心主义哲学，在其究极上，都是归结到有神论的；例如对于社会各阶级阶层的地位，儒家学从所谓"天命"或人性论去解释；佛家学则从善恶因果等神道感报上去解释，道家学则从"天道"等去解释。这和中间诸阶层尤其中小地主阶层改良自己地位的要求，都是矛盾的。大地主阶级把社会各阶级的现实地位凝固于神道下面，而他们则要求这种现实地位的改善。从而他们便不能不试图去否定"天"的神化性。故柳宗元说：

彼上而玄者，世谓之天；下而黄者，世谓之地；浑然而中处者，世谓之元气；寒而暑者，世谓之阴阳。……其乌能赏功而罚祸乎？功者自功，祸者自祸。欲望其赏罚者，大谬；呼而怨，

欲望其哀且仁者，愈大谬矣。（《天说》）

这在一方面，由于在大地主支配下，当时中小地主和中间阶层也无论怎样安“命”听“天”，都并不能获得上帝——“天”的救助；无论怎样的虔奉佛法，也不能获得“我佛慈悲”的援助。而且当时若干中小地主都相继沦于农民和破产的地位。柳宗元从这种实际生活中体念出上帝——“天”原是无知觉的东西，从而达到其接近于唯物主义的结论。

从这里转入到他的政治论，他指出社会诸阶级阶层及等级地位的分化，系由于强制权力，并不是什么“天定”的界限。故他在其有名的《封建论》中说：

由是君长刑政生焉，故近者聚而为群。群之分，其争必大。大而后，有兵有德。又有大者，众群之长，又就而听命焉，以安其属，于是有诸侯之列。……则其争又有大者焉。德又有大者，方伯连帅之类，又就而听命，以安其人，然后天下会于一。是故有里胥而后有县大夫，有县大夫而后有诸侯，有诸侯而后有方伯连帅，有方伯连帅而后有天子。

依此，他认为等级制的发生和各级权力的形成，完全是由于“力”和“争”，而并不是一种自然的产物。这构成其较进步的历史观和政治思想。在这些地方，他的观点是接近于劳动人民的。

第四章　作为农民阶级意识形态的吕才的道学论

和地主阶级基本对立着的农民阶级,从现实的社会生活对立的根基上,必然的发展为政治斗争,并反映为思想斗争。在唐朝,农民阶级所遭受的租、庸、调或两税以至商业资本、高利贷资本(这在其时是带有国际性的)的层层剥削,是分外残酷的,因而曾引发黄巢等人所领导的农民大暴动,时间长达十余年,即自僖宗乾符迄中和(公元八七四—八八四年)的全时期,暴动的范围几普遍了全中国,黄巢所领导的农民军,曾先后进出于鲁、苏、浙、闽、粤、湘、鄂、豫、陕、甘等中国各主要地区(据《旧唐书·黄巢列传》)。在这一长期的大规模军事行动中,农民军的行动纲领,已属文献无征;唯据《旧唐书》列传一百五十下所载:朱泚"轻财好施,每征战所得赏物,辄分与麾下将士"(《朱泚列传》)。"贼陷京师。时巢众累年为盗,行伍不胜其富;遇穷民于路,争行施遗。既入春明门,坊市聚观,尚让慰晓市人曰:'黄王为生灵,不似李家不惜汝辈,但各安家。'巢贼众竞投物遗人。"(《旧唐书·黄巢列传》)这虽是经过统治阶级改造过的,但也可以概见当时的农民军,是公开地反对私有财产制度的。黄巢所领导的农民军于公元八八一年占领长安(大唐王国的首都),粉碎了地主阶级政权的中央权力机关,即在长安(今西安)树立自己阶级的政权,可惜其详细内容已无材料可资考证；唯云同时并置“四相”（以上均见《黄巢列传》），则似系带有一种古代民主主义的色彩。

此外，在若干程度上反映了这时期农民阶级意识形态的，有吕才（卒于公元六六五年，修撰《阴阳书》五十三卷，并旧书四十七卷。见《旧唐书》本传）的“道”学论。

吕才思想的出发点，基本上是唯物主义的。他确认客观是独自存在着的真实的东西，并认为一切客观事物的发生，都是物自身运动的结果。他说：

> 且天覆地载，乾坤之理备焉；一刚一柔，消息之义详矣。或成于昼夜之道，或感于男女之化；三光运于上，四气通于下，斯乃阴阳之大经，不可失之于斯须也。（《旧唐书·吕才列传》）

在这里，他否定了大地主阶层唯心主义的神学本体论。同时，他从乾坤、刚柔、昼夜、男女等对立的范畴立论，这是他的唯物主义还包含着辩证法的一些因素。

从而他进一步确定人类的历史，是由低级向高级进化而来的，不是一成不变的。故说：“《易》曰：‘上古穴居而野处，后世圣人易以宫室。’……迨于殷、周之际，乃有卜宅之文。”（《叙宅经》，见本传）又说：“《易》曰：古之葬者，衣之以薪，不封不树，丧期无数。后世圣人易之以棺椁。”（《叙葬书》，同上）由穴居到宫室，由野葬到棺椁，是与历史情况符合的。

他从唯物主义的立场上，又进而否定统治阶级的禄命生成说。《旧唐书》本传载其《叙禄命》篇说：

> 谨案《史记》，宋忠、贾谊讥司马季主云：“夫卜筮者：高人禄命，以悦人心；矫言祸福，以尽人财。”又案王充《论衡》云：“见骨体而知命禄，睹命禄而知骨体。”此即禄命之书，行之久矣。多言或中，人乃信之。今更研寻，本非实录。
>
> 今时亦有同年同禄，而贵贱悬殊；共命共胎，而夭寿更异。案《春秋》：鲁桓公六年七月，鲁庄公生。今检《长历》，庄公生当乙亥之岁，建申之月。以此推之，庄公乃当禄之空亡，依禄命书，法合贫贱；又犯勾绞六害，背驿马三刑，当此生者，并无官爵。火命七月，生当病乡，为人尪弱，身合矬陋。今案《齐诗》讥庄公：“猗嗟昌兮，颀若长兮。美目扬兮，巧趋跄兮。”唯有向命一条，法当长命。依检《春秋》，庄公薨时计年四十五矣。此则禄命不验一也。……

禄命生成论，正是地主阶级宣传迷信的重要形式。他从历史上真凭实据的事实，来揭穿禄命生成论的毫无根据，暴露其欺骗性。这反映了劳动人民的一点觉醒意识。

另一方面，他更从而否定地主阶级所谓“五声”、五姓配合之神道论的说教。本传载《叙宅经》云：

> 至于近代师巫，更加五姓之说。言五姓者，谓宫、商、角、徵、羽等。天下万物，悉配属之；行事吉凶，依此为法。至如张、王等为商，武、庚等为羽，欲似同韵相求；及其以柳姓为宫，以赵姓为角，又非四声相管。其间亦有同是一姓，分属宫商；后有复姓数字，徵羽不别。验于经典，本无斯说，诸阴阳书，亦无此语。直是野俗口传，竟无所出之处。惟《堪舆经》黄帝对

于天老，乃有五姓之言。且黄帝之时，不过姬、姜数姓，暨于后代，赐族者多。至如管、蔡、郕、霍、鲁、卫、毛、聃、郜、雍、曹、滕、毕、原、酆、郇，并是姬姓子孙；孔、殷、宋、华、向、萧、亳、皇甫，并是子姓苗裔。自余诸国，准例皆然。因邑因官，分枝布叶，未知此等诸姓，是谁配属？又检《春秋》，以陈、卫及秦并同水姓，齐、郑及宋皆为火姓，或承所出之祖，或系所属之星，或取所居之地，亦非宫、商、角、徵，共相管摄。此则事不稽古，义理乖僻者也。

依此，对于地主阶级"五德"配合的政权神授说，也便连同给以否定了，——虽然，在这里，他没有直接的说明。

再次，他对于地主阶级浪费累时的厚葬以及风水迷信，从农民阶级现实的要求上，在《叙葬书》也予以较激烈的抨击。

在最后，他认为充任地主阶级宣教师的巫师等，一面倡导迷信，去愚惑无知的农民，一面则借此对农民行使榨取。他也作了严正的批评。

我们对吕才的思想，虽已无从考究其全部内容，然依此却能概见其思想的倾向。根据我手边材料的研究，其所表现的倾向，是反映了农民阶级意识的。在当时，地主阶级不可能有这种进步思想，自由商人集团还没有形成；而他的理论，又不似中间阶层的东西。但由于我手边材料不够，对吕学阶级性的估定，还只是暂时的；俟有充分材料时，当加以重新研究和估定。

第九编　封建主义衰落期的各派政治思想(一)

在"五代"十国(公元九〇七—九六〇年)的混乱局面下,有着部分人口的死亡和迁移。又呈现许多无主荒地,在战争中的各个政权,也未能去进行清理土地。因之,一部分农民原来的小块"份地"或租地,便渐次成为"世业";同时,也有不少的士兵和下级军官,由于在战争中积有一些钱财,成了小有产者。所以到后周(公元九五一—九六〇年)前后,成了小有产者的农民和士兵及其下级军官,他们却转而厌恶战争,要求统一了。宋朝的统一和赵匡胤的"杯酒释兵权",便是由于这种社会趋势和赵匡胤掌握了这种小有产者的要求。因之,时代一转入宋朝,小有产者的经济,在社会经济的比重上已较前大增。同时,在小有产者经济的基础上,都市商人基尔特和手工业者基夫特,便都跟着发展了起来,开始排演"中世"末期所谓"都市经济"的日程。尤其是自由商人开始形成集团,开始来和官僚、地主一体的商人对抗。他们在本质上是现代资产阶级的前身,是社会内部之一新的因素。原来那种官僚、地主、商人三位一体的商业,是保守的封建性的垄断商业。当时由农村排挤出来能自由出卖自己劳动力的人群也已经存在。只是它与自由商人的资本(这两种社会新因素)还没能在社会生产上相结合。

另一方面,大地主阶级在社会经济领域中,还保持其支配地位;但由于小有产者层数量的扩大和自由商人集团的形成,以及所谓都市行会手工业的发展,大地主经济的支配地位便开始动摇,从而大地主内部的冲突便缓和了下来,——自然,在其统一物内部的对立性并非不存在,而是同时继续着的;同时部族集团间的矛盾也比较突出,形成了武装对抗的紧张局势。反映到地主阶级的意识形态上,便构成儒佛的交流,而产生那达到唯心主义哲学上之较高形态的周敦颐、张载、程颢、程颐等的"理学"。理学的产生和发展,是以生产的发展、社会诸矛盾之愈形复杂为基础,以都市的发展,人口向都市集中(得以容纳那些专门从事学术研究的人们,使之在研究上能获得诸种便利),以及印刷术等科学技术的发明和提高等等为条件的。

又一方面,小土地所有者、农民上层的自耕农数量,比唐朝大为扩大,在社会经济领域中获得相当的比重,便引发其对自己利益的积极要求。尤其在大地主阶层完全不负担国家赋役,愈加重了他们的负担,便扩大了他们和大地主间的矛盾。同时,在大地主以官僚和商人的资格而出现的场合,他们借着"邸店"和国家的权力及官营的手工业工场并通过与之相结合的那种手工业基夫特,垄断商业上的利益,不但无情地对农村小有产者和农民肆行剥削,而且无情地压制自由商人。因而自由商人和农村小有产者又极大地感受"邸店"和手工业基夫特的压迫和束缚。在这一点上,又构成自由商人以至小有产者和"邸店"及与之相结合的那种手工业基夫特的对立。农村小有产者和自由商人也正在这一点上有其共同的利害。地主阶级中下层的中小地主在宋朝的比重也增大了,但依然没有享受特权。由于大地主不负担赋税和徭役,也加重了他们的负担,所以在反对大地主的特权这一点上,他们是与农村小有产者及自由商人有相同要求的。在反对契丹奴隶主集团野蛮的烧杀、掠夺与残暴压迫方面,彼此间也有相同的要求。这反映到意识形态上,便形成那代表中小地主也反映了中间诸阶层一些要求的王安石学说和其改良主义。另一方面,却也产生了司马光等大地主的政治上的保守主义。

但当时经济政治的权力,实际上掌握在大地主集团手中。因而在中小地主、小有产者与自由商人对大地主斗争的时候,皇帝反要求去利用他们,图增强自己的权力;他们也要求利用皇帝去实现自己的主张和获得特权。因而出现了公元一〇六九年(神宗熙宁二年)的王安石"变法"。由于中小地主、小有产者、自由商人和皇帝的联盟,一面从政府的首脑部增强皇帝的权力,一面实施适合中小地主及小有产者、自由商人一些要求的"变法"(例如于是年中国寅历二月,创置三司条例司,七月行均输法,九月行青苗法,十一月置诸路提举官等)。不过这种"变法"的本质,并不是社会制度的改变,主要只是适合中小地主要求的一种社会改良;地主阶级社会的基础,并不曾因此动摇。因而"变法"的结果,并没有把大地主集团克服,恰恰相反,愈加深了相互间的矛盾。所以通过两宋的整个时期(公元九六〇—一二七八年),形成两者在政治上互相起落的明争暗斗的局势。从而反映在意识形态上,也继续其两派的斗争。

随着契丹、金、蒙古诸奴隶所有者集团相继南下,和宋朝南渡后(公元一一二七年),由于社会各阶级阶层对其野蛮的军事掠夺与残暴压迫有着不同的利害(虽然只是程度的不同),而它对于社会生产的破坏、与阻滞历史前进的反动作用是极端严重的,彼此间的利害基本上却是共同的;然由于少数眼光短浅、不顾汉族共同利害的大地主,甘心投靠,因而在地主阶级内部也分裂为"战""和"两派(后者又有公开投降和主和之分)。而自王安石"变法"后,一方面中小地主、小土地所有者以至自由商人都获得比较有利的条件;但"变法"失败后,在封建制内在规律的基础上,那不但未能防止土地的兼并,而在都市经济发展的情况下,无宁又加速了中间诸阶层的分化,加之小有产者的地位,原有其向两极分化的自身的矛盾性。因而存在于他们与大地主集团间的矛盾反日益扩大。在宋朝,阶级关系与各部族间的关系都较为复杂,农民与地主间的矛盾也较尖锐,这早在北宋初就引发了农民战争。宋朝统治集团如不适当处理阶级阶层间的矛盾,是无法解决部族间的矛盾问题的。王安石"变法",在这方面是较进步的措施。这种诸阶级、阶层间的矛盾,直至辽金南下,虽已引起形势的改变,却仍没有引起大地主集团方针政策的根本改变。

在原先,王安石"变法"后,大地主阶层在感受到中小地主、小有产者、自由商人和皇帝联合势力的进攻,以及农民的发动,便先后去勾结辽金统治集团,企图假手于他们的武力来重新奠定其统治地位。刘豫、张邦昌、秦桧等之或以傀儡式的政权而出现,或为政治上、军事上内应的奸细,便是这种可耻的阶级阴谋的露骨表现。然而在辽金相继统治下的北方,在其具有特殊形式的社会经济的构成上,尤在其对被统治汉族的残酷压迫和榨取上,于农民、自由商人、小土地所有者,连同中小地主在内,都是最不利的;而其所谓"猛安谋克""头下军州"等类似庄园的形式下,又直接在排挤商业、中小地主和小有产者。对于大地主阶层的寺院僧侣地主以至贵族地主的利益,虽能获得其暂时的相当的调协,而对于那握有"邸肆"特权的商人这一大地主阶层,在其商业的利益上也是受着损害的。这样,在政治上更引起社会各阶级以至地主阶级内部的分化。因而大宋王国的内部,又分裂为部分贵族大地主、寺院僧侣地主的"主和",农民、自由商人、小土地所有者、中小地主、商人-大地主的"主战"。《宋史》上所载关于投降的刘豫,主和的陈尧叟、汪伯彦、秦桧等,大都均属于前者的社会阶层,主战派的寇准、岳飞、吴璘、韩世忠、李纲、陈东等,大多系属于后者的社会各阶层。因而便产生了从中小地主立场出发的朱熹的折衷派的政治学说,从主战的共同要求上去调协各阶层的利益,——虽然,农民却没有为朱熹所重视。另一方面,在主和派的政策不能完全实现,辽金不能完成对南方的统治,在南方,主战阵营内部的矛盾,大地主统治集团却由口头的主战而成为公开的妥协,甚至甘为"藩臣"去换取"偏安"。因而从南宋大地主的立场出发,便又产生了陆象山的主观唯心主义哲学,和中小地主的朱熹派相对立。

可是农民、小有产者、自由商人、中小地主等,在反抗辽金等统治集团的野蛮残暴的侵掠与反动统治这一点上,虽有其"主战"的共同要求,但存在于其相互间的矛盾并不能因此消除。加之地主阶级仍不肯顾全大局,致在南宋(公元一一二七——一二七八年)一百五十二年间,相互间的冲突,特别是新旧派的权利争夺,仍继续在发展着。同时自由商人的经济,经过北宋一百七十年间的发展,在社会经济的领域中已开始形成其独立性的雏形。因而在意识形态上,叶适(公元一一五〇——一二二七年)的批判主义和陈亮(公元一一四三——一一九七年)的"事功"论,便能反映出他们的一些朴素的要求。

钟相、杨么等的"贵贱平等,贫富均平",是起义农民在实际行动中所表现的空想社会主义纲领;康与之的《昨梦录》,是这种空想社会主义思想的系统表现。这均表现了这时期劳动人民的伟大观念和创造。

蒙古统治者南下后,全中国陷于其野蛮残暴反动落后的统治下,几历一个世纪之久(自公元一二七八年南宋亡,至一三六七年元亡,翌年大明王国成立)。在元朝的统治下,不只对汉族等各族人民施行了极残酷的军事统治和部族的集团压迫,人民的生命财产完全失去保障;而且破坏了生产的组织,屠杀了大量人口。这对中国历史的发展,是一个逆转的形势。因而在横跨欧亚的大蒙古王国的统治下,国际贸易的发展获得空前的有利条件,而给予都市以空前的发展与繁荣。但是商业资本的支配者,却不是中国的商人,而是外来的中亚细亚和意大利商人——他们并参加元朝的统治,直接得到政治上的特权保障。因而都市的繁荣与发展的另一面,正是中国农民、小有产者、自由商人,甚至连地主阶级在内都是严酷地被榨取。这种严酷的榨取,完全是依靠那种最野蛮的军事政治的强制权力去实现的。从而社会文化思想,也转入黑暗时代。一部分不明大义的贵族大地主,他们依附于这种残暴统治下,去苟且偷生。而他们在文化思想上,也同样是受束缚的。所以其"硕果仅存"的许鲁斋、吴草庐等人的理学,也只是不绝如缕的存续。其他一部分士大夫,虽相率砥砺气节,但也失去了战斗性,或遁迹山林逃避现实,在学术思想上没有什么建树。各种小有产者、自由商人和农民,在那样残酷的政治和经济双重的压榨下,必然引发其反抗意识的发展,是不待说的。在元末,白莲教"妖人集团"之有计划的行动,便表现着农民阶级反元的政治觉悟之高涨。朱元璋和其他农民反元军,多得到自由商人和小有产者乃至一些爱国地主的援助,并表现为与回族等各族人民的联合行动,这表现反对元朝的反动统治是当时各民族人民,尤其是汉族人民共同的要求。但关于他们当时的政治主张和表现其立场的思想言论,却已无文献可考。不过在当时,蒙古统治者,对汉人文化思想的摧残,也是极其野蛮残暴的。汉人的思想言论,不独受到严密的监视;而表现反抗思想的文字,很难有出版的可能,尤其很难留存下来。

另一方面,蒙古统治者,在南下建立其统治前,在公元一二〇六年才完成奴隶制度的革命。南下后,便以奴隶制里社组织的世界原理,来敷设其统治的基层机构,而构成元朝社会之一特殊的形象与机构。这不仅给中国末期封建制以特殊的色彩,且阻滞了中国社会的发展。在这种社会的基础上,代表僧侣地主的佛教和道教的寺院哲学,便获得其在意识形态上的支配地位。其次代表中亚细亚和意大利商人利益的、各教的寺院神学,也相当嚣张。易言之,在意识形态上占统治地位的东西,在元朝是佛教和道教的寺院哲学,回教和"景教"教义以及儒家学的"理学"还是次要的。

到十四世纪七十年代末,由于各族人民,尤其是汉族各阶级阶层人民的协力,即反元的各族人民统一战线的斗争胜利,历史又恢复到了两宋以来的发展轨道。不过胜利的果实,被地主阶级独吞了,恢复的仍是也只能是封建国家。从而建筑于其上层的意识形态的东西,才又接续两宋的发展。这留待下编再说。

第一章　代表地主阶级意识形态之理学的发展

一　展开形而上的理学端绪之周敦颐的《太极图说》和张载的复古主义

甲　周敦颐的《太极图说》

据《宋史·道学一·周敦颐列传》及《四朝学案·濂溪学案》，周敦颐字茂叔，又号濂溪先生，道州营道（今湖南道县）人。生于宋真宗大中祥符九年（公元一〇一六年），卒于神宗熙宁六年（公元一〇七三年）。著有《太极图说》及《通书》，后者可算是对前者的说明。作为宋代地主阶级的"理学"，由他而创始其体系，易言之，他是宋明理学的开山。

周敦颐的《太极图说》，即为其哲学体系中的宇宙论。在思想的来源上，系承自《易传》和佛学。在儒家学中关于宇宙论的问题，由他而作了一个划时代的发展。

他的时代，一方面，正是自由商人集团开始形成，中小地主及小有产者向大地主争夺政权的时代；一方面，正是地主阶级自己的社会基础从其内部开始崩溃，阶级地位开始变动的时代；另方面，各部族间的矛盾已比较突出，宋辽间形成了长期的武装敌对局面。他从这一社会现实矛盾和变动的基础上，而获得一个正反对立的辩证的观点；从这种观点出发去理解自然界，便认为宇宙也是由正反对立的法则而形成而发展的。所以他论究宇宙的起源说：

> 无极而太极。太极动而生阳；动极而静，静而生阴，静极复动。一动一静，互为其根；分阴分阳，两仪立焉。阳变阴合，而生水、火、木、金、土。五气顺布，四时行焉。五行一阴阳也，阴阳一太极也，太极本无极也。五行之生也，各一其性。无极之真，二五之精，妙合而凝，乾道成男，坤道成女。二气交感，化生万物；万物生生，而变化无穷焉。（《濂溪学案下·太极图说》）

依此，他认为宇宙和人类不是自始就存在着的；在宇宙还没有存在以前，由一种他名为“太极”的那种东西的内部演化出对立的阴阳，由阴阳之对立的斗争或“二气交感”而演化出水、火、木、金、土等五种物质原素，且从而化生万物以至“变化无穷”。《通书·理性命》篇又说：“二气五行，化生万物，五殊二实，二本则一。是万为一，一实万分。万一各正，小大有定。”这是符合于辩证法观点的。问题只在他的所谓“太极”。如若其所谓“太极”而如黄梨洲所说，“无非一气而已”（《太极图讲义》），则周敦颐便是一个素朴的辩证唯物主义者；照朱熹和陆象山的解释，却“殊途同趋”的是唯心主义的。这在宋明的学者曾不断引起广泛的争论，而不曾获得一个一致的结论。然而作为派生阴阳的独自存在的“太极”，究竟是存在

着的物还是什么呢?《通书》说:

> 动而无静,静而无动,物也;动而无动,静而无静,神也。动而无动,静而无静,非不动不静也。物则不通,神妙万物。水阴根阳,火阳根阴;五行阴阳,阴阳太极;四时运行,万物终始。混兮辟兮,其无穷兮。(《动静》)

他在这里,明显的把首尾颠倒过来了,认为本体是"动而无动,静而无静"的"神也";"物也"却是"动而无静,静而无动"的东西。把"物"本身和"物"的"动"或"物"的"静"对立起来。这样,他和一般唯心主义的哲学者一样,达到精神决定存在的结论。从而只有"太极"是独自存在的,其他的一切,便都是由其派生的。

唯其因为他的辩证法是唯心主义的辩证法,所以物的运动和发展,并不是物自己在运动和发展,因之一论证到究极上,便归结到停止辩证的发展之他的所谓"诚"的结论,故说:"诚者,圣人之本。大哉乾元,万物资始,诚之源也。"(《通书·诚上》)"诚五常之本,百行之源也。静无而动有,至正而明达也"(《通书·诚下》),"诚无为"(《诚几德》),"寂然不动者诚也"(《通书·圣》)。他之所谓"诚"的训义,在这里系同于佛家之所谓"真如",道家的所谓"无为",即"诚无为"。到这里斗争便被取消了。从而转入到政治论上,便认为只要人们的意识在"诚"的下面凝固着,一切矛盾冲突和斗争便会停止了。这留后再说。

其次,他认为人也和其他万物一样,是由太极演化出来的,故说:"二气交感,化生万物;万物生生,而变化无穷焉;惟人也,得其秀而最灵。"(《太极图说》)但是人何以有性命呢?他继续说:"形既生矣,神发知矣,五性感动而善恶分,万事出矣。"《通书·诚上》篇说:"诚者,圣人之本。大哉乾元,万物资始,诚之源也。乾道变化,各正性命,诚斯立焉。纯粹至善者也。故曰:'一阴一阳之谓道',继之者善也,成之者性也。元亨诚之通,利贞诚之复。大哉易也！性命之源乎?"是他认万物都有性命,且其性命是随生而俱来的,而且在其本源上都是纯粹至善的。但是,一同由太极所派生的万物,为什么人独并有性命与知觉,而不同于其他无生物甚至生物呢？从这里,他转入唯心主义,《通书·圣》篇说:"寂然不动者,'诚'也;感而遂通者,'神'也;动而未形,有无之间者,'几'也;'诚'精故明,'神'应故妙,'几'微故幽。'诚''神''几'曰圣人。"但是人赋有同样的性命和知觉,为什么在现实的社会中又有身分地位的不同与思想意识的歧异呢？他说:"五性感动而善恶分,万事出矣。"从这里他更进而达到如次的说明:

> 性者:刚、柔、善、恶、中而已矣。不达曰刚善:为义、为直、为断、为严毅、为干固;恶为猛、为隘、为强梁;柔善:为慈、为顺、为巽;恶:为懦弱、为无断、为邪佞;惟中也者:和也,中节也,天下之达道也,圣人之事也。故圣人立教,俾人自易其恶,自至其中而止矣。(《通书·师》)

依此,"性"系由观念自身之正反对立的发展而派生出"善""恶","恶"却并不是由最本源的"太极"所赋予的;易言之,非先验的,而是后天的感染即环境的影响。但在他,运动到这里便停止了。因而他主张用内省的工夫去回复到"纯粹至善"的本来,居"诚"以持性,"神"感以通物,于以知造化之几微,从而便是他之所谓“中”的境界。到这里,正反对立的斗争也完全僵化了。因之,他的辩证的观点,从这里又回到独断论。同时他也正从这里达到其阶级的说教,而解释其统治阶级之存在的社会根据。另一方面,所谓“刚、柔、善、恶、中”的“性”的歧异的论旨,却正是当时社会复杂的阶级关系现实的反映。

但是人怎样去恢复其“纯粹至善”的“性”的本然呢?在这里,他也同样在玩弄着从来的一套骗人魔术。他说由“养心”着手,“养心”的工夫则由寡欲到无欲,然后渐进至“诚立、明通”的境界,便算成功了。故《养心亭记》说:

> 孟子曰:“养心莫善于寡欲。其为人也寡欲,虽有不存焉者寡矣;其为人也多欲,虽有存焉者寡矣。”予谓养心不止于寡焉而存尔;盖寡焉以至于“无”,“无”则“诚立、明通”。“诚立”,贤也;“明通”,圣也。

从这里,便生出那些离开生产劳动、专去研讨精神生活(正确的说,即专门为研究统治和剥削方法而生活着)的“圣人”来。不过这种“圣人”,依他说来,却不是先天生成的,是从学养而来的,所以他说“圣人”是可学而至的。可是怎样去学呢?他指出如次的一个图式:

> “圣可学乎?”曰:“可。”曰:“有要乎?”曰:“有。”“请闻焉。”曰:“一为要。一者无欲也;无欲则静虚,动直。静虚则明,明则通;动直则公,公则溥。明、通、公、溥,庶矣乎!”(《通书·圣学》)

这样，从精神劳动和体力劳动的分歧上去定出统治者和被统治者的分工；同时更以“圣为可学”的骗局去隐蔽阶级分裂的内容，反而把统治阶级对于社会的重要性，为过分的强调与夸大，一若统治阶级不是由于剥削关系而存在，反而是为着被统治者需要教化和统治而存在似的。而统治阶级的教育原则，也便在“圣人立教，俾人自易其恶”。从这里转入到他的政治论，一样是教化和刑法的两套办法。故《通书》说：

天以阳生万物，以阴成万物。生，仁也；成，义也。故圣人在上，以仁育万物，以义正万民。天道行而万物顺，圣德修而万民化。大顺大化，不见其迹，莫知其然，之谓神。（《顺化》）

十室之邑，人人提耳而教，且不及；况天下之广，兆民之众哉？曰：纯其心而已矣！仁、义、礼、智四者，动、静、言、貌、视、听无违之谓纯。心纯则贤才辅，贤才辅则天下治。纯心要矣，用贤急焉。（《治》）

在他的哲学词典中，仁、义、礼、智等的训义是：“‘诚’无为，‘几’善恶，‘德爱’曰‘仁’，‘宜’曰‘义’，‘理’曰‘礼’，‘通’曰‘智’，‘守’曰‘信’。”（《诚几德》）自然，这种释义，在意识形态自身的发展过程上，有其时空条件之内在关联的。不过他又说：

礼，理也；乐，和也。阴阳理而后和。君君、臣臣、父父、子子、兄兄、弟弟、夫夫、妇妇，万物各得其理然后和。故礼先而乐后。（《礼乐》）

是所谓“礼”的内容,仍不外是身分制和宗法的家长制为中心的“三纲五常”。不过他把这种“三纲五常”解释为源于人的本性的“理”之当然。而其所谓教化,也是“三纲五常”的教条主义的教化,并没有什么新的内容。

然而魔术式的教化,对于被统治阶级不能引起其兴趣时,又怎样去“济治道之穷”呢?在这里,周敦颐也同样转入到惩戒政策。《通书·刑》篇说得明白:

天以春生万物,止之以秋。物之生也,既成矣,不止则过焉,故得秋以成。圣人之法天,以政养万民,肃之以刑。民之盛也,欲动情动,利害相攻,不止则贼灭无伦焉,故得刑以治。情伪微暧,其变千状,苟非中正明达果断者,不能治也。《讼》卦曰:“利见大人”,以刚得中也,《噬嗑》曰:“利用狱”,以动而明也。呜呼!天下之广,主刑者,民之司命也,任用可不慎乎?

《春秋》正王道,明大法也。孔子为后世王者而修也。乱臣贼子诛死者于前,所以惧生者于后也。宜乎万世无穷,王祀夫子,报德报功之无尽焉。(《孔子上》)

从而他归结为自孔丘、孟轲、董仲舒以来之一贯的结论道:

古者圣王制礼法,修教化,三纲正,九畴叙,百姓大和,万物咸若,乃作乐以宣八风之气,以平天下之情……天下化中,治之至也。是谓道配天地,古之极也。后世礼法不修,政刑苛紊,纵欲败度,下民困苦……故有贼君弃父,轻生败伦,不可禁者矣。呜呼!乐者,古以平心,今以助欲;古以宣化,今以长

怨。不复古礼，不变今乐，而欲至治者远矣。（《乐上》）

治天下有“本”，身之谓也；治天下有“则”，家之谓也。“本”必端，端“本”，诚心而已矣。“则”必善，善“则”，和亲而已矣。家难而天下易，家亲而天下疏也。……是治天下观于家，治家观于身而已矣。（《家人睽复无妄》）

依此，周敦颐的政治主张，不独是保守的，并有着复古主义的倾向。

但是周敦颐，在儒家学的基础上，吸收了佛家学和道家学的一些因素，丰富了论理的范畴，把中国哲学在思维观念能力上，提高了一步，开辟了宋明理学的先河。同时，他的辩证法，纵然是首尾倒置的，不完成的，却也是他哲学体系中的积极的东西，是一种伟大的观念。这就是他对中国哲学的贡献。

乙　张载的封建复古论

据《四朝学案·横渠学案》，张载字子厚，世居大梁，因侨居凤翔郿县（今陕西郿县）之横渠镇，故又称横渠先生。卒于宋神宗熙宁十年，年五十八。从而其生年当为真宗天禧四年。换算为公元一〇一二至一〇七七年。但《宋史·道学·张载列传》则称其为长安人。其籍贯究为大梁（今河南开封）或长安，待证。本传对其生卒年代亦未详载。其著作，本传称“著书号《正蒙》，又作《西铭》……”。《学案》云：“所著曰《东铭》《西铭》《正蒙》（云濠案《谢山学案札记》有云：《横渠易说》十卷）。”实则尚有《经学理窟》十二篇，《语录》《文集》各一卷。《东铭》《西铭》则朱熹从

《正蒙》中抽出者。他和周敦颐同为宋明“理学”的“开山”;在哲学上的成就和周敦颐相伯仲,其在政治论上,则有更明白的主张——复古论。

在张载的思想体系中,也贯穿了一种不完成的辩证的观点。其所以形成这种观点,基本上,是与周敦颐一样,从相同的阶级立场与历史条件下产生的。现在来考察他的辩证观。他说:

日月相推而明生,寒暑相推而岁成。神易无方体,一阴一阳。阴阳不测,皆所谓通乎昼夜之道也。(《正蒙·太和》)

两不立,则一不可见;一不可见,则两之用息。两体者:虚实也,动静也,聚散也,清浊也。其究一而已。(同上)

气本之虚,则湛本无形。感而生,则聚而有象。有象斯有对,对必反其为;有反斯有仇,仇必和而解。(同上)

他从这种辩证的原理去认识宇宙,说明宇宙的起源,认为一切万物都是由阴阳“二端”之对立斗争而演化出来的。阴阳二端是什么呢?他说是“一于气而已”。但是气何以演化为对立的阴阳二端呢?他说由于“气”自身的运动。例如说:

气坱然太虚,升降飞扬,未尝止息。《易》所谓细缊,庄生所谓生物以息相吹野马者欤。此虚实动静之机,阴阳刚柔之始,浮而上者阳之清,降而下者阴之浊。其感遇聚散,为风雨,为雪霜,万品之流形,山川之融结……(《正蒙·太和》)

依此,他认为由气自身的运动而演化为阴阳二气,由于阴阳二气的升降聚散而演出宇宙万物。故归结出一切物的本质都是“气”,故说:“凡可状者,皆有也,凡有,皆象也,凡象,皆气也;气之性本虚而神。则神与性乃气所固有,此鬼神所以体物而不可遗也。”(《乾称》)故物的生死存亡是由于气的聚散,而“气”本体却是独自存在而不曾有消灭的。故说:“物之初生,气日至而滋息;物生既盈,气日反而游散。”“气于人,生而不离,死而游散者,谓魂;聚成形质,虽死而不散者,谓魄。”(《动物》)气何自来呢?他说“气”是自己存在的,《太和》篇说:“太虚无形,气之本体。”《乾称》篇说:“太虚者,气之体。”是所谓“太虚”,也便是本质的气体。但是“气”何以有“升降”“浮沉”“聚散”的运动呢?他说:“凡圜转之物,动必有机;既谓之机,则动非自外也。”(《参两》)在这里,他达到“动非自外”的进步见解。因此,问题便在于他之所谓“机”,在他,“机”亦即其所谓“性”,这“性”是“气”所赋有的。故说:

“太和”所谓“道”,中涵浮沉、升降、动静相感之“性”,是生细缊相荡胜负屈伸之始。其来也,几、微、易、简;其究也,广、大、坚、固。起知于易者,乾乎?效法于简者,坤乎?散殊而可象为“气”,清通而不可象为“神”。不如野马细缊,不足谓之“太和”。(《正蒙·太和》)

太虚者,“气”之体。“气”有阴阳屈伸相感之无穷,故“神”之应也无穷;其散无数,故“神”之应也无数。虽无穷,其实湛然;虽无数,其实“一”而已。阴阳之“气”,散则万殊;人莫知其“一”也;合则混然,人不见其殊也。形聚为物,形溃反原。反原者,其游魂为变欤?所谓变者,对聚散存亡为文,非如萤雀之化,指前后身而为说也。(《正蒙·乾称》)

在这里,他已接触到唯物主义的观点。但当他再进一步去追究时,便把“气”自体和所谓“性”对立起来。从而又把所谓气本体的“太虚”,和其运动变化的“客形”对立起来,故说:

太虚无形,气之本体,其聚其散,变化之客形尔。至静无感,性之渊源;有识有知,物交之客感尔。客感客形与无感无形,惟尽性者一之。(《太和》)

他从这里转入到唯心主义。故最后归结到“凡天地法象,皆神化之糟粕耳”(同上)之一结论。因而操纵阴阳二气之运动的,他虽然避免有一个人格神的存在,然而却不可避免的要达到一个“神化”的结论。从而“气”虽属独自存在的,而气的运动在究极上却是被给予的,所以万物都是被派生的,故又说:“惟神为能变化,以其一天下之动也。”(《神化》)

从这里转入到人“性”论,他便归结出所谓“本然之性”与“气质之性”的两种因素。他之所谓“本然之性”是先验的、独自存在着的,即所谓生之理,在人未生前即已存在着,故说:“性者,万物之一源,非有我之得私也,惟大人为能尽其道。”(《诚明》)因而他反对告不害的“生之谓性”说:“以生谓性,既不通昼夜之道,且人与物等。”(同上)因之他认为“本然之性”不是随人的生而俱生,也不是随人的死而俱灭,而是独自存在的。在这一点上,不但把人“性”和人的肉体对立起来,也就是把所谓精神和物质对立起来了。反之,与人的生死俱来而俱逝的,在他,那便是所谓“气质之性”。故《诚明》篇说:“形而后有气质之性。善反之,则天地之性存焉。故气质之性,君子有弗性者焉。”因而他认为“本然之性”是纯粹至善的;而人的性质的歧异以及情欲等等，那都是由于“气质之性”的偏禀而来的。故说：

> 性于人，无不善。系其善反不善反而已。(《诚明》)
>
> 人之刚柔缓急，有才与不才，气之偏也。天本参和不偏。养其气反之本而不偏，则尽性而天矣。(同上)

由禀气的偏除这一见解上，又达到其命定论的见解。故说：“德不胜气，性命于气；德胜其气，性命于德。穷理尽性，则性天德，命天理。气之不可变者，独死生修夭而已。故论死生则曰有命，以言其气也；语富贵则曰在天，以言其理也。”(《诚明》)“命于人无不正，系其顺与不顺而已。行险以侥幸，不顺命者也。”(同上)

但在他的“本然之性”和“气质之性”对立的前提下，他主张应该革去“气质之性”而还原到“本然之性”。从这里，一面构成他复古的政治主张的哲学基础，一面则过分夸大“穷理尽性”的精神劳动的作用，把它估计为“圣人”的事业，以其玄学的理性知识去概括一切。

怎样去回复到“本然之性”呢？他说：有“性”，自然便随着而有知能和感觉，故说：“感者，性之神；性者，感之体(在天在人，其究一也)。”(《乾称》)这是说，感觉是“性”的作用，“性”是感觉的本体。有外界的存在和内在的“性”接触，就会发生意识，故说：“有形则有体，有性则有情。”这是有着客观主义内容的。但他又说：“发于性则见于情；发于情则见于色。以类而应也。”(《性理拾遗》)在这里，他把意识即“情”规定为人类对于外界的感觉，把本体即“性”规定为不假外感的内在的智能，并认为由外界通过感觉获得的东

西都是邪恶的,只有内心的性理是中正的。而前者正对应于其所谓"气质之性",后者则源于"本然之性",他说:

有无一,内外合(庸圣同),此人心之所自来也。若圣人则不专以闻见为心,故能不专以闻见为用。无所不感者,虚也;感即合也,咸也。以万物本一,故一能合异。以其能合异,故谓之感。若非有异,则无合。天性,乾坤阴阳也。二端故有感,本一故能合。天地生万物,所受虽不同,皆无须臾之不感,所谓性即天道也。(《乾称》)

上智下愚不移:充其德性,则为上智;安于见闻,则为下愚。不移者,安于所执而不移也。(《语录》)

虚心,则无外以为累。(同上)

由象识心,徇象丧心。知象者,心存象之心,亦象而已,谓之心可乎?(《大心》)

人谓已有知,由耳目有受也;人之有受,由内外之合也。知合内外于耳目之外,则其知也,过人远矣。(同上)

在这里,他接触到把感性知识提高到理性知识的论点。但又从这里,他转而反对实践经验,反对感性知识,而堕落到主观唯心主义和绝对主义。《大心》篇说得明白:

大其心,则能体天下之物;物有未体,则心为有外。世人之心,止于闻见之狭。圣人尽性,不以见闻梏其心;其视天下,无一物非我。孟子谓尽心则知性知天。以此天大无外,故有外之心,不足以合天心。见闻之知,乃物交而知,非德性所知;德性所知，不萌于见闻。

似此，“天下之物”都尽于此“心”，则客观存在的东西，便都成了不是实际存在的幻景了。以后陆九渊的“万物皆备于我”的论点，正是从这里来的。

但这是“惟大人能尽其道”，那末在张载看来，“小人”便只有永“陷溺”于“气质之性”与“闻见之知”的“人欲”中。从而能“尽性”的“大人”宜乎永为统治者！不能“尽性”的“小人”，宜乎永为被统治者！这是张载理论的必然归结。宜乎其被谥为“明公”、“封”为“郿伯”，万世“从祀孔子庙庭”！他把精神劳动和体力劳动之对于社会存在的重要性首尾颠倒了过来，把理性知识看作超离感性知识的、由内心得来的东西。这不独是本末颠倒，而且把理论看作完全从实践游离开的东西。

而“大人”所作的由“虚心”以至“尽性”的“虚心”，即佛家之所谓涤除一切见、闻、知，这岂不把生人约束得像槁木死灰吗？难道说，吃饭、穿衣、老婆、孩子……那都是观念着的东西么？能把它一一从感觉中排除去么？张载也不肯这样说的。于此，他说那叫作“心死”，不是“虚心”。故说：“学者有息时，一如木偶人，搐则动，舍之则息，一日而万生万死；学者有息时，亦与死无异，是心死也，身虽生，身亦物也。”（《理窟·气质》）这在他的意境上，盖即佛家之所谓“入定”，由“入定”而悟到“真如”之意，也是他和佛家同样陷在无以自解的矛盾中。而在这里，他不但主张停止对立物的矛盾发展，而且主张要从内心去消灭它，使之回复到所谓“本然”。这正是和他的留恋过去而提出复古论的见解相照应的。

现在进而论究其复古主义的政治论。

张载从地主阶级的立场上,要求拥护一切封建的秩序,以及其支配的意识形态。但在他的当时,地主阶级的支配地位,已开始动摇。一方面,表现在经济上,和地主阶级的财产占有相斗争的:有小有产者的财产以及作为社会新因素而出现的自由商人之财产。从而表现在政治上,便形成这三者间的冲突和斗争;表现在意识形态上,则同样演化为三者的对立。另一方面,则存在于地主和农民之阶级间的矛盾上,尤表现着严重的对立形势。而以司马光为首的大地主的旧党,在政治上已完全表现无力,而地主阶级内部的冲突和政治派别的复杂,也表现为从来未有的坏现象。因而张载从拥护其阶级地位的立场上,认为矛盾之构成的根基,系发生于土地问题的诸关系之上,易言之,即一方面为土地的兼并和农民对于土地的要求,一方面则为溢出大地主直接支配的小土地所有形态的普遍存在。所以他认为在不妨害其本阶级的利益上,停止土地兼并的进行,扫除小土地所有形态的存在……矛盾便自归消灭了。故他在政治论上,解释一般封建的秩序与其精神形态之必要性外(其政治论主要见《横渠学案下》),特别提出恢复封建的领地制和典型宗法制。其目的,是企图拿初期封建的土地占有形态去恢复其对小土地所有者的支配,从而拿那给农民以"份有地"的办法去缓和农民的阶级要求;拿典型的宗法制度去抵制自由商人以至各种小有产者,并把封建统治阶级在这个基础上去重新安排。

现在进而研讨他的复古的封建主义的理论。他说:

所以必要封建者,天下事之分得简,则治之精;不简则不精。故圣人必以天下分之与人,则事无不治者。圣人立法,必计后世子孙。使周公当轴,虽揽天下之政,治之必精,后世安得如此？且为天下者，奚为纷纷必亲天下之事？今便封建，不肖者，复逐之有何害？岂有以天下之势，不能正一百里之国，使诸侯得以交结以乱天下？自非朝廷大不能治，安得如此？而后世乃谓秦不封建为得策，此不知圣人之意也。（《理窟·周礼》）

但是怎样去重现这种分封办法呢？拥有土地的地主和小土地所有者，又如何肯容许以其视同私有的土地拿去分封呢？在这里，他主张第一步，按土地占有的多少列为等级的“有田之家”，去充任各级的“田官”，作为提供其土地来分立封建的交换条件；第二步然后“择贤”而封为各级封建领主。故说：

井田至易行，但朝廷出一令，可以不笞一人而定。盖人无敢据土者，又须使民悦从，其多有田者，使不失其为富。借如大臣有据土千比者，不过封与五十里之国，则已过其所有；其他随土多少与一官，使有租税，人不失故物。治天下之术，必自此始。今以天下之土，棋画分布，人受一方，养民之本也。后世不制其产，止使其力，又反以天子之贵专利；公自公，民自民，不相为计。“百姓足，君孰与不足？百姓不足，君孰与足？”其术自城起首，立四隅，一方正矣，又增一表，又治一方。如是，百里之地，不日可定，何必毁民庐舍坟墓？但见表足矣。方既正，表自无用。待军赋与治沟洫者之田，各有处所，不可易旁加损，井地是也。百里之国，为方十里者百。十里为成，成出革车一乘，是百乘也。然开方计之，百里之国，南北东西各三万步。一夫之田，为方步者万。今聚南北一步之博，而会东西三万步之长，则为方步者三万也。是三夫之田也。三三如九，则百里之地得九万夫也。革车一乘，甲士三人，步卒七十二人，以千乘计之，凡用七万五千人，今有九万夫，故百里之国，亦可言千乘也。以地计之，足容车千乘。然取之不如是之尽，其取之亦什一之法也。其间有山陵林麓不在数。(《理窟·周礼》)

井田亦无他术，但先以天下之地，棋布画定，使人受一方，则自是均。前日大有田产之家，虽以其田受民，然不得如分种、如租种矣。所得虽差少，然使之为田官，以掌其民。使人既喻此意，人亦自从，虽少不愿，然悦者众而不悦者寡矣，又安能每每恤人情如此？其始虽分公田与之，及一二十年犹须别立法，始则因命为田官，自后则是择贤。欲求古法，亦先须熟观文字，使上下之意通贯，大其胸怀以观之。井田卒归于封建，乃定封建功。有大功德者，然后可以封建。当未封建前，天下井邑，当如何为治？必立田大夫治之。今既未可议封建，只使守令终身，亦可为也。(同上)

这构成张载的封建主义的理想图式和恢复封建主义的理想办法。他这种办法的中心意义，一在对农民为“制其产”“使其力”，一在清除小土地所有者的土地所有；对“大有田产之家”，则无异给他们自己去管理其占有地的经营组织——劳动编制，且使其为“田官”，与以政治上、军事上独立支配权。这不过在企图把各级地主还原为各级封建领主而出现。同时，在这种组织上，封建领主对盐铁的支配和“邸店”对商业的垄断，也依旧可以继续。

适应于这种理想的封建经济的构成上，他便主张加强家族制度的经济机构,重建典型的宗法系统,一以对自由商人的发展和其政治要求筑一道堤防,一以对农民阶级反抗意识的发展,再筑高"宗法"的堤防。从而他主张恢复原来的宗法制度。故说:

管摄天下人心,收宗族,厚风俗,使人不忘本,须是明谱系世族,与立宗子法。宗法不立,则人不知统系来处,古人亦鲜有不知来处者。宗子法废,后世尚谱牒,犹有遗风。谱牒又废,人家不知来处,无百年之家,骨肉无统,虽至亲,恩亦薄。(《理窟·宗法》)

宗子之法不立,则朝廷无世臣。……今日大臣之家,且可方宗子法。……朝廷有制,曾任两府,则宅舍不许分。(同上)

由于中国初期封建的财产承袭制,是和这种宗法制相适应的;不有这种宗法制,是不能复现与维持西周制度的。

只是张载不了解:中国封建社会生产力发展到宋代,再也无法去适应初期封建的领地制与庄园组织;小土地所有者的存在,是封建社会历史自身之必然的副产物,特别是封建经济末期的必然现象;城市自由商人即后来资产阶级的前身,从封建社会的母胎内蜕出而开始其发展,作为否定封建社会自身的新因素,正是封建主义自身发展的辩证法。总之,张载从其认识论上,他不能了解历史是不能倒退的这一铁的法则,犹之他不理解"气"——"太虚"那一物质世界是自己运动和发展,其过程是不容逆行的,而且并没有什么不变不动的东西在那里支配它一样。

张载在中国哲学史上与周敦颐有同等的贡献。其思想的深刻性还有超过周敦颐的地方。

二　周张哲学的初步发挥——二程哲学

甲　二程传略

据《宋儒学案·明道学案》:“程颢,字伯淳,世居中山,后徙为河南人。”《宋史·道学·程颢列传》则谓“后从开封徙河南”,即今河南洛阳;又云:“哲宗立,召为宗正丞,未行而卒,年五十四”;《学案》亦云:“哲宗立,召为宗正丞,未行而卒。元丰八年六月十五日也。年五十四。”是其生年为公元一〇三二年,卒年为一〇八五年。又据《伊川学案》及《程颐传》,程颐为程颢之弟,字正叔。本传云卒年七十五,《学案》云:“大观元年九月庚午卒于家,年七十五。”是其生年为公元一〇三三年,卒年为公元一一〇七年。

其家世,据《明道学案》,“高祖羽,太宗朝三司使。父珦,大中大夫”。程颢“逾冠中进士第”,累官鄠县主簿、晋城令、太子中允、监察御史里行、签书镇宁军判官、太常丞、知扶沟县。又据《伊川学案》,程颐累官崇政殿说书、宣义郎。是其家世世为官僚地主。另一方面,他们对于王安石的“新法”始终是反对的;例如《明道学案》云:“王安石执政,议更法令,言者攻之甚力。先生被旨赴中堂议事,安石方怒言者,厉色待之。先生徐曰:‘天下事,非一家私议,愿平气以听。’安石为之愧屈。”新法既行,先生言:“智者若禹之行水,行其所无事也。……自古兴治立事,未有中外人情交谓不可而能有成者。……使侥幸小成,而兴利之臣日进,尚德之风浸衰,尤非朝廷之福。”本传则更有“未有中外人情交谓不可，而能有成者；况于排斥忠良，沮废公议，用贱陵贵，以邪干正者乎？”之语。又《伊川学案》云：程颐“年十八上书阙下，劝仁宗黜世俗之论，以王道为心”。在这里，也表现他们是大地主阶层的代言人。

其著作，有《二程全书》六十六卷，主要为《明道文集》五卷、《伊川文集》八卷、《易传》《春秋传》《二程遗书》二十八卷、《二程外书》十二卷。其哲学思想，主要表现在《语录》中，政治论则主要表现在陈奏中。

在其时代的阶级关系下，他们继周敦颐、张载、胡瑗等而充任地主阶级的代言人。同时，周敦颐、张载、胡瑗并充任他们之直接的师承，不过他们更趋于保守了。

乙　“心”一元论的认识论

十一世纪到十二世纪初的唯心主义哲学——理学，一方面，由“二程”而更加庸俗；一方面，他们又由客观主义转入到主观主义。因而他们在认识论上，便都很明显的揭出“心”一元论来。例如程颢说：

> 天位乎上，地位乎下，人位乎中；无人则无以见天地。《书》曰：“惟天地，万物父母；惟人，万物之灵。”《易》曰：“天地设位，而易行乎其中。乾坤毁则无以见易，易不可见则乾坤几乎息矣。”（《二程遗书》）
>
> 与其非外而是内，不若内外之两忘也。两忘则澄然无事矣。（《明道学案·定性书》）

程颐说:

圣人之心未尝有在,亦无不在。盖其道合内外,体万物。(《伊川学案·语录》)

问:舍则亡,心有亡,何也?曰:否,此是说心无形体。才主著事时便在这里;才过了,便不见。(同上)

心即道也,在天为命,在人为性。论其所主为心,其实只是一个道。(同上)

学也者,使人求于内也;不求于内而求于外,非圣人之学也。(同上)

心兮本虚,应物无迹。(《伊川学案·四箴》)

依此,他们同样认为客观的存在,并不是真实的存在,而是全由人的心里的感觉作用。这表现着"唯我论"的倾向。所以程颢又说:"万物皆备于我。不独人耳,物皆然,都自这里出去。只是物不能推,人则能推之。虽能推之,几时添得一分;不能推之,几时减得一分……元来依旧。"(《明道学案·语录》)

但是人何以能具备这种感觉作用呢?人自身是否又是客观存在着的呢?程颢说:"生之谓性,性即气,气即性,生之谓也。"(同上)"天地之大德曰生,天地絪缊,万物化醇。生之谓性。""盖人亦物也。"(《二程遗书》)程颐说:

真元之气,气之所由生,不与外气相杂,但以外气涵养而已。……人居天地气中……至于饮食之养,皆是外气涵养之道。出入之息者,辟阖之机而已。所出之息,非所入之气,但

> 真元自能生气。所入之气,正当辟时随之而入,非假此气以助真元也。若谓既反之气,复将为方伸之气,必资于此,则殊与天地之化不相似。天地之化,自然生生不穷,更复何资于既毙之形,既返之气,以为造化。……人气之生,生于真元。天地之气,亦自然生生不穷……往来屈伸,只是理也。……天地中如洪炉,何物不销铄?(《伊川学案·语录》)

是他们都认为由“性”在表现“生”的作用的。且从而认为万物是一体的;不过其所谓“物”,却并不是客观地存在着的物自身,而是由人的主观感觉作用所发生出来的观念着的,最本源的东西“只是理”,即精神。不过这样,不是连人的自身也不是客观地存在着的东西了吧?哲学上的所有“唯我论”者,无不在这里自陷于矛盾的。

然而天地何缘而生万物呢?在这里,他们也同样从一个不完成的辩证的观点去理解的。程颢说:

> 天地万物之理,无独必有对,皆自然而然,非有安排也。(《明道学案·语录》)
>
> 万物莫不有对:一阴一阳,一善一恶。阳长则阴消,善增则恶减。斯理也,推之其远乎?!人只要知此耳。(同上)
>
> 质必有文,自然之理;必有对待,生生之本也。有上则有下,有此则有彼,有质则有文。一不独立,二则为文。非知道者,孰能识之。天文,天之理也;人文,人之理也。(同上)

程颐说:

天地之化,既有两物,必动已不齐。譬之两扇磨行,便其齿齐不得;齿齐既动,则物之出者何可得齐?从此参差万变,巧历不能穷也。(《伊川学案·语录》)

钻木取火,人谓火生于木,非也。两物相戛,用力极则阳生。今以石相轧,便有火出,非特木也,盖天地间无一物无阴阳。(同上)

依此,他们认为客观世界的万事万物,都依照辩证的规律演化出来的,即一切东西都有其敌对的矛盾因素才能存在,而矛盾的敌对斗争,便产生新事物。这就是他们之所谓易的原理。这是二程思想的进步部分,开始触着了真理的边际。然而当他们一追究到这种对立斗争的东西,何从而发生的问题时,便又从真理的边沿上绕回去了。程颢说:"生生之用则神也。"程颐说:"心,生道也。有是心,斯有是形以生。""自理言之谓之天,自禀受言之谓之性,自存诸人言之谓之心。""亦无太虚,遂指虚曰皆是理,安得谓之虚?天下无实于理者。""性即理也;所谓理,性是也。"(《伊川学案·语录》)这亦即其所谓"道"。这仍是说,只有"理"是最本源的东西。从而把有形和无形、客观和主观、精神和物质对立起来。例如大程说:"有形总是气,无形只是道。""凡有气莫非天,凡有形莫非地。"(《明道学案·语录》)小程说:"离了阴阳更无道,所以阴阳者,是道也。阴阳气也,气是形而下者,道是形而上者。"(《伊川学案·语录》)然而"气,虚也"。"有形"的东西,也不是客观地独自存在的。因之,所谓对立物的斗争,并不是客观存在的物自身,而是观念形态的矛盾的发展。因而他们便归结为:只有理是独自存在的、绝对的东西。故又说:"理在天下只是一个理,故推之四海而皆准,须是质诸天地，考诸三王不易之理。”“寂然不动，感而遂通者，天理具备，元无歉少，不为尧存，不为桀亡。父子君臣常理不易。何曾动来？因不动，故言寂然；唯不动，感而使通，感非自外也。”在这里，认为物自身“何曾动来？”而所谓“动”只是“非自外”的内在的感觉作用罢了。于是把“四海”“万世”的一切事物，都由“理”贯穿着，而与以永恒化；从而矛盾对立的斗争到这里便完全停止了。所以从这里便达到他们的“中”的结论。

从而转入到人性论，也同样把精神的我和物质的我对立起来。“精神的我”是先天的，至善的；即程颢所谓：“万物之生，意最可观。此元者善之长也，斯所谓仁也。人与天地一物也，而人特自小之何哉？”（《明道学案·语录》）程颐之所谓“真元”“物质的我”是后天的，是善恶混的。在他们看来，这是由于“气”。故程颐说：“气有善有不善，性则无不善也。人之所以不知善者，气昏而塞之耳。”（《伊川学案·语录》）但“气”缘何有善恶呢？程颢说：“浩然之气，乃吾气也。”（《明道学案·语录》）程颐则谓有“真元之气”与“外气”之别。“吾气”和“真元之气”在其所自来的过程中一杂入“外气”，便构成为所谓“气质之性”。从这里构成其人性论的出发点。

在人性论上，他们认为人一出生便被赋予“性”，从而情，即知觉的本体与意识。故程颐说：“才有生识便有性，有性便有情；无性安得情？”而“此性”之于“人”，又都是同一的，故他又说：“夫人之性一也。”这种被先天赋予之“性”并同是至善的，故又说：“称性之善谓之道，道与性一也。以性之善如此，故谓之性善。性之本谓之命，性之自然者谓之天，性之有形者谓之心，性之有动者谓之情，凡此数者皆一也。”（《伊川学案·语录》）

但是性又何以有善恶呢？他说那只是关于“气质之性”而说

的;从"气质之性"的根基上,被外感所赋予的一切而引发为人欲。故程颐说:"天地之间,只有一个感与应而已,更有甚事。""学者先务固在心志,有谓欲屏去闻、见、知、思,则是绝圣弃智;有欲屏去思虑,患其纷乱,则须是坐禅入定。如明鉴在此,万物毕照,是鉴之常,难为使之不照。人心不能不交感万物,亦难为使之不思虑。"(《伊川学案·语录》)所以这外感又是圣人与凡人所共同而不能避免的。但是那些外感的东西,在程颐,却不是真有其物,"只是自内感"。故又说:

冲穆无朕,万象森然已具。未应不是先,已应不是后。(《伊川学案·语录》)

寂然不动,万物森然已具,感而遂通。感则只是自内感,不是外面将一件物来感于此也。(同上)

虽然是同受外感的人类,一则为"物欲"所蔽;一则"……心有主,如何为主,敬而已矣。有主则虚,虚谓邪不能入;无主则实,实谓物来夺之"(同上)。"敬胜百邪。"(《明道学案·语录》)从而便演化出后天的"才"的善恶来。故程颐说:

性相近也,习相远也。性一也,何以言相近?曰:此只言气质之性也,如俗言性急性缓之类。性安有缓急?此言性者,生之谓性也。又问上智下愚不移,是性否?曰:此是才。须理会得性与才所以分处。乃若其情,则可以为善;若夫为不善,非才之罪。此言人陷溺其心者,非关才事。才犹言材料,曲可以为轮,直可以为栋梁。若是毁凿坏了,岂关才事!(《伊川学

案·语录》)

问:人性本明,因何有蔽?曰:此须索理会也。孟子言人性善是也。虽荀、杨亦不知性也。孟子所以独出诸儒者,以能明性也。性无不善,而有不善者才也。性即是理,理则自尧舜至于涂人一也。才禀于气,气有清浊;禀其清者为贤,禀其浊者为愚。(同上)

从而"知"也便有所分别了。程颐说:"闻见之知,非德性之知。物交物,则知之非内也;今之所谓博物多能者是也。德性之知,不假见闻。"(《伊川学案·语录》)从这里,一面便达到其"君子"与"小人"之所由分别的结论说:"君子役物,小人役于物。"(同上)而明示其阶级的立场 。一面则由去"人欲"而回复"本然"的"天理",构成其复古主义的哲学基础。所以他们那种不完成的辩证法,也是首尾倒置的。

丙 二程的政治论

二程从其认识论转入到政治论方面,便认为社会的一切变化,都只是现象,其本质都是不变的。于以达到他们的否定历史的运动、进步和变化的结论。从而便把封建社会的一切文物制度永恒化。因之,一方面虽然说:"圣人创法,皆本诸人情,通乎物理。二帝三王之盛,曷尝不随时因革称事为制乎?"另一方面,却肯定的接着说:"然至于为治之大原,牧民之要道,理之所不可易,人之所赖以生,则前圣后圣,未有不同条而共贯者。"(《明道学案·陈治法十事》)

在人类社会方面,什么东西是永恒不变的"大原"和"要道"呢?

他们认为在意识形态上,仁、义、礼、智是原于人的本性,是一成不变的静化的东西,那正和静化的"天理"相适应。同时,孝弟也是本于"性命":"问:'行状云:尽性至命,必本于孝弟,不识孝弟,何以能尽性至命也?'曰:'后人便将性命别作一般事说了。性命孝弟,只是一统的事,就孝弟中便可尽性至命……'"(《伊川学案·语录》)这就是说,"孝弟"也是和人的性命不能分离的本性。而本性又是"理"所赋予的。因之,在他们,"三纲五常"便成了最本源的"理"所决定的规律。从而又说:"夫有物必有则:父止于慈,子止于孝,君止于仁,臣止于敬。万物庶事,莫不各有其所;得其所则安,失其所则悖。圣人所以能使天下顺治,非止为物作则也。唯使之各得其所而已。"(同上)这样,便把中国封建社会的根本大法"三纲五常",解释为永恒不变的法则和规律,也就是把父家长的宗法制,人格从属的等级制……都还原为一成不变的东西。又说:"人往往见礼坏乐崩便谓礼乐亡,不知礼乐未尝亡也。如国家一日存时,尚有一日之礼乐,盖由有上下尊卑之别也。除是礼乐亡尽,然后国家始亡。""天尊地卑,乾坤定矣。"(同上)程颢在其《陈治法十事》中,不独反复曲说了一切文物制度不变的见解,而且表现了他全部政治主张的轮廓:

　　古者,自天子达于庶人,未有不须师友而成其德者。故舜、禹、文、武之圣,亦皆有所从受学。今师傅之职不修,友臣之义不著,而尊德乐善之风未成,此非有古今之异者也。王者奉天建官,故天地四时之职,二帝三王未之或改,所以修百度而理万化也。唐存其略而纪纲小正。今官秩淆乱,职业废弛。太平之治,郁而未兴,此非有古今之异者也。天生烝民,立之君,使司牧之,必制之常产以厚其生,经界必正,井地必均,此为治之大本也。唐尚存口分授田之制,今益荡然,富者田连阡陌,跨州县而莫之止;贫者日流离饿殍而莫之恤,幸民猥多,衣食不足,而莫为之制,将生齿日繁,转徙日促。制之之道,所当渐图,此亦非有古今之异者也。古者,政教始乎乡里,其法起于比、闾、族、党、州、乡、酂,遂以联属统治其民,故民安于亲睦,刑法鲜犯,廉耻易格。此亦人情之自然,行之则效,非有古今之异者也。庠序学校之教,先王所以明人伦,化成天下者也。今师道废而道德不一,乡射亡而礼义不兴。贡举不本于乡里,而行实不修;秀士不养于学校,而人材多废。此较然之事,亦非有古今之异者也。古者,府吏胥徒,受禄公上,而兵农未始判也。今骄兵耗国力,匮国财极矣。禁卫之外,不渐归之于农,将大贻深患。府吏胥徒之毒遍天下,而目为公人,举以入官,不更其制,何以善后?此亦至明之理,非有古今之异者也。古者,国有三十年之通,余九年之食,以制国用,无三年之食者,则国非其国。今天下耕之者少,食之者众,地力不尽,人功不勤,虽富室强宗,鲜有余积;况其贫弱者乎?一遇年岁之凶,即盗贼纵横,饥羸满路。如不幸有方三二千里之灾,或连年之歉,当何以处之?宜渐从古制,均田务农;俾公私交务于储余,以豫为之备,未可以幸为恃也。古者,四民各有常职,而农者十居八九,故衣食易给,而民无所苦。今京师浮民,数逾百万,游手游食,不可赀度。其穷蹙辛苦,孤贫疾病;变诈巧伪,以自求生,而常不足以生,日益岁滋。宜酌古变今,均多恤寡,渐为之业,以振救其患。圣人奉天理物之道,在乎六府;六府之任,列之五官,山、虞、泽、衡,各有常禁。夫是以万物阜丰,而财用不乏也。今五官不修,六府不治;用之无节,取之不时;林木焚赭,斧斤残伤;而川泽渔猎之繁,暴残耗竭,而侵寻不禁。宜修古虞衡之职,使将养之,以成变通长久之利。古冠婚丧祭,车服器用,差等分别,莫敢逾僭;故财用易给,而民有常心。今礼制未修,奢靡相尚;卿大夫之家,莫能中礼;而商贩之类,或逾王公。礼制不足以检饬人情,名教不足以旌别贵贱。诈虞攘夺,人人求厌其欲而后已,此大乱之道也。因先王之法,讲求而损益之,凡此皆非有古今之异者也。(《明道学案》)

这是说,师道、官制、"三纲五常"为中心的教化、封建主的土地占有制、农奴兵役制、重农抑商的父家长的农业经济、等级从属的身分制即"礼制",都是"非有古今之异"的永恒不变的东西。后世不遵行这种成规,所以"纪纲不正"。

这在一方面,由于其时封建制度根基的动摇,他们企图由复古的办法去巩固统治;一方面,正和其只认万古不变的"天理"是本源的至善的这一见解相照应——正确的说,这正是被反映着的。所以认为初期封建制度,是至完美的制度。而其时,中小地主对大地主的冲突,小有产者的政治要求,特别是自由商人集团的形成,农民和地主间阶级斗争形势的严重,以及父家长制和身分从属制开始动摇……他们对这些现象,都倒果为因地认为是由于失去古制的结果。从而认为历史上朝代的兴亡,政治的好坏,社会的治乱……便都由于对古制保留的程度如何以为转移。所以又说:"故后世尽其道,则大治;用其偏则小康,此历代彰灼著明之效也。"(同上)这构成其复古主义的政治论,同时又达到历史的本质不变论的结论。从这里,两程又同样在重复"天生民而立之君"的阶级的说教,认人类社会一开始便有国家、有阶级;而掌握政权的统治者,便都是替天来宣化的——即君权神授的俗调。

只是程颢等的复古派,和以苏轼为代表的现状维持派又有其相互的矛盾,特别由于其时地主阶级内部,在封建的地方性的基础上,由于社会矛盾的复杂与斗争的剧烈,从而在其理论战线上,又分裂为“洛社”“蜀社”“朔社”的相峙。这是应该附带述及的。

三　司马光的保守主义

甲　司马光传略及其政党

据《宋史》列传九十五《司马光列传》及《四朝学案·涑水学案》,司马光字君实,陕州夏县人。生于宋真宗天禧元年(公元一〇一七年),卒于哲宗元祐元年(公元一〇八六年)。父池,天章阁待制。司马光甫冠登仁宗宝元初进士甲科,历官直秘阁、开封府推官、修起居注、判礼部、同知谏院、并州通判、龙图阁直学士、翰林学士、端明殿学士、知永兴军、尚书左仆射兼门下侍郎,赠太师、温国公,谥文正。本传又云:“洛中有田三顷,丧妻,卖田以葬。”是其父子两代相继为显宦,为官僚兼地主之家世。

其著作,《涑水学案》称其有“《司马公文集》八十卷,他著述二十种 五百余卷”;冯云濠谓其遗文名《传家集》;苏东坡为其作《行状》说,有《文集》八十卷、外有《资治通鉴》三百二十四卷、《考异》三十卷、《历年图》七卷、《通历》八十卷、《稽古录》二十卷、《本朝百官公卿表》六卷、《翰林词草》三卷、《注古文孝经》一卷、《易说》三卷、《注系辞》二卷、《注老子道德论》二卷、《注太玄经》八卷、《大学中庸义》一卷、《注扬子》十三卷、《文中子传》一卷、《河水谘目》三卷、《书仪》八卷、《家范》四卷、《续诗话》一卷、《游山行记》十二卷、《医问》七篇、《潜虚》一卷。又《谢山学案札记》云有《温公易传》三卷,又一卷。《潜虚》一卷可以代表司马光的哲学思想。

司马光的时代,正是封建制度已经走入了衰落期,中小地主及小有产者和大地主阶层的政争正剧烈地展开,自由商人集团也开始提出政治要求。在这种矛盾的基础上,孕育出所谓"新党"和"旧党"两者的对立。司马光和吕公著便充任了后者,即保守派的首领。

"旧党"的政治路线,在保持大地主的阶级利益,敌抗中小地主及小有产者"新党"的"变法",主张保守。司马光的保守主义思想,可为其代表。

新旧两党在北宋政府的内部,形成不断的冲突和在政权上互相起伏的争持。"新党"最初由于和皇帝联合,于神宗熙宁三年(公元一〇七〇年),参入政府的内部掌握着政权,开始实行符合其自身利益的"新法";熙宁七年(公元一〇七四年)王安石罢政后,便由其同党韩绛、吕惠卿等继起,翌年王安石又再度执政;相继而起的,则为吴充、王珪、蔡确、章惇、张璪等。蔡确、韩缜、章惇相次以新党为主要而构成的内阁首脑部,推行其所谓"新政"。这样,使两党的争持便更趋激烈。但"新党"由于得到神宗皇帝的合作,能组织其历届内阁。因而在神宗弃世时(公元一〇八五年),"旧党"便进行一种复辟的阴谋,乘机把太皇太后高氏(哲宗祖母)捧上舞台。但这个阴谋没有完全实现,仅实现了新旧两党的混合内阁——"新党”蔡确、韩缜、章惇，与“旧党”司马光、吕公著为首班的混合内阁。但继着便完全把新党排除，组成以司马光、吕公著、文彦博、范纯仁等相次为相的“旧党”内阁。从而为恢复大地主的利益，便次第推翻“新法”，例如元丰八年(公元一〇八五年)罢“保甲”“保马”“市易”等新法，次年免“青苗”及“免役法”。至元祐八年(公元一〇九三年)，和新党相提携而恢复权位的哲宗“亲政”后，新党又重新参入内阁，历绍圣(公元一〇九四——一〇九七年)、元符(公元一〇九八——一〇〇年)、崇宁(公元一一〇二——一一〇六年)诸朝，直至宣和(公元一一一九——一一二五年)、靖康(公元一一二六年)、北宋的灭亡止，历届内阁，都是以“新党”为主要而构成的。但自崇宁以后重新执政的所谓新党，从章惇、吕惠卿至蔡京、童贯等“八贼”，实际已是大地主化了的“新党”。所谓“新政”也已完全变了质。如绍圣元年(公元一〇九四年)恢复所谓“免役法”，翌年的“保甲法”，崇宁二年(公元一一〇三年)的“盐钞法”，翌年置京西北交子所等等措施，都是全从财政收入出发，反而成了人民的苛重负担。因而所谓“新党”和“旧党”的冲突，便不过是大地主阶层内部争权夺利的表现。

乙 司马光的政治论

司马光的认识论，基本上，系同于周、张二程等人。《潜虚》中的一段话说得明白：

> 万物皆祖于虚，生于气，气以成体，体以受性，性以辨名，名以立行，行以俟命。故虚者，物之府也；气者，生之户也；体

者,质之具也;性者,神之赋也;名者,事之分也;行者,人之务也;命者,时之遇也。

这构成其唯心主义的认识论。从而便认为一切都是“天”,即上帝所创造所赋予的,因而一论到性命,便不只又复述性三品论,并进而构制一个性等差论的图式。他说:

告子云:性之无分于善不善,犹水之无分于东西。此告子之言失也。水之无分于东西,谓乎地也,使其地东高而西下,西高而东下,岂决导所能致乎?性之无分于善不善,谓中人也,瞽瞍生舜,舜生商均,岂陶染所能变乎?孟子云:人无有不善。此孟子之言失也。丹朱、商均自幼及长,所日见者尧舜也,不能移其恶,岂人之性无不善乎?(《司马公文集·疑孟》)

这完全系适应于地主、自由商人等中间阶层、农民之现实的阶级关系上所作出的欺骗说教;并以“岂陶染所能变”的论点反对了前此一些思想家的人本主义和环境决定论的论旨。从而适应于社会身分等级的基础上,又从神学的魔术中而排演着一个性差等的图式,《潜虚·性图》的说明说:“凡性之序,先列十纯;十纯既治,其次降一,其次降二,其次降三,其次降四,最后五配而性备矣。始于纯,终于配,天地之道也。”同时又排演着一个体现贵贱等差的图式,《潜虚·体图》的说明说:“一等象王,二等象公,三等象岳,四等象牧,五等象率,六等象侯,七等象卿,八等象大夫,九等象士,十等象庶人。一以治万,少以制众,其惟纲纪乎?纲纪立而治具成矣。心使身,身使臂,臂使指,指操万物。或者不为之使,则治道病矣。

卿诎一,大夫诎二,士诎三,庶人诎四,位愈卑诎愈多,所以为顺也。诎虽多不及半,所以为正也。正顺,茧地之大谊也。”从这里归结到其阶级身分之命定论的说教,故说:“才不才,性也;遇不遇,命也。”(《司马公文集·迂书》)又说:“智、愚,勇、怯,贵、贱,贫、富,天之分也。君明,臣忠,父慈,子孝,人之分也。僭天之分,必有天灾;失人之分,必有人殃。”(同上)“得失有命,守道在己,成功则天。夫复何为!莫非自然。”(同上)这样把一切自然现象、社会现象,都借上帝的魔影而把它凝固化,从而历史也便成了一成不变的东西了。这作为其保守主义的政治论的哲学基础。

从而司马光一转入到政治论上,他从保护大地主的利益出发,自立于反对王安石“变法”的前线。诚如支持“变法”的神宗答文彦博所说,“新法”“于士大夫诚多不便,然于百姓何所不便?”诚然,大地主是不利于社会制度之何种“更张”,而利于保守的;“新法”虽只是一种改良政策,然于大地主确是“诚多不便”。所以司马光《司马公文集·与王介甫书》说:

> 今介甫为政,尽变更祖宗旧法,先者后之,上者下之,右者左之,成者毁之,弃者取之。矻矻焉穷日力继之以夜而不得息,使上自朝廷,下及田野,内起京师,外周四海,士、吏、兵、农、工、商、僧、道无一人得袭故而守常者,纷纷扰扰,莫安其居。

依此,司马光系公然从保守的立场上立论去反对变法的。但是保守又何以能成为理由呢?《宋史·司马光列传》载其和神宗、吕惠卿等的对话说:

帝曰:"汉常守萧何之法不变,可乎?"

对曰:"宁独汉也。使三代之君常守禹、汤、文、武之法,虽至今存可也。汉武取高帝约束纷更,盗贼半天下;元帝改孝宣之政,汉业遂衰。由此言之,祖宗之法不可变也。"

吕惠卿言:"先王之法,有一年一变者,正月始和,布法象魏是也;有五年一变者,巡守考制度是也;有三十年一变者,刑罚世轻世重是也。"

光曰:"布法象魏,布旧法也;诸侯变礼易乐者,王巡守则诛之,不自变也。刑新国用轻典,乱国用重典,是为世轻世重,非变也。且治天下,譬如居室,敝则修之,非大坏不更造也。公卿侍从皆在此,愿陛下问之。三司使掌天下财,不才而黜可也;不可使执政侵其事。今为制置三司条例司,何也?宰相以道佐人主,安用例?苟用例,则胥吏矣。今为看详中书条例司,何也?"

这样主观地肯定历史为永恒不变的东西,即确认人类社会自始便是没有何种变化的一种社会形态贯穿着,甚至较显著的部分的变革的社会改良,他也认为是不合理的。这是古今中外顽固保守派的一般见解。他们之所以同陷于武断与庸俗,正由于其眼光短浅,只看见其狭隘的利益所致。

从这种保守主义的立场上,乃进而拼命反对"新法"。因为"新法"和大地主眼前的狭隘利益矛盾着。例如在财政政策上,新党主张把大地主手中的特权,收回到国家的手中,而大地主阶级却坚执不肯放弃。如《宋史·司马光列传》载其与王安石争论财政政策说:

安石曰："……且国用不足，非当世急务；所以不足者，以未得善理财者故也。"光曰："善理财者，不过头会箕敛尔。"安石曰："不然。善理财者，不加赋而国用足。"光曰："天下安有此理？天地所生财货百物，不在民，则在官。彼设法夺民，其害乃甚于加赋。……"

他说收回大地主手中的特权交给国家，是"设法夺民"，这是从来统治者善于假借的美丽词句，拿这种美丽的词句，去掩盖其阶级剥削的本质。是些什么特权呢？主要是大地主手中的高利贷、垄断商业的"邸店"，以及其完全逃避徭役赋税的负担。新党便实行青苗、均输、免役、保甲、市易等政策，去排除大地主手中的特权。这些政策的实行，除了大地主丧失一些特权外，是符合当时国家财政政策和各阶级阶层利益的；司马光却拼命反对，如他为保持高利贷者的权益，便极力反对青苗法。他和吕惠卿辩论青苗法说：

光曰："平民举钱出息，尚能蚕食下户，况县官督责之威乎？"惠卿曰："青苗法，愿取则与之，不愿不强也。"光曰："愚民知取债之利，不知还债之害，非独县官不强，富民亦不强也。昔太宗平河东，立籴法，时米斗十钱，民乐与官为市；其后物贵而和籴不解，遂为河东世世患。臣恐异日之青苗，亦犹是也。"帝曰："坐仓籴米，何如？"坐者皆起。光曰："不便。"惠卿曰："籴米百万斛，则省东南之漕。以其钱供京师。"光曰："东南钱荒，而粒米狼戾。今不籴米而漕钱，弃其有余，取其所无，农末皆病矣。"（《宋史·司马光列传》）

在这里,新党并主张改现物租税为货币租税。留后再说。

同时,司马光为首的旧党,并实行要挟皇帝取消“新法”,保障他们的特权。例如《宋史》本传载他《疏辞枢密副使》说:

“……陛下诚能罢制置条例司,追还提举官,不行青苗助役等法,虽不用臣,臣受赐多矣。今言青苗之害者,不过谓使者骚动州县,为今日之患耳。而臣之所忧,乃在十年之外,非今日也。夫民之贫富,由勤惰不同,惰者常乏,故必资于人。今出钱贷民而敛其息,富者不愿取,使者以多散为功,一切抑配。恐其逋负,必令贫富相保,贫者无可偿,则散而之四方;富者不能去,必责使代偿数家之负。春算秋计,展转日滋,贫者既尽,富者亦贫。十年之外,百姓无复存者也矣。又尽散常平钱谷,专行青苗,他日若思复之,将何所取?富室既尽,常平已废。加之以师旅,因之以饥馑,民之羸者必委死沟壑,壮者必聚而为盗贼,此事之必至者也。”抗章至七八。帝使谓曰:“枢密,兵事也。官各有职,不当以他事为辞。”

在这里,他以一些忧国忧民的美丽词句,去支持其特权的要求;实质上,不过是要挟皇帝废止“新法”,把一切特权奉还给“富者”,特别是高利贷和“免役”等特权。

同时在这段话中,也表现他们当时和皇帝间权力冲突的尖锐。所以在他们把神宗的母亲高氏扶上台以后,“遂罢保甲团教,不复置保马,废市易法……京东铁钱及茶盐之法,皆复其旧”(《司马光列传》)。本传又载其致吕公著书论“免役五害,乞直降敕罢之;诸将兵皆隶州县军,政委守令通决,废提举常平司,以其事归之转运提点刑狱”。一面把已收归中央政府的军事、财政、行政诸权力，仍分散给大地主直接掌握的地方政府手中。一面则完全排除“新法”。

最后他由命定论的立场上，而曲论贫富悬殊的由来。他说：

> 夫民之所以有贫富者，由其材性愚智不同：富者知识差长，忧深思远，宁劳筋苦骨，恶衣菲食，终不肯取债于人，故其家常有赢余而不致狼狈也；贫者呰窳偷生，不为远虑，一醉日富，无复赢余，急则取债于人，积不能偿，至于鬻妻卖子，冻馁填沟壑而不知自悔也。是以富者常借贷贫民以自饶，而贫者常假贷富民以自存。（《司马公文集·乞罢条例司常平使疏》）

这不但曲说贫富分裂的由来，是由于“材性愚智不同”，且曲说“民之贫富，由勤惰不同”。这不但把是非颠倒，而且把那横于贫富根源上的人榨取人的阶级剥削关系完全隐蔽了。且从而大地主所行使的高利贷，却不在榨取他人，反而成了对贫人的一种恩惠。这是从来统治阶级之一贯的狡猾而又下流的说教。

另一方面，他从保守主义的立场上，又坚持着董仲舒以来的儒家学的教条，以维护其在意识形态上的支配地位。但在当时，王安石一派，却把那自董仲舒、郑康成以来的诸经注疏和其伪造部分，均给了相对的否定；同时均一一从符合其自身的立场上而与以新解释。这构成两者间在意识形态上的对立。所以司马光反对王安石一派的儒家学说：

> 窃见近岁，公卿大夫好为高奇之论，喜诵老庄之言，流及

科场,亦相习尚。新进后生,未知臧否;口传耳剽,翕然成风。至有读《易》未识卦爻,已谓《十翼》非孔子之言;读《礼》未知篇数,已谓《周官》为战国之书;读《诗》未尽《周南》《召南》,已谓毛郑为章句之学;读《春秋》未知十二公,已谓三传可束之高阁。循守注疏者,谓之腐儒;穿凿臆说者,谓之精义。(《司马公文集·论风俗劄子》)

至于他对处理当时汉、契丹两族矛盾的问题,又是怎样的主张呢?他说:"军旅大事也,民之死生,国之存亡皆系焉。苟动而不得其宜,则民残而国危。仁者何忍坐视其终委乎?"(《疑孟·沈同问伐燕》)本传说:"边计以和戎为便。"依此,他对于契丹奴隶主集团所加于汉族等各族人民的烧杀掠夺与反动统治,是以所谓"和戎"为原则的。虽然那对于大地主也并不是有利的。不过在司马光等人看来,他们忌惮于宋朝内部诸阶级阶层间的矛盾,便认为只有从对辽妥协去保持其大地主阶层的利益。这种无聊的幻想,在历史上层出未已,毫不足怪的。只是"皮之不存,毛将焉附"这一通俗的真理,也不为从来的腐朽统治阶级所了解。契丹奴隶主集团的南下和其反动的军事掠夺与统治,严重地危害了人民的生存,摧残社会生产力,阻滞历史的发展,所以汉族等各族人民的反辽,是正义的、进步的。而司马光为首一群的所作所为,则是与契丹奴隶主集团起了表里相应的反动作用。

第二章　地主阶级内部的分化和朱陆两学派的对立

一　朱熹的折衷主义

甲　朱熹传略

据《宋史·道学三·朱熹列传》及《四朝学案·晦翁学案》，朱熹字元晦，一字仲晦，徽州婺源人。《学案》又称其实生于福建尤溪城外毓秀峰下。生于南宋高宗建炎四年（公元一一三〇年），卒于宁宗庆元六年（公元一二〇〇年）。

其父朱松，由名进士而历显官。朱熹十九岁登进士第，即分发同安主簿。孝宗淳熙五年（公元一一七八年），四十九岁，出知南康军，历任提举浙江及江西常平茶盐，知漳州、潭州，焕章阁待制侍讲等显官（谥文，赠中大夫、宝谟阁直学士，旋赠太师，追封信国公，改封徽国公，据《学案》及本传）。本传又云："家故贫，少依父友刘子羽，寓建之崇安，后徙建阳之考亭。箪瓢屡空，晏如也；诸生之自远而至者，豆饭藜羹，率与之共。往往称贷于人以给用。"此殆为过甚之辞,未有其贫至衣食无着而能穷年以事学问者;且其父子相继为显官,而未有无产业者。故原其出处,应为一官僚地主之家庭,后来式微了的。又从经济史上考察,其时徽州浙东等处,实为商业资本较发展之区域。故他的政治主张,基本上是符合中小地主的要求,同时也反映了商人地主、中间阶层乃至农民的一些要求。但他又受到贵族大地主排斥,并引发为严重的"伪学"之禁。这说明他是代表中小地主而出现的,同时也说明其政治主张带有统一战线的内容。

其学说宗派,据《学案》云:幼年受学于其父之友人籍溪胡宪、白水刘勉之、屏山刘子翚。此三人皆宗程学者。及长受学于李延平。延平系受学于明道之徒杨龟山门人罗豫章。故《学案》称其为涑水明道伊川三传弟子,实则为四传矣。李延平之学,在宗派上虽为程学,然因其自己立场、时代阶级关系与社会环境的变迁,他已从主观唯心主义的程学立场上,不否定客观存在的实在性,而表现着二元论的倾向。因之李延平可谓为朱熹之直接前驱者。

其著作,据《宋史·朱熹列传》云:所著书有《易本义启蒙》《蓍卦考误》《诗集传》《大学中庸章句》《或问》《论语孟子集注》《太极图》《通书》《西铭解》《楚辞集注辩证》《韩文考异》等。所编次有《论孟集议》《孟子指要》《中庸辑略》《孝经刊误》《小学书》《通鉴纲目》《宋名臣言行录》《家礼》《近思录》《河南程氏遗书》《伊洛渊源录》,又有《仪礼经传通解》未脱稿,平生为文凡一百卷,生徒问答凡八十卷,《别录》十卷。今考其著作:有《朱文公文集》《续集》《别集》百二十一卷,其门人黎靖德所编集之《朱子语类》百四十卷,他人就其《语类文集》拔萃而成者有《朱子全书》六十四卷、《朱子书节要》二十卷、《朱子文集》十八卷、《朱子语录类要》十八卷;此外属于解注性质者，有《易学启蒙》四卷、《仪礼经传通解》三十七卷、《家礼》五卷、《诗集传》八卷、《太极图说解》一卷、《通书解》二卷、《西铭解》一卷、《阴符经注》一卷、《楚辞集注》八卷、《同后语》六卷、《韩文考异》十卷等；经其编纂者，有《上蔡语录》三卷、《程氏遗书》二十五卷、《程氏外书》十二卷、《近思录》十四卷、《伊洛渊源录》十六卷、《延平问答》一卷、《宋名臣言行录》前后共二十四卷、《小学书》六卷、《资治通鉴纲目》六十卷等。

乙　作为朱熹哲学之认识论的“理”“气”二元论

朱熹在认识论上，一方面不否定客观存在之实在性，一方面又确认精神是独自存在着的。他把前者叫作“气”，后者叫作“理”。认为这两者都是独自存在的东西，宇宙间的一切，都是由这两种东西构成的。例如他说：

> 天地之间，有理有气。理也者，形而上之道也，生物之本也；气也者，形而下之器也，生物之具也。是以人物之生也，必禀此理而后有性，必禀此气而后有形。（《性理大全·理气·总论》）

因而在朱熹看来，一切人物之出生和其存在，便都是“理”与“气”的统一。从而他又进一步的认为，若先没有此“理”，即有此“气”的存在，亦不会生出“人、物、草、木、禽、兽”来；若无此“气”的凝聚，此“理”亦无“挂搭处”，而失其作用。“理”与“气”的统一，才能表现生成和存在之造化的功能。“气”凝聚时，“理”便在其中；

“理”依于“气”才有“情意”,“气”依于“理”才能“造作”。故他说:

问:先有“理”抑先有“气”? 曰:“理”未尝离乎“气”,然理,形而上者;“气”,形而下者。自形而上下言,岂无先后?“理”无形,“气”便粗,有渣滓。

或问:必有是“理”然后有是“气”如何? 曰:此本无先后之可言,然必欲推其所从来,则须说先有“是理”。然“理”非别为一物,即存乎“是气”之中;无“是气”,则“是理”亦无挂搭处。“气”则为金、木、水、火,“理”则为仁、义、礼、智。

及“此气”之聚,则“理”亦在焉。盖“气”则能凝结造作,“理”却无情意、无计度、无造作,只是气凝聚处,理便在其中。且如天地间人、物、草、木、禽、兽,其生也莫不有种,定不会无种子白地生出一个物事。这个都是气。若“理”则是个净洁空阔底世界,无形迹,他却不会造作;“气”则能酝酝凝聚生物也。此有“此气”,则理便在其中。(《语类》卷一)

问:“理”在“气”中,发见处如何? 曰:如阴阳五行,错综不失条绪,便是“理”。若气不结聚时,理亦无所附著。

或问:“理”在先,“气”在后? 曰:“理”与“气”本无先后之可言,但推上去时,却如“理”在先“气”在后相似。(《学案·语要》)

他不了解精神依存于物质,以及物自身之内在矛盾发展的诸关系,却反而把精神(理)和物质(气)对立起来。在这里,他和康德一样构成其自己理论上的矛盾。

因而他一面承认宇宙是客观存在着的,所以在他追究到宇宙起源时，认为在最初，太虚中连什么都不曾有的，却只有阴阳二气。阴阳二气，原来并且是由一气的内在矛盾斗争的发展而演化为二气的，二气是统一在一气之内的。故说："阴阳只是一气：阳之退，便是阴之生；不是阳退了，又别有个阴生。""阴阳只是一气：阴气流行即为阳，阳气凝聚即为阴。非直有二物相对也。"（《学案·语要》）由阴阳的对演，他以为或者最初便生出"水""火"两种物质原素，由"水""火"再演化出宇宙的体系来。故说：

> 天地始初，混沌未分时，想只有水火二者。水之渣脚便成地，今登高而望群山，皆为波浪之状，便是水泛如此；只不知因什么时凝了，初间极软，后来方凝得硬。问：想得如潮水涌起沙相似？曰：然。水之极浊便成地，火之极清便成风、霆、雷、电、日、星之属。（《学案·语要》）

从而更肯定着地球的产生是由于阴阳二气自身矛盾的运动。故说："天地初开，只是阴阳之气。这一个气运行，磨来磨去，磨得急了，便拶许多渣滓，里面无处出，便结成个地在中央。气之清者便为天、为日月、为星辰，只在外常周环运转。地便在中央不动，不是在下。"（《学案·语要》）同时更认为"月之黑晕……其光者，乃日加之光尔。他本无光也"（同上）。他肯定地球形成的过程，是由气体凝聚，然后成为流质体，后来便慢慢冷却成为硬壳体。并肯定地球为圆形体，又认为月本身没有光，其发出的光，是吸收日光的反射。这都是有其盖然的正确性，也是朱熹对天文学的伟大贡献。而此，正是从其时代生产力发展的诸条件上，才获得这一联进步的发现。

但是地球既是这样形成的物质体,便应该有其自身之发生、发展和死灭的过程,因而他认为地球有发生便有毁灭,但认为毁灭又重生,是这样循环不已,同时认为宇宙总体的生命,却是绝对的。故说:

> 问:自开辟以来,至今未万年,不知以前如何?曰:以前亦须如此一番明白来。又问:天地会坏否?曰:不会坏;只是相将人无道极了,便一齐打合混沌一番,人物都尽,又重新起。(《学案·语要》)
>
> 方浑沦未判,阴阳之气,混合幽暗;及其既分,中间放得开阔光朗而两仪始立。邵康节以十二万九千六百年为一元,则是十二万九千六百年之前,又是一个大阖辟,更以上亦复如此。直是动静无端,阴阳无始,小者大之影,只昼夜便可见。五峰所谓一气太息,震荡无垠,海宇变动,山勃川湮,人物消尽,旧迹大灭,是谓鸿荒之世。尝见高山有螺蚌壳,或生石中,此石即旧日之土,螺蚌即水中之物。下者却变而为高,柔者却变而为刚。此事思之至深,有可验者。(同上)

这在一方面,也获得其盖然的正确性;另一方面,由于其二元论以及其时历史条件的限制,而陷于循环论的泥沼,认为地球自身是生灭相循环的。

但是他虽然承认宇宙是客观存在的实体,然当他进一步追究到"气何自来"之一问题时,便只有求援于唯心主义,而回到唯心主义中去。二元论者之所以不能离开唯心主义而存在便在这里。他说:"徐问天地未判时,下面许多都已有否?曰:只是都有此理。天地生物千万年,古今只不离许多物。"(《语录》)这在一方面认为只

有理是独自存在而没有变动的,一方面认为"古今只不离许多物",却把发展停止了。于是他又说:

问:昨谓未有天地之先,毕竟是先有理,如何?曰:未有天地之先,毕竟也只是理。有此理,便有此天地;若无此理,便亦无天地,无人无物,都无该载了。有理,便有气流行,发育万物。曰:发育是理发育之否?曰:有此理,便有此气流行发育。问:有是理,便有是气,似不可分先后?曰:要之也有理;只不可说今日有是理,明日却有是气也,须有先后;且如万一山河大地都陷了,毕竟理却只在这里。(《学案·语要》)

在这里,他虽然还想支持其二元论的立场,然而已不免陷于窘状,"毕竟"不能不把"理"神秘化,而确认其为"先天地"的唯一存在着的东西。从这里便达到其所谓"太极无极"说。既认为在"先天地"的场合"理"便已存在,照他自己的想像说,则"理"又何所"挂搭"呢?从而又怎样能"化物"呢?他认为"理"的"挂搭"处便是"太极"。然而说"太极"是物质体吗?则又和其自己的理论矛盾着。非物质的吧?"理"又何从去挂搭呢?所以他说"太极"不是"形器"的东西,而是"无极"的,易言之,即无象幽玄的。故说:"不言'无极',则'太极'同于一物,而不足为万化根本;不言'太极',则'无极'沦于空寂,而不能为万化根本。"(《朱文公文集·答陆子静书》)这在朱熹虽然仍想支持其二元论立场,然而已经和其他"理学"家一样,达到其同一的玄学结论了。

在他转入到人类的精神和意识的问题上,也同样从其二元论的立场上把"心"和"性"作为两个独自存在的东西去说明;从而他

认为人类之有精神和知觉作用,便是“心”与“性”的统一。故说:

所觉者,“心”之“理”也;能觉者,“气”之“灵”也。(按所谓“气之灵”便是“理”。)

阴阳自是阴阳,惟“性”与“心”亦然,所谓一而二,二而一也。

“性”便是“心”之所有之“理”,“心”便是“理”之所会之地。

“性”是“理”,“心”是包含该载敷施发用底。(《语类》)

易言之,“性”是离开物质体的“心”而能单独存在的精神,“心”是“性”所“挂搭”的物质体。“心”和“性”的统一,便发生精神和知觉作用。在这里他不肯承认精神是被派生的,反而认为是独自存在的。从而所谓“心”这个范畴,在他,也便有了两种不同的训义;即所谓“心”与“性”之统一的作为“主宰”的“心”,和仅是一个物质体的“心”。故说:

如肺肝五脏之“心”,却是实有一物;若今学者所论操舍存亡之心,则自是神明不测。故五脏之“心”受病,则可用药补之。这个“心”,则非菖蒲茯苓所可补也。(《语要》)

从“这个‘心’”而发生感觉作用,从而构成思维与意识,在意识未萌芽以前,则有动机。故说:

问:意是心之运用处,是发处?曰:运用是发了。问:情亦是发处,何以别?曰:情是性之发,情是发出恁地,意是主张要

恁地。如爱那物是情,所以去爱那物是意。情如舟车,意如人去使那舟车一般。(《语要》)

未动而能动者,理也,未动而欲动者,意也。(同上)

心之所之谓之志。(同上)

问:知与思,于人身最紧要?曰:然。二者也只是一事。知,如手相似;思,是交这手去作事也;思,所以用夫知也。性,只是理;情,是流去运用处。心之知觉,即所以具此理而行此情者也。具此理而觉其为是非者,是心也。(同上)

依此,在朱熹哲学范畴中的"心"是感觉的本体,"性"是精神,"情"是意识,"意"是思维,"思"是思想,"知"是知识,"志"是目的或主张,还有所谓"才"是思想知识的总和。

从这里,他便进而达到如次一个进步的结论,他在其所补《大学·格物致知》章里说:

所谓致知在格物者,言欲致吾之知,在即物而穷其理也。盖人心之灵,莫不有知;而天下之物,莫不有理。惟于理有未穷,故其知有未尽也。是以大学始教,必使学者即凡天下之物,莫不因其已知之理而益穷之以求至乎其极。至于用力之久,而一旦豁然贯通焉,则众物之表里精粗无不到,而吾心之全体大用无不明矣。此谓格物,此谓知之至矣。

这在一方面是说,知识是由人的感觉机能所摄取的客观事物,而经过思维的过程然后达到理解,即由感性到理性,于以形成的。这是他思想体系中的唯物主义成分。不过在另一方面,他的所谓

“理”,却是独自存在着的先验的东西,这在下面的一句话更说得明白:“生之理谓性。惟是天生成许多道理。性是实理,仁、义、礼、智皆具。”(《语类》)这又达到了先验主义的结论,从而更把是非绝对化了,所以他在这里又和康德陷在同样的矛盾中。

但是“人物皆禀天地之理以为性,皆受天地之气以为形”(《语类》),人性中又皆有“四端”,在他看来(见《答陈器之问玉山讲义》)又何以会发生性质的歧异和人命的寿夭呢?他说:“人品之不同,是气有昏明厚薄之异故也。”(《语类》)“天命之谓性者,言所禀之理也。性也,有命焉,言所禀之分有多寡厚薄之不同也。生死有命之命,是带气言之,气便禀得有多少厚薄不同。天命者,谓性之命也,专指理言之也。言天之所命,毕竟皆不离气。但《中庸》此句,乃以理言之。孟子谓:‘性者有命焉’之性,是兼禀食色而言之。”(同上)从这里完全暴露他为地主阶级说教的面目。一面说各阶级从而各阶层的存在,是由于各自的禀气之不同;一面又认为人性中都具有“四端”的良知,在这个根源上,是能实现各阶级间、阶层间之妥协的。

因而朱熹和康德一样,终究还只是一个唯心主义的哲学者。所以一转入到政治论上,便成了一个改良主义的折衷论者。然而朱熹却可算是中国封建时代地主阶级的大哲学家,他在哲学的造诣上,虽赶不上康德,所代表的时代和阶级也不同,但在他们之间,却有许多基本论点的共同。同时朱熹在天文学上的造就,也是值得重视的。

丙　折衷主义的政治论

朱熹在其政治论方面,从其阶级立场上,认为阶级的存在是天

造地设的,《大学》“八目”的政治原则是绝对的。故说:

> 治国、平天下,与诚意、正心、修身、齐家,只是一理。所谓格物致知,亦曰知此而已矣。此《大学》一书之本旨也。今必以治国、平天下为君相之事,而学者无与焉,则内外之道,异本殊归,与经之本旨正相南北矣。禹、稷、颜回同道,岂必在位乃为为政哉?(《朱文公文集·答江德功》)

从而“三纲五常”或身分制度与父家长的宗法制度,在他,也同样认为是绝对的;他在白鹿洞书院所揭教条,便明白的表现了这个意趣。教条是如次的:“父子有亲,君臣有义,夫妇有别,长幼有序,朋友有信。”(《学案》)又本传载其上宁宗奏章云:

> 《礼经》敕令子为父,嫡孙承重为祖父,皆斩衰三年。嫡子当为其父后,不能袭位执丧,则嫡孙继统而代之执丧。自汉文短丧,历代因之,天子遂无三年之丧。为父且然,则嫡孙承重可知。人纪废坏,三纲不明,千有余年,莫能厘正。寿皇圣帝,至性自天,易月之外,犹执通丧,朝衣朝冠皆用大布。所宜著在方册,为万世法。……陛下以世嫡承大统,则承重之服,著在礼律,所宜遵寿皇已行之礼。一时仓卒,不及详议,遂用漆纱浅黄之服,不惟上违礼律,且使寿皇已行之礼,举而复坠,臣窃痛之。

另一方面,朱熹看到当时的情况,如土地兼并、赋役负担不公平、高利贷剥削以至生产衰落、民不聊生等诸阶级间矛盾的现象,认识到它的严重性;但他从地主阶级的立场上,却不愿推翻现状,只主张予以部分的改良,亦即其所谓“公道”主张(见本传)。从中小地主阶层的立场上,他又主张励精图治,抵抗女真奴隶主集团的南下,收复其反动落后统治下的汉族住区。例如本传载他的奏章说:“修攘之计不时定者,讲和之说误之也。夫金人于我,有不共戴天之仇,则不可和也,明矣。愿断以义理之公,闭关绝约,任贤使能,立纪纲,厉风俗。数年之后,国富兵强。视吾力之强弱,观彼衅之浅深,徐起而图之。”“君父之仇,不与共戴天。今日所当为者,非战无以复仇,非守无以制胜。”抵抗女真奴隶主集团的战争是进步的、正义的。这种主张是符合于当时人民的利益和要求的。从这一主张出发,他又主张用社会改良的政策去改善人民生活、缓和阶级矛盾,以获取反金各阶级阶层间的合作。这虽然是改良主义的,却是有着进步作用的。

他从折衷的“公道”的改良主义出发,在其《大学》“八目”的政治原理下,而提出相应于当时社会问题的诸大政策,作为实现各阶级阶层妥协的手段,作为调协地主阶级内部及其和中间阶层间的利益,缓和地主与农民及自由商人间的矛盾,第一,他主张“以口数占田”防止兼并及清丈田地,实现赋税的“公道”负担。故说:

> 官家之惠,优于三代;豪强之暴,酷于亡秦。是上惠不通,威福分于豪强也。今不正其本,而务除租税,适足以资富强。夫土地者,天下之大本也。《春秋》之义,诸侯不得专封,大夫不得专地。今豪民占田,或至数百千顷,富过王侯,是自专封也。买卖由己,是自专其地也。……宜以口数占田为立科限,民得耕种,不得买卖,以赡贫弱,以防兼并,且为制度张本,不

亦宜乎？（《朱文公文集·井田类说》）

这种“以口数占田为立科限”“不得买卖”的主张，在当时自然只是一种空想。他在福建又主张清丈土地，行经界。

又《宋史·朱熹列传》云：

常病经界不行之害，会朝论欲行泉、汀、漳三州经界，熹乃访事宜，择人物及方量之法上之。而土居豪右侵渔贫弱者以为不便，沮之。宰相留正，泉人也。其里党亦多以为不可行。布衣吴禹圭上书讼其扰人。

这却不是解决当时土地问题的根本办法，然已引起一部分官僚、豪绅、地主的激烈反对。这足征当时地主阶级内部利害冲突的剧烈，也可见一部分官僚、豪绅、地主的“顽固不化”，“不达时务”。

第二，为和缓高利贷的剥削，他主张实行社仓政策。其社仓的性质，所作《朱文公文集·建宁府崇安县五夫社仓记》云：

山谷细民，无蓄藏之积，新陈未接，虽乐岁不免。出倍称之息，贷食豪右；而官粟积于无用之地，后将红腐不复可食。愿自今以来，岁一敛散，既以舒民之急，又得易新以藏。俾愿贷者出息什二，又可以抑侥幸，广储蓄；即不欲者，勿强。岁或不幸，小饥则弛半息，大侵则尽蠲之。于以惠活鳏寡，塞祸乱原，甚大惠也。

他自谓这与王安石的青苗法，在原则上是同一的（同书，《婺州

金华县社仓记》);所不同者,只有数点。他说:

> 青苗者,其立法之本意,固未为不善也;但其给之也,以金而不以谷;其处之也,以县而不以乡;其职之也,以官吏而不以乡人士君子;其行之也,以聚敛亟疾之意,而不以惨怛忠利之心。

但这一不同便引出性质的相异。意谓“以钱”,主要在符合于中间阶层之要求;“以谷”,却能适合于农民。王安石的“处之以官吏”,意谓政权是新党所支配,他们便能以此去排除豪绅地主的把持;这里的“处之也”“以乡人士君子”,则意在由乡村中小地主去支配。

第三,便是“劝业”即奖进生产的政策。他的意见,在如次的一段话中说得明白:

> 窃惟民生之本在食,足食之本在农,此自然之理也。若夫农之为务,用力勤、趋事速者所得多,不用力、不及时者所得少,此亦自然之理也。……土风习俗,大率懒惰;耕犁种莳,既不及时;耘耨培粪,又不尽力;陂塘灌溉之利,废而不修;桑柘麻苎之功,忽而不务;此所以营生足食之计,大抵疏略,是以田畴愈见瘦瘠,收拾转见稀少。……一有水旱,必至流移。下失祖考传付之业,上亏国家经常之赋。(《朱文公文集·劝农文》)

这种奖进农业生产,是较根本的办法。这在朱熹,主要目的在于提高农业的劳动生产性,一面以之保障农民的最低限度的物质生活，去缓和阶级间的矛盾；一面以之去提高地主阶级和其政府之剩余劳动生产物的所得。

在朱熹，认为这些改良政策的施行，则存在于当时各阶级阶层间的矛盾便能获得缓和；在这种内在的利益调协的基础上，便能进而实现对金的统一战线，阻止金军南下和进而解除其对北方汉族人民的落后的野蛮的统治。朱熹的这些主张，在当时是有进步意义的。可惜这种部分的改良，也遭到当时的顽固派即贵族大地主的反对和牵制，都未能见诸实行——实行的只是点点滴滴的事情。因此，反金的统一战线，也始终没有组织起来。以后蒙古奴隶主集团相继南下，南宋也终于灭亡了。当时最进步的汉族的生产力和生产组织，相继遭受女真、蒙古奴隶主集团野蛮残暴的摧残、破坏，并使长江以北广大地区以至全中国长期沦于反动、落后的统治下，形成了中国历史前进过程的一大逆转。

二　和朱熹派相对立之陆九渊的保守主义

甲　陆九渊传略

《四朝学案·象山学案》云：陆九渊，字子静，自号存斋，人称象山先生，金溪（即今江西金溪县）人。光宗绍熙三年卒于官，年五十四。是其卒年为公元一一九二年，生年为高宗绍兴九年，即公元一一三九年。

《学案》又云："陆九渊……梭山、复斋之弟也。三四岁时，问其父贺'天地何所穷际?'父奇之。"又《梭山复斋学案》冯云濠按注云:"《象山年谱》,兄弟六人,长九思、次九叙、次九皋号庸斋、次即先生(梭山),而复斋、象山又次之。"《学案》论梭山云,"学问渊粹,隐居不仕,与学者讲学"梭山,"诏举遗逸,诸司以先生应,不赴。临终自撰丧礼,戒不得铭墓"。又《附录》引《宋史·儒林四·陆九龄列传》云:"其家累世义居,一人最长者为家长,一家之事听命焉。岁迁子弟分任家事。凡田畴、租税、出内、庖爨、宾客之事,各有主者。九韶以训戒之辞为韵语,晨兴,家长率众子弟谒先祠毕,击鼓诵其辞,使列听之。子弟有过,家长会众子弟责而训之;不改,则挞之;终不改,度不可容,则言之官府,屏之远方焉。"又《学案》论复斋云:"初,先生之父,采温公冠昏丧祭仪行之家;先生又绎先志而修明之。晨昏伏腊,奉盥请衽,觞豆饎爨,阖门千指,男女以班,各共其职。友弟之风,被于乡社而闻于天下。"又考《宋史·陆九龄列传》云:八世祖希声相唐昭宗,六世祖德迁五代末避乱居抚州,父贺以学行为里人所宗。是其家世为一最典型之封建地主的贵族家族。抚州在当时,亦为封建贵族的故乡之一。史又称象山兄弟九思、九皋、九韶、九龄皆为一时学人;又称其家至九渊时,家中贫苦,其一兄九叙经营药店以为生。是则其典型之贵族家族,至九渊时已开始没落。

其著作,今考有《象山先生全集》三十六卷,内《遗书》三十三卷,《语录》二卷,《年谱》一卷。冯云濠云:"先生著有《象山集》三十二卷,附《语录》四卷。"合亦三十六卷,是所谓附《语录》四卷,想系并《语录》《年谱》等而言也。他不主张著作,尝说:"六经注我,我注六经。""六经皆我注脚。"故其著作较少。因之朱熹曾说:"伯恭(吕东莱)失之多,子静失之少。"

乙　作为认识论的主观唯心主义

陆九渊在认识论上，自始便采取和朱熹一些不同的立场。朱熹在究极上虽仍是唯心主义者，然而他并不否认客观存在的物事的实在性。易言之，他认为宇宙间一切现象的背景后面，却有一个实在物存在，虽然离此而独立的还有一个“理”。在陆九渊，却认为一切现象都是观念着的，即所谓存在于内心中的；现象的本身并不是客观的存在着的，离开观念，什么现象也不是存在着的。从而朱、陆从这一分歧点上，便构成其认识论从知识论以至政治论上见解之歧异——虽然，在其究极上是有其共同点的。所以在朱熹，还不绝对否认历史的客观变化，陆九渊却完全把历史看作静化的东西，而主张保守。在吕东莱所发起的“鹅湖之会”的辩论上，朱陆之间，虽有其究极上之共同点，然而始终却不曾获得一致。其所争论的最主要之点，不外在朱熹是从心物二元论的观点上，所以说“无极而太极”，以及“阴阳二气”之为“形而下”的东西的见解。陆九渊则从主观唯心主义的观点上，便认为说“太极”而益以“无极”，则“太极”便成了物的内容了；说“阴阳”是形而下的，那便无异一方面又承认客观存在的实在性了。这个中心的争论点，在他们往复的辩论中，愈争论而愈遥远。这都是由于其各自所代表的社会阶层利益的不同，同时也正在表现地主阶级内部诸阶层利益冲突的剧烈。在陆九渊，从其没落贵族地主的立场上，由于对现状的失望，以致偏流于从形而上的方面去觅取其生活的出路，从而反映到意识形态上构成其玄学思想的偏畸发展。

陆九渊认为一切现象都是观念着的、被派生的，而不是客观存在着的物自体的表征,所以他说:“万物森然于方寸之间,满心而发,充塞宇宙,无非此理。”(《学案·语录》)“他日读古书至宇宙二字,解者曰:‘四方上下曰宇,往古来今曰宙。’忽大省曰:‘宇宙内事,乃己分内事;己分内事,乃宇宙内事。’”(《学案》本传)“宇宙便是吾心,吾心即是宇宙。”(《年谱》)这构成其主观唯心主义的基本论点。但是宇宙万象既不是客观地存在着的,而只是由“吾心”所观念着的、被派生的东西,而“吾”与“吾心”又是否是存在着的呢?这不但构成其自己的矛盾,而且又陷入于庸俗的唯我论了。

但是观念的自身,又是否是发展的呢?他说:

> 东海有圣人出焉,此心同也,此理同也;西海有圣人出焉,此心同也,此理同也;南海北海有圣人出焉,此心同也,此理同也;千百世之上有圣人出焉,此心同也,此理同也;千百世之下有圣人出焉,此心同也,此理同也。(《学案》本传)
>
> 盖心,一心也;理,一理也;至当归一,精义无二;此心此理,实不容有二。故夫子曰:“吾道一以贯之。”孟子曰:“夫道一而已矣。”又曰:“道二,仁与不仁而已矣。”……仁即此心也,此理也。求则得之,得此理也;先知者,知此理也;先觉者,觉此理也;爱其亲者,此理也;敬其兄者,此理也;见孺子将入井而有怵惕恻隐之心者,此理也。(《与曾宅之书》)

是在他,认为“心”或“理”是超越一切时间和空间的绝对的东西,其自身并没有什么发展和变化的。在这一点上,他比黑格尔之主张“绝对精神”的唯心主义者更落后了很远。

然而宇宙万类的东西,是怎样被派生的呢?其兄九韶说:"盖《通书·理性命》章言中焉止矣。二气五行化生万物,五殊二实,二本则一。曰一曰中,即太极也。"(《梭山复斋学案》)实际上在陆九渊,一方面朱熹说他并不以周敦颐所说为是,一方面他认为"二气"也是形而上的。所以在他,被派生的东西,也并不包含何种实在性。因此他说:"人共生乎天地之间,无非同气。"(《语录》)"气"是被派生的,则所谓"生",也不过是观念着的精神的发展。但是在另一方面,"同气"而"生"的"人",为什么又有善恶之分呢?他解释"君子喻于义,小人喻于利"说:

> 此章以义利判君子、小人,辞旨晓白。然读之者,苟不切己观省,亦恐未能有益也。某平日读此,不无所感。窃谓学者于此,当辨其"志"。人之所喻,由其所"习",所"习"由其所"志"。"志"乎义,则所"习"者必在于义,所"习"在义,斯喻于义矣。"志"乎利,则所"习"者必在于利,所"习"在利,斯喻于利矣。(《象山先生全集·白鹿洞书院讲义》)

依此,在他的解释上,人的意识的不同,完全是由各人主观的趣向(志)的歧异,又经过习惯的培养(习)而被形成的。在不同的主观趋向上,而有"君子役物,小人役于物"的分歧。从而便主观的肯定,"扶其善而沮其恶,义所当然"(《语录》)。这同时把他的阶级论也完全暴露出来了。

从而转入到知识论上,他便完全否认客观,而反复于孟轲的如次几句话:"万物皆备于我矣,反身而诚,乐莫大焉。""人之所不学而能者,其良能也;所不虑而知者,其良知也。""仁义礼智,非自外铄我也,我固有之也。”把孟轲的“性善”说又凝固为“良知良能”说,也便是把其所谓“心”或“理”进一步的玄学化。因而他便达到如次的一个结论:“若能尽我之心,便与天同。为学只是理会此。”(《语录》)这由于他认为“心”外实无所谓客观的物事存在,所以认为一切只求于内心便足,易言之,一切都是内在的,而不是外铄的。故说:“心之在人,是人之所以为人,而与禽兽草木异焉者也,可放而不求哉?”(《象山先生全集·学问求放心》)然而怎样去作求放心的工夫呢?在这里,他完全从“心即是佛”的一句话出发的,例如他说:“学者须是打垒田地净洁;……田地不净洁……若读书,则是假寇兵,资盗粮。”(《语录》)从而他对于“格物致知”的解释,也由于其认为“物”不是客观存在的实在这一点上,和朱熹采取一种不同的见解,认为不是所谓穷究物理以“致知”,而是“即心明理”的意味;“明理”不是由于口耳之学,或由于对外界的感觉而所得的认识,“万物皆备于我”,故“明理”只在“即心”的工夫。

但是具有“良知良能”之本领的“心”,是自在的还是被派生的呢?他说:

> 天之所以与我者,即此心也。人皆有是心,心皆具是理,心即理也。故曰:“礼义之悦我心,犹刍豢之悦我口。”所贵乎学者,为其欲穷此理,尽此心也。(《象山先生全集·与李宰书》)

在这里,他所谓“心”,也是独自存在的精神,是“天地”所赐予的。他这个论点,如不借助于有神论,便无法自圆其说。

不过以同一的“良知良能”的“心”,为何又有“仁与不仁”之别呢?在这里,他是用独断论的论点来解释的,他说:

此理在宇宙间，未常有所隐遁。天地之所以为天地者，顺此理而无私焉耳；人与天地并立为三极，安得自私而不顺此理哉？孟子曰："先立乎大者，则其小者不能夺也。"人惟不立乎大者，故为小者所夺，以叛乎此理，而与天地不相似。（同上《与朱济道书》）

道遍满天下，无些小空阙。四端万善，皆天之所予，不劳人妆点。但人自有病，与他间隔了。（《语录》）

这和上述所谓善恶之说，是同一理论的重复。不过他从而曲说了被统治阶级之所以应该被统治的由来，而归结出这个欺骗性的结论。

陆九渊在哲学上，不只把周、张、二程的观念论又降低了一步，而又完全抛弃了他们哲学中的积极部分，即其不完成的辩证法观点。依照陆九渊的主观唯心主义出发，应归结到连他自己也是不存在的，自己的老婆也只是观念着的；而他却并不否认自己和其老婆的存在的实在性，从而一切人和物也该和他们一样，都是实际存在的。这是陆九渊和一切主观唯心主义者都无法解释的。

丙　保守主义的政治论

陆九渊一转入到政治论方面，便认为人类社会以及社会诸阶级的构成，也都是一成不变的凝固着的东西。他对于实际的政治问题，便只是些不着边际的空论。在他看来，一切政治问题、社会问题的关键，也完全归根在"此心"的问题上。这完全由于其对现实问题无法提出其具体的解决方策，因而流入一种不肯面对现实的空谈，与虚渺的期待。所以他认为，只要人们都能把“此心”修养得和“天地相似”，则一切社会矛盾便自归消灭了，斗争便停止了。他的政治“五论”，也便是从这一根本的见解上出发的。所谓“五论”：

> 一论仇耻未复，愿博求天下之俊杰，相与举论道经邦之职；二论愿致尊德乐道之诚；三论知人之难；四论事当驯致而不可骤；五论人主不当亲细事。(《宋史》本传)

这样，一面把社会诸矛盾，放在所谓心性下面隐蔽起来，一面把汉族人民与女真统治集团间生死斗争的当前任务，放到“论道经邦”的美丽词句下面缓和起来，教人们不要去斗争，听任所谓“论道经邦”的“俊杰”去摆布。骨子里所谓“五论”，完全是软化群众的一套把戏。这种把戏，在中国历史上，曾经为统治阶级反复玩弄着。

其次，他理想的家族制度，如前所述，其自己家族的组织规模，便是宗法式家族制的一副典型的图画。他并不了解这种家族制度之所以存在的社会经济基础，反而颠倒本末，认为是由于所谓“此心”的“良知良能”。他说：“汝耳自聪，目自明，事父自能孝，事兄自能弟，本无欠阙，不必它求，在乎自立而已。”(《宋史》本传)这样倒果为因的说明，便无异把“三纲五常”或伦理形态以及封建的家族制永恒化了。

再次，《宋史》本传载其守荆门军时，“严申保伍之法”，这是在家长制的基础上，从初期农奴的劳动编制承袭而来的一种奴役农民的变态的劳动编制形式，也是加强其对农民统治的一种组织形式。在当时，贵族大地主曾应用这种方式，一面企图借以加紧对农民的约束，防止其流亡与反抗；一面借以把所属的农民编制成为军事的组织，充任大地主“聚众保垒”的义务兵。

最后，陆九渊在政治论上，只固执着孔孟以至伪《周礼》的教条，并没有什么新的东西加进去。甚至对孔孟也没有系统地阐述。不过其兄九韶，在认识论上和九渊完全是一致的，在政治上却还有着一套主张，也可以作为陆九渊的意见看。

陆九韶首先从大地主阶层的一贯立场上，认为贫富的分别、身分的贵贱，都是命定着的各人的“定分”。《梭山日记》说：

> 况富贵贫贱，自有定分。富贵未必得，则将陨获而无以自处矣。斯言或有信之者，其为益不细；相信者稍众，则贤才自此而盛，又非小补矣。（《居家正本》）

因而他教贫而贱的人们要知道安分。设若想凭人力去强求，那反而要引起更坏的结果的。从这里，他又达到如次一个欺骗性的论点，说人生的真正意义，并不在追求富贵；比富贵更有价值的，在恭行孝悌仁义。他说：

> 夫事有本末，知愚贤不肖者本，富贵贫贱者末。得其本则末随；趋其末，则本末俱废。今行孝悌本仁义，则为贤为知。贤知之人，众所尊仰，箪瓢为奉，陋巷为居，己固有以自乐，人不敢以贫贱而轻之，岂非得其本而末自随？夫慕爵位贪财利，则非贤非知。非贤非知之人，人所鄙贱，虽纡青紫，怀金玉，其胸襟未必通晓义理，己无以自乐，人亦莫不鄙贱之，岂非趋其末而本末俱废乎？（《居家正本》）

这是教人民不要为现实的生活利益而斗争;从精神生活的修炼上去追求,才是人生的真义。

这样,把阶级制度存在的历史根源,在命定论的下面,隐蔽起来,把阶级的剥削关系,也同样在颠倒“本末”的下面隐蔽起来,这是麻痹被统治者的一种愚民教育。

其次,大家族制是封建制度的一个支柱。这种大地主的家庭,原来是尽其肠胃的容量去消费,并不去作收入和支出的计较。但到南宋,由于商业资本以及都市行会手工业的发展,尤其是女真奴隶主集团不断南下的侵掠和破坏,以及南宋朝廷和地主们对于农民之愈来愈凶恶的剥削,致封建的农业生产,表现衰落,大家族制的基础也开始动摇。陆九韶认为要挽回这种趋势,便主张国家的财政和“家有田畴”的地主,都应“量入以为出”,计算生活的必要开销,同时注意储蓄,以为“不测之备”。他认为这样便可能防止地主阶级家产的破落、地位的下降。《梭山日记》说:

古之为国者,冢宰制国用,必于岁之杪,五谷皆入,然后制国用。量地大小,视年之丰耗,三年耕,必有一年之食;九年耕,必有三年之食。以三十年之通制国用,虽有凶旱水溢,民无菜色。国既若是,家亦宜然。故凡家有田畴,足以赡给者,亦当量入以为出。然后用度有准,丰俭得中,怨讟不生,子孙可守。

今以田畴所收,除租税及种盖粪治之外,所有若干,以十分均之;留三分为水旱不测之备,一分为祭祀之用,六分分十二月之用。取一月合用之数,约为三十分,日用其一,可余而不可尽,用至七分为得中,不及五分为啬;其所余者,别置簿收管,以为伏腊、裘葛、修葺墙屋、医药、宾客、吊丧、问疾、时节馈送，又有余则以周给邻族之贫弱者，贤士之困穷者，佃人之饥寒者，过往之无聊者，无以妄施僧道。

其田畴不多，日用不能有余，则一味节啬，裘葛取诸蚕绩，墙屋取诸蓄养，杂种蔬果，皆以助用。不可侵过次日之物，一日侵过，无时可补，便有破家之渐，当谨戒之。

其有田少而用广者，但当清心俭素，经营足食之路；于接待宾客、吊丧、问疾、时节馈送、聚会饮食之事，一切不讲。免至干求亲旧以滋过失，责望故素以生怨尤，负讳通借以招耻辱。

前所言存留十之三者，为丰余之多者制也。苟所余不能三分，则有二分亦可；又不能二分，则存一分亦可；又不能一分，则宜撙节用度以存赢余。然后家可长久。不然，一旦有意外之事，必遂破家矣。

前所谓一切不讲者，非绝其事也，谓不能以货财为礼耳。如吊丧，则以先往后罢为助；宾客，则樵苏供爨清谈而已。至如奉亲最急也，啜菽饮水尽其欢，斯之谓孝。祭祀最严也，蔬食菜羹足以致其敬。凡事皆然，则人固不我责，而我亦何歉哉？如此则礼不废而财不匮矣。

世所用度，有何穷尽？盖是未尝立法，所以丰俭皆无准则；好丰者妄用以破家，好俭者多藏以敛怨。无法可依，必至如此。愚今考古经国之制为居家之法，随赀产之多寡，制用度之丰俭，是取中可久之制也。（以上均见《居家制用》）

这套办法，并不是陆九韶凭空想出的，而是掌管家产的家长之管家和治产的经验;不过由陆九韶把它体现为家长经济学的要旨。但是他只提到对家用的精密计算这一面,还有他们当时曾设法加紧对农民的剥削那一面,却是他不愿提出的。

再次,他从贵族地主的立场上,极力反对"邸店"商人和自由商人的功利主义及其争取政治地位(即求名)的要求。《梭山日记》说:

> 若仁义之道,口未尝言之;朝夕之所从事者名利,寝食之所思者名利,相聚而讲究者,取名利之方。言及于名利,则洋洋然有喜色;言及于孝悌仁义,则淡然无味,惟思卧。幸其时数之遇,则跃跃以喜;小有阻意,则躁闷若无容。如其时数不偶,则朝夕忧煎,怨天尤人。至于父子相夷,兄弟叛散,良可悯也。(《居家正本》)
>
> 夫谋利而遂者,不百一;谋名而遂者,不千一。今处世不能百年,而乃侥幸于不百一、不千一之事,岂不痴甚矣哉?(同上)

这对于其所代表的阶级立场,便更显明了。

最后,他对于社会一切矛盾的根源,都归结于"此心";解决矛盾的办法,也便从"此心"着手。因此,教育便成了主要的工具。他说:

> 古者,民生八岁入小学,至十五岁各因其材而归之四民。秀异者入学,学而为士,教之德行。愚谓人之爱子,但当教之以孝悌忠信:所读须六经、《论》、《孟》,明父子君臣昆弟夫妇朋友之节,知正心修身齐家治国平天下之道,以事父母,以和

兄弟，以睦族党，以交朋友；次读史，知历代兴衰治平措置之方。（《居家正本》）

依此，所教的，一面是《大学》“八目”的治人术，一面仍不外“三纲五常”的教条。这较之其前驱者，并没有半步的前进，而只是原版的翻印。

第三章　中小地主及中间诸阶层的政治思想和主张

一　代表中小地主及中间诸阶层之王安石的政治理论及其政策

甲　王安石传略

《宋史·王安石列传》，王安石，字介甫，抚州临川人。又云："元祐元年卒，年六十六。"是其生年应为宋真宗天禧三年，即公元一〇一九年；元祐元年适为公元一〇八六年。但《四朝学案·荆公新学略》云："哲宗即位，拜司空，明年卒。"依此则其卒年又应为公元一〇八七年。但元祐二年正月有禁王安石经义字说之事，其此时应已死矣。故应依本传。

又通考本传及《荆公新学略》，"父益都官员外郎"，其本人二十二岁举进士第，历知鄞县、常州，四十一岁为翰林兼侍读，年四十九拜参知政事，后封舒国公，改封荆国公。依此，其家庭出身盖为地主阶级。但王安石的政治主张，基本上是从中小地主的要求出发的。在当时的江西，大地主和中小地主及其他中间阶层间的矛盾，甚是剧烈。王安石从这种环境中，便被教育而成为中小地主阶层的一个代表者而出现；同时，因为其他中间诸阶层，如农民阶级的上层、自由商人及中小手工业者等和中小地主在当时有其利害上的一些共同点，所以王安石所推行的政策，又反映他们的部分要求。这至少在客观上是有着争取同盟者的战略意义的。因此王安石的政策，并不反对封建地主的社会秩序，而只是在其基础上去改良。所以王安石并不是革命运动家，而只是一个改良主义的政治家。——而在当时的历史条件下，却是有相当的进步性的。

但是王安石不仅是一个政治家，改良主义的社会运动家，而且是一个思想家。

其著作，《宋史》本传云："初，安石训释《诗》《书》《周礼》……天下号曰《新义》。晚居金陵，又作《字说》。"《荆公新学略》云："初，先生提举修撰经义，训释《诗》《书》《周官》。既成颁之学官，天下号曰《新义》。晚岁为《字说》二十四卷，学者争传习之。且以经试于有司，必宗其说；少异，辄不中程。"冯云濠云："按荆公著有《临川集》一百卷、《后集》八十卷、《易义》二十卷、《洪范传》一卷、《诗经新义》三十卷、《左氏解》一卷、《礼记要义》二卷、《孝经义》一卷、《论语解》十卷、《孟子解》十四卷、《老子注》二卷。"今按其哲学思想的代表作品，则主要为《原理》及《性情》两篇。

乙　王安石前驱者李觏思想的要旨

《宋史·儒林二·李觏列传》："李觏，字泰伯，建昌军南城人。"生于宋真宗大中祥符二年（公元一〇〇九年），卒于仁宗嘉祐四年

(公元一〇五九年)。“举茂才异等不中。亲老,以教授自资。”(同上)很明白,他系出身于小所有者家庭。他又充任了十世纪前半世纪中间诸阶层的政治代言人,为王安石的直接前驱者。其著作,据本传云:“尝著《周礼致太平论》《平土书》《礼论》。门人邓润甫,熙宁中,上其《退居类稿》《皇祐续稿》并《后集》。”今存者为上吴舍人的《策论》五十首,上王内翰的《明堂定制图》《平土书》,《上叶学士文》二十四篇,上范执政等《庆历民言》三十篇,上孙安抚《周礼致太平论》十卷。

他在仕途上只做到太学助教、太学说书、海门主簿等。

他曾以其改良主义的政见去干求执政者,企图能获取他们的同情,所以其著作多为“献策”。这正表现着没有特权的中小地主的根性。例如其《上王内翰书》有云:

> 今兹闻国家求贤良文学之士,蒙不知今,窃况于古。谓版筑饭牛之微,或不为时君所弃。因出草庐,从州郡之举,乞钱为食,陆走三千里,西向毂下。京尘冥冥,势利相轧。既贫且病,财不能以备简墨,力不能以事趋走。敝衣徒行,童仆楚语,诚难以候阍人之颜色,以附名卿之焰也。非夫烈丈夫抱义慷慨,不好苛礼者,安能为觏之地哉?(《直讲李先生文集·书》)

但他始终都是碰壁,从而益激励其思想的前进。

作为李觏思想出发点的认识论,胡适按照自己的意愿武断地说是“实用主义”,是不对的,在胡适的说明上也是很牵强的。当时大地主阶层的代言者们,在口头上所表现的都是一些伪善的仁义道德,在学理上则为“性、命、理”的玄学东西;他们不敢面对现实,叫人民不要为现实生活的利益而斗争，饿着肚子去追求精神安慰。李觏从诸中间阶层、主要从中小地主生活的实践上，便在这一点上和他们采取不同的立场。首先他指出，所谓物质生活的现实利益，物质欲望的不断提高，那完全是人类的一种生存本领。他在《原文》说：

> 利可言乎？曰：人非利不生，曷为不可言？欲可言乎？曰：欲者，人之情，曷为不可言？言而不以礼，是贪与淫，罪矣！不贪不淫，而曰不可言，无乃贼人之生，反人之情。世俗之不喜儒以此。孟子谓何必曰利，激也；焉有仁义而不利者乎？其书数称汤武，将以七十里、百里而王天下，利岂小哉！孔子七十所欲不逾矩，非无欲也。于《诗》则道男女之时，容貌之美，悲感念望，以见一国之风，其顺人也至矣。（《直讲李先生文集·杂文》）

这是说："衣、食、男女"是一切人共同追求的生活条件，文、武、周公、孔子也不能例外的。这和实用主义有何共同点呢？自然，李觏仍不敢而且不愿冲破"礼"的藩障，即不愿否认封建秩序。同时，对从来儒家所提倡的"仁义道德""三纲五常"等等欺骗的教条，也不肯否定，也不知从人类生活的实际利益上，去彻底地反对"儒家学"的欺骗性。他只是在封建秩序的基础上提出改良的要求。

他转入到政治论方面，便确认政治是受着经济所决定的东西。说制度（礼）和政治（政），都是以经济（财）为基础而"成""立"起来的。《富国策第一》说：

愚窃观儒者之论,鲜不贵义而贱利;其言非道德教化则不出诸口矣。然《洪范》八政,一曰食,二曰货。孔子曰:“足食,足兵,民信之矣。”是则治国之实,必本于财用。盖城郭宫室,非财不完;羞服车马,非财不具;百官群吏,非财不养;军旅征戍,非财不给;郊社宗庙,非财不事;兄弟婚媾,非财不亲;诸侯四夷,朝觐聘问,非财不接;矜寡孤独,凶荒札瘥,非财不恤。礼以是举,政以是成,爱以是立,威以是行;舍是而克为治者,未之有也。是故贤圣之君,经济之士,必先富其国焉。

在这里,他对政治和制度的认识,已很接近于唯物主义,在当时的历史条件下,是一种了不起的进步见解。可是一转入到实践方面,便局限于其阶级利害的立场上,只能提出如次的几个改良主义的政治主张来,而不肯去反对封建制度。这在他,正是理论和实践的脱节,在理性的认识和政治的实践之间,表现着一个相当的距离;而此,也正是其小所有者知识分子的一个特性。

一、他提出“设泉府之制”的主张,去抵制大地主的高利贷。他说:

赊谓祭祀、丧纪二者事大,故赊与民不取利也。贷者即今之举物生利也。与其有司别其所授之物,所出之利,各依其服事之税;若其人受园廛之田而贷万泉,则期出息五百,他仿此也。天之生物而不自用,用之者人;人之有财而不自治,治之者君。《系辞》曰:“理财正辞,禁民为非,曰义。”是也。君不理,则权在商贾。商贾操市井之权,断民物之命。缓急,人之所时有也。虽贱不得不卖,裁其价,大半可矣;虽贵不得不买,倍其本什百可矣。如此，蚩蚩之氓，何以能育？是故不售之货则敛之，不时而买则与之。物楬而书，使知其价。而况赊物以备礼，贷本以治生，皆所以纾贫窭而钳并兼。养民之政，不亦善乎？（《国用第十一》）

这个主张，当时的小地主和自由商人都是赞成的；要求最迫切的却是自耕农、小商人、手工业者；反对最烈的，则为大地主高利贷者。

二、他提出"观其丰稔而后制税敛"的主张。意在减轻小地主（自耕农民也有这种要求）过重的赋税负担。他说：

司稼巡野观稼，以年之上下出敛法。敛法者，丰年从正，凶年则损也。……耕获之事，丰俭亡常。不幸凶旱水溢，或螟螣蟊贼，农虽尽力，谷有不登，而有司必求如法，于理安乎？孟子道龙子之言曰："治地莫善于助，莫不善于贡。贡者，校岁之中以为常，乐岁粒米狼戾，多取之而不为虐，则寡取之；凶年粪其田而不足，则必取盈焉。为民父母，使民盻盻然将终岁勤动，不得以养其父母，又称贷而益之，使老稚转乎沟壑，恶在其为民父母也？"故圣人设官，必于谷之将熟，巡于田野，观其丰凶而后制税敛焉。丰年从正，亦不多取也；凶荒则损，何取盈之有哉？（《国用第十》）

这不只在要求因"丰稔"，"制税敛"，其积极的意义，则在要求大地主和中小地主以至自耕农对田赋平均负担。这个主张，是为当时的中小地主和农民所一致赞成和迫切要求的，反对最烈的则为享受免除赋税特权的大地主。

三、他提出反对贪污的要求。他说：

> 司书三岁则大计群吏之治，以知民之财，器械之数，以知田野、夫家、六畜之数，以知山林、川泽之数，以逆群吏之政令，逆谓钩考也。恐其群吏滥税敛万民。故知此本数，乃钩考其政令也。夫奢则以为荣，俭则以为辱，不顾家之有亡，汲汲以从俗为事者，民之常情也。是故为之禁令，地孅收多，则用之丰。地恶收少，则用之省。如此，民皆知惜费矣。亏下以益上，贪功以求赏，不恤人之困乏，皇皇以言利为先者，吏之常态也。是故为之钩考，虽器械、六畜、山林、川泽，必知其数。如此，吏不敢厚敛矣。民皆知惜费，吏不敢厚敛，而不免冻馁者，未尝闻也。(《国用第八》)

这种反对官吏对人民"滥税"、"厚敛"、敲榨等贪污、压榨行为，在当时，除去贪官污吏和豪绅外，是大多数人所赞成所要求的。但李觏不知道这种要求是要通过人民自己的严重斗争才能实现的；而乃希望于大地主当权的政府对官吏实行监察和考核(钩考)，真可说是"与虎谋皮"。

四、他提出要大地主家族和中小地主及其他中间诸阶层平均负担徭役的要求，因而主张"均役"。他说：

> 君子之于人，裁其劳逸而用之，可不谓义乎？世有仕学之乡，或舍役者半，农其间者，不亦难乎！而上弗之恤，悖矣！贵者有爵命，服公事者有功劳，诚不可役，然复其身而已，世有一户皆免之。若是，则老者、疾者，亦可以阖门不使耶？至于马

牛，皆辨其可任善。夫世有人未尝刍秣，而责以牵彷，其僦费败家者众矣。况乎水旱疾役之岁，饥饿之弗察，死亡之弗图，而临以定制，驱之给使可乎？故均人，凡均力政，以岁上下：丰年则公旬用三日焉，中年则公旬用二日焉，无年则公旬用一日焉，凶札则无力政无财赋也。（《国用第十五》）

当时的徭役负担，完全重压在中间阶层、农民，乃至中小地主的肩上（中小地主不给役者出役钱）；大地主和贵族官僚，不只都是“阖门”免役，而且连他们自己的佃户也只直接给他们自己服役。但李觏却不反对那种苛重的徭役制度，只主张“均役”，同时也还承认贵族和官僚本身的“免役”特权。

五、他提出设置“平准”的主张，去对抗地主、官僚、商人三位一体之“邸店”的独占特权。他说：

地所有而官不用，则物必贱；地所无而反求之，则价必贵。况天时所不生，则虽有如无矣。买贱卖贵，乘人之急，必劫倍蓰之利者，大贾蓄家之幸也。为民父母，奈何不计本末，罔农夫以附商贾。（《国用第九》）

令远方各以其物，如异时商贾所转贩者，为赋置平准于京师，都受天下委输，大农诸官尽笼天下之货物。如此，富商大贾亡所牟大利则反本，而万物不得腾跃。故抑天下之物，名曰“平准”。（《国用第九》）

当时的“邸肆”不只垄断对外贸易，且垄断国内市场，自由商人买卖的货品以及农产物和盐、铁等买卖都须经过它。这不但对自由商人是一种严重的束缚,对手工业者、自耕农和贫穷农民乃至中小地主,都是一种残酷的剥削。但李觏却不是从贫穷农民的立场来说的。

他这些要求和主张,本质上都是一些社会改良政策,在原则上,后来都成了"王安石变法"的主要内容。而他这些主张,虽然部分的也符合着当时的中小商人、手工业者,乃至自耕农民的要求,但主要都是从中小地主阶层立场提出的。后来王安石"新法"能取得中小地主和自耕农民及其他中间阶层的赞助,原因也正在这里。

丙　王安石"新法"的主要内容

王安石在认识论上,也是从当时流行的所谓性命论上立论的。首先他批评从来儒家关于性命论之一贯的唯心主义立场说:

> 或曰:孟、荀、杨、韩四子者,皆古之有道仁人。而性者,有生之大本也。以古之有道仁人而言有生之大本,其为言也,宜无惑。何其说之相戾也!吾愿闻子之所安。曰:吾所安者,孔子之言而已。夫太极者,五行之所由生,而五行非太极也。性者,五常之太极也,而五常不可以谓之性。此吾所以异于韩子。……孟子言人之性善,荀子言人之性恶。夫太极生五行,然后利害生焉;而太极不可以利害言也。性生乎情,有情然后善恶形焉;而性不可以善恶言也,此吾所以异于二子。……且诸子之所言,皆吾所谓情也,习也,非性也。杨子之言为似矣,犹未出乎以习而言性也。(《临川文集·原性》)

依此，他所谓“太极”，意味着宇宙的原始，由太极派生着金、木、水、火、土五种物质原素，然后演化出万物。对于人类，他认为所谓“性”者，并不是什么具有神秘意义的东西；而儒家所说的“性”，那不过是“情”，即人类的意识，而此意识的分歧，却是以“习”，即环境如何而决定的。然而意识从哪里产生的呢？他说“性”是产生意识的本体。故说：

> 性，情一也。……喜、怒、哀、乐、好、恶、欲未发于外而存于心，性也；喜、怒、哀、乐、好、恶、欲发于外而见于行，情也。性者，情之本；情者，性之用。故吾曰：性，情一也。……故此七者，人生而有之，接于物而后动焉。动而当于理，则圣也，贤也；不当于理，则小人也。……故君子之所以为君子，莫非情也；小人之所以为小人，莫非情也。（《临川文集·性情》）

这是说，“情之本”的“性”本身，是没有什么善恶之分的，是好像白纸一样的东西。但这种白纸般的“性”是能动的，由于“性触外物”而发生意识；同时，由于对“外物”感染的不同，而分化出“善恶”。所以他的认识论，可说是一种环境决定论。

从这种见解出发，便否定了所谓“性善”“性恶”“性三品”……的先验主义的论点。这正在说明，人类的阶级地位不是被所谓先天的“性”所规定的。

从环境决定论的观点上，认为各人所见的是非，由于环境的不同，只有一种相对性的内容。因而他说舜之所以被称为圣人，是相对于象而说的；文王之所以被称为圣人，是相对于纣而说的。同时，舜因感触象的“不悌”，而发生友爱之情；文王因感触纣的“无道”,而发生诛暴之情。

从这里转入到政治论,他认为社会环境的变迁,人民的思想意识和要求也在跟着变迁的,《风俗》篇说:“故风俗之变,迁染民志。”所以因应环境的变化而改变法度,是适应客观情况的一种必然要求。不知顺应客观环境的变化,以及由此而生的人民思想意识和要求的变化,去改变法度,都是倒果为因的措施,所谓“安利之要,不在于他”。从而所谓教化制度,都是“文”,而不是“本”,如不适合客观情况和时代的要求,便不能发生作用;顽固的保守是徒劳无益的。《临川文集·原教》篇说:

善教者,藏其用,民化上而不知所以教之之源;不善教者,反此,民知所以教之之源,而不诚化上之意。善教者……天下之君君、臣臣、父父、子子、兄兄、弟弟、夫夫、妇妇,皆吾教也。民则曰:我何赖于彼哉?此谓化上而不知所以教之之源也。不善教者之为教也,不此之务,而暴为之制,烦为之防,劬劬于法令诰诫之间,藏于府,宪于市,属民于鄙野,必曰臣而臣、君而君、子而子、父而父、兄弟者无失其为兄弟也,夫妇者无失其为夫妇也,率是也有赏,不然则罪。乡闾之师、族酂之长,疏者时读,密者日告。若是其悉矣。顾不有服教而附于刑者。于是嘉石以惭之,圜土以苦之,甚者弃之于市朝,放之于裔末,卒不可以已也。此谓民知所以教之之源,而不诚化上之意也。善教者,浃于民心而耳目无闻焉,以道扰民者也;不善教者,施于民之耳目而求浃于心,以道强民者也。扰之为言,犹山薮之扰羽毛,川泽之扰鳞介也,岂有制哉?自然然耳。强之为言,其犹囿毛羽沼鳞介乎?一失其制,脱然逝矣。噫!古之所以为古，无异焉，由前而已矣；今之所以不为古，无异焉，由后而已矣。或曰：法令诰诫不足以为教乎？曰：法令诰诫，文也；吾云尔者，本也。失其本而求之文，吾不知其可也。

是他认为所谓"三纲五常"以及法令制度等政治形态和意识形态的东西，都不是能依赖教化、刑罚和法令本身所能维护其存在的；只有一个更基础的东西，即所谓"本"才能维护其存在。但是在这里，他不是反对"三纲五常"和根本要改造法令制度的本质，而只是主张采取一些改良主义的步骤，这种步骤，并且是使民不知不觉之中便"诚化"于"三纲五常"之中。这正是其基本立场的表现。

从而他认为不顺应环境的变化以及人民现实的要求和思想意识的变化，采取必要的改良步骤，矛盾便不能缓和，统治便不能稳固。他在《临川文集·上仁宗皇帝言事书》中说：

陛下其能久以天幸为常，而无一旦之忧乎？盖汉之张角，三十六万同日而起，所在郡国莫能发其谋。唐之黄巢，横行天下，而所至将吏无敢与之抗者。……而方今公卿大夫，莫肯为陛下长虑后顾，为宗庙万世计，臣窃惑之。……臣愿陛下鉴汉唐五代之所以乱亡，惩晋武苟且因循之祸。

因此，他虽然肯定当时的社会，有顺应环境去力图"变法"的必要，但他不是在反对旧制度，而是从维护旧制度出发的。所以王安石的根本立场，并不要求改变社会秩序的本质，只要求部分的改良。

王安石为首的“新党”所主张的改良主义政策，是以中小地主阶层的要求为基础的，那和大地主阶层虽非根本性的矛盾，而在其现实利益上，却是有很大矛盾的。所以自始便展开了两者间的冲突。

在北宋，大地主的特权，主要是：一、他们全生活于赋役的负担之外，享受所谓蠲税和蠲役的特权；二、官僚、地主、商人三位一体的商业资本，即“邸店”或“邸肆”，享有垄断对外贸易和国内市场的特权；三、大地主享有对人民实行高利贷榨取的特权；四、他们掌握政权，并拒绝其他阶级阶层来参政。而由于到北宋的社会阶级关系的变化，即中间诸阶层形成了庞大的社会层，特别是地主阶级中下层——中小地主与农民阶级上层——自耕农的数量较前扩大，并形成了自由商人集团。大地主的种种特权，妨害了连同中小地主与其他中间诸阶层的利益(对于贫穷的农民阶级，自然更是不利的)。因此，“新党”为着和势力庞大的大地主作政争，便不仅联合大权旁落的皇帝，而且联合中小地主以及其他中间诸阶层。所以新党的政策，又反映了自由商人、手工业者、自耕农等的一些要求。因此，“新党”又得到皇帝、中小地主以及其他中间诸阶层的赞助，便一时把大地主由中央政权机关中排出去，由他们组织内阁。以王安石为首的第一届新党内阁，便实际施行了如次的几项政策：

一、实行青苗法，其意义盖类似于后世之农村信用贷款。这个政策，在对抗大地主阶层的高利贷。其办法内容，《宋史·食货志上四》云：

熙宁二年(公元一〇六九年)，制置三司条例司言：“诸路常平、广惠仓钱谷，略计贯石可及千五百万以上，敛散未得其宜，故为利未博。今欲以现在斗斛，遇贵量减市价粜，遇贱量增市价籴，可通融转运司苗税及钱斛就便转易者，亦许兑换。仍以现钱，依陕西青苗钱例，愿预借者给之。随税输纳斛斗，半为夏料，半为秋料。内有请本色或纳时价贵愿纳钱者，皆从其便。如遇灾伤，许展至次料丰熟日纳。非惟足以待凶荒之患，民既受贷，则兼并之家不得乘新陈不接以邀倍息。又常平、广惠之物，收藏积滞，必待年俭物贵然后出粜，所及者不过城市游手之人。今通一路有无，贵发贱敛，以广蓄积，平物价，使农人有以赴时趋事，而兼并不得乘其急。凡此皆以为民，而公家无所利其入。是亦先王散惠兴利，以为耕敛补助之意也。"

高利贷是大地主并吞自耕农民以至中小地主和剥削人民的一条毒蛇。他认为，取消大地主高利贷的活动，是防止其土地兼并的重要步骤。王安石又说："周置泉府之官以抑制兼并，均济贫乏，变通天下之财；后世惟桑弘羊、刘晏粗合此意。学者不推明先王之法意，更以为人主不当与民争利。今欲理财，则当修泉府之法。"（《临川文集·上仁宗皇帝言事书》）不过"青苗法"又附带照顾到农民，"泉府之法"却主要是利于小地主及其他中间诸阶层的。

二、实施"均输法"，即官府于各地设买卖场，去抵制官吏借赋贡转输的层叠敲榨，和"富商大贾"的垄断和操纵，贸迁全国物产，调剂各地供求，减少中小地主及其他中间诸阶层所受到的输纳展转的苦痛（这在客观上又是符合农民各阶层的要求的）。因为在宋朝，人民输纳现物贡赋，展转输送，在"折耗"等等名义下，每每数倍于本赋；征收官吏皂隶复从中作弊，讹索苛榨，人民不胜其苦；而所赋现物到达征收地入仓后,官吏复有“支移折变”等办法,公私两受其蚀;而又形成各地货物盈缺不均,国库民用两受其害;“富商大贾”则以“接载”“散敛”“买贱卖贵”的办法,从中操纵渔利;千里转运,人民更不胜其苦。新党所推行的“均输法”内容,王安石在《临川文集·乞制置三司条例》上说:

窃观先王之法,自畿之内,赋入精粗,以百里为之差;而畿外邦国,各以所有为贡,又为经用通财之法以懋迁之。其治市之货财,则亡者使有,害者使除。市之不售,货之滞于民用则吏为敛之,以待不时而买者。凡此,非专利也。盖聚天下之人,不可以无财;理天下之财,不可以无义。夫以义理天下之财,则转输之劳逸,不可以不均;用度之多寡,不可以不通;货贿之有无,不可以不制;而轻重敛散之权,不可以无术。今天下财用,窘急无余;典领之官,拘于弊法。内外不相知,盈虚不相补。诸路上供,岁有定额;丰年便道,可以多致,而不敢不赢;年俭物贵,难于供备,而不敢不足。远方有倍蓰之输,中都有半价之鬻。……诸司财用事,往往为伏匿不敢实言,以备缓急。又忧年计之不足,则多为支移折变以取之;民纳租税数,至或倍其本数;而朝廷所用之物,多求于不产,责于非时。富商大贾因时乘公私之急,以擅轻重敛散之权。臣等以谓发运使总六路之赋入,而其职以制置茶、盐、矾、税为事;军储国用,多所仰给。宜假以钱货,继其用之不给,使周知六路财赋之有无而移用之。凡籴买税敛上供之物,皆得徙贵就贱,用近易远。令在京库藏,年支见在之定数;所当供办者,得以从便变卖以待上令。稍取轻重敛散之权,归之公上而制其有无，以便转输，省劳费，去重敛，宽农民，庶几国用可足，民财不匮矣。

这从财政的观点上，指出辗转输纳租税的不合理，以及因此而增重人民的负担，与"富商大贾"的从中操纵取利，官吏从中蚀吞、敲诈。

三、实施"市易"法，排除大地主官僚垄断商业的"邸店"特权。其办法，据《宋史·王安石列传》云："市易之法，听人赊贷县官财货，以田宅或金帛为抵当，出息十分之二。过期不输，息外每月更加罚钱百分之二。"这仅说明了"市易"作用的一面。其次，"市易"的另一广泛的作用，在取消"邸店"的操纵，由政府去统制物价，设置管理平价与通货的市政机关——"市易务"；同时，把自由商人从"邸店"的束缚下解放出来，给以经营商业之自由权利。

四、实施"募役"法，取消大地主和官僚不负担赋役的特权。这在一方面，使大地主、官僚和中小地主以至全国人民平等负担国家赋役。其办法，《王安石列传》云："免役之法，据家赀高下，各令出钱雇人充役，下至单丁、女户，本来无役者，亦一概输钱，谓之助役钱。"这样不但把担税的范围扩大，而且有一种压制富人的财产累进税的作用。其次平均赋税负担的便是"方田"法。"方田"法的内容，据本传云："方田之法，以东、西、南、北各千步，当四十一顷六十六亩一百六十步为一方。岁以九月，令、佐分地计量，验地土肥瘠，定其色号，分为五等；以地之等，均定税数。"这是依耕地的肥沃程度，区分地税的等级；凡耕地均须纳税。

五、实行"保甲"法。为农村的一种自卫组织，寓有人民"义勇"武装的国防意义。其办法，据《王安石列传》云："保甲之法，籍乡村之民,二丁取一,十家为保,保丁皆授以弓弩,教之战阵。”五十家为一大保,五百家为一都保。保长、大保长、正副都保正均由保民选任。这种“义勇”队平时担任巡逻、放哨、防盗,战时协助和补充军队作战。其次,实行所谓“保马”法。其内容,据本传云:“保马之法,凡五路义保愿养马者,户一匹,以监牧见马给之。或官与其直,使自市。岁一阅其肥瘠,死病者补偿。”此为其国防上之军事政策。王安石的“保甲法”“保马法”,及设军器监,在当时有着现实的国防意义,和后来的所谓“保甲制度”,是不同性质的。

六、实行农田水利之法。这是一种改进农业的经营技术,提高农业生产性的一种措施。此外,又有“免行钱”、制定陕西盐钞法、创制置三司条例司,“又令民封状增价以买坊场”(本传)等措施。

依此,王安石的“新法”,虽部分的符合自由商人、自耕农等的要求,然而基本上却是从中小地主的利益出发的。“新法”的实行,对于佃农虽也有点利益,但他的主观上,并没有去照顾佃农。所以对当时土地所有诸关系,他和大地主阶层一样,认为是神圣的。所以他半点也没有怀疑地主阶级的土地占有权,同时,半点也没有去考虑佃农对于土地的要求。他也毫没怀疑“三纲五常”为中心的封建秩序。因此,有人认为王安石系下层农民或新兴市民阶级的代言者,只是一种“只见树木,不见森林”的臆断。

这就是以王安石为首所进行的改良主义运动的大致轮廓。这在当时虽带有一定程度的进步性,但其本身是不能有什么远大前途的;而且由于他们所代表的阶层地位的特性,其自身也不能坚持其改良政策的。王安石以后,爬上政治舞台的新党人物,如吕惠卿、章惇、蔡京等人,后来由于自己都成了大官僚大地主,他们便慢慢放弃或改变王安石新政的精神实质,而成为大地主集团横征暴敛的工具,蔡京之流并成了人民眼中的"六贼"。

二　反映初期自由商人集团一些要求的叶适、陈亮学说

甲　叶适的批判主义

叶适字正则,又号水心,浙江永嘉人。生于南宋高宗绍兴二十年(公元一一五〇年),卒于宁宗嘉定十六年(公元一二二三年),为当时统治者所谓"反动"的"永嘉学派"之集大成者。淳熙五年(公元一一七八年)举进士第二,"授平江节度推官,召为太学正,由秘书郎出知蕲州,入为尚书左选郎官,赞赵忠定定内禅,迁国子司业",后为兵部侍郎,知建康府兼沿江制置使(《四朝学案·水心学案》)。后以反程朱等"理学"为雷孝友所弹劾罢官。他虽累为巨官,但其出生地浙江,在当时,已成为全国"都市经济"最发展的区域,也是对外贸易的主要地区,自由商人和大地主间的矛盾,已比较尖锐;同时在东南区域,中间诸阶层和农民对赋役的负担也比较最苛重。在这种情况下,便孕育出反"理学"的"永嘉学派",叶适便是这一学派的巨擘。至叶适出身的家世,则《宋史》本传和《学案》均无可考证。

其著作,有《习学记言》五十卷、《水心文集》二十八卷、《拾遗》一卷、《别集》十六卷、《制科进卷》九卷、《外稿》六卷、《荀杨问答》。

叶适在认识论上,首先他认为要从客观的认识出发,才能获得

正确的知识。他说：

孔子告颜子：一日克己复礼，天下归仁焉。盖己不必是，人不必非。克己以尽物可也。若动容貌而远暴慢，正颜色而近信，出辞气而远鄙倍，则专以己为是，以人为非，而克与未克，归与不归，皆不可知，但以已形物而已。(《习学记言》)

百圣之归，非心之同者不能会；众言之长，非知之至者不能识。故孔子教人以多闻多见而识之；又著于大畜之象。(同上)

夫欲折衷天下之义理，必尽考详天下之事物而后不谬。(《水心文集·题姚令威〈西溪集〉》)

于是他进而又抨击主观主义说：

古人多识前言往行，谓之蓄德；近世以心通性达为学，而见闻几废；……狭而不充，为德之病矣。(《水心文集·题周子实所录》)

这是说，那种不从客观的实际情况出发，反而只从玄想的“心”“性”方面去追求的理学，并不是真正的学问和知识，而是有害的东西。

从而他认为知识是解决客观实际问题的工具，并不是为知识而求知识的。而当时知识分子的情况则恰恰相反，他们读书不是为着致用，写文章不是为着说明事理和教育群众，而是“无的放矢”；行动和志趣，也都不从真理(大义)和全社会(世)的利益出发，完全不合客观实际的要求。故说：

读书不知接统绪，虽多无益也；为文不能关教事，虽工无益也；笃行而不合于大义，虽高无益也；立志不存于忧世，虽仁无益也。（《水心文集·赠薛子长》）

从这里他又进而说明，一切知识、学问和运动，符合于人群实际利益的，都是好的；否则，什么知识和修养都是空的、无用的、骗人的东西。而所谓“仁义道德”，离开实际利益的要求，也都是无用的空话。故说：

仁人正谊不谋利，明道不计功。此语初看极好，细看全疏阔。古人以利与人，而不自居其功，故道义光明。后世儒者行仲舒之论，既无功利，则道义乃无用之虚语耳。（《习学记言》）

从这里，他转入个人主义的立场，认为历史上人类的一切活动，都是由个人的私利发动，即“为己”的；所谓为人民、为大众的斗争，他认为只是表面的。这不独表现其为私利观点的个人主义所限制，也由于他只看到汉高祖唐太宗那些地主阶级的英雄。然而，他这种个人主义，比封建主义却是比较进步的，他说：“汉高祖唐太宗与群盗争攘竞杀，胜者得之，皆为己富贵，何尝有志于民！以人命相乘除，而我收其利，犹可以为功乎？”（《习学记言》）从这里，他认为人类都具有一种物质欲望的本领，这种本领是不可消灭的，只能顺应这种本领的要求去加以调节。故说：“凡人心实而腹虚，骨弱而志强，其有欲于物者，势也；能使反之，则其无欲于物者，亦势也。圣人知天下之所欲，而顺道节反之，使至于治。而老氏以为抑遏泯绝之，使不至于乱。”（同上）于是便又进而抨击理学派的“天理人欲”说,及其所谓“道”和“性命”说的论点;他认为所谓真理,并不存在于人类日常生活的实际问题之外,故其论“道”说:

《周官》言道则兼艺,贵自国子弟,贱及民庶,皆教之。其言儒以道得民,至德以为道本,最为要切;而未尝言其所以为道者。虽《书》自尧舜时,亦以言道,及孔子言道尤著明。然终不的言明道是何物。岂古人所谓道者,上下皆通知之,但患所行不至邪?老聃本周史官,而其书尽遗万事,而特言道。凡其形貌朕兆眇忽微妙,无不悉具。予疑其非聃所著,或隐者之辞也。而《易传》及子思、孟子亦争言道,皆定为某物。故后世之于道,始有异说,而又益以庄、列、西方之学,愈乖离矣。今且当以《周礼》二言为证,庶学者无畔援之患,而不失古人之统。(《习学记言》)

依此,他认为所谓“道”,实际就是人类的生活知识,此外便无所谓“道”。

另一方面,他对于所谓“性”的见解,认为也不是什么神秘难解的东西,而是人与物一同赋有的性命,这性命是随同人与物的发生而发生的。故说:“《书》称惟皇上帝降衷于下民,即天命之谓性也。然可以言降衷,而不可以言天命。盖物与人生于天地之间,同谓之命;若降衷,则人固独得之矣。降命而人独受,则遗物;若与物同受命,则物何以不能率,而人能率之哉?”(同上)在这一点上,他认为所谓性,对于人完全是同一的,这否定了从来的性善论、性恶论、性三品论之封建统治阶级的欺骗性的定命论,确认人类的本质原是平等的，这是一种人本主义的思想，也是有着民主精神的积极因素的。同时，他认为人类意识的歧异系由于不同的生活环境所决定的，并不是本"性"的歧异。故说："予尝疑汤'若有恒性'，伊尹'习与性成'，孔子'性近习远'，乃言性之正，非仅善字所能宏通。"（同上）

于是，他又进而对封建地主哲学的儒、释、道各派，都与以无情的批判。首先他批判"释""道"的寺院哲学说：

老子之徒矜大者，老氏可耳。将以示为士者可乎？天地定位也，人物定形也，寿夭贵贱可约而推也，爱、恶、苦、乐可狎而齐也。人之为天地，天地之为人，统气御形而谓之道者，非也。（《水心文集·老子说》）

道家澹泊，主于治人。其说以要省胜支离。汉初常用之。虽化中国为夷，未至于亡也。浮屠本以坏灭为旨，行其道必亡；虽亡不悔，盖本说然也。梁武不晓，用之当身而失；唐宪、懿又出其下，直谓崇事可增福利。悲哉！（《习学记言》）

予尝患浮屠氏之学至中国，而中国之人，皆以其意立言；非其学能与中国相乱，而中国之人实自乱之。老子之学，固昔人之常；至其能尽去谬悠不经之谈，而精于事物之情伪，执其机要以御时变，则他人之书固莫能及。盖《老子》虽为虚无之宗，而皆有定理可验。远不过有无之变，近不过好恶之情，而其术备矣。其徒列御寇庄周祖述之，上推天地之初，下极人物之化；其言下里夷貊，如太始、太素、青宁、程马于其指归，终不能识，上则渎天，下则欺人。（《同上》）

依此，他对于道学，只反对其"虚无之宗"等唯心主义观点，和庄周列御寇的诡辩论;对于其究“有无之变”的方法论,即其所谓“术”,他却并不反对。但其对于佛学,是采取一种绝对的立场去批判的,他认为不是因为佛学是外货,主要由于它是以“坏灭为旨”的亡国灭种的邪说。叶适在这里,不只表现其反对封建宗教的进步性,且表现其在反对女真奴隶主集团的南侵。在其时,侵入北中国的女真奴隶主集团正利用佛教作为其奴役汉族等各族人民的一个武器。当时一部分不明大义的大地主,却反而去宣扬落后的佛教,反对较进步的朱熹学派以至永嘉学派。

其次,他对于儒家学,自子思、孟轲以至其时理学的批评说:

> 而徒以新说奇论辟之,则子思、孟子之失遂彰。……呜呼!道果止于孟子而遂绝耶?其果至是而复传耶?(《学案·总述讲学大旨》)

对儒家当作教条看的《易·十翼》《诗》《大学》……他都从一种疑古的立场出发,予以否定;并进而批判儒家,特别对其时理学家的宇宙观。他说:

> 天一地二一节,此言阴阳奇偶可也;以为五行生成,非也。其曰天生而地成,是又传之所无,而学者以异说佐之。(《习学记言》)
>
> 孔子《彖辞》,无所谓太极者,不知传何以称之。自老聃为虚无之祖,然犹不敢放言,曰“无名,天地之始,有名,万物之母”而已。庄列始妄为名字,不胜其多,故有太始、太素、茫昧、广远之说。传《易》者……而亦为太极以骇异后学,后学鼓而

从之，失其会归，而道日以离矣。（同上）

混茫之中，是名太初，实生三气：曰始、曰元、曰玄。其言如此，异哉！盖古之言道，《三坟》《八索》，旧所闻记，往往皆然。故问者有风轮谁转？三三六六谁究？谁使之语？明其为常所传习也。案浮屠在异域，而风水诸轮相与执持，上至有顶，其说尤怪。……《洪范·九畴》，箕子言天所锡，一为五行，即程子所谓上炎下注者。然《易》言坎离，未尝如是。《书》所谓独于中气生生万物，新新不穷者。经籍乖异，无所统一；转相诞惑而不能正。后世学者，幸六经已明，五行八卦，品列纯备，道之会宗，可以日用而无疑矣。奈何反为太极、无极、动静、男女、清虚、一大，转相夸授，自贻蔽蒙？（同上）

在这里他认为五行哲学和八卦哲学所品列的五种物质原素或八种物质原素，就是客观世界的起源，即所谓“道之会宗”；而《易传》和理学等儒家著作对“道”的解释，都是怪谬夸张、蒙蔽真理的。从而他又认为宇宙万象，都是变动不居的，没有一种静止不变的东西。故说：

予固谓老子之言，有定理可验；至于私其道以自喜，而于言天地，则多失之。古人言天地之道，莫详于《易》，即其运行交接之著明者，自画而推，逆顺取之，其察至于能见天地之心，而其粗亦能通吉凶之变。后世共由，不可改也。今老子徒以孤意妄为窥测，而其说辄累变不同。曰：“天地不仁，以万物为刍狗。”夫天地以大用付阴阳，阴阳成四时，杀此生彼，岂天地有不仁哉？曰“玄牝之门，是为天地根”，则是不以乾统天，而天之行非健也。曰:“飘风不终朝,骤雨不终日。天地尚不能久,而况人乎。”夫飘风骤雨,非天地之意也;陵肆发达,起于二气之争;至于过甚,亦有天地所不能止者矣。然君子之象,为振民育德,赦过宥罪,而区区血气之斗,何敢拟于其间。盖老子以人事言天,而其不伦如此。夫有天地与人,而道行焉,未知其孰先后也。老子私其道以自喜,故曰“先天地生”,又曰“天法道”,又曰“天得一以清”。不稽于古圣贤,以道言天,而其慢侮如此。及其以天道言人事,则又忘之。曰“天道其犹张弓”,则是天常以机示物,而未尝法道之虚一无为也。然则从古圣贤者,畏天敬天;而从老子者,疑天慢天。其不可也必矣。(《习学记言》)

这也同样在反对老子关于“道”的解释,而赞成其辩证法观点。他在这里,虽然还带着浓厚的唯心主义的色彩,然似已把“天”了解为一种自然法则,即意味着“天”不是“常以机示物”的东西;同时,他赞成《易卦》和《老子》的辩证观点,确认一切事物是变动的、发展的,这是一种进步的见解。他从这种观点上,转入到历史观方面,首先他认为人类社会的历史是一个变易的过程,即随着时间的变易而变易的。从而社会制度随着时代变化,人类的政治思想、主张和观点,也便要跟着变化的。故说:

孔子时,圣人之力,尚能合一以接唐虞夏商之统,故所述皆四代之旧;至孟子时,所欲行于当世,与孔子已稍异;不惟孟子,虽孔子复出,亦不得同矣。然则治后世之天下,而求无失于古人之意,盖必有说,非区区陈迹能所干也。(《习学记言》)

他也认为历史的变化,自亦有其条件的(他对根据和条件的了解,没有明确的概念)。社会条件一变化,便会引起制度的变化;若没有客观条件存在,也不易轻言更张的。他说:

郑作丘赋,当由人多于地。若无故重敛,亦子产所不为也。然君子以变古为难,须更有商量。(《习学记言》)

从这里,他提出一种带有革命性的主张。同书说:

子产相郑,若止是施政于民,亦非难事。大要国体不立,如既坏之室,扶东补西,欲加修治,使之完美自立,固非旧之可因,亦非新之可革。裁量张弛,不用一法,其曲折甚难,故有思始成终,如农有畔之论。

这是说"施政于民"的改良主义,是较易实行的;但在旧社会基础已经崩坏的情势下,改良主义是完全没有效力的。因而就不是"因""旧"便能使"国体完美",而须"裁量张弛"。而革命却是"曲折甚难",不是简单的事业。

因而,他便对封建地主及其所依存的社会秩序进行批评:一面批评大地主的所谓"世禄"即其不劳而食的剥削生活说:"世禄不在不朽之数,然古亦未有无功德而世其禄者。学者要当德义为无挟而存耳。"(《习学记言》)一面批评大地主和封建贵族窃取政权,作威作福,骄奢淫佚。他并认为这种腐化的现象,曾是商朝奴隶制末期的情况;在革命的周人那里,是没有这种现象的。他说:

……古者,戒人君自作福威玉食,必也克己以惠下,敬身以敦俗;况于人臣,尚安有作福威玉食者?箕子之言,得非商之末世,权强陵上之俗已成;纣虽肆其暴,而威柄已失。故其言如此。然而武周亦未尝用也,秦汉乃卒用之。(《习学记言》)

于是他进而说明统治者的存在,不是要他来统治人民,擅作威福,而是要他来代表人民的利益;统治者和人民,在本质上,不应有什么尊卑的差别。故说:"盖春秋以前,据君位利势者,与战国秦汉以后不同,君臣之间,差不甚远,无隆尊绝卑之异。"(同上)这表现其对封建等级身分制度的反抗,也表现一种素朴的民主思想倾向。他又说:

《七月》之诗,以家计通国服,以民力为君奉。自后世言之,不过日用之粗事,非人纪之大伦也。而周公直以为王业,此论治道者所当深体也。《洪范》曰:"惟天阴骘下民,相协厥居。"《无逸》曰:"先知稼穑之艰难。"古人未有不先知稼穑而能君其民,以使协其居者。此《诗》乃《无逸》之义疏,"协居"之条目也。后世弃而不讲……乃以势力威力为君道,以刑政末作为治体,汉之文、宣,唐之太宗,虽号贤君,其实去桀纣尚无几。可不惧哉!(《习学记言》)

依此,他认为所谓"王业",就是一种体现社会人群实际生活的政治。掌握政权的人,必须懂得人民的经济生活,领导生产的知识,必须是为人民服务的;否则,他便不配掌握政权。这表现其对封建政治,特别对后期封建政治的无情攻击。从而他又进一步说明,认为国家的一切政令,固不必无条件的顺从民意,而要保持施政的集权原则;但须根据人民的要求。他说:“古人之于命令也,先甲三日,后甲三日,先庚三日,后庚三日。夫上之所欲未必是,逆而行之不可也;民之所欲未必是,顺而行之不可也。理必有行而行之,先之以开其所知,后之以熟其所信,申重谆悉,终于无不知,斯行矣。命令之设,所以为民,非为君也。”(《习学记言》)另方面,他对父家长的宗法制和封建战争也均表示反对。

南宋的苛捐杂税是很繁重的,因此,他对当时的税制,也表示反对:

> 儒者争言古税法必出于十一,又有贡、助、彻之异,而其实不过十一。夫以司徒教养其民,起居饮食,待官而具;吉凶生死,无不与偕。则取之虽或不止于十一,固非为过也。后世刍狗百姓,不教不养,贫富忧乐,茫然不知;直因其自有而遂取之。则就能止于十一,而已不胜其过矣!亦岂得为中正哉?况合天下以奉一君,地大税广,上无前代封建之烦,下无近世养兵之众,则虽二十而一可也,三十而一可也。(《习学记言》)
>
> 授田之制荡尽,奈何犹用授田时法税之。后世谓杨炎两税变古,全不究始末。(同上)

于是他又进而反对封建政治,特别是其超经济的强烈榨取。他说:

> 许行言贤者与民并耕而食,饔飧而治。虽非中道,比于刻薄之政,不有间乎?孟子力陈尧舜禹稷所以经营天下,至谓其

南蛮鴃舌之人,非先王之道,词气峻截,不可婴拂。使见老子至治之俗,民各甘其食,美其服,邻国相望,鸡狗之音相闻,民至老死不相往来之语,又当如何?(《习学记言》)

不过叶适在这里,只是说"刻薄"之封建政治,还不如古代原始公社;可是他并不是赞成古代原始公社,相反的,而是谓为非其所谓"中道"。然此在当时的历史条件下,却反映了近代资产阶级前身的自由商人的一种进步思想。

同时,在一方面,又提出工商参政的要求,说:"四民未有不以世。至于烝进髦士,则古人盖曰无类,虽工商不敢绝也。"(《习学记言》)易言之,他要求人民无身分限制的得参加政权。一方面,他要求国家应该保护商人,尽可能减轻其负担,扶助商品贸易的发展。同时,他又批评秦汉以来的重农抑商和国家对商品贸易的垄断政策。他说:

《书》懋迁有无化居,周讥而不征,春秋通商惠工,皆以国家之力扶持商贾,流通货币。故子产拒韩宣子一环不与,汉高帝始行困辱商人之策,至武帝始有算船告缗之令,极于平准,取天下百货自居之。夫四民交致其用,而后治化兴。抑末厚本,非正论也。(《习学记言》)

其次,他又要求改变封建的土地占有制和爵位世袭制,特别是对土地占有之宗法家族制的约束。并表现其要求土地国有,即"赋禄制田,其权在上","田不必子,而贫者可共"的倾向。故说:

古者赋禄制田,其权在上;贫贱富贵,无大逾越。而为之宗以维之，故长者不傲，幼者不侮，而和亲雍睦之教可行。后世崛起，自致贫贱富贵，各极其欲，荣悴异门，交相为病；于是贤者谢宗以自远，不肖者挟长以行私。盖斗阋之不暇，而安能善其俗哉！夫宗者，贵而贤者也，富而义者也；非是二者，而拥虚器以临之，教令之所不行也。故贵而贤，富而义，则上礼异之，命为其宗。爵不必亲，而疏者可畀也；田不必子，而贫者可共也。施舍赒惠，族人依倚，特为宗主，无犯义，无干刑，相趋于实，而不惟其名之徇，此今日立宗之要也。（《习学记言》）

有人错解这是叶适对宗法制的宣扬，实际上，这不是在宣扬宗法制度，而是说宗法制度发展到当时的情况，已成了一种羁绊。不过他在这里，却在借古代的宗法制度，去说明其"制田"和"共田"的见解。

再次，他主张改变兵役制度，废除募兵制，实行征兵制。他认为封建的农奴兵制、募兵制、屯兵制都不合时宜；但他的所谓征兵制，则是参酌那三种兵役制的一种新办法。他认为这样便可使国家获得强大的兵力，又可减少军费的开销。故说：

兵农已分，法久而坏。齐民云布，孰可征发？以畏动之意，求愿从之名，虽至百万，无不用募。且井田邱乘，所以人人为兵者。……若以天下奉一君，而人人不免为兵，不复任养兵之责，则圣人固所不为；若以天下奉一君，而养兵至于百万，独任其责而不能供，则庸人知其不可。今自守其州县者，兵须地著，给田力耕（是一说）；千里之内，番上宿卫，已有诸御前兵，不可轻改；因其地分募，乐耕者皆以渐归本（是一说）；边关捍御,尽须耕作,人自为战(是一说)。三说参用,由募还农,大费既省,守可以固,战可以克。不必概募府兵屯田,徇空谈而忘实用矣。(《习学记言》)

最后,在《财总论篇》中,提出改革当时税制的要求,并批评"经总制钱""和买""折帛"政策,特别反对大地主垄断茶、盐利益的特权(《财计上》)。对当时女真奴隶主集团对北方的统治和其不时南下侵掠,他坚决地主张收复"故疆"。例如《上孝宗皇帝劄子》说:"今日人臣之义所当为陛下建明者,一大事而已:二陵之仇未报,故疆之半未复。"同时,极力抨击主和论。他说:"不以贼虏为可怒,而反咎平燕之不当;不责主和之致寇,而反罪守京之非策。弃三镇则同议者皆是,割大河则签书者不疑。"这不只揭发了当时妥协派、内奸的无耻言论和行为,也说明了当时南宋的政权为这班丧尽天良的妥协派和内奸所左右。

这便是叶适思想的一幅轮廓画。叶适的理论和主张,有不少进步的东西;但他是依托于古代的经典去说明其自己的见解,同时还表现出一些极不彻底的、妥协的论点。叶适在思想上虽反映了初期自由商人集团的要求,但他同法皇御医揆内(Quesner)一样,厕身于封建官僚群中。——自然,叶适的思想在实质上,还不能与"经济表"相比拟。

乙　陈亮的功利主义

据《四朝学案·龙川学案》:"陈亮,字同甫,永康人,学者称为龙川先生。"生于宋高宗绍兴十三年(公元一一四三年),卒于光宗绍熙五年(公元一一九四年)。

《学案》云:“隆兴初……因上中兴五论,奏入不报。”“孝宗即位……亮更名同,诣阙上书。……书奏,孝宗赫然震动……召令上殿,将擢用;大臣交沮之,乃有都堂审察之命。待命十日,复上书言三事。欲官之。先生曰:‘吾欲为社稷开数百年之基,宁用以博一官乎?’亟渡江而归。”又云:“先生感孝宗之知,复上疏。时将内禅,不报。由是在廷交怒,以为狂怪。”依此他自始就受到官僚地主的排挤和压迫;而他和皇帝之间却有一种默契。《学案》又云:其“日落魄醉酒,醉时戏为大言。一士欲中之,以其事首刑部侍郎何澹,澹即缴状,事下大理,笞掠,诬服为不轨。事闻,孝宗知之,阴遣左右廉知其事,遂得免。居无何,家童杀人于境。适被杀者常辱先生父,其家疑之,闻于官,复下大理”,“先生自以豪侠,屡遭大狱……”。依此,他却是一个富有打抱不平的“豪侠”情怀,即充满一种斗争性的人物。但其家有“家童”,其家世当然不是一个贫困的农民家庭,他虽属有产者,但其父却尝被人凌辱。

其著作,有《龙川先生文集》三十卷。

陈亮在认识论上,是一个素朴的唯物主义者。他主张的“格物致知之学”,是从“天下何物非道!千途万辙,因事作则”的基本论点出发的,也就是为学的目的,在研究客观物事,从各个物事的研究上去达到对客观世界的认识;客观世界的一切物事,都有其必然法则的。在另一方面,他又认为架空的唯心主义的探究,是始终都无法接近真理的,自以为“得之深”的“文理密察之道”,也完全算不得什么知识和学问。他说:

世之学者,玩心于无形之表,以为卓然而有见。事物虽众,此其得之浅者,不过如枯木死灰而止耳;得之深者,纵横妙用,肆而不约,安知所谓文理密察之道泛乎中流,无所底止,犹自谓其有得,岂不可哀也哉?故格物致知之学,圣人所以惓惓于天下,后世言之而无隐也。夫道之在天下,何物非道,千途万辙,因事作则。苟能潜心玩省,于所已发处体认,则知"夫子之道,忠恕而已"非设辞也。(《文集·与应仲实书》)

他从这种观点出发,又进而批评理学说:"二十年之间,道德性命之说一兴,迭相唱和,不知其所从来。后生小子,读书未成句读、执笔未免手颤者,已能拾其遗说,高自誉道,非议前辈以为不足学矣。世之为高者,得其机而乘之,以圣人之道为尽在我,以天下之事为无所不能;能麾其后生,以自为高而本无有者,使惟己之向,而后欲尽天下之说一取而教之,颓然以人师自命。……吾深惑夫治世之安有此事乎,而终其流之未易禁也。"(《送王仲德序》)这是说,理学是流毒社会贻害青年的末流。但是理学的谬误何在呢?他说由于其那种两眼朝天的"道德性命之说"是完全和现实隔离的,他们没有"一艺一能"的生产知识,甚至"百事不理",只知装腔作势,自以为"通于圣人之道",其实是不只自充解人,而又"相蒙相欺"。所以说:

道德性命之说一兴,而寻常烂熟无所能解之人,自托于其间,以端悫静深为体,以徐行缓语为用,务为不可穷测,以盖其所无。一艺一能,皆以为不足自通于圣人之道也。于是天下之士,始丧其所有而不知适从矣……相蒙相欺,以尽废天下之实,则亦终于百事不理而已。(《文集·送吴允成序》)

因此,他说所谓理学家,实际都是些最无知识最无学问的人。

同时,他对于僧侣地主的寺院哲学,也是反对的(见《与应仲实书》)。

其次,他认为人类的本领从来就在于追求个人的利益;书本上说“三代以前,都无利欲,都无要富贵的人”,都是所谓圣人也者捏造的假话。《文集·乙巳复朱元晦秘书书》说:

(秘书)以为立功建业,别是法门。这些好说话,且与留着妆景足矣;若知开眼只是个中人,安得撰到此地位乎?秘书以为三代以前,都无利欲,都无要富贵底人,今《诗》《书》载得如此净洁,只此是正大本子。亮以为才有人心,便有许多不净洁;革道止于革面,亦有不尽概圣人之心者。圣贤建立于前,后嗣承庇于后,又经孔子一洗,故得如此净洁。

这对于儒家是骂得很痛快的,对于自由商人的个人主义的“利欲”特性,也是表现得颇确切的。但在殷周以前的原始公社制时代,真有“都无利欲,都无要富贵的人”,这却是陈亮所不知道的。

因之便归结出“曰利、曰霸”的功利主义。他说:“诸儒自处者曰义、曰王,汉唐作得成者,曰利、曰霸。一头自如此说,一头自如彼做;说得虽甚好,做得亦不恶。……如亮之说,却是直上直下,只有一个头颅做得成耳。”(《文集·甲辰答书》)又说:“功到成处,便是有德;事到济处,便是有理。”(《四朝学案》)这一面是说,只有功利是最现实的东西,其他都是空话;一面是说,能把事业作成、事情办好的办法,就是最现实的真理。

再次,他认为人类虽不能离开自然(天地)而生存,但人类也有

独立的作为,即克服自然的作用,若没有人类的活动,像佛家所说的一样,社会是不能存在的。因此,他反对自然主义。他说:

人之所以与天地并立而为三者,非天地常独运而人为有息也。人不立,则天地不能以独运;舍天地,则无以为道矣。夫不为尧存,不为桀亡者,非谓其舍人而为道也。若谓道之存亡,非人所能与,则舍人可以为道,而释氏之言不诬矣。(《文集·与朱元晦秘书书》)

又次,依照他,社会各个人都本着私利私欲的本领绝对地发展下去,将不会引起人与人间之无限制、无条件的冲突,而妨害社会集体的生存和秩序么?他说:"王霸可以杂用,则天理人欲可以并行。"《丙午复朱元晦秘书书》说:

有公则无私,私则不复有公。王伯可以杂用,则天理、人欲可以并行矣。亮所以为缕缕者,不欲更添一条路,所以开拓大中,张皇幽眇,而助秘书之正学也,岂好为异说而求出于秘书之外乎?

这亦即所谓"义利双行,王霸并用"。但对于个人利益和集体利益的关系,陈亮的理解是欠明确的。十八世纪欧洲资产阶级对这种关系的处理,是以前者为主导去统一这一矛盾的;现代无产阶级便恰恰把它反过来,确认以后者为主导去统一这一矛盾,即以个人利益须服从集体利益为原则。

再次,他在《与朱元晦秘书书》中提出其反对殷周"家天下"的意见。这表现其一种素朴的民主主义思想,而不是在复古的立场上,主张“尧舜传贤”式的政治。

最后,他对于女真奴隶主集团的不时南下侵掠及其在北方的反动统治,积极主战,并主张联合人民。在其上高宗《中兴五论》及《上孝宗皇帝书》中(见《龙川先生文集》),都表现了这种要求。

女真奴隶主贵族的肆行烧杀的军事行动和其在北方的统治,都表现着极端的残暴性和落后性,不只严重地直接危害汉、契丹等各族人民的利益,而且严重地摧毁中国社会生产力,阻滞中国社会前进的行程。所以从李纲到陈亮等主战派的主张和行动,是符合当时各族人民利益的,客观上也是符合历史前进的要求的,因而是进步的、正义的。

第四章　在元朝统治下社会矛盾的扩大和各派政治思想

一　充任元朝统治者统治工具的寺院哲学

在蒙古奴隶主贵族南下建立全国性的统治前，蒙古族才开始进入奴隶制的历史阶段，还没有产生何种系统的哲学思想。在其奴隶主贵族进入北中国以至全中国后，他们并不知道如何去统治这种封建后期的农业民族，还只知俘虏人口和实行军事掠夺等，不懂得封建剥削的办法。所以其行军所至的地方，一面掳取大量汉族等各族人口充做奴隶并大量屠杀，一面则将汉、契丹人农地圈做牧场。后来才渐次明了对封建社会的农民和商业民剥削的利益，所以有阿合马（阿拉伯人）的财政政策，耶律楚材谏止屠杀汉人与圈农地为牧地的建议，耶律楚材是懂得辽金统治的经验的。但元朝的统治仍夹有奴隶制的残暴性与落后性，及部族的集团压迫的内容。当时汉、契丹等族人民对蒙古奴隶主贵族的反抗，也是很强烈的。

因此，蒙古的奴隶主贵族，在阿拉伯……商人和金宋投降分子的赞助和教导下，便开始来讲求其统治中国的办法：第一，便不能不减少屠杀，要求劳动人口的复员；第二，便要求软化、压服和防止汉族等各族人民的反抗。因而神道主义的寺院哲学——道家、佛家和阿拉伯的宗教教义——便完全适合其要求，而充任其统治的工具了。以故落后的红教教宗八思巴和道教首领邱处机等便以“国师”或“真君”的资格而现身于元朝，表演其宣化的作用。

神道主义的寺院哲学，一方面，对于蒙古族自身，由于其落后性，所以也容易在其生活意识上发生支配作用。一方面，在对其统治下的汉族和国内其他各族的统治上，是凶恶的欺骗与麻醉工具。另一方面，在社会生产力遭受巨大破坏，和社会矛盾最尖锐最复杂的当时情况下，一面是蒙古奴隶主贵族的残暴、落后统治，一面是被统治的汉族等各族人民的生命财产完全失去保障。统治者便利用神道去麻醉人民，教其离开现实的苦闷去追求空冥世界的出路。例如佛家教人民从轮回果报上去追求来生（小乘教）。道家教人民从神仙洞府方面去追求“长生”。这在邱处机的如次几首诗中（邱处机言论思想，由其徒李志常记其言论，编成一书名《长春真人西游记》，收在《道藏》书内）表现得很明白：

昔年林木参天合，今日村坊遍地开。无限苍生临白刃，几多华屋变青灰。

豪杰痛吟千万首，古今能有几多人。研究物外闲中趣，得脱轮回泉下尘。

十年兵火万民愁，千万中无一二留。去岁幸逢慈诏下，今春须合冒寒游。不辞岭北三千里，仍念山东二百州。穷急漏诛残喘在，早教身命得消忧。

蓬莱未到神仙境，洞府先观道士家。

我之帝所临河上，欲罢干戈致太平。

另一方面，为对汉族人民施行软化政策和保持劳动生产力，邱处机和耶律楚材一样，劝元朝统治者戒止屠杀。《新元史·邱处机列传》说：

太祖方西征，日事攻战。处机每言，欲一天下者，必在不嗜杀人。及问为治之方，则对以敬天爱民为本；问长生久视之道，则告以清心寡欲为要。太祖深契其言。

时，大兵践蹂中原，河南、北尤甚，民罹俘戮，无所逃命。处机还燕，使其徒持牒招求于战伐之余。中州人至今称道之。由是为人奴者得复为良，与濒死而得更生者，毋虑二三万人。

依此，邱处机不独向元朝统治者献策，如何来奠定统治；而又现身帮助他们来软化人民，麻醉人民的反抗意识。

同时，他又告知元朝统治者，利用中国父家长的宗法制组织和其意识形态，来建立统治秩序：

一日雷震，太祖以问处机。对曰："雷，天威也。人罪莫大于不孝；不孝，则不顺乎天，故天威震动以警之。似闻境内不孝者多，陛下宜畏天威，明孝道以治天下。"

不惜认贼作父，卖身求荣，邱处机也可算是无耻之尤的奴才。

而邱处机神道主义的道家学，并说不上什么理论的体系；但在元朝统治者对汉人行使的反动统治上，却尽了相当大的帮凶作用。因为他那套骗人的“法宝”对当时文化和政治水准情况下的人民，是一套杀人不见血的武器。所以在全国各族人民和亿万同胞血和泪的惨局中，邱处机却奉到元朝统治者赞扬其奴才功劳的“慈诏”：

> 惟师道逾三子，德重多方……两朝屡诏而弗行，单使一邀而肯起。谓朕天启，所以身归，不辞暴露于风霜，自愿跋涉于沙碛。书章来上，喜慰何言！……达摩东迈，元印法以传心；老氏西行，或化胡而成道。顾川途之虽阔，瞻几杖以匪遥。爰达来章，可明朕意。（《长春真人西游记·附录》）

另一方面，阿拉伯、阿富汗和波斯的商人对元朝的统治，曾表演着重要的作用；他们不只自始就掌握了元朝政府的财政权，而且几支配了全中国的高利贷和商业资本。

随同阿拉伯商人和从军人员传入中国的伊斯兰教，在元朝也获得了流行和发展的地盘，特别在维吾尔等族中，逐渐成了各该族的宗教。内地信仰伊斯兰教的汉族人民，也逐渐成为回族的成员。

二　不绝如缕的汉族地主阶级的理学

在元朝蒙古奴隶主贵族和中亚商人联合统治的一百年间，可说是中国文化的黑暗时期。在哲学方面，地主阶级的理学也是不绝如缕了。作为这时期理学的代表，为鲁斋许衡（公元一二〇九—一二八一年）、静修刘因（公元一二五〇——一二九四年）、草庐吴澄

(公元一二四九——一三三三年)等(见《四朝学案·鲁斋静修草庐学案》)。

他们在认识论上,完全承袭着两宋的理学而为其孑遗。不过,在元朝那样野蛮残暴的统治下,中国地主阶级的生命财产也是完全没有保障的;各阶层所遭受的摧残程度虽然不同,然都是不能避免的。在其共同的利害上,便反映为折衷朱陆的理学思想。所以许衡说:

凡事一一省察,不要逐物去了。虽在千万人中,常知有己,此持敬大略也。(《鲁斋遗书》)

或问穷理至于天下之物,必有所以然之故,与其所当然之则。所谓理也,曰:博学、审问、慎思、明辨,此解说个穷字;其所以然与其所当然,此说个理字。(同上)

在这里,他一面认为一切事物,都有其因果性和必然的法则;所谓"穷理",就在究明这种因果性和必然法则。这是和朱熹的基本论点相同的。但在另一方面,他又认为考察事物,"不要逐物去了",而"常知有己",即是说要从自我的内在出发。这又同于陆九渊的主观唯心主义的基本论点了。

吴澄说:

自未有天地之前,至既有天地之后,只是阴阳二气而已。本只是一气,分而言之,则曰阴阳;又就阴阳中细分之,则为五行。五行即二气,二气即一气。气之所以能如此者何也?以理为之主宰也。理者,非别有一物在气中,只是为气之主宰者即是。无理外之气，亦无气外之理。人得天地之气而成形，有此气即有此理……其在人而为性，则仁、义、礼、智是也。性即天理，岂有不善。但人之生也，受气有或清或浊之不同，成质有或美或恶之不同。……（《草庐精语》）

知者，心之灵，而智之用也。未有出于德性之外者。曰德性之知，曰闻见之知。然则知有二乎哉？夫闻见者，所以致其知也……盖闻见虽得于外，而所闻所见之理则具于心。（同上）

太极与此气非有两物，只是主宰此气者便是；非别有一物在气中而主宰之也。（同上）

朱陆二师之为教一也。而二家庸劣之门人各立标榜，互相诋訾，至于今，学者犹惑。（同上）

吴澄认为在宇宙形成以前和其形成时，最初只是内包“阴阳”的“一气”，气即物质，阴阳即矛盾；“理”（即精神）也是存在于气中的东西。“无理外之气，亦无气外之理”，这也是和朱熹的基本论点相同的。但他同时又认为“理”是“气”的“主宰”，“理”敷与人则为“性”，即“心”的本体，“知”是由于“心之灵”。这又同于陆九渊。

所以他们在理学上，只是折衷朱陆，并没有跳出朱陆的圈子。

在政治论上，首先，他们一致认为封建制度是“天经地义”的。刘因说：

凡吾人之所以得安居暇食，以遂其生聚之乐者，皆君上所赐也。是以凡吾有生之民，或给力役，或出智能，亦必各有以自效焉。此理势之必然，自万古而不可易。（《静修文集》）

这不独是说,封建的剥削关系,是“万古而不可易”的;而且认为:倒不是“君上”在剥削“有生之民”的“力役”……反而是“君上”给予“有生之民”以“安居暇食”和“生聚之乐”。

吴澄说:

> 三纲二纪,人之大伦也,五常之道也。君为臣之纲,其有分者义也;父为子之纲,其有亲者仁也;夫为妻之纲,其有别者智也。长幼之纪,其序为礼;朋友之纪,其任为信。之二纪者,亦不出乎三纲之外。何也?因有父子也,而有兄弟,以至于宗族。其先后以齿者,一家之长幼也。因有君臣也,而有上下,以至于俦侣。其尊卑以等者,一国之长幼也。因有兄弟也,而自同室以至于宗族。其互相助益者,同姓之朋友也。因有上下也,而自同僚以至于俦侣。其互相规正者,异姓之朋友也。举三纲而二纪在其中,故总谓之纲常。(《草庐精语》)

这是说,封建制基本大法的“三纲五常”,或“三纲二纪”,特别是“上下”“尊卑以等”的等级身分制,父家长的宗法制,是“人之大伦”,是万古不易的“五常之道”。

许衡说:

> 天下所以定者,民志定,则士安于士,农安于农,工商安于为工商,而后在上之人始安如泰山。今民不安于白屋,必求禄仕;仕不安于卑位,必求尊荣。四方万里,辐辏并进,各怀无耻之心。在上之人,可不为寒心哉?(《新元史·许衡列传》)

这是说，士、农、工、商的阶级地位，应当固定，被统治的“民”，“不安于白屋”，而要求参与政权，是反常；身分也应当是固定的，“卑位”的“仕”而要“求尊荣”，是“无耻”。

在全国各族人民遭受落后的野蛮、残暴的统治情况下，他们还只肯看见其狭隘的阶级利益，真算是知其小而不知其大的顽固之尤。

但是在元朝，一面是蒙古奴隶主贵族的带有半奴隶制形式的反动的军事统治，一面是阿拉伯、阿富汗、波斯商人的高利贷和商业资本的统治，加于发展到了高度的中国封建制度的基础上，形成其时封建制度的一种逆转的形势，使中国社会不能遵循正常的发展轨道前进而受到阻滞。在那种野蛮残暴的反动的统治方式下，不只汉族等各族人民都陷于水深火热的被奴役状态中，连汉人及契丹人中的地主阶级也是喘不过气来的。因此，他们便不惜向反动统治者献策，教他“行汉法”或“悉考古制而行”。这固然也基于其狭隘的阶级利益的要求；但重要的，则在教给他们如何才能巩固其对各族人民特别对汉族人民的统治，即所谓“居汉地，主汉民”，“必行汉法乃可长久”。许衡说：

> 自古立国，有大规模。规模既定，然后治功可期。昔子产相衰周之列国，孔明治西蜀之一隅，且有定论，终身由之。而堂堂天下可无一定之制哉？前代北方之有中夏者，必行“汉法”乃可长久。故后魏十六帝，百七十年；辽九帝，二百有八年；金九帝，百二十年，皆历年最多。其他不行“汉法”，如刘、石、姚、苻、慕容、赫连等，专尚威力，劫持卤莽，皆不过二三十年，而倾败相继。夫陆行宜车，水行宜舟；反之，则不能行。……以是论之，国家既自朔漠入中原，居汉地，主汉民，其

当用“汉法”无疑也。(《新元史·许衡列传》。按《旧元史》文字略有出入。)

吴澄说:

世祖混一天下,悉考古制而行之。……岂宗庙叙次而不考古制乎?(《新元史·吴澄列传》)

因此,像许衡、吴澄之流,可算是不知大义的无耻奴才,中国文化思想史上有这种人物,是当时思想界的奇耻大辱。

其次,他们又要求元朝统治者实施注重农业、减轻赋税负担等改良政策。例如许衡说:

文景克承天心,一以养民为务,今年劝农桑,明年减田租。恳爱如此,是以民心洽而和气应。……臣以为曷若直法文景,恭俭爱民为本原之治……此谓治本。本立则纪纲可布,法度可行,治功可必。(《新元史·许衡列传》)

《新元史·吴澄列传》说:

初,延祐中,蠲虚增之税;惟江西增税三万余缗不获免,后又行包银法,民困益甚。泰定元年,澄白执政免包银,独增税如故。至是澄与宣抚副使齐履谦言之,始奏请蠲免。

另一方面,他们反对操纵商业和高利贷资本的中亚商人。这在客观上，是当时汉族和国内其他各族人民共同的要求。由于阿拉伯、阿富汗、波斯商人手中的高利贷和商业资本，借着其参加元朝统治的特权支配了元朝国家的财政，不只"助桀为虐"，并直接束缚着其时中国国民经济生活的各方面，连汉人地主阶级在经济和政治各方面，也都受到他们的压迫和排挤。所以在元朝的朝廷，曾引起许衡等人和阿合马等人的不断冲突。《新元史·许衡列传》有如次的一段记事：

阿合马为中书平章政事，领尚书省六部事。势倾朝野，一时大臣多附之。衡每与之议，必正言不少让已。而其子又有佥枢密院之命。衡独执议曰："国家事权，兵、民、财三者而已。今其父典民与财，子又典兵，不可。彼虽不反，此反道也。"阿合马面质衡曰："汝何言吾反，汝实反耳。人所嗜好，权势、爵禄、声色，汝皆不好，惟欲得人心，非反而何？"衡曰："王平章不好权势爵禄耶！何以反？"

最后，他们又反对佛教和佛学。当时的佛教，由于其充任了元朝统治上的重要工具，在政治上也享受许多特权，在经济上也侵害着世俗地主的利益，如寺院不只也放高利贷，而且多直接拥有手工业制造厂。……在这种利害关系上，引发了他们的反佛要求。所以他们的反佛，不是从反对他族压迫的汉族人民的要求出发，而是从其自身的狭隘利益出发的。因此，其反佛也表现得无力量。下面一段话，表现其反佛的要求。

主上写经为民祈福，若用以追荐，臣所未知。盖福田利益，虽人所乐闻;而轮回之事,彼习其学者,犹或不言。……其徒遂为荐拔之说以惑世人。今列圣之神,上同日月,何庸荐拔?且国初以来,凡写经追荐,不知凡几?若未效,是无佛法;若已效,是诬其祖也。(《新元史·吴澄列传》)

三　表现农民阶级意识形态的"妖道"

汉族等各族人民,特别是汉族人民,在过去,虽不断遭受过他族压迫和横暴统治,但以汉族为主干,优秀的中国各族人民,每次都在反他族压迫的斗争形式下,把那种"倒行逆施"的野蛮残暴的反动统治推翻,以至把它消灭。毛泽东同志教导说:"……中国人民是不能忍受黑暗势力的统治的,他们每次都用革命的手段达到推翻和改造这种统治的目的。……中华民族的各族人民都反对外来民族的压迫,都要用反抗的手段解除这种压迫。"(《毛泽东选集》第二卷,人民出版社一九五二年第二版,第六一七页)在元朝,蒙古奴隶主贵族和中亚商人联合统治的野蛮和残暴程度,又是汉族等各族人民的空前经历。蒙古奴隶主贵族的军事统治,和其里社编制,及每个里社派置一个蒙人监视员的办法,不只汉族和国内其他各族人民的生命财产完全没有保障,全中国都无异成了一个可怕的刑场和牢狱。凭借特权的中亚商人的高利贷和商业资本,不只表现着经济上的残酷榨取,并常表现为对人民财产的公开掠夺和侵占。……因此,善于解除自己的压迫和痛苦的中国人民,从元朝政权成立的那天起,便已采取了各种方式,不断地和它斗争,后来并形成领导这种斗争的农民阶级的秘密结社,即统治者所谓"妖道”。到元末,“妖道”的本身虽没有全国性的统一组织,但各起的农民军集团,实质上却成了农民、手工工人、市民、小贩、小本盐贩和爱国人士的反元联合战线,同时也是汉回各族人民的反元联合战线,它终于粉碎了元朝的野蛮统治。但“妖道”的组织内容和其行动纲领,今日都已无文献可考。惟据《新元史》,元末的农民军,在最初都自号“红军”,后来又渐次分化出“青军”。依此可以推究出,当时农民的秘密结社,似乎有一个庞大的系统,与相互的联系。《新元史》列传第一百二十二云:“(刘福通)众裹红巾于首,故号红军。”“布王三起兵陷邓州南阳以应福通,号北锁红军。”“(李喜)与白不信皆入蜀,号为青军。”“(张士诚)驱盐徒为兵,旂帜皆赤。”“(徐寿辉)其众以红巾裹首,与汝颍妖贼同。十二年,竹山孟海马起兵陷襄阳、荆门,以应寿辉,号南锁红军。”“(至正)十二年,红巾贼廖景知等攻陷临武(在今湖南南部,地邻粤境)。”依此,除李善和白不信的一部入四川后改称青军外,南北各地的农民军,都称为“红军”,并不是偶然的。

“红军”构成的成分,据《新元史》明白指出者:“萧县人李二,家储芝麻一仓,发以赈饥人,呼为芝麻李。”“布王三起兵……以应福通。”“张士诚……与弟士义、士德、士信并驾盐纲船,业私贩。”“(士诚)以锻工周仁为隆平太守。”“徐寿辉……以贩缯为业。”“陈友谅……父普才,以渔为业。”“明玉珍……农家子也。”“方国珍……初与兄国馨、国璋、弟国瑛,皆以贩盐海上为业。国珍与州人蔡乱头以争盐贩相仇。”(《新元史》列传一百二十二及一百二十四)依此,元末农民军诸领袖,大抵为农民、手工工人、小贩、市民、盐贩等。《新元史·张士诚列传》又云:“泰州人王克柔,家富,喜游侠,犯法,高邮知州李齐收之。其党李华甫面张四谋劫克柔,齐乃移置克柔于扬州狱,招华甫为泰州判,张四为千户。于是乱民益无所惮。泰州富人多侮士诚,或负其盐直,弓兵邱义尤窘辱之。士诚怒,与诸弟及壮士李伯升等十八人杀义,纵火焚富人室;因与华甫谋起事,寻杀华甫,驱盐徒为兵,旗帜皆赤。至丁溪,土豪刘子仁拒之。……”依此,王克柔为富有者,张四则为业面之小市民。是知在暴动的开始,有富有者参加的;但随着农民军反元战争的发展,为企图独吞反元果实的大地主,便把朱元璋拉到自己方面,回头来反对“红军”了。

[增补:在抗日民族战争中,有些人也想重复历史的公式,企图窃夺抗日的果实。但是情况变化了,条件不同了,历史是不能重演的。]

在元末,以农民为领导的“红军”,其所表现的政治要求,所可考知者,主要为反对蒙古奴隶主贵族和中亚商人的野蛮统治。“杀鞑子,灭元朝”,是他们当时行动的中心口号。“月光亮亮,齐齐排排,排到明早好世界”,成了当时流行的童谣。这童谣,暗示出他们斗争的目标;同时反对那班甘作奴才的元官吏和寺院僧侣。其次,他们也反对“为富不仁”和不参加反元的“富人”。所以说:刘福通“所过焚城邑,杀长吏”(《新元史·韩林儿列传》)。张士诚“纵火焚富人室”(《新元史·张士诚列传》)。明玉珍“废释老,祗奉弥勒佛教”(《新元史·明玉珍列传》)。因此,他们在反元的总任务下面,也表现着反封建的要求。他们当时曾建立起政权,其实行的制度,《新元史》有如次一些零片记载:

毛贵既据济南,立宾兴院……又于莱州立三百六十屯田,造大车百辆以运粮,公私田赋十取其二,民颇归之。(《韩林儿

列传》)

(明玉珍)仿周制设六官……废释老,祗奉弥勒佛教。定赋税十取其一,免力役之征。(《明玉珍列传》)

但此,只能说明他们当时有一套政治制度,并不能说明其制度的具体内容。

他们的政治结社,"妖道"是一种宗教形式的秘密结社。所以他们的宣传鼓动和组织群众,也是借宗教的神道去进行的。《韩林儿列传》说:

韩林儿……世以白莲社烧香惑众。父山童尝为童子师,人称为韩学究。至正(公元一三四一——一三六七年)初,山童倡言:天下将大乱,弥勒佛出世。愚民私相附从。颍州人刘福通与其党杜遵道、罗文素、盛文郁、王显忠、韩咬住等谓山童为宋徽宗八世孙,当为中国主。时河决而南,丞相脱脱从贾鲁议,挽之北流,兴大役。福通乃预埋一石人,镌其背曰:"休道石人一双眼,此物一出天下反。"开河者掘得之,转相告语,人心益摇。

很明白,这是借神道迷信去宣传汉族人民的反元要求,"谓山童为宋徽宗八世孙,当为中国主",就是这种内容。同时也借以组织群众,把群众团结到自己的周围来。

又《新元史·徐寿辉列传》云:

初,袁州有妖僧彭莹玉用泉水治病,多愈。远近神之。至正十年,其徒周子旺以妖术惑众,从之者五十余人。僭称国王。

是徐寿辉也是借宗教式的神道迷信去进行宣传和组织群众的;并运用了为群众治病的形式去接近群众。

所以,“白莲社”便是当时农民阶级的政治组织,在这个组织的旗帜下,团结了当时广大的农民和反元群众。其教义如何,则无从系统考知——虽然关于白莲教此后的教义,是能找出其轮廓的。

第十编　封建主义衰落期的各派政治思想(二)

蒙古奴隶主贵族和中亚大商人联合专政的元朝政权(公元一二七九——一三六七年),在中国农民、手工工人、自由商人、小贩、盐贩、爱国人士及汉回各族人民联合的反元斗争中,完全被粉碎了。在斗争的过程中,由于参加反元的地主阶级对同盟者使用阴谋和欺骗手段,窃夺了反元的果实,而建立其大明王国(公元一三六八——一六六一年)。至此社会经济又继续了两宋以来的道路,中国社会又回复到正常的前进轨道。但封建制生产的本身,却由两宋的衰落趋势,至此又表现崩溃的象征了。

自北宋末年契丹奴隶主集团南下,到元朝灭亡,前后数百年间不断的动荡,特别是军事的摧残与野蛮落后的反动统治,社会生产力受着严重破坏,全国又呈现了大量无主的荒地。这种荒地,以及原来的“官田”,蒙古、色目人等的占地……至此便都成了明朝政府的所有。朱元璋以这种大量的土地,一部分作为皇室和各级政府所有,一部分分赐其左右亲属和军官属吏,一部分分给农民,并移民垦荒。因而一面便又出现了遍地的皇庄、官庄以及贵族占有的各种庄地,一面又创造了大量小土地所有者。同时由于在明朝政权的创建过程中,东南方面的各反元集团,在推翻元朝政权后,对明朝曾保持相当时间之政治军事的敌对关系而与争雄长,所以明朝把这些集团平定后,在东南地区又没收了农民和地主的大量土地,并以同一的方法去处理。因此,在明初,河北、山东、山西、河南及两江等处土地的大部分,又落到官僚贵族的手中,形成一庞大的大地主阶层,其中众多的藩王的每人占地数量更属惊人。从而又激起地主阶级内部的利害冲突。这直至土地测丈的完成,和“一条鞭法”施行以后,都没有也不可能获得其阶级内部的妥协。这反映到意识形态上,便产生吴康斋、胡居仁等人的二元论,和薛敬轩的主观唯心主义的分野。随着都市经济的发展,特别是自由商人势力的成长,资本主义性质的工场手工业的出现,便促起封建生产的开始崩溃。因而由陈献章到王阳明的时期,由于阶级关系的变化和其矛盾的展开,地主阶级诸阶层,在阶级的共同利害下,获得其内部的统一,因而便产生了由陈献章到王阳明的哲学。王阳明便总结了儒家学,获得划时期的历史地位。中国地主阶级的哲学,在此后便日趋式微了。到十七世纪以后的陆桴亭、李二曲等人的学说,就某种意义说,不过表现着地主阶级哲学的回光返照。

但是随着封建农村崩溃的进程,和明朝特务化(锦衣卫)的政治的黑暗,统治阶级的腐化,便引发农民群众反封建斗争的深刻化。于是反映到意识形态上,紧追踪王阳明之后,而演化的所谓“王学”左右两派,即农民和地主两派的对立①,直继续到明朝的灭亡。在后期,农民派并冲破了“王学”左派的范围。

另一方面,基尔特商业、基尔特手工业以及自由商人的商业资本,从十世纪起,已形成日趋繁荣的都市经济,开始在国民经济中表现其作用。这种都市经济,对于封建主义的生产方式,是能发挥其侵蚀或一定程度的破坏作用的,特别是自由商人的商业资本这

---

① 按《明儒学案》区分“王学”为浙中、江右、南中、楚中、北方、粤闽、泰州七派。其中以浙中(以徐爱、王畿等为代表)、江右(以罗念庵、刘两峰等为代表)、泰州(以王心斋为代表)、粤闽(以李卓吾为代表)诸派最为重要。浙中、江右派属右派,泰州、粤闽派属左派。

种新因素,能发展成为否定封建制的革命的东西,——当它和生产直接结合时。

但这种都市经济,是存在于封建主义内部的东西,虽能对于封建主义的生产方式,有着侵蚀的作用,即肢解封建主义的生产,但它同时又支持封建主义的生产,特别是基尔特商业和基尔特手工业。直至自由商人以其资本去直接投入生产,才能引起其性质的根本变化。

在中国史上,这种都市经济,是早已存在的,在自由商人集团形成的宋朝,也有过数百年的发展,到元朝,由于受到中亚商业资本等打击,又暂形迟滞(元朝都市的繁荣,主要不是汉人的商业资本在支配),到明朝,朱元璋曾实施一些有利于商业资本的措施,其后又有郑和等"七下西洋",曾获得相当发展;但另方面,主要又由于其时中国和中亚交通的断绝,以及中国沿海海盗,特别是倭寇的侵袭和扰乱,严重的时际,又一度复趋迟滞,并引起商业资本向高利贷资本的转化。然从明朝的全过程说,商业资本,特别是自由商人的商业资本,是不断发展的;至十七世纪初,葡萄牙等欧洲各国商人来到中国,国际贸易更形扩大,中国的都市经济,乃加速的发展起来了。到明清之际,不只表现都市经济的成长,已成为国民经济生活中的一个重要因素;而且自由商人等已开始以其资本直接投向生产,出现了资本主义工场手工业的原始形态的东西。因之,它更发挥了肢解封建农村的作用,并引起大量农民离开农村,愈扩大了农村的阶级矛盾。因之,一方面,便引发明末农民的大暴动;一方面便引发了市民阶级的反税斗争;一方面又引起土地向地主、富商和高利贷者手中集中的情势;另方面,便扩大了农村人口的相对过剩和食粮缺乏的问题。这反映到意识形态上,一面便产生王夫之、黄宗羲、戴震等人的反映其时市民阶级一些要求的政治学说;一面由于封建农村的衰落和农村阶级矛盾的扩大,便产生颜元、李塨等人的反映农民一些要求的政治学说;一面便产生陆桴亭、李二曲等人之地主阶级的政治学说。

明清之际,由于满清奴隶主贵族的严重摧残,特别对于东南若干先进城市的彻底屠洗及其一系列的反动措施,已出现的资本主义性的工场手工业的幼芽乃遭到彻底毁灭。但由于存在于中国社会内部作为这种新因素之出现的根据是不能消灭的,因而在清朝,尤其到嘉道间(公元一七九六——一八四〇年),益以在产业革命后的欧洲资本主义势力东来的影响,中国资本主义性工场手工业的幼芽又重新出现了。从而反映到意识形态上,便孕育出龚自珍和魏源的政治学说,反映着近代资产阶级思想的一些原始要求。

然而中国民族资产阶级正开始生成之际,便遭到外国资本主义的强力袭击——鸦片战争。战争的结局,它便被绞杀于母胎之内,而决定了中国民族资产阶级此后的命运和特性。因此说,如果没有鸦片战争,中国有早已走上资本主义前途的可能。

第一章　地主阶级政治思想的演变和其消沉

一　随着地主经济暂时安定而来的政治思想各流派

甲　吴与弼、胡居仁的中小地主阶层的政治学说

据《四朝学案·崇仁学案》，吴与弼字子传，号康斋，抚州崇仁（今江西崇仁县）人。生于明太祖洪武二十四年（公元一三九一年），卒于宪宗成化五年（公元一四六九年）。据《明史·儒林三·吴与弼列传》，“父溥，建文时为国子司业，永乐中为翰林修撰”；又云：“（与弼）尽读四子、五经、洛闽诸录，不下楼者数年。中岁，家益贫，躬亲耕稼。”又《崇仁学案》录其语云：“近晚往邻仓借谷，因思旧债未还，新债又重，此生将何如也！”又云：其徒陈献章自广东新会来学，弼每晨起簸谷，献章犹未起，因责之。是吴与弼系出身没落官僚地主家庭。与弼无著作（或因无传留）。本传云：“所著日录悉自言生平所得，其门人最著者曰胡居仁、陈献章、娄谅，次曰胡九韶、谢复、郑伉。”胡居仁为与弼门人，亦江西饶之余干人，生于宣宗

宣德九年(公元一四三四年),卒于宪宗成化二十年(公元一四八四年)。《吴与弼列传》称其“家贫,课子力耕,仅给衣食”。又《崇仁学案二》云:“家世为农,至先生而窭甚。鹑衣脱粟,萧然有自得之色。”是胡居仁亦系出生于中小地主以下之家。

他们都是不曾完全离开生产劳动,过着地主阶级知识分子的较贫困的生活。其时地主阶级各阶层间的矛盾依然存在,尤其是贵族、官僚、富商、大地主对土地之大量占有和兼并,形成其各阶层间的生活悬殊和利害冲突。因而他们在认识论上,一面确认精神是超物质而独自存在的,但同时并不否认客观世界的实在性,而构成其认识论上的二元论。虽然,在究极上,他们又确认客观世界最后是由精神所决定的,生活环境的压迫和物质要求,是可以由精神的修养上去解脱的,所以结果还是达到唯心主义。吴与弼说:

> 而今而后,吾知圣贤之必可学,而学之必可至;人性之本善,而气质之可化也的然矣。(《语录》)
>
> 贫困中事务纷至,兼以病疮,不免时有愤躁。徐整衣冠读书,便觉意思通畅。(同上)
>
> 夜病卧思家务,不免有所计虑,心绪便乱,气即不清。徐思可以力致者德而已,此外非所知也;吾何求哉,求厚吾德耳。心于是乎定。(同上)
>
> 静时涵养,动时省察,不可须臾忽也。苟使本心为事物所挠,无澄清之功,则心愈乱,气愈浊。(同上)

所以他认为“心本太虚”,只因与事物相接,即由于环境的影响便发生“人欲”。以为人只须从精神上修养和生活上刻苦,便能除去“人欲”，超脱环境的影响，便能复“心”于“太虚”的（见上书）。这是他一面不否认客观事物的存在和环境对于人的生活的影响；但同时又把“虚明其心”的修养作用，提到首位。

胡居仁更明白地认为“理”与“气”是并存的。故说：“太极者，理也；阴阳者，气也；动静者，理气之妙运也。”“立天之道，曰阴与阳。阴阳气也，理在其中。立地之道，曰柔与刚。刚柔质也，因气以成。立人之道，曰仁与义。仁义理也，具于气质之内。三者分殊而理一。”（《居业录》卷八）“天地间无处不是气，砚水瓶须要两孔，用一孔出气，一孔入水。若止有一孔，则气不能出而塞乎内，水不能入矣。以此知虚器内皆有气，故张子以为虚无中即气也。”（均见《居业录》卷六）从这里出发，又达到气化不息的见解。他说：“天地间气化，无一息之停；人物之生，无一时欠。”（《居业录》卷六）从而归结到万物消长变化的理论。例如他说：

> 陈公甫说物有尽而我无尽，分明异端释氏语，即释氏见性之说。他妄想出一个不生不灭底物事在天地间，是我之真性，谓他人不能见不能觉，我能独觉，故曰我大物小，物有尽而我无尽。殊不知物我一理，但有偏正清浊之异。以形气论之，生必有死，始必有终，安得我独无尽哉？以理论之，则生生不穷，人与物皆然。（《居业录》卷六）

他在这里一面确认世界是一个物质世界，精神依存于物质，即所谓“理在气中”；同时确认事物都有一个由生到死，由始到终的过程。同时，他又否认了绝对主观主义的唯我论。这是一种进步的见解。但他在另方面，又认为“太极”是精神世界，由“太极”生出的“阴阳”才是物质世界;同时,认为有“生”“死”和“始”“终”过程的,只是物质,即“形气”的东西,而从精神即“理”来说,却是“生生不穷”的。这又过分夸大精神和感觉的内在作用。所以他又说:“朱子所谓静中知觉。此知觉不是事来感我,而我觉之;只是心存则醒,有知觉在内,未接乎外也。”(《居业录》卷二)前一面是唯物主义的,进步的;后一面是唯心主义的,保守的;最后并把“理”绝对化,完全堕落到唯心主义。

从而转入到政治论上,他们反对寺院僧侣地主,和无恶不作的宦官(明朝的锦衣卫,后来完全成为宦官手中的特务机关,左右朝政,任免疆吏,杀人如麻,颠倒是非,蹂躏清议,排除正人,凌虐小民……)。故吴与弼说:“宦官释氏不除,而欲天下之治,难矣!吾庸出为?”(《学案》)胡居仁抨击佛老说:“……其虚所以能涵具万理,人心亦然。老佛不知,以为真虚空无物。”“禅家存心有两三样,一是要无心空其心,一是羁制其心,一是照观其心。……然则禅家非是能存其心,乃是空其心,死其心,制其心,作弄其心也。”(《居业录》卷七)“释氏既以至变为体,自不得不随流鼓荡,其猖狂妄行,亦自然之理也。”(《学案》)他们又反对官僚、贵族大地主,但不敢作正面攻击,而寄其反感于管理庄地的“庄头”身上,极力攻击“庄头”的“为非作恶”。他们虽没有正面反对商人和商业资本,但反对功利主义和所谓“利心”,号召“学者”“不可萌”“一毫利心”,去“栽培自己根本”(见《吴与弼语录》)。

其次,他们主张:(一)用“井田”之法,去抵制贵族、官僚、富商、大地主的土地兼并和独占大量土地;(二)行“宾兴”“荐举”去代替贵族、大地主的独揽政权;(三)实行“屯田”以至恢复“寓兵”的办法,减轻中小地主的兵役和军费负担。故《崇仁学案二》记述胡居仁的主张说：

> 先生言治法：寓兵未复，且先行屯田；宾兴不行，且先荐举；井田之法，当以田为母区，画有定数，以人为子，增减以受之；设官之法，正官命于朝廷，僚属大者荐闻，小者自辟。

这都是当时中小地主的要求。但他们的主张，始终没有得到大地主和明朝朝廷的采纳。所以其性质是有着改良主义的内容，却没有成为实施的改良政策。

最后，他们虽然反对寺院僧侣地主、宦官、庄头，也攻击贵族、官僚、大地主……但只主张改良，不反对封建制度，而且肯定中国封建制的根本大法，即所谓“三纲五常”，是天经地义的真理，是社会、国家以至个人生存的根本精神。所以吴与弼说：

> 三纲五常，天下元气，一家亦然，一身亦然。（《吴与弼语录》）

这种中小地主的改良要求，是不肯超出旧制度圈子以外的，只有在某种一定的情况下，而又有先进阶级的正确主张和领导，它才能发生一点较积极的作用。

乙　薛瑄的大地主阶层的政治学说

据《四朝学案·河东学案》及《明史·儒林一·薛瑄列传》，薛瑄字德温，号敬轩，山西河津人。生于明洪武二十五年（公元一三九二年),卒于英宗天顺八年(公元一四六四年)。父贞先后为荥阳及鄢陵教谕;其本人曾登进士第,历官监察御史、山东提学佥事、大理寺正卿、礼部右侍郎兼翰林学士。依此,薛瑄是一位历任显官的地主贵族。其著作有《读书录》(即《读书札记》)十一卷、《读书续录》十二卷(《河东学案》云此"大概为《太极图说》《西铭》《正蒙》之义疏"。),《道论》三卷,《读诗录》一卷。

他在哲学上,可说是周、张、二程等以至许衡学的复述。他在哲学流派上被称为朱熹派,而其实朱熹的二元论却不是他哲学思想的基础,他的根本立场只是一个"理"。他所以不同于吴与弼、胡居仁,因为他是完全离开生产劳动,纯靠剥削他人劳动为生的地主贵族,与吴胡代表着地主阶级的不同阶层。首先他解释宇宙说:

> 太极一圈中虚无物,盖有此理,而实无形也。(《读书录》卷一)
>
> 无形而有理,所谓无极而太极;有理而无形,所谓太极本无极。形虽无而理则有,理虽有而形则无。(同上)
>
> 统体一太极,即万殊之一本;各具一太极,即一本之万殊。统体者即大德之敦化,各具者即小德之川流。(同上)

是他认"太极"是万物的根源。"太极"的本体,只是"理",即精神,一切所谓"万殊"的事物,都是由"太极",即精神世界所派生的。因此,只有精神,即"理"是最初的独自存在的东西。于是他又进而强调地说:"理如日月之光,小大之物,各得其光之一分;物在则光在物,物尽则光在光。"(《读书录》卷五)但此"理"何以化生出万物呢?他说:"阴阳五行流行发生万物。"虽然如此,而"所以阴阳变易者,固理之所为;而理则一定而不易,所谓恒也”(《读书录》卷六)。因而“流行”的“阴阳”和五行,也全是依存于理而被决定的。因此,他虽然不像陆象山一样,认为客观世界是假象,认为“阴阳”虽是气体、是“有形”的;而阴阳本身及其化生的“万物”,却是“一定而不易”的“所谓恒”的“理”,也就是“虚无一物”的“太极一圈中”生出来的。这是他主观唯心主义的基本论点。他又说:“石壁上草木,最可见生物自虚中来;虚中则实气是也。”“一切有形之物,皆呈露出无形之理来。”“理既无形,安得有尽。”“有形者,可以聚散言;无形者,不可以聚散言。”(《读书录》卷四)是他虽承认在“无形”的“理”以外,还有一个“有形”的“实气”存在,但仍不是最初的,而是被派生的。可是“虚无一物”的“理”,即精神,何以能派生出客观的物质世界呢?这是他无法解决的一个矛盾。他自己也理会到这一矛盾,因而又说:“理只在气中,决不可分先后。如太极动而生阳,动前便是静,静便是气,岂可说理先而气后也。”(同上)在这里,由于他无法解决自己理论上的矛盾,而只得借朱熹的二元论观点来掩饰。这是表现他思想上的混乱成分。

从这里转入到人性论上,便认为“性即理”。且从而达到性善论,他说:“观太极中无一物,则性善可知;有不善者,皆阴阳杂糅之粗滓也。”(《读书录》卷二)这是说,先天的“理”是至善的,不善的东西,是由后天的气而来的。于是便又降入到形而上学的“天理”“人欲”的说教。另一方面,从这里转到政治论上,他便认为“三纲五常”的伦理等东西,是从人类所秉赋的“性”亦即“理”而来的,是人类本然的天性,是绝对的东西。他说:

天下无性外之物,而性无不在。君臣、父子、夫妇、长幼、

朋友,皆物也;而其人伦之理即性也。(《读书录》卷一)

如君之仁,臣之敬,父之慈,子之孝之类,皆在物之理也。于此处之各得其宜,乃处物之义也。(同上)

人只为耳目口鼻四肢百骸做得不是,坏了仁义礼智信;若耳目口鼻四肢百骸做得是,便是仁义礼智信之性。(《读书录》卷七)

从而他把所谓“人伦”“四端”“五常”,也解说为绝对化的东西。故说:

大而人伦,小而言动,皆理之当然。(《读书录》卷八)

下学,学人事;上达,达天理也。人事,如父子、君臣、夫妇、长幼之类是也。天理,在人如仁、义、礼、智之性,在天如元、亨、利、贞之命是也。(《读书录》卷四)

这样把中国封建社会根本大法的“三纲五常”和其表现在意识形态上的教条,都一一绝对化。从而更给人们画出一个日常活动的“十字架”,例如说:“每日所行之事,必体认:某事为仁、某事为义、某事为礼、某事为智,庶几久则见道分明。”(《读书录》卷一)

其次,他又复述着定命论的教条,说:“天道流行,命也;命赋于人,性也。”(《读书续录》卷四)这是在教被统治者去听天安命。而此却是统治者愚弄人民的老一套。

再次,从他的“理”“性”的观点出发,而论究到阶级意识问题时,便说:“一夫之心,与亿兆之心同。”(《读书录》卷十一)这是他以“人同此心”的老生常谈,去隐蔽地主和农民……之本质歧异的阶级意识,企图以之去麻痹阶级间的矛盾。

最后，他说："绝谋利计功之念，其心超然无系。"（《读书录》卷八）这表现其反对功利主义的保守立场，也表现其对商业资本和自由商人的歧视。

因此，薛瑄在政治论上，没有什么积极的主张，而只是一些旧教条的复述。这表现了他的保守主义的本质。

丙　代表地主阶级内部之统一倾向的陈献章的政治学说

陈献章，字公甫，广东新会白沙里人，故又称白沙先生。生于宣宗宣德三年（公元一四二八年），卒于孝宗弘治十三年（公元一五〇〇年）。为吴康斋之门人，家甚富有，乡举及会试中榜后，始从吴康斋学，归筑阳春台，静坐其中不出阈外者数年。被时人尊为一时"真儒"。历官翰林检讨。依此，他的身分，很明白的为属于大地主阶层。其著作，有《白沙要语》及《文集》等（据《四朝学案·白沙学案》及《明史·儒林二·陈献章列传》）。

陈献章的年事，小于吴康斋和薛瑄。

因为到陈献章的时候，由于都市经济以及农村矛盾的发展，显示着封建制本身的危机。地主阶级各阶层为保持阶级支配地位这一共同要求，便显示其在政治上的统一倾向。从而反映在意识形态上，也便一同倾向于保守。所以作为地主阶级保守倾向之代表的陈献章学，不只是吴康斋和薛瑄两派的折衷和统一，而且更玄学些，政治上更保守些。以故从思想史的本身说，陈献章学，可算是由陆九渊到王阳明（守仁）的过渡。

陈献章在认识论上，他首先指出宇宙万有，都由于"'一元'之所为"。例如他说："天道至无心，比其著于两间者，千怪万状，不复

有可及。至巧矣,然皆一元之所为。”(《仁术论》)这“一元”是什么呢?他虽然没有明白指出,但他曾说:

> 此理干涉至大,无内外,无终始,无一处不到,无一息不运。会此则天地我立,万化我出,而宇宙在我矣。得此把柄入手,更有何事?往古来今,四方上下,都一齐穿纽,一齐收拾,随时随处,无不是这个充塞。……此理包罗上下,贯彻终始,滚作一片,都无分别,无尽藏故也。自兹已往,更有分殊处,合要理会。(《与林郡博》)

很显然,他之所谓“一元”的内容便是“理”,只有“此理”是独自存在的“万化”的本源。而且,只须“得此把柄”,便能“天地我立,万化我出,而宇宙在我矣”。这是他与陆象山的主观唯心主义的论点相一致的,而且已陷入到唯我论。同时,“此理”的本体,在他又叫作“道”。“道”是什么呢?他说:“曰:‘道不可以言状,亦可以物乎?’曰:‘不可,物囿于形,道通于物,有目者不得见也。’”(《论前辈言铢视轩冕尘视金玉》)是他的所谓“道”,也是存在于客观世界以外,而支配着客观存在的东西(即所谓“通于物”)。或者说,“道”是客观存在的主宰。从这个论点出发,他便堕落到露骨的有神论。他说:

> 然神之在天下,其间以至显称者,非以其权与!夫聪敏正直之谓神,威福予夺之谓权。人亦神也,权之在人,犹其在神也。此二者有相消长盛衰之理焉。人能致一郡之和,下无干纪之民,无所用权;如或水旱相仍,疫疠间作,民日汹汹,以干

鬼神之谴怒,权之用始不穷矣。夫天下未有不须权以治者也。神有祸福,人有赏罚。失于此,得于彼,神其无以祸福代赏罚哉!鬼道显,人道晦,古今有识所忧也。(《肇庆府城隍庙记》)

这种露骨的庸俗的有神论,把宋元,特别是两宋理学,又降低了一步。

但是在"理"以外,还有什么东西存在着没有呢?在他的哲学范畴中,还有所谓"气"和"物",他说:

天地间一气而已。屈信相感,其变无穷。人自少而壮,自壮而老,其欢悲、得丧、出处、语默之变,亦若是而已。孰能久而不变哉?变之未形也,以为不变;既形也,而谓之变。非知变者也。夫气也者,日夜相代乎前,虽一息变也;况于冬夏乎?……夫气上蒸为云,下注为潭。气,水之未变者也;一为云,一为潭,变之不一而成形也。其必有将然而未形者乎?默而识之,可与论《易》矣。(《云潭记》)

这是认为客观世界是一个物质的总体,即所谓"天地间一气而已";而且认为存在的一切事物,都是变化无穷的,并都有其发生、发展、死灭的辩证过程。这是他接触到真理的一面。但是,这在他的哲学中,不是最重要的、最初的东西,而是派生的,而且其变化和存在,也不是"气"自己在变化和存在,而是依随于"理"而变化而存在的。另一方面,他之承认这种变化,正由于当时社会剧烈变动的事实,他从阶级关系变化、其阶级地位动摇的现实情况上,而获得的一种认识。从而,在他,人的由少而老、而死,那也不过是被派生的物的幻变;而真正的作为"理"而体现的"我",却是万古如一的,不变、不生、不死的。如他又说:"人争一个觉。才觉便我大而物小,物尽而我无尽。夫无尽者,微尘六合,瞬息千古,生不知爱,死不知恶,尚奚暇铢轩冕而尘金玉耶?"(《与林时矩》)从这里,他又归结到主观唯心主义,并把其唯我论系统化。他又说:

……即心观妙,以揆圣人之用。其观于天地,日月晦明,山川流峙,四时所以运行,万物所以化生,无非在我之极。(《送张进士廷实还京序》)

……则天地我立,万化我出,而宇宙在我矣。(《与林郡博》)

从这里转入到人生论上,他说:"圣道至无意,比其形于功业者,神妙莫测,不复有可加,亦至巧矣。然皆一心之所致。心乎?其此一元之所舍乎?"(《仁术论》)依此,"圣道"是从"心"所体现出来的,而"心"又是"一元"即理之"所舍"的。但"心"的本体究是什么呢?他说:"常令此心在无物处。"(《遗言湛民泽》)是"心"也是理所支配的受"令"的东西,但其自身也是能超离客观世界而独自存在着的。从这里转到知识论上,他便完全否认客观,只承认有主观的"心"的作用;只承认能从静坐中去求悟解,认为宇宙万有及其变化,只须从静坐中去体念此心,便都在其中了。故说:"有学于仆者,辄教之静坐。"(《复赵提学佥宪》)"伊川先生每见人静坐,便叹其善学。此一静字,自濂溪先生主静发源,后来程门诸公递相传授;至于豫章、延平二先生,尤专提此教人,学者亦以此得力。"(《与罗应魁》)从而他认为客观一切事物的动静变化……并不是基于客观物事的自体，而是基于此心的认识。于是，他并认为所谓“道”原是没有什么“动静”的，而所谓“动”“静”是源于此“心”的作用。故说：

夫道无动静也，得之者，动亦定，静亦定，无将迎，无内外；苟欲静，即非静矣。故当随动静以施其功也。(《语录》)

陈献章在政治论方面，没有提出什么具体的主张，而只是安故守旧。在其次一段话中，表现其守旧的倾向。

寓于此，乐于此，身于此，聚精会神于此，而不容惑忽，是谓之曰君子安土敦乎仁也。比观《泰》之《序卦》曰：“履而泰，然后安。”又曰：“履得其所则舒泰，泰则安矣。”是泰而后可安也。夫泰，通也。泰然后安者，通于此，然后安于此也。然《九二》曰：“包荒，用冯河。”是何方泰而忧念即兴也？《九三》曰：“艰贞，无咎。”则君子于是时愈益恐恐然如祸之至矣。是则君子之安于其所，岂直泰然而无所事哉？盖将兢兢业业，惟恐其一息之或间，一念之或差，而不敢以自暇矣。(《安土敦乎仁论》)

这不是表现他没有政治主张，而是表现他对既有一切制度的无条件承认与保守。

其次，在“民日汹汹”的情况下，他主张积极去提倡神道迷信去麻痹群众，所以他公开宣扬有神论，但又主张同时要用猛烈残酷的刑罚去镇压。而此，也是从来封建统治阶级的老套。

因此,陈献章对于两宋理学,或其师吴与弼的学说,只接受了消极的反动的一面,而抛弃其积极的进步的一面。所以在思想体系上,他反而是陆九渊的直接继承者。这当然是受着其阶级地位和历史条件所规定着的。

二　集大地主集团哲学之大成的王阳明学说

甲　王阳明传略

据《明儒学案·姚江学案》,王守仁,字伯安,余姚(今浙江余姚县)人,学者称为阳明先生。卒于明世宗嘉靖七年(公元一五二八年),年五十七。是其生年为明宪宗成化七年(公元一四七一年)。

其父王华,为成化辛丑进士第一人,仕至南京吏部尚书。其本人登弘治己未进士第,授刑部主事,改兵部,后谪贵州龙场驿丞,旋知庐陵县,历吏部主事、员外郎、郎中,升南京太仆寺少卿、鸿胪寺卿,旋以左佥都御史巡抚南赣,兼江西巡抚,升南京兵部尚书,后又以原官兼左都御史,起征思田。以平定南赣漳南、横水、桶冈、大帽、浰头等农民暴动及宸濠内乱等功,封“新建伯”,后又亲自平服思田“苗乱”。依此,王守仁系出身官僚地主家庭,为平定农民和苗族暴动的刽子手。

其著作,有《王文成公全书》三十八卷。其中卷一、卷二、卷三之《传习录》,可为其哲学思想的代表作;卷九至卷十五之奏疏及卷十六至卷十八之公移,可为其政治思想之代表作。

乙　认识论上的主观唯心主义

由于其时地主阶级地位的动摇、没落，以及无力解决现实问题等关系上，致地主阶级，特别是贵族大地主，离开现实，不敢面对现实，因之在意识形态上，归结为玄学的发展，王阳明便成为其思想代表者。所以他在认识论上，依他自己说，最初曾根据朱熹的“格物”说为研究的出发点，即一面从承认客观的存在作为出发点，但结果“钻求至于得病，”还不曾得到了解；于是便超离现实，两眼朝天，闭门静思，“动心忍性”，才大彻大悟，只是所彻悟的，却是主观唯心主义的东西。黄宗羲在《明儒学案》卷十中说：

先生之学，始泛滥于词章；继而遍读考亭之书，循序“格物”。顾物理吾心，终判为二，无所得入。于是出入于佛老者久之。及至居夷处困，动心忍性，因念圣人处此，更有何道？忽悟“格物致知”之旨，圣人之道，吾性自足，不假外求。

他自己说：

朱子所谓“格物”云者，在即物而穷其理也。即物穷理，是就事事物物上求其所谓定理者也；是以吾心而求理于事事物物之中，析心与理而为二矣。夫求理于事事物物者，如求孝之理于其亲之谓也。求孝之理于其亲，则孝之理其果在于吾之心邪？抑果在于亲之身邪？假而果在于亲之身，则亲没之后，吾心遂无孝之理欤？……以是例之，万事万物之理莫不皆然。

是可以知析心与理为二之非矣。(《传习录中》)

他在这里,便不独提出对朱熹"格物"论的反驳,并正面提出不能"求理于事事物物之中",而只能"求理"于此心,"心与理"不是两件事。但就他自己所提的论证,也完全和他所要证明的道理相反。封建时代的"孝",并不是如他所解释的那种东西,而是基于封建的财产关系、基于封建的父子关系的具体性上发生出来的。王阳明在这里,不仅只从抽象的方面出发,只从父子关系所表现的一个角度的结果出发,而且完全抹杀了封建的父子关系之另一角度的非孝的结果。所以王阳明一开始就钻入了牛角尖。

他的这种思想方法的变化过程,全不是偶然的。由于在当时的情况下,地主阶级企图从现实上去追求社会矛盾的解决,当然"钻求至于得病"而不能得到结论的。因此,便只有把因果倒置地从观念中去追求出路,去麻痹现实的矛盾。这决定他不能不深入到玄学的领域中去。从而他又达到如次之一唯心主义的见解:

若鄙人所谓"致知格物"者,致吾心之良知于事事物物也。吾心之良知,即所谓天理也。致吾心良知之天理于事事物物,则事事物物皆得其理矣。致吾心之良知者,致知也;事事物物皆得其理者,格物也。是合心与理而为一者也。(《传习录中》)

因而所谓事事物物的"理",不是从研究事事物物的本身得出的结论,而是凭"吾心良知之天理"所加于事事物物的。然"良知"是什么呢?他说:"未发之中,即良知也,无前后内外而浑然一体者也。"(《语录》)依此,他所谓"良知",即所谓"心",即精神的本体。

所以又说:“良知”“即天理”。说:“心之本体,即天理也,天理之昭明灵觉,所谓良知也。”(同上)这不独是孟轲的先验主义的复述,而且把它降低到主观唯心主义。因此又说:

> 夫物理不外于吾心,外吾心而求物理,无物理矣。遗物理而求吾心,吾心又何物邪?心之体性也,性即理也。……心虽主乎一身,而实管乎天下之理。理虽散在万事,而实不外乎一人之心。(《传习录中》)

这不但确认精神支配着存在,且以为对一切客观存在的认识,都不应从客观存在的自身去追求,而只容求之于人类自己的头脑中。从这里,他便更进一步去否定客观存在的实在性,而把它排列为观念着的幻象,故又说:

> “对曰:尝闻人是天地的心。”曰:“人又甚么教做心?”对曰:“只是一个灵明。可知充天塞地中间,只有这个灵明,人只为形体自间隔了。我的灵明便是天地鬼神的主宰。天没有我的灵明,谁去仰他高?地没有我的灵明,谁去俯他深?鬼神没有我的灵明,谁去辨他吉凶灾祥?天地、鬼神、万物,离却我的灵明,便没有天地、鬼神、万物了。我的灵明,离却天地、鬼神、万物,亦没有我的灵明。”(《传习录下》)

因而只有“灵明”是存在的,其他宇宙万物便都是由“灵明”所派生的东西。所以他的门人问他:“天地、鬼神、万物,千古见在;何没了我的灵明,便俱无了?”他肯定地答说:“今看死的人,他这些精灵游散了,他的天地、万物,尚在何处?"(《传习录下》)亦即所谓:"人者,天地万物之心也;心者,天地万物之主也。心即天,言心,则天地万物皆举之矣。"(《语录》)这样不只又达到露骨的"唯我论"的结论,并公然宣扬有神论。但那种"灵明"何自来呢?他在这里,便也只有求助于上帝和归结到庸俗的独断论。

因此,在他看来,一切实在的存在,都不是存在的,而是虚无的,是由观念派生着的幻影。故他又说:

> 仙家说到虚,圣人岂能虚上加得一毫实?佛氏说到无,圣人岂能无上加得一毫有?但仙家说虚,从养生上来;佛氏说无,从出离生死苦海上来。却于本体上加却这些子意思在,便不是他虚无的本色了,便于本体有障碍。圣人只是还他良知的本色,更不着些子意在。良知之虚,便是天之太虚,良知之无,便是太虚之无形。日、月、风、雷、山、川、民、物,凡有貌象形色,皆在太虚无形中发用流行,未尝作得天的障碍。圣人只是顺其良知之发用,天地万物俱在我良知的发用流行中,何尝又有一物超于良知之外,能作得障碍?(《传习录下》)

到这里,除"圣人"的"良知"以外,便只有王阳明自己是存在着的了。但是"物即理也",结果他自己也是无法存在的呵!

不过依照他的理论逻辑,人应是同等的具有这种先验的"良知",亦即"天理",那末,为什么人群中又有各种各样的思想意识之歧异呢?易言之,有所谓"善""恶"之分呢?他说:

> 良知即是未发之中,即是廓然大公、寂然不动之本体,人

人之所同具者也。但不能不昏蔽于物欲，故须学以去其昏蔽。然于良知之本体，初不能有加损于毫末也。（《传习录中》）

尔那一点良知，是尔自家底准则；尔意念着处，他是便知是，非便知非，更瞒他一些不得；尔只不要欺他，实实落落，依着他做去，善便存，恶便去，他这里何等稳当快乐。此便是格物的真诀，致知的实功。（《传习录下》）

然而一方面，"良知"既是唯一存在的东西，"尔"还能拿什么去"欺他"呢？依照他自已的论点去推论，这不啻又构成其自己理论上的矛盾，且成了空无所指的"遁辞"。另一方面，便认为不符合于"良知"的"廓然大公"的思想意识，是由于"良知"为后天的"物欲"所昏蔽。从而又达到其所谓"天理""人欲"之分的论点。他说："必欲此心纯乎天理，而无一毫人欲之私，此作圣之功也。"（《语录》）同时他又归结说："无善无恶，是心之体，有善有恶，是意之动，知善知恶是良知，为善去恶是格物。"（《传习录下》）他这样去解说人类意识的悬殊，即阶级意识的悬殊。这就是说，本质，即"心"是无善无恶的，只有意识才有善恶。亦即所谓"无善无恶者，理之静；有善有恶者，气之动；不动于气，即无善无恶，是谓至善"（《传习录上》）。善恶的来源，是由于对外界的感觉；区别善恶的标准，则在于先天的"良知"。他的门人王汝中也对他这一结论提出疑问："若说心体是无善无恶，意亦是无善无恶的意，知亦是无善无恶的知，物是无善无恶的物矣。若说意有善恶，毕竟心体还有善恶在。"其另一门生钱德洪驳论说："心体是天命之性，原是无善无恶的，但人有习心，意念上见有善恶在。格致诚正，修此正是复那性体功夫。若原无善恶，功夫亦不消说矣。"阳明乃总合两说曰："正要你们来讲破此意。二君之见正好相资为用,不可各执一边。我这里接人原有此二种。利根之人,直从本源上悟入,人心本体原是明莹无滞的,原是个未发之中;利根之人一悟本体,即是功夫,人已内外一齐俱透了。其次不免有习心在;本体受蔽,故且教在意念上实落为善去恶,功夫熟后,渣滓去得尽时,本体亦明尽了。汝中之见,是我这里接利根人的;德洪之见,是我这里为其次立法的。二君相取为用,则中人上下皆可引入于道。若各执一边,眼前便有失人,便于道体各有未尽。"(《传习录下》)

从这里转入到知识论,便教人们忘情现实,只从观念上去追求玄学的理解。其功夫即在去人欲,亦即除善恶。但善恶是从动中派生的。所以他说着意动自然是动,但着意静也是动;静是理的本然,动则是本然之自发的,所谓静中自动,动亦是静。这样只要把"良知"的心本体上的尘垢涤除,便自然归于莹明而万理自明了。

然而治者依照这种玄学公式就可以把不同的阶级意识统一了吗?他说这工夫是要从"知"与"行"的统一上去追求的。凡人不能"作圣",由于其"知"与"行"的分离;"知"离开"行"便不是真"知","行"离开"知"便是乱"行"。故他说:

> 行之明觉精察处便是知,知之真切笃实处便是行。若行而不能明觉精察,便是冥行,便是学而不思则罔,所以必须说个知;知而不能真切笃实,便是妄想,便是思而不学则殆,所以必须说个行。原本只是一个功夫。(《语录》)

为什么呢?因为"某尝说:知是行的主意,行是知的功夫;知是行之始,行是知之成。若会得时,只说一个知,已自有行在;只说一个行,已自有知在。"(《传习录上》)。"今人学问,只因知行分作两件,故有一念发动,虽是不善,然却未曾行,便不去禁止。我今说个知行合一,正要人晓得一念发动处便即是行了;发动处有不善,就将这不善的念克倒了,须要彻根彻底,不使那一念不善潜伏在胸中。此是我立言宗旨。"(《传习录下》)

依此,王阳明的所谓"知",就是理论,所谓"行",就是实践;他并提出由理论到实践的统一。这是有着积极性的,是当时历史条件下的一种伟大观念。不过他的所谓实践,不是对客观世界的实践,而是内心修养的实践。所以在他,理论和实践的统一,不是主观和客观之矛盾的统一,而只是主观方面的内在矛盾的统一。同时,他又只能提出"知是行之始",即实践根据于理论;而不知理论是从客观实践而来的。因此,他的"知行合一"论的积极性是有限的。

王阳明"知行合一"论的阶级意义,在企图从背对现实的基础上,去改造人们的观念,把不同的阶级意识软化于所谓"良知"的下面,即教人们超离现实去追求所谓"良知"的幽灵。

丙　保守主义的政治论

他从认识论转入到政治论上,便把《大学》"八目"拿出来,并依照其自己时代的阶级要求去解释(请参看《王文成公全书》卷二十六《续编一·大学问》)。

他首先设定一个前提说:"阳明子曰:大人者,以天地万物为一体者也。其视天下犹一家,中国犹一人焉。若夫间形骸而分尔我者,小人矣。"(《大学问》)这在客观上,有着天下为一家和人类平等的意义;但在他的主观上,则在企图借这种美丽的词句,去隐蔽地位悬殊的阶级关系,麻痹诸阶级相互间的矛盾。这在他对“明明德”“亲民”“止于至善”三目的解释上,表现得明白:“‘明明德’者:立其天地万物一体之体也。”(同上)然何以去立其天地万物一体之体呢?易言之,何以能消除阶级间的敌对矛盾呢?他说用“亲民”的手段去实现。故说:“‘亲民’者,达其天地万物一体之用也。”(同上)“亲民”又何从能“达其天地万物一体之用”呢?他说“亲民”即在使社会全体在思想意识上都达到以“天下犹一家,中国犹一人”的自觉程度。故说:“亲民,乃所以明其‘明德’也。是故亲吾之父以及人之父,以及天下人之父;而后吾之仁,实与吾之父、人之父,与天下人之父而为一体矣。实与之为一体,而后孝之‘明德’始明矣。亲吾之兄以及人之兄,以及天下人之兄;而后吾之仁,实与吾之兄、人之兄,与天下之人之兄而为一体矣。实与之为一体,而后弟之‘明德’始明矣。君臣也,夫妇也,朋友也,以至于山川鬼神鸟兽草木也,莫不实有以亲之,以达吾一体之仁;然后吾之‘明德’始无不明,而真能以天地万物为一体矣。夫是之谓‘明明德于天下’,是之谓‘家齐国治而天下平’,是之谓‘尽性’。”(同上)

因此,他之所谓“明明德”的主要内容,便在修明“三纲五常”;所谓“亲民”的主要内容,便在统治者对“三纲五常”拿“知行合一”的精神,以身作则去领率人民;所谓“天下犹一家,中国犹一人”,便是说,要在最理想的“三纲五常”的秩序下面,把“天下”和“中国”统一起来,以达到“天地万物一体之体”,也就是绝对精神的统一。

然而达到绝对精神之统一,即“达其天地万物一体之用”的“亲民”根据在哪里呢?他说在于人心体的“良知”。在这个“良知”的基础上,由统治者以身作则,倡导诱发的教育作用,便能“明其明德”，然后使“天下”和“中国”之人，对源于“天命之性”的“三纲五常”的“身体力行”，达到“极则”，即“至善”。所以他又说：

> 至善者，明德、亲民之极则也。天命之性，粹然至善，其灵昭不昧者，此其至善之发见，是乃明德之本体，而即所谓良知者也。至善之发见，是而是焉，非而非焉。轻重厚薄，随感随应，变动不居，而亦莫不自有天然之中，是乃民彝物则之极，而不容少有议拟增损于其间也。少有拟议增损于其间，则是私意小智而非至善之谓矣。(《大学问》)

在这里，他在所谓“至善”的节目下，不但把相对性的“是非”无时空条件的绝对化，并以其一个阶级的“是非”标准，作为没有商量余地的“民彝物则之极”，去否认“是而是”“非而非”的不同的阶级意识。到这里，“天下犹一家，中国犹一人”的积极意义，便在这种封建专制主义的论点下面歪曲了。无怪他许多论点能符合封建专制主义信徒的脾胃。

他这样把一切对立物的矛盾，都在“天然之中”的范畴下面被解消了。从而又根本否认一切事物的对立矛盾性，而达到如次的结论：

> 是以谓之本末。若曰两物，则既为两物矣，又何可以言本末乎？(《大学问》)

话再说回来，依照王阳明“良知”是“天理”在人性方面的体现，因而他便把“三纲五常”特别是父家长的宗法制和身分从属的等级

制,提高到“天理”的地位。因此又说:

> ……以此纯乎天理之心,发之事父,便是孝;发之事君,便是忠;发之交友治民,便是信与仁。只在此心去人欲存天理上用功便是。(《传习录上》)

于是,他便根据自己制造的图式,去反对农民理论家的墨子。他说:“父子兄弟之爱,便是人心生意发端处,如木之抽芽。自此而仁民而爱物,便是发干生枝生叶。墨氏兼爱无差等,将自家父子兄弟与途人一般看,便自没了发端处……便不是生生不息,安得谓之仁?”(同上)同时,并以同一的理由去非难佛家。其实佛家并不反对“三纲五常”,只是其维护“三纲五常”的表现方式和儒家不同。

但在王阳明的时代,不仅这种理想的封建主义图式,已经在行着急剧的解体而且又发生着反封建的农民暴动。王阳明便从其阶级的保守立场上,一面企图采用教育的方式,去麻醉被统治者阶级反抗意识的发展,把它束缚于这种伦理的观念下面。为实施这种教育原则,王阳明并亲自采取了一些实施步骤,如:颁行社会教条、《批立社学师耆老名呈》、《牌行灵山县延师设教》、《牌行南宁府延师设教》、《旌奖节妇牌》等(公移)便都是这一原则的实施。一面,则创立“乡约”的机构,作为行将溃决的封建防障。所谓“乡约”的本质,在加强豪绅统治农村的机构,防止农民反抗运动的发展,尤在反对正在发展中的农民军。其内容,在《南赣乡约》中说得明白(《王文成公全书》卷十七),照录如次:

> 咨尔民:昔人有言“蓬生麻中,不扶而直;白沙在泥,不染

而黑”。民俗之善恶,岂不由于积习使然哉?往者新民盖常弃其宗族,畔其乡里,四出而为暴,岂独其性之异,其人之罪哉!亦由我有司治之无道,教之无方;尔父老子弟,所以训诲戒饬于家庭者不早,薰陶渐染于里閈者无素,诱掖奖劝之不行,连属叶和之无具,又或愤怨相激,狡伪相残,故遂使之靡然日流于恶。则我有司与尔父老子弟,皆宜分受其责。呜呼!往者不可及,来者犹可追!故今特为乡约,以协和尔民,自今凡尔同约之民,皆宜孝尔父母,敬尔兄长,教训尔子孙,和顺尔乡里;死丧相助,患难相恤,善相劝勉,恶相告戒;息讼罢争,讲信修睦,务为良善之民,共成仁厚之俗。呜呼!人虽至愚,责人则明;虽有聪明,责己则昏。尔等父老子弟,毋念新民之旧恶,而不与其善;彼一念而善,即善人矣。毋自恃为良民,而不修其身;尔一念而恶,即恶人矣。人之善恶,由于一念之间,尔等慎思吾言,毋忽。

一、同约中推年高有德为众所敬服者一人为约长,二人为约副,又推公直果断者四人为约正,通达明察者四人为约史,精健廉干者四人为知约,礼仪习熟者二人为约赞。置文簿三扇:其一扇备写同约姓名,及日逐出入所为,知约司之;其二扇一书彰善,一书纠过,约长司之。

一、同约之人,每一会,人出银三分,送知约具饮食,毋大奢,取免饥渴而已。

一、会期以月之望,若有疾病事故不及赴者,许先期遣人告知约;无故不赴者,以过恶书,仍罚银一两公用。

一、立约所于道里均平之处,择寺观宽大者为之。

一、彰善者,其辞显而决;纠过者,其辞隐而婉,亦忠厚之道也。如有人不弟,毋直曰不弟,但云闻某于事兄敬长之礼颇有未尽,某未敢以为信,姑书之以俟;凡纠过恶皆例此。若有难改之恶,且勿纠使无所容,或激而遂肆其恶矣。约长副等,须先期阴与之言,便当自首。众共诱掖奖劝之,以兴其善念,姑使书之,使其可改;若不能改,然后纠而书之;又不能改,然后白之官;又不能改,同约之人,执送之官,明正其罪;势不能执,戮力协谋官府请兵灭之。

一、通约之人,凡有危疑难处之事,皆须约长会同约之人与之裁处区画,必当于理,济于事而后已,不得坐视推托。陷人于恶,罪坐约长、约正诸人。

一、寄庄人户,多于纳粮当差之时躲回原籍,往往负累同甲;今后约长等劝令及期完纳应承,如蹈前弊,告官惩治,削去寄庄。

一、本地大户,异境客商,放债收息,合依常例,毋得磊算;或有贫难不能偿者,亦宜以理量宽。有等不仁之徒,辄便捉锁磊取,挟写田地,致令穷民无告,去而为之盗。今后有此,告诸约长等与之明白;偿不及数者,劝令宽舍;取已过数者,力与追还;如或恃强不听,率同约之人鸣之官司。

一、亲族乡邻,往往有因小忿,投贼复仇,残害良善,酿成大患。今后一应斗殴不平之事,鸣之约长等,公论是非;或约长闻之,即与晓谕解释;敢有仍前妄为者,率诸同约,呈官诛殄。

一、军民人等,若有阳为良善,阴通贼情,贩卖牛马,走传消息,归利一己,殃及万民者,约长等率同约诸人指实劝戒;不悛,呈官究治。

一、吏书、义民、总甲、里老、百长、弓兵、机快人等,若揽差下乡索求赍发者,约长率同呈官追究。

一、各寨居民，昔被新民之害，诚不忍言；但今既许其自新，所占田产，已令退还，毋得再怀前雠，致扰地方。约长等常宜晓谕，令各守本分；有不听者，呈官治罪。

一、投招新民，因尔一念之善，贷尔之罪，当痛自克责，改过自新，勤耕勤织，平买平卖，思同良民；无以前日名目，甘心下流，自取灭绝。约长等各宜时时提撕晓谕，如踵前非者，呈官惩治。

一、男女长成，各宜及时嫁娶，往往女家责聘礼不充，男家责嫁装不丰，遂致愆期。约长等其各省谕诸人，自今其称家之有无，随时婚嫁。

一、父母丧葬，衣衾棺椁，但尽诚孝，称家有无而行；此外或大作佛事，或盛设宴乐，倾家费财，俱于死者无益。约长等其各省谕约内之人一遵礼制，有仍蹈前非者，即于纠恶簿内书以不孝。

一、当会前一日，知约预于约所洒扫张具于堂，设告谕牌及香案，南向。当会日，同约毕至，约赞鸣鼓三，众皆诣香案前序立，北面跪听约正读告谕毕。约长合众扬言曰："自今以后，凡我同约之人，祗奉戒谕，齐心合德，同归于善；若有二三其心，阳善阴恶者，神明诛殛。"众皆曰："若有二三其心，阳善阴恶者，神明诛殛。"皆再拜，兴，以次出会所，分东西立。约正读乡约毕，大声曰："凡我同盟，务遵乡约。"众皆曰："是。"乃东西交拜，兴，各以次就位，少者各酌酒于长者。三行，知约起，设彰善位于堂上，南向，置笔砚，陈彰善簿。约赞鸣鼓三，众皆起；约赞唱请举善。众曰"是在约史"。约史出就彰善位。扬言曰："某有某善，某能改某过，请书之以为同约劝。"约正遍质于众曰:“如何?”众曰:“约史举甚当。”约正乃揖善者进彰善位,东西立。约史复谓众曰:“某所举止是,请各举所知。”众有所知,即举;无,则曰:“约史所举是矣。”约长、副正皆出就彰善位。约史书簿毕,约长举杯扬言曰:“某能为某善,某能改某过,是能修其身也。某能使某族人为某善,改某过,是能齐其家也。使人人若此,风俗焉有不厚?凡我同约,当取以为法。”遂属于其善者,善者亦酌酒酬约长曰:“此岂足为善,乃劳长者过奖,某诚惶怍,敢不益加砥砺,期无负长者之教。”皆饮毕,再拜谢约长;约长答拜,兴,各就位。知约撤彰善之席,酒复三行;知约起,设纠过位于阶下,北向,置笔砚,陈纠过簿,约赞鸣鼓三,众皆起。约赞唱请纠过。众曰:“是在约史。”约史就纠过位,扬言曰:“闻某有某过,未敢以为然,姑书之以俟后图,如何?”约正遍质于众曰:“如何?”众皆曰:“约史必有见。”约正乃揖过者出,就纠过位,北向立,约史复遍谓众曰:“某所闻止是,请各言所闻。”众有所闻即言;无,则曰:“约史所闻是矣。”于是约长、副正皆出纠过位,东西立,约史书簿毕,约长谓过者曰:“虽然,姑无行罚,惟速改。”过者跪请曰:“某敢不服罪。”自起酌酒,跪而饮曰:“敢不速改,重为长者忧。”约正、副史皆曰:“某等不能早劝谕,使子陷于此,亦安得无罪?皆酌自罚。”过者复跪而请曰:“某既知罪,长者又自以为罚,某敢不即就戮;若许其得以自改,则请长者无饮,某之幸也。”趋后酌酒自罚。约正、副咸曰:“子能勇于受责如此,是能迁于善也,某等亦可免于罪矣。”乃释爵,过者再拜,约长揖之,兴,各就位。知约撤纠过席。酒复二行,遂饭;饭毕,约赞起鸣鼓三,唱申戒;众起,约正中堂立,扬言曰:“呜呼!凡我同约之人,明听申戒,人孰无善，亦孰无恶，为善虽人不知，积之既久，自然善积而不可掩；为恶若不知改，积之既久，必至恶极而不可赦。今有善而为人所彰，固可喜；苟遂以为善而自恃，将日入于恶矣。有恶而为人所纠，固可愧，苟能悔其恶而自改，将日进于善矣。然则今日之善者，未可自恃以为善，而今日之恶者，亦岂遂终于恶哉？凡我同约之人，盍共勉之。”众皆曰：“敢不勉。”乃出席，以次东西序立，交拜，兴，遂退。

在“乡约”以外，又创立所谓“十家牌法”（《王文成公全书》卷十六）和“保长法”（卷十七）。“十家牌法”是使村民互相监视、牵制的一种连坐法，“保长法”是给予乡村豪绅以统驭和指挥农民的一种军事权力，强制农民自己去反对、镇压“叛乱”的农民，使农民自相残杀。

王阳明的这种“乡约”“十家牌法”“保长法”……是在地主阶级反对农民暴动的基础上产生的。他们用这种办法去扩大农村豪绅地主的权力，把所谓“良民”放在豪绅地主的严密统制和监视下，控制群众的活动；达到其孤立农民军的目的。最毒辣的，还实行了瓦解农民军的一种自首政策，即所谓保护“新民”的办法。他这种办法，在以后，不只成了豪绅地主统治农民的成规，并为曾国藩袭取其原则，去反对太平天国和捻党的农民军；为封建专制主义的信徒所袭取来反对人民、反对革命（增补：后来又为日寇所利用来奴役中国人民、反对中华民族。），这对于中国民权的发展上，也是起了很大的反动作用的。但若改变其内容，特别改为权在人民，又不以家长为基础，而以公民为基础，成为由下而上的组织，却可能成为一种有进步内容的形式。

另一方面，他又主张调协地主阶级内部诸阶层的利益。所以他在一方面，虽主张限制寺院地主的佛老，从属于世俗大地主的权利之下，但不主张排除他们。这在《王文成公全书》卷九《谏迎佛疏》一文中说得明白。一方面，在农民暴动与宸濠之乱的当中，许多中小地主丧失的土地，暴动和乱子过去后，又为豪绅、官吏所侵占。他主张归还他们这种被侵占的土地。这在《全书》卷十三《计处地方疏》等文中表示得明白。同时为和缓阶级间和地主阶级内部的矛盾，他又主张减免中小地主以至小所有者及农民的负担（请参阅《全书》卷十三《乞宽免税粮急救民困以弭灾变疏》等文）。最后他主张用商税来弥补军费和财政（参阅《全书》卷九《疏通盐法疏》及卷十《议南赣商税疏》、卷十一《再议疏通盐法疏》等文）。这在把地主阶级对军费和财政的负担，转嫁于市民阶级的身上，拿租税去压制他们（参阅上引《议南赣商税疏》等文）。而此，也正是其时地主阶级和市民阶级矛盾的表现。

王阳明的政治思想和主张，较之其哲学思想更要保守、更要反动；在其哲学思想上，却还把中国哲学的思维能力又提高了一步，特别提出“知”和“行”，即理论和实践这一对立矛盾的范畴及其关联。而在政治思想上，他从反对人民的方面看到了人民力量的伟大，这是他较其前驱者高明点的地方。但其后王阳明主义的信徒，却始终还不肯承认群众力量的伟大。

丁　作为阳明哲学之正统派的王学右派——王汝中、钱德洪的一派

王畿，字汝中，别号龙溪，浙江山阴人。历官南京职方主事、武

选郎中(《明儒学案·浙中王门学案》二)。他与钱德洪(绪山)同为"王学"右派巨子,而为其代表者。著有《王龙溪全集》二十卷。

在王阳明死后,他和钱德洪等人曾倡导了地主阶级的自救运动。在思想战线上,屹然和反映农民阶级的一些思想情况和要求的"王学"左派相对峙。《明儒学案》本传云:

> 先生林下四十余年,无日不讲学,自两都及吴、楚、闽、越、江、浙皆有讲舍,莫不以先生为宗盟,年八十,犹周流不倦。

他的哲学思想,基本上宗守阳明的"衣钵",而作了进一步的玄学化的解释。他甚至把精神的本体和思想意识分离,认为精神的本体是"至善无恶"的,思想意识是有善有恶的;所以精神的本体具有能判别善恶的"良知"。但"良知"何自来呢?其作用又是怎样呢?他说:

> 良知原是无中生有,即是未发之中;此知之前,更无未发,即是中节之和;此知之后,更无已发,自能收敛,不须更主于收敛,自能发散,不须更期于发散,当下现成,不假工夫修整而后得。致良知原为未悟者设。信得良知过时,独往独来,如珠之走盘,不待拘管而自不过其则也。(《明儒学案》本传)
>
> 良知是造化之精灵,吾人当以造化为学。"造"者自"无"而显于"有","化"者自"有"而归于"无"。吾之精灵,生天生地生万物,而天地万物复归于"无"。无时不"造",无时不"化",未尝有一息之停。自元会运世以至于食息微渺,莫不皆然。如此,则造化在吾手,而吾致知之功自不容已矣。

(《语录》)

王畿把王阳明的“良知”释为所谓“造化之精灵”,天、地、万物都由这种“精灵”所派生,而那在实际上又都是不存在的。这在基本上,虽还根据王阳明,但比较更庸俗更神学化了。

然而“良知”,亦即精神的本体是至善的,为什么思想意识又有善有恶呢?他说:

> 吾人一切世情嗜欲,皆从意生。心本至善,动于意,始有不善。若能在先天心体上立根,则意所动自无不善,世情嗜欲自无所容,致知工夫自然易简省力。若在后天动意上立根,未免有世情嗜欲之杂,致知工夫转觉繁难。颜子,先天之学也;原宪,后天之学也。(《语录》)

这是说,先天的精神的本体是至善的,从外界的“世情嗜欲”感觉而来的思想意识,是恶的,即“立根”“在先天心体上”的便是善的;“立根”“在后天动意上”,即依于对外界的感觉而来的,便是恶的。这不但死硬地反对唯物主义,而又反对客观主义。但他把自己的思维活动限制在所谓“先天心体”的狭隘圈子里,便完全硬化了。而他这种思想方法,却有着阶级内容的,“立根”于所谓“先天心体”的思想意识,正是不敢面对现实的没落期地主阶级的东西,“立根”于所谓“后天动意上”而表现“世情嗜欲”,即现实要求的思想意识,正是劳动人民的唯物主义本质。这不独表现其反对农民阶级,而且是企图拿地主阶级的思想方法去教育他们。

因此,王畿比王阳明更蹈空、更保守、更反动了。

三 表现临于没落期的地主阶级政治思想的陆桴亭、李中孚学说

封建地主阶级的阶级地位，到明末清初之际，愈陷于动摇，表现其无力挽救的危机。但是历史上断没有一个掌握统治权的阶级，肯静待其命运来判决的；他们无论在何种绝望的境地，都不能不表现其“回光返照”的挣扎。而况这时的地主阶级，实未到山穷水尽的境地。在这种情况下，便产生孙奇逢（公元一五七五——一六六七年）、李中孚、陆陇其、陆桴亭等人的学说，为这时期地主阶级政治思想的代表。

他们对于政治原理，除李中孚有着一些进步的东西外，基本上只固守从来地主阶级一贯的成规和教条，并无多少新的东西加进去，一般也都没有什么发展。例如李中孚的门人王心敬，在其《丰川集》中的《选举》《饷兵》《马政》《区田法》《圃田法》《井利说》《井利补说》等篇，便是一些对前人成规的复述和一些复古的要求。因而他们为其阶级地位挣扎，便要求把旧秩序原封不动。例如孙奇逢说：

> 为天地立心、为生民立命者，圣贤之事也。明王不作，圣人已远，而尧舜孔子之心至今在。（《岁寒集》）

陆陇其序陆桴亭《思辨录》云：

> 士生斯世而欲言学，岂不难哉？功利之习浸淫于人心，根深

蒂固而不可拔……舍三代以来圣贤相传之道,而欲求所谓虚无寂灭者,求之愈力,去之愈远。……(《陆桴亭·思辨录序》)

这一面,表现其反对人民对现实物质生活的要求,特别是市民阶级的功利主义;一面表现其保守和复古的倾向。他们从保守的立场出发,由于对现实的社会矛盾没有勇气去处理,所以在政治论上只重复旧说,而不敢提出任何新主张。因而便偏从所谓"世道人心"上作工夫,企图从观念形态方面去和缓现实的矛盾。

在他们的思想体系中,有一个特别重要的共同特点,即他们均从调和朱陆出发。这缘在地主阶级地位危岌的时际,从其共同的利害上,要求其阶级内部各阶层关系的调和,较之王阳明的时代更为迫切。所以他们和王阳明不同,而成为折衷论者。所以李中孚说:

问:朱陆异同。先生曰:陆之教人,一洗支离锢蔽之陋,在儒中最为儆切,使人于言下爽畅醒豁,有以自得。朱之教人,循循有序,恪守洙泗家法,中正平实,极便初学。要之,二先生均大有功于世教人心,不可以轻低昂者也。(《二曲集》卷四《靖江语要》)

在上列诸人的著作,尤其李中孚的《全集》中,关于调和儒家各派的论点甚多。总结的说,他们赞扬朱熹的"居敬穷理",陆九渊的直觉的本源的认识。同时他们对于王阳明哲学的某些论点,则提出批判。这表现了中小地主阶层的思想倾向。例如陆陇其说:"……则高顾之学,虽箴砭阳明,多切中其病;至于本源之地,仍不能出其范围。岂非阳明之说，浸淫于人心，虽有大贤，不免犹蹈其弊乎？”（《学术辨中》）又说：“闻太仓陆桴亭先生之学，而未获亲炙……得所谓《思辨录》者，其辨同异，晰疑似，一准于程朱；其于金谿、新会、姚江，虽未尝力排深拒，而深知其流弊之祸世。”（《思辨录序》）

但他们在认识论上，虽不否认存在于知觉之外的客观事物的存在，然在究极上，二陆是继承了陆象山的主观唯心主义的基本论点，而不是朱熹的二元论，只兼采朱熹“居敬穷理”的修养工夫。在朱熹学的“理”“气”二元论的体系中，“居敬穷理”只是其糟粕。所以他们抛弃了朱熹哲学的重要部分，有进步内容的部分，只接受其不重要的、落后的部分。“寒饥清苦”中出身，并主张根据所有各派理学家著作来研究本体论（明体）的李中孚，一方面，他肯定：“言性而舍气质，则所谓性者何附？所谓性善者何从而见？如眼之视，此气也；而视必明，乃性之善。”（《靖江语要》）这正表现了他二元论的基本论旨。但另方面却又说：

学问之要，全在定心。心一定，静而安，寂然不动，感而遂通，廓然大公，物来顺应，犹镜之照，不迎不随，此之谓能虑，此之谓得其所止。（《反身录》）

先生告曰：今且不必求《易》于《易》，而且求《易》于己。人当未与物接，一念不起，即此便是无极而太极。及事至念起惺惺处，即此便是太极之动而阳；一念知敛处，即此便是太极之静而阴。无时无刻而不以去欲存理为务，即此便是天行健，君子以自强不息。人欲净尽而天理流行，即此便是乾之刚健中正，纯粹精。（《二曲集》卷五《锡山语要》）

这和二陆的基本论点是一致的。陆桴亭说:

> 中正仁义而主静,周子立言甚周匝。然主静之下,又自注曰:"无欲故静。"无欲者,无人欲也;无人欲,则纯乎天理矣。是周子以天理为静,以人欲为动。主静者,主乎天理也。主乎天理,则静固静,动亦静矣。岂有偏静之弊乎?(《清学案小识·太仓陆先生传》)

这是说学问的道理,只当求之于内心,不当求之于外在的客观世界;从内心得来的,才是"纯乎天理"或"得其正"的道理;从外在的客观世界感觉得来的,是要不得的"人欲"。因此,他们在为学和修养上,把自己和现实的客观存在隔绝开,而限制于内在的狭小的腔子里。结果,外在的客观存在的事物不是成了多余的东西,便不是真实存在的东西。

这在政治意义上,便在教人忘情泯识,不要去注视现实生活的利害,不要从现实方面去追求;而要忘情现实,从精神方面找出路。他们企图借这种阶级的骗局,去和缓当前社会的矛盾关系、阶级间的利害冲突和斗争的形势。

这就是说,他们企图把当前社会一切对立的矛盾,放在所谓"去欲存理"的内心方面隐蔽起来,而使之麻痹化。在他们,认为如果人人能至于"人欲净尽",那现实的阶级矛盾不是完全可以缓和了吗!不过他们这种大知识分子或"大儒"的理论把戏,对于劳动人民是不能有影响的,劳动人民只晓得"实事求是"地去追求其现实的生活。在长期的封建社会过程中,农民不仅学会了许多方法去组织自己的力量和多种斗争的形式,而且学会了不受统治阶级的欺骗，不管统治阶级说得怎样好听，在没有成为现实以前的空话，是不能取得他们信任的。

但在时代的影响下，李中孚又主张研究《文献通考》、《吕氏实政录》、《历代名臣奏议》、律令、《农政全书》、《水利全书》、《泰西水法》、《地理险要》等适用科目。这是有进步意义的。同时，他拒绝为实行民族压迫的满清朝廷服务，至于拿绝食和自杀去抵抗。这又表现他是一个有民族气节的哲学家。

此外，由于在当时资本主义生产方式的萌芽，以及和所谓"泰西"学的交流的影响，一部分进步人士便开始对封建地主所堆砌粉饰的历史，发生怀疑，而产生了否认旧史的考证学。顾炎武的《音学》《音论》《诗本音》《易音》《古音表》《求古录》《石经考》及其他关于金石文字等著作，以及戴震等人的考证学，不只把地主阶级的历史陈案推翻，而且是有着科学和唯物主义的丰富因素的。因此展开了明清之际的朴学运动。地主阶级的学者便从旧的道统史观的立场上去反对朴学，而形成了朴学和反朴学的两条战线斗争。

第二章　农民派的政治思想的发展

一　反映农民阶级一些思想情况和要求的王学左派——王艮的政治学说

王艮，字汝止，号心斋，泰州安丰场人。生于明宪宗成化十九年（公元一四八三年），卒于世宗嘉靖十九年寅历十二月八日（公元一五四一年）（《明儒学案》本传），著有《王心斋全集》。

本传又称："七岁受书乡塾，贫不能竟学。从父商于山东，常衔《孝经》《论语》《大学》袖中，逢人质难。""其父受役，天寒起，盥冷水。先生见之，痛哭曰：'为人子而令亲如此，尚得为人乎？'于是有事则身代之。先生虽不得专功于学，然默默参究，以经证悟。"他终身没有什么科第功名，也不曾作过什么官。同时他又系出身于贫困之家庭，又作过灶丁（即盐民）。在他的时代，封建农村正在衰落的过程中，且从而地主阶级对农民的剥削日益加剧。农民的阶级意识亦因而发展。在这种时代的急流下，王艮便在一定程度上以农民阶级的代言者而出现了。这证之其徒朱恕为樵夫，夏廷美为田夫，韩贞为陶匠（见《明儒学案·泰州学案》各本传）的事实，其阶级性便更为明显。

王艮本传又称"阳明巡抚江西，讲良知之学，大江之南，学者翕然从信。顾先生僻处，未之闻也。有黄文刚者，吉安人，而寓泰州。闻先生论，诧曰：'此绝类王巡抚之谈学也。'先生喜曰：'有是哉？虽然王公论良知，艮谈格物，如其同也，是天以王公与天下后世也；如其异也，是天以艮与王公也。'即日启行，以古服进见；至中门，举笏而立。阳明出迎于门外。始入，先生据上坐，辩难久之，稍心折。移其坐于侧……下拜自称弟子。退而绎所闻，间有不合，悔曰：'吾轻易矣。'""阳明以先生意气太高，行事太奇，痛加裁抑。及门三日，不得见。阳明送客出门，先生长跪道旁曰：'艮知过矣。'阳明不顾而入。先生随至庭下，厉声曰：'仲尼不为已甚。'阳明方揖之起。"依此，他和阳明，从"格物"与"良知"之不同的思想出发点上，便显示着唯物主义和唯心主义的对立。他之所以拜见阳明，意在转变阳明，即所谓"以艮与王公"。然这种根本立场的矛盾是无法调协的，所以便引起两人间之不断的龃龉。

王艮的思想方法，是从日常现实生活的具体问题出发的；他从当时"玄之又玄"的"良知"说中冲出，认为"真理"即道，并不在天上，而在于现实生活中。屹然树立其唯物主义的体系。例如本传说：

> 阳明而下，以辩才推龙溪，然有信有不信。唯先生于眉睫之间，省觉人最多；谓"百姓日用即道"，虽童仆往来动作处，指其不假安排者以示之，闻者爽然。

他这样进入"格物"论，确认"物"不过为"吾身上下前后左右"的一切实在的东西，并不是什么"心"里的东西；"格"则便是"絜矩"，即找出其规律之谓。人类不过能找出这个"絜矩"，而达到对客观实在的认识而已。因此,他的“格物”论,不仅根本否定了“心性”论,而且和朱熹的所谓“格物”,也是内容不同的。

然而怎样去“格物”呢？本传说:“先生以‘格物’即‘物’有本末之物,身与天下国家一物也;格知身之为本,而家国天下之为末。行有不得者,皆反求诸己。反己是格物底功夫。故欲齐治平,在于安身。《易》曰:‘身安而天下国家可保也’;身未安,本不立也。知安身者,则必爱身、敬身;爱身、敬身者,必不敢不爱人、不敬人。能爱人、敬人,则人必爱我、敬我,而我身安矣。一家爱我、敬我,则家齐;一国爱我、敬我,则国治;天下爱我、敬我,则天下平。故人不爱我,非特人之不仁;己之不仁可知矣。人不敬我,非特人之不敬;己之不敬可知矣。此所谓淮南格物也。”这把从来由“安心”方面去追求“安身”的唯心主义的教条颠倒过来,确认“身安”和“格致身之为本”。而所谓“本”,便是现实的物质生活的保障。故说:“即事是学,即事是道。人有困于贫而冻馁其身者,则亦失其本而非学也。”(《语录》)这一面是说所谓“学”在认识客观的具体事物,所谓真理,都在于客观的事物之中。一面说农民为饥寒所迫,便是身不能安和“失其本”,便无暇去学习那些道理。更重要的是他肯定“天下国家”和“人”都是客观存在着的东西。在这一前提下,一方面,对自己的行为是否适当,都要以“格物”的方法来检查自己;一方面,在人我关系上,首先必须自己“爱人”“敬人”,人自然“爱我”“敬我”,如人不“爱我”“敬我”,必是自己有“不仁”“不敬”的地方。这正是他的“格知身之为本”的基本内容,也是其唯物主义的根本态度。在这里,他却没有把阶级界限划清楚,他没有把个人与集体的关系交代明白。他又说:“知保身而不知爱人,必至于适己自便,利己害人,人将报我,则吾身不能保矣;吾身不能保,又何以保天下国家哉?"(同上)在这里,他虽然批判了"适己自便,利己害人"的个人主义,却仍有着强调个人的倾向。而此却正是个体小生产者的一个特征。

在政治上,他表白自己的意趣说:"伊、傅之事我不能,伊、傅之学我不由;伊、傅得君,可谓奇遇,如其不遇,终身独善而已。孔子则不然也。"(本传)这是说,他不能为伊尹、傅说那种事业,也不赞成他们那种所谓王佐之才的学问;他们是依人成事的,如果没有那样的皇帝来重用他们,便只能"独善其身"的;依靠有力量的人来赏识、重用,那是没有保证的,是偶然的事情。从来的儒家,都把伊尹、傅说一流人物,描画为最高的典型。他对伊、傅一流人物的批评,也表现其和儒家学说的对抗(自然,他所批评的,是儒家所歪曲了的伊尹,大概他也并不知道伊尹曾是革命领袖)。他自己的意趣,则在依靠群众,为群众而斗争。大概在当时,他们可能有着政治团体的组织和活动。故本传云:"归家,遂自创蒲轮,招摇道路。"在王艮死后,其门徒仍继续着行动。《泰州学案》说得明白:

> 山农(颜钧)游侠,好急人之难。赵大洲赴贬所,山农偕之行;……[徐]波石战没沅江府,山农寻其骸骨归葬。颇欲有为于世,以寄民胞物与之志。……然世人见其张皇,无贤不肖皆恶之,以他事下南京狱,必欲杀之。……山农以戍出,年八十余。(按:徐波石、赵大洲均为王学左派人物。——振羽)
>
> 梁汝元,字夫山,其后改姓名为何心隐。吉州永丰人。……时吉州三四大老,方以学显,心隐恃其知见,辄狎侮之。谓《大学》先齐家,乃构萃和堂以合族,身理一族之政,冠婚丧祭赋役,一切通其有无,行之有成。会邑令有赋外之征,心隐贻书

以诮之。令怒,诬之当道,下狱中。……心隐在京师,辟各门会馆,招来四方之士,方技杂流,无不从之。(后为张居正捕杀于狱中。)

依此,何心隐终生在领导农民对地主阶级进行着不断的斗争,并试行了一种空想的社会主义理想,——在这一点上,他颇同于傅立叶和欧文。他这种空想社会主义,在行动上虽是改良主义的;但他那种坚定的立场,和在地主阶级面前至死不屈的精神,却正是中国人民的优秀品质的具体表现。

颜山农以八十老翁,也不免为地主阶级的政府逮捕、监禁,以至充军;何心隐更为大地主的严嵩贼党所逮捕、残杀。可见当时阶级斗争形势的尖锐,也可见地主阶级政府的何等残暴!他们企图用逮捕、监禁、流徙、残杀群众领袖的恐怖政策,去压服群众,挽救统治。然而事实上,这却只促速了明朝政权的死亡。

二　“异端之尤”的王学左派另一代表者李贽的政治学说

“王学左派”最后出现了一个“异端之尤”的李贽。

李贽,字卓吾,又号笃吾,福建泉州晋江人。生于嘉靖六年(公元一五二七年),万历三十年(公元一六〇二年)被明政府残杀于京师狱中(按吴虞《明李卓吾别传》称其自刎,可知他是被迫害而自裁的)。

李贽的著作,明朝地主阶级看作“洪水猛兽”般的邪说,曾几次被焚毁:一为万历三十年,礼科给事中张问达所奏请,一为天启五年(公元一六二五年)御史王雅量所奏请。

李贽的学说,在明末社会矛盾斗争剧烈的情况下,得到人民和进步知识分子的欢迎,对当时思想界形成一种支配力。故陈明卿云:“卓吾书盛行,咳唾间非卓吾不欢,几案间非卓吾不适。朝廷虽焚毁之,而士大夫则相与重锓,且流传于日本。”(转引自《别传》)有近人马君曾搜集李卓吾遗著。现北京图书馆藏李氏遗著颇富。

李卓吾从农民阶级的立场上,给予相承数千年的地主阶级学说的儒学以严厉抨击。前此许多农民派的理论家,大多仍假借儒学的幌子,去说明自己的思想和主张,没有把儒学的面目根本抛去。在李卓吾,他大胆地指驳儒学不但无益于天下国家,是致乱的东西,并认为自以为有知识的儒学者,实际是毫无知识的。故《藏书·世纪列传总目后论》略曰:

> 自儒者出,而求志达道之学兴矣,故传儒臣。儒臣虽名为学,而实不知学;往往学步失故,践迹而不能造其域,卒为名臣所嗤笑。然其实不可以治天下国家,亦无怪其嗤笑也。自儒者以文学名为“儒”,故用武者遂以不文名为“武”。而文武从此分矣,故传武臣。夫圣王之王也,居为后先疏附,出为奔走御侮,曷有二也?……呜呼!……托名为儒,求治而反以乱;而使后世之真才实学,大贤上圣,皆终身空室蓬户已也。则儒者之不可以治天下国家信矣。

他从而认为所谓是非,都不是绝对的,而是相对的;那不只因历史条件的变化而改变是非的标准,而且由于各种人生活条件的不同,而不能有是非的“定论”和“定质”。以孔子学说的原则作为是非的标准,其实是抹杀是非的;即使孔子的原则当时曾符合是非的标准,那末,时代和情况不同了,若孔子生到现在,也会改变其是非原则的。故《藏书·世纪列传前略》云:

人之是非,初无定质;人之是非人也,亦无定论。无定质,则此是彼非,并育而不相害;无定论,则是此非彼,亦并行而不相悖矣。……前三代吾无论矣,后三代汉、唐、宋是也。中间千百余年而独无是非者,岂其人无是非哉?咸以孔子之是非为是非,故未尝有是非耳。……夫是非之争也,如岁时然,昼夜更迭不相一也;昨日是而今日非矣,今日非而后日又是矣。虽使孔子复生于今,又不知作如何是非也!而可遽以定本行罚赏哉?

这在理论上,不但显示其逻辑的严密,而且显示其盖然的正确性。

从而又更进一步,揭穿当时地主阶级拿孔子教条来欺人的不对,以及其言行不一致的外仁义而内卑鄙、自私、贪婪的假面具;并赞扬"力田者"和"作生意者""言行"一致,其所说的反能符合具体的事实和真理。故其《焚书·答耿中丞》略云:

昨承教言,深中狂愚之病。……然此乃孔氏之言也,非我也。夫天生一人,自有一人之用,不待取给于孔子而后足也;若必待取足于孔子,则千古以前无孔子,终不得为人乎?故为"愿学孔子"之说者,乃孟子之所以止于孟子;仆方痛憾其"非夫",而公谓我愿之欤?且孔子未尝教人之学孔子也。使孔子而教人以学孔子，何以颜渊问仁，而曰“为仁由己”而不“由人”也欤哉？何以曰“古之学者为己”，又曰“君子求诸己”也欤哉？惟其“由己”，故诸子自不必问仁于孔子；惟其为己，故孔子自无学术以授门人。是无人无己之学也。无己，故学莫先于克己；无人，故教惟在于因人。

恐公于此尚有执己自是之病在，恐未可遽以人皆说之，而遂自以为是，而遽非人之不是也；恐未可遽以“在邦必闻”，而遂“居之不疑”，而遂以人尽异学，通非孔孟之正脉笑之也。……试观公之行事，殊无甚异于人者；人尽如此，我亦如此，公亦如此。自朝至暮，自有知识以至今日，均之耕田而求食，买地而求种，架屋而求安，读书而求科第，居官而求尊显，博采风水以求福荫子孙。种种日用，皆为自己身家计虑，无一厘为人谋者。及乎开口谈学，便说：“尔为自己，我为他人。”“尔为自私，我欲利他。”“我怜东家之饥矣，又思西家之寒，难可忍也。”“某等肯上门教人矣，是孔孟之志也。”“某等不肯会人，是自私自利之徒也。”“某行虽不谨，而肯与人为善。”“某等行虽端谨，而好以佛法害人。”以此观之，所讲者未必公之所行，所行者又公之所不讲。其与“言顾行，行顾言”何异乎？以是谓非孔孟之训可乎？翻思此等，反不如市井小夫，身履是事，口便说是事；作生意者但说生意，力田作者但说力田，凿凿有味，真有德之言，令人听之忘厌倦矣。……东廓先生专发挥阳明先生良知之旨……近时唯龙溪先生足以继之，近溪先生稍能继之；公继东廓先生，终不得也。何也？名心太重也，回护太多也。实多恶也，而专谈“志仁无恶”；实偏私所好也，而专谈“泛爱博爱”；实执定己见也，而专谈“不可自是”。公看近溪有此乎？龙溪

有此乎?(《焚书·答耿司寇》)

这里他无情的暴露儒者讲的冠冕堂皇的一套,作的是“自私自利”的一套,以及知识分子理论的蹈空,和其言行的相反;而“作生意者”和“力田者”说的是作生意和耕田的一套,作的也是这一套,不只言行一致,而其所说的,便也是真道理。

另一方面,他于否定儒学、解剖当时所谓儒学之后,便把其所谓“王学左派”自别于前者,极力推许“左派”各人物。例如他的《黄安上人大孝文》中有云:

当时阳明先生门徒遍天下,独有心斋(王艮字)为最英灵。心斋本一灶丁也,目不识一丁,闻人读书,便自悟性。径往江西见王都堂,欲与之辩质所悟,此尚以朋友往也。后自知其不如,乃从而卒业焉。故心斋亦得闻圣人之道。此其气骨为何如者!心斋之后为徐波石,为颜山农。山农以布衣讲学,雄视一世,而遭诬陷;波石以布政使请兵督战,而死广南。云龙风虎,各从其类,然哉!盖心斋真英雄,故其徒亦英雄也。波石之后为赵大洲,大洲之后为邓豁渠。山农之后为罗近溪,为何心隐。心隐之后为钱怀苏,为程后台。一代高似一代。……心隐以布衣出头倡道,而遭横死;近溪虽免于难,然亦幸耳,卒以一官不见容于张太岳。盖英雄之士,不可免于世,而可以进于道。

这段话,表现他在理论战线上之坚强而鲜明的阶级性、党派性。从而他抨击地主阶级对“王学左派”分子的残杀,而揭破其代言者之残酷的伪善的面目。他说：

吾又因是而益信谈道者之假也。由今而观，彼其含怒称冤者，皆其未尝识面之夫；其坐视公（心隐）之死，反从而下石者，则尽聚徒讲学之人。然则匹夫无假，故不能掩其本心；谈道无真，故必欲划其出类，又可知矣。（《焚书·何心隐先生论》）

这不只暴露统治阶级残害进步学者和群众领袖的罪恶，并指出统治阶级和其代言人，都是些最虚伪、最毒辣无耻的坏蛋，而所谓匹夫匹妇的群众，却是最老实、最善良的人们。

他在这里，立论的立场相当严谨，阶级界限也相当分明的。但是李卓吾只尽了对地主阶级批判的任务，却未能从根本上去解剖其社会，也未能给农民阶级指出正确的斗争方针和领导斗争。这当然是由于历史条件和其阶级本性所限制着的。

三 随着封建农村的崩溃而来作为农民派政治学说的颜元的唯实主义

“颜先生元，字易直，又字浑然，直隶（河北）保定府博野县北杨村人”（戴望：《颜氏学记·颜元传》），又号习斋。生于明崇祯八年（公元一六三五年），卒于清康熙四十三年（公元一七〇四年）。其著作收入《颜李遗书》（在《畿辅丛书》中）及《颜李丛书》。

据李塨所撰《年谱》云：颜元幼时，其父已往辽东，在当地又另娶；颜元五十岁时赴辽东寻访父迹，一银工金某妻示其墓。是颜父系从农村被排挤出去的一个失业农民,或已转成手工业者谋生他方。又据梁吞若访《颜习斋先生墓》(见天津《益世报》一九三五年五月二十一日《教育与社会》副刊)云:“颜先生三岁失了父亲,母亲不久又改嫁,养育在吴姓。”又云:“颜先生墓……在博野北杨村西……低低一抔荒丘,错杂在颜氏族人的许多坟墓之间。”《颜习斋先生言行录》又载其语云:“吾用力农事,不遑食寝。”日人渡边秀方《中国伦理学史》云:“他自己二十二岁学医,其后学成,率子弟躬耕以为生。”他自己又说:“生存一日,当为生民办事一日。”是他在那一时代的环境下,始终都不曾脱离生产劳动和农民的生活。

在他的思想体系中,自始就贯穿着和儒学特别是两宋以来的理学作斗争的精神。例如他抨击宋学说:“为爱静空谈之学,久必至厌事,厌事必至废事。……误人才、败天下事者,宋人之学。”(《习斋先生年谱》)同时,并认为宋明以来谈性命的理学,不但是无益有害的东西,而且完全是空谈。故他说:

> 仆妄谓性命之理,不可讲也;虽讲,人亦不能听也;虽听,人亦不能醒也;虽醒,人亦不能行也。所可得而共讲之、共醒之、共行之者,性命之所用,如《诗》、《书》、六艺而已。即《诗》、《书》、六艺,亦非徒列坐讲听,要惟一讲即教习;习至难处来问,方再与讲。讲之功有限,习之功无已。(《存学编·卷一·总论诸儒讲学》)

在这里,他认为只有和现实生活有关的知识,特别是生产等实际知识,如技艺之类,才是可讲的可理解的。但那也不是仅从理论的学习上可以得到的知识,而是要理论和实践相结合,即不但要从实践上去印证理论，而且要从实践上去获得认识。因此，在教育上，他主张教、学、作的统一。

但是他的理论中也有所谓“性”，这“性”的内容又是什么呢？《存人编·卷一·第二唤》说：

> 尧、舜、周、孔之言性也，合身言之。故曰：有物有则。尧、舜性之，汤、武身之；尧舜率性而出，身之所行皆性也，汤、武修身以复性，据性之形以治性也。孔门后惟孟子见及此。故曰：形、色，天性，惟圣人然后可以践形。形，性之形也；性，形之性也；舍形则无性矣，舍性亦无形矣。

依此，他认为：所谓“性”，不是言之无物的玄虚的东西，而是客观事物的规律，“故曰有物有则”；其次，万物都有“形”和“性”的两面，物便是“形”和“性”的统一。而他之所谓“性”和“形”，便是事物的本质和现象。

这由于其从阶级的现实生活，特别是从生产劳动的实践性上，所以认为只有那有益于现实生活的劳作才是有用的；非此，则不过是有闲阶级的娱乐与欺骗的勾当。因而又说：“人之岁月精神有限，诵说中度一日，便习行中错一日；纸墨上多一分，便身世上少一分。”（《存学编》）从而又认为“盖书本上见，心头上思，可无所不及，而最易自欺欺世，究之莫道一无能，其实一无知也”（《颜习斋先生言行录·刁过之》）。这不只是说学者式的著作，是无益的东西，并认为脱离实际生活的知识分子，其实是最无能力、最无知识的，他们凭书本和主观想出的道理，除去能骗己、骗人以外，是没有多大用处的。

其次,当时统治阶级教人民从内心上去克制“邪念”,他便认为只有那班不劳而食的人才有“邪念”;终日劳作不已的劳动人民,根本便没有什么“邪念”存在他们的脑中,因为他们所追求的,只是现实的生活。《颜习斋先生言行录·理欲》载其语云:

> 吾用力农事,不遑食寝,邪妄之念,亦自不起。若用十分心力,时时往天理上做,则人欲何自生哉?信乎!力行近乎仁也。

他转入到政治论上,由不劳者不应得食之一根本观念出发,便确认生产者之所以贫穷痛苦,由于社会上有一部分不劳而食者的存在;他们之所以能够实现其不劳而食的生活,最主要的由于其“占有”农业上最主要生产资料的土地。而土地的本身本系天惠物,一部分人用强力去“占有”,根本便是不合理的。所以他从农民阶级的立场上,提出打破土地私有制度、平均分配于农民的一个要求。故《存治编·井田》说:

> 天地间田,宜天地间人共享之。若顺彼富民之心,即尽万人之产而给一人,所不厌也。王道之顺人情,固如是乎?况一人而数十百顷,或数十百人而不一顷,为父母者,使一子富而诸子贫,可乎?……况今荒废至十之二三,垦而井之,移流离无告之民,给牛种而耕焉,田自更余耳。

他其次的一个主张,便是“寓兵于农”的军事制度。但他的这一主张,根本不同于初期封建制时期的农奴兵制,而是一面在于使农民有自卫的武装力量,一面在于抵抗满洲奴隶主贵族的军事掠夺与民族压迫。

最后，他在如次的一段话中，能表现其坚持真理的气魄和毅力：

> 立言但论是非，不论异同，是则一二人之见不可易也，非则虽千万人所同不随声也。岂惟千万人，虽千百年同迷之局，我辈亦当以先觉觉后觉，不必附和雷同也。（《颜习斋先生言行录·学问》）

这在客观上是适应于敌对阶级之阶级意识的歧异上来说的。在敌对阶级的意识中，自然存在着敌对的是非，是无由达到同一的。但革命的阶级，只应问是否真理，不当以人废言；也不应作群众的尾巴，和受历史传统的束缚。在这里，他把原则性提到了相当的高度。

第三章　萌芽状态中的市民政治思想

代表这种萌芽状态中的市民政治思想的主要人物，在明清之际有王船山（夫之）、黄宗羲（梨洲）、朱瑜（舜水）、唐甄（铸万）、戴震（东原）等，在鸦片战争以前有龚自珍（定庵）、魏源（默深）等。

一　黄宗羲、唐甄的非君论——市民民主思想的萌芽

黄宗羲，字太冲，浙江余姚人，又号梨洲，亦号南雷。生于明神宗万历三十七年（公元一六〇九年），卒于清康熙三十四年（公元一六九五年）。

其著作有《明儒学案》六十二卷、《宋儒学案》、《元儒学案》、《易学象数论》六卷、《春秋日食历》一卷、《律吕新义》二卷、《孟子师说》四卷、《明史案》二四四卷、《宏光纪年》一卷、《龙武纪年》一卷、《永历纪年》、《鲁纪年》、《赣州失事记》、《绍武事记》、《四明山寨记》、《海外痛哭记》、《日本乞师记》、《舟山兴废》、《沙定洲纪乱》、《赐姓本末》、《汰存录》、《授时历故》、《大统历推》、《授时历假如》、《西历假如》、《回历假如》各一卷；《气运算法》、《勾股图说》、《开方命算测圆要》及《今水经》、《四明山志》、《台岩纪游》、《匡庐游录》、《病榻随笔》、《明文海》四八二卷、《续宋文鉴》、《元

文钞》、《思旧录》、《姚江琐事》、《姚江文略》、《姚江逸诗》、《自著年谱》、《明夷待访录》二卷、《南雷文案》十卷、《外集》一卷、《吾悔集》四卷、《撰杖集》四卷、《蜀山集》四卷、《诗历》四卷、《明夷留书》一卷等(据《四朝学案·汉学师承记》)。

他精究地理、数学、几何和中西回历等科学,从时代上相对来说,均有其相当的成就。

在这里,我们不欲广泛的涉及黄宗羲思想知识的全貌,只略述其政治思想。他认为以私利为依归的个人主义是人类的本性,无论所谓圣人或帝王都是如此。所以他说:

> 有生之初,人各自私也,人各自利也。天下有公利而莫或兴之,有公害而莫或除之。有人者出,不以一己之利为利,而使天下受其利,不以一己之害为害,而使天下释其害。此其人之勤劳,必千万于天下之人;夫以千万倍之勤劳,而己又不享其利,此非天下之人情所欲居也。故古之人君,量而不欲入者,许由、务光是也;入而又去之者,尧、舜是也;初不欲入而又不得去者,禹是也。(《明夷待访录·原君》)

黄宗羲在这里,认为所谓人类"自私""自利"的根性,自人类社会发生那一天起便是这样的。适应这种"自私""自利"为依归的人人的利益,便产生"不以一己之利为利……害为害"的帝王。但这是违反"天下之人情"即人类本性的,因而后世所谓帝王和圣人也者,便把天下国家看作私产,作为子孙万世家系承袭的产业。但这种自私自利的根性,是人人相同的,所以谁都想把天下国家作为其私产,以此,便构成社会争乱的根源。故他说:

使后之为君者,果能保此产业,传之无穷,亦无怪乎其私之也。既以产业视之,人之欲得产业,谁不如我?摄缄縢,固扃镐,一人之智力,不能胜天下欲得之者之众。远者数世,近者及身,其血肉之崩溃在其子孙矣。(《明夷待访录·原君》)

这是说,在维护各个人"私利"的基础上,便产生总体的利益,即"公利",在统一"私利"和"公利"的基础上,便形成国家、出现君主;这种君主,在其本来的意义上,不过以维护各个人的"私利"之总体的"公利"为根据而存在,只是一种公仆的性质,人民是主体,君主是客体。故他说:"古者,以天下为主,君为客;凡君之所以毕世而经营者,为天下也。"(《明夷待访录·原君》)但是"君"亦系同样具有人类之一般"私利"根性的"人",要他牺牲个人的"私利"来谋大家的"公利",那完全是违反人类本性,而无法实现的,所以设君的结果,后来便渐次丧失人民之所以设君的本来意义,君位成了人们作为"私利"争取的目标,反给予社会造成种种恶果。故他又说:

今也,以君为主,天下为客,凡天下之无地而得安宁者,为君也。是以其未得之也,屠毒天下之肝脑,离散天下之子女,以博我一人之产业,曾不惨然!曰:"我固为子孙创业也。"(《明夷待访录·原君》)

所以争夺君位的人们,在其争到手以后,便发挥其"私利"的根性,来剥削、压制天下的人民,以满足其一人一家的"淫乐",故说"其既得之也,敲剥天下之骨髓,离散天下之子女,以奉我一人之淫乐,视为当然,曰:'此我产业之花息也。'"(同上)从而他认为君位的设立，是社会最大的祸害，从全体的福利来说，便只有取消君位，任各人在私利的个人主义的基础上去自由发展。所以《原君》篇说：

然则为天下之大害者，君而已矣！向使无君，人各得自私也，人各得自利也。

在当时的历史条件下，提出取消君位的革命主张，是一种伟大思想的表现。

从这里，他进而反对封建统治阶级的代言者，儒家所谓“君臣之义”的理论，他说：“岂天地之大，于兆人万姓之中，独私其一人一姓乎？”（《明夷待访录·原君》）他指摘他们这种政治理论的完全不合理，呵斥他们为“小儒”。

然而又叫谁来掌握政权呢？易言之，取消君主制度，又拿一种什么政治制度来代替、来体现“公利”和“私利”之统一的秩序呢？从这里，他提出“民本主义”（见梁启超《清代学术概论》）的主张来。但是他的“民本主义”政权的机构又是怎样的呢？他从政治上有治法无治人的见解出发，而提出立法的主张来。例如他说：

三代以上有法，三代以下无法。何以言之？二帝三王知天下之不可无养也，为之授田以耕之；知天下之不可无衣也，为之授地以桑麻之；知天下之不可无教也，为之学校以兴之，为之婚姻之礼以防其淫，为之卒乘之赋以防其乱。此三代以上之法也，固未尝为一己而立也。后之人主，既得天下，唯恐其祚命之不长也，子孙之不能保有也，思患于未然以为之法。然则其所谓法者，一家之法而非天下之法也。……夫非法之法，前王不胜其利欲之私以创之;后王或不胜其利欲之私以坏之。坏之者固足以害天下,其创之者,亦未始非害天下者也。乃必欲周旋于此胶彼漆之中,以博宪章之余名,此俗儒之剿说也。即论者谓天下之治乱,不系于法之存亡。夫古今之变,至秦而一尽,至元而又一尽。经此二尽之后,古圣王之所恻隐爱人而经营者,荡然无具;苟非为之远思深览,一一通变,以复井田、封建、学校、卒乘之旧,虽小小更革,生民之戚戚终无已时也。即论者谓有治人无治法,吾以谓有治法而后有治人。(《明夷待访录·原法》)

他认为后来的"法",是"非法之法"的"一家之法",是不合时宜的;他所主张的"法",是"藏天下于天下"的"天下之法"。因此,他所主张的"法",是市民阶级民主主义的"法",是进步的、革命的,和从前商鞅等人所主张的"法",有着本质的不同;商鞅等人所主张的"法",是改良主义的,其进步性是有限的。

然而又该由谁来立法、谁去执行呢?在黄宗羲,对于执法的行政机关,他认为只要在法治的原则下,可以不一定要废除君主,但却要行使内阁制,即所谓"置相"。例如他说:"古者不传子而传贤,其视天子之位去留,犹夫宰相也。其后天子传子,宰相不传子;天子之子不皆贤,尚赖宰相传贤足相补救,则天子亦不失传贤之意。"(《明夷待访录·置相》)但是以宰相为中心的内阁是怎样组织的呢?他说:"宰相设政事堂,使新进士主之,或用待诏者……列五房于政事堂之后:一曰吏房,二曰枢机房,三曰兵房,四曰户房,五曰刑礼房,分曹以主众务。"(同上)依此,所谓"政事堂"就是行使政权的最高权力机关;"政事堂"的组织内容,基本上同于近代资产阶级国家的内阁,所谓“五房”的性质,基本上也同于近代的内务、不管部、军政、财政及司法。

然而又怎样能保证内阁不致违法,能充分代表“公利”呢?在这一点上,他主张在国家的行政权以外,还有表现立法和监察权的各级权力机关。所以他又说:

> 东汉太学生三万人,危言深论,不隐豪强,公卿避其贬议;宋诸生伏阙搥鼓,请起李纲。三代遗风,惟此犹为相近。使当日之在朝廷者,以其所非是为非是,将见盗贼奸邪慑心于正气霜雪之下,君安而国可保也。乃论者目之为衰世之事!不知其所以亡者,收捕党人,编管陈欧,正坐破坏学校所致。(《明夷待访录·学校》)

是他所主张的立法和监察权力机关,形式“相近”于过问国家政治的“东汉太学”和“宋诸生”。但是这种“学校”的组织形式,怎样能表现其立法和监察权的作用呢?他说:“每朔望日,天子临幸太学,宰相六卿谏议皆从之。祭酒南面讲学,天子亦就弟子之列。政有缺失,祭酒直言无讳。”(同上)这近似于近代资产阶级政府负责当局向议会(学校)作报告,与议会(学校)向政府负责人提出质问和议决大计方针的一种方式。其次,关于地方的立法和监察机关,他是这样说的:

> 郡县朔望,大会一邑之缙绅士子。学官讲学,郡县官就弟子列,北面再拜。……郡县官政事缺失,小则纠绳,大则伐鼓号于众。(《学校》)

其方式与中央立法监督机关无异。依此,他之所谓“学校”的性质,基本上同于近代的代议机关。虽然,黄宗羲对这种代议机关的说明,还是欠明确的;而此正是和其时市民阶级的幼稚程度相照应。

其次,黄宗羲还提出了解决土地问题的进步主张。他说:

> 世儒于屯田则言可行,于井田则言不可行,是不知二五之为十矣。……天下屯田,见额六十四万四千二百四十三顷,以万历六年实在田土七百一万三千九百七十六顷二十八亩律之,屯田居其十分之一也。授田之法未行者,特九分耳。由一以推之九,似亦未为难行。况田有官、民;官田者,非民所得而自有者也。州县之内,官田又居其十分之三。以实在田土均之,人户一千六十二万一千四百三十六,每户授田五十亩,尚余田一万七千三十二万五千八百二十八亩,以听富民之所占,则天下之田,自无不足。(《明夷待访录·田制》)

这是主张取消封建的土地占有,给农民以土地,把农民从封建的束缚下解放出来,使之成为自由人。这种由国家授予农民土地的办法,实质上即所谓国有农用。分授全国农民以外的余田,则听任“富民”去占用,这都是符合于市民阶级要求的。他同时主张废除封建土地占有的疆界制度,说:“夫诚授民以田,有道路可通,有水利可修,亦何必拘泥其制度疆界之末乎?”(《田制》)和这一问题相关的,他又主张在按照土质分别田土等级而规定授田面积的基础上,重订赋税制度,《田制》篇又说:“吾意有王者起,必当重定天下之赋;重定天下之赋,必当以下下为则,而后合于古法也。”“田土之等第”，上者二百四十步、中者四百八十步、下者七百二十步为一亩，再酌之丁三百六十步、六百步为亩，分之五等。“夫三十而税一，下下之税也。”这种减轻赋税的主张，主要在对抗苛重的封建赋税，和要求廉价的粮食。他这种解决土地问题的主张，正表现其时市民阶级的革命性。土地国有，本来是资产阶级民主革命所应完成的任务。今日有些市民学者，认为土地国有是社会主义革命的任务之一，是完全错误的；实际上，由于以前各国资产阶级革命没有完成这一它应完成的任务，才由无产阶级革命或无产阶级所领导的革命来完成。

同时，他主张讲求“民富”，“以工商为本”；统一货币，使其“流转无穷”，开设银行（宝钞库），发行有“本钱”随时可以兑现的钞票，以便利“仕宦商贾”。

最后，他主张改革封建性的募兵制和储积军事力量，实行征兵制度。《明夷待访录·兵制》篇说：

> 余以为天下之兵，当取之于口；而天下为兵之养，当取之于户。其取之于口也，教练之时，五十而出二；调发之时，五十而出一；其取之户也，调发之兵，十户而养一；教练之兵，则无资于养。
>
> 夫五十口而出一人，则其役不为重；十户而养一人，则其费不为难。而天下之兵满一百二十余万，亦不为少矣。

此外，黄宗羲对于货币制度，边防政策，人才铨叙制度等，也都提出其主张。兹不赘述。

黄宗羲的政治思想和主张，虽然还表现其相当模糊和幼稚，然有着不少积极的、进步的、革命的因素，尤其在当时有着其不小的进步意义。

唐甄的《潜书》与黄宗羲的精神基本上是一致的，但比较更激烈。他认为国家政权的主要任务，在于“以富民为功”(《考功》)，在使“农安于田，贾安于市，财用足，礼义兴”；人民富了，国家社会就蒙其利益，“千金之富可惠戚友，五倍之富可惠邻里，十倍之富可惠乡党，百倍之富可惠国邑，天下之富可惠天下”(《善施》)。“天子之尊，非天帝大神也，皆人也”，应和人民生活一样，作人民公仆，为人民服务(《抑尊》篇说得明白)。但“自秦以来，凡为帝王者皆贼也。……杀天下之人而尽有其布粟之富……过里而墟其里，过市而窜其市，入城而屠其城……大将杀人，非大将杀之，天子实杀之……官吏杀人，非官吏杀之，天子实杀之……”，“若上帝使我治杀人之狱，我则有以处之矣……有天下者无故而杀人，虽百其身，不足以抵其杀一人之罪”(《室语》)。可是“自秦以来，屠杀二千余年”(《全学》)，因此他说：这种局面该终止了[“或将复乎”(《尚治》)]。往何处去呢？他说，国家应该以民为主：“国无民，岂有四政？封疆，民固之；府库，民充之；朝廷，民尊之；官职，民养之。奈何见政不见民也？”(《明鉴》)又说：“天地之道故平……人之生也无不同也。今若此，不平甚矣！舜禹之有天下也，恶衣菲食……惧其不平以倾天下也。”(《大命》)

二　王夫之的经济欲望论

王夫之，字船山，湖南衡阳人，与黄宗羲同时。著作等身。其

《读通鉴论》《诗广传》《易外传》《尚书引义》等书，可为其思想的代表作。王夫之在哲学上，较黄宗羲有一大步前进。

他在哲学上，是一个唯物主义者。他认为一切事物都是客观存在的实体。物质即存在，是精神所依存的（“气者，理之依也”）。而且，“精神都存在于物质之中，物质无不具有精神；物质存在于宇宙中，宇宙无非物质”。（若其实则理在气中，气无非理，气在空中，空无非气。）他又认为事物之呈献到我们眼中的都是物的现象，而不是物的本质。故他说：

> 物生而形形焉，形者质也；形生而象象焉，象者文也。形则必成象矣，象者象其形矣。在天成象而或未有形，在地成形而无有无象。视之则形也，察之则象也。所以质以视彰，而文由察著；未之察者，弗见焉耳。（《尚书引义》卷六《毕命》）

从而他认为本质和现象是有其因果关系的。认识本质，便要从现象的分析着手。但从现象之部分上着眼，却不能达到本质之认识的，故他说：

> 请观之物，白马之异于人也，非但马之异于人也，亦白马之异于白人也，即白雪之异于白玉也。疏而视之，雪、玉异而白同；密而察之，白雪之白，白玉之白，其亦异矣。人之与马，雪之与玉，异以质也；其白则异以文也。故统于一白，而马之白必马，而人之白必人，玉之白必玉，雪之白必雪，从白类而马之，从马类而白之 。既已为马，又且为马之白，而后成乎其为白马。故文质不可分而弗俟合也，则亦无可偏为损益矣。

（《毕命》）

在逻辑上，他主张兼用分析和归纳的方法，由现象以达到本质的认识。因为并不能从部分的现象去达到本质的认识，而是要从全体上由分析以达到归纳。然而所认识的物的同一性，也只是相对，而不是绝对的。例如他说："耳目手足之为体，人相若也，而不相为贷；非若刻木以为傀儡，易衣而可别号为一人也。故疏而视之相若；密而察之，一纹一理，未有果相似者。因而人各为质焉，则质以文为别，而体非有定审矣。"（《毕命》）他在这里，并指出了同类物的一般性及其各别的特殊性。

另一方面，他不只认为物的本质的变化，便会引起现象的变化；并认为部分的变化，又会影响全部的变化；本质是变动的，所以现象也是变动的。他说："一人之身，居要者心也；而心之神明，散寄于五脏，待感于五官；肝脾肺肾魂魄，志思之藏也。一藏失理，而心之灵已损矣。无目而心不辨色，无耳而心不识声，无手足而心无能指使。一官失用，而心之灵已废矣。"（《毕命》）

从而他认为"心之神明，散为五官"；即人能认识现象，由于人身具有这种感官去摄取现象。他从这里达到其环境决定论的理解，确认环境决定人类的意志，意志支配人类的行为。例如他说："思慕笃而祭行焉，情生文者也。思慕易忘而因昭格之顷，感其洞洞属属之心，以思成而不忍斁，文生情者也。"（《宋论》卷十三）因此他认为要养成善良的国民，则只有去改善其环境：

督子以孝，不如其安子；督弟以友，不如其裕弟；督妇以顺，不如其绥妇。魄定魂通，而神顺于性，则莫之或言而若或言之。君子所为以天道养人也。……荣之以名以畅其魂，惠之以实以厚其魄，而后夫人自爱之心起。德教者，行乎自爱者也。亲之而人不容疏，尊之而人不容慢。(《诗广传》卷一《周南》)

道生于余心，心生于余力，力生于余情。故于道而求有余，不如其有余情也。……无余者浊滞之情也。浊滞之情，生夫愁苦，愁苦之情，生夫劬倦。劬倦者，不自理者也。生夫惕佚，乍惕佚而甘之；生夫傲侈，力趋以供傲侈之为；心注之，力营之，弗恤道矣。故安而行焉之谓圣，非必圣也。天下未有不安而能行者也。安于所事之中，则余于所事之外；余于所事之外，则益安于所事之中。见其有余，知其能安。人不必有圣人之才，而有圣人之情。浊滞以无余者，莫之能得焉耳。(《诗广传》卷一《周南》)

这是说，人类的思想意识和行为是由其现实生活的环境所决定的；生活于愁苦贫乏环境的人，是贫乏者的思想意识，生活于有闲环境的人，便形成一种骄纵邪侈的思想意识……只要生活的环境适当，没有圣人那种天资的人，也会形成和圣人一样的思想意识。因此，他认为要改造人们的思想意识，首先在改造其生活环境。

他从这里又进一步确认人类生存的斗争目的，在争取其现实生活的利益，和适合其要求的优良环境，即所谓"求适其情"。同时由于人们思想意识的歧异，其这种要求也不一样。违反其这种现实要求，父便不能管其子，师不能教其徒，政府不能治其人民。例如《读通鉴论》卷十说：

人之有情不一矣。既与物交，则乐与物而相取；名所不至，虽为之而不乐于终。此慈父不能得之于子,严师不能得之于徒,明君不能得之于臣民者也。故因名以劝实,因文以全质,而天下欢欣鼓舞于敦实崇质之中,以不荡其心……情者,性之依也;拂其情,拂其性矣。性者,天之安也;拂其性,拂其天矣。

但不论人的思想意识怎样不同,为丰衣足食的物质欲望的斗争,却是共同的。故他说:"《易》曰:黄帝、尧、舜垂衣裳而天下治。食之气静,衣之用,乃可以文。烝民之听治,后稷立之也。……故帝贻来牟,丰饱贻矣,性情贻矣,天下可垂裳而治。"(《诗广传》卷五《周颂》)谁若没有物质欲望,那他便完全没有"生理";但若违反其物质欲望,去加以歪曲的制约,那便是违反自然的发展,丧失人生的意义。故他又说:

人之生理,在生气之中,原自盎然充满,条达荣茂。伐而绝之,使不得以畅茂,而又不施以琢磨之功,任其玩质,则天然之美既丧,人事又废,君子而野,人人而禽,胥此为之。若以朴言,则唯饥可得而食,寒可得而衣者为切实有用。养不死之躯以待尽,天下岂少若而人耶?自鬻为奴,穿窬为盗,皆以全其朴,奚不可哉?养其生理自然之文,而修饰之,以成乎用者,礼也;《诗》曰:"人而无礼,胡不遄死?"遄死者,木之伐而为朴者也。(《俟解》)

当时封建统治阶级的代言人,尽力教人民从精神生活方面找出路,不要追求现实生活的物质利益。王夫之在这里是从反对这种欺骗宣传立论的,是有着战斗的内容的。

他于是又达到可贵的社会进化论的见解。首先,他认为人类的物质生活和社会文明是不断进步的。所以后来进步的人,都不因故守旧,而善于因时势推进文明。故曰:“日用饮食,民之质也。君子之所善成,不因焉者也。……是以君子慎言质,而重言文也。”(《诗广传》卷三《小雅》)

其次,他便具体的从人类历史来说明,认为历史是不断变迁、不断进化的。他说:“若谓古人淳朴,渐至浇讹,则至于今日,当悉化为鬼魅矣。”(《读通鉴论》卷二十)“燧农以前,我不敢知也;君无适主,妇无适匹,父子、兄弟、朋友,不必相信而亲。意者其仅颎光之察乎?昏垫以前,我不敢知也;鲜食艰食相杂矣。九州之野,有不粒不火者矣。毛血之气燥,而性为之不平。轩辕之治,其犹未宣乎?”(《诗广传》卷五)他在这里,一面根据传说,对原始社会的进化程序,给予正面的说明;一面反诘顽固的保守派,说明社会如没有进化,便不仅没有当前的文明,人类自身也不知成了什么东西了。因此他认为“泥古过高,菲薄方今”的儒者,是“蔑生人之性”(《读通鉴论》卷二十)。这是有着积极内容的见解。

再次,他认为政治形态也不是今不如古,而是步步进化的;认为“尧舜禹汤”以前的政治是最落后的,“武王革命”成功后的周朝封建制,比过去进了一步;秦以后的郡县制和集权于“一王”的政治,比周朝又进了一步,但那只是使“生命之困”“少衰”,仍不是合理的政治制度。例如《读通鉴论》卷二十说:

> 古之天下,人自为君,君自为国;百里而外,若异域焉。治异政,教异尚,刑异法,赋敛唯其轻重,人民唯其刑杀,好则相昵,恶则相攻。万其国者万其心,而生民之困极矣。尧舜禹汤

弗能易也。至殷之末,殆穷则必变之时,而犹未可骤革于一朝。故周大封同姓而益展其疆域,割天下之半而归之姬氏之子孙,则渐有合一之势。而后世郡县一王,亦缘此以渐统一于大同;然后风教日趋于划一,而生民之困,亦以少衰。

因此他说:"就事论法,因其时而酌其宜,即一代而各有弛张,均一事而互有伸诎。"(《读通鉴论·叙论》)而中国社会从商周以来已变了三次。每当未变之前,固不知变成什么样的,但变却是必然的。如周秦之际的那"一变",是由于"封建不可复行于后世,民力之所不堪,而势在必革也"(《读通鉴论》卷二)。那末,他所要求的是怎样一种社会呢?他虽然承认秦汉以后的社会,由于"渐统一于大同"和"划一",对人民比较好一点;但他并不是赞成秦汉以来那种表面统一的国家和专制主义的政体。因此他又批评秦政以后的政治形态说:

战国之末,诸侯狂逞,辩士邪诬,民不知有天性之安,而趋于浇,非民之固然也。秦政不知,而疾之如寇,乃益以增民之离叛。五胡之后,元、高、宇文,驻戾相踵,以导民于浇。非民之固然也。隋文不知,而防之若仇,乃益以增民之陷溺;逆广嗣之,宣淫长佞,而后民争为盗。唐初略定,夙习未除,又岂民之固然哉?伦已明,礼已定,法已正之余,民且愿得一日之平康,以复其性情之便;固非唐虞以前,茹毛饮血,茫然于人道者比也。(《读通鉴论》卷二十)

他肯定,到了他的时代,"惩其差舛而改法",亦"不容不改者也”(《读通鉴论》卷十九)。“改”就是“革命改制”(《宋论》卷七),“建一代之规模”(《读通鉴论》卷二十一)。改成怎样的社会呢?他说:“天下共同的意见:必将是公天下之前途;天下将不是一姓所私有。”(以天下论者,必循天下之公,天下非一姓之私也。)(《读通鉴论·叙论》)

王夫之的理论,在今日,虽然只留下一些积极的进步的因素;然在当时却是进步的、革命的。

因而有人把自已的观点去估量王夫之,把他的理论释之为庸俗的进化论,那是不对的。王夫之虽有其“习久而变者必以其渐”(《读通鉴论》卷二)等进化论观点,但他的理论较之庸俗的进化论,还多了一点革命的内容。

三　作为市民思想来考察的龚自珍和魏源学说

中国社会,到清朝中叶,尤其到嘉道间(公元一七九六——一八五〇年),一方面,由于作为社会新因素的资本主义性工场手工业幼芽的重新出现;一方面,由于封建农村的崩溃,和农民的离开农村;一方面,由于欧洲资本主义势力的东来,给予中国封建统治阶级以多方的威迫,以及海外华侨的影响,于是一部分开明官僚在这内在外在之社会的、政治的、经济的条件下,也以其政治上剥削所得的财产,部分的转向市场投放,并不以“邸店”式的特权垄断的形式出现,而提倡通商。在嘉、道间,在意识形态上,代表这一转化过程之始点的,便是龚自珍和魏源。他们不啻是后来代表国家官僚资本主义的康有为、谭嗣同、梁启超的直接前驱者。不过在龚、魏的时候,那部分进步的官僚,虽已受到外国资本主义生产方式的影响,但还在准备接受的步骤,其资本活动的范围,基本上还在商业部门。

龚自珍,号定庵,浙江仁和人,生于清乾隆五十七年(公元一七九二年),卒于道光二十一年(公元一八四一年)。著有《定庵文集》三卷、《续集》四卷等。魏源,字默深,湖南邵阳(今湖南隆回)人,生于乾隆五十九年(公元一七九四年),卒于咸丰六年(公元一八五六年)。著有《诗古微》《书古微》《海国图志》等。嘉道间,龚、魏在政治主张上自成一派,故章太炎谓龚自珍“与魏源相称誉”(《清儒》)。其原因便在这里。

龚自珍、魏源均系进步的官僚,其思想均反映了其时市民的一些要求。他们一方面不正面的积极的反对旧的社会秩序,尤其不反对君主制度的政体,而主张从旧秩序的基础上去寻求新的出路。在这一点上,表现了庸俗的进化论倾向;自然,这是由于历史条件限制的。在另一方面,他们也痛恨封建政治的腐败和封建的专制主义政体,暴露与反对封建统治的黑暗和束缚以及满清统治的“民族牢狱”的反动作用,而提出市民在经济、政治、军事、文化等方面的素朴要求,特别是龚自珍,不只提出“更法”的要求和主张,并预言暴风雨即将到来,期待人民起来革命。这均表现在龚自珍《定庵文集》中的《古史钩沉论》《乙丙之际著议》《京师乐籍说》《尊任》《尊隐》《撰四等十仪》《壬癸之际胎观》等,魏源的《圣武记序》《海国图志》《书古微》《诗古微》《元史新论序》等著作中。

他们以爱国志士的忧愤心情,充任了时代的号角,以警世骇俗的言论,提出“富强”即富国强兵、“兴”“国耻”即预防西方资本主义,也就是后来所谓“列强”的侵略(见魏源:《圣武记序》)、“改”“革”政制“移易”“风气”即后来所谓“变法”“维新”的主张(见龚自珍《定庵文集补编》卷三《上大学士书》)。

因此,他们一面都精心研究了本国的历史与当前情况,即国情,一面又研究了世界的形势和西学。这在龚自珍,即如魏源所说:"于经通《公羊春秋》,于史长西北舆地,以六书小学为入门,以周秦诸子吉金乐石为崖郭,以朝章国故世情民隐为质干,晚尤好西方之书,自云造深微云。"(《定庵文录序》)也就是他自己所谓"撢简经术,通古近,定民生"(《定庵文集》卷上《农宗》)与"天地东西南北之学"(《续集》卷二《古史钩沉论三》)。在魏源,不只对国情,如他自己所说,进行了"溯洄于民力物力之盛衰,人材风俗进退消息之本末"(《圣武记序》)的研究,特别是他的《海国图志》,可说是当时中国人研究世界形势与国策的唯一巨著。在这种研究的基础上,基于其时市民的要求,他们提出了关于内政、外交方针及一系列的政策方面的进步主张。

在对外方面,魏源提出"战"和"款"的方针,即关于国防和外交两个方面的方针和政策。他说:

> 自夷变以来,帷幄所擘画,疆场所经营,非战即款,非款即战。……不能守,何以款?以守为战,而后外夷服我调度,是谓以夷攻夷。以守为款,而后外夷范我驰驱,是谓以夷款夷。自守之策二:一曰守外洋不如守海口,守海口不如守内河;二曰调客兵不如练士兵,调水师不如练水勇。攻夷之策二:一曰调夷之仇国以攻夷,师夷之长技以制夷。款夷之策二:一曰听互市各国以款夷,持鸦片初约以通市。(《海国图志·筹海篇一》)

其基本精神,在国防方面,一面在讲究国防,掌握主动,即所谓

“知己知彼,可款可战”与“师夷之长技”,一面在利用各国相互间的矛盾;在外交方面,一面实行中外通商贸易,订立通商条约、禁止鸦片输入,一面利用各国相互间的矛盾,采取“近交远攻”“远交近攻”的政策与“奇正正奇,力少谋多”的策略。但此都必须从实际情况出发,特别是“敌形”“敌情”,故他说:“……同一御敌,而知其形与不知其形,利害相百焉;同一款敌,而知其情与不知其情,利害相百焉。……诹以敌形,形同几席;诹以敌情,情同寝馈。”(《海国图志叙》)他对于自己的主张,并具有爱国主义的自信心,说:“纵三千年,圜九万里”,“万里一朔,莫如中华,不联之联,大食欧巴”。但“虽有地利,不如人和”,因而问题只在于“人和”,即国内问题的解决与团结一致,“经之纬之”地发奋图强。

但他们认为问题的主要方面不在对外,根本之图乃在于内政。魏源说:“国非贫”,“国非羸”,只要“官无不材,则国桢富;境无废令,则国柄强。桢富柄强,则以之诘奸奸不处,以之治财财不蠹,以之搜器器不窳,以之练士士无虚伍。如是何患于四夷!何忧乎御侮!”(《圣武记序》)龚自珍说:“今日之中国,以九重天子之尊,三令五申;公卿以下,舌敝唇焦,于今数年,欲使民不吸鸦片烟而民弗许。此奴仆踞家长,子孙箠祖父之世宙也。即使英吉利不侵不叛,望风纳款,中国尚且可耻而可忧。愿执事且毋图英吉利。”(《定庵文集补编》卷三《与人笺》五)因而在内政方针上,他们提出如次一系列的主张。龚自珍大声疾呼,主张“更法”“改图”“改革”“变功令”,魏源要求“革虚”“祛虚患”“去寐患”“以实事程实功,以实功程实事”。这就是后来所谓“变法”“维新”的初级版。龚自珍的“实”、“物力”、“定民生”、修军备、“爱……国家”,讲究富国富民之道(即“言富”)等等主张,魏源的讲究“富强”或致“国桢富……国柄强”、研究西洋“器艺货币”、加以“神奇利用”以及“师夷长技”即吸收西洋军事科学技术等主张，也就是后来所谓“富国强兵”“通商裕民”的初级版。在这个方针下面，他们又提出关于政策方面的一系列的主张，其中最主要的，则为重商主义的商业政策和重农主义的农业政策等。在商业政策上，魏源在《海国图志》中，极力反对闭门自守、禁用洋货的闭关政策，主张与各国通商互市，鼓吹对外贸易，并认为政府应采取办法去加以奖励和保护。龚自珍在《送钦差大臣侯官林公序》中，主张采取平定银价、禁止奢侈品输入、限制外商只许居住澳门等步骤来保护商业资本与防止利权外溢；在《乙丙之际著议》中，主张防止硬货外流，取缔囤积白银，来整顿货币，以调剂市场的需要；在《论私》中，他肯定“私”即私利的个人主义是人类的天性，因而在《农宗篇》便提出：“天谷没，地谷茁，始贵智贵力，有能以尺土出谷者以为尺土主，有能以倍尺若什尺伯尺出谷者以为倍尺什尺伯尺主。”这是他主张自由竞争的思想的萌芽。关于农业政策的主张，主要表现在龚自珍的《农宗篇》。他在“天下之大德在土”的重农主义思想的基础上，主张把农分为所谓“贵政之农”“释政之农”“亢宗之农”“复宗之农”四等，按四等农宗分别“受田”等级；各以其自己的“智”和“力”去经营其所“受田”。这一面由于大量农民失去土地而引起农民的不断逃亡、反抗以至武装暴动，一面则为着照顾封建地主的利益，所以他关于农业政策的主张，在重农主义方面是进步的，在这一方面则是改良主义的。其次，龚自珍又认为应以远离各国海军威胁的西北，作为国防的大后方，因而又提出开发西北的主张。其次，他主张采取“挹彼注兹”的办法，预于十年左右的时间，逐渐解决封建财产的“贫富”“大不相齐”的问题。其办法就是所谓“平”，但不是要求把财产“平均”，而只在缓

和贫富的矛盾与削弱封建财产。所以他说:

> 至极不祥之气,郁于天地之间;郁之久,乃必发为兵燧,为疫疠。……其始不过贫富不相齐之为之尔。小不相齐,渐至大不相齐;大不相齐,即至丧天下。(《定庵文集》卷上《平均篇》)

很明白,这并不是主张贫富"相齐",而只是主张在封建财产的土地占有等方面不要"贫富""大不相齐",予"治于人者"以"有生可求"之路;否则就要"丧天下"。所以他们这个主张,在要求处置封建财产方面,虽带有点革命性,而在挽救满清统治方面,则是改良主义的,含有保守倾向的。此外他们还提出开言路、废科举等主张。

他们这种思想和主张的基本精神反映了当时市民层对资本主义前途的素朴要求。这在当时不只是进步的,而且是有着革命内容的。但企图在旧秩序和满清统治权的基础上实行改良主义的政策,把中国推进到"商业国"的地步的思想,却是保守的,而且是不能实现的。

他们明知要实行这种纲领式的主张,那种腐朽的封建政制、黑暗污浊的封建政治、从满清朝廷到地方官吏所组成的腐败统治集团,不只不能适合要求,而且它正是主要的障碍。魏源说它是"外强中干""人心愈涣""财用不足""人材不竞""令不行于境内",是"伪""饰""畏难""养痈""营窟"……龚自珍更说得透彻而激烈。他说:封建秩序不只已成了时代的"痱癣之疾",而又成了"卧之以独木,缚之以长绳,俾四肢不可以屈伸"去"抑搔""抚摩"的束缚时代前进的僵尸(见《明良论四》),又"士不知耻",百官无能(同上),

各级官吏相沿为奸，蝇营狗苟，贪污成风，敲榨剥削无所不至（见《乙丙之际塾议三》）。他把他们喻之为“性善忌人”的“蜮”（见《捕蜮第一》）、“性善愎，必噬有恩者及仁柔者”的“熊、罴、鸱鸮、豺狼”（见《捕熊罴鸱鸮豺狼第二》），“皆无性……而朋噆人，使人愦耗”的“狗蝇、蚂蚁、蚤虱、蚊虻”（见《捕狗蝇蚂蚁蚤虱蚊虻第三》）。主张把这些东西捕尽杀尽，并斩草除根。但他们不是依靠革命来解决问题，而是乞援于满清朝廷来“更法”“改图”，并警告满清朝廷：“乱亦竟不远矣！”“与其赠来者以勍改革，孰若自改革？”（《乙丙之际著议》九及七）“人心愈涣，天命靡常。……若天意若人事焉。呜呼！孰使然哉？……其始终得失，故万代之殷鉴也哉！”（《拟进呈〈元史新编〉序》）因此，他们并不要求推翻满清的统治，而是要求从维护满清统治的基础上去实行改良主义式的“改革”，魏源甚至说：“战胜于庙堂者如之何？曰圣清尚矣！”（《圣武记序》）但当他们这种期望落了空，才憧憬于山野之民起来革命：“夜之漫漫，鹖旦不鸣，则山中之民有大音声起，天地为之钟鼓，神人为之波涛矣！”（《定庵文集·尊隐》）然此也仅是他们给予时代的预言，也是他们给予其稍后时代的一种号召和鼓舞。

龚、魏的思想和主张，不仅直接充任了百日维新派的前驱，并曾给了日本的官僚资产阶级和明治维新以深刻的影响。梁启超说：

> 然日本的平象山、吉田松阴、西乡隆盛辈，皆为其书所刺激，间接以演尊王攘夷之活剧，不龟手之药一也。（《论中国学术思想变迁之大势》）

因此，龚、魏不只对中国，而且对日本起了近代思想的启蒙作用,也正如梁启超所说,中国近代“敷新思想之萌蘖,其因缘固不得不远溯龚、魏”。但其后的中国,由于英美等资本主义国家的帝国主义侵略,自鸦片战争以后,便沦于半殖民地半封建的命运,而没能转入资本主义的前途;完成民族民主革命的任务,也便落到无产阶级的肩上。

一九三六年七月完稿

一九四三年三月增订

一九五三年十一月增订再版

吕振羽先生学术年表*

1900 年(光绪二十六年)

1 月 28 日,生于湖南省武冈县(今属邵阳市)金称市溪田村。幼名典福,后名典爱,字行仁,学名振羽。父吕公斌,字梦求,做过乡村蒙馆教师。母陈翠云,农家女,生子女八人,先后夭折五人。存振羽兄妹三人,振羽为长子,胞弟持平、妹双招。

1909 年(宣统元年)

入父所在蒙馆就读。放学或农忙时仍做些农业辅助劳动,直至 15 岁。

1913—1914 年

因父亲弃教就耕,先后转田心太井冲吕金翅经馆、城塘转福庵吕梅泉经馆就读。

1915 年

转玉公山房吕静斋经馆读书。由于学习勤奋,深受静斋师钟爱。其间,撰诗《咏榴花》(系初习诗作,经静斋师修改)。这也为其一生热爱并创作诗词打下了基础。

1916 年

经堂兄吕新民劝说,父亲同意振羽与弟持平(建齐)同入塘田

---

* 本年表由吕坚根据相关材料撰写。撰写过程中参考了王启慧、刘茂林、翟清福编写的《吕振羽社会科学著述系年》,以及益清编写的《吕振羽著述系年》。

寺武东中学预科读书，同年冬季毕业。

1917 年

夏季，入武冈县立中学读书（插班生）。深受具有维新思想的老师、著名国学家萧承舆影响，爱读唐诗，喜好吟咏；牢记师训，生平行事“务求蹈实”。

1919 年

受北京“五四”爱国运动影响，武冈中学同学发起组织武冈学生会，被推选为会长。组织学生集会、罢课、游行示威，开展“反日抵货”运动（检查日货，分批封存、焚毁），并创办《武冈旬刊》。又被推选为本校学生自治会会长，领导全校同学实行了一学期的学生自治。

是年冬，于武冈中学毕业。

1920 年

因祖母病及家庭经济困难，辍学在家。当年遵父母之命，为给祖母冲喜，与陈黛妹结婚。

1921 年

4 月，经父母同意和族祠帮助，与弟持平及同学向建藩同赴长沙，报考湖南省公立工业专门学校（简称“湖南工专”。1926 年 2 月该校更名为湖南大学工科）电机系。

7 月，与持平、向建藩以高分考入该校电机系。

1922 年

春，撰《发起组织塘田区学友会启》，呼吁“二十世纪的青年志士……把社会和国家的一切重担放在自己肩上……先从小的范围——自己的故乡下手，来作改造的事业”。

夏，在“湖南工专”组织武冈东四区学友会（含仁东、中东、白仓、资汇四区同学)，被推选为会长，起草了改造社会的《旨趣书》。其间，经同学欧阳骏介绍，阅读了克鲁泡特金的《极乐国》，受到空想社会主义的一些影响。

冬，东四区学友会在武冈金称市召开大会，接办古峰学校，选出古峰小学校长和清算区乡财政委员会，村务由村民大会决定等。后遭区董喻炳莲诬蔑为通匪，欲加迫害，于除夕深夜逃离家乡。

1923 年

春，撰《反对妇女缠足》(评论)，发表于《武冈东四区学友会刊》(共出两期)。

秋季学期，“湖南工专”出现反对校长、学阀宾步程在校推行专制高压的学生运动(如游行、贴标语、请愿、罢课等)，被推为“驱宾大会”副主席。“学运”得到湖南学生联合会支持和长沙各校学生声援。在“驱宾”运动中，与湖南学生联合会秘书长夏明翰相识。

1924 年

经夏明翰介绍，从秋季学期开始，每周到湖南法政专门学校听李达讲“新社会学”课。

1925 年

5 月，经同学陈廷谟介绍，加入共产主义青年团(在校时，经陈介绍，阅读了《中国青年》《三民主义》《建国方略》《剩余价值浅论》等书刊)。

6 月，经团组织决定加入国共合作期的国民党，任国民党湖南大学工科区分部常委。

1926 年

7 月，毕业于湖南大学工科。

9 月，经国民党长沙市党部介绍，与同学彭一帆同赴老关(醴陵附近），投考国民革命军第十一军军政工人员，后被录取，任该军党代表办公厅中尉干事。自此与团组织失去联系。后随军转至江西萍乡、袁州、南昌、赣州等地。

11月，任国民军新编第一师少校宣传科长。

1927年

3月，因不满赣州发生破坏工农运动事件，约集军中数人连夜潜逃。途经南康、大庾、潮州、汕头等地，于5月达上海。得到武冈同乡前辈龙天衢帮助，在其店铺“湘益公”中记账。经龙介绍，与邵东同乡前辈、老同盟会会员冷公剑相识。

9月，在上海得冷公剑帮助，赴日本东京入明治学院学习经济。

1928年

3月，因经济支绌停学，由日本回到上海。

4月，在南京，因生活无着，重入国民军。

5月，随方觉慧部赴山东兖州前线，任国民军政治部前方办事处宣传组长。因“济南惨案”发生，痛感当政者不作为，愤而辞职，再到上海。

7月，经冷公剑介绍，去北平协助《国风日报》复刊。复刊后任编辑。

9月，经吴承芳介绍，入民国大学任教，讲授三民主义、社会学概论。经尹仲才（冷公剑堂弟）介绍，与村治派代表人物王鸿一、米迪刚相识，对农村自治、移民殖边等问题产生兴趣。后离开国风日报社，参与筹办《村治月刊》。

10月，接湖南民政厅厅长、湖南省自治筹备处主任曾继梧来信，要求代其考察山西、河北村治情况。

11月19日，离北平赴河北定县翟城村、山西太原等地农村考察村治情况。

12月上旬，在山西考察期间与何民魂相识，并结伴回北平。之后，将考察报告即《北方自治考察记》及搜集自治规章等寄湖南省自治筹备处。曾继梧阅后邀其到湖南民政厅任科长，但被以北平读书、研究环境较好为由婉拒。经翦仲襄介绍，与其兄翦伯赞相识。

1929年

2—4月，《考察山西及河北定县翟城村纪要》（论文）发表于《自治周刊》（湖南全省自治筹备训练科编印）第15、19、24期。

3月，《村治月刊》创刊，任该刊主编。

3—5月，《北方自治考察记》《中国外交问题》（论文）分别发表于上刊第1卷第1、2、3期。《致仲烈》《致赵可夫》（短文）发表于上刊第1卷第2期。《致冀云》（短文）发表于上刊第1卷第3期。

6月，《中国外交问题》（专著）由北平村治月刊社出版，京城印书局印刷，后被“新民会”列为禁书。《农业社会之本质与前途》（论文）、《致华弟》（短文）发表于上刊第1卷第4期。

7月，《由现代民主政治之一般的矛盾说到人民自治》（论文）发表于上刊第1卷第5期。

8—9月，《乡村自治问题》（论文）、《致谢宠泽》（短文）发表于上刊第1卷第6、7期。

12月，《从青年心理之病态研究青年出路》（论文）发表于上刊第1卷第10期，署名“震宇”。

是年，先后到民国大学、朝阳大学任教，讲授三民主义、社会学概论；撰《殖民地问题》（讲义），由北平朝阳大学校内印行。

同年年底，因办刊观点分歧，离开村治月刊社，该刊后由梁漱溟继任主编，刊名改为《村治》。

1930 年

1 月，与杜则尧、郑侃等人酝酿成立东方问题研究会，创办《新东方》《新亚洲》杂志，并任新东方编审部主任兼编辑部副主任。所出刊物与东方各国及东南亚地区交换。自此，参加中国社会性质和社会史问题论战。16 日，《中国农业经济的前途》（论文）发表于《三民半月刊》第 3 卷第 9、10 期合刊。《变态的封建社会与中国社会思想》（论文）发表于《村治月刊》第 1 卷第 11 期。

2—3 月，《障碍问题》（论文）发表于《新东方》第 1 卷第 2、3 期，署名“晨光”。

5 月，经同乡谭丕模介绍，与吴苏青女士结婚。

6 月 19 日，出席东方问题研究会第一次筹备会议。

7 月 13 日，出席东方问题研究会第二次筹备会议。《殖民地与半殖民地》（论文）发表于《新东方》第 1 卷第 5、6、7 期《殖民问题》专号，署名“晨光”。

8 月，《东方社会与东方革命》（论文）连续发表于《北平日报》25 日至 9 月 6 日，署名“何民魂”。

9 月，《答罗青》（长信）发表于《新东方》第 1 卷第 9 期，署名“晨光”。12 日，出席东方问题研究会第四次筹备会议。《新东方》被国民党中央宣传部以“宣传共产嫌疑”罪名定为“反动”刊物，通令“扣留”。

10 月 2 日，东方问题研究会宣布成立，任理事。该研究会宗旨为“研究、探索解放东方弱小民族，谋求独立自强”。同期，在西单北大街租有铺面，成立新亚洲书局。《中国国民经济趋势之推测》（论文）发表于《三民半月刊》第 5 卷第 3、4 期合刊。

11 月，《中国国民经济的三条路线》（论文）发表于上刊第 5 卷第5期。

12月,《加拿大与大英帝国》(译文)发表于上刊第5卷第8期。《中国社会之史的发展诸阶段》(论文)发表于天津《益世报》。

1931年

1月,《资本主义没落期的东方革命的意义》(论文)发表于《三民半月刊》第5卷第9、10期合刊。国民党中央宣传部为控制新东方杂志社,强令其迁往上海,遭到众人反对。起草《解散东方问题研究会宣言》,由郑侃、杨刚夫妇译成英文,以中、英文发表。

2月,与郑侃、杨刚等人组织成立青年出版合作社,被推选为董事长。计划系列介绍、出版马克思主义及进步思想著作。与莫斯科国际通讯社等建立联系,定期接收该刊。

6月,《农村自治问题论》(论文)发表于《三民半月刊》第6卷第7、8期《地方自治》专刊。

8月,经何民魂介绍,赴广州参加"反蒋"会议。

1932年

1月,经翦伯赞介绍认识谌小岑,并应邀为谌所创办的天津《丰台》(旬刊)撰稿。

2月4日,为谭丕模所著《新兴文学概论》作序(该书于同年8月由北平文化学社出版)。27日,《中日问题批判》一书完稿。

3月,《中日问题之经济解释》(论文)发表于《丰台》(旬刊)第1卷第2、3期。《中国革命问题研究》(论文)、《评陶希圣"作战是唯一的出路"》(论文)发表于上刊第1卷第4期。

4月,《今年劳动节和劳动失业问题》(论文)发表于上刊第1卷第7期。

5月,《日本农业恐慌的极端化》(论文)发表于上刊第1卷第9期。《苏俄五年计划的一九三二年度》(译文)发表于上刊第1卷第10期。《最近之世界资本主义经济》(上)一书完稿。

7月,《本年世界经济恐慌的进展(一)》(译文)发表于上刊第1卷第11期。10日,《一九三一年的苏俄对外贸易》(论文)发表于上刊第1卷第12期。20日,《最近之世界资本主义经济》(上)(专著)作为"青年出版合作社经济丛书"之一,由北平书局出版,北平春秋书局发行。该书出版不久,即遭国民党查禁没收。

8月,《评"萨孟武统一中国的力在那里"》(评论)发表于上刊第1卷第13、14期合刊,署名"苏青"。《中日问题批判》(专著)由导群书店出版。其间,李达来北平,初任北平大学法学院教授,后兼中国大学经济系主任。师生再度相逢,自此在李达指导下从事学术研究。

1933年

1月,《一九三二年的世界资本主义经济概况》(论文)发表于天津《益世报》增刊。

2月11日,国民党将《中日问题批判》列入"共产党书刊",以"宣传共产主义"罪名查禁。

春,经李达推荐,到中国大学经济系、国学系、政治系任教,在校化名"吕一清"。初为讲师,秋季时升为教授。讲授中国经济史、农业经济学、计划经济学、社会科学概论等课程,先后编写《中国上古及中世纪经济史》《社会科学概论》《中国社会史》《农业经济史》《计划经济学》等讲义,由校内刊印(其中,《中国上古及中世纪经济史》更名为《中国经济史》,由北平聚奎堂装订讲义局印行)。其间,分别于民国大学、朝阳大学讲授中国经济史、殖民地问题等课程。

6月，开始《中国社会史纲》书稿写作，计划分四册出版。

11月，在北平职业学校兼课。7日，《史前期中国社会研究》一书完稿。

1934年

春，协助中国大学国学系主任吴承仕筹办编辑《文史》杂志。应清华大学历史系之邀，作题为“周秦诸子的经济思想”的演讲。在李达提议下，在中国大学开设中国政治思想史，并编写讲义。

4月，《中国经济之史的发展阶段》（论文）发表于《文史》第1卷《创刊号》。撰《史前期中国社会研究·初版自序》。

6月，《史前期中国社会研究》（专著，李达于4月10日为该书作序，并向佩文斋经理常恩波推荐）由北平人文书店出版。

7月，《周秦诸子的经济思想》（论文）发表于《劳动季报》第1卷第2期。《殷代奴隶制度研究》（论文），于7—12月分别发表于杭州《劳动季报》第1卷第2期和《河南政治月刊》第4卷第12期、第5卷第1期。

8月，《秦代经济研究》（论文）发表于《文史》第1卷第3期。

11月，《氏族制以前的社会生产力》（译文）发表于《劳动季报》第1卷第3期。《史学新动向》（信）发表于北平《晨报》。《中学生怎样学唯物史观》（论文）发表于《中学生》杂志。

1935年

1月，《关于殷代史料问题》（论文）发表于《河南政治月刊》第5卷第1期。《西周时代的中国社会》（论文）发表于《中山文化教育馆季刊》第2卷第1期。

春，任北平自由职业者大同盟书记，由中共北平市委领导，在市自由职业者中间进行统战工作。

2 月，《墨翟的学说及其劳动思想》（论文）发表于《劳动季报》第 1 卷第 4 期。17 日，为撰《中国社会史纲》一书致信陶希圣，该信后发表于《食货》（半月刊）第 1 卷第 8 期。

4 月，《杨朱派哲学思想的发展——由杨朱到邹衍》（论文）发表于《中山文化教育馆季刊》第 2 卷第 2 期。

5 月，《两晋之际的一个农民派的社会科学家——鲍敬言》（论文）发表于《劳动季报》第 1 卷第 5 期。《殷周时代的中国社会》一书于 28 日完稿。

7 月，《孔丘派哲学思想的发展——由孔丘到荀卿》（论文）发表于《中山文化教育馆季刊》第 2 卷第 3 期。《周人国家创设的过程》（论文）发表于北平《经济学报》第 1 卷第 1 期。

8 月 7 日，完成《殷周时代的中国社会》书稿修订（出版过程先遇人文书局解约，后中山文化教育馆审阅后又退稿），并撰初版序。

10 月，《隋唐五代经济概论》（论文）发表于《中山文化教育馆季刊》第 2 卷第 4 期。

11 月底，受中共北方局和刘少奇委派，托故辞去中国大学教职，以进步教授和中间人的身分，驻南京，同国民党代表进行国共合作抗日谈判，直至 1936 年 8 月。

1936 年

3 月，经周小舟介绍，于天津加入中国共产党，成为正式党员，并任中共谈判代表。其间，进行《中国政治思想史》书稿写作工作（袁也烈、李邦彦帮助抄写）。《中国社会史》（讲义）由中国大学校内刊印。《殷周时代的中国社会》由南京文化印刷社出版。

4 月，《老聃派哲学思想的发展——由老聃到庄周》（论文）发表于《中山文化教育馆季刊》第 3 卷第 2 期。

8月11日,为《中国政治思想史》《殷周时代的中国社会》书稿出版事宜致信中华书局编辑部。

10月,《殷代国家的形成》(论文)发表于上海《文化论衡》第1卷第2期。《殷代经济前论》(论文)发表于《中山文化教育馆季刊》第3卷第4期。《史学新论》(论文)发表于北平《晨报·历史周刊》创刊号,后被杭州《劳动季报》第10期转载。《"大元通制"中的"禁令"解》(论文)发表于南京《中华法学》新编第1卷第2期。

11月,《社会发展过程中之"亚细亚生产方法"问题》(论文)发表于《中苏文化》第1卷第6期。《殷周时代的中国社会》(专著)由上海不二书店出版。与黎明书局孙寒冰联系《中国政治思想史》书稿出版事宜。

12月,《弱小民族与帝国主义的战争》(政论)发表于《国华》(半月刊)第1卷第1期。

1937年

2月28日,完成《中国政治思想史》一书的写作工作,并撰初版序。

3月,为吴泽(中国大学经济系学生)所著《中国先阶级社会史》一书撰写序言,发表于《世界文化》第1卷第9期。

6月,《中国政治思想史》一书由上海黎明书局初版。《是活的历史还是死的公式——答王宜昌君》(论文)发表于《文化动向》第1卷第3期。

7月,与吴苏青关系破裂。其间,《评佐野袈裟美的〈中国历史读本〉》(论文)发表于《中山文化教育馆季刊》第4卷第3期。

9月,回长沙,于民国大学兼职教授。《抗战后的新动向》(政论)发表于长沙《前进周刊》创刊号。《脱险归来》(从北平回长沙沿途纪事）由湖南《大公报》于18日至20日、22日至30日、10月1日至5日连载。

10月，《伟大的双十节》（政论）发表于《前进》（周刊）第1卷第4期。《作为抗战的指导理论》（政论）发表于18日长沙《力报》。

11月，《战时的湖南和湖南人》（政论）发表于《前进》（周刊）第1卷第11期。

12月，《对目前形势应有的认识》（政论）发表于上刊第1卷第12期。与谭丕模编辑《中苏》（半月刊），负责审稿并撰写专论。《苏联与中国民族抗战》（政论）发表于20日湖南《民国日报》。

是年，《中国原始社会史考》（即由后藤富男所译《史前期中国社会研究》日译本）由东京改造社出版。

1938年

1月，《保乡和救国》（政论）发表于《联合旬刊》（《民族呼声》《火线下》合刊）第1卷第2期。《湖南文化界抗敌后援会发刊词》发表于湖南《大公报·农村工作》18日第1期，署名"湖南文化界抗敌后援会研究部"。

2月，《抗战的前途》（抗战小丛书）由生活书店长沙分店出版。

3月，《欧局的变化与中国抗战》（政论）发表于《中苏》（半月刊）第1卷第1期。《世界新危机与我们的抗战》（政论）发表于《联合旬刊》第1卷第3期。

4月，《抗战情势讲话》（3月16日至31日述评）发表于《中苏》（半月刊）第1卷第2期，署名"正宇"。《为真理而奋斗》（政论）发表于《今天十日刊》第1期。

5月，《抗战情势讲话》（4月16日至30日述评）发表于《中苏》

(半月刊)第1卷第4期,署名"正干"。《坚决"否认伪组织"和"厉行肃清汉奸"》(政论)发表于上刊同期。《怎样来纪念今年的"五九"》(专论)发表于9日《大公报·五九特刊》。《纪念"五九"与雪耻除奸》(专论)发表于10日《大公报》。《抗战情势讲话》(5月1日至15日述评)发表于《中苏》(半月刊)第1卷第5期,署名"正宇"。《二期抗战中文化工作应有的任务》(政论)发表于《文化批判》第5卷第2期。《退出徐州与今后抗战的影响如何?》(政论)发表于23日《大公报》。《中苏关系的过去和未来》(中苏小丛书)由生活书店长沙分店出版。

6月,《抗战情势讲话》(5月16日至31日述评)发表于《中苏》(半月刊)第1卷第6期。《目前国际形势的认识》(政论)发表于汉口《中苏文化》第2卷第2期。《敌国内阁的改组和今后战局的估量》(政论)发表于《中苏》(半月刊)第1卷第7期。同月,向省委建议于武冈塘田开办塘田战时讲学院,培养区乡级地方干部和连排级游击战争干部,得到批准。

7月,《保卫武汉与巩固湖南》(政论)发表于《中苏》(半月刊)第1卷第8期。

8月,《伟大的斗争!伟大的进步!》(政论)发表于上刊第1卷第9、10合刊。

9月16日,塘田战时讲学院开学,任副院长兼中共地下党代表,全面主持工作,并撰写了学院缘起、组织简则、招生简章、发刊词《战时塘田》等,由该院铅印。《动员工作在农村》(政论)发表于《中苏》(半月刊)第1卷第12期。《战局的严重关头》(政论)发表于上刊第2卷第1期。

10月,《捷克问题的发展与今后的中国抗战》(政论)发表于上刊第 2 卷第 2 期。撰《中国民族解放运动史教程》(塘院讲义)。同月,经党组织批准,与中共党员王时真(后因地下工作需要改名“江明”)于塘田战时讲学院结婚。

1939 年

4 月 20 日,塘田战时讲学院被勒令解散。22 日,撰《塘田战时讲学院全体学生告别武冈人士书》《塘田战时讲学院全体师生员工向全国各界人民申诉书》《告湖南同学书》等。处理讲学院善后及教职工、学员撤离等事项。

9 月,抵重庆。此后在周恩来直接指导下从事理论战线、历史研究与统战工作。受复旦大学教务长孙寒冰聘请任该校教授(直至 1941 年初),讲授中国经济史、先秦诸子思想、计划经济论等课。受委托代谭平山撰《三民主义外交问题》一文。

10 月,改订后的《中国政治思想史》拟由桂林文化教育社出版。

1940 年

1 月,《悼念吴检斋(承仕)先生》分别发表于 20 日重庆《新蜀报》和《蜀道》第 20 期。

3 月 12 日,《日本法西斯的中国历史观与三民主义的中国革命》(论文)发表于重庆《中苏文化 · 孙中山先生逝世十五周年纪念特刊》。

4 月,《日寇侵略中国之史的认识与历史给予我们的试炼》(论文)发表于《中苏》(半月刊)第 4 卷第 1、2 期合刊。

5 月,《关于中国社会史的诸问题》(论文)发表于重庆《理论与现实》第 2 卷第 1 期。

6 月,《谈史学——致青年同学》(论文)发表于《学生杂志》第 20 卷第 6 期。《本国史研究提纲》(论文)发表于重庆《读书月报》

第2卷第4、5期。

7月,《伟大的历史时代与史学创作》(论文)发表于《中苏文化·抗战三周年纪念特刊》。

9月2日,《支那社会政治思想史》(即《中国政治思想史》日译本上册)由日本青年外交学会出版。《中国社会史上的奴隶制度问题》(论文)发表于重庆《群众》第5卷第9、10、11期。

10月,任国民政府军事委员会政治部文化工作委员会委员。《亚细亚生产方式和所谓中国社会的“停滞性”问题》(论文)发表于《理论与现实》第2卷第2期。

11月5日,撰《论抗战以来三民主义文化诸问题》(论文)。后因遭国民党中央图书杂志审查委员会扣压,该文未能发表。20日,完成《中国社会史诸问题》(1939年至1940年的论文汇集)编辑工作,并撰著者序。《对德凡先生的简单答复》(评论)发表于《读书月报》第2卷第8期。

12月2日,于重庆撰《中国原始社会史修订版·序》。《五四运动的历史意义和教训》(论文)发表于《中苏文化》第6卷第3期。

1941年

1月,《支那社会政治思想史》(即《中国政治思想史》日译本下册)由日本青年外交协会出版。《三十年来的中国——纪念民国成立三十年》(论文)发表于《学生杂志》第21卷第1期。

2月28日,撰写《简明中国通史·序》,完成该书上册编写,交生活书店待出版。

4月,《怎样研究历史?》(论文)发表于《中学生》(战时半月刊)第42期。

5月1日,受到刘少奇接见。不久,被中共华中局任命为编审委员，实际在苏北文化协会工作。《简明中国通史》第一分册由生活书店（香港）出版。

6月，参加苏北“反扫荡战”。“反扫荡战”后，任中共华中局调查研究室委员。经刘少奇决定，到中共华中局党校任教，分别讲授中国革命史、社会史、哲学史等课程，并担任学员课外学习指导。

秋，《中国革命史讲授提纲》《中国社会史问题十讲》《中国哲学史问题十讲》（讲义）分别由中共华中局党校油印教材，署名“柳岗”。《古代支那政治哲学の新研究》（即《中国政治思想史》日译本）由日本人文阁出版。

1943年

1月2日，于延安受到毛泽东接见，毛询问了《中国政治思想史》的写作等情况。此后，中共中央任命其为刘少奇学习秘书（直至1945年）。参加整风运动，入中央党校一部学习。以后在中央马列主义研究院任特别研究员，从事理论研究。

3月21日，完成《中国政治思想史》修订工作，并撰增订版序。

4月，《中华民族人种的由来》（论文）、《在原始公社制前期我们祖先是怎样生活的?》（论文）分别发表于17日、18日《解放日报》。

5月，《原始公社后期我们祖先是怎样生活的》（论文）发表于10日、11日《解放日报》。

6月，《商朝奴隶制国家》（论文）发表于21日、23日《解放日报》。

7月15日，《西周时期封建制度的成立》（论文）发表于《解放日报》。

8月，所撰《国共两党和中国之命运——驳蒋著〈中国之命运〉》一文，由《解放日报》以“专论”形式于7日发表（该文曾经毛泽东阅后修改，后收入《时事小评选粹》，由山西左权华北书店1944年出版）。《初期封建制的发展——春秋时期》《由初期封建制至专制主义封建制的转换——战国时期》（论文）发表于19日、22日《解放日报》。

10月，《进入专制主义封建制的秦汉时代》（论文）发表于1日、2日、4日《解放日报》。

11月，《封建专制国家的分裂——三国时期》（论文）发表于23日《解放日报》。《由封建专制国家的恢复统一到外族侵略——两晋南北朝》（论文）发表于11月25日和12月7日、28日《解放日报》。

1945年

9月，《简明中国通史》（第一分册）由生活书店（上海·重庆）出版。

10月，增订后的《中国政治思想史》由延安新华书店出版。

1946年

6月2日，于北平完成对《殷周时代的中国社会》一书的修订，并撰修订版序（该书再版得到胡绳、沈志远帮助）。

12月，再次修订后的《殷周时代的中国社会》由上海耕耘出版社出版。

1947年

1月，从哈尔滨转经朝鲜民主主义共和国南阳、罗津赴旅大。开始撰写《中国民族简史》一书。

2月2日，于大连为陈干侯、陈继周《双碧诗集》作序《概论我国诗歌的发展》（未发表）。20日，《中国民族简史》（专著）于哈尔滨完稿，并撰初版序。

4月，《中国民族简史》（专著）由大连大众书店出版。

8月,《中国政治思想史》由生活书店(香港)出版。《中国社会史纲》第一卷《原始社会史》、第二卷《奴隶社会和初期封建社会》由上海耕耘出版社出版。

9月,开始撰写《简明中国通史》第二分册。

1948年

2月6日,于大连完成《简明中国通史》第二分册写作,并撰完稿序。

4月,《简明中国通史》第一分册由大连光华书店出版。

5月,《简明中国通史》第二分册由大连光华书店出版。

1949年

3月,批注四库本《朱文公校昌黎先生集》《增广注释唐柳先生集》。

10月19日,中央人民政府主席毛泽东签署任命,出任中央人民政府民族事务委员会委员。20日,东北人民政府主席、副主席签署任命,出任大连大学校长。31日,中共旅大区党委发出通知,出任旅大区党委委员、区党委大学党委书记,并担任大连大学党委书记。

11月,在东北行政学院研究班作题为"关于治史方法方面的零片意见"的讲演。

1950年

1月,撰读书随笔《学习毛泽东著作,回忆南京国共谈判》。

4月11日,中央人民政府主席毛泽东签署任命,出任东北人民政府文化教育委员会委员。

5月6日,完成1947年版《中国民族简史》的增订工作。14日,撰该书增订版序。28日,撰《中国民族问题的现在和过去的提法》(论文)。

6月26日,接受中央人民政府政务院文化教育委员会学术名词统一工作委员会主任郭沫若聘请,担任该委员会社会科学组哲史工作小组工作委员。

7月20日,《吕振羽先生来函》(答复柴德赓等关于吕著中意见)发表于《光明日报》。

8月,增订后的《中国民族简史》由生活·读书·新知三联书店出版。

9月3日,《“九·三”——亚洲人民的春天》(时评)发表于大连《实话报》。20日,就读者来信及《简明中国通史》出版事宜复信生活·读书·新知三联书店编审部。

10月12日,接受中国科学院院长郭沫若聘请,担任中国科学院专门委员。27日,接受东北局任命,出任东北人民政府文教委员会驻会副主任,即日赴任。

12月26日,中央人民政府主席毛泽东签署任命,出任东北人民政府文化教育委员会副主任。

1951年

3月20日,《论太平天国革命运动》(论文)发表于《学习生活》第3、4、5期。

4月14日,《论社会思想意识》(系在东北局宣传部政治理论教员讲习班上的讲演)发表于《东北日报》。15日,《我们伟大祖国的伟大文化遗产》(系在东北局宣传部政治理论教员讲习班上的讲演)发表于《东北日报》(同月30日《川西日报》转载)。撰《第一次国内革命战争时期的各阶级》(论文,未发表)。

6月5日,为响应政府号召、支援“抗美援朝”购买飞机,将历年稿费全部捐出,共计7136个折实单位(按6月4日1个折实单位牌价为人民币 5511 元，总计人民币 3932 万元）。撰《马克思列宁主义-毛泽东思想在中国的发展和胜利》（论文）。

7 月，中国史学会成立大会在京召开，当选为第一届理事。《欢呼胜利，加强学习》（政论）发表于 2 日《东北日报》。《爱国主义与历史教学——要纠正两种偏向》（论文）发表于《新史学通讯》第 1 卷第 4 期。《关于中国社会发展的几个问题》（系对东北局机关夜党校政治常识班所提问题解答）发表于 12 日、13 日《沈阳日报·学习生活》。完成《简明中国通史》第一次修订，后由生活·读书·新知三联书店出版。

8 月，赴长春，出任东北人民大学校长（8 月 27 日，东北人民政府拟任其兼东北人民大学校长，呈请中央人民政府任命。1953 年 9 月 18 日中央人民政府主席毛泽东签署任命）。

10 月 20 日，接受东北局宣传部聘请，担任东北人民出版社特约审稿人。

1952 年

1 月 22 日，《对批评〈中国社会史诸问题〉的答复》发表于《人民日报》。

2 月，接受中共长春市委任命，出任东北人民大学"三反"检查委员会主任、校党委书记。

12 月 21 日，参加于长春民主同盟会召开的史学座谈会。

1953 年

1 月 6 日，就有关"夏禹传子到成汤革命""关云长评价"问题复信读者朱庄森。

2 月，着手进行《简明中国通史》的补订工作。

3 月 30 日，为《简明中国通史》增订本出版事宜及答复《洪范》

年代问题复信人民出版社。

6月，收到《人民日报》编辑部18日来信，特盼其为该报撰写关于历史教学、历史地理等方面文章。

8月5日，中共中央批准中国历史问题研究委员会人员组成，出任该会委员。

9月12日至19日，出席在京召开的综合大学校长会，并列席中央人民政府第二十四、二十五、二十六、二十七、二十八次国务会议。21日，出席中共中央宣传部在京召开的中国历史问题研究委员会第一次委员会议。

11月，工作之余，修订《中国社会史诸问题》，撰该书修订版序。8日，为《中国社会史诸问题》修订及已代向东北人民大学、东北师范大学组稿事宜复信华东人民出版社。完成《史学研究论文集》书稿编辑工作（共收录1949年至1953年在东北工作期间六篇论文、讲演），并撰序言。

1954年

1月，《历史研究》创刊，任该刊编委（至1966年止）。

7月18日，批注清人顾苓美所著《三吴旧语》拓本。《史学研究论文集》由华东人民出版社出版。

8月，修订后的《中国社会史诸问题》由华东人民出版社出版。

9月，当选第一届全国人民代表大会代表。15日至28日，出席全国人大一届一次代表大会。

10月，修订《简明中国通史》中的引文和时间。批注日本井上恒一所辑《东方书选》影印本。

12月7日，中共中央宣传部送来侯外庐对苏联亚历山德罗夫所著《苏联大百科全书·中国哲学》意见稿，征求意见。9日，将

“阅苏百科全书稿意见”回复中共中央宣传部理论处。

1955 年

4 月，修订后的《简明中国通史》由人民出版社出版。

5 月，《胡适派主观唯心主义历史观批判》(论文)发表于《科学通报》1955 年第 5 期。

6 月 1 日，出席中国科学院学部成立大会，当选为哲学社会科学部学部委员。同月，修订后的《中国政治思想史》由生活·读书·新知三联书店出版。

7 月，正式调离东北人民大学，来北京治病。2 日，出席全国人大代表党员党组会。4 日，出席全国人大小组会。5 日至 30 日，出席全国人大第一届代表大会第二次会议。

10 月 2 日至 16 日率中国科学院东方学代表团赴民主德国访问，进行学术交流。之后因身体原因，经组织批准后暂留该国就医。24 日，代表中国科学院出席民主德国科学院希腊罗马研究所成立大会，并参加希腊学讨论会，向会议赠送中文书刊。30 日，在洪堡大学神经科医院作检查，发现大脑中有肿瘤，须作割除手术或 X 射线治疗。

11 月 15 日，经组织批准，赴苏联莫斯科治病。18 日，访问苏联科学院东方研究所，与苏联科学家座谈，向苏方提出学术问题，也介绍了一些中国史学研究情况。苏方提出拟翻译《中国政治思想史》，认为这是一部很严肃的著作。

12 月 7 日，经苏联医生诊断，查明系患脑下垂体肿瘤，最后决定先采用深度 X 射线治疗 20 至 25 次，不用手术治疗(若无效再议)。

1956 年

2 月，在治病休养期间，收到苏联科学院东方语言学院院长阿古伯尔院士 8 日来函，根据苏联科学院翻译中国科学家著作计划，东方语言学院计划翻译《中国政治思想史》，请回信同意在苏翻译和出版。

3月1日，到克里米亚休养。就《中国政治思想史》俄译本事宜复信苏联科学院东方语言学院院长阿古伯尔院士。

5月27日，结束治疗后回到中国。

7月7日，就《简明中国通史》一书中日本遣唐使考证一事并致谢意复信汪向荣。

9月，收到上海人民出版社16日来信，告之《史学研究论文集》出版获得史学工作者欢迎，希望把最近发表的史学论文继续编辑出书，并提供其他论著。25日，就质疑刘邦、项羽不是农民起义复信读者张竞华。

10月，出席中共中央直属高级党校历史教研室座谈会，回答马鸿谟、李放村等提出的"如何进行中国近代史研究和教学问题"。

1957年

2月27日，出席最高国务会议第十一次扩大会议。28日，出席全国人大第二小组会并发言。

3月1日，出席全国人大会议。2日，出席全国政协第二次全国委员会第三次会议预备会。

4月8日，出席全国人大常委扩大会。13日、14日、18日，出席全国人大常委扩大会。

5月20日，参加中国科学院学部委员会预备会议。22日，出席学部哲学社会科学分组会。23日，出席中国科学院第二次学部委员会开幕会。28日，在会上作题为"怎样评价'五四'以后各派社会科学家及其成果"的发言(中国科学院印发)。《关于地方历史研究机构的主要任务等复安徽省科学研究所》发表于安徽《史学工作通讯》1957年第2期。

6月7日,国务院总理周恩来签署任命,出任中华人民共和国民族事务委员会委员。20日至25日,出席全国人大一届四次会议预备会议。26日至7月上旬,出席全国人大一届四次会议。

10月18日,《建立工人阶级知识分子大军的历史任务》(与《光明日报》记者谈话)发表于《光明日报》。

11月20日,就俄译《中国政治思想史》事宜复信莫斯科大学教授李必新。

1958年

1月,《国务院公布〈汉语拼音方案草案〉》(内有其笔谈)发表于《文字改革》总第1期。

2月,出席全国人民代表大会第一届第五次会议,并作书面发言。被全国人大第一届五次会议补选为全国人大民族委员会委员。《生产大跃进合乎历史发展规律》(在人大五次会议上发言)发表于18日《人民日报》。24日,批注清道光版《西域水道记》。

5月20日,应约就《中国政治思想史》俄译本撰序言事宜复信苏联科学院中国研究所施顿教授。《坚决贯彻"厚今薄古"的方针》(发言)发表于《历史研究》1958年第5期。

6月,《汉字改革是历史的必然》发表于《文字改革笔谈》第二辑。中共中央直属高级党校党委扩大会议制订教学计划,开设中国历史课,正式聘请其为该校历史教授。

7月18日至21日,出席全国民族出版工作会议,在开幕式上作了有关"两种不同的民族观"的发言。20日,就其著作中古籍用字事宜复信读者傅纲。25日,《马克思主义哲学史上划时代的伟大著作》(论文)发表于《理论战线》1958年第4期。就俄译本《中国政治思想史》序言事宜复信苏联科学院中国学研究所编辑部主任越特金。26日,与军事科学院战史部同志谈怎样编写战史的几个问题。

夏,与江明共同撰写《跟随少奇同志返回延安》长篇回忆录,于《中国青年》连载。《中国民族关系发展的历史特点》(论文,与江明合署)发表于《民族团结》1958年第4期。《贯彻哲学史研究上的厚今薄古方针》(论文)发表于《哲学研究》1958年第4期。

10月24日至27日,受中央民委党组委托,出席中央民族学院、中国科学院民族研究所党委联席会。

11月7日,就约写《简明中国近代现代史》一书致信人民出版社(已在人民出版社约稿合同上签字,全书约40万至60万字,拟于1962年至1965年交稿)。

12月20日,审阅并修改全国民族出版工作会议讲话记录稿。

1959年

2月,《关于〈民族研究〉杂志"改刊说明"的错误》(发言)发表于《民族团结》1959年第2期。

3月5日至13日,出席中国科学院哲学社会科学学部召开的《中国史稿提纲草案》(郭沫若主编)座谈会。11日,接全国政协秘书处通知,经常委会52次会议决定,出任第三届全国政协委员会委员。《伟大人民的伟大历史和创作——读〈义和团的故事〉笔记》(书评)发表于《民间文学》1959年第3期。

4月15日,完成《简明中国通史》第三次修订工作(着重在中国奴隶制和封建制分期、资本主义萌芽、民族关系等三方面进行修订),并撰后记。《中华人民共和国各民族团结起来》(白话长诗)发表于《民族团结》1959年第4期。《关于历史上民族融合问题》(论文)发表于《历史研究》1959年第4期。

5月2日，应湖南历史研究所约请，开始撰写抗战初期湖南文化界抗敌后援会回忆录（后发表于《革命回忆录》1982年第4期）。自下旬起至8月，负责审阅《土家族简史简志》等书稿。《第二次国内革命战争时期历史哲学线上马克思主义与伪马克思主义的斗争——为纪念"五四"运动四十周年而作》（论文）发表于《哲学研究》1959年第5期。《干部为什么学习历史?》（论文）发表于《历史教学》1959年第3期。《偕时真游陶然亭公园》（诗四首）发表于《光明日报·东风》。

8月25日，国务院总理周恩来签署任命，出任中华人民共和国民族事务委员会委员。

9月，再次修订后的《简明中国通史》由人民出版社出版。《论两周社会形势发展的过渡性和不平衡性——关于中国社会从奴隶社会转变为封建制问题的探讨》（论文）发表于《新建设》1959年第9期。

10月4日，受中央民委党组委托审阅牙含章所著《达赖喇嘛传》书稿，并提出修改意见。16日，在中国戏剧家协会、北京市文联联合举办的越剧《则天皇帝》座谈会上作"关于武则天"的发言，发表于《戏剧报》1959年第21期。《"五四"后"中国政治思想史"研究中两条道路的斗争》（俄译本《中国政治思想史》序文）发表于《历史教学问题》1959年第4期。

11月，批注明版《止斋先生文集》。

5月至12月，与江明合著的《跟随刘少奇同志返回延安》（回忆录）陆续发表于《中国青年》第9、11、13、20、23、24各期。撰《近四十年来的马克思主义历史学》（论文，未发表）。批注四部丛刊本《水心先生文集》。

1960年

1月，任全国政协文史资料研究委员会委员。

2月，《论叶适思想》(论文)发表于《历史研究》1960年第1、2期合刊。

3月22日，《颐和园排云殿》《中央党校北楼晨起远望》(诗)发表于《光明日报·东风》。23日，接受中共中央直属高级党校党委聘请，兼任该校中国历史教授，并任该校历史教研室顾问。

5月4日，应翦伯赞邀请，在北京大学举行的纪念"五四"科学讨论会作题为"历史科学必须在毛泽东思想的基础上前进"的学术报告。出席昆曲《文成公主》座谈会并发言。发言稿《谈昆曲〈文成公主〉》发表于《北京戏剧》1960年第6期。9日，撰《史论集》序言。与中共中央直属高级党校世界史教研组座谈"怎样以毛泽东思想来进行世界史研究"。29日，《观北京航空表演》(诗)发表于《光明日报·东风》。

6月，应北京大学邀请，参加哲学史问题讨论会。

7月，《史论集》(论文集)由生活·读书·新知三联书店出版(该书收录了自1955年至1960年在北京时撰写的论文13篇)。13日，撰写完成论文《我国若干少数民族的原始公社制或其遗存》。

8月20日，撰写完成论文《地下出土的远古遗存和我国原始公社制时代的历史过程》。

10月，《历史科学必须在毛泽东思想的基础上前进——纪念〈关于正确处理人民内部矛盾的问题〉出版三周年》(论文)发表于《历史研究》1960年第5期。出席话剧《甲午海战》座谈会并发言。发言稿《以史为鉴，古为今用》发表于《戏剧报》1960年第19、20期和《文艺报》第11期。23日，撰《坚持马克思列宁主义的社会革命论,反对现代修正主义——学习〈毛泽东选集〉第四卷学习笔记》(论文,未发表)。撰《近四十年来的马克思主义历史学》(论文,未发表)。

11月12日,《甲午战争时代的形势》发表于《光明日报》。

12月,文化部党组聘请包括其在内的14位同志为中国历史博物馆学术委员会委员,负责指导通史陈列。《把哲学社会科学的研究工作推向新高峰》(与丁声树、王学文、范文澜、吴德峰、冯定、金岳霖、季羡林等委员联合发言)发表于《中国人民政治协商会议第三届委员会第二次会议汇刊》。

1961年

1月13日至26日,撰《关于我国历史上民族关系的基本特点报告提纲》(初稿)。29日,撰写完成《关于我国的民族关系历史特点》(论文)。《东北解放旧作》(诗三首)发表于《北京文艺》1961年第1期。《在"百家争鸣"的方针下大力开展历史科学的研究工作》(论文)发表于《新建设》1961年第1期。

2月,审阅《历史研究》送审侯外庐《严复哲学思想试探》一文并提出意见。完成《中国社会史诸问题》一书修订(书中增加《国共两党和中国之命运——评蒋介石〈中国之命运〉》一文),并撰《一九六一年版序》。

3月,中央民族历史研究工作指导委员会在京成立,出任委员,指导三套"民族丛书"编写工作。24日,完成《史前期中国社会研究》一书修订,增入《地下出土远古遗存和我国原始公社制时代的历史过程》《我国若干少数民族的原始公社制和其残余》两篇论文作为补编,并撰《一九六一年新版序》。《悼陈赓同志》(诗)发表于25日《光明日报·东风》。27日,为中共中央直属高级党校新疆干部轮训班作题为“关于我国历史上民族关系的基本特点”的专题讲演。

4月12日至25日，出席中共中央宣传部文科教材编写会议。《从远古文化遗存看我国各民族的历史关系》（论文）发表于23日《人民日报》。《我国若干少数民族的原始公社制和其残余》（论文）发表于《民族团结》1961年第4期。

5月20日，为中共中央直属高级党校新疆干部轮训班作题为“新疆和祖国的历史关系”的讲演。《中国历史讲稿》（二册）由中共中央直属高级党校校内印行。

6月6日、8日、12日、15日、19日、22日、26日、29日，为中共中央直属高级党校1959班学员讲授中国古代史（第一至八讲）。《论我国历史上民族关系的基本特点》（论文）发表于《学术月刊》1961年第6期。

7月，《中国近代文化资料——吕振羽氏的文化遗产论》（即《创造民族新文化与民族遗产的继承问题》日译本，横松宗译）发表于日本八幡大学法经学会。3日、6日，为中共中央直属高级党校1959班学员讲授中国古代史（第九至十讲）。

8月20日，应中央人民广播电台邀作题为“怎样学习历史”的广播稿。

9月2日、5日、7日、11日、14日、18日、25日、28日，为中共中央直属高级党校1959班学员讲授中国古代史（第十一至十八讲）。9日，《访内蒙古自治区》（诗三首）发表于《光明日报·东风》。16日，为该校1959班学员作“中国通史问题解答”。修订后的《中国社会史诸问题》由生活·读书·新知三联书店出版。

10月5日、7日，为中共中央直属高级党校1959班学员作“中国通史问题解答”。14 日,赴武汉,出席辛亥革命五十周年学术讨论会。《怎样学习历史》(论文)发表于《中国青年》1961 年第 19、20 合刊,后被《历史教学》1961 年第 10 期转载。

11 月,《访内蒙古自治区咏史三首》(诗)发表于《民族团结》1961 年第 10、11 期合刊。

12 月,《一九六一年秋末访武汉》(诗二首)发表于 5 日《人民日报》。在中共中央直属高级党校作题为“中国历史的特点问题”的报告。《再论叶适思想》(论文)作为序言,被收录在《叶适集》中,由中华书局出版。修订后的《史前期中国社会研究》由生活·读书·新知三联书店出版。《中国通史问题解答》(三册)由中共中央直属高级党校校内印行。撰《论革命转变》(论文,未发表)。

1962 年

1 月,《访洛阳古都遗址》(诗二首)发表于 11 日《光明日报·东风》。《访洛阳龙门》等(诗二首)、《武汉长江大桥》等(诗三首)发表于 24 日《人民日报》。

2 月 14 日,接待《光明日报》记者来访,回答了当前史学研究的一些问题。23 日,就《中国政治思想史》俄译本翻译事宜复信莫斯科大学李必新教授。《新疆和祖国的历史关系》(论文)发表于《民族团结》1962 年第 2 期,后被《新疆日报》于 4 月 19 日、20 日连载,《新建设》1962 年第 6 期节载。撰《再论中国历史上的民族关系》(论文,未发表)。

3 月 12 日、15 日、20 日、27 日、29 日,给中共中央直属高级党校新疆干部理论班作题为“新疆和祖国的历史关系”的讲演。《中央党校北楼晨起远望》(诗二首)发表于 22 日《光明日报》。

4 月 13 日,为中共中央直属高级党校 1960 班学员作“学习中国历史中的几个问题”的问题解答，还讲了中国历史的特点、关于历史主义和阶级观点等问题。《杜甫诞生一千二百五十周年纪念》（诗）发表于17日《光明日报·东风》。

5月4日，在全国政协双周座谈会上作题为“中国历史的特点问题”的报告。《偕江明游紫竹院公园》《中山公园辽柏》等（诗四首）发表于29日《光明日报·东风》。

6月，《殷周时代的中国社会》由生活·读书·新知三联书店重版。

7月，《史论集》由人民出版社出版。18日、19日，为中共中央直属高级党校历史教研室作题为“中国历史上‘百家争鸣’问题”的讲座。

8月2日，《八一颂》（诗）发表于《光明日报·东风》。

9月3日、7日，为中共中央直属高级党校1961班学员及部分教职人员作题为“中国历史上的波澜和曲折”的讲演。5日，撰写完成《中国历史上民族关系的几个问题》论文。《一九六一年秋访大同》（诗二首）发表于9日《光明日报·东风》。

11月4日，赴山东出席纪念孔子逝世二千四百四十周年学术讨论会。作题为“孔子学术讨论会中的几个问题”的总结发言，全文后发表于12月21日《大众日报》。《孔子逝世二千四百四十周年》（诗）发表于11日《大众日报》。17日，赴长沙出席王船山学术讨论会。26日，大会闭幕，作总结发言，讲了“关于王船山的时代和其思想的阶级性”等三个问题，发言稿后发表于12月的《新湖南报》。

12月5日，《韶山谒毛主席旧居》《王船山逝世二百七十周年》等（诗五首）发表于《新湖南报》。

1963 年

1 月,《中国历史上民族关系的几个问题》(论文)发表于《学术月刊》1963 年第 1 期,后被《红旗》杂志增刊六摘要发表。《由北京赴济南道中》、《重访济南感赋》(诗二首)发表于《山东文艺》1963 年第 1 期。《孔子学术讨论中的几个问题》(摘要)发表于《文史哲》1963 年第 1 期。

同月 5 日突遭隔离反省,为时四年。除接受组织审查外,自 9 日起直至 1966 年,几乎每天写诗,并回忆往日旧作,亲手辑成十卷,共计三千余首,诗稿名《学吟集初草》(《吕振羽诗选》即从中辑选,该书已于 2000 年由吉林大学出版社出版)。自 1964 年 2 月起至 1965 年 9 月止,陆续写出文稿《史学评论》(又名《读报随笔》,自分四辑专题,即"关于中国哲学史研究方法的一些问题""我国近代及中世纪各别思想家思想研究的一些问题""历史研究方法的一些问题""杂论",共计 33 篇,近 30 万字。该书稿后经家人整理,易名为《史学散论》,于 2000 年 6 月由社会科学文献出版社出版)。

1976 年

2 月,开始审阅并修改《中国历史讲稿》(在中共中央直属高级党校授课教材)。

1979 年

2 月 6 日,人民出版社决定重印《中国社会史诸问题》《史前期中国社会》《殷周时代的中国社会》三本书。

11 月 27 日,接受中共中央任命,出任中国社会科学院顾问。

12 月,与江明第二次修订回忆录《跟随刘少奇同志返回延安》。月底起对大连大学时期旧作《关于科学的阶级性问题》再次进行修改(后因病停笔)。《左丘明与〈左传〉》等(咏史八首)(诗)发表于

《文献》杂志创刊号。

1980 年

1 月,中共中央为其彻底平反。15 日,出席于中国社会科学院召开的重建中国史学会座谈会。

2 月,《跟随刘少奇同志返回延安》一文被收录于《回忆少奇同志》一书中,由中国青年出版社出版,江苏《党的生活》1980 年第 5 期选载。

4 月 8 日下午,出席于京西宾馆召开的第二届中国史学会代表大会,再度当选中国史学会理事。

5 月,《坚挺乔松柱人天——狱中惊闻少奇同志蒙冤感怀》(诗三首)发表于《文献》杂志 1980 年第 1 期。《听少奇同志为华中局党校讲课》(诗)发表于 13 日《人民日报》。

6 月初,为即将由上海人民出版社出版的由吴泽主编的《吕振羽史论选集》撰序言。《南京谈判始末》(回忆录)发表于《群众论丛》1980 年第 3 期。

7 月 17 日,因心脏病突发,于协和医院逝世。

社会责任驱动下的中国政治思想史话语体系建构

李　勇

1937年4月5日,《文化动向》第1卷第3期上,有一条上海黎明书局给吕振羽所著《中国政治思想史》做的新书广告:"关于此方面书籍固已极少,而正确的从史的唯物论的观点上所写成者,更为绝无仅有",并赞此书"为中国政治思想史研究方面划时代之巨著"。[①] 如今这部著作要纳入商务印书馆的"中华现代学术名著丛书",需要附一篇导读性文章。其实,以往学者写过类似文章,[②]但现在想来,《文化动向》上的广告语"正确的从史的唯物论的观点上所写成者,更为绝无仅有",确是阅读它并认识其价值和地位的指南。本文在这一判断基础上,针对学界已有成果,详其所略、略其所详,再陈几点意见。

---

① 《中国政治思想史:吕振羽著(即出版)》,《文化动向》第1卷第3期。

② 例如,杜蒸民:《一部划时代意义的中国哲学史专著——吕振羽〈中国政治思想史〉述评》,《中国哲学》第13辑,人民出版社1985年版;杜蒸民:《紧扣爱国主义这一历史主题——吕振羽〈中国政治思想史〉简评》,《史学集刊》1986年第1期;朱政惠:《吕振羽〈中国政治思想史〉贡献论》,《历史教学问题》1990年第1期。

一、起于教学而经久不衰、影响海外的《中国政治思想史》

说起吕振羽，那是中国马克思主义史学家“五老”之一，在中国马克思主义史学史上值得大书特书。他从孕育像近代启蒙思想家魏源、中华民国开国元勋蔡锷这样历史人物的邵阳走出来，受到中国共产党创始人之一李达的教诲和引导，接受马克思主义并成为共产主义者。他服从组织安排，积极参与革命活动，著书立说，宣示马克思主义关于中国历史的观点。其史学代表作有《史前期中国社会研究》《殷周时代的中国社会》《中国政治思想史》《简明中国通史》《中国民族简史》等。在马克思主义史学阵营中，由吕振羽首创的马克思主义社会形态学意义上的“西周封建说”，与郭沫若同样语境中的“西周奴隶社会说”，是西周社会性质说的并立二峰；[①]其主张用世界史眼光和比较方法，把神话传说与考古发掘结合起来，去破解史前社会史研究中史料匮乏的难题，为马克思主义史学家突破实验主义史料学的局限，较之郭沫若《中国古代社会研究》中之方法论又往前推进了一步。[②] 他去世后，侯外庐怀念道：“吕振羽同志不愧是一位久经考验的无产阶级先锋战士”，“也是我国马克思主义史学的早期拓荒者”。[③]

---

① 可参阅吴泽：《我国马克思主义史学的开拓者——吕振羽》，载刘茂林、叶桂生：《吕振羽评传》，社会科学文献出版社 1990 年版；刘起釪：《追忆我的私淑老师》，载湖南省政协文史学习委员会编：《长留雅韵足三湘：吕振羽纪念文集》，民主与建设出版社 2016 年版；刘茂林：《吕振羽和他的〈史前期中国社会研究〉——纪念吕老逝世十周年》，《吉林大学社会科学学报》1990 年第 5 期。

② 关于吕振羽对于马克思主义史料学的贡献，可参阅拙作：《吕振羽史料学理论与实践》，《历史教学问题》2021 年第 1 期。

③ 侯外庐：《怀念吕振羽同志》，《中国史研究》1980 年第 4 期。

关于《中国政治思想史》写作缘起,刘茂林曾访问吕振羽,作《吕振羽访问记》。刘氏利用这篇《访问记》作为《吕振羽评传》中《中国政治思想史》写作缘起的基本材料。据评传所述,在20世纪30年代社会史论战中,陶希圣与周佛海、陈布雷合编《新生命》月刊、创办《食货》半月刊,围剿革命文化,颇受蒋介石、汪精卫青睐;此外,陶氏还在北京大学任教,利用讲台大肆兜售其社会理论。当时李达知道陶希圣是国民党的御用学者、一个最危险的人物,看出其思想的危害性,要吕振羽“跟他唱对台戏”,“一面要在理论上、原则上进行斗争,不能让步;一面又不要污辱他的人格,作个人攻击”。[①] 在李达的鼓励与支持下,吕振羽在中国大学开出了中国哲学史课程,受到学生的欢迎,并吸引了北京大学、清华大学等校的学生来听课。为了针锋相对,他也把课程取名为“中国政治思想史”,并编写了讲义。吕著《中国政治思想史》就是在这份讲义的基础上完成的。这一情况在吕振羽于1962年3月17日给武汉大学政治系教师陈抗生的信中得到印证:“拙著《中国政治思想史》,实际只能是中国哲学史ABC;当时因主要在与陶希圣作斗争,他的书名《中国政治思想史》,为着针锋相对,故亦以此名书。”[②]

该书是于1936年在南京谈判期间完成的。同年8月,吕振羽联系中华书局,意欲出版,但是没有结果。这部著作后由上海黎明书局于1937年出版。1939年在重庆修订过一次,拟由桂林文化供应社出版,但未见发行。1943年第二次修订,并于1945年由延安新华书店出版。1955年生活·读书·新知三联书店出版增订本,

① 刘茂林、叶桂生:《吕振羽评传》,社会科学文献出版社1990年版,第75页。
② 吕振羽:《吕振羽全集》第10卷,人民出版社2014年版,第626页。

1961、1980、2008年由人民出版社再版。

有资料显示，毛泽东喜欢读吕著《中国政治思想史》。根据1975年6月24日吕振羽给毛泽东的去信可知，毛泽东曾阅批过吕振羽于全面抗战前所著的这本书。① 另根据《毛泽东年谱》所载，1942年7月25日，毛泽东在出席中央政治局会议、讨论出版问题时说："最近经验，少而精的东西还能看而且有益，多了无法看。有富裕的排印时间，可印《鲁迅全集》、《海上述林》、小说、吕振羽的《中国政治思想史》。"②此外，在龚育之等人撰写的《毛泽东的读书生活》中，逄先知在《博览群书——毛泽东读书生活我见我闻》一文的附记中提到，1959年10月23日，毛泽东外出时点名要带几十本书，当代人写的历史方面的著作有三种，第一是冯友兰的《中国哲学史》，第二是范文澜的《中国通史简编》，第三就是吕振羽的《中国政治思想史》。

这部《中国政治思想史》也引起了苏联学者的关注。根据《吕振羽全集》中所收他写给苏联学者的信以及为俄文译本写的序，可以了解当时俄译本的大体情况。吕振羽写给苏联学者的信有：1956年3月1日给苏联科学院东方语言学院院长阿古伯尔通讯院士的信；1957年11月20日《致李必新》；③1958年5月20日给苏联科学院中国研究所学者施顿的信；同年7月25日给苏联科学院中国学研究所编辑部主任越特金的信；1962年2月23日《致李必新》。吕振羽所写俄译本序，就是刊载于《历史教学问题》1959年

① 吕振羽:《吕振羽全集》第10卷，人民出版社2014年版，第628页。

② 逄先知主编:《毛泽东年谱》(中)，中央文献出版社1993年版，第395页。

③ 李必新，苏籍华人，曾任苏联驻大连政治部实话报社副社长，后在莫斯科大学东方语学院任教。

第4期上的《“五四”后“中国政治思想史”研究中两条道路的斗争》,该文后被收入《吕振羽全集》第6卷,题目为《“五四”后历史哲学上两条道路斗争的一个侧面》。根据这些资料可知,1956年2月,苏联学者提出要翻译和出版俄文本《中国政治思想史》,俄译本的中文底本是第二次修订本,由施顿主持翻译,并撰写导论,李必新担任校释工作;苏联科学院中国学研究所编辑部主任越特金、主持翻译工作的施顿都写信请吕振羽写篇俄文译本序言。然而,俄译本译出后并未出版,这是否与中苏关系恶化有关也未可知。

此书还被译成日文在海外传播。由原胜、角田次郎翻译,取名为《支那社会政治思想史》,分上、下册,先后于1940、1941年由日本青年外交协会出版;由明石春海翻译,取名为《古代支那政治哲学の新研究》,于1941年由日本人文阁出版。

二、首部马克思主义唯物史观解读的中国政治思想通史

其实,在吕著《中国政治思想史》出版之前,并非像当时的广告语所说“关于此方面书籍固已极少”;相反,书写这一主题的作者和著作不绝如缕。从初版《自序》可见,这些人有胡适、梁启超、李石岑、渡边秀方、陶希圣、杨东莼、李季、叶青等。胡适信奉和鼓噪实验主义,写出第一部中国哲学史——《中国哲学史大纲(上)》,由商务印书馆1919年出版。书中涉及中国政治思想史,但他走向考据之途,且空白西周之前的时代。梁启超受西方自由、平等思想之影响,著《先秦政治思想史》,由商务印书馆1923年出版。他从纯理和应用两个层面,采取先以时代为序、再明各派特色的路径,研究

中国政治思想史，但因身体原因和忙于其他事务，仅完成先秦部分。对于曾在学界举足轻重的梁、胡二人及其上述著作，吕振羽评价道："胡适先生在其《中国哲学史大纲》上册出版后便不能继续下去，已宣布其实验主义的失败。梁启超先生在实验主义的方法论的素养上，似乎比胡适先生高明些，可惜他也只作了一些断代的零细的研究，而且也是同样失败的。"①李石岑著有《中国哲学十讲》，由上海世界书局 1935 年出版。这本书突出的特点是分历史阶段和思想实质对中西哲学进行比较，有论者说它"是一部富有创见的著作"②。然而，吕振羽却认为："李石岑先生则自始并没有找出其自己的体系来。"③渡边秀方著有《中国哲学概论》《中国国民性论》，前者由刘侃元翻译，商务印书馆 1926 年出版；后者由高明翻译，上海北新书局 1929 年出版。吕振羽称渡边秀方之《中国伦理学史》"却不但把中国社会思想发展各流派的本来面目隐蔽着，反一一都被其庸俗化了"④。尽管这只是针对《中国伦理学史》的批

① 吕振羽：《中国政治思想史·自序》，上海黎明书局 1937 年版，第 3 页。后来，这句话改为："胡适的《中国哲学史大纲》，在当时曾引起了一部分人的注意，然而根本没有触着各派哲学思想的本质；而且在'上册'出版后，便不能继续下去，无异宣告其实验主义方法论的彻底失败。梁启超在形式论理学方面的素养上，还似乎比胡适高明些；他对'先秦思想'研究的著作，在当时也起到了相当的作用，但也同样没有触着'诸子'思想的本质。"（见本书第 26—27 页）显然，批评胡适的语气变得强烈，而对梁启超的批评则变弱了。

② 徐日红：《读〈中国哲学十讲〉》，《读书季刊》1936 年第 2 卷第 1 期。

③ 吕振羽：《中国政治思想史·自序》，上海黎明书局 1937 年版，第 3 页。后来，这句话改为："李石岑在实验主义的阶段，对中国哲学思想并没有研究出一个系统来；在其逝世前的数年间，便开始抛弃实验主义，企图用历史唯物主义去研究中国哲学史，这是一个值得钦佩的进步。"（见本书第 27 页）显然，批评李石岑的语气变得缓和多了。

④ 吕振羽：《中国政治思想史·自序》，上海黎明书局 1937 年版，第 3 页。按：吕振羽《自序》中只提到渡边秀方的《中国伦理学史》，而未及《中国哲学史概论》和《中国国民性论》，但笔者未查到《中国伦理学史》一书的相关信息。

评,然而想来对于《中国哲学史概论》和《中国国民性论》也是适用的。陶希圣的《中国政治思想史》第一、二、三册由新生命书局于1932年出版,第四册由新生命书局于1935年出版,这套书反响大,一再重印。可是吕振羽却说该书“只是一些模糊的概念……只是从政治的原因上去说明其所谓‘政治思想’,反把那最基本的东西抛弃了。……找不出半点新的科学方法气味,而且完全是反‘唯物辩证法’的”①。杨东莼,20年代初就加入中国共产党,1932年北新书局出版其《中国学术史讲话》,吕振羽批评此书道:“第一由于其对中国社会史概念的模糊,所以自始便没有从社会经济的构成与其变动的基础上,从而社会诸阶段的构成基础上,去论究历史上各派思想之发生的社会根源与其阶级内容。第二他虽然想应用新的科学方法,可惜自始都不曾跳出经济史观与观念主义的圈子。所以他的大著同样未能令人满意。”②李季、叶青都批判胡适的实验主义,李季的《胡适中国哲学史大纲批判》由上海神州国光社于1931年出版,叶青的《胡适批判》分上、下册,由上海辛垦书店于1933、1934年出版。对于前者,有评论写道:“里面却有积极的贡献……应受人们的重视的。李氏从唯物史观的见地考察周秦哲学,研讨

---

① 吕振羽:《中国政治思想史·自序》,上海黎明书局1937年版,第4页。按:后来改成:“陶希圣的《中国政治思想史》,不只是表现概念上的极端模糊,且自始只从政治原因上去解说其所谓‘政治思想’,并没有半点‘唯物辩证法’的气味,只是半实验主义化身的绝对唯心主义。而他正是企图以此来麻痹青年的。”(见本书第27页)显然,批评陶希圣的语气变得强烈多了。

② 吕振羽《中国政治思想史·自序》,上海黎明书局1937年,第4页。按:《自序》中把这本书写成《中国学术思想史讲话》,有误。另,后来修订的《中国政治思想史》之序,把杨东莼这条删去了。

诸哲人的阶级，这种方法实是极对的。”[①]对于后者，有评论说：“《胡适批判》，是新青年们应该细读的一书。”[②]而吕振羽则认为：“可惜他们同样只了解经济的唯物论，把历史上一切存在的运动的东西只是机械地去把握，从而限制他们不能达到完满的正确的结论，致同样为现象所愚弄，甚且把运动的历史的东西都被视作凝固于现象下面的静化的东西了。”[③]总而言之，在吕振羽看来，“虽然在前此已有一些断代的或全部的著作，可是到现在为止，还没有一部能比较令人满意而符合时代需求的产品”[④]。说到底，吕振羽不满意这些著作，主要着眼于两点：要么不完整，要么是理论方法有问题而不符合时代要求。

与上述诸人不同的是，吕振羽所著《中国政治思想史》是用马克思主义唯物史观写出的第一部中国政治思想通史。需要说明，他原本要从殷代一直写到近代百年，不过由于出版社的原因，实际下限只到清代前期，且近代部分书稿在平津战火中被焚。他模仿《剩余价值学说史》之体裁，把历史分为不同时期，在不同时期内把

① 张季同：《评李季的“我的生平”及“胡适中国哲学史大纲批判”》，《读书杂志》1932 年第 2 卷第 10 期。

② 覃森：《胡适批判》，《师训》1935 年第 5 期。

③ 吕振羽：《中国政治思想史 · 自序》，上海黎明书局 1937 年版，第 4 页。按：后来改为：“李季的《胡适〈中国哲学史大纲〉批判》，基本上并不是什么学术研究，而是应用假马克思主义观点来反对马克思主义、来破坏革命……叶青的《胡适批判》等，是应用假马克思主义加假三民主义观点写成的，更不是什么学术研究，而是其向日本法西斯和大地主大资产阶级特务机关的陈情书；假马克思主义是他寻找主子的本钱，假三民主义观点是他乞取主子录用的荐书。所以他故意抹杀‘五四’时期自由主义文化思想运动的进步性，故意曲解中国古代哲学，抬高保守的落后的封建思想，都不过是他迎合其特务机关主子的观点之一种方式。”（见本书第 27—28 页）可见，批评李季尤其是叶青的语气变得几近无情了。

④ 吕振羽：《中国政治思想史 · 自序》，上海黎明书局 1937 年版，第 2 页。

思想家区别为不同的阶级，继而研究这些思想家的思想体系。具体说来，就是把中国历史分成种族国家奴隶制时代、初期封建制时代、专制封建时代；再把各阶段分为不同时期，例如专制封建时代又分为初期、末期和崩溃期；接着从各阶段或各时期之各阶级、各阶层论究各流派以及各流派中之个别思想家的思想体系。这样，把思想家系于学派、学派系于阶级阶层、阶级阶层系于时代时期，从形式到内容都是一次学术创新。

三、一部符合时代需要的《中国政治思想史》

上文说吕振羽不满意前人没有写出符合时代要求的中国政治思想史，可以解读为他的一种社会责任感。这种社会责任感驱动他根据时代需要撰写中国政治思想史，那就要批判不符合时代要求的相关著作。《导言》里的一段话让吕振羽胸臆尽展："实验主义者根本不懂这种历史自身运动的辩证法。如胡适之流，对中国哲学研究，虽一时也曾引起人们的注意，但却无法说明中国各派哲学思想的本质；社会民主主义者如王礼锡等人，也同样对此问题无法了解。所以他们对中国思想史的探究上，也徒然在玩弄舞台的魔术和文字的装饰。"[①]说到底，吕振羽批判的笔触主要是指向实验主义和托洛茨基主义者的。

依据初版自序，可以想见吕振羽一如他那个时代的学人，研究中国思想史，首选梁启超的《先秦政治思想史》、胡适的《中国哲学

① 见本书第 35 页。

史大纲》为标杆，所不同的是为了更好地认识胡适的著作，就又参考了李季的《胡适〈中国哲学史大纲〉批判》、叶青的《胡适批判》；同时为了更好地撰写书稿，还参考了陶希圣的《中国政治思想史》，以及渡边秀方、李石岑、杨东莼的相关著作。总体而言，吕振羽对这些人是持批评态度的。到了修订本序言里，他保持了对胡适的批判态度，淡化了对梁启超、李石岑、杨东莼的消极评价，相反则强化了对陶希圣、李季和叶青的批评力度。从论敌意义而言，其批判锋芒针主要针对两种思想倾向：一是胡适所代表的实验主义，另一是陶希圣、李季所代表的托派观点。①

胡适因其在新文化运动中的贡献与影响，以及一贯的自由主义政治主张，使其所奉行的治学方法论实验主义在学术界颇有影响。他鼓噪的实验主义明确排斥马克思主义。早在 1919 年，胡适在《新青年》第 6 卷第 4 期上发表《实验主义》，在《新青年》第 7 卷第 1 期上发表《新思潮的意义》②；又在《每周评论》上发表《三论问题与主义》《四论问题与主义》。这些文章均流露出其对于马克思主义的排斥态度。在《实验主义》中，胡适强调相对真理观，明示达尔文的进化论超越了黑格尔。胡适在《三论问题与主义》中说："一切主义，一切学理，都该研究，但是只可认作一些假设的见解，不可认作天经地义的信条；只可认作参考印证的材料，不可奉为金科玉律的宗教；只可用作启发心思的工具，切不可用作蒙蔽聪明、停止思想的绝对真理。"③假如这段话所指尚可理解为针对一般性的主义，

① 虽然陶希圣在社会史论战中可以归于"新生命派"，但是其早期空白中国奴隶制的做法类似于托派学者，故这里笔者把他与李季放在一起。

② 此文又见于《新陇》1920 年第 1 卷第 1 期，重刊于《文化杂志》1942 年第 2 卷第 2 期、《训练与服务》1943 年第 1 卷第 2 期。

③ 胡适：《三论问题与主义》，《每周评论》1919 年第 36 期。

那么《四论问题与主义》则直指马克思主义,说马克思主义是马克思那个时代、家庭和个人行为的产物,输入学理要考虑到这些因素,否则"当作有永久价值的真理,那就上了古人的当了"。还说马克思主义唯物史观是"带着海智儿臭味的历史哲学",特别是其阶级学说"无形中养成一种阶级的仇视心……这种仇视心的结果,使社会上本来应该互助而且可以互助的两种大势力,成为两座对垒的敌营,使许多建设的救济方法成为不可能,使历史上演出许多本不须有的惨剧"。[1] 在《新思潮的意义》中,他又提出:"现今的人爱谈'解放与改造',须知解放不是笼统的解放,改造也不是笼统的改造……是一点一滴的解放。……是一点一滴的改造。"[2]假如把这几篇文章联系起来通盘考察,则胡适的观点昭然若揭。在他看来,马克思主义历史观是已经过时的黑格尔哲学的后学,不是永久的真理;并表达出强烈反马克思阶级学说的情绪,主张一点一滴变革的社会主张。胡适这些反对马克思主义唯物史观的言论,有时也许并非出于故意,而只是出于一般性的学理分析,但是放在当时历史语境中就有意无意间否定了以马克思主义研究中国历史、改造中国社会的价值与意义了。因而,共产党人一定要加以批判。胡适还认为夏、商史事证据不足,信史只能从周开始,他说:"大概我的古史观是:现在先把古史缩短二三千年,从《诗三百篇》做起。"[3]因此,他的《中国哲学史大纲》空白夏、商而直接从孔子写起。胡适这一主张从本质上说是默证的体现,恰好是实验主义方法的一项要义。吕振羽要建立殷代奴隶社会说就一定要批判胡适的这一主

---

① 胡适:《四论问题与主义》,《每周评论》1919 年第 37 期。

② 胡适:《新思潮的意义》,《新青年》1919 年第 7 卷第 1 期。

③ 顾颉刚等:《古史辨》第 1 册,朴社 1926 年版,第 22 页。

张。这就可以理解为什么吕振羽在其多种著作中点名批判胡适的实验主义了。

托派在认识中国古代史时一般都主张中国没有奴隶制社会阶段。这一观点也影响了一批包括不是托派的中国学人。1929 年 1 月，陶希圣在上海新生命书局出版《中国社会之史的分析》，认为炎黄之前是氏族社会，之后到清末都是封建社会。同年 6 月，他又在上海南强书局出版了《中国封建社会史》，书中提出中国社会史是从氏族社会直接过渡到封建社会之观点。这就意味着，在他看来中国没有奴隶制。当然，他在 1932 年《读书杂志》第 7、8 期合刊上发表的《中国社会形式发达过程的新估定》一文中，意见有所改变，认为西周是氏族社会末期，战国到后汉是奴隶经济占主要地位时期。然而，无论是开始中国“无奴说”，还是后来的变化，吕振羽都与之不合。至于李季，他于 1932 年在《读书杂志》第 2、3 期上发表了《对于中国社会史论战的贡献与批评》一文，主张商末以前为原始共产主义生产方法、殷至殷末为亚细亚生产方法时代、周至周末是封建生产方法时代、秦至鸦片战争为前资本主义生成方法时代、鸦片战争之后是资本主义生产方法时代。到了 1934 年 7 月，李季在上海神州国光社出版了《中国社会史论战批判》一书，其关于中国历史分期的看法变成：唐虞之前至虞末是原始共产主义生产方法、自夏至殷末为亚细亚生产方法时代、周至周末是封建生产方法时代、秦到鸦片战争为前资本主义生产方法时代、鸦片战争之后是资本主义生产方法时代。但无论他怎样变，都是把原始公社后定为亚细亚生产方式阶段、封建社会后分前资本主义和资本主义阶段，而中国的亚细亚生产方式不同于古希腊罗马的奴隶制。吕振羽曾经批评说，李季“虽然以应用辩证唯物论自许，但在其实际的应用上，却是机械论的：只看见一些经济现象，完全忽视了上层建筑所给予下层基础的影响以及其相互的反作用……完全不懂得阶级及其领导者对于历史的创造作用”[①]。又评论陶希圣说：“本来是观念论的，但有时也自认是辩证唯物论者。……虽然也常常提到经济现象……但主要，却完全着眼于政治现象，而且把这种历史现象纵切横断，各不相连。”[②]进而，由于陶希圣、叶青公开反共，并与汪伪政权有千丝万缕的联系，这导致吕振羽对他们的批判尤为强烈。特别是1837年后的几年里，受苏联铲除托派的影响，不少中国托派人士被定性为“汉奸”“日寇侦探”，无论在苏区还是白区，都闹得沸沸扬扬。[③] 在这种形势下，吕振羽也无法回避问题，针对初版序言中提到的一些托派学者，当时不好不作后设性的评判，因而就要强烈批判陶希圣、叶青，不过却殃及李季；事实上，李季跟曾经公开反共并投奔汪伪政权的叶青完全不是一类情况，这是需要明确的。不过，这个问题比较复杂，恕不展开。无论如何，托派空白中国奴隶社会阶段，逻辑上有潜在的推论，那就是马克思主义不符合中国历史，从而给反对以马克思主义改造中国、反对中国共产党领导革命提供了理论依据。因此，到了抗日战争困难时期，吕振羽在《中国政治思想史》修订本的序言里直接说他们是“反马克思主义”或者是“假马克思主义”者。1959年他为俄文译本写的序中称这部著作是“当时和修正主义、实用主义等地主资产阶级的哲

① 吕振羽：《序》，盛岳编译：《史学新动向》，上海杂志公司1936年版。

② 同上。

③ 参阅陈绍禹、徐特立等：《托派在中国》，新中国出版社1939年版；微沫：《两年以来托派罪行的总结》，新知书店1939年版；烈群：《延安的反托派怒潮》，《新语周刊》1938年第1卷第1期；郭甫：《肃清法西走狗托派匪徒》，《战时生活》1938年第8期；邓培：《重新认识“托派汉奸”问题》，《中共党史研究》1989年第6期。

学、史学流派作斗争的产品”①。1962 年 12 月 29 日,他《在赠向阳〈中国政治思想史〉书留言》中写道:“这是我在第二次国内革命战争时期与伪马克思主义各流派及其他资产阶级流派作斗争的旧著,只能供同志们研究中国哲学史作初步参考。”②吕振羽是按照原始社会、奴隶社会、封建社会这一马克思社会形态学语境来阐述中国古代政治思想史的,与其他形形色色打着马克思主义旗号的史学家划清界限,一方面是对马克思历史唯物主义的一种捍卫,另一方面这部著作也是应时代要求而作。

四、与《中国社会史》《简明中国通史》互通款曲的著作

《中国政治思想史》,顾名思义,其论述的重点和中心是思想史。按照吕振羽所信奉的马克思主义社会形态学观点,思想是社会史的一部分,根本没有脱离社会的思想。他原本计划写四册中国社会史,可是完成《史前期中国社会研究》《殷周时代的中国社会》之后,种种原因导致其没有继续写下去。前者撰于 1933 年,翌年由北平人文书店出版,有评论其分期说“盖极正确……创获甚多”③。还有评论道:“吕振羽教授的这本著作——史前期中国社会研究,确能使我们比较的感到满意,一方面诚如李达先生在本书的序言中所说:‘著者对于方法论的应用,可以说是很严谨;对于史料

① 吕振羽:《“五四”后“中国政治思想史”研究中两条道路的斗争》,《历史教学问题》1959 年第 4 期。

② 吕振羽:《吕振羽全集》第 9 卷,人民出版社 2014 年版,第 742 页。

③ 天津《大公报》1934 年 9 月 22 日。

的搜集上，也是很谨慎'，一方面我觉得著者不但对世界史的智识有较深的素养，即对国学的智识，也素养很深似的。其次我尤其同情著者之趋重理论的探讨而力避叫嚣与狂骂的英雄式的态度。"①后者撰于1935年，次年由上海不二书店出版，后人评论它"是中国当代有影响的马克思主义史学大家吕振羽的重要史学著作之一。他在书中详细阐述了殷商奴隶说和西周封建论的观点，是对中国古代史分期问题争论有重大影响的史学代表作"②。正是这两本书完成了中国历史由原始社会经奴隶社会到封建社会的马克思主义社会形态学上的系统论述。吕振羽在论及《中国政治思想史》与其社会史研究成果之间的关系时曾说过："这本拙著，是我关于中国社会发展史著作（按即'史前期中国社会研究'和'殷周时代的中国社会'）的姊妹篇。"③《中国政治思想史》所谓殷代是奴隶社会、西周是初期封建社会的说法，是对这两本著作相关意见的重申。吕振羽正是在这两书所奠定的社会分期的框架下写出殷周时代政治思想史的，而政治思想史的呈现恰好又是这种社会史分期理论的一次具体化。

正如上文所述，吕振羽是在马克思主义形态学意义上撰写政治思想史的。在他心中，一切社会组织都是建立在一定的经济基础之上的，思想是社会结构的一部分，又是对社会的反映。中国社会发展基于怎样的经济发展？中国社会演变基于怎样的经济转型？为了更好地理解《中国政治思想史》，则需要读其《中国上古及

---

① 《出版消息》1934年第44期。

② 朱政惠：《论吕振羽〈殷周时代的中国社会〉学术贡献》，《历史教学问题》1991年第5期。

③ 吕振羽：《"五四"后"中国政治思想史"研究中两条道路的斗争》，《历史教学问题》1959年第4期。

中世纪经济史》。这本书是吕振羽在中国大学任教时的讲义，由1933年北平聚奎堂装订讲义局印行，名为《中国经济史》。该书依据《剩余价值学说史》《政治经济学批判》的相关理论，把中国古代经济史划分为原始共产主义、奴隶社会、封建社会阶段，论证殷代为奴隶社会、西周是初期封建社会、秦以后是变种的封建社会。有论者称："这一经济史的分期为作者中国古史研究的殷商奴隶制社会说和西周封建制论学术体系奠定了学术基础。因此，研究吕振羽中国古代史学说体系应把《经济史》和《史前期》《殷周时代》三部著作结合研究，才能领会这一科学体系的形成和发展过程。"①说到阅读《中国政治思想史》要结合《中国上古及中世纪经济史》，这是有事实依据的。例如，前者论述周到初期封建社会政治思想，把老子、庄子作为没落封建主政治思想的代表，把墨翟作为初期封建社会农民政治思想的代表。可是，书中并没有具体交代周代经济发展对于政治思想所产生的影响。而在《中国上古及中世纪经济史》里，作者论及大领主的兼并和小领主的没落，没落后的小领主免不了反感大领主，嫉视他人，前程日暮途穷，这就给理解老子、庄子的思想提供了依据。在该书中论述农奴受剥削，耕作私田外，还要在监督之下耕作公田，向领主纳贡、服劳役、服兵役，领主还通过法律来强制处罚农奴，这些导致农奴对领主的反感，反过来又引起领主的镇压。如此就便于理解墨子的政治思想了。

此外，《中国政治思想史》还是一部通史著作，要和吕氏《简明中国通史》结合起来阅读。后者第一册完成于1941年2月，同年5

① 桂遵义：《马克思主义史学在中国》（修订本），人民出版社2020年版，第185页。

月由生活书店在香港出版。第二册完成于1948年2月，同年5月由大连光华书店连同第一册一起出版。第一册出版后，有评论道："本书实为数年来中国历史上诸多曾引起论争之问题之一笔总结，为将来更完善之中国通史，开一先河。而且这又是引导学子进一步研究中国历史之良好的启蒙。"①《中国政治思想史》和《简明中国通史》都是通史体裁，都使用马克思主义形态学理论分析问题，秉持同样的历史分期说。不过，前者偏重于政治思想，专业性比较强；而后者则偏重于社会结构或者形态的论述，有较强的通俗性。不管怎样，两书在学术体系上可谓互通款曲。现举一例以资说明。前者把孔子当作领主封建时期封建主集团政治思想集大成者，论述孔丘的身分观念、仁的思想，阐释孔子的"正名""礼治理""伦理"思想，论述孔子时代的政治问题、孔子的对策及其倡导的政治运动。而后者展示给读者的是：在经济上，领主经济势力强大后出现诸侯争霸，争霸导致领主兼并的强化、等级从属性的土地再分配；庄园发展导致城镇的兴起、领地管理系统的扩大；新的土地占有制和实物地租也出现了。在政治上，施行等级从属的武装家臣制以及等级性的爵位身分，有"治人"和"治于人"的区别、"礼不下于庶人"的结果，由此而产生宗法制度。在思想上，提倡"忠""孝悌""信"，用"洪范"哲学代替"八卦"哲学。这些是有助于认识和理解孔子学说的结构性社会背景。

总之，吕振羽所著《中国政治思想史》是其关于中国历史的系列著作之一种；它代表着中国思想史研究进入一个新阶段——以马克思主义辩证唯物主义为指导写出的中国政治思想通史，从这

① 该评论文章载于《笔谈》1941年第1期。

个意义上说具有开创性。他在阐述马克思主义学术主张的同时，批判实验主义者胡适和秉持托派观点的陶希圣、李季对中国思想史的解读，为中国共产党领导的新民主主义革命呐喊助威。从这个意义上说，它是符合时代需要的著作。而为了更好理解此书的内容和观点，还有必要再读吕振羽的《史前期中国社会研究》《殷周时代的中国社会》《中国上古及中世纪经济史》《简明中国通史》。以上三条对于阅读和理解此书当是值得汲取的维度，也是对此前学界介绍和评论《中国政治思想史》的些许补充。行文至此，还需要特别表明的是，读罢全书要想到当下历史学者应该学习吕振羽的史学意识，学习他强烈的社会责任意识、自觉批判敌论的意识和积极构建时代学术话语体系的意识。基于这些意识，才能更好地为繁荣新时代马克思主义历史学、构建新时代学术话语体系、认识国情和历史作出新贡献。